Friedrich Wolff · *Verlorene Prozesse*

Friedrich Wolff

Verlorene Prozesse

Meine Verteidigungen
in politischen Verfahren
1952-2003

edition ost

ISBN 978-3-360-01800-7

© 2009 edition ost im Verlag Das Neue Berlin
2. Auflage 2009
Umschlaggestaltung: www.buchgut.com
unter Verwendung eines Fotos von Ronny Marzok
Druck und Bindung: CPI Moravia Books GmbH

Ein Verlagsverzeichnis schicken wir Ihnen gern:
Das Neue Berlin Verlagsgesellschaft mbH
Neue Grünstr. 18, 10179 Berlin
Tel. 01805/30 99 99
(0,14 Euro/min. aus dem deutschen Festnetz,
abweichende Preise für Mobilfunkteilnehmer)

Die Bücher der edition ost und des Verlages Das Neue Berlin
erscheinen in der Eulenspiegel Verlagsgruppe.

www.edition-ost.de

Inhalt

Vorwort 7
Aller Anfang ist schwer (1953) 10
17. Juni: »Rädelsführer« und »Mitläufer« (1953) 15
Standrichter vor Gericht (1953/54) 21
Organisation Gehlen vor dem Obersten Gericht (1953) 26
Nachfolger eines Anwalts, der auszog, Richter
  am Bundesverfassungsgericht zu werden (1954) 32
Sabotage in der Materialwirtschaft (1955-1962) 34
Die Muttermörderin (1955-1960) 45
Der Janka-Prozeß (1957) 53
Willi Schaeffers gegen Friedrichstadtpalast (1958) 72
Kirchenkampf in Mecklenburg (Ende der 50er Jahre) 75
Staatsverrat an der Humboldt-Universität:
  Der Fall Dr. Herbert Crüger (1958/59) 78
Die Strafsachen
  gegen Oberländer und Globke (1960 und 1963) 84
Vor der Mauer (1961) 89
Strafsache Heinz Brandt (1962-1964) 94
Mit Hedda Zinner beim Klassenfeind (1963) 105
Streng geheimer Mordprozeß (1969) 109
Vorsitzender des Berliner Rechtsanwaltskollegiums
  (1954-1970) 114
Verteidiger von »Asozialen«
  und Republikflüchtigen (70er Jahre) 127
Anwalt in Paris (1971-1974) 130
Terroristenprozeß (1972-1978) 136
Der Juden- und Polenmörder (1972) 143
Das letzte Todesurteil gegen
  einen Kriegsverbrecher (1972) 149
Der Kanzleramtsspion (1974-1981) 153
Der »halbe Soldat«
  als Kriegsverbrecher (1975-1984) 157
Verteidiger an der Seite
  von Rechtsanwalt Vogel (1978/1979) 160
Geheimer Feldpolizist (1978-1986) 167

Der Fall Dobbertin (1979-1990) 170
Der Oradour-Prozess (1981-1997) 176
Der Tod des Feldwebels Braun (1982) 197
Die letzten Kundschafter (1985-1990) 202
Kommunistenprozess in der Türkei (1988-1989) 209
Computerschmuggel (1988) 218
Erneut Vorsitzender des Rechtsanwaltskollegiums
 (1984-1988) 223
Prozess der Wende – Wendeprozesse (1989/90) 230
Erste Begegnungen mit der Berliner Justiz
 nach dem Beitritt (1990) 245
Gericht über Hermann Axen (1989-1998) 256
Das Strafverfahren gegen Erich Honecker (1989-1994) 262
 Honecker in Lobetal, 30. Januar bis 2. April 1990 276
 Honecker in Beelitz, 3. April 1990 bis 13. März 1991 286
 Honecker in Moskau, 14. März 1991 bis 29. Juli 1992 307
 Honecker in Moabit, 29. Juli 1992 bis 13. Januar 1993 .... 336- 370-
 Honecker in Chile, 14. Januar 1993 bis 29. Mai 1994 406
Der Fall Werner Großmann (1990-1996) 431
Die Prozesse gegen Hans Modrow (1990-1997) 458
Vier von 14 000 oder Rechtsbeugungsverfahren
 am langsam laufenden Band (1991-1998) 514
Verfahren gegen Mitglieder des Nationalen Verteidigungs-
 rates und des Politbüros der SED (1993-2004) 529
 Das Verfahren gegen Alfred Neumann (1993-1999) 529
 Das Verfahren gegen Siegfried Lorenz u. a. (1996-2004) ... 534
 Das Verfahren gegen Fritz Streletz u. a. vor dem
  Europäischen Gerichtshof (2000-2001) 574
Nachbemerkungen 590

Personenregister 601

Vorwort

Wenn ein Rechtsanwalt sein Buch »Verlorene Prozesse« nennt, werden die Leser wohl zuerst und mit Recht darunter verlorene Gerichtsprozesse verstehen. Doch auch ein Rechtsanwalt nimmt aktiv oder passiv an anderen Prozessen teil, die sich zu seiner Zeit innerhalb und außerhalb des Gerichts abspielen. Das gilt auch für mich. Ich war, als Student und später als Anwalt, aktiv und passiv in die historischen Prozesse jener Jahre verwickelt. Ich war voller Enthusiasmus Mitglied erst der KPD, dann der SED geworden, hatte an der Berliner Friedrich-Wilhelm-Universität den Mund aufgemacht, als Angestellter des Magistrats gewirkt und als Anwalt den Prozess der Entwicklung einer sozialistischen Anwaltschaft zu beeinflussen gesucht. Ich kann und will die Mitwirkung an diesen Prozessen nicht von den Gerichtsprozessen trennen – sie gehören zusammen.

Das Buch soll natürlich vor allem von politischen Prozessen handeln. Aber was ist ein »politischer Prozess«?

Alle Prozesse, die ich bisher für politische Prozesse hielt und noch halte, wurden von den jeweiligen Staatsanwälten und Richtern für unpolitische Prozesse und, wenn es Strafprozesse waren, für Prozesse gegen Kriminelle angesehen. Das galt für den Prozess gegen den Verleger Janka oder gegen Minister Oberländer genauso wie für die Strafprozesse gegen Erich Honecker und Günter Guillaume. Meine politischen Prozesse sind folglich politische Prozesse in meiner Deutung. Der Leser mag das anders sehen. Er muss nur wissen: Hier trifft er auf meine Sicht.

Schließlich: was ist ein »verlorener Prozess«?

In vielen Urteilen, in denen ich Freisprüche beantragt hatte, sprach das Gericht schuldig. Der Prozess war verloren.

Jahrzehnte später wurden die Urteile aufgehoben – der Prozess war gewonnen.

Honecker wurde aus der Untersuchungshaft entlassen, das Verfahren eingestellt. Gewonnen?

Der Rechtshistoriker Prof. Dr. Dirk Blasius sagt, das endgültige Urteil in politischen Prozessen fällt die Geschichte. Dagegen meint Schiller: »Von der Parteien Gunst und Hass entstellt, schwankt sein Charakterbild in der Geschichte.«

Wenn ich von politischen Prozessen dieser und jener Art spreche, messe ich Gewinn und Verlust an der zum Zeitpunkt des Urteils herrschenden Meinung. Ich hatte und habe oft eine andere Meinung. Das wird der Leser auch ohne Vorwort erkennen.

Ich schreibe über Prozesse aus über einem halben Jahrhundert. Mein Gedächtnis war nie hervorragend und ist mit zunehmendem Alter ständig schlechter geworden. Ich kann Irrtümer und Erinnerungslücken nicht ausschließen. Vielfach, aber nicht immer standen mir meine Akten, die ich in ausgewählten Fällen aufgehoben hatte, zur Verfügung. Doch sie sind lückenhaft und zum Teil schwer lesbar; sie stammen aus Jahren ohne Kopier- und Diktiergeräte, ohne Computer.

Gelegentlich habe ich auch Dinge verschwiegen, weil das meine Anwaltspflicht verlangte oder weil ich nicht denunzieren wollte. Mir selbst wollte ich natürlich auch nicht mehr schaden, als ich verkrafte. Eines jedoch schließe ich absolut aus: Ich habe an keiner Stelle bewusst die Unwahrheit gesagt und dort, wo ich schwieg, den Kern meiner Aussage nicht verfälscht.

Ich danke denen, die mir geholfen haben: meinem langjährigen Kollegen Hans-Joachim Eckert, meiner Tochter Barbara Erdmann und – last not least – meiner verständnisvollen Frau.

Diesen Text stellte ich den beiden Auflagen voran, die im juristischen Verlag Nomos in den 90er Jahren erschienen. Der Verlag in Baden-Baden beabsichtigte wohl auch eine dritte Auflage, jedenfalls hatte er das angekündigt. Doch dann nahm er davon Abstand. Ich bedauere das, denn ich schätzte die Zusammenarbeit. Ich spekuliere, dass es dafür politische Gründe gab, die zu jener Zeit auftraten, als der C. H. Beck Verlag Nomos übernahm. Schade.

Um so mehr danke ich der Eulenspiegel Verlagsgruppe, dass sie sich der Publikation angenommen hat.

Ich glaube, dieses Buch ist in seiner Art nahezu einzig. Über fünfzig Jahre politische Strafverteidigungen in einem »Zeitalter der Extreme« dürfte selten oder wohl noch nie aus der Sicht eines Verteidigers beschrieben worden sein. Schon gar nicht aus der Sicht eines Linken.

Den Text der ersten beiden Auflagen habe ich übernommen, um etliche Verfahren ergänzt und auch aktualisiert. Denn inzwischen sind zehn weitere Jahre vergangen.

Ich habe hinzugefügt, was ich in den Strafprozessen gegen Alfred Neumann, Siegfried Lorenz und Fritz Streletz erlebte. Das hat die Veränderungen in meiner Haltung mit geprägt.

Bei den ersten beiden Auflagen ist bemängelt worden, dass die politischen Prozesse aus den vierzig Jahren der DDR kürzer behandelt worden wären als jene aus den damals acht Jahren seit dem Beitritt. Das ist richtig. Die Erklärung dafür ist einfach. Die BRD-Prozesse dauerten nicht nur länger, sondern ihre Dokumentation war auch umfangreicher. Die inzwischen entstandene Technik trug sicher dazu bei. So waren Urteile und Schriftsätze viel länger als früher, und das galt sowohl für die DDR- wie auch für die BRD-Justiz bis 1990. Ich hatte folglich mehr und aussagekräftigeres Material.

Für die Rechtsprechung muss das kein Vorteil sein.

Für den Rückblick ist es einer.

Friedrich Wolff,
Wandlitz, im Herbst 2008

Aller Anfang ist schwer (1953)

Meine Anwaltskarriere begann am 1. Juni 1953. Die Nazizeit, der Krieg, drei Jahre Studium, zwei Staatsexamina und vier Jahre in der juristischen Praxis lagen hinter mir. Die DDR stand im vierten Lebensjahr, Stalin war drei Monat zuvor verstorben. Die Zeiten waren bewegt und hart. Der Start als Anwalt war ein Ergebnis dieser Zeit. Nach zweimonatiger Referendarausbildung, nach einjähriger Tätigkeit als Richter kraft Auftrags und einem Jahr als Seminarleiter in der Berliner Volksrichterschule hatte ich ein gutes Jahr in der Berliner Justizverwaltung gearbeitet. Zwei Monate zuvor war ich zum Hauptreferenten befördert worden. Mein monatliches Bruttoeinkommen war von 800 auf 1 200 DDR-Mark gestiegen.

Das war viel. Doch damit war es nun vorbei. Der Staatsapparat wurde gesäubert. Mir sagte die Partei, ich könne nicht mehr in der Abteilung Justiz des Magistrats arbeiten. Ich solle wählen: Universität oder Anwaltschaft.

Ich zog Letzteres vor. An der Uni, so hieß es warnend, versuchten die jungen Professoren sich gegenseitig mit scholastischen Haarspaltereien »die Beine wegzuhauen«. Nichts für mich.

Der Sprung in die Selbständigkeit war ein deutlicher Abstieg. Mit meinen 31 Jahren hatte ich immerhin schon eine ansehnliche Position erklettert. Meine unmittelbare Chefin war die Magistratsdirektorin Hilde Neumann, Tochter des in der Weimarer Republik bekannten sozialdemokratischen Reichstagsabgeordneten und Rechtsanwalts Dr. Kurt Rosenfeld, der auch Rosa Luxemburg verteidigt hatte und in Preußen 1918 kurzzeitig Justizminister war. 1944 starb er in der Emigration in den USA, nachdem er – wie es heißt – zuvor Mitglied der KPD geworden sei. Seine Tochter war vor dem Machtantritt der Nazis als Anwältin in der Kanzlei ihres Vaters tätig gewesen. Sie emigrierte gemeinsam mit diesem zunächst nach Paris. Dort wurde sie Exekutivsekretärin der *Association Juridique International* (AJI). Sie arbeitete eng mit berühmten Rechtsanwälten wie Marcel Willard, Joe Nordmann und D. N. Pritt zusammen. So unterstützte sie von Paris aus Willard bei seinem Auftreten in Leipzig beim Dimitroff-Prozess und hatte wesentlichen Anteil an der Vorbereitung und Durchführung des Londoner Gegenprozesses.

Hilde Neumann sprach mehrere Sprachen und war mit hervorragenden antifaschistischen Juristen aus mehreren Ländern befreundet. Als sie Anfang 1947 aus der Emigration zurückkehrte, wurde sie eine der drei »roten Hilden«, die mit ihren unterschiedlichen Persönlichkeiten die Justiz in der Sowjetischen Besatzungszone bzw. der DDR in jenen Jahren dominierten. Die anderen hießen Hilde Benjamin und Hilde Heinze. Alle drei waren gebildete, selbstbewusste Frauen. Ihre beruflichen und politischen Karrieren endeten früher oder später sämtlich abrupt. Gleichberechtigung war eines ihrer Ziele, die sie mit Vehemenz erfolgreich angingen. Deswegen hieß es alsbald – aus heutiger Sicht unverständlich – nicht mehr »Staatsanwältin« oder »Richterin«. Es ward vielmehr angeordnet, Titel für jegliches Geschlecht nur in Form zu führen. Hilde Neumann war also »Magistratsdirektor« und nicht etwa »Direktorin«. Es war Gleichberechtigung auf Männerniveau.

Offiziell unterstand Hilde Neumann dem Stadtrat Dr. Kofler (CDU), tatsächlich jedoch war sie die Chefin. Ich mochte sie, und ich glaube: sie mich auch. Sie hatte, nicht nur was mich anbelangte, überhaupt eine unglückliche Hand in der Auswahl ihrer »Kader«, wie man damals die Menschen nannte, wenn sie von einem Leiter geleitet wurden. Sie musste kurz vor mir aus dem Staatsapparat ausscheiden, weil sie in der Westemigration gewesen war. Sechs Jahre später erlag sie einem Krebsleiden.

Im Juli 1989 stiftete die Vereinigung der Juristen der DDR einen Hilde-Neumann-Preis für junge Juristen. Die erste Preisverleihung wurde mir angetragen. Hilde Benjamin war nach ihrer brüsken Abberufung als Justizminister 1967, wie ich meine: verbittert, wenige Monate zuvor gestorben. Hilde Heinze, die aus mir unbekannten Gründen in Ungnade gefallen war, kannte inzwischen niemand mehr.

Von der Magistratsdienststelle in der Littenstraße zog ich im Sommer 1953 in die schräg gegenüber in der Rathausstraße 40 gelegene Zweigstelle Mitte I des Rechtsanwaltskollegiums. Meine letzte Amtshandlung in der Littenstraße war die Gründung dieses Kollegiums gewesen. Als Vorsitzender eines »Initiativkomitees« hatte ich die Vorbereitungsarbeiten geleitet und die Gründungsversammlung zum 30. Mai 1953 in den Plenarsaal des Kammergerichts einberufen. Die Eröffnungsansprache hielt der Stellvertreter des Oberbürgermeisters, Max Fechner, nach einem von mir vorbereiteten Manuskript. Zuhörer waren 22 soeben zugelassene Rechtsanwälte. In der Mehrzahl hatten sie das 1. juristische Staatsexamen abgelegt und befanden sich in der Referendarausbildung. Anstelle der zweiten Staatsprüfung brauchten sie nur eine Klausur zu schreiben. Thema war der Slánsky-Prozess, der im November 1952 in Prag gegen den ehemaligen Generalsekretär der tschechoslowakischen KP durchgeführt worden war und mit zehn Todesurteilen und drei lebenslänglichen Freiheitsstrafen geendet hatte. Intern hieß das Examen deswegen schnoddrig »Slánsky-Examen«.

Allen Anwälten war unterschiedslos gemeinsam, dass sie für die Justiz, obgleich diese dringend Richter und Staatsanwälte brauchte, als ungeeignet galten. Zwei von ihnen – der spätere Vorsitzende des Kollegiums Brunner und das Vorstandsmitglied Butte – waren zuvor nach einer Volksrichterausbildung Richter bzw. Staatsanwalt gewesen, hatten aber den Dienst aus kaderpolitischen Gründen quittieren müssen. Ein Jahr später durften sie wieder in die Justiz zurückkehren. Mir selbst ging es ähnlich. Am 30. Mai durfte ich »aus kaderpolitischen Gründen« nicht Mitglied des Vorstands werden, ein Jahr später rückte ich nach.

Um auch das noch zu sagen: Acht von uns Gründungsmitgliedern waren in der SED, vierzehn parteilos und blieben es auch bis zu ihrem oder der DDR Ende.

Das »Rechtsanwaltskollegium von Groß-Berlin« – so die offizielle Bezeichnung – war eines der fünfzehn »Kollegien der Rechtsanwälte«, die 1953/54 in den vierzehn Bezirken der DDR und in Berlin gegründet wurden. Jedes Mitglied eines solchen Kollegiums überwies seine Einnahmen monatlich an die Zentrale, die 30 bis 40 Prozent zur Deckung aller beruflichen Kosten – Gehälter für Sekretärinnen, Miete, Literatur, Arbeitgeberanteil an der Sozialversicherung usw. – einbehielt. Von den verbleibenden 60 Prozent wurden die Steuern und Sozialabgaben des Anwalts gezahlt und der Rest auf das Privatkonto des Anwalts überwiesen.

Es bestand freie Anwaltswahl, und der Anwalt unterlag in seiner Berufsausübung zwar der Disziplinaraufsicht, nicht aber den Weisungen der Organe des Kollegiums. Vorstand und Revisionskommission wurden in Berlin geheim gewählt.

Als Mitglied des Berliner Kollegiums und Anwalt ohne Erfahrung und Mandanten betrat ich das Anwaltsbüro in der Rathausstraße. Das war ein Büro, in dem drei weitere mehr oder weniger neugebackene Rechtsanwälte arbeiteten. Zweigstellenleiter war Rechtsanwalt Strodt, den ich flüchtig aus meiner Schulzeit in Neukölln und näher vom Studium an der Humboldt-Universität kannte. Wir beide waren mit über dreißig Jahren die Ältesten, die beiden anderen Anwälte aber nur wenig jünger. Bis auf mich hatten alle schon als Anwälte oder wenigstens bei einem Anwalt gearbeitet. Rechtsanwalt Strodt gehörte sogar der Westberliner Anwaltskammer an. Ein Experte unter uns Blinden.

In dem Büro war es eng, es war nicht für vier Anwälte gedacht. Bis zum 31. Mai 1953 hatte Rechtsanwalt Dr. Rabe hier seine Praxis allein ausgeübt. Da er in Westberlin wohnte, verlor er durch die Verordnung des Magistrats vom 17. April 1953 seine Zulassung im demokratischen Sektor von Groß-Berlin, wie der Ostteil der Stadt hieß, von einem Tag auf den anderen. Harte Zeiten. Seine Praxiseinrichtung war unter Treuhandverwaltung gestellt und dem Kollegium zur Nutzung gegen Entgelt zur Verfügung gestellt worden.

Es war also eng in dem Anwaltsbüro in der Rathausstraße. Ich teilte ein Zimmer mit Rechtsanwalt Gotzmann. Im Gegensatz zu mir hatte er Mandanten aus früherer Tätigkeit mitgebracht. Er war vorwiegend Strafverteidiger und überdies ein schöner, eleganter, von den Damen geschätzter junger Mann. Während ich trübselig vor meinem leeren Schreibtisch saß und auf Mandanten wartete, bat er mit ausladender Handbewegung einen Mandanten nach dem anderen in unser gemeinsames Zimmer. Meist waren das Mandantinnen, die sich nach dem Schicksal ihrer inhaftierten Ehemänner erkundigten. Das machte die Sache für mich aber nicht besser. Noch vor dem Bau der Mauer setzte sich Gozmann nach Westberlin ab und wurde dort Staatsanwalt.

Irgendwie bekam ich im Laufe der Zeit schließlich auch Mandate. Sie führten mir schnell vor Augen, was ich alles *nicht* wusste. Gott sei Dank hatten wir mit neben dem Inventar unseres Vorgängers auch dessen Sekretärinnen und den berufserfahrenen Bürovorsteher Herrn Sauer übernommen. Der weihte mich in die unerlässlichen Formalitäten ein, die der Anwalt zu beachten hat. Herr Sauer war unter den Bürovorstehern des Kollegiums der Größte. Später bildete er jahrelang Sekretärinnen zu Bürovorstehern aus. Männer standen für diesen Beruf dann nicht mehr zur Verfügung. Dabei zeigte sich: Mann bleibt Mann. So bissig, kenntnisreich und autoritär und damit nützlich wurde keine von ihnen – liebenswerter allerdings waren die Frauen. Später starb der Job überhaupt aus. Bedauerlich für die Anwälte.

Als ich vom Kollegium die Abrechnung für den Monat Juni erhielt, hatte ich netto 143 DM verdient. Ja, es waren DM, allerdings Ost-DM. Die offizielle Bezeichnung hieß »Deutsche Mark der Deutschen Notenbank« (DM DNB), die Westmark hieß offiziell

»Deutsche Mark der Bank deutscher Länder« (DM BdL). Für einen Vater mit zwei Kindern war das nicht viel. Allerdings hatte ich eine Frau, die uns ernähren konnte. Nur litt mein Selbstwertgefühl darunter.

Gotzmanns Mandantenschar und die Tatsache, die Geschäftsstellen der Gerichte, die ich zuvor als »Leiter« betreten hatte, nunmehr als »Mensch vor dem Schalter« aufsuchen zu müssen, führten mir vor Augen, dass ich wieder auf der untersten Sprosse der Karriereleiter war.

17. Juni: »Rädelsführer« und »Mitläufer« (1953)

Jähe Wendungen, vor denen in den 70er Jahren Honecker warnte, ohne an den Herbst '89 zu denken, gab es schon damals. Jäh und unerwartet kamen sie über uns. Am 16. Juni 1953 suchte ich im Justizgebäude in der Littenstraße den Vorstand des Kollegiums auf. Der Vorsitzende hatte mich zu sich gebeten. Ernst Brunner suchte häufiger Rat in den für ihn ungewohnten und ungeliebten Anwalts- und Kollegiumsangelegenheiten. Ich wusste ein wenig, wenn auch nicht viel mehr als er.

Ich stand in seinem Vorzimmer und sah aus dem Fenster über Trümmerflächen an der Ruine des Grauen Klosters vorbei zur Klosterstraße. Es gab an sich da nichts zu sehen, nur den blauen Himmel des Junitages, leere Straßen und die Silhouetten des Neuen Stadthauses sowie des Rathauses. Plötzlich entdeckte ich entfernt, in der Klosterstraße, einen kleinen Zug Menschen mit Transparenten nach Art einer Demonstration. Die Menschen trugen, so schien mir, weiße Maurerkleidung. Eine Ahnung kam auf, dass etwas Ungewöhnliches geschah.

Am Tag darauf saß ich meinem neuen Büro und blickte auf einen endlosen Zug von Demonstranten, der die ganze Breite der Rathausstraße füllte. Sie riefen im mächtigen Chor: »Der Spitzbart muss weg!« Die Protestierer schienen zugleich aufgebracht und froh, erfüllt von dem Bewusstsein ihrer Kraft. Sie wollten nicht den Sozialismus aufbauen, wozu die Partei ein Jahr zuvor aufgerufen hatte. Das war überdeutlich. Sie wollten den Westen, die DM. Sie wollten den Kapitalismus. Die Tatsache der vollen Schaufenster wog schwerer als die ungeschickte Propaganda der SED. Geschichtliche Erfahrungen, die hätten warnen können, galten als SED-Propaganda, zählten nicht, waren unglaubwürdig vor dem, was sie in den Westsektoren mit eigenen Augen sehen konnten. Tage später hieß es in den DDR-Medien, die Protestierer seien Opfer der westlichen Propaganda geworden, »irregeleitete Werktätige« eben.

An Arbeit war an jenem Tag nicht mehr zu denken. Machte nichts, ich hatte ohnehin nichts zu tun. Auf dem Fußweg nach

Hause, kein Verkehrsmittel fuhr, die Stadt brodelte im Aufruhr, sah ich, wie die Ketten der kasernierten Volkspolizisten die Straße von Demonstranten räumten. Ich wusste nicht, dass unter den Demonstranten meine ersten Mandanten sein würden, ahnte nicht, dass dieser Tag einmal gesetzlicher Feiertag sein, die Demonstranten rehabilitiert und der Feiertag wieder abgeschafft werden würde. In der Schule unterm Hakenkreuz hatten wir als Weisheit der alten Griechen gelernt: »Alles fließt.« Die Lehrer glaubten dennoch an das Tausendjährige Reich. Man glaubt immer, alles bleibe, wie es ist.

Als junger Anwalt im Kollegium lebte man vorwiegend von Beiordnungen in Strafsachen. Kein üppiges Brot. Es galt die Rechtsanwaltsgebührenordnung in der Fassung von 1942, eine der wenigen Vorschriften, die die Nazizeit überdauert hatten. Für einen Tag Hauptverhandlung vor dem Stadtbezirksgericht erhielt der Rechtsanwalt vierzig Mark, vor dem Stadtgericht fünfzig und vor dem Obersten Gericht achtzig. Davon gingen dreißig Prozent an das Kollegium. Die Steuer betrug maximal zwanzig Prozent, der Sozialversicherungsbeitrag des Mitglieds zehn Prozent, maximal sechzig Mark. Die Menge machte, dass es zum einfachen Leben reichte. Und man tröstete sich: Pflichtverteidigungen bringen auch andere Mandate. Aller Anfang ist eben schwer.

Als einer der »Rädelsführer« des 17. Juni in Berlin wurde der Wolfgang Gottschling angesehen, ein 26-jähriger Student aus Westberlin. Er war am 17. Juni in der Friedrichstraße verhaftet worden. Gottschling wurde mein erster großer Fall. Mit dem Beiordnungsbeschluss des Stadtgerichts suchte ich ihn in der Stadtvogtei auf. Das alte Untersuchungsgefängnis in der Dircksenstraße ist heute ebenso verschwunden wie das Haus Rathausstraße 40, in dem sich unser Büro befand. Gottschling machte auf mich einen sympathischen Eindruck. Er leugnete jede aktive Teilnahme an den Demonstrationen, von irgendeiner Einflussnahme auf sie könne erst recht keine Rede sein. Er wäre nur aus Neugier nach Ostberlin gefahren, um sich über die Ereignisse zu informieren.

Mir war klar, dass bei dieser Haltung eine schroffe Konfrontation mit der Staatsanwaltschaft unvermeidlich wäre. Im Gespräch klärte ich Gottschling zunächst auf, dass ich Genosse wäre. Damals trug ich kein Parteiabzeichen. Das wurde erst später dringend gewünscht. Ich fand aber, Gottschling müsse wissen, mit wem er es zu tun habe. Das Parteiabzeichen nahm mir diese Aufklärung später ab. Insoweit machte es einen Sinn, es zu tragen, obgleich ich auch damals kein Freund von derart demonstrativen Bekenntnissen war.

Sie entsprachen auch nicht dem Brauch in anderen kommunistischen Parteien.

Gottschling nahm meine Offenbarung zur Kenntnis. Er hatte wohl nichts anderes erwartet. Andererseits ahnten wir beide nicht, welche Bedeutung diesem Verfahren beigemessen werden würde.

Wenige Tage später saßen wir in einem kleinen Verhandlungssaal in der Littenstraße. Die Justiz arbeitete auf Hochtouren. Lange Vorbereitungszeiten wurden den Verteidigern auch später nicht gewährt. Konzentration und Beschleunigung der Verfahren war immer die beherrschende Maxime des Strafverfahrens der DDR. Das Justizgebäude in der Littenstraße war als Zivilgericht konzipiert. Strafsachen fanden zu Zeiten der Reichshauptstadt in Moabit statt. Die Ostberliner Justiz musste ohne geeignete Verhandlungssäle für Strafsachen auskommen – eine Folge der Spaltung, wie eben auch das Fehlen von Gefängnissen, die in Moabit, Plötzensee und Tegel lagen.

Wir saßen also in einem kleinen, für die Verhandlung von Zivilsachen vorgesehenen Saal, doch mit uns saßen dort große Leute. Unter ihnen Justizminister Max Fechner. Ein Jahr zuvor hatte er mit seiner Unterschrift bestätigt, dass ich die zweite juristische Staatsprüfung (nicht das »Slánsky-Examen«) abgelegt hatte. Ein bekannter Rundfunkjournalist war auch zur Stelle, um die Öffentlichkeit über den Prozess zu informieren. Den Vorsitz der Strafkammer führte einer der wenigen akademisch gebildeten Richter, die damals noch in der Justiz des demokratischen Sektors von Berlin tätig waren: Dr. Götz Berger. Zwei Schöffen bildeten mit ihm die Strafkammer.

Mein Mandant sagte, er habe bei der Demonstration nur zugesehen. Auch Zusehen konnte strafbar sein, wenn man beispielsweise den Aufforderungen der Polizei nicht Folge leistete. Es galt insoweit noch das Reichsstrafgesetzbuch. Mein Mandant war jedoch als Rädelsführer angeklagt. Seine Funktion in der FDP belastete ihn. Was machte so einer an diesem Tag an diesem Ort? Das Gericht wusste es.

Als Verteidiger konnte ich angesichts der Haltung meines Mandanten nur Freispruch beantragen. Es war eines meiner ersten Plädoyers, vielleicht sogar das erste. Ich hatte Lampenfieber und wohl auch ein wenig Angst. Der heiße Krieg in den 40er Jahren war sehr schnell in den kalten übergegangen. Alle lebten in der Furcht vor einem dritten Weltkrieg. Die Staaten waren hochempfindlich. Die DDR, nicht einmal vier Jahre alt, war es ganz besonders. Neben der mächtigen Bundesrepublik, die sich als Nachfolgerin des Deutschen Reiches verstand und Anspruch auf ganz Deutschland erhob, sah sie sich ständig bedroht und war permanent auf der Hut. Unbotmäßigkeit konnte gefährlich werden.

Ich fühlte mich an sich sehr sicher. Ich war kein Nazi, mir konnte keiner, dachte ich. Aber ich erkannte zunehmend, irgendwo war eine Grenze. Als Student hatte mir schon einmal ein Parteifunktionär – der Auschwitzüberlebende Bruno Baum (1910-1971) und nunmehrige Sekretär der SED-Bezirksleitung – deutlich gemacht, dass ich auch nach Sibirien verbracht werden könnte. Alles war damals möglich.

Mit weichen Knien beantragte und begründete ich den Freispruch.

Im Unterschied zum anwesenden Justizminister passierte mir nichts. Max Fechner wurde bekanntlich wegen seiner Anerkennung des verfassungsmäßig garantierten Streikrechts wenig später verhaftet. Wer konnte das zur Zeit der Hauptverhandlung im Gerichtssaal ahnen? Eine solche Ahnung hätte mir wohl erst recht keinen Mut gemacht. Wie dem auch sei, ich bewirkte nichts. Allenfalls bewahrte ich mir meine Selbstachtung. Der Angeklagte wurde in Übereinstimmung mit dem Antrag des Staatsanwalts zu sechs Jahren Zuchthaus verurteilt.

Die Berufung blieb ebenfalls erfolglos. Es freute mich jedoch, dass mich die Mutter meines Mandanten als Wahlverteidiger beauftragte. Die Anerkennung, die ich darin sah, war mir wichtiger als das höhere Honorar von 300 DM, das ich deswegen keineswegs verachtete.

Gottschling wurde nach Verbüßung der Hälfte der Strafe entlassen. Ich habe nie wieder etwas von ihm gehört. Allerdings wurde ich, es war 1961, von der Westberliner Staatsanwaltschaft als Zeuge geladen. Herr Gottschling hatte gegen einen Zeugen in seinem Verfahren Strafanzeige wegen Meineids erstattet. Zeugen wurden jedoch schon damals nicht von DDR-Gerichten vereidigt, obgleich die rechtliche Möglichkeit gegeben war. Man unterließ es, was eine Lehre aus den vielen unseligen Meineidsverfahren in der Weimarer Republik war. Später wurde der Eid auch gesetzlich abgeschafft.

Wolfgang Gottschling hatte in seiner Aufregung jedoch die vorgeschriebene »Belehrung« des Zeugen über die theoretische Möglichkeit der Vereidigung mit der Vornahme der Vereidigung selbst verwechselt. 2005 las ich seine im gleichen Jahr erschienene Schrift »Wie das Schicksal so spielt«. Darin schrieb er, dass er 1952 wurde zum Sprecher des Landesverbandes Berlin der Deutschen Jungdemokraten gewählt wordem war. Dann schilderte er kurz den Prozess, ohne dass er den Name seines Verteidigers nennt. Nach 1961 war er bis zu seiner Pensionierung beim Bundesamt für Wehrtechnik und Beschaffung in Koblenz tätig.

Insgesamt gewann ich bei der Lektüre der 144 Seiten aus dem Frieling-Verlag den Eindruck, dass Gottschling sein Schicksal auch unabhängig von Prozess und Haft als wenig glücklich empfand.

Die Gerichte verhandelten 1953 »am laufenden Band« gegen Teilnehmer des 17. Juni. Selbst an Sonntagen. In meinem Gedächtnis ist von den Fällen, in denen ich verteidigt habe, nur noch der Fall eines einzigen Angeklagten erhalten. Er war Student an einer Berliner Ingenieurschule und mit Kommilitonen am 17. Juni beteiligt. Die Hauptverhandlung gegen ihn und seine Mitangeklagten fand vor »erweiterter Öffentlichkeit« statt, wie die Verhandlungen vor Publikum genannt wurden. Geladen waren Studenten der Ingenieurschule.

Der Staatsanwalt der Abt. I, der Politischen Abteilung, legte sich mächtig ins Zeug. Fritz Krüger hatte zwei Jahre zuvor noch zu meinen Schülern an der Berliner Volksrichterschule gehört. Nun gab er es mir, und ich versuchte, ihm nichts schuldig zu bleiben. Als er auf mein Plädoyer erwiderte, wollte ich auch auf seine Replik erwidern. Der Vorsitzende Dr. Berger ließ das nicht zu. An so etwas erinnert sich ein Anwalt. Nicht schön, aber typisch. In der Berufungsinstanz war dann die Rechtsfrage zu klären, wem das »letzte Wort« zustünde: dem Staatsanwalt oder dem Verteidiger. Die neue Strafprozessordnung war erst am 2. Oktober 1952 verabschiedet worden, Entscheidungen zu dieser Frage gab es noch nicht.

Der Präsident des Kammergerichts, Hans Ranke, der die Verhandlung führte, war meiner Berufung erkennbar nicht sehr gewogen. Er war ein routinierter Richter. Nach 1945 hatte er in der Stadtvogtei als Schnellrichter begonnen. Prostituierte und Schwarzhändler wurden bei ihm ebenso schnell wie streng bedient. Als Nachfolger von Hilde Neumann wurde er nach einiger Zeit Präsident des Landgerichts Berlin (Ost) und führte 1950 das Strafverfahren gegen 32 Teilnehmer der sogegannten Köpenicker Blutwoche vom Juni 1933. Nun war er weiter aufgestiegen und ein anerkannter Fachmann mit vielseitigem, schnell abrufbarem juristischen Wissen. Jetzt konnte er sich auch Marotten leisten. Seine Protokollantin, eine liebe Frau, wusste davon ein Lied zu singen. Ihre Feder, man protokollierte noch mit Tinte und Feder, durfte auf dem Papier keine Kratzlaute von sich geben. Das machte ihn nervös, und nervös war er ohnehin.

Anlässlich von Stalins Ableben im März 1953 hatte er vor allen Berliner Richtern, wie es vorgeschrieben war, den offiziellen Nekrolog verlesen. Dabei hatte ihm seine Nervosität einen bösen Streich gespielt. Er versprach sich sinnentstellend und dem Andenken an den »genialen« Stalin abträglich. Überraschend blieb der Versprecher folgenlos für ihn. Sonst stand auf ein derartiges Versagen der Verlust der Funktion.

In meinem Fall musste er die DDR schützen. Das war die Aufgabe der Justiz. Das Urteil des Stadtgerichts wollte er also halten, obgleich er zugeben musste, dass ich als Letzter in diesem Verfahren hätte sprechen dürfen. Als Rettungsanker wollte er die Vorschrift nutzen, wonach nur solche prozessualen Fehler zur Aufhebung eines erstinstanzlichen Urteils führten, auf denen dieses Urteil beruhte. Deswegen wollte er von mir hören, was ich gesagt hätte, wenn ich denn gedurft hätte. Das gab ich aber nicht preis. Ich hatte bereits Gesagtes nur wiederholen wollen, um dem Staatsanwalt, wie man heute sagen würde, die Schau zu stehlen, um die eigene Position demonstrativ zu behaupten. Ich berief mich also lediglich darauf, dass das Recht auf Erwiderung Teil des Rechts auf Verteidigung wäre, dessen Verletzung notwendig zur Aufhebung des erstinstanzlichen Urteils führen müsse.

So geschah es. Der Senat des Kammergerichts publizierte sein Entscheidung in der *Neuen Justiz*. »Die Erwiderung des Verteidigers oder des Angeklagten auf die Entgegnung des Staatsanwalts ist ein prozessuales Recht, das das Gericht nicht einschränken oder dem Verteidiger oder Angeklagten vorenthalten darf.« Das Recht auf Verteidigung sah das Kammergericht nicht als verletzt an, wohl aber das Parteiprinzip. Später war die Behauptung, im Strafprozess gelte das Parteiprinzip, eine unverzeihliche ideologische Entgleisung, und die Entscheidung wäre auch nicht mehr in der *Neuen Justiz* veröffentlicht worden.

Gebracht hat dieser Prozesssieg meinem Mandanten nichts. Er wurde zu derselben Strafe erneut verurteilt. Nachdem diese Strafe zur Bewährung ausgesetzt worden war, konnte er allerdings sein Studium beenden. Er kam in den folgenden Jahrzehnten noch mit zwei oder drei zivil- bzw. verwaltungsrechtlichen Problemen zu mir, bis er mir schließlich nach der Wende auch seine Vertretung im Rehabilitierungsverfahren übertrug. Manchmal erkennt ein Mandant auch das erfolglose Bemühen seines Anwalts an.

Standrichter vor Gericht (1953/54)

Zeitgleich mit den Mandaten aus den Ereignissen des 17. Juni erhielt ich Beiordnungen in Verfahren zur »Bewältigung« der faschistischen Vergangenheit. So bekam ich am 27. August 1953, also nach knapp dreimonatiger Anwaltstätigkeit, die Pflichtverteidigung von Erwin Helm übertragen. Genauer gesagt, es wurde vom Senatsvorsitzenden »ein Rechtsanwalt aus dem Rechtsanwaltskollegium« zum Verteidiger bestellt. Das war damals gängige Praxis und herrschende Meinung. Der Vorsitzende des Kollegiums wählte aufgrund des jeweiligen Beiordnungsbeschlusses aus den 22 Mitgliedern einen Anwalt aus, der am Verhandlungstage Zeit hatte, geeignet erschien und mit Aufträgen unterstützt werden sollte. Das alles traf offenbar nach Meinung des Vorsitzenden in diesem Fall auf mich zu. Erst nachdem das Kollegium einige Zeit existierte, wurde der Rechtsanwalt wieder wie früher namentlich durch den Vorsitzenden des Gerichts bestellt.

Anklage und Ladung zur Hauptverhandlung am 10. September 1953 erhielt ich am 2. September. Das waren zwei Tage mehr Vorbereitungszeit als gesetzlich vorgeschrieben. Die Anklage lautete auf Verbrechen gegen die Menschlichkeit.

Helm, Jahrgang 1910, wurde vorgeworfen, im März und April 1945 in wenigstens sieben Fällen als sogenannter Gerichtsherr eines fliegenden Standgerichts an der Westfront die Hinrichtung deutscher Soldaten veranlasst zu haben. Mitangeklagt war der Vorsitzende dieses Standgerichts. Sein Verteidiger war ein erfahrener, nicht dem Rechtsanwaltskollegium angehörender Anwalt, der sich, aus welchen Gründen auch immer, in der Verteidigung sehr zurückhielt. Manchmal hatte ich den Eindruck, er sei nicht nüchtern. Vielleicht habe ich mich getäuscht.

Für beide Angeklagten ging es um den Kopf.

Helm befand sich seit Dezember 1952 in Untersuchungshaft. Ich besuchte ihn in dem als Untersuchungsgefängnis genutzten ehemaligen kaiserlichen Arbeitshaus in Rummelsburg, das man mit S- und Straßenbahn zwar für 20 Pfennig, aber auch nur mühsam erreichte. Keiner von uns Kollegiumsanwälten besaß damals ein Auto. Die Bedingungen für die Gespräche der Verteidiger mit ihren Mandanten waren in Rummelsburg äußerst schlecht. Die Gefangenen mussten von einem Polizisten aus entfernt gelegenen Gebäuden zu den Sprechzellen mit den Verteidigern gebracht werden. Diese Sprechzellen befanden sich in einem Keller, in welchem die Verteidiger auf ihren jeweiligen Mandanten mitunter stundenlang warten mussten, weil es an Personal fehlte. Der Keller war in Kabinen unterteilt. Zigarettenrauch und Gesprächslärm lag über allem, es war kein angenehmer Ort für intensive Gespräche. Für die Häftlinge hingegen bedeutete es eine angenehme Abwechslung, schon wegen der Zigaretten, die der Anwalt mitzubringen gleichsam verpflichtet war. Sie durften allerdings nur während der Sprechzeit geraucht, also nicht in die Zelle mitgenommen werden.

Manchmal gab es Probealarm, dann durfte niemand das Gefängnisgelände verlassen, und wir Anwälte wurden im Keller eingeschlossen. Das konnte sich hinziehen, wenn die Zählung der Gefangenen nicht klappte. Einmal – es muss Ende der 50er Jahre gewesen sein – verpasste ein Kollege sein Flugzeug für die Urlaubsreise, weil er in Rummelsburg eingeschlossen worden war.

In jenem Keller von Rummelsburg suchte ich Erwin Helm neun Monate lang auf. Er war geständig. Es gab weder Tat- noch Rechtsfragen zu diskutieren. Die Verurteilung stand außer Frage. Seine einzige Chance, mit dem Leben davonzukommen, war eine Kopfverletzung, die er neben zwei anderen Verletzungen im Krieg erlitten hatte. Der psychiatrische Sachverständige, Dr. Anton, hatte ihm den § 51 Abs. 2 StGB – verminderte Zurechnungsfähigkeit – zugebilligt. Dr. Anton wurde in den folgenden Jahren zum von der Staatsanwaltschaft bevorzugten Psychiater für politische Strafverfahren, bis er der DDR den Rücken kehrte.

Helms Verhalten in den letzten Kriegstagen ließ keinen sensiblen Menschen erwarten. Ich hatte in der Akte seine Geständnisse und die aus anderen Quellen stammenden Darstellungen der ihm vorgeworfenen Taten gelesen. So hätte er einen 25-jährigen Leutnant wegen Befehlsverweigerung hinrichten lassen. Der Leutnant, selbst ruhrkrank, sollte einen Zug kranker Soldaten zu einem anderen Truppenteil führen. Nach 15 Kilometern Fußmarsch ließ er eine Nachtpause einlegen. Dafür wurde der Leutnant an einem Baum aufgehängt. Als er nach der Schlinge fasste, wurde ihm von einem Mitglied des Standgerichts in die Hand geschossen. Das geschah am 20. April 1945, an Hitlers letztem Geburtstag.

Ein weiterer der sieben Fälle wurde später im Urteil mit folgenden Worten geschildert: »Der 60-jährige Landwirt und damalige Volkssturmmann Karl Weiglein in Zellingen am Main war von einem Offizier, Dr. Mühl-Kühner (der nach dem Kriege nach Spanien geflohen ist), bei Helm, der sich ihm als Standgerichtsherr vorstellte und nach der Stimmung der Truppe fragte, dahingehend denunziert worden, dass er Wehrkraftzersetzung betrieben habe. Er sollte, als ein Offizier vor den Volkssturmmännern eine blutrünstige Rede gehalten und dort kriegsmüde Soldaten mit Erschießen bedroht hatte, ›Oho‹ gerufen haben, und er sollte weiterhin eine verbrecherische Kriegsmaßnahme der Nazis, nämlich das Sprengen einer Brücke unmittelbar bei seinem Hof, kritisiert haben.

Helm beschloss daraufhin, Weiglein vor sein Standgericht zu bringen und zum Tode verurteilen zu lassen, ohne sich auch nur die geringste Mühe zu geben, den Fall zu klären. Helm fuhr sofort mit Ankläger, Vorsitzendem, Henker und Strick zu dem Ort, wo Weiglein sich befand und gab den übrigen Beteiligten Anweisung, das schon vorher vereinbarte und abgefasste Todesurteil zu verkünden.

Er drang auf das Todesurteil bei dem Anklagevertreter Fernau auch noch dann, als sowohl dieser wie auch die beiden Beisitzer ihre starken Bedenken gegen die Schuld des Weiglein vorbrachten. Weiglein hatte nämlich vorher seine Schuld entschieden bestritten.

Helm lehnte es ab, den Fall zu klären, obwohl es eine Kleinigkeit gewesen wäre und nicht einmal nennenswerten Zeitverlust verursacht hätte, wenn er greifbare Zeugen vernommen hätte, zum Mindesten wenn er denjenigen vernommen hätte, der die Äußerungen von Weiglein unmittelbar gehört haben wollte.

Die Vernehmung dieses Mannes wurde von Helm abgelehnt, so dass das Urteil sich lediglich auf den kurzen Bericht des Denunzianten stützte, der selber nicht einmal die inkriminierten Äußerungen gehört hatte. So wurde auf Drängen Helms das Todesurteil gegen die bessere Überzeugung des Staatsanwalts und der Beisitzer und ohne Klärung des Sachverhalts, trotz Leugnens des Angeklagten, verhängt. An der darauffolgenden Hinrichtung, die bezeichnenderweise im Angesicht des Hofs des Weiglein und vor den Augen seiner Ehefrau durch Aufhängen auf einem Baum seines eigenen Anwesens vorgenommen wurde, beteiligte sich Helm sogar unmittelbar, indem er den Kopf seines Opfers in die Schlinge legte. An dieser grausigen Art der Vollstreckung ließ er sich auch nicht durch die entsetzten Schreie des Weiglein und seiner der Erhängung zuschauenden Ehefrau behindern.«

So geschehen am 28. März 1945.

Im persönlichen Gespräch glaubte ich nicht, den Mann vor mir zu haben, der fähig war, einen 60-Jährigen vor den Augen seiner Frau eigenhändig zu erhängen.

An zwei sich wiederholende Gesprächsthemen erinnere ich mich. Immer wieder sprach der gebürtige Leipziger Helm zärtlich von seiner Tochter, die er »Pümmelchen« nannte. Auf sächsisch klang es noch liebevoller. Es war nicht unecht.

Das andere Thema war nicht weniger makaber. Im Angesicht eines möglichen Todesurteils und in Kenntnis des Sachverständigengutachtens über verminderte Zurechnungsfähigkeit erzählte er mir fast bei jedem Besuch Irrenwitze.

Die Hauptverhandlung verlief wie erwartet. Die Angeklagten wurden für schuldig befunden, »Verbrechen gegen die Menschlichkeit« begangen zu haben. Sie wurden ferner »als Hauptschuldige im Sinne der Kontrollratsdirektive Nr. 38« eingestuft. Entsprechend dem Antrag des Staatsanwalts erkannte das Gericht für jeden Angeklagten auf eine lebenslängliche Zuchthausstrafe, auf dauernden Verlust der bürgerlichen Ehrenrechte sowie auf Sühnemaßnahmen, die in einem Formular, das dem Urteil beigefügt war, wie folgt festgelegt wurden: »1. Die Angeklagten sind dauernd unfähig, ein öffentliches Amt zu bekleiden. 2. Sie verlieren alle ihre etwaigen Rechtsansprüche auf eine aus öffentlichen Mitteln zahlbare Pension oder Zuwendung. 3. Sie verlieren das Recht zu wählen oder gewählt zu werden sowie das Recht, sich irgendwie politisch zu betätigen oder Mitglied einer politischen Partei zu sein. 4. Sie dürfen weder Mitglied einer Gewerkschaft noch einer wirtschaftlichen oder beruflichen Vereinigung sein. 5. Es ist ihnen auf die Dauer von 10 Jahren nach ihrer Freilassung verboten, a) in einem freien Beruf oder selbständig in irgendeinem gewerblichen Betrieb tätig zu sein, sich an einem solchen zu beteiligen oder dessen Aufsicht oder Kontrolle auszuüben, b) in nicht selbständiger Stellung anders als in gewöhnlicher Arbeit beschäftigt zu werden, c) als Lehrer, Prediger, Redakteur, Schriftsteller oder Rundfunk-Kommentator tätig zu sein. 6. Sie unterliegen Wohnraum- und Aufenthaltsbeschränkungen. 7. Sie verlieren alle ihnen etwa erteilten Approbationen, Konzessionen und Vorrechte sowie das Recht, ein Kraftfahrzeug zu halten.«

Im Urteil hieß es zur Strafzumessung: »Der Angeklagte Helm hätte die Todesstrafe verdient, wenn ihm nicht der § 51 Abs. 2 StGB zur Seite stünde. Auf Grund des Sachverständigengutachtens des Psychiaters Dr. Anton steht indessen fest, daß der Angeklagte auf Grund seiner im Jahre 1943 erlittenen Kopfverletzung, die einen erheblichen Verlust von Gehirnmasse zur Folge hatte, nur vermindert zurechnungsfähig ist. Er hat die volle intellektuelle Fähigkeit, das Verbrecherische seiner Handlungsweise einzusehen, er bringt aber auf Grund seiner Verletzungen nicht die moralischen Hemmungen auf, die einem gesunden Menschen eigen sind.« Tatsächlich hatte Helm die Schwere seiner Kopfverletzung in der Hauptverhandlung eindrucksvoll demonstriert. Er tat dies mit einem gewissen Stolz, indem er sich vorbeugte und sich aufblähte. Dann drückte das Gehirn die Kopfhaut nach außen. Ich wohnte zwar einer derartigen Präsentation während der Hauptverhandlung bei, sah aber nicht auf meinen Mandanten. Ich sah nur die Reaktion in den Gesichtern der Richter. Das reichte mir.

Das Urteil wurde am 11. September 1953 verkündet, neun Tage nach der Ladung zur Hauptverhandlung, knapp fünf Monate nach dem Datum der Anklage. Der Prozess war also zügig und ohne Überraschungen verlaufen. Dann geschah jedoch Unerwartetes. Die Staatsanwaltschaft legte Protest ein, obgleich das Urteil ihrem Antrag entsprach. »Protest« hieß nach der StPO von 1952 die Berufung des Staatsanwalts, weil das Rechtsmittel der Staatsanwaltschaft natürlich nicht die gleiche Bezeichnung führen konnte wie das des Angeklagten. Das hätte die Staatsanwaltschaft dem Angeklagten unzulässig gleichgestellt.

Meine Berufung wurde auch fristgerecht, das heißt innerhalb von einer Woche eingelegt und begründet. Dann wurde es mysteriös. Der Termin zur Hauptverhandlung vor dem Kammergericht, der auf den 13. Oktober 1953 anberaumt war, wurde ohne Angabe von Gründen am 10. Oktober aufgehoben. Ein neuer Termin wurde zunächst nicht genannt. Monatelang geschah nichts. Das widersprach allen Regeln. Allmählich sickerte durch, die Gerichtsakten seien verschwunden. Das Wirken des Klassenfeindes wurde hinter dem beispiellosen Ereignis vermutet. Zwei Richter des Kammergerichts galten als die Schuldigen, mussten ihren Dienst quittieren und wurden genötigt, Rechtsanwälte zu werden. Die Staatsanwaltschaft nahm schließlich im Mai 1954 den Protest zurück, obgleich sich die Akten inzwischen wieder angefunden hatten. Um nicht Gott zu versuchen, nahm auch ich die Berufung zurück.

Helm wurde später im Zuge einer Amnestie entlassen. Von ihm selbst habe ich nie wieder etwas gehört. Aus Zeitungen erfuhr ich indessen, dass er in der Bundesrepublik, offenbar wegen weiterer Taten, erneut verurteilt worden sei.

Organisation Gehlen vor dem Obersten Gericht (1953)

Am Ende des Jahres 1953 wurde ich vom Obersten Gericht zum Pflichtverteidiger für zwei Angeklagte bestellt, die wegen Spionage angeklagt worden waren. Es war mein erstes Strafverfahren vor dem Obersten Gericht. Ich hatte nun etwa sechs Monate Anwaltstätigkeit hinter mir, meine Mitverteidiger waren mir an Alter und Berufserfahrung überlegen. Meine Verfassung wird dieser Situation entsprochen haben.

Die Distanz, die zwischen dem höchsten Gericht der DDR und den Verteidigern lag, ist heute schwer zu beschreiben. Einerseits konnte der Genosse Verteidiger außerhalb der Hauptverhandlung den Genossen Richter duzen, andererseits markierte die Höhe Tisches von Richter und Staatsanwalt den hierarchischen Abstand zwischen den beiden »Organen der Rechtspflege«. Dieser Terminus zur Bezeichnung der Stellung der Anwaltschaft innerhalb der Justiz war aus der Rechtsprechung des Kaiserreichs und der Weimarer Republik in die Verordnung über die Bildung der Kollegien der Rechtsanwälte übernommen worden. Später lehnte das Justizministerium den Begriff wegen seiner Gleichstellung der Anwaltschaft mit Gericht und Staatsanwaltschaft ab, während wir Anwälte ihn eben deshalb zu verteidigen suchten.

Eine unmittelbare Erinnerung an das Verfahren habe ich nicht mehr. Es ist in der Vielzahl späterer Verfahren untergegangen. Spionageprozesse waren ausgesprochen langweilig. Die Angeklagten waren geständig, die Vernehmungsprotokolle des Ministeriums für Staatssicherheit (MfS) ebenso minutiös wie hölzern. Nach diesen Protokollen wurden die Angeklagten in der Beweisaufnahme abgefragt, der Stoff wurde abgehakt. Rechtsfragen gab es nicht. Die Schilderung von Treffs und dem Anlegen Toter Briefkästen, die Beschreibung geheimdienstlicher Mittel wie Funkgeräte, Codes und Geheimtinten sowie Berichte über Kennzeichen von Militärfahrzeugen, Eisenbahntransporte, Flugplätze, Versorgungslücken und Personen-Charakteristiken waren extrem ermüdend. Ein Verfahren glich dem anderen.

Geblieben ist lediglich der Gesamteindruck, den die Verfahrensprozedur auf mich machte: der große, für die damalige Zeit gut ausgestattete Saal in der Scharnhorststraße 37, Soldaten als Bewacher, die Zahl der Journalisten und die Menge der Zuschauer. Beeindruckt hat mich auch das prominente Gericht in schwarzen Anzügen – Roben trug man nicht mehr – und natürlich auch der Staatsanwalt, insbesondere Generalstaatsanwalt Dr. Ernst Melsheimer (1897-1960). Das war ein Jurist, der schon vor 1933 an verantwortlicher Stelle in der Justiz tätig gewesen und dann von den Nazis gemaßregelt worden war.

Alles war auf staatliche Autorität ausgerichtet. Das Gericht wurde mit »Oberstes Gericht der Deutschen Demokratischen Republik« angesprochen. Die Verteidiger – wenn möglich ebenfalls in schwarzen Anzügen – hatten keinerlei Ambitionen, die erhabene Stellung des Gerichts in Zweifel zu ziehen. Konfliktverteidigung war ein unbekannter Begriff (er war wohl auch in der BRD noch nicht kreiert worden). Man achtete als Verteidiger die Würde des Gerichts. Das war selbstverständlich. Schließlich hatte das Gericht die Macht, über Leben und Tod, Gefängnis und Freiheit zu entscheiden. Etwas von dieser »Subalternität« haftet mir heute noch an. Ein Richter ist für mich immer noch ein Mensch, dem wegen seines Amtes ein besonderer Respekt gebührt.

Vor dem Obersten Gericht konnte in Straf- und Zivilsachen jeder Rechtsanwalt der DDR auftreten. Pflichtverteidiger wurden natürlich sorgfältig ausgewählt. Staatsverbundenheit wurde gesucht, wenn auch nicht immer gefunden. Mancher meiner Mitverteidiger war plötzlich im Westen.

Damals war mir nicht bewusst, dass ich an einem »Pilotverfahren« teilnahm. Es war das erste einer großen Zahl von Strafverfahren, die in der Folge vor dem Obersten Gericht und den Bezirksgerichten der DDR gegen Spione der »Organisation Gehlen« und anderer Dienste durchgeführt wurden. Der Hauptangeklagte des Verfahrens, Haase, war ein hauptamtlicher Agent der »Organisation Gehlen«. In seinen 1959 erschienenen Erinnerungen (»Der Dienst«) schilderte ihn Reinhard Gehlen (1902-1979) als einen »besonders zuverlässigen, einsatzfreudigen, ideenreichen Mitarbeiter«.

Das Verfahren gegen Haase u. a. wurde zu einer breiten Darstellung der Entstehungsgeschichte der »Organisation Gehlen« genutzt. Reinhard Gehlen war während des Zweiten Weltkrieges Chef der Abteilung »Fremde Heere Ost« der faschistischen Wehrmacht, deren Aufgabe die Spionage in der UdSSR war. Er hatte sich mit seinem gesamten Archiv, das in fünfzig Stahlkisten untergebracht war, am 20. Mai 1945 in amerikanische Kriegsgefangenschaft begeben und seinen Plan des Aufbaus eines deutschen Geheimdienstes, der mit den Amerikanern kooperiert, angeboten. Das Angebot wurde angenommen und Gehlen in den USA bis Juli 1947 zusammen mit seinen engsten Mitarbeitern für den neuen Einsatz vorbereitet. Ab Januar 1947 begann Gehlen, »die Informationswünsche aus Washington zu befriedigen«, wie Piekalkiewicz in seiner »Weltgeschichte der Spionage« im Jahre 1988 schrieb. Gehlen selbst stellte in seinem Memoiren das Verfahren gegen Haase u. a. in den Kontext einer großen Operation des Ministeriums für Staatssicherheit der DDR mit sowjetischen Diensten.

Da dieses Verfahren noch nicht in den Prozessregistern enthalten ist, die ich erst ab 1954 aufzuheben begann, wäre es mir völlig aus dem Gedächtnis entschwunden, hätte ich nicht die Verteidigerplädoyers aufbewahrt, die damals vom Justizministerium zu Schulungszwecken verbreitet wurden. Es sind Zeitzeugnisse, die gesellschaftliche wie persönliche Entwicklungen deutlich machen. Aus heutiger Sicht beschämend für die Gesellschaft, die Justiz und natürlich auch für mich.

Ob der Text, den das Ministerium verbreitete, originalgetreu und vollständig war, weiß ich nicht, aber ich denke, er gibt ein im Wesentlichen zutreffendes Bild von den damaligen Plädoyers. Meine Rede, die ich als letzter der Verteidiger in diesem Verfahren nach Stichworten frei vortrug, ging so: »Als Verteidiger der Angeklagten Oesterreich und Rennert ist mein Ausgangspunkt der gleiche, wie der meiner drei Kollegen. Ich habe daher nichts Weiteres zu sagen über die Verwerflichkeit der Taten, die hier in überzeugendster Form in dem Plädoyer des Herrn Generalstaatsanwalts zum Ausdruck kamen. Ich habe auch nichts Neues mehr zu sagen über die Notwendigkeit der Verteidigung, die unser Gesetz vorschreibt.

Auch meine Angeklagten sind geständig, und ich brauche daher nichts über den Umfang ihrer Handlungen mehr vorzutragen.

Die rechtliche Qualifizierung ihrer Taten nach Art. 6 und Direktive 38 des Alliierten Kontrollrats ist so eindeutig und klar, dass es auch dazu keiner Erörterung von Seiten der Verteidigung bedarf. Gegenstand meiner Ausführungen werden daher lediglich Bemerkungen zur Strafzumessung sein.

Ich möchte zunächst zur Verteidigung des Angeklagten Rennert sprechen.

Rennert hat anderthalb Jahre Militärspionage getrieben. Er hat 22 Berichte geliefert. Es ist klar und war auch ihm ist klar, dass die gerechte Strafe in seinem Fall nur eine harte Strafe sein kann. Dennoch werde ich mich bemühen, einige entlastende Punkte hervorzuheben, ohne dabei die Realitäten zu übersehen.

Eine Realität ist zunächst die Feststellung des Herrn Generalstaatsanwalts über die Person des Angeklagten Rennert. Er sagte: Rennert ist ein eingefleischter Militarist. Daran vermag auch die Verteidigung nicht vorüberzugehen. Rennert ist der Typ des preußischen Feldwebels. Wenn man ihn hier vor den Schranken des Gerichts stehen sah, sah man ihn vor dem geistigen Auge – möchte ich sagen – fast in Uniform und Stahlhelm. Es ist zu fragen, wie wurde Rennert zu diesem Typus? Es ist zu fragen, wie ist es gekommen, dass er seine Vergangenheit in den acht Jahren seit dem Zusammenbruch des Hitlerfaschismus nicht überwinden konnte? Zum Feldwebel wird man bekanntlich nicht geboren, zum Feldwebel wird man erzogen. Und die Erziehung Rennerts zum Feldwebel begann sehr früh. Wir wissen, dass es seines Vaters Wunsch war, als er sich 1933 freiwillig zur faschistischen Wehrmacht meldete. In den Kreisen, aus denen auch Rennert stammte, gehörte der militärische Dienst praktisch zur Erziehung. Man sah es in diesen Kreisen als notwendig an, um ein richtiger Mann zu werden, dass man den preußischen Kommiss durchlief. Aus der einjährigen Verpflichtung wurde schließlich eine zwölfjährige. Wir haben gehört, wie das Hitlersche Reichserbhofgesetz dazu beitrug, weil ja schließlich nur noch ein Sohn den Hof des Vaters erben durfte, und wir haben gehört, wie der Zivilversorgungsschein lockte.

Als die zwölf Jahre um waren, zu denen Rennert sich verpflichtet hatte, war auch der Krieg zu Ende, und auch einem Rennert war es klar geworden, dass dieses System völlig versagt hatte. Auch er konnte nicht an der offensichtlichen Hohlheit des preußischen Militarismus vorübergehen, die sich in seinem Zusammenbruch offenbart hatte. Dies kam zum Ausdruck, als Rennert 1945 von Engländern für die Vorbereitung eines neuen Krieges geworben werden sollte. Damals lehnte er ab. Sobald es ihm möglich war, kehrte er in seine Heimat, in die damalige sowjetische Besatzungszone zurück, was ihm auch bis 1946 von den Engländern noch verwehrt wurde. Er gründete sich seinen eigenen Hof von neuneinhalb Hektar und begann mit der schweren Arbeit eines Bauern. Er hat auch hier seine Pflichten, sein Soll, erfüllt, wie er hier berichtet hat. Ich meine, dass sich in Rennert eine häufig zu findende Charaktereigenschaft ausdrückt: Rennert zeigt sich als Pflichtmensch, als ein Mensch der formalen Pflichterfüllung, der alles das, was ihm als Pflicht hingestellt wird, auch durchführt. So hat er es zum Deutschen Kreuz in Gold gebracht, und so hat er später – wenn ich einmal vorweggreifen darf – beim Spionagedienst präzise und regelmäßig die ihm aufgetragenen – wenn ich das so nennen darf – ›Pflichten‹ erfüllt. Aber so weit sind wir noch nicht.

Was waren die Gründe, die ihn zu diesem Ja bewogen? Die Gründe, das waren, wie er uns gesagt hat, seine feindliche Einstellung gegen die Deutsche Demokratische Republik, das war aber auch – und das bitte ich das Gericht als entlastend zu beachten – seine finanzielle Lage, die für ihn als Bauer der Deutschen Demokratischen Republik nicht schlecht war, die ihn aber doch in augenblickliche Schwierigkeiten deswegen gebracht hatte, weil er immer weiter und immer schneller seinen Hof aufbauen wollte und dazu Kredite aufgenommen hatte. Er wollte diese Vorwärtsentwicklung nicht abstoppen und musste daher sehen, wie er ›außerplanmäßig‹ zu Geldmitteln kam. So ging er auf dieses Angebot des leichten Geldverdienens ein.«

Im Originaltext folgt sodann eine ausführliche Geschichte der Anwerbungsversuche, der Bedenken Rennerts und seines Schwankens, bis es schließlich heißt: »So gewinnen seine Herren von gestern wieder Macht über ihn, diese Generale, die es noch einmal wagen wollen. Sie gewinnen Macht über – wenn ich es so ausdrücken darf – den Pflichtmenschen Rennert, den Untertan. Und ein Untertan ist er, das ist ja eben eine der bezeichnenden Seiten des preußischen Feldwebels. Charakteristisch war, wie er hier dem Präsidenten des Gerichts auf die Frage, warum er denn bei seinem Fluchtweg so fahren sollte, antwortete: ›Weil es mir so gesagt worden war, Herr Präsident.‹ Das war für ihn eine Begründung, dass man ihm etwas gesagt hatte.

Er hat hier noch ähnliche Antworten in dieser Richtung gegeben, die ihn als Untertanenmensch kennzeichnen. Aus dieser Charakterhaltung Rennerts wage ich die Formulierung, dass seine Gefährlichkeit nicht so sehr in seiner eigenen, aus ihm selbst kommenden Aktivität liegt, nicht so sehr aus seiner eigenen, aus ihm selbst stammenden Bösartigkeit, sondern darin, dass er bedenkenlos für andere tätig wird, dass er, um im Jargon seinesgleichen zu sprechen, ›stur wie ein Panzer‹ ist, das ideale Werkzeug seiner Auftraggeber, das, einmal eingesetzt, bedenkenlos deren verbrecherische Ziele verfolgt.

Wenn man ihn mit den anderen Angeklagten des Prozesses vergleicht, so fällt eines auf: Er ist der geistig Unbeweglichste von allen hier in dieser Verhandlung gewesen, der den geringsten Intelligenzgrad hatte, obgleich er natürlich das Verbrecherische seiner Handlung voll einzusehen in der Lage war. So kam es bei Rennert auf Grund seines Charakters, auf Grund seiner Entwicklung zu diesen täglichen Beobachtungen, zu diesen regelmäßigen Berichten, die mit der Präzision eines Uhrwerks nach Westberlin geliefert wurden, mit jener seelenlosen Präzision, die auch die Hitlersche Kriegsmaschine auszeichnete. Es kennzeichnet den ganzen Gehlenschen Geheimdienst, es kennzeichnet die Amerikaner, die hinter ihm stehen, dass sie sich gerade solcher Menschen für ihre Ziele bedienen.

Einmal – und darauf muss ich als Verteidiger auch hinweisen – hat er Angst, hat er Bedenken bekommen, wollte er zurücktreten. Aber auch ihm ist dieser Rücktritt nicht gelungen. Seine Bedenken, seine Angst wurden zerstreut durch eine Gehaltszulage von 50 DM und durch seine Einsicht in die angebliche Unmöglichkeit des Rücktritts. So hat Rennert weiter beobachtet und weiter berichtet, bis ihn die Organe unserer Staatssicherheit inhaftierten.«

Es folgte die Verteidigung Oesterreichs, die gleichartig war. Ich schloss: »Für beide Angeklagten bitte ich schließlich das Oberste Gericht zu berücksichtigen, dass sie in allen Punkten geständig waren, dass sie, so glaube ich, heute einsehen, was für Verbrechen sie begangen haben, dass ihnen die Augen geöffnet wurden über die Lügen, denen sie erlegen sind schon durch die Tatsache, wie anders ihre Behandlung bei den Organen unserer Staatssicherheit war, als sie ihnen vorher von ihren Agentenauftraggebern geschildert wurde. Schließlich aber bitte ich noch eins bei beiden zu berücksichtigen, was auch der Herr Generalstaatsanwalt schon in seinem Plädoyer zum Ausdruck gebracht hat: Weder Oesterreich noch Rennert säßen heute hier auf der Anklagebank ohne die Spalter Deutschlands, ohne die Initiatoren des kalten Krieges, ohne diejenigen, die den heißen Krieg heute schon wieder vorbereiten. Sie sind es, die auch in diesem Prozess wie schon in vielen anderen die eigentlichen Hauptangeklagten sind. Ich bitte das Oberste Gericht, alle diese Punkte bei der Findung des gerechten Strafmaßes zu berücksichtigen.« Wenn ich das heute lese, erkenne ich mich nur andeutungsweise wieder. Die Zeit hat vieles im Urteil und in der Sicht verändert. Eine Binsenweisheit, die jedoch vielfach missachtet wird, gerade heute und hier, gerade von der Justiz, wenn sie über Vergangenheit richtet.

Nachfolger eines Anwalts, der auszog, Richter am Bundesverfassungsgericht zu werden (1954)

Nach meinem ersten Anwaltsjahr machte ich im Juli 1954 Urlaub in Heringsdorf. Dort hatten Kollegiumsanwälte in einem direkt an der Strandpromenade gelegenen Gebäude ein für die 50er Jahre ideales Feriendomizil gefunden: ein schwedisches Holzhaus aus der Zeit vorm Ersten Weltkrieg. Es blieb über viele Jahre ein Treffpunkt besonders für die Anwaltsfamilien mit Kindern. Sie verpflegten sich dort selbst, Frühstück und Abendbrot wurden in einer geräumigen Veranda gemeinsam eingenommen, die Kinder spielten miteinander. Es war eine Idylle, die für die damalige Atmosphäre im Berliner Anwaltskollegium durchaus charakteristisch war.

In meine 54er Sommerseligkeit platzte ein Telegramm aus Berlin. Es teilte mir mit, dass ich ab sofort nicht mehr in der Zweigstelle Mitte I, sondern in der Zweigstelle Prenzlauer Berg in der Kastanienallee 1 arbeiten und dort auch als Zweigstellenleiter fungieren müsse. Im Prinzip hatte ich nichts dagegen, ich verbesserte mich. Ich würde ein eigenes Zimmer haben, die Lage des Büros war gut, und das musste sich früher oder später auszahlen. Doch gefragt wäre ich schon gern worden. Aber die Zeiten waren nicht so.

Anlass für die überstürzte Aktion war die Flucht des Leiters dieser Zweigstelle. Rudi Wand gehörte in unserem Kreis zu den tonangebenden Mitgliedern und war Sprecher der Opposition. Nach der Ausrufung des »Neuen Kurses« im Juni 1953, mit dem in der DDR einige radikale Maßnahmen zur Beschleunigung des Aufbaus des Sozialismus wie Normerhöhungen und Lebensmittelkartenentzug für Gewerbetreibende zurückgenommen worden waren, stellte Wand auch die Auflösung des Rechtsanwaltskollegiums zur Diskussion. Die Anwaltszulassung hatten wir schließlich, und das Kollegium hatte für ihn offenkundig seine Schuldigkeit getan.

Geflohen war er jedoch nicht wegen dieser Aufmüpfigkeit. Wand hatte vielmehr gehört, dass gegen ihn wegen Zeugenbeeinflussung ermittelt wurde. Er hatte einen Fleischermeister verteidigt, dem man Schiebereien mit Lebensmittelkarten vorwarf. Mit einem Zeugen in diesem Verfahren hatte Wand angeblich eine wahrheitswidrige Aussage abgesprochen. Das hätte Gefängnis bedeutet, wenn es bewiesen worden wäre. Also setzte sich Wand in den Westen ab.

In Berlin wurde Rudi Wand (1928-1985) in Abwesenheit wegen Begünstigung verurteilt.

In Karlsruhe dagegen wurde Walter Rudi Wand 1970 zum Mitglied des Zweiten Senats des Bundesverfassungsgerichts. Er war dreizehn Jahre lang Verfassungsrichter. Eine einmalige Karriere für einen Kollegiumsanwalt aus der DDR. Es hob uns alle ein wenig.

Ich wurde 1954 sein Nachfolger – allerdings nur als Rechtsanwalt und Zweigstellenleiter in Berlin-Ost.

Allmählich fasste ich als Anwalt Fuß. Gleichzeitig stieg ich in der Hierarchie des Kollegiums auf, wurde Zweigstellenleiter, Vorstandsmitglied und noch 1954 schließlich Vorsitzender.

Sabotage in der Materialwirtschaft (1955-1962)

Am 7. Januar 1955 war unter den schon zahlreicheren Mandanten, die mich in der Zweigstelle in der Kastanienallee aufsuchten, auch eine Frau Hütter. Sie bat mich, ihren Mann zu verteidigen, der vor fast acht Monaten am 13. Mai 1954 verhaftet worden sei. Als kommissarischer Hauptabteilungsleiter im Staatlichen Komitee für Materialversorgung habe er eine höhere Regierungsfunktion ausgeübt.

Frau Hütter wusste nicht – wie viele Angehörige von Untersuchungshäftlingen jener Zeit auch –, in welchem Gefängnis sich ihr Mann befand. Vor Abschluss der Ermittlungen wurde dies nicht mitgeteilt. Für Rechtsanwälte war es allerdings kein Problem, den Aufenthalt festzustellen.

Das Ermittlungsverfahren war beim Generalstaatsanwalt der DDR anhängig und Ernst Hütter in die Untersuchungshaftanstalt des MfS in Cottbus überführt worden. Die Hauptverhandlung sollte vor dem Bezirksgericht Cottbus durchgeführt werden. Unser Bürovorsteher Schulz hatte das telefonisch erfragt. Herr Schulz war überhaupt ein erfahrener und tüchtiger Bürovorsteher. Wir verloren ihn leider bald, denn es war durch Untersuchungen unserer Revisionskommission herausgekommen, dass er sich aus der Kasse unseres Büros bedient hatte. Ich fand es nett von ihm, dass er meine Einnahmen verschont und die der anderen Rechtsanwälte bevorzugt hatte. Am Tage der Entdeckung verschwand er nach Westberlin und ward nicht mehr gesehen.

Politische Strafsachen – mit Ausnahme von Verfahren gegen Nazis und Kriegsverbrecher – konnten in Berlin nicht durchgeführt werden. Es fehlte die gesetzliche Grundlage. Das ganze politische Strafrecht, abgesehen von den Tatbeständen der Nazi- und Kriegsverbrechen, bestand bis 1957 nur aus einem einzigen Paragraphen, dem Artikel 6 Abs. 2 der Verfassung der DDR von 1949. Er lautete: »Boykotthetze gegen demokratische Einrichtungen und Organisationen, Mordhetze gegen demokratische Politiker, Bekundung von Glaubens-, Rassen-, Völkerhass, militaristische Propaganda sowie Kriegshetze und alle sonstigen Handlungen, die sich gegen die Gleichberechtigung richten, sind Verbrechen im Sinne des Strafgesetzbuches. Ausübung demokratischer Rechte im Sinne der Verfassung ist keine Boykotthetze.«

Die Verfassung der DDR und damit ihr Artikel 6 galt jedoch nicht im demokratischen Sektor von Berlin, der Hauptstadt der DDR. Der ungewöhnliche Zustand beruhte auf dem Viermächtestatus der Stadt, der im Übrigen auch für den Westteil galt.

Die DDR wusste sich jedoch zu helfen. Die Beschuldigten wurden dahin gebracht, wo die Verfassung der DDR galt – »in die Republik«, wie man sagte. Hier konnten sie angeklagt und verurteilt werden, da die Strafprozessordnung von 1952 den Gerichtsstand des Aufenthaltsortes kannte, und Aufenthaltsort war das Untersuchungsgefängnis.

Eine nicht geringe Zahl von Strafverfahren gegen Berliner fand aus diesem Grund in den ersten Jahren vor den Bezirksgerichten, vorwiegend in Potsdam und Cottbus, aber auch in Magdeburg statt. So auch die Strafsache Hütter.

Ostberliner Anwälte waren bei Gerichten der DDR ursprünglich jedoch nicht zugelassen. Es war also aus diesem Grund für uns Berliner Kollegiumsanwälte von erheblicher praktischer Bedeutung, dass für sie diese Zulassung im November 1953 erfolgte. Der zuständige Oberrichter in der Strafsache Hütter wusste aber nichts von dieser Verfügung des Justizministeriums, jedenfalls verlangte er von mir eine spezielle Auftrittsbefugnis vor Gerichten der DDR, die ich jedoch als Einzelermächtigung nicht besaß. Das Justizministerium musste erst über die Cottbuser Justizverwaltungsstelle die Regelung bekanntgeben, dann durfte ich auftreten.

Die Zeit der Vorbereitung auf das mit Sicherheit schwerwiegende und komplizierte Gerichtsverfahren war wie üblich kurz. Immerhin erhielt ich die Ladung zur Hauptverhandlung am 16. März 1955 schon am 2. März. Allerdings hatte ich zu diesem Zeitpunkt noch keine Sprecherlaubnis für den Angeklagten. Diese wurde mir telefonisch am 8. März zugesagt. Am 11. März konnte ich erstmalig die umfangreichen Akten einsehen.

Der Eröffnungsbeschluss des 1. Strafsenats, der mir mit der Ladung zugestellt worden war, fand meinen Mandanten hinreichend verdächtig, »seit 1952 Schädlingstätigkeit in der Wirtschaft der Deutschen Demokratischen Republik betrieben, eine erhebliche Desorganisation veranlasst und großen wirtschaftlichen Schaden verursacht« zu haben. Im Einzelnen ging es um eine zu geringe

Produktionsauflage zur Herstellung von Zündschnüren für den Bergbau, um eine falsche Planung bei der Produktion von Schwefelsäure, eine Kürzung des Stickstoffdüngemittel-Kontingents für die Landwirtschaft sowie um vier weitere ähnliche Vorwürfe.

Nicht gerade ein Gebiet, das mir besonders lag.

Mit der Hand schrieb ich auf 17 Seiten in Stichworten auf, was mir wesentlich erschien. Anschließend besuchte ich meinen Mandanten im Untersuchungsgefängnis.

Ernst Hütter stand fünf Tage vor der Hauptverhandlung und einen Tag vor seinem 50. Geburtstag, als ich ihn traf. Ich habe Letzteres damals sicher nicht zur Kenntnis genommen, weil ich Geburtstage meiner Mandanten seinerzeit noch weniger beachtete als heute, wo ich die Jahre anders zähle. Nachträgliches Bedauern hilft da nicht. Dennoch sind wir gut miteinander ausgekommen.

Seine Geschichte war zeittypisch, und dass er nun vor Gericht stand, war es auch. In seinem handschriftlichen Lebenslauf, datiert vom 5. Dezember 1949, hatte Ernst Hütter erklärt: »Vom Elternhaus mit sozialistischen Gedankengängen vertraut gemacht, trat ich nach dem Kapp-Putsch im Jahre 1920 dem Deutschen Metallarbeiterverband in Leipzig als Mitglied bei und betätigte mich im Betrieb als Funktionär.«

Aus diesem Lebenslauf ging auch hervor, dass er an mehreren Kursen des Leipziger Arbeiter-Bildungs-Instituts teilgenommen hatte, 1923 der SPD beigetreten war und, nach seiner Übersiedlung nach Berlin, die gewerkschaftlich unterstütze Fachschule für Wirtschaft und Verwaltung und gleichzeitig als Gasthörer die Hochschule für Politik besucht hatte. 1931 wurde er durch die Wirtschaftskrise arbeitslos, fand 1932 wieder Arbeit im Bezirksamt Prenzlauer Berg und wurde im Februar 1933 wegen seiner gewerkschaftlichen und politischen Betätigung von den Nazis entlassen. Er fand erneut Arbeit in der Wirtschaftsgruppe Chemische Industrie, wurde noch 1944 eingezogen und am 30. April 1945 bei Halbe verwundet.

»Dem FDGB und der SPD trat ich sofort nach der Rückkehr aus der Kriegsgefangenschaft bei und wurde bei der Gründung in die SED mit übernommen [...] Politisch versuchte ich mein Wissen durch den Besuch der Betriebsparteischule der Deutsche Wirtschaftskommission (DWK) zu erweitern und versuchte in der Freizeit, mich mit den Fragen des Marxismus-Leninismus eingehend zu beschäftigen.« Hütters Lebenslauf endete mit den Worten: »Ich habe durch meine bisherige Arbeit, vor allen Dingen in den vergangenen vier Jahren, versucht, die Interessen der Arbeiterklasse zu vertreten und glaube durch meine Arbeit mit zum Aufbau der Wirtschaft in der Deutschen Demokratischen Republik beigetragen zu haben.«

Nun wurde ihm »Schädlingstätigkeit« im Rahmen seiner Arbeit als Hauptabteilungsleiter in der Staatlichen Kommission für Materialversorgung in elf Fällen vorgeworfen.

Eine wesentliche Rolle in dem Verfahren spielte die Tatsache, dass Hütter bis Dezember 1946 nicht nur Mitglied der SED, sondern auch der Westberliner SPD war. Rechtlich waren die Vorwürfe auf den Tatbestand des Artikels 6 der Verfassung der DDR und auf die Kontrollratsdirektive 38 Abschnitt II Artikel III A III gestützt. Beide Vorschriften waren ursprünglich geschaffen worden, um das Wiedererstehen des Faschismus zu verhindern. In der DDR galt jedoch damals jede Unterstützung eines politischen Gegners zugleich auch als eine profaschistische Tätigkeit. Und dies rechtfertigte die Anwendung dieser gesetzlichen Bestimmungen.

In den vorangegangenen anderthalb Jahren meiner Anwaltstätigkeit hatte ich schon manch politischen Prozess geführt, aber dieser schien mir besonders brisant. Immerhin war der Angeklagte ein Mann in hoher Funktion innerhalb des zentralen Staatsapparats. Cottbus hatte zudem auf mich einen besonders abweisenden Eindruck gemacht. Ich kannte die Richter und Staatsanwälte nicht. Berliner galten a priori als suspekt. Mir war nicht wohl. Als ich zur Verhandlung fuhr, sagte ich zu meiner Frau, wenn ich nicht wiederkäme, hätte man mich dortbehalten, und ich nannte ihr den Anwalt, den sie dann aufsuchen sollte.

Sicher war ich zu ängstlich. Nie hatte ich vorher oder nachher von einem Anwalt gehört, dass er wegen einer Verteidigung eingesperrt worden wäre. Aber dass ich überhaupt auf einen solchen Gedanken kam, charakterisiert vielleicht die Situation, in der ich mich wähnte.

Ich ließ mir meine Angst nicht anmerken, zumindest hoffte ich, dass man sie nicht spürte. Am Tag vor der Hauptverhandlung, die morgens um 8.30 Uhr begann, suchte ich noch einmal meinen Mandanten auf. Ich blieb dann über Nacht. Zu den unerfreulichen Begleitumständen Cottbuser Gerichtsverhandlungen gehörte generell, dass man in dieser zerbombten Stadt kaum ein Hotelzimmer fand, und wenn man eins fand, war es danach.

Hütter hatte in den monatelangen Vernehmungen in zwei Fällen Geständnisse abgelegt, die er widerrief, und in den neun anderen Fällen machte er mir klar, dass er keinen Schaden verursachen wollte und auch keinen Schaden verursacht hatte bzw. die Entscheidungen nicht von ihm, sondern von seinen Vorgesetzten gefällt worden wären. Damit war eine prinzipielle Auseinandersetzung mit dem Staatsanwalt und letztlich auch mit dem Gericht, das aller Erfahrung nach den »Klassenstandpunkt« des Staatsanwalts teilen würde, vorprogrammiert.

Die Hauptverhandlung entsprach meiner Erwartung nur teilweise. Sie fand einschließlich der Urteilsverkündung an vier Tagen unter Ausschluss der Öffentlichkeit statt. Die Atmosphäre ist mir zwar als frostig, aber nicht als unsachlich und aggressiv in Erinnerung. Ich beantragte in allen elf Fällen Freispruch vom Vorwurf der Schädlingstätigkeit und ließ lediglich die Möglichkeit einer Verurteilung wegen eines fahrlässigen Wirtschaftsdelikts offen. Das schien mir richtig, um der Staatsanwaltschaft die Möglichkeit zu bieten, Gesicht zu wahren, und um die Konfrontation nicht auf die Spitze zu treiben. Da jedoch kein fahrlässiges Wirtschaftsdelikt in Rede stand, blieb als Konsequenz meines Plädoyers nur der Freispruch.

Das Gericht folgte voll und ganz dem Antrag der Staatsanwaltschaft. Es verurteilte Ernst Hütter zu einer Zuchthausstrafe von 15 Jahren, zu den Sühnemaßnahmen aus der Kontrollratsdirektive Nr. 38 und zum Einzug seines Vermögens.

In den Tatsachenfeststellungen des Urteils hieß es: »Seine Verantwortlichkeit drückt sich schon in seiner hohen Funktion aus, die er in unserem Staatsapparat einnahm und in der er mit weitgehendsten Vollmachten ausgestattet war. Da sich seine Handlungen nicht nur schädigend auf die Wirtschaft in der Deutschen Demokratischen Republik, sondern in erheblichem Maße auf den Import und Export auswirkten, war dadurch das Ansehen und das Vertrauen unsres jungen Arbeiter-und-Bauern-Staates gegenüber unseren befreundeten Staaten und kapitalistischen Ländern gefährdet. Dass der Angeklagte auch bewusst gehandelt hat, geht einwandfrei aus seinen mehrmals abgelegten Geständnissen hervor.

Seine Handlungen, die sich gegen den Bestand unseres Arbeiter-und-Bauern-Staates richten, sind Boykotthetze gegen demokratische Einrichtungen sowie Verbreitung tendenziöser Gerüchte, die auch geeignet sind, den Frieden des deutschen Volkes zu gefährden. Der Angeklagte hat sich somit eines Verbrechens gegen Artikel 6 der Verfassung der Deutschen Demokratischen Republik in Verbindung mit der Kontrollratsdirektive Nr. 38 Abschn. II Art. III A III schuldig gemacht.«

Das Urteil, das damals noch ausgehändigt wurde, spiegelt in Stil, Grammatik und juristischer Argumentation den damaligen Entwicklungsstand der Justiz der DDR und den politischen Geist dieser Jahre des Kalten Krieges wider. Es waren Volksrichter, die mitunter nach nur sechsmonatiger juristischer Ausbildung und fast durchweg mit der Allgemeinbildung der Volksschule der Weimarer Republik solche Urteile verfassten.

Da waren die Urteile jener Zeit in der Bundesrepublik wesentlich geschliffener. Sie stammten allerdings von Richtern, die in der Weimarer Republik neben den konservativen Kräften »auf der anderen Seite der Barrikade« gestanden und in der Nazizeit treu dem Führer gedient hatten.

Dem Stil der DDR-Urteile entsprach es auch, dass in den Urteilsgründen auf meine Ausführungen kein Bezug genommen wurde. Sie lesen sich, als ob der Angeklagte keinen Verteidiger gehabt hätte. Erst später, nach langem Bemühen der Anwaltschaft, änderte sich das allmählich.

In der Berufung, die innerhalb einer Woche eingelegt und begründet werden musste, versuchte ich, die gerichtliche Praxis an der rechtswissenschaftlichen Theorie zu messen. Auch diese Berufungsschrift spricht die Sprache der Zeit. Mancher wird in ihr Steine finden, mit denen er werfen kann. Doch wer weiß, wie manches Urteil und manche Berufungsbegründung unserer Tage sich in Jahrzehnten lesen werden?

In der Berufung hieß es: »Der Angeklagte hat vor dem Untersuchungsorgan und auch in der Hauptverhandlung vor dem Strafsenat wiederholt gestanden, aus Feindschaft gegen die Deutsche Demokratische Republik gehandelt zu haben. Diese Geständnisse sind dort von Bedeutung, wo die Taten des Angeklagten objektiv einen schädigenden Charakter trugen und gegen das Gesetz verstießen. Nach den Erkenntnissen der demokratischen Rechtswissenschaft, insbesondere nach den Hinweisen Wyschinskis *(Andrej Januarjewitsch Wyschinski [1883-1954] war Generalstaatsanwalt der Sowjetunion und von 1949 bis 1953 Außenminister – F. W.)*, bedarf auch das Geständnis, wie jedes andere Beweismittel, einer Überprüfung auf seinen Beweiswert. Diese Überprüfung ist im vorliegenden Falle deswegen besonders angezeigt, weil der Angeklagte erwiesenermaßen in zwei Fällen falsche, ihn zum Teil schwer belastende Geständnisse abgelegt hat.

So hat er gestanden, schuld an der falschen Schwefelsäure-Bilanz 1953 zu sein. In der Hauptverhandlung ist durch die Aussage des Zeugen Engelke erwiesen, dass nicht der Angeklagte, sondern dieser Zeuge die falsche Material-Bilanz aufgestellt und zu verantworten hat. Unrichtig war auch das Geständnis des Angeklagten, wonach er vor 1933 dem rechten Flügel der SPD angehört hat. Die vom Untersuchungsorgan vernommenen Zeugen Stolt und Müller haben ausgesagt, dass der Angeklagte in Opposition zu den damaligen SPD-Führern stand.

An der Wahrheit der Geständnisse bestehen auch deswegen Zweifel, weil der Angeklagte in der Hauptverhandlung zu allen Punkten zunächst konkrete, ins Einzelne gehende Aussagen machte und diese dann nach Vorhalt widersprechender Einlassungen vor dem Untersuchungsorgan kurz mit allgemeinen Formulierungen wie ›Das stimmt‹ widerrief.

Unwahrscheinlich ist auch, dass der Angeklagte bei einer solchen hartnäckigen und erbitterten Feindschaft gegenüber unserem Arbeiter-und-Bauern-Staat, wie sie insbesondere aus den Vernehmungsprotokollen des Untersuchungsorgans spricht, keine Verbindung zu den Agentenzentralen gehabt hat. Wer wirklich wegen seiner sozialdemokratischen Gesinnung als Feind der DDR tätig wird, findet auch den Anschluss an das Ostbüro der SPD.

Es ist wohl auch noch kein Fall bekannt, in dem ein Schädling oder Spion bei dem faschistischen Putsch vom 17. Juni 1953 auf Seiten der bewusstesten Teile des deutschen Volkes gegen die faschistischen Provokateure gestanden hat. Der Angeklagte hat, worüber das Urteil allerdings schweigt, am 17. Juni seinen Vorgesetzten Techauer, der von den Faschisten bereits niedergeschlagen war, unter vollem Einsatz seiner Person befreit. Er ist dabei selbst verletzt worden.

Alle diese Umstände, zu denen noch das wiederholt in Erscheinung tretende Verhalten des Angeklagten kommt, begangene Fehler wieder auszugleichen, lässt an dem Beweiswert der Geständnisse zweifeln. Der Angeklagte, der sich selbst bisher für unfehlbar hielt, ist nach Meinung der Verteidigung durch die Ermittlungen darüber belehrt worden, dass er viele Fehler begangen hat, die seine strafrechtliche Verantwortlichkeit nach sich ziehen. Diese Erkenntnis mag ihn in den Zustand versetzt haben, in dem ihm alles gleichgültig ist. Dies ist der Eindruck der Verteidigung.

Dabei verkennt die Verteidigung nicht, dass die Tatsache der Doppelmitgliedschaft und seine zahlreichen Besuche in Westberlin schwerwiegende Umstände gegen den Angeklagten sind.« Diese Berufung wurde vom Obersten Gericht genau einen Monat nach ihrer Einlegung durch Beschluss vom 25. April 1955 verworfen. Eine solche Entscheidung hatte die einstimmige Auffassung des Gerichts von der Unbegründetheit des Rechtsmittels zur Voraussetzung. Sie war in der Regel nur sehr kurz und schablonenhaft begründet. Der Beschluss wurde damals den Verteidigern nicht zugestellt und seine Gründe sind mir daher unbekannt geblieben. Ich erhielt mit Datum vom 4. Mai 1955 nur den üblichen Vordruck mit den handschriftlich eingesetzten Namen und Daten: »In der Berufungssache Ernst Hütter ist die Berufung gegen das Urteil des Bezirksgerichts Cottbus durch Beschluss vom 25. April 1955 als offensichtlich unbegründet verworfen worden. Die weitere Untersuchungshaft ist angerechnet worden.«

Beschlussverwerfungen in Berufungsstrafsachen waren in verschiedenen Perioden der DDR sehr häufig. Sie waren immer ein von den Verteidigern erfolglos beanstandetes Ärgernis.

Die Strafsache Hütter war nunmehr rechtskräftig abgeschlossen. Normalerweise endete damit auch die Tätigkeit des Strafverteidigers in der DDR. Besuche bei Strafgefangenen wurden nur unter besonderen Voraussetzungen gestattet, gerichtliche Entscheidungen gegen Maßnahmen des Strafvollzugs gab es nicht. Ein Anwalt hatte nach rechtskräftiger Verurteilung seines Mandanten im Gefängnis oder Zuchthaus nichts zu tun und nichts verloren. Er war deshalb selten in Strafvollzugsanstalten. Seine Tätigkeit beschränkte sich in dieser Etappe auf Anträge auf bedingte Strafaussetzung oder seltener auf Gnadengesuche. Sie erforderten mehr poetische als juristische Begabung. Im Fall Hütter war das anders.

Zehn Monate nach dem Beschluss, mit dem das Oberste Gericht die Berufung im Fall Hütter verworfen hatte, tagte in Moskau der XX. Parteitag der KPdSU. Dort hielt Parteichef Chruschtschow hinter verschlossenen Türen eine Rede, die anschließend den angereisten Gästen nur indirekt übermittelt wurde. So kam sie über die Parteiführung auch in die DDR. Die Geheimrede Chruschtschows wurde den Juristen der DDR, abgesehen vielleicht von denen in herausragenden Funktionen, im Detail nicht bekannt. Bekannt wurde aber, dass an schwerwiegenden Verletzungen der Gesetzlichkeit Kritik geübt worden war. Alles sollte anders werden. In der DDR hieß die Losung: »Keine Fehlerdiskussion.« Im »Vorwärtsschreiten« sollten etwaige Missstände beseitigt werden. Auch wenn es keine Fehlerdiskussion im Sinne einer öffentlichen Auseinandersetzung gab, löste der XX. Parteitag jedoch tiefes Nachdenken und bei manchen, oder sogar vielen, Erschütterung aus.

Ich war gerade zum Skiurlaub auf dem Fichtelberg und erfuhr aus dem *Neuen Deutschland*, was offiziell über das historische Ereignis berichtet wurde. Dort war auch der ehemalige Vorsitzende unseres Kollegiums, ein begeisterter Skifahrer, der aus den Sudeten stammte. Wir diskutierten und prognostizierten viel. Nie hätte ich gedacht, dass alles in der DDR beim Alten bleiben und sich manches vorübergehend sogar noch zuspitzen würde.

Monate später führte ich ähnliche Gespräche mit Prof. Josef (»Jupp«) Gerats (1919-2007) anlässlich einer Konferenz der Internationalen Vereinigung Demokratischer Juristen 1956 in Brüssel. Der Rechtswissenschaftler gehörte zur DDR-Juristengeneration, die als Arbeiter von der Volksschule über die Arbeiter-und-Bauern-Fakultät zur Universität gingen und Jura studiert hatten. In unserem gemeinsamen Hotelzimmer gelobte er, nie wieder eine Meinung aus Parteidisziplin zu vertreten, wenn er von ihrer Richtigkeit und Wahrheit nicht überzeugt wäre. Die neue Moskauer Linie schien mir Chancen für Ernst Hütter zu bieten. Ich sprach also mit dem zuständigen Staatsanwalt beim Generalstaatsanwalt der DDR. Mein Vermerk vom 9. Mai 1956 ist lakonisch:

»1. Rücksprache mit Staatsanwalt A.

Er hält Voraussetzungen eines Gnadenerweises unter den derzeitigen Bedingungen für möglich. Denkt wahrscheinlich an eine Strafzeitverkürzung. Meint, Hütter müsse auf die Liste 2 gesetzt werden.

Verweist an Staatsanwalt B. beim GenStA DDR.

2. Telefonische Rücksprache mit StA B.

B. erklärt, Hütter stände noch nicht auf Liste 2. Erneute Anfrage etwa in 14 Tagen.«

Der nächste Vermerk vom 7. Juni 1956 lautet: »Strafe ist auf 8 Jahre im Gnadenwege herabgesetzt worden. 346 *(gemeint ist § 346 StPO, Strafaussetzung auf Bewährung – F. W.)* später möglich. Ehefrau ist von mir mdl. informiert worden.«

Dieses Resultat einer Überprüfung, die offenbar nach den Beschlüssen des XX. Parteitages generell durchgeführt worden war, erschien mir nicht sachgerecht. Ich machte daher etwas, was ich nur in seltenen Fällen tat: Ich wandte mich an die Partei. Am 1. Oktober 1956, also fast vier Monate nach dem Bescheid der Generalstaatsanwaltschaft, schrieb ich an den Leiter des Sektors Justiz im Zentralkomitee der SED, Josef Streit.

»Das Bezirksgericht hat sich im Wesentlichen auf das Geständnis des Hütter gestützt, das in der Hauptverhandlung, die sich über vier Tage erstreckte, widerrufen wurde und dann teilweise wiederholt worden ist.

Mein persönlicher Eindruck ist der, dass das Geständnis zumindest teilweise und wenigstens hinsichtlich der subjektiven Seite nicht der Wahrheit entsprochen hat. Es wurden eine Reihe von Zeugen vernommen, jedoch wurden bestimmte Zeugen, deren Aussagen von besonderer Bedeutung gewesen wären, nicht vernommen. […] Nach meiner Rücksprache bei der Staatsanwaltschaft und nach meinen Erfahrungen, die ich schon vorher mit der von mir eingelegten Berufung gemacht habe, glaube ich jedoch nicht, dass es mir möglich sein wird, im Wege eines normalen Wiederaufnahmegesuchs bei der Staatsanwaltschaft dieses Ziel zu erreichen. Die Staatsanwaltschaft sieht sich wahrscheinlich nicht in der Lage, die in diesem Fall liegenden politischen Probleme von sich aus zu lösen. Ich wäre Dir daher dankbar, wenn Du diesen Fall einmal überprüfen würdest. […] Ich wäre Dir sehr dankbar, wenn Du mir Gelegenheit geben würdest, den ganzen Fall einmal mit Dir durchzusprechen.«

Mit Schreiben vom 6. November und vom 23. November 1956 sowie vom 8. Februar 1957 bat ich um Antwort.

In Telefonaten am 24. und 30. Januar 1957 war mir eine Entscheidung in »wenigen Tagen« in Aussicht gestellt worden. Sie wurde mir nie mitgeteilt.

Statt dessen stellte Hütter im Februar 1957 selbst ein Wiederaufnahmegesuch. Ich nahm an, dass man ihm das nahegelegt hatte, und dass das die Reaktion auf mein Schreiben war.

Die Nachricht von diesem Gesuch wurde mir von einem Staatsanwalt beim Generalstaatsanwalt mitgeteilt, der mir auch eine neue Akteneinsicht in Aussicht stellte. Es war inzwischen Anfang April.

Ich durfte die Akten erneut einsehen und auch mit dem Mandanten am 10. April 1957 sprechen. Im Ergebnis dieses Besuchs stellte ich am 15. Mai 1957 ein Gesuch auf Wiederaufnahme des Verfahrens an den Generalstaatsanwalt. In diesem Gesuch wurden neunzehn Zeugen namentlich benannt, unter ihnen Ministerpräsident Grotewohl, sein Stellvertreter Scholz, die Minister Leuschner, Gregor und Winkler, sowie die Beiziehung von Urkunden und Auskünften verlangt. Hütter selbst schrieb mir *im Juni*, den Tag durfte er offenbar nicht angeben, einen engzeiligen Brief mit Schreibmaschine, der auf dreizehn Seiten weitere Informationen enthielt. Ich hatte noch nie einen maschinenschriftlichen Brief eines Verurteilten aus dem Gefängnis bekommen. Das deutete auf Wohlwollen der Obrigkeit hin.

Am 9. August 1957 erhielt ich jedoch die Ablehnung des Generalstaatsanwalts. In ihr hieß es: »Ich bin bei der Überprüfung zu dem gleichen Ergebnis wie das Oberste Gericht gekommen, dass die Geständnisse des Verurteilten sowohl in der Hauptverhandlung als auch im Ermittlungsverfahren keine Veranlassung geben, an der Glaubhaftigkeit dieser Geständnisse zu zweifeln.« Das Schreiben schloss mit den Worten: »Offenbar haben Sie die einzelnen von dem Verurteilten begangenen strafbaren Handlungen losgelöst von dem Gesamtzusammenhang gewertet und sie nicht im Zusammenhang gesehen.« Ernst Hütter schrieb mir danach noch einmal einen Schreibmaschinenbrief mit der Mitteilung, dass ihm Strafaussetzung auf Bewährung nach der Hälfte der Strafzeit in Aussicht gestellt worden wäre.

Am 7. März 1958 beantragte ich die Aussetzung der Strafe, die zur Hälfte am 14. Mai 1958 verbüßt sein würde.

Am 23. April 1958 erhielt ich das Ablehnungsschreiben: »Die Strafe ist, nachdem sie durch eine Gnadenentscheidung durch unseren Herrn Präsidenten auf acht Jahre Zuchthaus ermäßigt wurde, richtig. Es erscheint im Interesse des Schutzes unserer Staatsmacht für angebracht, vor Ablauf einer weiteren Zweijahresfrist keinen Antrag auf bedingte Strafaussetzung zu stellen.«

Am 17. März 1961 reichte ich ein neues Gesuch ein. Die Antwort vom 28. März 1961 lautete: »Der Verurteilte Hütter bietet nicht die Gewähr, dass in Zukunft mit einer gewissenhaften Erfüllung seiner Pflichten als Bürger der Deutschen Demokratischen Republik gerechnet werden kann. Auch die Umstände des von Hütter begangenen Verbrechens rechtfertigen eine bedingte Strafaussetzung nicht. Sie werden daher abschlägig beschieden.«

Nach einer erneuten mündlichen Anfrage bei der Generalstaatsanwaltschaft vermerkte ich am 31. Oktober 1961: »Es ist angesichts der gegenwärtigen Lage nichts zu machen.«

Ernst Hütter meldete sich bei mir noch einmal nach seiner Entlassung am 23. Juli 1962. Er hatte Schwierigkeiten mit seiner Arbeitsstelle in einem volkseigenen Großhandelsbetrieb, in dem er 365 Mark monatlich verdiente. Ich wandte mich ein letztes Mal für ihn an die Generalstaatsanwaltschaft. Mein Vermerk über die Erklärung des Staatsanwalts vom 24. Juli 1962 hielt fest: »Er sorgt dafür, dass Mandant die Stellung behält.« Wie es Ernst Hütter weiter ergangen ist, habe ich nie erfahren. Ich habe nichts mehr von ihm gehört. Sein Fall hat mich sieben Jahre begleitet. Was er wirklich getan oder unterlassen hat, blieb mir unbekannt.

Die Muttermörderin
(1955-1960)

Das Strafverfahren gegen Ernst Hütter war erst wenige Monate rechtskräftig abgeschlossen, als ich einer 23-jährigen Säuglingsschwesternschülerin zum Pflichtverteidiger bestellt wurde. Die Anklage vom 15. Juli 1955 warf der jungen Frau vor, ihre Mutter am 6. Oktober 1951 vorsätzlich getötet zu haben, »ohne Mörder zu sein«. Zum Zeitpunkt der Tat war sie 18 Jahre alt. Mit ihr war ihr 49-jähriger Stiefvater angeklagt. Ihm wurde vorgeworfen, unzüchtige Handlungen, »zum Teil gemeinsam« mit der Mutter meiner Mandantin, an dem Mädchen vorgenommen und diese Handlungen nach dem Tode der Mutter allein fortgesetzt zu haben.

Zum Pflichtverteidiger des Stiefvaters war der mit mir inzwischen befreundete Rechtsanwalt Strodt bestellt worden.

Als ich die Angeklagte das erste Mal im Untersuchungsgefängnis in der Barnimstraße besuchte – in dem schon Rosa Luxemburg gesessen und das sich seither wohl nicht wesentlich verändert hatte –, empfing sie mich mit den Worten: »Was wollen Sie bei mir verteidigen? Ich habe das Schlimmste getan, was ein Mensch tun kann: Ich habe meine Mutter getötet.«

Der Vorwurf der Anklage entsprach diesem Selbstvorwurf und beruhte ausschließlich auf dem Geständnis der Angeklagten, die ich nachfolgend »Erika« nennen werde. In der Anklageschrift hieß es: Erika »schildert zum Tatablauf, dass sie am Morgen aufgestanden war, um ihre Hausarbeit zu verrichten. Sie hatte von ihrer Mutter die Weisung, Badewasser zu bereiten, da die Mutter gleich baden wollte, um anschließend fortzugehen. Hierbei sei es zwischen Mutter und Tochter zu einem erheblichen Streit gekommen, in dem Moment, da Erika vor dem Badeofen kniete, um mit dem Handbeil Holz zum Feueranmachen zu zerkleinern. Die Mutter habe ihr hierbei das Beil entrissen, sie selbst sei von der Badestube in die Schlafstube geflüchtet, und vor dem im Schlafzimmer stehenden Ofen sei sie von der Mutter, der sie waffenlos gegenüberstand, mit dem Handbeil bedroht worden. Vorher habe sie die Mutter mit den hässlichsten Ausdrücken, wie ›Kommunistenschwein‹ u. a. m. beschimpft.

Sie habe die Hände der Mutter, die den Stiel des Handbeils umschlossen, kräftig zurückgedrückt und dadurch mit der stumpfen Kante des Beiles auf den Kopf der Mutter eingeschlagen mit dem Erfolg, dass diese sofort zu Boden fiel. Dann habe sie die am Boden Liegende mit dem Beil auf den Kopf geschlagen, bis die Mutter tot war.

Nach der Tat habe der in der Wohnung anwesende Hund sie angesprungen, so dass sie ihn abwehren musste. Eine Decke, die zum Plätten benutzt wurde, habe sie anschließend auf dem Fußboden ausgebreitet und den Leichnam der Mutter in diese Decke gewickelt. Sie war zunächst unschlüssig, wo sie den Leichnam verstecken sollte, ob unter den Betten im Schlafzimmer, oder im halben Zimmer unter der Couch. Sie habe sich dann für das Letztere entschieden, die Kissen von der Couch heruntergenommen, das Couchgestell selbst hochgerichtet und dann die Decke mit dem Leichnam in das halbe Zimmer gezogen.

Aus Kleidungsstücken und Schuhen der Toten habe sie mehrere Pakete gemacht, die sie noch vor die Leiche gelegt habe und über alles dann das Couchgestell gesetzt. Danach habe sie versucht, die an den Wänden, und zwar an der Seite, an der der Ofen steht, und an der Querwand zu der Tür, die dort hingespritzten Blutflecke mit Wasser zu entfernen, was ihr ihrer Meinung nach auch gelungen war. Sie konnte nicht vermeiden, dass einzelne Teile der Tapete durchgescheuert wurden.«

»Erika« sah nicht aus, wie man sich einen Mörder vorstellt. Mörderinnen stellt man sich im Gegensatz zu Mördern wohl ohnehin kaum vor. Sie machte einen sympathischen, sauberen, fast naiven Eindruck. Sie war hübsch, aber ohne besonderen Reiz, eher hausbacken als verrucht. Das war eine Chance der Verteidigung. Vieles schien möglich, auch ein Freispruch.

Der Fall hatte alles, was die Öffentlichkeit auch schon 1955 interessierte, und das im Superlativ: nicht nur Mord, nein, Mord an der Mutter; nicht nur Sex, sondern Sex einer Minderjährigen mit dem Stiefvater; nicht nur eine Leiche versteckt, sondern mit dieser Leiche drei Jahre in einer Wohnung gelebt oder, wie es im Urteil des Stadtgerichts fast im Stil einer Boulevardzeitung formuliert wurde: ein Liebesverhältnis »unter einem Dach mit der Leiche«.

Und um das Maß voll zu machen: Der Sexualtäter war nicht nur Stiefvater, sondern auch Parteisekretär, und die Ermordete nicht eine gewöhnliche Mutter, sondern eine Prostituierte. Die Summe aller dieser die Fantasie beflügelnden Details wirkte zwangsläufig als

Handicap der Verteidigung. Die Angeklagten waren vorverurteilt. Nur kaufte damals die Presse nicht die Geschichte und finanzierte folglich auch nicht die Verteidigung, wie es heute üblich ist. Es blieb also bei den fünfzig Mark für jeden Hauptverhandlungstag. Neun Tage dauerte die Verhandlung vor dem Stadtgericht – außergewöhnlich lange für damalige Verhältnisse.

Die Atmosphäre im vollbesetzten Gerichtssaal war spürbar feindselig. Gerichtssäle hatten damals, ähnlich wie die Theater, ein festes Publikum. Es gab kein Fernsehen, die Vollbeschäftigung hatte noch nicht Rentner und Frauen im Griff. Die Zuhörer gingen in den Gerichtssaal wie ins Kino. Man war auch fachkundig, wusste, wie die Sache ausgehen würde und was von den handelnden Personen zu halten war. Die Besucherzahl im Gerichtssaal folgte den gleichen Gesetzen wie später die Einschaltquote im Fernsehen, nur hatte sie nicht dieselbe Dimension und Wirkung. Soll man das nachträglich bedauern? Im Nachhinein sieht auch das anders aus.

Der Krimi, der vor diesen Zuhörern ablief, war spannend. Die Schurkin gewann menschliche Züge, und selbst der Parteisekretär war noch sympathischer als das Opfer. Gleich zu Beginn der Hauptverhandlung kippte die Stimmung, als die Angeklagten, wie im DDR-Strafprozess üblich, ausführlich zu ihrem Lebenslauf vernommen wurden. Da war zu hören, dass »Erika« in jenem Jahr, in dem ihre Mutter den Mitangeklagten kennenlernte, an Pflegeeltern in einem Berliner Vorort abgegeben wurde. Bei diesen lebte sie, die sie für ihre leiblichen Eltern hielt, bis zu ihrem vierten Lebensjahr. 1937 heiratete der Mitangeklagte die Mutter, »Erika« wurde von den Pflegeeltern abgeholt. Damit begann das Dilemma. Das Kind verlor die Geborgenheit am Rande Berlins und kam nun ins Zentrum der Reichshauptstadt und in ziemlich chaotische Verhältnisse. »Erika« berichtete als bleibende Kindheitserinnerung, wie ihre Mutter den Puppenwagen, den sie von den Pflegeeltern mitgebracht hatte, ihr wegnahm und verkaufte.

Das beeindruckte nicht nur die Zuhörer, sondern auch das Gericht. Der Vorfall fand Erwähnung selbst in den Urteilsgründen. Als dann noch zur Sprache kam, wie das Kind von der Mutter zu lesbischen Aktivitäten mit Partnerinnen der Mutter bzw. der Eltern hinzugezogen wurde, und Zeugen »Erikas« Mutter als hysterisch und dominant schilderten, schlug die Stimmung im Gerichtssaal vollends um.

Der Streit zwischen Mutter und Tochter, der die Tat ausgelöst hatte, ging jetzt nicht mehr, wie zuvor selbstverständlich, auf das

Konto der Tochter. Er erschien als Konsequenz eines verfehlten Lebens der Mutter. Aus dem Dienstmädchen, als das die Mutter ihre Tochter laut Zeugenaussagen behandelt hatte, aus dem abhängigen Sexualobjekt war in den Augen der Mutter und wohl auch in der Realität eine Rivalin geworden. Diese sollte am Morgen der Tat gedemütigt und in die Schranken gewiesen werden. Die Mutter schalt Erika, die für sie den Badeofen heizen sollte, als faul und zu langsam. Sie stampfte in einem Wutanfall mit dem Fuß auf und trat dabei ihrer Tochter, die auf dem Fußboden vor ihr kniete, um das Holz zu spalten, auf die Hand.

Was dann folgte, war unklar. Die Hauptverhandlung drehte sich im Kreis. Hatte Erika in Notwehr gehandelt, hatte sie die Tat allein begangen, oder hatte nicht sie, sondern der Stiefvater die Mutter getötet? Jede dieser Versionen schien möglich. Die Beweislage war schwierig. Spuren bezeugten den Tatort und die ungefähre Tatzeit, Zeugen belegten auch, wann sie die Getötete das letzte Mal gesehen hatten. Doch die eigentliche Tat konnte nur von »Erika« geschildert werden.

»Erika« behauptete, dass sie ihre Mutter getötet hatte, gab jedoch wechselnde Darstellungen von Hergang und Motiv der Tat. Mal erklärte sie: »Ich habe sie getötet, um ihren Schmuck zu bekommen.« Ein andermal hieß es: »Ich habe sie mit der Axt erschlagen, die sie noch in ihren Händen hielt, als sie mich erschlagen wollte.«

Der Stiefvater wollte von alledem nichts bemerkt haben. Er wähnte, dass seine Frau ihn verlassen habe, wie es schon einmal Wochen vor der Tat geschehen sei. Eine Leiche oder Leichengeruch wolle er nicht wahrgenommen haben. Man glaubte ihm nicht. Man konnte ihm aber auch nichts beweisen. Er saß nur wegen sexuellen Mißbrauchs seiner Stieftochter auf der Anklagebank. Wenn auch nur der Schatten eines Verdachts auf ihn fiel, wurden »Erikas« Selbstbezichtigungen massiver, dann tischte sie die Raubmordversion auf.

Der Vorsitzende war verzweifelt. Er gehörte zu der kleinen Zahl akademisch gebildeter Richter, die 1955 in Ostberlin noch tätig waren. Man sagte, seine Weste hätte einen kleinen braunen Fleck. Eigentlich war er kein Strafrechtler, er saß sonst einer Zivilkammer vor. Später wurde er Kommandeur der Kampfgruppen der Berliner Justiz. Er besaß Kriegserfahrung und hatte aus der Geschichte gelernt. Jedenfalls sahen wir es so, damals.

Die zunehmende Dauer der Hauptverhandlung brachte den Vorsitzenden und »Erika« einander näher. Beschwörend rief der

Richter in seiner Hilflosigkeit ein ums andere Mal aus: »Sagen Sie doch die Wahrheit!«

Er redete »Erika« mit Namen an, was ungewöhnlich war. Angeklagte waren damals namenlos, sie hießen »Angeklagte« oder »Angeklagter«. Eine Anrede mit dem Vornamen war beispiellos. Das war hier sicher auch der Tatsache geschuldet, dass beide Angeklagte den gleichen Nachnamen führten. Doch das war es nicht allein, wie mir schien. Richter sind eben auch nur Menschen.

Gegen die Hypothese, die Getötete sei von ihrem Ehemann ermordet worden, sprach etwa der Umstand, dass beide Angeklagte freiwillig zur Polizei gegangen waren, um die Tat anzuzeigen. Im Urteil des Stadtgerichts wurde der Vorgang knapp geschildert: »Am 28. Oktober 1954 begaben sich die Angeklagten [...] zum Staatsanwalt ihres Bezirks und gaben an, dass die Angeklagte [...] an einem Sonnabend im Oktober 1951 ihre Mutter [...] nach einem vorausgegangenen Streit mit der Axt erschlagen, die Leiche in eine Decke gehüllt und im kleinen Zimmer der gemeinsamen Wohnung unter der Couch versteckt habe.«

Im Berufungsurteil des Kammergerichts wird das etwas plastischer und mit zeitgenössischem Kolorit geschildert. Nach der Darstellung seelischer Depressionen der Angeklagten, die zu zwei Selbstmordversuchen geführt hatten, heißt es dort: »Sie überwand jedoch die Zeit der seelischen Depressionszustände, bis sie im Oktober 1954 – ausgelöst durch ein Schreiben der Wohnungverwaltung – die Gefahr einer Entdeckung der Tat erneut auftauchen sah. Das Wohnungsamt hatte den Mitangeklagten [...] aufgefordert, in einer Wohnungsangelegenheit dort zu erscheinen, weil die Angeklagte [...] infolge ihrer Tätigkeit beim Krankenhaus Friedrichshain, die sie inzwischen aufgenommen hatte, internatsmäßig untergebracht war.

Nachdem der Angeklagte [...] vergeblich versucht hatte, die Wohnungsangelegenheit anderweit zu regeln, teilte der Angeklagte dies am 27. Oktober 1954 der Angeklagten [...] mit und brachte zum Ausdruck, dass er nunmehr beim Wohnungsamt persönlich vorsprechen müsse. Diese am Nachmittag des 27. Oktober 1954 anlässlich eines Einkaufs in der Stalinallee der Angeklagten [...] gemachte Mitteilung brachte sie in eine starke Erregung. Sie machte dem Angeklagten [...] Andeutungen dahin, dass sie etwas getan habe, was nicht wiedergutzumachen sei. Dadurch sah sich der Angeklagte [...] veranlasst, nach seiner Rückkehr sich in der Wohnung umzusehen und fand die Leiche seiner Frau.

Am nächsten Morgen suchte er die Mitangeklagte [...] im Krankenhaus Friedrichshain auf, veranlasste ihre Beurlaubung und erklärte ihr, dass er um ihre Tat wisse. Er machte ihr klar, dass sie ihre Tat anzeigen müsse, und beide begaben sich in den Nachmittagsstunden des 28. Oktober 1954 zum Bezirksstaatsanwalt, wo sie Anzeige erstatteten.«

Es war also die Wohnungsbewirtschaftung, die die Tat ans Licht brachte. Eine andere Bürokratie hätte das allerdings buchstäblich noch im letzten Augenblick fast verhindert. Diese erwähnte das Kammergericht nicht. Der Stiefvater ging – wie im Urteil geschildert – mit der geliebten Stieftochter zum Stadtbezirksstaatsanwalt. Bevor sie jedoch zu diesem vorgelassen wurden, verlangte die Pförtnerin den Ausweis, und den hatte Erika in der Aufregung vergessen. Ohne Ausweis kein Zutritt, ohne Zutritt keine Aussage vorm Staatsanwalt, und ohne Staatsanwalt keine Verbrechensanzeige. Es war für beide also erkennbar schwierig, diese Hürde zu überwinden. Aber schließlich gelang es ihnen doch, Zutritt zu bekommen, und beide wurden festgenommen.

Tragisches und Komisches lagen für mich in diesem Verfahren dicht beieinander. Der das Geständnis erflehende Richter und die geständige, allzu geständige Angeklagte, der über die Würmer im Leichnam akribisch referierende Sachverständige und manch anderes provozierten Neben- und Hintergedanken und veranlassten mich, bisweilen in mich hineinzulächeln. Schließlich war ich damals eben erst 33 und hatte bis dahin nicht viel zu lachen gehabt.

Mein Kollege Strodt behauptete später, immer, wenn es meiner Mandantin schlecht gegangen wäre, hätte ich gelacht. Das war natürlich Verleumdung, aber in ihr steckte ein Körnchen Wahrheit. Es amüsierte mich etwa, wie die geständige Angeklagte durch ein zweites Geständnis im Ergebnis so viel erreichte, als hätte sie die Tat bestritten, und dabei doch nicht den Geständnisbonus verlor. Das war nicht nur beachtlich, das war in meinen Augen auch komisch.

Der Staatsanwalt beantragte in seinem Schlussvortrag eine zwölfjährige Zuchthausstrafe, während ich auf Freispruch plädierte. Beides war insoweit nicht überraschend. Ungewöhnlich war nur das Schlusswort meiner Mandantin. Sie bat das Gericht, meinen Ausführungen nicht zu folgen, sondern sie zu verurteilen. Ich hatte mich an diesem Tag durch einen Kollegen aus meiner Zweigstelle vertreten lassen, der mir das völlig verdattert berichtete. Das Urteil des Stadtgerichts erging am 2. November 1955, also fast genau ein Jahr nach der Festnahme von »Erika«.

Trotz allen scheinbaren oder wirklichen Verständnisses für die Angeklagte, das man fast für Sympathie halten konnte, der Richter siegte über den vielleicht allzu menschlichen Mann in ihm. Das Urteil war hart: zwölf Jahre Zuchthaus für »Erika« und sechs Jahre Zuchthaus für ihren Stiefvater. Die Untersuchungshaft wurde beiden angerechnet. Mildernde Umstände »im Sinne des § 213 StGB« sah das Gericht nicht.

Es erkannte jedoch auf verminderte Zurechnungsfähigkeit nach § 51 Abs. 2 StGB. »Die Besonderheit der Angeklagten schien dem Senat in den dominanten Zügen ihrer psychischen Struktur zu liegen, in den Hauptzügen des Hasses gegen die Mutter, des Ekels und der Angst vor ihr. Die Besonderheit liegt darin, dass das hieraus sich ergebende Widerstreben und Opponieren auch am Tattage zum Ausdruck kam.«

Andererseits ging der Senat davon aus, »dass die Angeklagte ein scheußliches, in hohem Maß verabscheuungswürdiges Verbrechen begangen, dass sie ihre Mutter – zwar in einer Aufwallung – jedoch bewusst und vorsätzlich erschlagen hat«.

Obgleich also das Urteil nicht nur dem Antrag des Staatsanwalts, sondern auch dem persönlichen Antrag meiner Mandantin – wenigstens hinsichtlich ihrer Verurteilung an sich – entsprach, legte ich dagegen Berufung ein. Meine Mandantin war einverstanden. Unbeliebt hatte ich mich mit meinem Antrag also bei ihr nicht gemacht.

Das Kammergericht wies meine Berufung mit Urteil vom 9. Januar 1956 zurück. Auf die Berufung meines Kollegen Strodt aber wurde die Strafe des Stiefvaters von sechs Jahren auf fünf Jahre Zuchthaus ermäßigt.

»Erika« war mit dem Resultat nicht unzufrieden.

Im Gegensatz zu den meisten anderen Mandanten, die ich hatte, entschwand »Erika« nicht meinem Gesichtskreis. Immer wieder tauchte sie nach ihrer Entlassung mit einem Anliegen bei mir auf. Zunächst kam jedoch der Stiefvater. Er war aus der Haft entlassen worden, nachdem seine Strafe zur Bewährung ausgesetzt worden war. Er bat mich, ein Gnadengesuch für seine Stieftochter einzureichen. Das Gesuch richtete ich am 21. November 1958 an den für Gnadenerweise zuständigen Oberbürgermeister Friedrich Ebert. Dem Sohn des gleichnamigen Reichspräsidenten sagte man nach, er halte nichts von der Justiz und sehe sich selbst die Gnadengesuche an. Von diesem Gerücht ausgehend, hielt ich es für zweckmäßig, entgegen dem Brauch das Urteil zu schelten. Ich trug auch vor, dass es möglich sei, »dass überhaupt nicht die Angeklagte, sondern ein anderer die Tat begangen habe«.

Das Argument war nicht risikolos, aber mein neuer Honorarschuldner, der Stiefvater, nahm mir das nicht übel. Diesmal hatte ich Erfolg. OB Ebert setzte im Gnadenweg die Strafe auf acht Jahre herab, was eine Strafaussetzung nach Verbüßung der Hälfte ermöglichte.

»Erika« wurde durch Beschluss des Stadtgerichts vom 22. Juni 1960 nach Verbüßung von fünf Jahren und knapp neun Monaten am 1. Juli 1960 entlassen.

Einige Zeit nach ihrer Entlassung kam »Erika« mit ihrem Stiefvater zu mir. Beide wollten wissen, ob es rechtlich möglich sei, dass sie heirateten. Als ich das bejahte, beauftragten sie mich mit der Beschaffung der notwendigen Personenstandsurkunden. »Erika« erzählte dabei, dass sie im Strafvollzug einen neuen Beruf erlernt hätte und diesen nun in einem Berliner Industriebetrieb erfolgreich und gern ausübe. Bei dieser wie auch bei späteren Gelegenheiten wollte sie wissen, wie meiner Meinung nach damals alles gewesen sei.

Meine Erklärung, ich wisse es auch nicht, nahm sie ungläubig zur Kenntnis, ohne mir die Wahrheit zu sagen.

Das letzte Mal kam sie Ende der 80er Jahre zu mir, nachdem ihr Mann gestorben war. Sie fragte erst, ob ich mich noch an sie erinnern könne und erklärte dann, es sei der Wunsch ihres Mannes gewesen, dass sie sich noch einmal in seinem Namen bei mir bedanke. 1997 kündigte sie mir schriftlich einen weiteren Besuch an. Sie wollte Verfügungen über ihren Nachlass treffen. Es kam wegen eines Unfalls nicht dazu.

Ich hatte in mehr als vier Jahrzehnten Anwaltstätigkeit kein anderes Erlebnis dieser Art.

Der Janka-Prozess (1957)

In einem Schreiben vom 7. März 1957 bat mich die Rechtsanwältin und Notarin Ingeburg Gentz, mit ihr zusammen Walter Janka zu verteidigen. Walter Janka war Leiter des Aufbau-Verlages, des führenden Verlages für schöngeistige Literatur in der DDR. Er war am 5. Dezember 1956 im Zusammenhang mit der »Harich-Gruppe« verhaftet woden.

Mir war aus dem Harich-Prozess, in welchem ich Bernhard Steinberger und Manfred Hertwig vertrat, bewusst, das dieses Verfahren die Interessen führender Genossen der DDR, insbesondere Walter Ulbrichts, berühren werde. Natürlich wusste ich damals nicht, was ich heute weiß. Die Memoiren der Angeklagten waren noch nicht geschrieben, die Archive nicht geöffnet. Die Beteiligten blieben einsilbig. Dennoch wusste ich, worum es ging: Es ging um die Macht, es ging um die Position Ulbrichts. Das war – aus DDR-Sicht – hohe Politik.

Mir war – wieder einmal – mulmig zumute, aber die Aufgabe reizte mich. Ein italienischer Filmmakler, der in Bezug auf die DDR immer das Sprichwort »Der Fisch fängt vom Kopf an zu stinken« im Munde führte, hatte mir einmal gesagt, dass ich ein guter Anwalt für jenen wäre, der eine gerechte Sache führe. So ähnlich sah ich das auch. Nur: Die Vorstellungen darüber, welche Sache gerecht ist, gegen oft auseinander. Wie später Honeckers Sache, erschien mir damals auch Jankas Sache als gerecht. Andere sahen das jeweils anders.

Inge Gentz war mir im ersten Jahr meiner Anwaltstätigkeit näher bekannt geworden, nachdem ihr Ruf schon bis zu mir gedrungen war. Damals vertrat ich sie während des Urlaubs etwa vier Wochen in ihrer Praxis. Das verschaffte mir einen Einblick in ihre Arbeitsweise. Ihr Stil der Berufsausübung blieb mir ständig unerreichtes Vorbild. Für mich war sie der Prototyp einer im besten Sinne des Wortes »vornehmen Anwaltspersönlichkeit«.

Inge Gentz nahm eine Sonderstellung unter den Ostberliner Rechtsanwälten und Notaren ein. Je rigoroser die Spaltung Berlins und seiner Justiz wurde, desto mehr gewann sie an Bedeutung. Schon vor 1933 hatte sie die Anwaltszulassung erhalten, ihr wesentlich älterer Mann machte sich damals im Strafvollzug der Weimarer Republik durch neue liberale Methoden einen Namen. Sie genoss als Mitglied der Anwaltskammer in Westberlin und als Kommunistin in Ostberlin sicher ein seiner Art nach unterschiedliches, aber gleichwohl ungewöhnliches Ansehen. Ihre Zulassung als Notarin in Westberlin bildete nach dem Bau der Mauer die einzige Möglichkeit, Notariatsakte aus der DDR in der Bundesrepublik und ohne Umweg über eine umständliche Legalisierung auf diplomatischem Weg sofort rechtswirksam werden zu lassen. Sie war im Zivilrecht das, was Friedrich Karl Kaul im Strafrecht war – die Rechtsanwältin der DDR.

Mehrfach vertrat sie auch Kaul in Ehrengerichtsverfahren, wobei es nicht selten zu Meinungverschiedenheiten zwischen den beiden kam. Während Kaul keinen Streit vermied, suchte Inge Gentz den sachlichen, stillen und unspektakulären Ausgleich.

Sie vertrat führende Funktionäre in ihren Scheidungs- und anderen persönlichen Angelegenheiten, beurkundete Testamente und beriet eben auch den Aufbau-Verlag in allen Rechtsfragen.

Nach der Festnahme Walter Jankas am 5. Dezember 1956 hatte sich Inge Gentz bereits am 13. Dezember als seine Verteidigerin beim Generalstaatsanwalt der DDR gemeldet. Damals waren Berliner Rechtsanwälte, die nicht dem Rechtsanwaltskollegium angehörten, nicht beim Obersten Gericht zugelassen, wie das ursprünglich auch für die Ostberliner Kollegiumsanwälte gegolten hatte.

Inge Gentz wollte, wie sie mir am 7. März 1957 schrieb, keinen »Sonderantrag zur Zulassung zum Auftreten vor dem Obersten Gericht stellen«. Da eine Änderung der gesetzlichen Bestimmungen in so kurzer Zeit nicht erwartet werden konnte, war mir klar, dass ich die Verteidigung würde allein führen müssen. Ihr war das wohl auch bewusst und vielleicht nicht unangenehm.

Am 12. März 1957 beauftragte mich Frau Anneliese Wolf mit der Verteidigung ihres Ehemannes Richard. Er war im Harich-Prozess nach seiner Zeugenaussage im Gerichtssaal festgenommen worden und gehörte nach Vorstellung des Generalstaatsanwalts auch zur Harich-Janka-Gruppe. Später wurde ich noch gebeten, die Verteidigung von Gustav Just, einem weiteren Mitglied der »Gruppe«, zu übernehmen.

Die Zahl der Angeklagten, die ein Rechtsanwalt in einem Verfahren verteidigen konnte, war nicht begrenzt; ich übernahm die Verteidigung von Richard Wolf, musste aber wegen Interessenkollision die Übernahme der Verteidigung von Just ablehnen. Deswegen bat ich den mir als Vorsitzenden des Kollegiums Erfurt gut bekannten Kollegen Dr. Gerhard Pein aus Arnstadt, das Mandat zu übernehmen. Dieser Bitte entsprach er zunächst, teilte mir jedoch kurz vor der Hauptverhandlung am 16. Juli mit, dass er wegen einer anderen Strafsache den noch im gleichen Monat erwarteten Termin vor dem Obersten Gericht nicht wahrnehmen könne und die Verteidigung von Just daher niederlegen müsse. Ich bedauerte das sehr und verstand es nie recht. Als Mitverteidiger wäre mir Dr. Pein sehr lieb gewesen, denn ich schätzte ihn als einen Kollegen, der mir an Erfahrung überlegen war und der durch seine Rhetorik wie auch seine Bildung bestach. Schließlich wurde Just dann von Frau Dr. Schindowski verteidigt, die mir als Mitglied des Berliner Kollegiums ebenfalls gut bekannt war.

Eine Verteidigung im Ermittlungsverfahren gab es damals nur auf dem Papier der Strafprozessordnung. Praktisch musste der Rechtsanwalt warten, bis die Ermittlungen abgeschlossen waren. Dies galt jedenfalls für alle Sachen, in denen sich die Beschuldigten in Haft befanden, was wiederum ebenfalls in fast allen Verfahren von nur einiger Bedeutung der Fall war. Ich sah deshalb meine erste Aufgabe meist darin, den Angehörigen deutlich zu machen, dass von mir zunächst nichts an Verteidigeraktivitäten zu erwarten sei.

Nachdem ich Walter Janka am 9. März 1957 das Formular einer Strafprozessvollmacht übersandt und ihm dabei mitgeteilt hatte, dass seine Ehefrau mich beauftragt habe, ihn, zusammen mit Frau Rechtsanwältin Gentz, zu verteidigen, konnte ich also weiter kaum etwas in der Sache tun.

Eins war allerdings anders als sonst: Ich wusste aus dem Harich-Prozess, worum es ging. Am gleichen Tag, an dem mir die Verteidigung von Janka angetragen wurde, fand bereits der erste Tag der Hauptverhandlung in diesem Verfahren statt. Meine Mandanten Steinberger und Hertwig sollten mit Janka, Harich und anderen derselben staatsfeindlichen Gruppe angehört haben.

Das Verfahren gegen Harich und andere nahm den üblichen Verlauf von erstinstanzlichen politischen Strafverfahren im Allgemeinen und solchen vor dem Obersten Gericht im besonderen. Harich schrieb später in seinen Erinnerungen (»Keine Schwierigkeiten mit der Wahrheit«): »Ich ließ den Prozess widerstandslos über mich ergehen.« Dies entsprach dem Brauch.

Auch Steinberger und Hertwig waren geständig.

Das Urteil im Prozess gegen Harich und andere wurde am 9. März 1957 verkündet. Der Strafsenat ging davon aus, dass Harich vom 1. November bis zum 29. November 1956 aus Furcht, die

Ereignisse in Ungarn könnten zu einem Aufstand in der DDR führen, mehrfach den stellvertretenden Landesvorsitzenden der Berliner SPD, Josef Braun, aufgesucht habe, um die SPD zu veranlassen, in Rundfunkaufrufen die Bevölkerung der DDR zur Ruhe zu mahnen und Harichs Programm über den Rundfunk zu verbreiten. Harich habe sich auch mit Vertretern des Ostbüros der SPD und in Hamburg mit dem Herausgeber des *Spiegel*, Rudolf Augstein, sowie mit einem anderen Redakteur getroffen. Die Mitangeklagten hätten ihn bei dieser Tätigkeit unterstützt.

Das Gericht fasste am Ende der Urteilsbegründung Sachverhalt und rechtliche Würdigung zusammen: »Mit diesem verräterischen Verhalten haben die Angeklagten die Grundlagen unseres Staates angegriffen und den Bestand des Staates gefährdet. Nicht deshalb, weil sie mit einigen Maßnahmen der Regierung der Deutschen Demokratischen Republik nicht einverstanden waren oder weil sie als Mitglieder der Sozialistischen Einheitspartei Deutschlands andere Auffassungen hatten, als sie in den Beschlüssen dieser Partei geäußert wurden, haben die Angeklagten sich des Staatsverrats schuldig gemacht, sondern weil sie sich zu einer Gruppe zusammenschlossen, deren Ziel es war, die durch Verfassung und Gesetz geschützten gesellschaftlichen Verhältnisse in der Deutschen Demokratischen Republik durch Drohung oder Gewalt zu verändern, preiszugeben und den Sturz der Regierung der Deutschen Demokratischen Republik zu erzwingen. Da die Handlungen darauf gerichtet waren, den Staat der Arbeiter und Bauern zu schwächen oder zu beseitigen, sind sie rechtlich als Boykotthetze gemäß Art. 6 der Verfassung der Deutschen Demokratischen Republik zu beurteilen.«

Harich wurde zu einer Zuchthausstrafe von zehn Jahren verurteilt, die Mitangeklagten Steinberger und Hertwig erhielten vier bzw. zwei Jahre Zuchthaus.

Janka ließ – anders als Harich – den Prozess »nicht widerstandslos über sich ergehen«. Er kämpfte verbissen und kompromisslos. Inge Gentz hatte mich wohl irgendwie auf die für die damalige Zeit ungewöhnliche Haltung unseres Mandanten vorbereitet. Jedenfalls schickte ich ihr am 11. April einen Auszug aus meinen handschriftlichen Notizen vom Harich-Prozess, soweit sie für den Prozess gegen Janka von Bedeutung sein konnten. Darunter war eine Reihe insbesondere Janka belastender Aussagen von Harich, aber auch von Merker.

So hatte Harich nach meinen Notizen ausgesagt: »Janka war neben mir der führende Mann in der Gruppe.«

Andererseits erklärte Harich aber auch, Just, Zöger und Janka hätten zu seinen Plänen gesagt: »Hören Sie mit Ihren Spinnereien auf.«

Die Verteidigung Harichs operierte ebenfalls mit dem Argument der »Spinnerei«. Rechtsanwalt Rehm, der Verteidiger Harichs, zitierte laut meinen Notizen ein Selbstbekenntnis Harichs mit den Worten: »Meine Geschichtenerzählungen aus Phantasie lagen oft an der Grenze des pathologischen Lügens.«

Rehm war nach meiner Erinnerung der Pflichtverteidiger Harichs. Er war geschäftsführendes Mitglied des Vorstandes des Kollegiums Dresden und ging später in den Westen.

Den maschinenschriftlichen Auszug aus meinen handschriftlichen Notizen übersandte ich Inge Gentz mit dem Bemerken: »In einzelnen Fällen, insbesondere bei Namen, die keine große Rolle spielten, kann ich mich für die Richtigkeit nicht verbürgen, da ich meine Handschrift selber nur schwer entziffern kann.«

Wenn ich heute das Gekrakel lese, geht es mir nicht besser. Irrtümer bleiben daher – heute wie damals – vorbehalten.

Bei einer routinemäßigen telefonischen Nachfrage nach dem Sachstand am 10. Mai 1957 teilte mir Staatsanwalt Jahnke vom Generalstaatsanwalt der DDR mit, dass die Ermittlungsfrist bis zum 15. Mai verlängert worden sei und stellte mir eine Sprecherlaubnis für den 17. Mai in Aussicht, »falls nicht noch etwas dazwischen komme«.

Tatsächlich konnte ich Janka und Wolf am 17. Mai das erste Mal sprechen, und zwar ohne Aufsicht. Das war nicht die Norm. Im Allgemeinen erhielt der Verteidiger in den 50er Jahren Sprecherlaubnis ohne Aufsicht erst nach Anklageerhebung.

Die Aufzeichnungen, die ich bei dem Gespräch mit Walter Janka machte, enthalten auf sieben Seiten vorwiegend die Darstellung Jankas zu den gegen ihn erhobenen Beschuldigungen. Dabei sprach er von »temperamentvollen Diskussionen« nach dem XX. Parteitag der KPdSU, stellte aber gleichzeitig klar, dass es »bis zum letzten Tag« keine »organisierte Diskussion« gegeben habe. Er habe dabei die Auffassung vertreten, dass das Verhältnis zur Arbeiterklasse so gestaltet werden müsse, »dass die Arbeiter selbst ihre Errungenschaften verteidigen«. Das jugoslawische Beispiel der Arbeiterräte müsse auch in der DDR überlegt werden. Der Intelligenz käme eine Rolle nur im Bündnis mit der Arbeiterklasse zu. In diesem Zusammenhang gab Janka seine Auffassung wieder, dass der Prozess der Demokratisierung zu konkreten Ergebnissen geführt werden sollte. »Erörtert wurden zwischen uns auch die Reaktionen der Mitarbeiter des Aufbau-Verlages auf die Ereignisse in Polen und Ungarn. Dabei spielte das Schicksal von Georg Lukács und die Frage, wie man ihm helfen könne, eine besondere Rolle.«

Walter Janka (1914-1994) gab in seinen 1991 erschienenen Memoiren »Spuren eines Lebens« unser Gespräch so wiedert: »Nachdem ich mich gesetzt hatte, berichtete Wolff: ›Ihrer Frau und den Kindern geht es gut. Sie sollen sich um Sie keine Sorgen machen. Es gäbe keinen Anlass dazu.‹ Dabei gewann ich den Eindruck, dass er genau das sagte, was ihm von meiner Frau aufgetragen worden war.

Fünf Jahre später bekam ich die Bestätigung für die Richtigkeit meiner Vermutung. Meine Frau war nämlich zu dieser Zeit schon krank. Aber damit wollte sie mich nicht belasten. Deshalb hatte sie dem Anwalt nichts über ihr Befinden gesagt. Nach einer Pause fügte der Anwalt hinzu: ›Auch Frau Gentz lässt grüßen. Sie kann die Verteidigung leider nicht übernehmen. Beim Obersten Gericht ist sie nicht zugelassen. Aber trotzdem arbeiten wir zusammen. Das ist eine große Hilfe für mich. Viele Dinge übersieht sie besser, als ich es kann.‹

Durch die Haft misstrauisch geworden gegen jedermann, beschränkte ich mich aufs Zuhören. Außerdem war ich überzeugt, dass im Nebenzimmer mitgehört wurde. Ich vermutete sogar, dass sie den Anwalt benutzten, um mich gesprächig zu machen. Denn eine Anklageschrift lag noch nicht vor. Die Regel war, Anwälte erst zuzulassen, wenn die Anklage vorlag. Und das geschah immer erst ein paar Tage vor Prozessbeginn.

Dann fragte ich doch: ›Haben Sie die Protokolle einsehen können?‹

›Nein. Aber ich weiß, was Ihnen zur Last gelegt wird.‹

›Wieso wissen Sie das?‹

Um die Antwort aufzuschieben, schob er mir eine Schachtel Zigaretten über den Tisch und sagte: ›Ihre Frau hat mir die Zigaretten mitgegeben. Rauchen Sie nur, wenn Sie möchten.‹ Dann antwortete er: ›Gegen Harich hat der Prozess schon im März stattgefunden. Ich nahm als Verteidiger eines Mitangeklagten teil. Daher weiß ich, wie schwer Sie in diesem Verfahren belastet wurden. Der Prozess ist vom Verfahren gegen Sie abgetrennt worden, weil Harich in allen Punkten der Anklage geständig war. Ihnen wird vorgeworfen, dass Sie nicht geständig sind. Da ich ahne, was auf Sie zukommt, habe ich den Generalstaatsanwalt gebeten, mir schon jetzt eine Rücksprache mit Ihnen zu erlauben. Das war nicht leicht. Aber ich habe es durchgesetzt.«« An diesen Gesprächsinhalt kann ich mich nicht erinnern. Sicher ging ich davon aus, dass der Mandant mir gegenüber misstrauisch sein würde. Dazu bestand Anlass. Deswegen werde ich versucht haben, ihm das Misstrauen zu nehmen. Richtig ist auch, dass das Gespräch ungewöhnlich früh genehmigt wurde. Unvorstellbar ist mir allerdings die Bemerkung, ich hätte, obgleich es nicht leicht gewesen wäre, die frühe Sprecherlaubnis »durchgesetzt«.

In diesem Verfahrensstadium hatte der Verteidiger keine Rechte, die er hätte »durchsetzen« können. Da hat Janka meine Möglichkeiten und Fähigkeiten überschätzt. Mit der frühen Sprecherlaubnis sollte wohl eher die öffentliche Meinung im Ausland beruhigt, als den Rechten eines Verteidigers entsprochen werden.

Janka setzt die Schilderung des ersten Gesprächs zwischen uns dann mit einer Frage von mir fort: »›Wie wollen wir denn verfahren? Oder wie gedenken Sie, die Verteidigung aufzubauen?‹

Bevor ich antwortete, dachte ich darüber nach, warum mich der Anwalt nicht aufgefordert hatte, wenigstens ihm die Wahrheit zu sagen. Hätte er es getan, wäre ich sofort misstrauisch geworden. Wahrscheinlich hätte ich ihn als Verteidiger abgelehnt.

Schließlich antwortete ich: ›Politisch, Herr Anwalt. Von Verteidigung kann keine Rede sein. Ich weiß nicht, was ich verteidigen soll. Ich werde verleumdet, für Dinge verantwortlich gemacht, die ich nicht zu verantworten habe. Aber warten wir die Anklage ab, dann können wir weitersehen.‹

›Gewiss. Nur in einem Punkt müssen wir uns klar verständigen. Eine politische Verteidigung gibt es vor unseren Gerichten nicht. Wir kennen nur kriminelle Verbrechen. Falls Sie darauf bestehen, die Verteidigung politisch aufzubauen, muss ich sie niederlegen. Und Sie werden keinen Anwalt finden, der sich eine politische Konzeption für die Verteidigung zu Eigen macht. Das ist vor unseren Gerichten einfach unmöglich.‹

›Aber es geht um einen politischen Prozess‹, unterbrach ich. ›Wie sollten wir argumentieren, wenn nicht politisch?‹

›Mich müssen Sie nicht überzeugen. Worum es geht, weiß ich sehr wohl.‹ Nach einer kleinen Pause fügte er hinzu: ›Ich kann nur darauf achten, dass die formalen Bestimmungen eingehalten werden. Ob sie mir als richtig erscheinen oder nicht, ist ohne Belang. Und ich darf nur auf die vom Ankläger erhobenen Beschuldigungen antworten. Wenn möglich mit Gegenbeweisen, aber nicht mit politischen Argumenten.‹«

Auch an diesen Teil des Gesprächs habe ich keine Erinnerung. Manches kommt mir in der Darstellung Jankas fremd vor. Bei näherer Überlegung erkenne ich jedoch, dass sie typische Gedanken und Verhaltensweisen von mir, wenn auch mit mir fremden Worten, wiedergibt. Nach der Wahrheit z. B. habe ich meine Mandanten nur ganz ausnahmsweise befragt. Grundlage der Verteidigung ist immer, was der Angeklagte *vor Gericht* sagt. Die Wahrheit zu wissen, kann für den Verteidiger zum moralischen Hemmschuh werden. Das lässt man lieber.

Die Sache mit der politischen Verteidigung werde ich in der Form gesagt haben, dass es in der DDR nach unumstößlichem Dogma keine politischen Prozesse gab. Das werde ich mitgeteilt haben. Politische Prozesse werden überall geleugnet. Der Honecker-Prozess war nach offizieller Version auch kein politischer Prozess. Nur: Niemand hat dem Angeklagten verboten, ihn politisch zu führen. Und statt von formalen Bestimmungen, werde ich von gesetzlichen Bestimmungen gesprochen haben.

Wenn Janka mich zum Schluss des Gesprächs auf die Frage, ob das Urteil schon gesprochen sei, sagen lässt: »Darauf darf ich nicht antworten. Nur soviel kann ich sagen: Sie müssen mit einer Verurteilung rechnen«, so ist das sicher eine im Wesentlichen richtige Interpretation dessen, was ich ihm mit anderen Worten sagen wollte. Ich glaube nicht, dass ich damals der Auffassung gewesen bin, das Urteil sei fertig. Ich bin aber sicher davon ausgegangen, dass das Gericht wie üblich dem Antrag des Generalstaatsanwalts wenigstens, was die Verurteilung betrifft, folgen würde. An einen Freispruch habe ich jedenfalls nicht geglaubt.

Mir ging es, wie in allen vergleichbaren Fällen darum, keine Illusionen aufkommen zu lassen. Häufig habe ich meine Mandanten nach meinem Plädoyer und vor dem Urteil gewarnt, sich keine zu großen Hoffnungen zu machen.

Das Gespräch mit Richard Wolf, das ich am gleichen Tag führte, wird weniger schwierig gewesen sein. Wolf hat darüber nichts publiziert, so dass ich auf meine Aufzeichnungen angewiesen bin. Es diente danach zunächst ebenfalls dem gegenseitigen Kennenlernen.

Wolf erzählte mir seinen Lebenslauf, über den ich noch keine Informationen erhalten hatte. Er war mit seinen Eltern 1935 als Sechzehnjähriger in die Schweiz emigriert. Vor der Emigration war er in seiner Krefelder Schule als Jude fast täglich in Schlägereien verwickelt worden. Im Internierungslager in der Schweiz hatte er Kommunisten kennengelernt und war so selbst Kommunist geworden.

Er hatte 1944 das Angebot eines Verwandten erhalten, die Leitung einer Weberei in Afrika zu übernehmen. Er hatte abgelehnt und war nach Kriegsende in seine Heimat zurückgekehrt. Mit seiner Frau übersiedelte er 1946 nach Halle, wo beide ein Studium aufnahmen. Wolf wurde Leiter der Hochschulgruppe der SED, später Journalist und zwar zuletzt beim Rundfunk. Nach meinen Aufzeichnungen hatten ihn das Schicksal Steinbergers und seiner Frau, die beide von sowjetischen Organen zu Unrecht verurteilt worden, aber trotzdem in der Partei verblieben waren, die Ereignisse des 17. Juni, der XX. Parteitag und die mit Gomulka 1956 in Polen begonnene Wende kritisch gegenüber der Parteiführung der SED gemacht. Er fürchtete einen Aufstand wie in Ungarn, sah aber keine Möglichkeit, die Gefahr abzuwenden, da es keine Kräfte dafür gab.

Aus meinen Akten kann ich ersehen, dass ich am 29. Mai und danach am 25. Juni wieder eine Sprechgenehmigung für Wolf hatte. Ich muss davon ausgehen, dass er insofern besser behandelt wurde als Janka, für den ich erst am 10. Juli die zweite Sprecherlaubnis erhielt. Auch diese galt nur für einen Tag, sonst wurden die Sprechgenehmigungen zeitlich nicht begrenzt. Janka berichtete, dass es ihm gesundheitlich »normal« gehe, dass er sich in der Zelle am Tage hinlegen dürfe, was eine Vergünstigung darstellte, nachdem es ihm einige Tage vorher schlechter gegangen wäre. In der Sache selbst fragte ich ihn, ob ihm Pläne zur gewaltsamen Veränderung der gesellschaftlichen Verhältnisse in der DDR bekannt wären, was er verneinte. Auf entsprechende weitere Fragen erklärte mir Janka, dass er hinsichtlich der Gewährleistung von Rechtssicherheit in der DDR skeptisch wäre, dass er die Beschlüsse der Partei gegen Westemigranten für falsch und schädlich halte, dass man sich von der Verherrlichung von Personen völlig freimachen müsse, dass das Prämiensystem, insbesondere für leitende Angestellte, völlig falsch und schädlich sei, dass er die Planung, soweit sie den Aufbau-Verlag betreffe, für sinnlos halte, die Zweckmäßigkeit der Planung insgesamt aber nicht beurteilen könne, dass die Tätigkeit der Parlamente auf allen Ebenen aktiviert werden müsse und die Parlamentarier um ihre Wahl kämpfen müssten.

Janka legte auch seine Haltung zu Tito und zum XX. Parteitag der KPdSU dar.

Ebenfalls am 10. Juli sprach ich dann natürlich auch noch mit Wolf. Eine Erklärung für die unterschiedliche Behandlung habe ich nicht, es sei denn die, dass Janka sich durch seine Haltung besonders unbeliebt gemacht hatte.

Staatsanwalt Jahnke teilte mir am gleichen Tag mit, dass er aufgrund gewisser Umstände die Vermutung hätte, dass die Anklagezustellung schon am 15. Juli erfolgen könne. Das bedeutete nach allen Erfahrungen, dass fünf Tage später die Hauptverhandlung beginnen würde. Mein Urlaub war für die Zeit vom 13. Juli bis 4. August geplant, und Staatsanwalt Jahnke hatte mir noch eine Woche vorher erklärt, er rechne nicht damit, dass die Hauptverhandlung in dieser Zeit stattfinden würde.

Ich war also gewappnet, als mich am 17. Juli 1957 in Heringsdorf das Blitztelegramm unseres Bürovorstehers erreichte. Ein Telefon hatte unsere Herberge nicht. »Termin Janka Beginn 23. Juli 9.00«. Ich erhielt auch noch einen Eilbrief von Inge Gentz, mit dem sie mir die Kopie eines Briefes von Johannes von Guenther an den Leiter des Aufbau-Verlages, Klaus Gysi, übersandte. Von Guenther schrieb an Gysi: »Frau Katia Mann bittet Sie sehr, zu veranlassen, dass Dr. Wolff, Jankas Anwalt, Frau Thomas Mann und Frau Erika Mann als Entlastungszeugen für Walter Janka benennt.«

Auch von Guenther selbst wollte als Entlastungszeuge benannt werden. Er wunderte sich, dass er noch nichts von mir gehört hatte. Ich hatte jedoch bis dahin von seinem Angebot keine Kenntnis. Als ich die Kopie erhielt, hatte ich keine Zeit zu antworten. Tage und Stunden waren gezählt.

Noch am 17. Juli fuhr ich mit dem PKW – seit 1955 war ich stolzer Besitzer eines F9, der dem westdeutschen DKW 306 entsprach – über enge und kurvenreiche Landstraßen zurück nach Berlin und sah dort am gleichen Tage erstmals die Akten ein.

Akteneinsichten waren seinerzeit eine Qual. Man schrieb, was man für wichtig hielt, mit der Hand ab. Dabei saß man in der Regel in einer Ecke eines Geschäftszimmers des Gerichts, in dem der Betrieb mit Telefonaten, Privat- und Dienstgesprächen der Mitarbeiter sowie mit dem üblichen Besucherverkehr munter weiterging. Beim Obersten Gericht durften wir in einem freien Zimmer allein die Akten einsehen. Wenn, wie hier, mehrere Verteidiger in einer Sache tätig waren, mussten sie sich diese die Akten teilen. Duplikatakten gab es, jedenfalls für Anwälte, damals noch nicht. Auch später wurden sie Anwälten nicht zur Mitnahme ins Büro, sondern auch nur zur Einsicht in der Geschäftsstelle vorgelegt. Die Vorbereitung auf die Hauptverhandlung musste unter diesen Umständen dennoch in fünf Tagen abgeschlossen sein.

Am 19. und 22. Juli suchte ich meine beiden Mandanten nochmals auf, um mit ihnen das Notwendigste zu besprechen.

Aus der Perspektive der Angeklagten haben Janka und Just die Hauptverhandlung beschrieben. Ihre Eindrücke waren lebhafter und nachhaltiger als meine. Just schrieb beispielsweise in seinem 1990 erschienenen Buch »Zeuge in eigener Sache«: »Der Gerichtssaal war bis auf den letzten Platz gefüllt. Ich erkannte die Seghers, die Weigel, Willi Bredel und andere Schriftsteller [...] Abseits saß eine dicke Frau mit einer ulkigen Frisur, wie sie die die NS-Reichsfrauenschaftsführerin Scholtz-Klink getragen hatte. Das war die Justizministerin Benjamin.«

Janka in »Schwierigkeiten mit der Wahrheit«: »Die Rede Melsheimers gegen Lukács und Janka (brachte) den Zuschauerraum außer Rand und Band. Die abkommandierten Schreier riefen ›Nieder mit den Verrätern! Ins Gefängnis mit den Verbrechern!‹«

Mir selbst ist nur wenig von der Verhandlung in unmittelbarer Erinnerung. Nichts weiß ich mehr, wer als Zuhörer teilgenommen hat, geschweige denn, welche Miene die Betreffenden machten. Nicht einmal die empörten Reaktionen eines Teils der Zuhörer sind mir mehr in Erinnerung.

Natürlich habe ich auch von der Verhandlung noch meine Notizen, doch sie betreffen nur, was ich damals für die Verteidigung für wichtig hielt. In Erinnerung habe ich so, dass für mich Harich der Hauptbelastungszeuge war. Ich befragte ihn für damalige DDR-Verhältnisse außergewöhnlich ausführlich und lange. Das wurde von dem den Vorsitz führenden Vizepräsidenten des Obersten Gerichts, Walter Ziegler, kritisch kommentiert, doch nicht beschränkt.

Ziegler leitete Verhandlungen, soweit ich mich erinnern kann, immer sachlich und ruhig. Er unterschied sich darin vorteilhaft von seiner Amtsvorgängerin Hilde Benjamin, die die erstinstanzlichen Verhandlungen des Obersten Gerichts in einer erschreckend aggressiven Form geführt hatte.

Walter Ziegler sollte nach dem Janka-Prozess vom Vizepräsidenten des Obersten Gerichts zum Direktor des Bezirksgerichts Frankfurt/Oder degradiert werden. Der Anlass war der Janka-Prozess, die genauen Gründe habe ich jedoch nie erfahren. Mag sein, seine Verhandlungsführung war nicht, wie es damals hieß, parteilich genug. Der Richter sollte auch in der Verhandlungsführung die Politik »der Partei« vertreten und feindlichen Auffassungen keinen Raum gewähren. Später wurde Walter Ziegler dann wieder Vizepräsident des Obersten Gerichts.

Harich beantwortete ohne zu stocken und ohne sich zu verheddern alle meine Fragen. Ich musste im Plädoyer gestehen, dass ich ihn nicht widerlegen konnte, fügte aber hinzu, dass ich persönlich ihm nicht glaube. In Erinnerung ist mir ferner, dass ich am Tage der Zeugenvernehmung Harichs in einer Pause den psychiatrischen Sachverständigen Dr. Anton sah, eben jenen Sachverständigen, der in den politischen Strafverfahren vor Berliner Gerichten der bevorzugte Gutachter war. Ich habe damals geschlussfolgert, dass er für den Fall beigezogen worden war, dass von Seiten der Verteidigung Zweifel am Geisteszustand bzw. an der Glaubwürdigkeit Harichs geäußert werden würden.

Daran hatte ich nie gedacht, weil ich dafür überhaupt keine gesetzliche Grundlage gesehen hatte, obgleich sich Harich selbst, in seiner Verteidigung, in die Nähe eines psychopathischen Lügners gerückt hatte. Eine andere Erklärung gab es für das Auftauchen eines Psychiaters im Janka-Prozess nicht. Mir ist nicht bekannt, dass Dr. Anton über seine Erfahrungen in diesem wie in anderen politischen Prozessen später, als er in der BRD war, berichtet hat. Er hätte sagen können, warum er an jenem Tag im Gericht war. Die Archive, die seine Aussagen enthalten müssten, sind noch immer Juristen, Historikern und Journalisten nicht zugänglich und stehen für die Vergangenheitsbewältigung nicht zur Verfügung. Schade.

Am 25. Juli plädierte Ernst Melsheimer. Obgleich der Generalstaatsanwalt kraft seiner Funktion in der DDR ein höheres politisches Gewicht als der Justizminister hatte, bestand bei mir der Eindruck, dass Melsheimer stark unter dem Einfluss von Hilde Benjamin stand. Dies mag darauf zurückzuführen gewesen sein, dass Hilde Benjamin schon vor 1933 Kommunistin war, während Melsheimer als Kammergerichtsrat, wenn auch auf einem unpolitischen Ressort, die Nazizeit überdauert hatte. Melsheimer war ein gebildeter Jurist. Er war für Argumente empfänglich und verstand wenigstens, dass ein Verteidiger kein Staatsanwalt ist. Er war mir als Gegner lieber als die Staatsanwälte, die nur von ihrer politischen Überzeugung aus plädierten. Wenn Just von ihm sagt: »Ich bin selten einem abstoßenderen Menschen gegenüber gesessen. Schwammig, grob, zynisch. In einem fort fraß er irgendwelche Tabletten«, so ist das aus seiner Situation verständlich. Es stimmt jedoch nicht mit meinem Eindruck überein. Die äußeren Tatsachen schildert Just zutreffend, doch die Persönlichkeit Melsheimers wird nicht adäquat dargestellt. Auch Stefan Heym überzieht, wenn er in einer Rezension von Walter Jankas »Die Unterwerfung« in Bezug auf die Anklagerede Melsheimers in der *Berliner Zeitung* am 13. August 1994 schrieb: »Man schaudert, wenn man sie liest, und nicht nur, weil ein geistig verwilderter Analphabet Hitler, Freisler und Stalins Wyschinski zugleich nachzuahmen suchte.«

Ich bin Melsheimer nur wenige Male begegnet und kann mir kein umfassendes Bild von ihm machen. Ich meine jedoch, dass er nicht mit Freisler auf eine Stufe gestellt werden kann. Ich glaube auch nicht, dass Freisler und Wyschinski über einen Kamm geschoren werden können.

Ich habe keine eigene Beobachtung außer jener, dass Melsheimer meinen Antrag auf Jankas Freispruch mir nicht verübelte. Ich hatte bei ihm das Gefühl, dass er eine gradlinige Verteidigung achtete. Diesen Eindruck hatte ich nicht bei allen Staatsanwälten, denen ich begegnet bin. Eine Charakterstudie über Melsheimer würde sich lohnen. Der Weg vom Kammergerichtsrat der Weimarer Republik über die Nazijustiz zum obersten Staatsanwalt der DDR war gewiß ungewöhnlich. Da muss man tief bohren, um zur Wahrheit zu gelangen.

Melsheimer plädierte anders als andere DDR-Staatsanwälte. Er war auf rhetorische Effekte bedacht und sprach nach meinem Eindruck frei. Hier einige Beispiele aus seinem Plädoyer, zitiert aus Jankas »Die Unterwerfung«:

»Oberstes Gericht der Deutschen Demokratischen Republik! Ich habe im Anklagetenor davon gesprochen, dass diese Anschläge gegen den Frieden und den Bestand des Staates in einer Zeit der erhöhten Gefährdung der Deutschen Demokratischen Republik stattfanden. Man muss diesen Prozess, nicht anders als den Harich-Prozess, in der historischen Situation betrachten, die stattfand, als die Verbrechen der Angeklagten begangen wurden. Diese Situation einer akuten Gefährdung des Friedens, die Situation, in der die Feinde des Sozialismus und der Demokratie in Polen, in Ungarn, in Ägypten und sonst in der Welt, schwere Niederlagen erlitten. [...]

Herr Vorsitzender! Die Feststellungen über die Staatsgefährlichkeit der Gruppe Harich, über den eindeutig konterrevolutionären Charakter dieser Gruppe, sind im Harich-Prozess eindeutig erwiesen. Und wenn auch der Harich-Prozess sich bezog auf die Spezialgruppe Harich, Hertwig, Steinberger, so kann es doch keinem Zweifel unterliegen, dass bei den Angeklagten im Aufbau-Verlag die Konzeption ausgebraten, ausgegoren wurde, die [...] hinterher zur schriftlichen Festlegung der Konzeption im Kreise Harich, Steinberger, Wolf geführt hat.

Hier haben die Angeklagten eine Reihe von Erklärungen abgegeben, die das bejahen. Sie haben aber im Prinzip den Versuch gemacht, die Nichtexistenz einer solchen Gruppe, eines solchen Kessels, in dem das ausgegoren wurde, nachzuweisen. Sie haben insbesondere versucht, dass, was Harich hier als Zeuge dargestellt hat, madig zu machen, in Zweifel zu ziehen, vielleicht in der Annahme, dass, wenn drei Angeklagte gegen einen Zeugen sprechen, dass dann möglicherweise die drei Angeklagten recht haben könnten. Der Harich, der seine Strafe von zehn Jahren Zuchthaus weg hat, die er zur Zeit verbüßt, Harich, der nicht das kleinste Interesse daran hat, irgendeinen Angeklagten zu belasten, der im Gegenteil, als ich ihn vor seinem eigenen Prozess hörte, mir auf meine Frage, wäre alles das geschehen, wenn Janka einmal Nein gesagt hätte, nach zweiminütigem Schweigen mit kauenden Backen und zuckenden Wimpern, unter Tränen gesagt hat, dann wäre gar nichts passiert.

Harich, als Zeuge, bringt für die Anklagebehörde Beweise für all das, was er trotz seiner Rederei an Positivem hier gesagt hat, absoluten Beweis für die Richtigkeit [...]

Besonnen und stetig hat er hier seine Aussagen gemacht. Man hat den Versuch gemacht, ihn in irgendeiner Weise zu diskriminieren. Man hat ihm Fragen gestellt, ich habe bloß noch auf die Frage gewartet, auf welchem Pflasterstein er denn gestanden habe, als diese Unterredung mit Zöger gewesen ist, dass die Sowjetunion und die Regierung der Deutschen Demokratischen Republik die Vereinigung in Wahrheit gar nicht wollten. So minutiös und so genau und nicht in einem einzigen Fall überführt einer kleinsten Unwahrheit. Man sollte auch den Versuch unterlassen, Harich unter Berufung darauf, dass er selbst einmal von sich gesprochen hat, ›damals habe ich psychopathische Züge‹ oder sonst etwas getragen, daraus einen gleichen Schluss auf die Unglaubhaftigkeit Harichs zu ziehen. [...]

Janka. Ein Mann, der sich hier und in der Voruntersuchung als ein notorischer Lügner gezeigt hat. [...] Janka ist ein Mensch, der einmal Großes und Gutes für den Kommunismus getan hat. Janka ist ein Mensch, der sich hier nicht benimmt oder benommen hat, als das Verbrechen der Gruppe sich vollzog, wie sich ein Kommunist benimmt. Er ist ein Hasser unseres Arbeiter-und-Bauern-Staates. [...] Ich beantrage gegen Janka, diesen Kommunisten, der seine Partei verraten hat, dem die Pläne bekannt waren, der ein Lügner ist, der die größte Verantwortung als Verlagsleiter hatte, fünf Jahre Zuchthaus.

Für Just, Naziverbrecher, Karrierist, Fragebogenfälscher, nach Janka Tätigster, dreieinhalb Jahre Zuchthaus.

Für Zöger, Arbeitersohn, der selbst aufgeweicht war nach einer guten Vergangenheit und aufweichend wirkte, dessen Schuld geringer ist, geringer als die von Just, zweieinhalb Jahre Zuchthaus.

Gegen Wolf, diesen in der Emigration zur Arbeiterbewegung gestoßenen Menschen, der, ich möchte sagen, von Anfang an kein Vertrauen zur Partei und zur Regierung hatte, der schwere Schuld auf sich geladen hat, der die Wege zur Durchsetzung der Konzeption wesentlich bereicherte, den Inhalt der Konzeption bereicherte, der aber, das unterscheidet ihn von der Tätigkeit der übrigen Angeklagten, nur einmal am 25. tätig war, während die anderen gewirkt haben durch Monate. Er ist nach meiner Auffassung im gleichen Maße schuldig, wie sich Steinberger im Harich-Prozess schuldig gemacht hat. Ich beantrage gegen Wolf vier Jahre Zuchthaus.«

Nach Melsheimers Plädoyer erhielten wir Verteidiger eine Pause, um uns auf unsere Plädoyers vorzubereiten. Diese Pause hat in mir den tiefsten und dauerhaftesten Eindruck vom Prozess hinterlassen. Meine Mitverteidigerin, Frau Dr. Carlota Schindowski, und ich hatten ein Zimmer für die Pausen zugewiesen erhalten, in dem sonst offenbar zwei Richter an Schreibtischen einander gegenüber saßen, jetzt saßen wir uns gegenüber.

Nach dem Plädoyer des Generalstaatsanwalts war es klar: Verteidigung hatte hier eine Aufgabe, wanderte aber auf einem schmalen Grat. Wer die DDR kannte, hatte aus den Worten Melsheimers herausgehört, dass Absturzgefahr drohte. Es galt die Zeit zu nutzen, um die Beweislage zu würdigen und die Rechtsprobleme darzustellen. Alles natürlich unter den Bedingungen des Jahres 1957. Ich war voll mit mir beschäftigt, als mich Carlota, wir duzten uns als Genossen, fragte: »Was soll ich bloß sagen, was soll ich beantragen?«

Carlota war ein nervöser Typ und zu jener Zeit vermutlich überdies im Klimakterium. Sie war in Südamerika aufgewachsen und hatte den Referendaren, die sie am Kammergericht ausgebildet hatte, bevor sie dort weggehen musste, davon erzählt, wie sie auf einem Schimmel über die Ländereien ihres Vaters geritten sei. Das wenigstens hatten alle ihre Referendare von der Ausbildung behalten.

Im Justizministerium oblag es ihr, die gesetzlichen Voraussetzungen für die Gleichberechtigung der Frau mit auszuarbeiten. Später wurde sie Vorsitzende eines Zivilsenats beim Kammergericht. Als sie, wohl infolge des Helm-Prozesses und der verschwundenen Akte, zusammen mit einem anderen Richter das Kammergericht verlassen musste, wollte sie Mitglied im Rechtsanwaltskollegium werden. Doch hier hatten jetzt die zu Anwälten avancierten und von ihr ausgebildeten Referendare das Sagen und lehnten mehrheitlich ihre Aufnahme ab. Das war Pech für sie. So musste sie schließlich erst Einzelanwalt werden, bevor es mir mit einem gewissen Nachdruck gelang, meine Kollegen davon zu überzeugen, dass sie würdig sei, ins Kollegium aufgenommen zu werden. Sie erlangte als Anwältin bald einen guten Ruf, da sie über drei entscheidende Voraussetzungen verfügte: Rechtskenntnisse, Zungenfertigkeit und Durchsetzungsvermögen.

Die mir vis-à-vis sitzende Carlota, eine unserer bekanntesten Juristinnen, flippte aus, wie man heute sagen würde. Sie bekam einen Nervenzusammenbruch mit Schluchzen und Jammern. Ich bemühte mich, dies nicht zur Kenntnis zu nehmen, und schrieb meine Stichworte fürs Plädoyer.

Nach dieser Pause plädierte – entsprechend der Reihenfolge der Anklage – zunächst ich. Im Protokoll der Hauptverhandlung wird eingangs wiedergegeben, dass ich »im Wesentlichen mit der Einschätzung der Beweisaufnahme, wie sie der Generalstaatsanwalt gegeben habe, einverstanden sei. Es sei bewiesen, dass der Angeklagte Janka wesentliche Teile der Konzeption Harichs gekannt habe, es sei auch bewiesen, dass er die Realisierungspläne teilweise gekannt und teilweise gebilligt habe.«

Weiter heißt es im Protokoll: »Die Verteidigung hat sich bemüht, in den Aussagen des Zeugen Harich Widersprüche aufzudecken. Er müsse zugeben, dass dies nicht gelungen sei. Gleichwohl aber glaube er, dass man den Aussagen des Zeugen Harich nicht bedingungslos folgen könne. Er sei zwar der Meinung, dass Harich das, was er ausgesagt habe, auch für den Tatsachen entsprechend halte, aber unbewusst übertrieben und sich manches suggeriert habe. Zu diesem Schluss komme er deswegen, weil Harich seiner ganzen Charakteranlage nach ein Mensch sei, der stets das für wahr und richtig halte, was er selbst annehme.«

Danach heißt es im Protokoll weiter: »Der Verteidiger geht nunmehr zur rechtlichen Beurteilung des festgestellten Sachverhalts über. Er führt aus, dass das Oberste Gericht erstmalig im Harich-Prozess zum Staatsverrat Stellung genommen habe und zitiert die rechtlichen Ausführungen aus dem in der *Neuen Justiz* abgedruckten Urteil. Dabei geht er besonders auf die Ausführungen zur politischen Gruppenbildung ein und erklärt, diese vom Obersten Gericht gegebene Definition seinen weiteren Ausführungen zugrundelegen zu wollen. Danach sei für eine Bestrafung erforderlich, dass

Gewalt oder Drohung angewendet werden solle. Die Betreibung von Veränderungen ohne Gewalt oder Drohung sei nicht strafbar.

Zur Frage der Gruppenbildung habe der Generalstaatsanwalt in seinem Plädoyer ausgeführt, dass eine Gruppe dann vorliege, wenn Gleichheit der Ziele, Gleichheit der Gesinnung und Gleichheit der Mittel festgestellt worden sei. Diese Definition sei teilweise zu eng und teilweise zu weit. Gleichheit des Ziels allein genüge nicht, vielmehr müssten die Ziele beschrieben werden als auf die Veränderung gesellschaftlicher Verhältnisse gerichtet. Gleichheit der Gesinnung sei nicht erforderlich. Die Motive der einzelnen Teilnehmer der Gruppe könnten völlig verschieden sein. Gleichheit der Mittel sei wiederum zu weit, da die Mittel, wie schon dargelegt, Drohung und Gewalt sein müssten.

Auf den Angeklagten Janka bezogen sei zwar die Gleichheit der Zielsetzung gegeben, nicht aber die Gleichheit der Mittel. Selbst wenn man den Aussagen Harichs folgen wolle, hätte Janka zwar gewusst, dass Harich Gewalt und Drohung anwenden wollte, dem selbst aber nicht zugestimmt. Hier zeige sich schon, wie sich der objektive mit dem subjektiven Tatbestand mische. Harich und Janka hätten also keine Gruppe im strafrechtlichen Sinne gebildet.

Diese Angeklagten hätten auch keine konspirativen Methoden angewendet. Auch subjektiv sei dem Angeklagten Janka nicht nachgewiesen, dass er Staatsverrat begangen habe. Auf der subjektiven Seite sei Wissen und Wollen erforderlich. Das Wissen allein genüge nicht. Hierzu beziehet sich der Verteidiger auf die in der *Neuen Justiz* veröffentlichte Ausführung von Dr. Lekschas. Auch nach den Aussagen Harichs habe die Gruppe nur objektiv, aber nicht in der Vorstellung von Janka, Just und Zöger bestanden. Dem Angeklagten Janka könne daher aus objektiven und subjektiven Gründen kein Staatsverrat vorgeworfen werden. Folge man den Aussagen Harichs, so könne Janka höchstens wegen bestimmter Äußerungen belangt werden, die sich als Boykotthetze darstellten. Man könne Janka auch eventuell wegen Nichtanzeige eines Verbrechens gegen Art. 6 nach § 139 StGB bestrafen. Da er aber diese Aussagen Harichs nicht für wahr halte und Janka im Übrigen auch nicht wegen Verbrechens der Boykotthetze und der Nichtanzeige eines Verbrechens, sondern nur wegen Staatsverrats angeklagt sei, beantrage er dessen Freispruch.«

Analog plädierte ich anschließend für Wolf und verlangte auch für ihn Freispruch, hilfsweise eine mildere Strafe.

Frau Dr. Carlota Schindowski hatte sich gefangen. Sie schloss sich in ihrem Plädoyer meinen Ausführungen an. Nur das Wort

»Freispruch« nahm sie nicht in den Mund. Sie beantragte eine Entscheidung nach § 221 Ziff. 3 StPO. Das war diejenige Bestimmung in der damals geltenden Strafprozessordnung der DDR, die den Freispruch mangels Beweises betraf. Die Zuhörer konnten das natürlich nicht erkennen, was Carlota offenbar für zweckmäßig hielt. Im Ergebnis nützte ihr das nichts.

Melsheimer erwiderte sehr scharf auf ihr Plädoyer, während er mich ungeschoren ließ. Warum, wissen die Götter. Ich denke, der »verwilderte Analphabet« schätzte einen Anwalt mit Rückgrat.

Das Urteil wurde am folgenden Tag, am 26. Juli 1957, verkündet. Es entsprach im Wesentlichen dem Antrag des Staatsanwalts. Janka wurde zu einer Zuchthausstrafe von fünf Jahren, Just zu vier, Zöger zu zweieinhalb und Wolf zu drei Jahren Zuchthaus verurteilt. Während Just eine um sechs Monate höhere Strafe erhielt, als sie Melsheimer beantragt hatte, fiel die Strafe für Wolf um ein Jahr kürzer aus.

Die Abweichung vom Antrag des Generalstaatsanwalts mag die Maßregelung von Ziegler zur Folge gehabt haben, wenn es nicht seine Verhandlungführung war. Die beiden Beisitzer Löwenthal und Reinwarth blieben im Amt.

Hans Reinwarth wurde 1994 vom Kammergericht Berlin wegen Rechtsbeugung zu drei Jahren und neun Monaten verurteilt. Die Verurteilung erfolgte nicht wegen der Prozesse gegen Harich und Janka, sondern wegen der Mitwirkung an Todesurteilen wegen Spionage in den 50er Jahren. Das Urteil wurde rechtskräftig.

Ich habe keine Erinnerung an Reinwarth, der für mich offenbar farblos war, dagegen eine lebhafte Erinnerung an Dr. Heinrich Löwenthal. Ihn hatte ich schon an der Berliner Volksrichterschule etwa 1950 kennengelernt. Er war dort Dozent, ich Seminarleiter. Er begann seine Vorlesung mit Witzen und war bei den Schülern beliebt. Er war ein Mann, der das gute Leben schätzte und genoss, soweit das damals möglich war. Ich erinnere mich, dass er anlässlich einer Beratung über eine Reformierung der Strafprozessordnung uns Teilnehmern jeweils eine Miniflasche Schnaps kredenzte. Das hatte die sozialistische Welt der DDR damals noch nicht gesehen. Das Arbeitsergebnis der Kommission wurde übrigens als mit liberalistischen Tendenzen behaftet verbannt.

Einmal begrüßte mich Löwenthal, als ich mich als Verteidiger in einem erstinstanzlichen Verfahren meldete, mit der Frage, ob ich schon die Vollmacht für das Kassationsverfahren hätte. Das waren

Scherze, die zu jener Zeit von einem DDR-Richter sonst nicht zu hören waren.

Löwenthal schrieb kleine Erzählungen und Monografien zu rechtshistorischen Themen und bewies damit ein über dem Durchschnitt des DDR-Juristen jener Zeit liegendes Bildungsniveau. Er rauchte wie ein Schlot und starb 1960 im Alter von 47 Jahren an Lungenkrebs.

Erst durch den Nachruf in der *Neuen Justiz* erfuhr ich, dass er nach seiner Emigration sein Jurastudium in Bern beendet und dort auch promoviert hatte.

Nach der Urteilsverkündung erhielt ich noch einen Brief mit Dankesworten von Lotte Janka und hörte dann nichts mehr von meinem Mandanten bis 1989.

Willi Schaeffers gegen Friedrichstadtpalast (1958)

Irgendwann 1958 rief mich ein Kollege aus Westberlin an. Er war mir unbekannt, und ich habe seinen Namen inzwischen vergessen. Er erklärte mir, er berate aus freundschaftlicher Verbundenheit Herrn Willi Schaeffers, den früheren Chef des »Kabaretts der Komiker«. Der 74-jährige Schaeffers lebe unter schwierigen finanziellen Verhältnissen und brauche anwaltliche Hilfe in einem Prozess beim Ostberliner Kammergericht. Ob ich bereit wäre, das für »Gotteslohn« zu machen. Ich war bereit. Ich kannte Schaeffers zwar nicht persönlich, hatte aber während der Nazizeit als Jugendlicher sein »Kabarett der Komiker« besucht und dort insbesondere die mutigen antifaschistischen Auftritte von Werner Finck (1902-1978) begeistert beklatscht. Ich wollte jetzt meinen Dank abstatten, zumal es sich um eine »gerechte Sache« handelte.

Schaeffers hatte einen Vertrag mit dem Friedrichstadtpalast geschlossen, der ihm ein gutes Honorar, ich glaube um die 20 000 Westmark, versprach. Nun wollte der Palast den Vertrag nicht einhalten. In erster Instanz hatte Schaeffers bereits verloren, und die Sache sah auch in der zweiten Instanz nicht gut aus. Es ging zunächst nur um die Erteilung einstweiliger Kostenbefreiung, die in erster Instanz wegen Aussichtslosigkeit abgelehnt worden war. Aber da Schaeffers kein Geld für den Gerichtskostenvorschuss hatte, wäre das für sein Anliegen schon das »Aus« gewesen.

Nach meiner Meinung steckte hinter der Ablehnung der Kostenbefreiung ein politisches, und zwar ein politisch falsches Motiv. Ich ging also im Vollgefühl des Vertreters einer in jeder Hinsicht guten Sache dorthin, wo Berliner Politik gemacht wurde, nämlich zur Bezirksleitung der SED. Mein Ansprechpartner war der Instrukteur für die Justiz. Fritz Marquardt kannte ich aus gemeinsamer Tätigkeit in der Abteilung Justiz des Magistrats. Wir mochten uns bis an sein Lebensende.

Fritz ließ sich überzeugen, dass man einen Antifaschisten nicht um sein Recht bringen dürfe, wollte allerdings nicht selbst entscheiden, sondern schickte mich zum Intendanten des Friedrichstadtpalastes. Dieser wusste, dass ich von der Bezirksleitung kam, und empfing mich dementsprechend freundlich. Er meinte, er sei immer für die Einhaltung von Verträgen, alles andere schade dem Ruf eines künstlerischen Etablissements, und erklärte sich schnell zur Zahlung des Honorars bereit, wenngleich an einen Auftritt von Schaeffers aus Gründen, die offenbar politischer Natur waren, nicht zu denken sei. Ich war es zufrieden.

Das Geld wurde gezahlt. Der Mandant nahm es und schwieg zunächst.

Irgendwann jedoch teilte er mir mit, dass er ein neues Kabarett, das »Tingeltangel«, eröffnet habe, und schickte meiner Frau und mir eine Einladung zur Premiere. Wir fuhren nach Westberlin, dessen kulturelle Einrichtungen uns als Ostmarkverdienern verschlossen waren.

Das Kabarett hatte einen bärähnlichen Restaurationsbetrieb. Es gab Sekt. Wir wählten, da kein Schaeffers zu sehen war, die billigste Sorte. Die Vorstellung begann und endete, ohne dass Schaeffers sich sehen ließ. Dagegen zeigte sich der Ober und präsentierte die Rechnung. Meine Erklärung, dass ich nicht über Westgeld verfüge und von Willi Schaeffers eigentlich eingeladen worden sei, interessierte ihn wenig. Erst nach längerem hin und her nahm er Ostmark, natürlich zum »Schwindelkurs«, und wir durften gehen.

Der Abgang beschämte mich, und zudem war ich von dem Selbstvorwurf belastet, gegen das Devisenrecht der DDR verstoßen zu haben. Ich war damals noch der Auffassung, als Jurist müsse man besonders gesetzestreu sein.

Bei diesem traumatischen Erlebnis blieb es jedoch nicht. Ich erhielt unerwartet eine telefonische Einladung zu einer Sitzung der Abteilung Kultur des Magistrats. Ich hatte keine Vorstellung, worum es gehen könnte, man sagte auch nichts, doch der Anruf klang irgendwie merkwürdig.

Ich traf auf ein größeres Gremium, welches offenbar über mich wegen des Vergleichs Schaeffers ./. Friedrichstadtpalast zu Gericht saß. Für das Geld, das man Schaeffers meinetwegen habe in den Rachen werfen müssen, hätte man eine Neubauwohnung bauen können, rechnete man mir vor. Ich hätte mich vermutlich wegen des hohen Honorars an Arbeitergeldern versündigt.

Mein Versuch der Richtigstellung prallte auf taube Ohren.

Eine Weile hörte ich mir die Vorwürfe noch an und, als mir die Sache zu dumm wurde, stand ich auf und ging. Die Abteilung Kultur hatte mir schließlich nichts zu sagen.

Für mich blieb in der Folge tatsächlich jede negative Konsequenz aus. Nicht so für Fritz Marquardt. Ihm wurde ein Parteiverfahren gemacht, was ein großes Unglück für einen bewussten Genossen wie ihn war. Das Verfahren endete zwar nur mit einer Verwarnung, doch sie schmerzte ihn. Er hatte nichts Schlechtes gewollt und getan. Er hatte eigentlich überhaupt nichts getan. Dennoch haftete ihm jetzt ein Makel an.

Schaeffers, der auch in über vierzig Filmen mitgewirkt hatte, starb, wie ich der Zeitung entnahm, 1962 in München und wurde in Westberlin beigesetzt.

Kirchenkampf in Mecklenburg (Ende der 50er Jahre)

Irgendwann, wohl zwischen 1955 und 1960, erschien bei mir ein unauffälliger Herr und erklärte, er sei Bischof und wolle wissen, ob ich bereit wäre, im Bezirk Schwerin einen Pfarrer zu verteidigen, der der Hetze beschuldigt werde.

Ich versuchte, den Eindruck, den das Erscheinen eines leibhaftigen Bischofs auf mich machte, zu verbergen und sagte ungerührt zu, die Verteidigung zusammen mit einem ortsansässigen, kirchlich gebundenen Kollegen zu übernehmen.

Die Hauptverhandlung fand, wie ich meine, in einem Dezember vor dem Bezirksgericht Schwerin vor größerem Publikum statt. Dem Angeklagten wurde vorgeworfen, einer kurz nach dem Empfang der Jugendweihe verstorbenen Jugendlichen die Beerdigung auf dem Friedhof der Gemeinde versagt zu haben. Sie sollte, wie früher die Selbstmörder, außerhalb des Friedhofs an der Kirchhofsmauer beigesetzt werden.

Der Pfarrer bestritt dies nicht.

In der Beweisaufnahme wurden Zeugen aus dem kleinen mecklenburgischen Dorf gehört. Ich war erneut beeindruckt. Die Zeugen waren meist Genossen, legten aber großen Wert auf ein kirchliches Begräbnis. Ihre Vernehmung war wie ein Rückblick ins 19. Jahrhundert.

Nach der Beweisaufnahme plädierte die Bezirksstaatsanwältin, die selbst die Anklage vertrat und damit die politische Bedeutung des Verfahrens unterstrich. Das Recht auf Jugendweihe sollte gegen kirchliche Sanktionen geschützt werden. Ihr ging es darum zu zeigen, dass Menschen, die gegen die Jugendweihe mit solchen Mitteln vorgingen, überhaupt verachtungswürdige Elemente seien. Eine wohl zeitlose Methode in politischen Strafverfahren. Sie schlussfolgerte aus der Tatsache, dass bei dem Angeklagten ein Exemplar der widerlichsten Nazizeitschrift, *Der Stürmer*, gefunden worden war, dieser sei früher ein Faschist gewesen und sei es wohl noch immer.

Das fand allerdings im sonstigen Ergebnis der Beweisaufnahme keine Stütze. Danach war der Angeklagte vielmehr ein Mitglied der

Bekennenden Kirche, also desjenigen Teils der Kirche, der sich nicht von den Nazis hatte vereinnahmen lassen. Ein Nazi als Angeklagter passte aber besser zu dem Strafantrag, der nach meiner Erinnerung auf drei Jahre Freiheitsstrafe lautete.

Nach der Bezirksstaatsanwältin hatten wir Verteidiger das Wort. Mein Schweriner Kollege war keine Strafverteidiger und fühlte sich in diesem spannungsgeladenen politischen Prozess sichtbar unwohl. Andererseits war er wohl der Kirche verpflichtet. Wir einigten uns, dass zuerst er plädiere. Er versuchte der Konfrontation mit der wortgewaltigen Vertreterin der Staatsmacht auszuweichen. Das gelang ihm auch. Ich hatte das erwartet und deswegen den zweiten Platz in den Plädoyers angestrebt, während ihm der erste Platz recht war. Aus seinem Plädoyer ist mir nichts, aus meinem nur ein Teil in Erinnerung.

Dem »*Stürmer*-Argument« der Frau Bezirksstaatsanwältin setzte ich die Tatsache entgegen, dass bei dem Angeklagten auch das Jugendweihebuch »Weltall, Erde, Mensch« gefunden und beschlagnahmt worden sei. Sorgfältige Akteneinsicht kann sich lohnen. Vorsichtig formulierte ich: »Was würde man von dem Rechtsanwalt sagen, der aus der Tatsache, dass der Angeklagte das Buch ›Weltall, Erde, Mensch‹ besaß, die Schlussfolgerung zieht, der Angeklagte sei Atheist gewesen?«

Ich fand mein Argument so schön, dass ich es mir gemerkt habe. Das Gericht war davon weniger beeindruckt und verurteilte den Angeklagten antragsgemäß. Zeitloses Verteidigerschicksal. Wer nicht verlieren kann, darf nicht Rechtsanwalt werden. Spaß machen solche Auseinandersetzungen trotzdem. Das Urteil ist nicht alles, wenigstens nicht für den Verteidiger und den Staatsanwalt. Freude und Ärger über gelungene oder misslungene Argumente mit ihren Showeffekten bleiben.

Nach der Hauptverhandlung fuhr ich zusammen mit einem Vernehmer des MfS, der als Zuhörer an der Verhandlung teilgenommen hatte, in meinem Wartburg nach Berlin zurück. Er hatte mich gebeten, ihn mit nach Hause zu nehmen. Es war eine schwierige Fahrt, die Straßen waren vereist, und ich hatte es eilig. Ich wollte oder sollte zur Kinderweihnachtsfeier des Kollegiums. Was man sich für unwesentliche Details merkt.

Die Unterhaltung mit dem Vernehmer brachte keine Kontroversen zutage.

Tage späte wurde ich zum Genossen Marquardt in die Bezirksleitung bestellt. Dort lag eine Beschwerde über mich und ein Tonbandmitschnitt, der von der Hauptverhandlung gemacht worden war. Dies war in größeren Strafsachen nicht selten und geschah offen. Wir hatten Mikrofone vor uns, was manchen beeindruckte.

Die Sache mit dem Atheismus-Argument gefiel der Bezirksleitung im Gegensatz zu mir überhaupt nicht. Das Missfallen ließ sich jedoch schwer artikulieren. Daneben hatte man aber noch einen schweren ideologischen Verdacht. Das Protokoll meines Plädoyers enthielt ein Fremdwort, das mit der Silbe »ismus« endete. Niemand kannte diesen »Ismus-Terminus«. Ich auch nicht. Der Verdacht, ich hätte eine neue Theorie begründen wollen, ließ sich also nicht erhärten.

Was tun?

Die Bezirksleitung brauchte etwas, was ihr erlaubte, das Verfahren gegen mich einzustellen, ohne ihr Gesicht zu verlieren. Das begriff sogar ich. Also bekannte ich mich schuldig, meiner altbekannten Neigung, der Freude am Argumentieren des Argumentierens wegen, wieder einmal erlegen zu sein. Ich gelobte, mich um Besserung zu bemühen. Das reichte. Wir schieden beide im Bewusstsein, unsere unterschiedlichen Aufgaben jeder für sich gut gelöst zu haben.

Ich erinnere mich nicht, wegen eines Plädoyers jemals wieder zur »Partei« oder zu einer staatlichen Instanz bestellt worden zu sein.

Staatsverrat an der Humboldt-Universität: Der Fall Dr. Herbert Crüger (1958/59)

Am 12. Dezember 1958, also etwa eineinhalb Jahre nach dem Urteil des Obersten Gerichts gegen Walter Janka, beauftragte mich die Schauspielerin Mathilde Dannegger, Dr. Herbert Crüger vor dem Bezirksgericht Potsdam zu verteidigen. Das war ihr Mann. Sie kam auf Empfehlung von Rechtsanwalt Prof. Dr. Friedrich Karl Kaul, der als in Berlin ansässiger Einzelanwalt in der DDR nicht zugelassen war. Kaul war wohl nicht böse, die Verteidigung nicht führen zu können. Seine berühmten Auftritte bei der Verteidigung von Kommunisten vor bundesdeutschen Gerichten machten es ihm gewiss schwer, vor DDR-Gerichten eine weniger auffällige Rolle zu spielen. Er hätte sich, wie anzunehmen ist, überdies ungern das zu erwartende Ergebnis eines politischen Prozesses in der DDR von der westdeutschen Presse hämisch vorhalten lassen.

Kaul war mir als Kollege bekannt. Darüber hinaus kannte ich ihn auch aus Erzählungen meiner Mutter. FKK hatte derselben studentischen Verbindung »Neosilesia« angehört wie mein Vater. Er stand als Fuchs unter der Obhut meines Vaters, der schon »alter Herr« war. Kaul muss auf meine Mutter besonderen Eindruck gemacht haben, weil sie sich so deutlich an ihn erinnerte. Damals, so sagte sie mehr als einmal, trug Kaul einen Monokel und war ein Tunichtgut. In der Verbindung hieß es: »Aus dem wird nie etwas.«

Unter den Kollegiumsanwälten, wie überhaupt in der Ostberliner Justiz, war Kaul ebenfalls nicht sehr angesehen. Er kannte sich im bundesdeutschen Recht wahrscheinlich besser aus als im DDR-Recht, was ihn jedoch nicht hinderte, auch in der DDR das ganze Gewicht seiner Persönlichkeit ungebremst zur Erreichung seiner Ziele in die Waagschale der gerichtlichen Prüfung zu werfen. Nicht selten wurde dieses Gewicht dennoch für zu leicht befunden. Kauls Selbstbewusstsein focht das nicht an. Seine Sprüche waren berühmt.

Unter Kollegen wurde er besonders häufig mit dem Satz zitiert: »Die Bedeutung dieses Prozesses können Sie schon daran erkennen, dass ich persönlich komme.« So etwas machte ihn nicht beliebter.

Später mokierte sich die Anwaltschaft darüber, dass er sich die Anrede »Herr Kollege« verbat. Er wollte mit »Herr Professor« angeredet werden. Ganze Bände ließen sich mit Kaul-Anekdoten füllen. Besonders die Mitarbeiter des Fernsehfunks erzählten, wie er einem »Unbefugten«, der auf »seinem« Stammparkplatz stand, die Luft aus den Reifen gelassen hatte, oder wie er, als einmal »seine« Toilette wegen Bauarbeiten gesperrt war, aus dem Fenster seines Zimmers gepinkelt hatte.

Ich bewertete seine positiven Eigenschaften höher als seine negativen. Vor allem schätzte ich Kauls Mut, seine Schlagfertigkeit, seine Arbeitsintensität und seinen Einfallsreichtum. Noch heute ist er in aller Munde. Wenn ich aus dem DDR-Fernsehen bekannt bin, dann nur als »Nachfolger von Kaul«.

1958 war ich weder »Nachfolger von Kaul« noch genoss dieser jene Popularität, die ihm insbesondere das Fernsehen mit seiner Sendung »Fragen Sie Professor Kaul« verschaffen sollte. Ich übernahm das neue Mandat, das inhaltlich Fortsetzung und Schlusspunkt der Verfahren gegen Harich und Janka war. Wie Janka war auch Crüger nicht geständig, eine staatsfeindliche Gruppe gebildet zu haben. Im Unterschied zu Janka wurde er jedoch nicht vor dem Obersten Gericht, sondern eben nur vor dem Bezirksgericht Potsdam angeklagt. Das war vielleicht eine Lehre, die man aus der Wirkung des Janka-Prozesses gezogen hatte.

Die Anklage vom 11. Dezember 1958 wurde mir wieder fünf Tage vor der Hauptverhandlung zugestellt, die am 20. Dezember 1958 beginnen sollte. Wieder Akteneinsicht unter Zeitdruck: acht Aktenbände, neunzehn Zeugen, ein Sachverständiger und ein Angeklagter, der die Tat bestritt. Schöne Vorweihnachten.

Die Rechtslage hatte sich nach dem Janka-Verfahren insofern geändert, als das Strafrechtsergänzungsgesetz (StEG) vom 11. Dezember 1957 den Artikel 6 der Verfassung als Rechtsgrundlage abgelöst hatte. Als das mildere Gesetz fand es auch auf die vor seinem Inkrafttreten begangenen Straftaten Anwendung. Dr. Crüger wurde zusammen mit den Mitangeklagten Dr. Saar und Dr. Gülzow beschuldigt, »es unternommen zu haben, die verfassungsmäßige Staats- und Gesellschaftsordnung durch planmäßige Untergrabung zu beseitigen und sich zu diesem Verbrechen miteinander verbunden zu haben«.

Dies war nach der Anklage ein Verbrechen gemäß §§ 13 Abs. 1, 24 Abs. 1 und 2 StEG und war im Höchstmaß mit Todesstrafe bedroht.

Der Erlass des Strafrechtsergänzungsgesetzes markierte eine neue Etappe in der Geschichte des Strafrechts der DDR. Davon allerdings merkte ich im Dezember 1958 noch nichts. Im Gegenteil. Das Klima war damals nicht nur im Gerichtssaal eisig. Im politischen Strafrecht hatte das Bestreben, Gegner, besonders in den eigenen Reihen der Partei, auszuschalten, einen Höhepunkt erreicht. Rückblickend stellt sich mir dieser Höhepunkt als Endpunkt einer Phase der politischen Justiz in der DDR dar. Staatsverrat kam später in der Anklagepolitik meines Wissens nicht mehr vor. Die neue Strafart der bedingten Verurteilung, die durch das Strafrechtsergänzungsgesetz eingeführt worden war, gewann immer mehr an Bedeutung. Die Zahl der Strafverfahren ging drastisch zurück, die Strafen wurden auf vielen Gebieten milder. Im Strafrecht spiegelten sich die Konsolidierung der DDR und der XX. Parteitag der KPdSU wider.

Im Prozess gegen Saar u. a. war allerdings kein Hauch von »Tauwetter« zu spüren. Am Tage der Mandatsübernahme fragte unser Bürovorsteher telefonisch beim Staatsanwalt des Bezirkes Potsdam nach dem Sachstand. Er notierte: »Telefonische Rücksprache mit Herrn StA […] Die Akten befinden sich bei Gericht. Termin steht am 18.12.1958 an. Akten können am 13.12.58 in der Zeit von 10 bis 12 Uhr beim Gericht in Potsdam eingesehen werden. Von dort wird auch Sprecherlaubnis erteilt.«

Das klang nicht gut. Zeiten für Akteneinsichten durften innerhalb der Geschäftsstunden des Gerichts nicht beschränkt werden und wurden es normalerweise auch nicht. Hier hörte es sich anders an. Ich fuhr also am nächsten Tag nach Potsdam und sah auf der Geschäftsstelle des Bezirksgerichts die Akten ein. Zunächst nur die Anklageschrift, die jetzt dem Verteidiger nicht mehr zugestellt wurde. Von Beschränkung auf zwei Stunden war nicht mehr die Rede, aber die Zeit reichte dennoch nicht für das Studium weiterer Akten. Ich musste noch mit meinem Mandanten sprechen.

Dr. Crüger schrieb später über meinen Besuch bei ihm in der Untersuchungshaftanstalt des MfS in Potsdam in seinen 1990 verlegten Erinnerungen »Verschwiegene Zeiten. Vom geheimen Apparat der KPD ins Gefängnis der Staatssicherheit«:

»Seine erste Frage war: ›Wenn Sie verurteilt werden, legen Sie Berufung ein?‹

›Ja‹, antwortete ich, ›wenn ich verurteilt werde, lege ich Berufung ein.‹

›Gut, darauf richte ich meine Verteidigungsstrategie aus.‹

Er sagte mir gleich, so wie die Dinge lägen, müsse ich mit einer Verurteilung rechnen.«

Vom 16. bis zum 19. Dezember saß ich jeden Tag auf der Geschäftsstelle, las weiter die Akten und schrieb auf vierzig Seiten Auszüge aus Vernehmungsprotokollen ab.

Am 19. Dezember 1958 schrieb mir Mathilde Dannegger: »Lieber Genosse Wolff, natürlich weiß ich nicht, ob es Dir gestattet ist, meinem Mann die beiliegenden Zeilen von mir mitzunehmen. Falls dies nicht geht, bitte ich Dich herzlich, ihm zu sagen, was sie enthalten.«

In diesem Brief hieß: »Für uns ist jetzt die Zeit der Bewährung gekommen. Wir müssen sie bestehen, sonst wären wir nicht wert, den Namen eines Genossen zu tragen. Ich weiß nach wie vor, dass Du treu zur Sache stehst und ihr nicht schaden wolltest.«

Unter dem Brief steht mein handschriftlicher Vermerk vom 21. Dezember 1958: »Diesen Brief habe ich Mdt. nur insoweit mitgeteilt, als ich ihm Grüße bestellt habe.«

Ich wollte einerseits den Brief aufbewahren, andererseits aber auch dokumentieren, dass ich keine geheimen Botschaften übermittelte.

Als die Hauptverhandlung am 20. Dezember begann, war der Saal des Bezirksgerichts vollbesetzt mit Angehörigen des MfS, die Angeklagte wie Verteidiger ihre feindselige Haltung fühlen ließen. Senatsvorsitzender war Oberrichter Wohlgetan. Dieser war als harter Richter in politischen Verfahren bekannt. In meiner Erinnerung ist dennoch kein Bild eines unsympathischen Menschen zurückgeblieben. Er war dem äußeren Anschein nach einer von jenen Arbeitern, die als Kommunisten für ihre Überzeugung, ohne sich selbst zu schonen, eintraten. Sein Defizit an juristischer und allgemeiner Bildung hatte er aus eigener Kraft weitgehend ausgeglichen. Insofern imponierte er mir wie viele mit ähnlicher Vergangenheit. Ich glaube, dass er auch mir gegenüber generell wohlwollend war.

Nicht so in dieser Strafsache. Ich habe die Atmosphäre als feindlich auch der Verteidigung gegenüber in Erinnerung. Crügers Erinnerung weicht davon etwas ab. »Nur der Richter bemühte sich um eine eher sachliche Atmosphäre. Aber einmal fiel auch er aus der Rolle des sich um Objektivität Bemühenden, als mein Verteidiger Friedrich Wolff bei einem Anklagepunkt darzustellen versuchte, dass es sich dabei keinesfalls um staatsfeindliche Tätigkeit handeln könne. Da sagte der Richter mit sehr scharfer Stimme: ›Herr Verteidiger, wollen Sie sich etwa mit dem Angeklagten solidarisieren?‹«

Eben diese Szene ist mir auch in Erinnerung. Sie hat für mich jedoch nicht Ausnahmecharakter. Ich war damals von der Verhandlung so schockiert, dass ich beschloss, keine Strafsachen mehr zu machen. Nach einiger Zeit habe ich diesen Vorsatz wieder aufgegeben. Danach habe ich allerdings auch keine Verhandlung mehr erlebt, in der ich neben dem Angeklagten gleichsam auf die Anklagebank gesetzt wurde.

Am 30. Dezember 1958 wurde Dr. Crüger schließlich zu einer Zuchthausstrafe von acht Jahren und zur Vermögenseinziehung verurteilt, sein Mitangeklagter Dr. Saar erhielt die gleiche Strafe, Dr. Gülzow wurde, weil geständig, zu fünf Jahren Zuchthaus verurteilt. Damit war die Berufung fällig.

Doch wieder gab es ungewöhnliche Hindernisse.

Im Strafprozess der DDR wurde über den gesamten Inhalt der Hauptverhandlung handschriftlich Protokoll geführt. Dies war die Grundlage für die Überprüfung der Rechtmäßigkeit des Urteils durch das Berufungsgericht. Es war deswegen erforderlich, dass sich die Verteidiger das Protokoll ansahen, um gegebenfalls Berichtigungsanträge zu stellen. Wie andere Anwälte auch habe ich dieses Recht oder diese Pflicht nur selten wahrgenommen. Hier aber tat ich es doch. Ich fuhr am 2. Januar 1959 nach Potsdam, sah das Protokoll ein und beantragte am gleichen Tag seine Berichtigung in sechs Passagen und am 5. Januar noch einmal in weiteren fünf. An diesem Tag legte ich auch die Berufung mit Begründung ein.

Am 13. Januar erhielt ich einen Beschluss des Bezirksgerichts vom 10. Januar. Darin hieß es: »Das Protokoll wurde am 30. Dezember 1958 fertiggestellt und vom Vorsitzenden des Senats am gleichen Tag unterschrieben. Gem. § 230 Abs. 3 StPO hätten die Anträge der Verteidigung bis zum 2. Januar 1959 beim Gericht vorliegen müssen. Da beide Anträge nach diesem Zeitpunkt eingingen, mussten sie wegen Nichtwahrung der Frist als unzulässig abgewiesen werden.«

In meinem daraufhin gestellten Antrag auf »Befreiung von den Folgen der Fristversäumnis« vom 13. Januar schrieb ich: »Die Urteilsverkündung fand am 30.12.1958, und zwar nach meiner Erinnerung um 15.00 statt. Sie dauerte wegen des Umfangs der Sache bis zum Dienstschluss. Ich konnte danach nicht annehmen, dass das Protokoll dieser umfangreichen Sache noch nach Dienstschluss unterschrieben werden würde.

In dieser Annnahme bin ich dadurch bestärkt worden, dass das Protokoll bei meinem Besuch am 2.1.59 sich nicht in der Geschäftsstelle, sondern noch bei der Protokollführerin befand.

Die Protokollführerin hat mir darüber hinaus noch am 8.1.1959 erklärt, dass sie sich das Protokoll noch nicht durchgelesen hätte […] Im Übrigen muss darauf hingewiesen werden, dass die Unterschriften unter dem Protokoll das Datum, an dem die Unterschrift erfolgte, nicht erkennen lassen.«

Der Beschluss des Bezirksgerichts, mit dem dieser neuerliche Antrag zurückgewiesen wurde, erklärte: »Nach Befragung der Protokollführerin wurde festgestellt, dass diese am 2.1.59 sich das Protokoll aus der Geschäftsstelle geben ließ, um dieses noch einmal auf etwaige Schreibfehler durchzulesen. In diesem Sinne sind auch die Worte der Protokollführerin gegenüber Herrn Rechtsanwalt Wolf zu verstehen.«

Nicht mal meinen Namen hatte der Oberrichter richtig geschrieben.

Das war noch nicht alles an Wundersamen in der Prozedur. Am 30. Januar 1959 stellte ich beim Besuch meines Mandanten fest, dass ihm immer noch nicht das Urteil zugestellt oder zumindest zur Kenntnis gegeben worden war.

Ich bat, das nachzuholen. Wenigstens das geschah. Mehr aber auch nicht.

Meine Berufung gegen das Urteil wurde vom Obersten Gericht durch Beschluss, das heißt ohne Verhandlung, als offensichtlich unbegründet verworfen.

Am 24. März 1961 reduzierte Walter Ulbricht durch Gnadenerweis die Strafe von acht auf sechs Jahre und schuf damit die rechtliche Voraussetzung für eine Strafaussetzung auf Bewährung, die am 1. April 1961 erfolgte.

Im September 1961 erhielt Dr. Herbert Crüger wieder eine Anstellung am Philosophischen Institut der Akademie der Wissenschaften der DDR.

Im Mai 1990 wurde Crüger nach einem Kassationsverfahren politisch rehabilitiert. Im selben Jahr trat er in die PDS ein. Er war Mitglied der Arbeitsgemeinschaft ehemaliger Spanienkämpfer. 2002 ist er 91-jährig verstorben.

Die Strafsachen gegen Oberländer und Globke (1960 und 1963)

Am 7. April 1960 ging mir ein Beschluss des Obersten Gerichts vom 6. April zu, nach dem ich »in der Strafsache gegen Oberländer, Theodor, wegen Mordes dem Angeklagten als Pflichtverteidiger beigeordnet« werde. Gleichzeitig erhielt ich die Ladung zu der am 20. April 1960 beginnenden Hauptverhandlung.

Dr. Theodor Oberländer gehörte seit 1953 als Bundesminister dem Adenauer-Kabinett an, seit 1954 hieß das von ihm geführte Haus »Bundesministerium für Vertriebene, Flüchtlinge und Kriegsgeschädigte«. Das Verfahren wurde, natürlich, in Abwesenheit des Angeklagten durchgeführt. Es war Teil der politischen Auseinandersetzung zwischen der DDR und der BRD. Die Gerichte hatten dabei ihre spezifische Funktion. Das galt nicht nur für Strafsachen und wurde in der DDR offen ausgesprochen. Hilde Benjamin stellte die Forderung auf: »Jedes Urteil eine politische Tat!«

Und sie meinte *jedes* Urteil.

In dieser Sache gab es zwei Verteidiger. Mit mir war Rechtsanwalt Dr. Gerhard Rinck, stellvertretender Vorsitzender des Kollegiums Erfurt, beigeordnet worden. Rinck gehörte einer Blockpartei und beteiligte sich aktiv an herausragender Stelle am politischen Leben im Bezirk Erfurt. Wir hatten bis zu jenem Zeitpunkt keinen Kontakt miteinander, verstanden uns aber in unserer Aufgabe schnell. Rinck ist später unter mysteriösen Umständen verstorben. Er stürzte aus für mich ungeklärter Ursache aus dem Fenster eines Berliner Hotels.

Die Verteidigung eines Abwesenden, zu dem man nicht den geringsten Kontakt hat, ist ein dröges Geschäft. Die Vorwürfe von Kriegs- und Verbrechen gegen die Menschlichkeit während des Zweiten Weltkrieges waren natürlich schwerwiegend. Zu jener Zeit wurde bei derartigen Vorwürfen noch die Todesstrafe ausgesprochen. Hier war jedoch klar, dass jede Strafe nur symbolischen Charakter besitzen würde. Sie galt der BRD und deren politischem

Führungspersonal in toto, nicht dem Angeklagten selbst. Es wurden kein Westdeutscher in der DDR als Kriegsverbrecher angeklagt, wenn er nicht eine herausgehobene Funktion hatte.

Rinck und ich hatten die undankbare Aufgabe zu verteidigen, ohne tatsächlich Entlastendes zur Verfügung zu haben, ohne von einer realen Strafandrohung und dem Kontakt mit einem auf der Anklagebank sitzenden Menschen motiviert zu sein. Schließlich handelten wir im Wissen auch darum, dass Außenstehende den Verteidiger fälschlicherweise meist mit dem Verteidigten gleichsetzen.

Die Zeit zwischen der Zustellung der Ladung und dem Beginn der Hauptverhandlung betrug diesmal elf statt der sonst üblichen fünf Tage. Die längere Vorbereitungszeit verdankten wir offenbar dem Umstand, dass wir wenigstens versuchen sollten, mit dem Angeklagten Verbindung aufzunehmen. Der Versuch scheiterte erwartungsgemäß. Unsere Briefe kamen, nachdem sie geöffnet und verschlossen worden waren, mit dem handschriftlichen Vermerk auf dem Umschlag aus Bonn zurück: »Annahme nachträglich verweigert. Pförtner hat keine Vollmacht für Bundesminister für Vertriebene, Flüchtlinge und Kriegsgeschädigte.«

Elf Tage waren auch nicht eben viel für ein Verfahren mit 35 Zeugen, einem Sachverständigenzeugen und sechs Sachverständigen sowie vielen Akten. Aus der Fülle des von der Staatsanwaltschaft gesammelten Belastungsmaterials mussten wir versuchen, die vielleicht vorhandenen entlastenden Hinweise zu finden. Es war unser Ostereiersuchen. Die elf Tage Vorbereitungszeit schlossen nämlich die Osterfeiertage ein.

Wir wollten nicht nur als Statisten dabeisitzen, wussten aber, dass wir effektiv nicht viel vorzubringen hatten. Ich entwarf deswegen ein Konzept, in dem das Wenige, was zur Verteidigung zu tun war, zwischen uns verteilt war.

Sechs Tage nach dem Empfang der Ladung stellten wir aufgrund des Akteninhalts einen Beweisantrag zur Vernehmung von vier Zeugen, die unseren Mandanten in früheren Aussagen entlastet hatten, darunter den Bankier und Mitbegründer der CDU im Rheinland, Robert Pferdmenges. Ganz wohl war uns dabei nicht, da wir aber zu zweit waren, konnten wir uns gegenseitig Mut zusprechen. Rückblickend kann ich feststellen, dass kein Mut erforderlich war.

Doch vorher weiß man das nie.

Ähnlich ging es uns bei einem weiteren Antrag, den wir einen Tag später stellten. Wir erklärten, dass das Oberste Gericht, weil die Taten im Ausland begangen worden waren, nicht zuständig sei, dass sie im Übrigen nicht nach dem Strafrecht der DDR beurteilt werden könnten und dass schließlich der Angeklagte als Abgeordneter des Bundestages Immunität genösse.

Wir hätten natürlich das alles in der Hauptverhandlung vorbringen können. Das wäre sicher für die Verteidigung wirkungsvoller gewesen. Die größere Wirkung erhöhte andererseits unser Risiko. Wir entschieden uns für weniger Wirkung und weniger Risiko.

Unsere Anträge wurden natürlich abgelehnt. Das Immunitätsargument konnte der Senat nur mit rein politischer Begründung zurückweisen. Im Urteil hieß es dazu:»Niemand kann sich auf seine parlamentarische Immunität als Abgeordneter berufen, gegen den – gestützt auf hinreichende Verdachtsgründe – der Vorwurf solch schwerer Verbrechen gegen den Frieden und die Menschlichkeit erhoben wird, wie sie den Gegenstand der Anklage bilden.«

Das Plädoyer hatten wir uns geteilt. Zuerst plädierte ich zu den Rechtsfragen, dann Gerhard Rinck zur Strafzumessung. Ich führte aus, dass der Angeklagte hinsichtlich einiger Vorwürfe nicht schuldig sei, widersprach aber nach der Beweislage der Verurteilung in zwei Komplexen nicht.

Am 29. April 1960 wurde Oberländer wegen der Erschießung von mehreren tausend Juden und Polen in Lemberg in Abwesenheit zu lebenslänglichem Zuchthaus verurteilt. In seiner Eigenschaft als Ukraine-Referent des Oberkommandos der Wehrmacht war Hauptmann Oberländer Berater des Führers der deutschukrainischen Freiwilligeneinheit Bataillon Nachtigall, später gehörte er auch dem deutsch-kaukasischen Sonderverband Bergmann an. Nachtigall war erheblich 1941 am Massaker an den Lemberger Professoren beteiligt, »Bergmann« unter anderem in der »Partisanenbekämpfung« eingesetzt.

Der *Spiegel*-Redaktion schrieb mir am 2. Mai 1960: »In der neuesten Ausgabe des *Spiegel* (Nr. 19/1960) wird in einem Bericht über das Verfahren gegen den Bundesminister Oberländer vor dem Obersten Gericht der Deutschen Demokratischen Republik der Verteidigung zugeschrieben, sie habe wörtlich im Plädoyer gesagt, Oberländer sei ein ›ungeheuer agiler und geltungsbedürftiger Mitläufer‹ gewesen (Seite 24, 3. Spalte).

Mir ist daran gelegen, Sie wissen zu lassen, dass dieser Fehler im Beitrag nicht zu Lasten des Berichterstatters geht, sondern während der redaktionellen Bearbeitung entstanden ist.« Ich hatte den *Spiegel* natürlich nicht gelesen. Auch das traute ich mich damals grundsätzlich nicht. Die offenherzige Mitteilung des Journalisten und die Entschuldigung beeindruckten mich hingegen. Den Namen konnte ich aus der Unterschrift leider nicht entziffern.

Das zweite Nachspiel folgte wesentlich später. Über Prof. Dr. Wolfgang Vogel war ich am 5. April 1990 von Prof. Dr. Dr. Theodor Oberländer beauftragt worden, die Kassation des Urteils des Obersten Gerichts anzuregen. Dies tat ich, nachdem ich mich vergeblich um Akteneinsicht bemüht hatte, am 31. Juli 1990. Nach dem 3. Oktober 1990 war für den Mandanten auch Rechtsanwalt Dr. Truckenbrodt tätig. Prof. Oberländer wurde mit 88 Jahren am 24. November 1993 vom Landgericht Berlin rehabilitiert. Ohne Prüfung der Vorwürfe der Anklage wurde aus formalen Gründen das Urteil aufgehoben, »weil die Hauptverhandlung rechtswidrig in Abwesenheit des Betroffenen durchgeführt wurde«.

Von Dr. Truckenbrodt erhielt ich nach Erledigung des Mandats am 23. Oktober 1993 ein freundliches Schreiben, in dem es hieß: »Nachdem damit das uns beiden in dieser Sache erteilte Mandat gegenstandslos geworden ist, hat Prof. Oberländer mich gebeten, Ihnen seinen besten Dank für Ihre seinerzeitige Bereitschaft, ihn in diesem Verfahren zu vertreten, zu übermitteln. Es ist ihm ein aufrichtiges Bedürfnis, Ihnen dies zu versichern, nachdem das Ziel seiner Rehabilitierung endlich erreicht ist. Dass er sich eine weniger formale, auf die Sache selbst eingehende Begründung gewünscht hätte, ist selbstverständlich. Sie wäre nach über drei Jahren bei einem unvoreingenommenen Gericht nach meiner festen Überzeugung durchaus möglich gewesen. So gesehen bleibt für mich ein ungutes Gefühl zurück.«

Ich habe mich über den Dank gefreut. Gerade weil zwischen meinem Mandanten und mir politisch Welten lagen, ist die Bestätigung, dass ich auch aus seiner Sicht meine Pflicht tat, mir wichtig gewesen. Dr. Dr. Theodor Oberländer starb am 4. Mai 1998. In den *Bundestagsnachrichten* vom 13. Mai 1998 wurden unter der Rubrik »Erinnerung an verstorbene Abgeordnete« die Daten seines Lebenslaufs wiedergegeben. Der Prozess vor dem Obersten Gericht der DDR kam darin nicht vor.

Zwei Jahre nach dem Oberländer-Prozess vor dem Obersten Gericht erhielten Rinck und ich wieder einen Beiordnungsbeschluss dieses Gerichts. Diesmal hatte der Generalstaatsanwalt der DDR den Staatssekretär im Bundeskanzleramt Hans Globke angeklagt, »in Berlin und an anderen Orten von November 1932 bis zur Zerschlagung der faschistischen Gewaltherrschaft im Jahre 1945 gemeinschaftlich handelnd Verbrechen gegen die Menschlichkeit und

Kriegsverbrechen begangen zu haben«. Insbesondere wurde ihm vorgeworfen, von 1935 bis 1938 als Referent im Preußischen Innenministerium und von 1938 bis 1945 als Oberregierungs- und Ministerialrat im Reichsministerium des Innern und in weiteren Funktionen an der Ausarbeitung der Nürnberger Rassengesetze und einer Vielzahl anderer Gesetze mit rassistischem Inhalt beteiligt gewesen zu sein. Er habe dadurch »maßgeblich (so hieß es im Eröffnungsbeschluss) an der systematischen Aussonderung und Registrierung der jüdischen Bürger in Deutschland mit dem Ziel ihrer Terrorisierung und physischen Vernichtung mitgewirkt«.

Rechtlich waren Anklage und Eröffnungsbeschluss auf Artikel 6 des Londoner Statuts für das Internationale Militärtribunal in Verbindung mit Artikel 5 Abs. 1 der Verfassung der DDR gestützt.

Wir agierten mit etwas mehr Routine, aber nicht mit mehr Erfolg als im Oberländer-Prozess. Aus den Stichworten, die ich mir für mein Plädoyer gemacht habe, kann ich noch ersehen, dass das Verfahren im Zeichen der »Vergangenheitsbewältigung« stand. So stand es dort. Ich glaubte, dieser Terminus wäre 1989 geboren worden.

Es war aber alles schon einmal da, nur eben ganz anders.

Wie fast in allen derartigen Verfahren hielt ich es für erforderlich, einige Worte zur Verteidigung der Verteidiger, insbesondere zu ihrer gesinnungsmäßigen Abgrenzung zu sagen. Wörtlich heißt es in meinen Notizen nach Ausführungen über die Ethik des Verteidigers: »So werden wir verteidigen und nur verteidigen. Als Gegner des Faschismus, im Bewusstsein, dadurch unseren Beitrag für ein gerechtes Urteil und damit gegen das Wiedererstehen der Mächte des Unrechts in jeder Form zu leisten.«

Heute mag das, was den »Beitrag für ein gerechtes Urteil« anlangt, suspekt wirken. Heute ist nicht damals. Die Zeiten änderten sich. Die DDR und unsere Plädoyers änderten sich mit ihnen. Sogar die Bundesrepublik hat sich im Verlauf ihrer Geschichte verändert. Vielleicht zu wenig.

Das Urteil wurde am 23. Juli 1963 verkündet. Es sprach eine lebenslängliche Zuchthausstrafe aus. An dem Bild der DDR oder der BRD in der Geschichte hat es wohl keine Spuren hinterlassen. Die Zeitungen, die wie die *Frankfurter Rundschau* meinten, der Prozess habe »dem Ansehen der Bundesrepublik geschadet«, irrten. »Vergangenheitsbewältigung« zahlt sich nicht immer aus. – Später gab es derartige Verfahren nicht mehr. Aber wohl nicht aus Einsicht in ihre Erfolglosigkeit. Ihre Zeit war vorbei. Die politische Justiz passte sich neuen Erfordernissen und Möglichkeiten an.

Vor der Mauer (1961)

Zeitlich zwischen den beiden Verfahren gegen Globke und Oberländer lag ein anderes Verfahren vor dem Obersten Gericht. Ich hatte keine Erinnerung mehr an die Strafsache gegen »Adamo u. a.«, als ich 1994 eine Zeugenladung zur Abteilung Regierungskriminalität der Staatsanwaltschaft beim Kammergericht erhielt. Dadurch wurde ich veranlasst, in mein altes Prozessregister aus dem Jahr 1961 zu sehen und fand dort auch die Namen Adamo und Rinke, die mir nichts mehr sagten. Zutreffend war demnach, dass ich in einem Prozess gegen Menschenhändler vor dem Obersten Gericht den Angeklagten Adamo und die Angeklagte Rinke verteidigt hatte. Die *Neue Justiz* hatte das Urteil auszugsweise abgedruckt, und so konnte ich mir in Erinnerung zurückrufen, was der Verfahrensgegenstand war.

Es war im Grunde ein Spionageprozess wie viele andere. Nichts besonderes, jedenfalls nichts, was mein Interesse geweckt und sich mir ins Gedächtnis eingegraben hätte. Der politische Hintergrund war deutlich: kalter Krieg, Menschenhandel durch die BRD und andere imperialistische Mächte mittels ihrer Geheimdienste. Das waren wir gewöhnt, das machte nicht stutzen. Das Urteil wurde am 2. August 1961 verkündet. Es wurde fast vollständig in der *Neuen Justiz* abgedruckt. Überschrieben war der sechsseitige Text »Menschenhändler vor dem Obersten Gericht«. Eine für einen Spionageprozess unzutreffende Bezeichnung, auch wenn die Täter Charakteristiken über »bekannte Ingenieure, Ärzte und andere hochqualifizierte Fachkräfte sowie leitende Funktionäre der Wirtschaft und des politischen und kulturellen Lebens« geliefert hatten.

Als die Zeitschrift erschien, war die Mauer schon gebaut. Während der Hauptverhandlung und bei der Verkündung des Urteils hatte ich nicht die geringste Ahnung, dass dieses Urteil offenbar der Beitrag der Justiz zu den Grenzsicherungsmaßnahmen war. Ich glaube auch nicht, dass die übrigen Prozessbeteiligten, die Richter und Staatsanwälte, klüger waren. Justiz und Juristen standen in der DDR nicht hoch im Kurs. Sie mussten sein, durften aber nicht teilhaben am »Herrschaftswissen«, geschweige denn mitreden. Trotzdem stellten sie nach 1990 das Hauptkontingent der Angeklagten in Sachen »Regierungskriminalität«.

Der Staatsanwalt, der mich als Zeuge vernahm und der mir mehr sagen konnte als ich ihm, überließ mir eine Fotokopie des Teils des Protokolls der Hauptverhandlung, das mein Plädoyer enthielt. Im DDR-Strafprozess wurde, wie bereits erwähnt, in allen Instanzen ein handschriftliches Protokoll geführt, das das enthielt, was die jeweilige Protokollantin – Männer gab es in dieser Funktion praktisch nicht – für mitteilenswert hielt, wobei es häufig vorkam, dass an Stellen, die sie besonders fesselten, die Protokollantin, statt zu schreiben, Mund und Nase aufsperrte. Hier hieß es im Protokoll: »Rechtsanwalt Wolff erhält das Wort zu seinem Plädoyer und führt aus, dass sich der Angeklagte Adamo und die Angeklagte Rinke schuldig bekennen.

Rechtsanwalt Wolff führt ferner aus, dass die Ursache für die von den Angeklagten begangenen Verbrechen die Frontstadt Westberlin sei und dass die Angeklagten nicht schuldig geworden wären, wenn es die Frontstadt nicht gebe.

Den in dem Gutachten des Sachverständigenkollektivs getroffenen Feststellungen werde voll zugestimmt. Das Verbrechen der Abwerbung und der Spionage habe sich als ein Organisationsverbrechen dargestellt, dessen Träger der westdeutsche Staat und die mit ihm in der NATO verbündeten Staaten seien. Diese Staaten würden die letzte Verantwortung für die von den Angeklagten begangenen Verbrechen tragen. Es sei eindeutig, dass beide Angeklagten Werkzeuge im Kalten Krieg gewesen und die Hauptschuldigen für die Verbrechen der Angeklagten in Westdeutschland zu suchen seien.

Es müsse auch differenziert werden zwischen den Führungskräften, die die Abwerbung planen und organisieren und den Angeklagten, die die Befehle ausgeführt haben. Rechtsanwalt Wolff führte weiter aus, dass diese Umstände und die Persönlichkeit der Angeklagten bei der Strafzumessung Berücksichtigung finden müssen.

Der Angeklagte Adamo sei als Student nach Westberlin gekommen und sei dort durch raffinierte Methoden und auch durch eine versteckte Drohung des ›Betreuers‹ Hoffmann als Agent angeworben worden. Den Ausführungen des Staatsanwalts, dass sich die Angeklagten nicht darauf berufen könnten, unbewusst und durch die raffinierten Methoden in den Sumpf der Agentenzentralen gekommen zu sein, könne nicht zugestimmt werden. Bei der Strafzumessung müsse nach Meinung der Verteidigung berücksichtigt werden, wie ein Mensch zum Agenten geworden sei.

Den Ausführungen des Staatsanwalts, dass der Angeklagte Adamo jeden Auftrag des westdeutschen Geheimdienstes willig ausgeführt habe, könne ebenfalls nicht zugestimmt werden. Der Angeklagte habe keineswegs jeden Auftrag des Geheimdienstes ausgeführt. Das zeige sich darin, dass er es abgelehnt habe, sich in die SED einzuschleichen, einen Offizier der NVA anzuwerben und eine Spezialkamera zu kaufen. Der Angeklagte habe ferner auch die Übergabe eines Funkgerätes und die Absolvierung einer Funkausbildung abgelehnt.

Es könne den Ausführungen des Staatsanwaltschaft auch insoweit nicht zugestimmt werden, als von ihr ausgeführt worden sei, dass sich der Angeklagte durch seine gute fachliche Arbeit getarnt habe und ein eiskalter Agent gewesen sei. Das Verhalten des Angeklagten sei zwar widerspruchsvoll, aber man müsse den Menschen in seiner Widersprüchlichkeit sehen. Es müsse aber auch anerkannt werden, dass man auch ohne ein schlechter Mensch zu sein, in die Fänge der Agentenzentralen hineinkommt, wenn man nicht die richtige Einstellung zu der politischen Situation in Deutschland habe. Der Angeklagte Adamo habe diese richtige Einstellung nicht gehabt.

Rechtsanwalt Wolff führte weiter aus, dass der Angeklagte ausgesagt habe, dass er aus politischer Gegnerschaft und seiner feindlichen Einstellung gegenüber der DDR die Aufträge des Agenten Hoffmann ausgeführt habe. Der Grund für diese Gegnerschaft des Angeklagten sei darin zu sehen, dass er durch seine Gefangenschaft an die amerikanische Lebensweise gewöhnt gewesen sei und sich diese angenommen habe. Diese Gegnerschaft habe er, nachdem er in die damalige sowjetische Besatzungszone gekommen sei und dort ein Chaos vorgefunden habe, nicht so schnell überwinden können. Der Agent Hoffmann habe an diese amerikanische Lebensweise angeknüpft und es verstanden, den Angeklagten Adamo als Agenten für den westdeutschen Geheimdienst anzuwerben.

Ferner sei bei der Strafzumessung zu berücksichtigen, dass der Angeklagte Adamo die Agententätigkeit nicht über alles gestellt habe. Seine Verbindung zum Geheimdienst sei keine kontinuierliche gewesen. Der Angeklagte habe 1957 die Verbindung zum Geheimdienst abgebrochen und habe auch, als er Ende 1960 seine Agententätigkeit wieder aufgenommen habe, Bedenken bekommen. Er sei in seiner Einstellung schwankend geworden und habe nicht mehr an die vom Westen propagierten Aggressionsabsichten der Sowjetunion geglaubt. Der Angeklagte sei auch nicht, als ihm im März 1961 der Vorschlag gemacht worden sei, in Westberlin zu bleiben, auf diesen Vorschlag eingegangen, sondern sei in die DDR zurückgekehrt.

Die Verteidigung sei aufgrund der mit dem Angeklagten Adamo geführten Aussprachen der Meinung, dass sich bei dem Angeklagten eine entscheidende Wandlung angebahnt habe. Ein Ausdruck dieser Wandlung sei auch sein Verhalten in diesem Strafverfahren. Der Angeklagte habe von sich aus alles getan, um bei der Erforschung der Wahrheit mitzuhelfen.

Rechtsanwalt Wolff führte ferner aus, dass von der Verteidigung die Ansicht vertreten werde, dass das vom Angeklagten abgelegte Geständnis auf einer echten Wandlung des Angeklagten beruhe, und beantrage deshalb und wegen der Rolle des Angeklagten Adamo als Helfershelfer an der Aggression, der Spionage und dem Menschenhandel und wegen der bereits erwähnten Umstände trotz der Gefährlichkeit der von dem Angeklagten begangenen Verbrechen, den Angeklagten zu einer geringeren als von der Staatsanwaltschaft beantragten Strafe zu verurteilen.

Rechtsanwalt Wolff führte ferner aus, dass er den Ausführungen des Staatsanwalts, soweit sie die Persönlichkeit der Angeklagten Rinke betreffen, im Wesentlichen zustimme. Es sei richtig, dass die Angeklagte keine Lust zum Arbeiten gehabt habe. Die Angeklagte habe keine politische Meinung gehabt. Ihr einziger Lebensinhalt sei das Vergnügen gewesen. Diese Vergnügungssucht sei auch die Ursache für ihre Republikflucht gewesen. Sie wollte in Westberlin, das sie nur aus Schundheften und Schlagern kannte, etwas erleben. Bei der Strafzumessung müsse berücksichtigt werden, dass der amerikanische Befrager in dem Flüchtlingslager das 17-jährige Mädchen an seinem Erlebnishunger gepackt und ihr das viele Geld gezeigt habe. Ferner habe er die Jugend und die politische Unkenntnis der Angeklagten Rinke für seine schmutzigen Zwecke ausgenutzt.

Bei der Strafzumessung müsse ferner Berücksichtigung finden, dass die Angeklagte von niemandem richtig erzogen worden sei. Sie sei von frühester Kindheit an von einem Verwandten zum anderen herumgereicht worden und keiner habe sich um ihre Erziehung gekümmert. Die Verteidigung vertrete die Auffassung, dass es in Wirklichkeit keinen größeren Missbrauch eines Menschen geben könne, wie den der Angeklagten Rinke durch den amerikanischen Befrager und sei daher der Meinung, dass wegen der Jugend und der Primitivität der Angeklagten Rinke, wegen ihrer vernachlässigten Erziehung und weil sie ein offenes Geständnis abgelegt habe, eine mildere, als von der Staatsanwaltschaft beantragte Strafe am Platz wäre. Man könnte der Angeklagten auch nicht vorwerfen, dass sie keine Reue gezeigt habe.

Rechtsanwalt Wolff führte aus, dass er unter Berücksichtigung der vorgenannten Umstände auch für die Angeklagte Rinke trotz der Gesellschaftsgefährlichkeit der von ihr begangenen strafbaren Handlungen beantrage, die Angeklagte Rinke zu einer geringeren als der von der Staatsanwaltschaft beantragten Strafe zu verurteilen.«

So liest sich das im Protokoll.

Die Protokolle in Verhandlungen erster Instanz vor dem Obersten Gericht haben wir damals nicht zu Gesicht bekommen, da es kein Rechtsmittel gegen diese Urteile gab. Wir mussten also auch nicht die Akten einsehen.

Ich nehme aber an, dass sie sorgfältiger und vollständiger waren als Protokolle anderer Gerichte. Wahrscheinlich stand der Protokollantin auch der Mitschnitt der Tonbandaufzeichnung der Verhandlung zur Verfügung.

Sicher habe ich manches anders formuliert, aber im Kern wird es wohl das sein, was ich gesagt habe. Man kann es werten, wie man will, ich lasse es gegen mich gelten.

Adamo wurde übrigens zu einer Freiheitsstrafe von fünfzehn und Rinke von zwei Jahren verurteilt. Was die Staatsanwaltschaft beantragt hatte, kann ich dem in der *Neuen Justiz* veröffentlichten Urteil nicht entnehmen. Das Urteil wird wahrscheinlich den Anträgen entsprochen haben.

Es setzte sich weder mit den Ausführungen der Staatsanwaltschaft noch mit meinen auseinander.

Strafsache Heinz Brandt (1962-1964)

Am 22. Februar 1962 ging in meinem Büro ein Brief der Rechtsanwälte Dr. Gustav Heinemann, Dr. Diether Posser und Dr. Erich Bartsch ein, in dem ich gefragt wurde, ob ich bereit sei, im Auftrag der Industriegewerkschaft Metall in der Bundesrepublik Deutschland den in der DDR verhafteten Redakteur Heinz Brandt zu verteidigen. Das Schreiben hatte Posser unterzeichnet.

Ich befand mich zu jener Zeit wie alljährlich im Winterurlaub, so dass mein Urlaubsvertreter Rechtsanwalt Heinz Korbe zunächst, wie üblich, eine Strafprozessvollmacht über den Generalstaatsanwalt der DDR an Heinz Brandt auf den Weg brachte und dies Rechtsanwalt Posser wissen ließ. Er fügte hinzu, »dass selbstverständlich Koll. Wolff endgültig selbst entscheiden muss, ob er das Mandat annimmt oder nicht«.

Ich nahm das Mandat an. Das war damals so gut wie selbstverständlich, da es für den Rechtsanwalt in der DDR eine Berufspflicht war, Mandate anzunehmen. Diese Pflicht galt besonders in Strafsachen. Ihr entsprach die Pflicht, auch in aussichtslosen Fällen Berufung einzulegen, wenn der Mandant das wünschte. Nur wichtige Gründe, die der Anwalt natürlich finden konnte, wenn er wollte, befreiten von dieser Pflicht.

Es war eine Pflicht, die wir nicht als lästig empfanden. Sie sagt etwas über die damalige Situation der Anwaltschaft aus. Auch wenn es relativ viele Strafverfahren gab, die den Zorn oder die Abscheu des Staates und der Gesellschaft über den jeweiligen Täter zum Ausdruck brachten und sich etwas auf meinen Berufsstand übertrug. »Wer einen Verbrecher verteidigt, ist selbst ein Verbrecher«, wurde mir über dreißig Jahre später einmal lautstark nachgerufen. Das entspricht wohl einem weitverbreiteten Vorurteil.

Dagegen konnte man sich mit dem Argument: »Ich muss ja!« zur Wehr setzen. Die Pflicht war also ein willkommenes Mittel der Selbstverteidigung des Verteidigers.

Andererseits musste der Staat auch für solche Prozesse Verteidiger finden. Es gab also beiderseitige Interessen.

Ein Mandat von einer westdeutschen Gewerkschaft war natürlich ein ungewöhnliches Ereignis in einer Zweigstelle eines Anwaltskollegiums in der DDR. Die das Mandat vermittelnden bundesdeutschen Rechtsanwälte waren zudem schon damals in der Öffentlichkeit der DDR bekannt. Possers Brief vom 21. Februar unterstrich ebenfalls, dass es sich um kein alltägliches Strafmandat handelte. Im Brief hieß es: »Nach einer ADN-Meldung vom 21. Juni 1961 soll Herr Brandt bei einem aktiven Spionageauftrag im Bezirk Potsdam gestellt worden sein. Eine andere Version geht dahin, er sei schlafend versehentlich aus Westberliner Gebiet mit der S-Bahn herausgefahren. Und schließlich wird davon gesprochen, er sei entführt worden.«

Posser fügte hinzu, dass er in dieser Sache bereits beim Generalstaatsanwalt der DDR und beim Justizminister gewesen wäre.

Trotz aller genannten Symptome habe ich erst viel später, Stück um Stück, erfahren, was für ein internationales Aufsehen dieser Fall bereits erregt hatte. Große Geister, bekannte Persönlichkeiten hatte die Verschleppung (eine solche war tatsächlich erfolgt) auf den Plan gerufen. Schließlich hatte die Affäre sogar die UNO beschäftigt.

Brandt war Jude und als Kommunist von den Nazis zu sechs Jahren Zuchthaus verurteilt worden. Anschließend saß er in Auschwitz und Buchenwald. 1950 war er Sekretär der Bezirksleitung Berlin der SED geworden, war nach dem 17. Juni 1953 im Zuge der Zaisser-Herrnstadt-Affäre abgelöst und 1954 wegen »unmoralischen Verhaltens« mit einer Strengen Rüge bestraft worden. Im September 1958 war er in die BRD gegangen.

Für mich waren zunächst nur der Auftraggeber und die Person des Angeklagten ungewöhnlich. Die Anklage warf Brandt Spionage für das Ostbüro der SPD vor. Spionagefälle waren zu jener Zeit, wie schon mehrfach betont, Alltagsfälle und als solche weitgehend Routinesachen, vor dem Obersten Gericht allerdings durch das dortige Zeremoniell herausgehoben.

Auch dieser Prozess war, was seinen Ablauf anbelangte, langweilig. Heinz Brandt war geständig, rechtliche Probleme gab es nicht. Aufregend war nur das Schicksal der Betroffenen, ihre Vergangenheit, ihre Motive und ihre Ziele. Viele waren von Nationalsozialismus und Krieg geprägt. Zu ihnen gehörte mein zweiter Mandant in diesem Verfahren, Wilhelm Fickenscher. Er hatte eine Kadettenanstalt durchlaufen, freiwillig gedient, am Spanienkrieg in der »Legion Condor« teilgenommen und im Zweiten Weltkrieg das Deutsche Kreuz in Gold bekommen.

Als Student der Wirtschaftswissenschaften war er Mitglied der SED-Parteiorganisation der Humboldt-Universität geworden, der auch ich angehört hatte. So hatten wir uns kennengelernt. Ich schätzte ihn. Sein Lebenslauf war mir damals unbekannt, ich nehme aber nicht an, dass ich ihn in Kenntnis seines Lebens anders beurteilt hätte. Fickenscher hatte mich schon im Mai 1961 gebeten, ihn und seine gleichfalls inhaftierte Frau zu verteidigen. Damals hatte ich dieser Bitte entsprochen, ohne zu wissen, wann, wo und mit wem er angeklagt werden würde.

Der Prozess gegen Frau Fickenscher fand abgetrennt vom Verfahren gegen ihren Mann im Mai 1962 vor dem Bezirksgericht Potsdam unter Vorsitz des Oberrichters Wohlgethan statt. Diesmal übrigens ohne Probleme.

Ich hatte also zwei Angeklagte mit völlig gegensätzlicher politischer Herkunft zu verteidigen. Die gleichen Zeitläufte hatten sie zu erbitterten politischen Gegnern und dann wieder zu Gesinnungsgenossen gemacht. Sie waren beide keine Wendehälse. In der Hauptverhandlung saßen der »arische Held« und der »jüdisch-bolschewistische Untermensch« als »Feinde des Sozialismus« auf der gleichen Anklagebank. Beide hatten sie mich zum Verteidiger gewählt, wohl wissend, dass ich jener SED angehörte, die für ihr derzeitiges Schicksal die Verantwortung trug.

Ob das die Staatsanwälte und Richter begreifen, die heute die Geschichte der DDR »aufarbeiten«? Wie hätte Heinz Brandt die Geschichte der DDR »aufgearbeitet«, wenn er die Wende erlebt hätte?

In der Pressekonferenz, die er nach seiner Entlassung aus dem Strafvollzug der DDR am 3. Juni 1964 gab, sagte er: »Wenn ich selbst dazu beitragen kann, die Hassmauer, die beiderseits errichtet wurde, ein wenig mit abtragen zu helfen, so soll das der Dank sein, den ich der menschlichen Gesellschaft für all das abstatten möchte, was sie zu meiner Schicksalswende beigetragen hat.«

Das Formular, das mein Kollege Korbe am 2. März 1962 über den Generalstaatsanwalt an Heinz Brandt auf den Weg gebracht hatte, blieb lange Zeit für mich verschollen. Am 30. März 1962 vermerkte ich als Antwort eines Staatsanwalts auf die Frage nach dem Verbleib der Vollmacht: »Sache geht in Ordnung. Vollmacht wird vorgelegt.«

Die Vollmacht war also vier Wochen nach ihrer Absendung noch nicht vorgelegt worden. An Posser schrieb ich am 2. April: »Die Vollmacht des Mandanten liegt mir bisher noch nicht vor, sie ist mir jedoch für die nächsten Tage angekündigt worden.«

Am 9. April war die Vollmacht immer noch nicht da, und ich verfügte eine Kontrollfrist von einer Woche. Am 17. April notierte ich mir als Auskunft eines Staatsanwalts beim Generalstaatsanwalt: »Er fragt Staatsanwalt [...] *(der zuständig, aber nicht erreichbar war – F. W.)* wegen der Vollmacht.«

Dann gibt meine Akte über das Schicksal der Vollmacht nichts mehr her. Offenbar machte die Hektik geordnete Aktenführung unmöglich.

Die Anklage trug das Datum vom 17. April, Termin zur Hauptverhandlung war auf den 3. Mai 1962 angesetzt.

Am 27. April besuchte ich Brandt das erste Mal. Irgendwann zwischen dem 17. und dem 27. April muss ich sowohl die Nachricht, dass die Strafprozessvollmacht bei den Akten ist, als auch die Ladung zu der Hauptverhandlung erhalten haben, in der ich zwei Angeklagte zu verteidigen hatte, denen Zuchthausstrafen von über zehn Jahren drohten. Da war die Zeit knapp. Auch Sekretärinnen waren knapp und maschinenschriftliche Aktenauszüge oder Ausarbeitungen deswegen eine Seltenheit. Immer musste der Anwalt alles selbst machen. Im Rechtsanwaltskollegium war in dieser Beziehung jeder Rechtsanwalt gleich. Kein Anwalt hatte bessere Arbeitsbedingungen als der andere. Es gab keinen Anwalt ohne Sekretärin, aber auch keinen Anwalt mit zwei Sekretärinnen oder gar mit angestellten Anwälten oder anderen Juristen. Zu dem zeitlichen Druck, unter dem die Prozessvorbereitung unter diesen Umständen stand, kam die Nervenanspannung, die mit solchen Prozessen unvermeidlich verbunden war. Meine Handakten spiegeln das wider.

Die Hauptverhandlung verlief wie üblich, besondere Vorkommnisse sind mir nicht in Erinnerung. Brandt erwähnt auch keine in seinem Buch »Ein Traum, der nicht entführbar ist. Mein Weg zwischen Ost und West«.

Mir blieb nur, im Plädoyer zu versuchen, das Verhalten beider Angeklagten aus ihrem unterschiedlichen Leben zu erklären, verständlich zu machen und zu entschuldigen. Es gelang mir erwartungsgemäß nicht. Brandt wurde nach viertägiger Verhandlung am 10. Mai 1962 entsprechend dem Antrag von Generalstaatsanwalt Streit zu dreizehn Jahren, Wilhelm Fickenscher zu zwölf Jahren und Karl Raddatz, der dritte Angeklagte dieses Verfahrens, zu siebeneinhalb Jahren Zuchthaus verurteilt. Eine Berufung war nicht möglich. Urteile des Obersten Gerichts waren sofort rechtskräftig. Erst 1987, als es ohnehin keine erstinstanzlichen Verfahren vor dem Obersten Gericht mehr gab, wurde das geändert.

Am 10. Mai, also am Tage der Urteilsverkündung, suchte mich Rechtsanwalt Dr. Heinemann im Büro auf. In Possers Buch »Anwalt im Kalten Krieg«, 2000 in Bonn verlegt, liest sich das so: »Heinemann war zu einer zweitägigen Sitzung des Rates der Evangelischen Kirche in Deutschland (EKD) in Berlin und verband damit den Besuch bei Wolff. Er hatte sich am 10. Mai 1962 nachmittags aus der Ostberliner Kirchenkanzlei telefonisch im Anwaltsbüro gemeldet und erfahren, dass Wolff wegen eines Gerichtstermins abwesend sei. Er bat um Rückruf, wenn er wieder im Büro sei. Als der Rückruf kam, fuhr Heinemann sofort zu ihm. Wolff empfing ihn mit den Worten: ›Den neuesten Stand werden Sie noch nicht wissen. Brandt ist soeben zu dreizehn Jahren Zuchthaus verurteilt worden.‹«

Im Weiteren berichtet Posser über ein späteres Zusammentreffen mit mir. »Meine Unterredung mit Rechtsanwalt Wolff fand am Samstag, dem 2. Juni 1962, ab 10 Uhr im Rechtsanwaltskollegium in der I. Etage des Gerichtsgebäudes in der Littenstraße 12-15 am Alexanderplatz statt und dauerte über zwei Stunden. Es war unser erstes Zusammentreffen, und es wurde ein sehr aufschlussreiches Gespräch. Wolff begann mit einer kurzen Entschuldigung, warum er uns über seine beiden Besuche bei Brandt, die Anklageschrift und die Terminierung der Hauptverhandlung nicht verständigt habe. Diese Nichtbeachtung der kollegialen Höflichkeit beruhe auf Gründen, die nicht in seiner Person lägen.«

An diese »Gründe, die nicht in meiner Person« lagen, kann ich mich nicht mehr erinnern. Sie ergeben sich nicht aus meiner Handakte, die ich wegen der Bedeutung der Sache nicht vernichten ließ, wie dies sonst nach Ablauf von fünf Jahren geschah. Ich habe mir damals, trotz meiner sonstigen Vorliebe für Vermerke, keine Notizen gemacht, wenn ich es für gefährlich hielt oder wenn es sonst nicht opportun erschien.

Im Gegensatz zu anderen Strafverteidigungen endete meine Tätigkeit für Heinz Brandt nicht mit dem rechtskräftigen Urteil. Bei seinem Besuch am 2. Juni 1962 hatte mich Rechtsanwalt Posser zunächst gebeten, darauf zu drängen, dass die Korrespondenz zwischen Heinz Brandt und seiner Frau gewährleistet würde. Frau Brandt hatte bis zu jenem Tage von ihrem Mann noch keine Post erhalten.

Nachdem dies geändert worden war, sollte ich klären, ob Heinz Brandt von seinem Vetter Prof. Erich Fromm Besuch erhalten und seine Frau ihm Pakete schicken könne.

Professor Fromm hatte sich schon vorher für die Freilassung Brandts eingesetzt. Er war gerade auf der Durchreise. Er kam von Moskau, wo er an einer Sitzung des Weltfriedensrates teilgenommen hatte, und flog weiter nach Mexiko.

Beide Aufgaben konnte ich nicht erfüllen. Pakete durften im Strafvollzug der DDR nur empfangen werden, wenn der Verurteilte als Belohnung für gute Führung einen Paketschein erhielt. Und wichtiger als Mitglieder des Weltfriedensrates zu hofieren war der DDR anscheinend zu zeigen, dass sie sich innenpolitisch keinem Druck beugte und keiner Versuchung nachgab.

Posser hatte mich auch gebeten zu erkunden, ob er selbst oder ob ich Heinz Brandt in Bautzen, wo dieser einsaß, besuchen könnte. Darüber hinaus gab es weiterhin Probleme im Briefverkehr zwischen Frau Brandt und ihrem Mann. Seit seiner Festnahme am 17. Juni 1961 bis zum 14. Juni 1962 hatte Heinz Brandt, wie mir seine Frau am 29. September 1962 schrieb, nur einen Brief erhalten. Auf meine diesbezüglichen Bemühungen schrieb mir ein Staatsanwalt beim Generalstaatsanwalt der DDR am 2. November 1962:

»Auf Ihr an den Generalstaatsanwalt gerichtetes Schreiben vom 26. September 1962 in der Strafsache Heinz Brandt teile ich Ihnen Folgendes mit:

Die Fragen des Briefwechsels während der Untersuchungshaft waren bereits verschiedentlich Gegenstand von Aussprachen auch mit Ihnen. Die von der Ehefrau geschriebenen Briefe wurden – soweit vertretbar – dem Verurteilten zur Kenntnis gegeben. Es war nicht möglich, ihm eine Schreiberlaubnis während der Untersuchungshaft zu erteilen.

Für die Zeit nach der Verurteilung ist, wie aus dem Schreiben des Rechtsanwalt Posser ersichtlich wird, die Frage der Schreiberlaubnis entsprechend unseren Bestimmungen geregelt.

Eine Besuchserlaubnis für Rechtsanwalt Posser ist nicht möglich, da er weder Verteidiger in der Strafsache war, noch andere Gründe ersichtlich sind, die zulassen, die den Angehörigen zustehende Besuchserlaubnis auf ihn zu delegieren.«

Auf die Frage, ob *ich* eine Besuchserlaubnis erhalten könnte, ging der Schreiber nicht ein.

Auf telefonische Nachfrage wurde mir am 20. November 1962 schließlich mitgeteilt, dass ich meinen Mandanten besuchen könne. Am 28. November 1962 suchte ich Heinz Brandt zum ersten Mal in Bautzen auf. Über den Besuch berichtete ich seiner Ehefrau: »Er machte auf mich nach wie vor einen lebendigen Eindruck, wenngleich unser Gespräch sich nur um die allgemeinsten Dinge drehen konnte, da es unter Aufsicht eines Angestellten der Haftanstalt stattfand und daher nicht den Charakter hatte wie die Unterhaltungen zur Vorbereitung auf die Verteidigung. Obgleich meine Zeit nicht begrenzt war, wussten wir beide schließlich nichts mehr zu sagen, so dass die ganze Unterhaltung etwa nur eine Viertelstunde oder zwanzig Minuten gedauert hat.«

Trotz der Kürze meines Besuches, die Ausdruck meiner mangelnden Begabung für Konversation war, freute sich Frau Brandt über meine Nachricht. Auch Heinz Brandt war über den Besuch offenbar glücklicher, als ich gedacht hatte. Posser schreibt sicher zutreffend in seinem Buch: »Wer nie in einer vergleichbaren Situation wie Brandt war, kann nicht annähernd ermessen, was ein solcher Besuch für einen total von der Außenwelt abgeschnittenen Häftling im Isolier- und Schweigesystem des schlimmsten aller DDR-Zuchthäuser bedeutete.

Der Plan des Staatssicherheitsdienstes, ihn in der Isolation dadurch mürbe zu machen, dass man ihn als einen vom Westen Abgeschriebenen hinstellte, war mit diesem Besuch gescheitert. Heinz Brandt hörte vom Ergehen seiner Familie, die ihm regelmäßig schrieb, auch wenn er die Briefe nicht erhielt; von der schulischen Entwicklung seiner Söhne Jürgen und Stefan und dem Kindergartenbesuch der Tochter Regina. Er erfuhr, wie sehr seine Freunde innerhalb und außerhalb der IG Metall an seinem Schicksal Anteil nahmen.

Andererseits teilte uns Wolff nach seiner Rückkehr aus Bautzen mit, dass Brandt den Umständen entsprechend gesund war, nicht unter Depressionen leide, jetzt regelmäßig eine Zeitung lesen und Bücher aus der Anstaltsbücherei entleihen könne.«

Ohne dass ich davon Kenntnis hatte, gingen im Ausland die Bemühungen um die Entlassung von Heinz Brandt weiter. Ich erfuhr davon erst durch Heinz Brandts 1967 erschienenes Buch, das ich mir aus dem Westen mitbringen ließ. Ich war zu neugierig, um gesetzestreu zu sein. Bertrand Russell und Erich Fromm hatten in Moskau interveniert, der britische Domherr Collins war bei Ulbricht vorstellig geworden, *Amnesty International* hatte 1963 beschlossen, jeweils einen »Gefangenen des Jahres« zu benennen und der Erste, der so hervorgehoben wurde, war Heinz Brandt. Alles blieb scheinbar folgenlos.

Kaul, zu dem Posser Verbindung aufgenommen hatte, informierte diesen im Sommer 1963, dass eine Haftentlassung möglich sei, »wenn die Frau mit den Kindern in die DDR übersiedelte«. Von alledem wusste ich nichts, als ich Heinz Brandt am 14. September 1963 zum zweiten Mal in Bautzen besuchte. Wieder war es nur ein kurzer Besuch. Ich fand ihn gesundheitlich unverändert. Er wünschte, dass ich ihn nunmehr vierteljährlich besuchte, und äußerte auch Vorstellungen, wie man seine vorzeitige Entlassung erreichen könnte. Was das im Einzelnen war, habe ich mir aus den bekannten Gründen nicht notiert. Nach dem Brief zu urteilen, den ich über den Besuch an Frau Brandt schrieb, war ich skeptisch, dass sich seine Vorstellungen realisieren ließen.

Vierteljährliche Besuche gelangen nicht. Es mag sein, dass ich nicht die erforderliche Zeit fand, es kann aber daran gelegen haben, dass ich so schnell keine Besuchserlaubnis wieder erhielt. Erst am 28. April 1964 war ich erneut in Bautzen.

Brandt beschreibt das so: »Mein Anwalt Dr. Wolff hat ein gutartiges Fuchsgesicht. Nun sitzt er mir gegenüber. Die Lippen sind listig verkniffen, und er blinzelt ironisch. Sein kahler Schädel schwimmt wie ein Lampion im dämmerigen Besuchszimmer des Zuchthauses und neutralisiert wohltuend das blinkende Parteiabzeichen am Rockaufschlag.«

Nie vorher und nie nachher hat mir jemand gesagt, dass ich ein Fuchsgesicht hätte.

Ein anderer Mandant – der ebenfalls entführte und von 1956 bis 1959 einsitzende Karl Wilhem Fricke – schilderte mich weniger wohlwollend und prosaisch als einen »kleinwüchsigen, kahlköpfigen Mann«. Der unterschiedlichen Darstellung meines Äußeren entspricht die unterschiedliche Wertung meiner Person durch beide Mandanten.

Der Besuch im April 1964 dauerte länger. Es gab Gesprächsstoff. Frau Brandt hatte mir mitgeteilt, dass ihr die Gesundheit ihres Mannes Sorge bereite. Er habe ihr von einer Kontraktur geschrieben, die den 4. und 5. Finger fortschreitend nach innen krümme. Sie sei nach einem französischen Arzt benannt. Frau Brandt meinte, es handle sich um die Dupuytrensche Kontraktur. Ich bin also nach Bautzen gefahren, um mich über Brandts Gesundheitszustand zu informieren. Zum ersten Mal sind wir ohne Aufpasser.

Brandt schildert die Situation so: »Mit raschem Blick stelle ich fest, dass wir beide allein sind in dem kleinen Raum. Ich beherrsche meine gewaltige innere Spannung, gebe mich gelassen, so gut es geht. Seine freundlich-rücksichtsvolle Art erleichtert es mir, ihn ungezwungen und gelöst zu begrüßen [...] Und doch die immer-

währende Angst, diese meine einzige Chance könne entgleiten, Rechtsanwalt Wolff könnte mich als seelisch krank ansehen [...]
Ich sage ihm lachend als Vorwarnung, ich sei überglücklich, dass ich ihm so gesund erscheine, wie ich es wirklich sei; denn er würde nun doch Dinge zu hören bekommen, die auch einem Anwalt, der allerhand Tobak gewohnt sei (hier und in der heutigen Zeit), so toll erscheinen dürften, dass er leicht in die Versuchung kommen könne, an meinem Verstand zu zweifeln.«

Ich bin häufig skeptisch gegenüber den Erzählungen meiner Mandanten, wenn ich auch meist dort ihnen glaube, wo der Staatsanwalt überzeugt ist, dass sie lügen. Die Skepsis ist notwendig, um diesen oder jenen Mandanten davor zu bewahren, seinen eigenen Illusionen zum Opfer zu fallen. Es ist schwierig, als Verteidiger das richtige Maß zu finden. Misstrauen wird vom Mandanten leicht als kränkend empfunden und zerstört das Vertrauen zum Anwalt. Unkritischer Glaube aber macht den Anwalt blind.

Im Falle Brandt habe ich nicht gezweifelt. Seine Story war zwar ungewöhnlich, aber nicht unglaublich. Brandt war intelligent und hafterfahren. Was er erzählte, erweckte in mir ein Gefühl, wie es etwa der Zuschauer hat, der eine sportliche Meisterleistung sieht. Mich amüsierte, wie er die Macht des Staates ausgetrickst hatte, auch wenn es der Meine war. Ja, ich war mit diesem Staat verbunden. Eben deshalb ärgerten mich seine Fehler und Mängel und vor allem die seiner Organe und Diener um so mehr. Dass Brandt sie vorführte, erzeugte durchaus Schadenfreude in mir.

»Sie wissen, dass bei unserer ersten Begegnung unmittelbar vor meinem Prozess keine Gelegenheit war, Ihnen mehr als die Tatsache meiner Entführung aus Westberlin mitzuteilen. Sie können mir aber nur helfen, wenn Sie auch die Einzelheiten kennen«, repetierte Brandt in seinem Buch unser Gespräch. Dann schilderte er mir seine Entführung und insbesondere die Rolle, die ein Vorstandsmitglied der IG Metall namens Bayerlein dabei gespielt habe. Stolz berichtete er, dass es ihm gelungen sei, »nach und nach all diese Informationen in die mir monatlich zugestandenen Zwanzig-Zeilen-Briefe aus dem Zuchthaus zu schmuggeln«. Als Beispiel führte er an: »Im Zusammenhang mit der berüchtigten *Spiegel*-Affäre des Ministers und Vorsitzenden der bayerischen CSU Franz Josef Strauß schrieb ich meiner Frau: ›Es ist nicht gut, wenn man solche bösen Bayerlein über sich hat.‹«

Geglaubt habe ich alles, was mir Heinz Brandt erzählte. Zweifel hatte ich nur bezüglich der Wirkung dieser Geschichte auf die

Behörden. Es schien mir durchaus nicht sicher, dass Brandt sein Ziel erreichen würde. »Ich wollte«, schrieb er in seinem Buch, »das SED-Regime davor warnen, die Dinge auf die Spitze zu treiben, und ihm auch eine Brücke bauen, um ohne noch größeren Schaden aus diesem ihren Verbrechen herauszukommen.«

So sicher war ich nicht, dass das funktionierte. Immerhin war seit der Absendung der Briefe nichts erkennbar, was in die Richtung wies, die Brandt angedeutet hatte. Ich machte Brandt darauf aufmerksam, dass die Offenbarung seiner Aktion auch Nachteile für ihn mit sich bringen könnte. Ich wusste zwar nicht, welche genau das sein könnten, aber ich konnte mir gut vorstellen, dass die Geprellten sich etwas einfallen lassen würden. Heinz Brandt nahm das Risiko in Kauf, und ich fuhr nach Berlin mit der Aufgabe zurück, die Behörden mit der neuen Situation vertraut zu machen.

Am Tage nach meiner Rückkehr berichtete ich Frau Brandt von dem Besuch. Kein Wort über die Enthüllung ihres Mannes steht in meinem Brief. Bemerkenswert nur ein Satz: »In der diesmal recht langen Unterredung, die ich mit Ihrem Mann hatte, hat Ihr Mann auf mich wiederum einen sehr lebendigen Eindruck gemacht.«

Dieser Satz fiel Frau Brandt auf. Die Länge der Unterredung musste eine Bedeutung gehabt haben.

In meiner Akte findet sich auf der Rückseite der Durchschrift meines Briefes an Frau Brandt folgender handschriftlicher Vermerk: »R(ücksprache) Streit. Entsprechend der Unterredung mit Mdt (Mandant) am 28. April 1964 habe ich Str. eingehend informiert.«

Mehr in die Akte zu schreiben hielt ich nicht für opportun. »Verschwiegene Zeiten« nannte Herbert Crüger seinen Rückblick. Nichts findet sich in meiner Akte über den Besuch zweier Herren, damals sagte man Genossen, die sich bei mir nochmals eingehend nach dem Gesprächsverlauf erkundigten. Sie sagten nach meiner undeutlichen Erinnerung nicht, *woher* sie kamen. Das war auch nicht nötig. Sie sagten ebenfalls nicht, was sie von meiner Mitteilung hielten. Das durften sie wohl nicht. Sie machten einen verschlossenen, fast finsteren Eindruck auf mich. Vielleicht waren sie es, die nun zur Verantwortung gezogen wurden.

Danach schweigen meine Akte und mein Gedächtnis bis zum 26. Mai 1964. Am 23. Mai 1964 wurde Brandt begnadigt. Der Rundfunk soll es gemeldet haben. Keine Spur davon im Gedächtnis oder in der Akte. Erst drei Tage später vermerkt mein damaliger Bürovorsteher Herr Lindner, als wäre nichts gewesen: »26.5. vormittags und nachmittags R(ücksprache) mit Mdt«.

Nichts über freudigen Empfang, nichts von mir. War wohl an dem Tag nicht da. Dann aber ein Vermerk von mir: »Am 28.5. Fahrkarte II. Kl. FfM f. Mdt, gekauft. 47,80. Von ihm DM 14.– erhalten.« In meiner Erinnerung finden sich noch ergänzende Bruchstücke. Heinz Brandt kam eines Abends zu mir in die Wohnung. Vielleicht war es am Tage seiner Entlassung. Von meinem Telefon meldete er seine Entlassung der IG Metall oder direkt Brenner. »Die internationale Solidarität hat gesiegt!«, hörte ich ihn sagen, und mir war wieder einmal mulmig.

Heinz Brandt hielt sich noch einige Tage in Ostberlin auf, zwangsweise. Da er die DDR illegal verlassen hatte, galt er amtlich noch als DDR-Bürger. Für seine Ausreise musste er einen Antrag stellen. Das dauerte, wenngleich er auch schneller beschieden wurde als andere. Die Tage in Berlin nutzte er für die Erledigung privater Dinge. Lebhaft in Erinnerung ist mir noch ein Treffen, das er mit seinem kleinen Sohn hatte. Es fand in der Littenstraße vor dem Gerichtsgebäude bei nasskaltem Wetter statt. Eine junge Frau kam mit einem kleinen Jungen an der Hand auf uns zu. Dem Jungen lief kräftig die Nase. Er war das Ebenbild seines Vaters. Es war rührend und komisch zugleich.

Brandt hatte wohl bei der Entlassung aus dem Strafvollzug Geld für seine Arbeitsleistungen ausgezahlt erhalten. Dies musste er aus devisen- und zollrechtlichen Gründen für Waren ausgeben, die keinen Ausfuhrbeschränkungen unterlagen. So verließ er die Hauptstadt der DDR mit einem riesigen Teddybär auf dem Arm an der Seite seines Anwalts Dr. Heinemann, der in fünf Jahren zum Bundespräsidenten gewählt werden sollte. Ein unerwarteter, unheroischer Schluss des Dramas.

Persönlich hörte ich von Heinz Brandt nichts mehr. Die Zeiten waren nicht so. Aus seinem Buch erfuhr ich 1967 oder noch später von der Pressekonferenz, die er am 3. Juni 1964 in Frankfurt am Main gegeben hatte. Dort sagte er: »Als Offizialverteidiger wurde mir zu guter Letzt der Vorsitzende des Anwaltskollegiums in Ostberlin zugeteilt. Es ist mir ein Bedürfnis, diesem Anwalt auch von dieser Stelle meinen Dank für seine korrekte Verhaltensweise abzustatten.«

Nun, Offizialverteidiger war ich nicht, wie er darauf kam, weiß ich nicht. Aber Brandts Dank tat mir auch nach Jahren noch gut.

Mit Hedda Zinner beim Klassenfeind (1963)

Manchmal brauchten auch Staat und Gesellschaft der DDR einen Rechtsanwalt. In den frühen Jahren weniger, später häufiger. Zu Beginn der 60er Jahre war es eigentlich nur Kaul, der von hüben oder drüben gefragt wurde. Später vor allem Vogel. Im Mai 1963 war die Reihe auch einmal an mir. Ich sollte in den Westen fahren, wieder einmal. Im Prinzip freute ich mich über jede Westreise. Man traf Kollegen und sah die Welt auf der anderen Seite. Im Frühjahr 1963 war meine Freude allerdings nicht ganz ungetrübt. Die Aufgabe, die ich erfüllen sollte, lag mir nicht.

Meine Auftraggeber waren die Vereinigung Demokratischer Juristen (VdJ) und das DDR-Komitee zum Schutz der Menschenrechte. Sie setzten sich für zwei Frauen ein, die vom Landgericht Lüneburg im November 1961 zu einer Gefängnisstrafe von je einem Jahr, Aberkennung des aktiven und passiven Wahlrechts und Unfähigkeit zur Bekleidung öffentlicher Ämter verurteilt worden waren. Ferner war auf Zulässigkeit von Polizeiaufsicht erkannt worden. In dem Verfahren war Rechtsanwalt Posser als Verteidiger tätig gewesen. Wir hatten jedoch in diesem Prozess, an dem ich nicht beteiligt war, keinen Kontakt gehabt. Ich kann heute nicht einmal sagen, ob ich im Mai 1963 überhaupt wusste, dass Posser in dieser Sache tätig gewesen war. Ich wusste überhaupt sehr wenig über den Inhalt des Strafverfahrens und die Probleme, die es aufwarf. Das war ein Grund, warum ich über meine Mission nicht eben glücklich war.

Die »Straftat« der verurteilten Elfriede Kautz und Gertrud Schröter bestand darin, dass sie in der Zentralen Arbeitsgemeinschaft »Frohe Ferien für alle Kinder« (ZAG) jährlich Zehntausende von bedürftigen Kindern aus der BRD mit Sonderzügen der Bundesbahn in Ferienlager der DDR hatten reisen lassen. Die ZAG wurde durch eine Verfügung aller Regierungspräsidenten der Bundesrepublik vom 7. Juli 1961 verboten. Die Anklage trug das Datum vom 18. Februar 1961. Die Frauen waren also für Handlungen bestraft worden, die sie *vor* dem Verbot begangen hatten. Das war das Problem.

Posser fasst den Inhalt der Entscheidung das Landgerichts Lüneburg in seinem 1991 erschienen Buch »Anwalt im Kalten Krieg« wie folgt zusammen: »Das Urteil übertraf mit seiner Länge von 566 Seiten noch die überlange Anklageschrift. Es unterrichtete über die Entwicklung des Weltkommunismus mit Leninzitaten, über die beklagenswerte Verfassungswirklichkeit der DDR und ähnliche Probleme; nur ein Punkt blieb unerwähnt: die Verbots- und Auflösungsverfügung der Regierungspräsidenten vom 7. Juli 1961 und die sich daraus ergebenden Rechtsfragen. Das Gericht meinte, das Verbot verfassungsfeindlicher Vereinigungen sei bereits im Grundgesetz in Art. 9 Abs. 2 ausgesprochen (sogenannte ex-lege-Theorie).

Diese Argumentation war nicht überzeugend. Wie sollte der einzelne Staatsbürger die Verfassungsfeindlichkeit einer Vereinigung erkennen, wenn die über die entsprechende Erkundungs- und Nachrichtenapparate verfügende Regierung dies anscheinend nicht herausfinden konnte, da sie die angeblich verfassungsfeindliche Vereinigung nicht verboten hatte? Verpflichtet denn Art. 9 Abs. 2 des Grundgesetzes nicht auch und vor allem die zuständigen Behörden, das in der Verfassung enthaltene Verbot durch entsprechende Verwaltungsakte auch formal wirksam zu machen? Noch ärger aber war es, wenn – wie hier – die Regierung nach ihrer Darstellung sichere Anhaltspunkte für die Verfassungsfeindlichkeit hatte, aber aus irgendwelchen Gründen kein Verbot aussprach. Es war ein Fall der unzulässigen Rechtsausübung des Staates, dass man sieben Jahre lang die späteren Angeklagten mit preisverbilligten Sonderzügen der Bundesbahn mit Tausenden von Kindern zu Ferienaufenthalten in die DDR reisen ließ, um sie nachträglich eben wegen dieser Tätigkeit zu bestrafen.

Müsste man nicht den Behördenleitern den Vorwurf der fortgesetzten Begünstigung im Amte machen?«

So schöne Argumente hatte ich nicht parat, als ich im Mai 1963 die Schriftstellerin Hedda Zinner nach Hannover begleitete. Wir fuhren mit einem grünen Wolga, der, wie der Fahrer, uns vom Komitee zum Schutz der Menschenrechte zur Verfügung gestellt worden war. Die Grenze passierten wir problemlos. Wir waren darauf gefasst gewesen, zurückgeschickt zu werden. Natürlich fragte der bundesdeutsche Grenzer uns, wohin wir wollten. Unsere Antwort mag ihn erstaunt haben, veranlasste jedoch kein amtliches Einschreiten.

Nach meiner Rückkehr erfuhr ich von meiner Frau, dass die DDR-Grenzer uns beobachtet und ihr Nachricht gegeben hatten, dass wir nicht verhaftet worden wären. Mit dieser Möglichkeit hatte ich überhaupt nicht gerechnet. Unsere Grenzer hatten es offenbar nicht für opportun gehalten, uns auf ein solche Variante hinzuweisen. »Man muss den Mut der Genossen nicht unnötig auf die Probe stellen«, werden sie sich vielleicht gesagt haben.

Unser großes Auto sowjetischen Typs mit DDR-Kennzeichen erregte auf der Autobahn Aufmerksamkeit. Es fuhr nicht schneller als 100 Stundenkilometer und wurde ständig von viel kleineren Wagen überholt. Das war mir sehr peinlich.

Das Justizministerium des Landes Niedersachsen lag in einer kleinen Straße, die eine Reihe von Villen von einem Park trennte. Wir parkten unser Auto quer zur Fahrtrichtung zwischen anderen Fahrzeugen vor einer solchen Villa. Allerdings hatten wir nicht bemerkt, dass in dieser Villa eine militärische Dienststelle untergebracht war. Hedda Zinner spricht in ihrem 1978 verlegten Buch »Auf dem roten Teppich« vom BND, ich meine, es war das Wehrkreiskommando.

Wir mussten warten, denn Minister sind nicht immer zu sprechen, und taten dies in unserem Wolga. Nach einiger Zeit trat ein Offizier in Uniform auf den im ersten Stock gelegenen Balkon und inspizierte durch seinen Feldstecher unseren Wagen. Es hätte mich sehr belustigt, wäre mein Vertrauen in den Rechtsstaat größer gewesen, als es in Wirklichkeit war. Nach einer weiteren Weile hielt ein Polizist auf einem Motorrad neben uns. Er fragte den Fahrer, ob wir ein Funkgerät im Wagen hätten. Als dieser verneinte, wollte er das Autoradio vorgeführt bekommen. Man merkte ihm an, was er von seiner Aufgabe hielt.

Er entschuldigte sich, nicht ohne uns wissen zu lassen, dass er von jenem Offizier alarmiert worden wäre. Dann fuhr er ab. Meine Meinung über deutsche Militärs im Allgemeinen und bundesdeutsche im Besonderen musste ich nicht korrigieren.

Wir konnten schließlich Herrn Justizminister von Nottbeck sprechen. Wenn ich auch nicht viel von dem Strafverfahren, gegen das wir protestierten, kannte, so wusste ich doch, dass ein Justizminister kein Gesprächspartner für Urteilsschelte ist. Dieses Wissen war mir bei unserer Mission mindestens genauso hinderlich wie mein Unwissen über die konkreten Rechtsprobleme des Verfahrens.

Der Minister hatte einen Staatsanwalt hinzugezogen, der sehr stolz auf die Anklage war. Vielleicht war sie gar von ihm. Er lobte besonders ihre Länge. Das war mein Anknüpfungspunkt. Ich berichtete aus dem Schatz meiner Erfahrungen, dass dort, wo rechtliche Substanz ist, wo die Dinge sozusagen klar auf der Hand liegen, Schriftsätze, Anklagen und Urteile kurz sein können. Die Länge sei mir stets verdächtig.

Das ärgerte ihn sehr, weil er es wohl genauso sah.

Wir kamen trotzdem nicht auf einen Nenner. Erreicht haben wir also nichts. Immerhin hatten wir aber das Gefühl, unser Soll erfüllt zu haben. Wohlbehalten kehrten Hedda Zinner und ich in die DDR zurück.

Ich kehrte übrigens immer gern zurück. Die DDR war schließlich mein Zuhause.

Streng geheimer Mordprozess (1969)

Es war ein ganz und gar unpolitischer Fall. Ein unpolitisches Verfahren war es jedoch nicht. In der DDR war alles politisch oder sollte doch politisch sein. »Mein Arbeitsplatz – ein Kampfplatz für den Frieden«, hieß es. Aus westdeutscher Sicht war es nicht anders, wenn es gegen die DDR ging. Jeder Republikflüchtling hatte mit den Füßen gegen den Sozialismus abgestimmt, jedes Problem bei uns wurde von den Medien als Beleg für die These vom »Reich des Bösen« verkauft. So schaukelte man sich gegenseitig hoch.

In der DDR war gemordet worden. Zwar galt Ulbrichts Wort von der sozialistischen Menschengemeinschaft nicht mehr voll, aber der sozialistische Mensch war dennoch nicht abgeschafft. Mord war damit nicht zu vereinbaren, wurde aber als im real existierenden Sozialismus noch vorhandene Erblast des Kapitalismus oder als Ergebnis seines Einwirkens auf die DDR nicht generell verschwiegen. Das hier war aber ein Extremfall. Ein Mann, ein Sektionsgehilfe, hatte in einer Nacht drei Frauen umgebracht, und er hatte dies zudem auf eine selbst für Mörder ungewöhnliche Weise getan.

Es war im Oktober 1969, als ich vom Stadtgericht Berlin dem Sektionsgehilfen zum Pflichtverteidiger bestellt wurde. Meine Handakten sind leider in der üblichen Frist, d. h. nach fünf Jahren, von mir vernichtet worden. Das war ein Fehler. Ich muss also aus meinem Gedächtnis berichten.

Die Sache wurde von Anfang an wie ein politisches Verfahren behandelt. Alles musste geheim bleiben. Es musste sogar besonders geheimgehalten werden, weil es sensationell war und mehr als ein politisches Verfahren die Neugier der Menschen erregt hätte. Als Anwalt war ich ohnehin zum Schweigen verpflichtet. Aus der Nazizeit gewöhnt, die Zunge im Zaum zu halten, fiel mir das auch nicht schwer. Aus der Akte erfuhr ich, was geschehen war.

Der Sektionsgehilfe hatte mit einer Frau zusammengelebt, die ihm den Laufpass gegeben hatte. Sie hatte es nicht ohne berechtigten Grund getan. Der Sektionsgehilfe war – laienhaft ausgedrückt – ein Psychopath. Er hatte ihr Szenen gemacht und dabei Verhaltensweisen an den Tag gelegt, die extrem waren. Besonders beeindruckt hatte mich, dass er ohne Rücksicht auf die eigene Person bei einer Verfolgung der angeblich geliebten Frau durch eine Glastür oder ein Glasfenster gestürmt war. Der Frau hatte es schließlich gereicht, und sie hatte es unter Überwindung vieler Hindernisse geschafft, ihn aus ihrer Wohnung zu bringen. Er aber konnte sie nicht vergessen und wollte es wohl auch nicht. Vielleicht war es die Niederlage, die ihn aufbrachte. Die Frau hatte ihn hinausgeworfen. Das mag er als Demütigung empfunden haben. Wie dem auch sei, er war aufgebracht und beschloss, sie zu töten. Soweit ein »normaler« Mordfall. Aber mein Sektionsgehilfe wollte auch sichergehen, dass ihm die Tat gelang. Er entschloss sich deswegen, der eigentlichen Tat eine Übung vorauszuschicken. Was das sollte, habe ich nie verstanden. Aber es war so, und es war noch schlimmer.

Am Tattag suchte der Sektionsgehilfe eine Bekannte auf, mit der er sich über den Verlust seiner Lebensgefährtin zu trösten versuchte. Er schlief mit ihr und brachte sie danach um. Anschließend zerlegte er die Leiche, wie er es gelernt hatte, mit einem Seziermesser. Diesen Vorgang wiederholte er mit einer anderen Frau in der gleichen Nacht. Erst nach diesen zwei Morden wandte er sich, es war inzwischen Morgen geworden, seinem eigentlichen Ziel zu.

Seine ehemalige Lebensgefährtin war mit ihren beiden Kindern in der Wohnung. Sie wollte ihn nicht hereinlassen, aber er verschaffte sich durch Überredung doch Zugang. Die Frau ahnte nichts Gutes. Sie konnte noch die Kinder bitten, über Nachbarn die Polizei zu verständigen. Als die Kinder die Wohnung verlassen hatten, bat sie der Sektionsgehilfe inständig, noch einmal mit ihm zu schlafen. Die Frau willigte notgedrungen ein.

Die Kinder taten, was sie sollten. Sie bewegten Nachbarn, die Polizei zu rufen, Nach meiner Erinnerung war das nicht ganz einfach. Die Volkspolizei kam, ging durch die offene Wohnungstür in den Korridor, machte aber dort vor der verschlossenen Schlafzimmertür halt. Die Volkspolizei traute sich nicht, die Tür gewaltsam zu öffnen. Soviel Rechtsstaatlichkeit war jedoch hier unangebracht.

Hinter der Tür soll sich nach der Aussage meines Mandanten vor Gericht Folgendes zugetragen haben: Es kam zum Verkehr und danach wie in den beiden vorangegangenen Fällen zur Tötung der Frau. Der Täter hörte die Polizei vor der Tür, sagte er, als er sie gerade ermordete. Er setzte sein Seziermesser ein und trank angeblich ihr Blut. Als er das getan hatte, öffnete er der Polizei und bekannte alle drei Morde.

Nach der Lektüre der Akte war ich auf einiges gefasst, als ich nach Rummelsburg kam. Nicht gefasst jedoch war ich darauf, dass mir dort eröffnet wurde, ich könne im Interesse meiner eigenen Sicherheit den Häftling nur in Gegenwart eines Polizisten sprechen. Der Mann sei gemeingefährlich, er tobe in der Zelle, wenn er vorgeführt werde, müssten aus Sicherheitsgründen alle anderen Personen den Gefängniskorridor räumen.

Ich sagte mir, der Mann hat nur eine Chance, am Leben zu bleiben: Er muss für verrückt erklärt werden. Das war von Anfang bis Ende meine Verteidigungskonzeption. Nun stellte sich mir logisch die bange Frage: Gibt es einen deutlicheren Beweis für Wahnsinn als die Tötung des eigenen Verteidigers?

Ich zweifelte nicht, es gab nichts Besseres für ihn.

Doch man hat schließlich auch Prinzipien und Vorschriften. Ich erklärte also entschlossen, dass ich mit meinem Mandanten allein sprechen müsse. Wenn ich dies nicht dürfe, könne ich nicht verteidigen und der kurz bevorstehende Termin der Hauptverhandlung würde platzen. Das war damals eine wirkungsvolle Drohung, denn Prozesse mussten schnell durchgeführt werden, und ein Prozess wie dieser durfte schon gar nicht verzögert werden. Die Leitung der Haftanstalt gab nach. Als besondere Sicherungsmaßnahme wurde angeordnet, dass das Gespräch in der Zelle des Inhaftierten, also nicht in der normalen Sprechzelle, stattfinden sollte. Darüber hinaus wurden zwei Polizisten unmittelbar vor der Zellentür postiert.

Der Sektionsgehilfe empfing mich freundlich. Keine Spur von Wildheit oder ähnlichem. Er drückte lediglich seine Verachtung gegenüber der Polizei aus und betonte, dass er sich von denen nichts sagen lasse. Ich hatte den Eindruck, es machte ihm Spaß, die Wärter herauszufordern, und die Reaktionen nahm er dafür hin. Ich fand bei ihm im Gespräch aus meiner laienhaften Sicht keinen Anhalt für eine Geisteskrankheit. Meine Ängste waren für immer beseitigt.

Aus der anberaumten Hauptverhandlung wurde nichts. Mein Mandant hatte einen gekonnten Selbstmordversuch unternommen. Man fand ihn fast verblutet und konnte ihn nur unter großem medizinischen Einsatz am Leben erhalten.

Der Generalstaatsanwalt von Berlin hieß Martin Teuber und war mir wohlgesonnen. 1950 war ich einige Male als Referendar und Hilfsrichter in seiner Strafkammer am Landgericht. Ich hatte nach meiner eigenen Einschätzung mehr Rechtskenntnisse, als er auf seinem Volksrichterlehrgang hatte erwerben können. Ich glaube, er sah

111

das nicht anders. So hörte er gern auf meine Meinung, wenn er ihr auch nicht immer folgte. Er war vor dem Krieg Schriftsetzer gewesen und im Krieg Feldwebel. Er war belesen und hatte wohl auch gelegentlich an einem Kabarett mitgewirkt. Natürlich war er vor 1933 in der Kommunistischen Partei. Er besaß Humor und gesunden Menschenverstand. Gesunder Menschenverstand ist nicht immer ausreichend für einen Juristen.

In der Zeit, die ich bei ihm in der Strafkammer verbrachte, vertraute er mir als eine Entscheidungsmaxime an, dass er sich immer frage, ob der Angeklagte, der vor ihm stand, im Falle eines Falles diesseits oder jenseits der Barrikade stehen würde. Jetzt, 19 Jahre später, verleitete ihn der gesunde Menschenverstand zu der Offenbarung, die Volkspolizei hätte besser daran getan, meinen Mandanten nicht so schnell zu finden. Es ist makaber, aber nach gesundem Menschenverstand hatte er recht.

Im Gegensatz zu dem von mir sehr geschätzten Generalstaatsanwalt begrüßte ich den erzwungenen Aufschub des Verfahrens. Ich konnte mich gründlicher auf die Verhandlung vorbereiten. Insbesondere versuchte ich, mir medizinische Kenntnisse anzueignen, um das Sachverständigengutachten des in der DDR bekannten und angesehenen Psychiaters Dietfried Müller-Hegemann (1910-1989) zu erschüttern. Dieser hatte meinen Mandanten für voll zurechnungsfähig erklärt, was zwar auch meinem persönlichen ersten Eindruck entsprach, was ich aber angesichts der Tatumstände nicht für richtig hielt.

Tatsächlich hatte der berühmte Prof. Otto Prokop, der die drei Leichen seziert hatte, möglicherweise unter Überschreitung seiner Kompetenz als Gerichtsmediziner, in einem versteckten Halbsatz seiner Befundung erklärt, »das ist die Tat eines Schizophrenen«. Ich wühlte also in Lehrbüchern der Psychiatrie, die mir eine Ärztin aus der Bibliothek brachte. Zum Psychiater hat es dennoch nicht gereicht. Müller-Hegemann blieb unerschütterlich. Er war gerade in den USA gewesen, das gab seinem Urteil doppeltes Gewicht.

Allerdings wurde er ärgerlich, als ich ihn fragte, wie viel Prozent Treffsicherheit psychiatrische Diagnosen angesichts der Tatsache hätten, dass in Lehrbüchern die Diagnose der Schizophrenie auf das Phänomen des Schizophrenie-Gefühls gestützt würden. Dies Gefühl wurde damit beschrieben, dass zwischen Patient und Arzt eine Art gläserne Wand bestünde. Das erschien mir dubios. Ich dachte, in dubio pro reo würde erfordern, unter solchen Umständen einem

Angeklagten den Schutz des § 52 StGB (der damals § 15 war) zuzubilligen.

Es war wieder eine erfolglose Verteidigung. Mein Mandant wurde zum Tode verurteilt. Ein Zweitgutachter kam zu dem gleichen Ergebnis wie Müller-Hegemann und das Berufungsgericht zum gleichen Resultat wie das erstinstanzliche Gericht. Über eine Begnadigung ist mir nichts bekannt. Ich gehe davon aus, dass das Urteil vollstreckt worden ist.

Müller-Hegemann verließ irgendwann die DDR. Auf Reisekader war eben auch nicht immer Verlass.

Auf sein Gutachten dürfte ebenfalls kein Verlass gewesen sein.

Vorsitzender des Berliner Rechtsanwaltskollegiums (1954-1970)

1970 schied ich aus dem Vorstand des Rechtsanwaltskollegiums Berlin aus. Ich hatte ihm seit 1954 angehört und war im ersten Jahr zum Vorsitzenden gewählt worden. Die Tätigkeit als Vorsitzender hatte mir gefallen. Sie ergänzte die anwaltliche Praxis durch administrative Arbeit, die vielseitig und für mich durchaus reizvoll war. Wirtschaftliche, berufspolitische und quasigerichtliche Entscheidungen in Disziplinarverfahren waren vorzubereiten und zu treffen. Zu allem brauchte ich bei der Struktur des Kollegiums die Unterstützung der Kollegen, insbesondere der Vorstandsmitglieder, das heißt, ich musste sie von meinen Vorstellungen überzeugen oder mich von den Ihrigen überzeugen lassen. Immer war auch zu bedenken, wie »die Partei« und das Justizministerium zu unseren Absichten stehen würden. Es war ein Schachspiel wie in der Politik, Strategie, Taktik und Psychologie waren gefragt. Man musste Umwege gehen, Zugeständnisse machen und durfte die eigenen Ziele dabei nicht aus dem Auge verlieren.

In den sechzehn Jahren, in denen ich Vorsitzender war, hatte sich viel verändert. Mit den Zeiten hatten auch wir Kollegiumsmitglieder uns geändert. Aus blutigen Anfängern waren Anwälte mit Erfahrung und entsprechendem Selbstbewusstsein geworden. Die Zahl der Mitglieder hatte sich von 22 auf 47 mehr als verdoppelt. Manche von den »Gründern« hatten uns und das Land verlassen. Als einer der Ersten und am spektakulärsten ging der bereits erwähnte Rudi Wand, ein anderer war mein smarter Zimmerkollege Gotzmann, ein dritter war betrunken Auto gefahren und ging, um einem Disziplinar- sowie Strafverfahren zu entgehen, in die Bundesrepublik. Er wurde dort – wie man hörte – allerdings nur Bürovorsteher bei einem Anwalt. Später gingen noch andere den gleichen Weg. Zwei von den »Gründern« erkannten, dass der Anwaltsberuf nicht ihrer war. Einer davon war unser erster Vorsitzender, der lediglich aus Parteidisziplin in das Kollegium eingetreten war und gern dem Ruf nach Aufnahme einer richterlichen Tätigkeit folgte.

Einerseits war das Berliner Kollegium in den 50er Jahren so homogen wie kaum ein anderes. Das Gros der Mitglieder war fast gleichaltrig und kannte sich vom Studium sowie aus der Referendarzeit. Andererseits gab es jedoch auch markante Unterschiede.

Vier Kollegen – Eckert, Haase, Strodt sowie Clemens de Maizière, Vater des letzten DDR-Ministerpräsidenten und einziges Mitglied einer Blockpartei im Kollegium – gehörten der Westberliner Anwaltskammer an und waren auch stolz darauf. Drei von ihnen waren vor den Westberliner Gerichten zugelassen, was wir ihnen durchaus neideten. Eine Kollegin hieß Marie-Louise Freifrau von Münchhausen, ihr Vater war einst hochrangiger Reichswehroffizier. Sie hatte allerdings den Adelstitel und die nationalkonservative Familienhaltung abgelegt und war schon vor 1945 zu den Linken gewechselt. Sie hatte das zweite Staatsexamen abgelegt und vor ihrem Eintritt in das Kollegium als Assessorin bei Inge Gentz gearbeitet.

Einige stammten aus einfachen Verhältnissen und waren über die Vorstudienanstalt bzw. die Arbeiter- und Bauern-Fakultät zum Jurastudium gekommen. Sie hatten also von der Bildungsreform im Osten Deutschlands, die mit den die traditionellen Bildungsprivilegien brach, unmittelbar profitiert.

Unter uns waren ehemalige Soldaten und Offiziere der Wehrmacht, etwa der mehr zum Richter als zum Anwalt geborene aufrechte Kollege Paul Jakubik oder Friedrich Möller, der bei den jugoslawischen Partisanen war und später Parteisekretär des Kollegiums wurde. Alle vertrugen sich, und es war nicht oder schwer zu erkennen, wer Mitglied der SED war und wer diese oder jene Vergangenheit hatte. Von manchem Absolventen der ABF konnte man annahmen, er wäre aus einer adligen Familie hervorgegangen.

Gemeinsam legten wir die schweren ersten Jahre zurück. Wir hatten uns neben den 37 Einzelanwälten, die es 1953 in Ostberlin noch gab, behauptet, obgleich der *Rundfunk im amerikanischen Sektor* (Rias) und die Westberliner Presse fortgesetzt vor uns warnten und den Kalten Krieg unmittelbar gegen uns führten. In den ersten Monaten überstiegen die Kosten die Einnahmen. Nur mit Hilfe von Steuerstundung und einem Bank-Kredit von 50 000 Mark – damals für uns eine riesige Summe – konnten wir uns über Wasser halten. Einige sahen 1953/54 schwarz für unsere Zukunft. Doch das Blatt wendete sich. Im September 1955 waren wir schuldenfrei. Eine wichtige Voraussetzung dafür war das Privileg, dass nur Kollegiumsanwälte beigeordnet werden durften. Etwa ein Viertel der Mandate stammten in jener Zeit aus derartigen Beiordnungen.

Die vielen Streitfragen über die Gestaltung unserer Briefköpfe, der Kanzleischilder etc. lagen hinter uns. Das Verhältnis Rechtsanwalt-Kollegium musste grafisch adäquat und ideologisch richtig gestaltet werden. Wem gebührte der erste Platz? Dem Anwaltsnamen oder dem Kollegium? Wie war das Verhältnis Individuum-Kollektiv? Wie sollte der Zahlungsverkehr abgewickelt, wie und von wem gebucht werden, welche Konten waren einzurichten, wer war zeichnungsberechtigt? Aus dem ursprünglich dreißigprozentigem Verwaltungskostenbeitrag, den jedes Kollegiumsmitglied aus den von ihm vereinnahmten Gebühren zu entrichten hatte, waren 1954 vierzig Prozent geworden, die alle Unkosten der Anwaltstätigkeit abdecken mussten. Die Mieten und die Bezahlung der Sekretärinnen – deren Höchstgehalt 380 Mark brutto im Jahr 1953 betrug – gehörten ebenso dazu wie Papier, Büromaschinen und Literatur. Die Fahrzeuge der Kollegiumsmitglieder hingegen waren Privatsache. Dazu gehörte ein »Propusk«. Mit dieser Erlaubnis durften wir durch das Brandenburger Tor nach Westberlin fahren, solange dies offen war.

Die Kollegiumsmitglieder absolvierten neben Richtern und Staatsanwälten die seinerzeit üblichen Arbeitseinsätze. Im Rahmen des Nationalen Aufbauwerks beseitigten wir Trümmer und erhielten dafür Aufbaumarken. Das fand meist sonntags statt. Später arbeiteten wir als Erntehelfer in der LPG Grieshof im Oderbruch. Wir trugen es mit Humor, und die Last war auch nicht allzu groß, wenn man die in Krieg und Nachkrieg gewachsene Leidensfähigkeit berücksichtigte.

Das Verhältnis des Kollegiums als Institution zu den anderen Organen der Rechtspflege war in der Anfangszeit besser als später. Das Kollegium galt als ein hilfsbedürftiges sozialistisches Organ der Rechtspflege. Ich nahm eine Zeitlang an sogenannten Behördenleiterbesprechungen teil, in denen der Chef der Abteilung Justiz, der Generalstaatsanwalt von Berlin und der Direktor des Stadtgerichts gemeinsam Probleme erörterten. Dann waren wir aber nicht mehr ein Organ, sondern eine Einrichtung der Rechtspflege und wurden auch so behandelt. Kollegium nebst seinen Mitgliedern wurden zunehmend kritisiert. Vielleicht hatte man sich mehr und anderes von den Rechtsanwaltskollegien versprochen.

Andererseits wuchsen unsere Anwaltsrechte. Am 3. November 1953 hatte Justizminister Hilde Benjamin uns per Brief das Recht zugestanden, vor allen Gerichten der DDR einschließlich des Obersten Gerichts aufzutreten. So einfach ging das. Nach heutiger Lesart: Amtsmissbrauch und Anstiftung zur Rechtsbeugung.

Für unser Selbstwertgefühl war ein anderes Ereignis von Bedeutung. Am 6. Oktober 1955 beantragte der Generalstaatsanwalt beim Westberliner Kammergericht, »im ehrengerichtlichen Verfahren festzustellen, dass der Antragsgegner *(Clemens de Maizière – F. W.)* eine Beschäftigung betreibt, die nach den Gesetzen mit dem Beruf des Rechtsanwalts nicht vereinbar ist und der Würde der Rechtsanwaltschaft widerspricht und somit die Voraussetzungen nachträglich eingetreten sind, unter denen die Zulassung zur Rechtsanwaltschaft zu versagen wäre«.

Die inkriminierte »Beschäftigung«, die Clemens de Maizière betrieb, war die eines Rechtsanwalts im Berliner Rechtsanwaltskollegium. Er war im Juni 1955 dem Rechtsanwaltskollegium beigetreten, zuvor aber als Anwalt auch bei den Westberliner Gerichten zugelassen worden und dort auch tätig. Das war ein Novum in der Berliner Anwaltsgeschichte. Der Generalstaatsanwalt von Westberlin reagierte prompt. In seiner Antragsschrift hieß es weiter, »dass der einem Anwaltskollegium beitretende Rechtsanwalt in Zukunft keine selbständige freiberufliche Tätigkeit mehr entfaltet, sondern als Arbeitnehmer des Anwaltskollegiums, welches die Rechtsform einer juristischen Person hat (§ 1 Abs. 2 des Statuts), beschäftigt wird. Eine solche Beschäftigung erscheint mit dem Beruf des Rechtsanwalts und der Würde der Rechtsanwaltschaft unvereinbar.«

Das mit fünf (Westberliner) Rechtsanwälten besetzte Ehrengericht der Rechtsanwaltskammer Berlin wies den Antrag des Generalstaatsanwalts durch Urteil vom 15. Dezember 1955 (Aktentz.: II. EL. 14.55) jedoch zurück.

Der Generalstaatsanwalt legte hiergegen Berufung ein.

Über die Berufung entschied der Ehrengerichtssenat beim Kammergericht. Ihm gehörten Senatspräsident Clausnitzer als Vorsitzender sowie zwei Kammergerichtsräte und zwei Rechtsanwälte als Beisitzer an. Das Gremium verwarf die Berufung durch Urteil vom 27. September 1956 (G 1/65 KG).

In den Urteilsgründen hieß es: »Der Ehrengerichtssenat vermochte auf Grund des Ergebnisses der mündlichen Verhandlung den Gedankengängen der Berufung nicht zu folgen, hat vielmehr das angefochtene Urteil und seine Gründe für zutreffend erkannt. Insbesondere ergaben die glaubwürdige Einlassung des Antragsgegners *(Clemens de Maizière – F. W.)* und die ebenfalls in ihrer Glaubwürdigkeit unbedenkliche Aussage des Zeugen Strodt, der als Schriftführer Vorstandsmitglied des Rechtsanwaltskollegiums ist, dass Ersterem als Kollegiumsmitglied in seiner anwaltlichen Betätigung soviel Freiheit bleibt, dass von einem Wegfall der freien Advokatur nicht gesprochen werden kann.«

Dieser Ausgang des Verfahrens bereitete uns allen Genugtuung. Sicher wurde er von uns im Sinne der DDR propagandistisch zu nutzen gesucht, andererseits beeindruckte uns die Rechtsstaatlichkeit des Verfahrens. Dieses Urteil ist weitgehend in Vergessenheit geraten. Auch hatte der Geist, aus dem es gefällt wurde – und das in der Hochzeit des Kalten Krieges und der politischen Konfrontation – bei der Überprüfung der DDR-Anwälte durch den Berliner Senat nach 1990 sich weitgehend verflüchtigt. Nur die Staatsanwaltschaft II beim Landgericht Berlin blieb auf dem Stand ihres Vorgängers von 1955.

Im Übrigen blieb das Urteil des Kammergerichts ohne jede Wirkung oder Einfluss auf die bundesdeutsche Literatur über die DDR-Anwaltschaft.

Der Vorstand unseres Kollegiums wie die Revisionskommission überprüfte die Tätigkeit der Mitglieder in den Zweigstellen. Jedes Mitglied sollte einmal im Jahr revidiert werden. Es war eine langweilige Sache, die nicht viel brachte. Bei der Durchsicht von etwa zwanzig Handakten des überprüften Anwalts wurden Stilblüten, Abrechnungsfehler und andere wenig bedeutende Mängel gefunden. Seltener wurden Rechtsfehler von nennenswertem Gewicht entdeckt. Noch seltener oder gar nicht stießen wir auf politische »Vergehen«.

Trotz manch Kleinkariertheit waren die Revisionen ein Mittel – neben anderen –, einen ethischen und fachlichen Standard durchzusetzen, der uns befriedigte. In der Regel wurden die festgestellten Mängel oder das, was wir dafür hielten, in kameradschaftlichen Abschlussgesprächen geklärt und dann in einem schriftlichen Revisionsbericht der Zweigstelle mitgeteilt. Es wurde beispielsweise in einer Revision dem damals parteilosen Kollegen Wolfgang Vogel mitgeteilt, seine Schreiben an Behörden nicht »Mit sozialistischem Gruß« zu schließen, sondern dies – wie auch alle Genossen – mit dem damals üblichen »Hochachtungsvoll«.

Nur einmal führte eine Revision zu einem Ausschluss. Der Kollege hatte ein derartiges Chaos in seiner Aktenführung und Versäumnisse begangen, dass wir ihn bei allem Verständnis für seinen gutartigen Charakter nicht behalten konnten.

Wir liebten unseren Beruf und wollten unseren Laden sauberhalten. Dies ist uns, wie ich glaube, im Wesentlichen gelungen. Wenn Revisionen oder auch Beschwerden von Mandanten oder Dritten Pflichtverletzungen zutage förderten, konnte dies zu Disziplinarverfahren führen. Für solche Verfahren gab es bis 1970 keine Verfahrensordnung. Der Vorstand ermittelte den Sachverhalt, beschloss die Eröffnung des Verfahrens, gab dem betroffenen Mitglied Gelegenheit zu schriftlicher und mündlicher Stellungnahme, ließ die Vertretung durch einen Anwalt zu und entschied in einem ausführlich begründeten schriftlichen Beschluss auf Verfahrenseinstellung, auf Rüge oder Strenge Rüge, die mit einer Geldbuße verbunden sein konnte, oder sogar auf Ausschluss, was den Entzug der Zulassung bedeutete.

Der Betroffene konnte gegen den Beschluss Beschwerde bei der Mitgliederversammlung oder dem Justizminister einlegen. Berlin führte relativ viele Disziplinarverfahren durch; an Beschwerden kann ich mich nicht erinnern, sie mögen aber in ein oder zwei Fällen erfolgt sein.

Parallel mit der organisatorischen und fachlichen Entwicklung verbesserten sich die Einkommen der Kollegiumsmitglieder wesentlich. Rechtsanwälte gehörten in der DDR zu den bestverdienenden Berufsgruppen.

1970 betrug das Durchschnitts-Nettoeinkommen eines Mitglieds des Berliner Kollegiums monatlich 2 156 Mark, 1953 hatte das Höchsteinkommen eines Mitglieds im Monat 1 215 Mark betragen.

Das Einkommen der Rechtsanwälte lag damit weit über dem von Richtern, Staatsanwälten sowie Staats- und Parteifunktionären. Das war ständig ein Stein des Anstoßes. Anwaltsfeindlichkeit und Bestrebungen zur Beschränkung der Rechte und Möglichkeiten der Anwaltschaft sowie Angriffe auf einzelne Anwälte wurzelten in eben diesem Umstand. Sozialneid wurde mit idologischer Tünche versehen. Solche Angriffe abzuwehren war permanente Aufgabe jedes Kollegiumsvorstandes sowie der Zentralen Revisionskommission. Diese Aufgabe wurde weitgehend erfolgreich gelöst.

Während die Zahl der Mitglieder und die Höhe ihrer Einnahmen stiegen, stagnierte die Gesamtzahl der Mandate ab 1961 bzw. ging sogar zurück. Hatten die Kollegiumsmitglieder 1956 insgesamt 7 689 Mandate und wuchs deren Zahl in fünf Jahre auf 8 944, so gab es kaum noch Bewegung. Ich besitze eine Statistik ab 1965, die erkennen lässt, wie sich die einzelnen Mandatsarten veränderten.

Die nachstehende Tabelle gibt die Zahlen des Berliner Kollegiums wieder:

Jahr	Mitgl.	Aufträge	Strafs.	Ehes.	Zivils.	Gehalt*
1965	43	10.120	1.785	fehlt	1.402	2.064
1970	47	9.382	1.737	2.578	1.746	2.822
1975	50	9.118	1.594	2.625	2.805	3.069
1980	56	10.197	2.105	2.635	3.440	3.189
1985	64	10.513	2.018	2.637	4.101	3.781
1988	64	11.105	2.172	2.653	4.726	4.202

* korrekt: Gebühren in Mark je Monat und Anwalt vor Steuern

Das Kollegium lebte zu Beginn seiner Existenz hauptsächlich von Strafsachen. Die Aufträge auf diesem Gebiet gingen aber Ende der 50er Jahre so stark zurück, dass sich fast Panikstimmung ausbreitete. Ich erinnere mich an eine Sitzung der Leitung der Zentralen Revisionskommission in Leipzig, in der wegen des anhaltenden Rückgangs der Aufträge in Strafsachen eine äußerst depressive Stimmung herrschte. Ursache war echte Sorge um unsere zukünftige wirtschaftliche Existenz. Einige glaubten angesichts der rückläufigen Zahlen, dass das von der Politik angestrebte und verkündete Ziel, die Kriminalität in der DDR zu beseitigen, tatsächlich erreicht werden könnte. Tatsächlich fing der Anstieg der Zivil- und Ehesachen, vor allem wegen eines Anstiegs der Streitwerte, den relativen Einnahmerückgang in Strafsachen auf. Letzterer setzte sich überdies nicht fort, die Zahl der Eingänge ging nicht weiter zurück. Anwaltsängste charakterisieren nicht nur die Anwälte selbst, sondern auch die Zeiten.

Über Aufnahmen in das Kollegium entschied der Vorstand oder die Mitgliederversammlung. Das Justizministerium und die SED-Bezirksleitung wurden vorher gefragt, und ihr Veto sowie ihre Wünsche wurden in der Regel beachtet. Doch meist hatten wir freie Hand. Wen wir nicht wollten, wollten wir eben nicht. Allerdings überlegten wir in jedem Fall: Lohnt das Ergebnis, das uns vorschwebte, eine Konfrontation mit Partei oder Ministerium?

Es gab Fälle, in denen es sich lohnte und wir uns daher durchsetzten. Ein solcher Fall war die Aufnahme von Dr. Karl Kohn in das Kollegium. Kohn hatte hohe staatliche Funktionen bekleidet und war zuletzt stellvertretender Vorsitzender des Staatlichen Vertragsgerichts. Er musste aus mir unbekannten kaderpolitischen Gründen – wahrscheinlich hielt man ihm seine Westemigration vor

– aus dem Staatsapparat ausscheiden. Er bewarb sich bei uns. Der für uns zuständige Abteilungsleiter Dr. Helm sprach sich, offenbar dazu angehalten, gegen Kohns Aufnahme ins Kollegium aus. Dieser sei eine »Atombombe«, die jedes Kollektiv sprenge.

Helm hatte, wie sich zeigte, damit nicht ganz unrecht, aber wir fürchteten uns und vertraten überdies die grundsätzliche Auffassung, die Rechtsanwaltschaft sei traditionell das Auffangbecken für unliebsame Juristen.

Kohn wurde bei uns einer der erfolgreichsten Anwälte. Er war Spitzenreiter sowohl bei den Einnahmen wie auch bei den Beschwerden. Trotz vieler Zusammenstöße mit Kollegen in Zivilsachen war er beliebt bei Kollegen und Mitarbeitern. Seine Mitgliedschaft im Kollegium endete mit seinem Tod.

Disziplinarverfahren wurden vom Vorstand in erster, von der Mitgliederversammlung im Falle von Beschwerden in zweiter Instanz durchgeführt. Das Ministerium oder »die Partei« konnten solche Verfahren fordern oder ihnen widersprechen. Beides kam vor, aber selten. Die Autonomie der Kollegien drückte sich deutlich in der Praxis ihrer Disziplinarverfahren aus. Der Berliner Vorstand war streng, strenger als andere. Das Justizministerium nahm das zum Anlass, in Berlin ein besonders schwaches Kollegium zu sehen. Es hatte eben keine Ahnung.

Alle Mitglieder des Vorstandes pflegten ein gutes Verhältnis zueinander, zu einigen hatte ich geradezu freundschaftliche Beziehungen. Die wöchentlichen Vorstandssitzungen wurden dadurch zu angenehmen und oft interessanten Aussprachen bei Kaffee, belegten Broten und hin und wieder auch bei einem Glas Weinbrand. Finanziert wurde das durch die Beteiligten selbst. Während der Vorsitzende in Berlin ein Honorar von 1 800 Mark erhielt, arbeiteten die übrigen Vorstandsmitglieder zunächst unentgeltlich und erhielten erst später eine Entschädigung von 500 Mark.

Die Mitgliederversammlung des Kollegiums fand monatlich statt und erörterte Fachfragen. Kollegen, Richter, Staatsanwälte, andere Justizfunktionäre und Wissenschaftler sprachen zu Themen, die wir aussuchten. Natürlich wurden auch SED-Parteitage, die alle vier bis fünf Jahre stattfanden, und besondere ZK-Tagungen behandelt. Daneben wurden Kollegiumsfragen erörtert. Jährlich lieferten Vorstand und Revisionskommission ihre Rechenschaftsberichte, alle zwei Jahre war dies mit der Wahl verbunden. Auch der Haushaltsplan wurde in diesen Jahreshauptversammlungen von den Mitgliedern beschlossen. Dabei wurden Wege gesucht und gefunden, die Protokolle so zu fassen, dass sie dem Ministerium keine Informationen gaben, die wir im Interesse des Kollegiums nicht geben wollten. Doppelte Vorstandsprotokolle – eins für den Hausgebrauch und eins für das Ministerium – gab es in Berlin allerdings nicht. Ich weiß von einem anderen Kollegium, das es so hielt. Und war beim Ministerium darum viel angesehener war als das Unsrige. Bei der »Aufarbeitung« der Geschichte an Hand von Protokollen müsste man diese Praxis beachten. Es gab sie gewiss auch in anderen Bereichen.

Vor jeder Mitgliederversammlung fand das obligatorische Parteilehrjahr statt. Ursprünglich war es wie überall nur eine Veranstaltung für die Mitglieder der SED. Daneben erfolgten politische Schulungen im Rahmen der Gewerkschaft und anderer Organisationen. Um nicht mehrmals geschult zu werden, sorgten wir dafür, dass das Parteilehr von allen besucht wurde und wir uns die anderen Schulungen schenkten. Das Parteilehrjahr verlief frisch und kontrovers, anregend und nützlich. Dogmatiker aus Ost und West wäre von den lebhaft erörterten Fragen erschüttert gewesen.

Organisatorisch entwickelten sich die fünfzehn Rechtsanwaltskollegien der DDR durchaus eigenständig, die dadurch bedingten Unterschiede nahmen zwar im Laufe der Jahrzehnte ab, völlig verschwanden sie jedoch nie. Zwischen der Gründung des ersten Kollegiums in Halle und des letzten Kollegiums in Rostock lag etwa ein Jahr. Schon daraus ergaben sich Unterschiede. Hinzu kam die territorialen Unterschiede. Das Justizministerium verspürte die Notwendigkeit einer Vereinheitlichung. Das Justizministerium war in erster Linie Hilde Benjamin und in Bezug auf Rechtsanwälte Dr. Rolf Helm. Helm war wie Benjamin vor 1933 Anwalt der Roten Hilfe gewesen. Ursprünglich war er für Höheres vorgesehen. Er war Generalstaatsanwalt erst des Landes Sachsen, dann Berlins, schließlich sollte er Leiter der Präsidialkanzlei von Wilhelm Pieck werden. Irgendetwas kam dazwischen und seine Karriere erhielt einen Knick. Er wurde Leiter des unbedeutenden Referats bzw. der Abteilung »Rechtsanwälte und Notare« im Justizministerium. Hier musste der Ex-Anwalt mit Anwälten verkehren: die denkbar undankbare Funktion.

Helm berief 1954 eine Tagung aller Vorsitzenden der Kollegien nach Friedrichroda ein. Es war wahrscheinlich die erste Veranstaltung, auf der sich die Vorsitzenden gegenseitig kennenlernten. Auf jeden Fall war es die erste Begegnung dieser Art, an der ich teilnahm. Ziel war aus der Sicht des Ministeriums, aus den Vorsitzenden hauptamtliche Funktionäre zu machen. Die Diskussion zu den Vorschlägen des Ministeriums verlief kontorvers. Wir wollten nicht so wie das Ministerium. Niemand wollte hauptamtlicher Vorsitzender sein. Im Ergebnis der Beratung gab es einen Kompromiss: Er hieß Halbtagsarbeit. Fünfzig Prozent war man Vorsitzender mit entsprechender Honorierung durch das Kollegium, fünfzig Prozent Rechtsanwalt.

Einig waren wir in der Auffassung, dass wir ein vom Ministerium unabhängiges Koordinierungs- und Lenkungsorgan benötigten. Bei der uns bekannten Haltung Hilde Benjamins war klar, dass unser Vorschlag einer Anwaltskammer oder eines zentralen Rats der Kollegien nicht durchkäme. In Hilde Benjamins Augen war das reaktionäre Standespolitik. So schlugen wir dem Ministerium die Bildung einer »Zentralen Revisionskommission der Kollegien der Rechtsanwälte der DDR« vor. Das klang nach Überwachung und in Benjamins Ohren gewiss gut. Gerhard Häusler, Vorsitzender des Kollegiums Neubrandenburg, arbeitete ein Statut aus.

Wir hatten richtig kalkuliert. Das Ministerium akzeptierte die ZRK als eine Institution der Kollegien, bildete aber gleichzeitig einen »Beirat für Fragen der Rechtsanwaltschaft« als eigenes Organ. Der »Beirat« führte ein kümmerliches Dasein und schlief irgendwann ein. Die ZRK bewährte sich und koordinierte mit viel Mühe die Haltung der Kollegien in gemeinsam interessierenden Fragen.

Unsere Tarnung war so gut gewählt, dass sie auch die Betrachter aus der BRD täuschte. Hier galt die ZRK wirklich als Überwachungsinstrument von Partei und Ministerium, was uns amüsierte. Das Vorurteil wollten wir nicht entkräften.

Eine der prekärsten Situationen in der Geschichte der Kollegien entstand 1964, als das Justizministerium allen Kollegiumsvorständen einen Entwurf einer Rechtsanwaltsordnung übersandte, der die formell noch immer geltende Reichsrechtsanwaltsordnung ersetzen sollte.

Das Ministerium sah wohl Widerstand voraus und schickte Emissäre zu den Vorständen der Kollegien. In Einzelgesprächen sollten Zustimmung erreicht werden. Hier und dort waren die Sendboten erfolgreich. Das erkennbare Bestreben des Ministeriums, die Unabhängigkeit des Anwalts und der Kollegien aufzuheben und sich insbesondere das Recht zu nehmen, die Handakten der Rechtsanwälte zu revidieren, wurde als Hilfe deklariert. Angebotene Hilfe abzulehnen ist immer zwiespältig, besonders wenn der Anbieter gar mächtig ist. So hielten es einige Vorstände für eine kluge Taktik, durch das vermeintliche Bauernopfer der Unabhängigkeit im Beruf die vorteilhafte finanzielle Position zu erhalten. Es war für den Vorsitzenden im persönlichen Gespräch mit dem Abgesandten des Ministeriums auf jeden Fall auch der Weg des geringsten Widerstandes.

Der Vorstoß des Ministeriums misslang trotz der unterschiedlichen Haltung in den Kollegien. Die ZRK war durch die Einzelgespräche ins Hintertreffen geraten. Erst spät gelang es, ihren Einfluss geltend zu machen. Im Zuge der Diskussionen lehnte die Mitgliederversammlung des Rechtsanwaltskollegiums Berlin nicht nur den Ministeriumsentwurf ab, sondern beschloss am 7. August 1964 den Entwurf eines »Gesetzes über die Rechtsanwaltschaft der Deutschen Demokratischen Republik«. Unser Gegenvorschlag enthielt einige prinzipielle Aussagen, die so dem Ministerium nicht recht waren. § 3 lautete: »Der Rechtsanwalt ist in seiner Tätigkeit unabhängig und nur dem Gesetz unterworfen.«

§ 32 sah bindend vor: »Der Vorstand wird in geheimer Wahl […] gewählt.« Schließlich sah er in § 40 kühn einen »Rat der Rechtsanwälte« als »das höchste Organ der Rechtsanwaltschaft« in der DDR vor. Der Rat sollte aus 35 gewählten Mitgliedern der Rechtsanwaltschaft, also auch der Einzelanwälte, bestehen. Schließlich sah der Entwurf Disziplinarkammern vor, die anstelle des Ministeriums über Beschwerden gegen Disziplinarentscheidungen der Vorstände der Kollegien oder gegen solche Entscheidungen der Disziplinarausschüsse, die für Einzelanwälte gedacht waren, entscheiden sollten.

Alle Mitglieder des Berliner Kollegiums stimmten dem Entwurf zu – nur ich war dagegen. Das Ministerium meinte später, das sei hinterhältige Taktik gewesen.

Die Parteiorganisation des Berliner Kollegiums rief schließlich das ZK der SED um Hilfe an. Wir fragten: Was wird der Westen zu der Rechtsanwaltsordnung des Ministeriums sagen? Das zeigte Wirkung.

»Die Partei« sprach zwei Machtworte: eines gegen das Ministerium, dessen Emissäre erneut ausschwärmen mussten, diesmal, um persönlich jedes Exemplar des Ministeriums-Entwurfs wieder einzusammeln, was komplett gelang. Auch ich behielt zu meinem Bedauern kein Exemplar mehr. Fotokopiergeräte gab es noch nicht. So weiß ich heute nicht mehr genau, was in dem Entwurf stand. Ich weiß nur: es war fürchterlich. Das andere Machtwort richtete sich gegen uns. Mit dem Gegenentwurf hätten wir die Grenzen des

Zulässigen überschritten. Damit konnten wir leben. Die Rechtsanwaltsordnung des Ministeriums war vom Tisch und wurde nie wieder gesehen.

Seit ihrer Konstituierung 1957 entwickelte die ZRK einen eigenen Arbeitsstil. Die Vorsitzenden der Kollegien trafen sich in der Regel einmal im Quartal, meist in Begleitung eines weiteren Mitglieds des jeweiligen Kollegiums, um anstehende Fragen individuell und kollektiv zu erörtern. Das Ministerium und zunehmend auch das ZK waren auf diesen Tagungen vertreten. Daneben führte die ZRK, um ihrem Namen gerecht zu werden, auch Revisionen durch. Die Vorstände der Kollegien revidierten sich nach einem vorher beschlossenen Plan wechselseitig. Die Revision hatte nur die Vorstandstätigkeit, nicht die Tätigkeit der Anwälte zum Gegenstand.

Eigentlich war sie ein Erfahrungsaustausch. Man tat sich gegenseitig nicht weh, sah aber, wie die anderen etwa Eingaben bearbeiteten, Disziplinarverfahren durchführten, Protokolle schrieben, ihre Mitglieder revidierten und Rechenschaftsberichte abfassten. Man lernte sich kennen, fand persönlichen Kontakt. Solche Revisionen fanden ohne Beteiligung von Partei- oder Ministeriumsfunktionären statt. Das war wichtig und erhöhte ihre interne Bedeutung.

Die ZRK hatte – wie könnte es anders sein – auch eine Leitung. Sie bestand aus sechs Bezirks-Vorsitzenden und dem Berliner Kollegiums-Chef. So sollte ein enger und schneller Kontakt zwischen den Leitungsmitgliedern und den anderen Vorsitzenden hergestellt werden. Die Leitung wurde geheim von der ZRK gewählt. Berlin stellte aus praktischen Gründen, nämlich der Nähe zum Ministerium und anderen zentralen Gremien, immer den Vorsitzenden, der von den Leitungsmitgliedern formell gewählt wurde.

Die Sitzungen des siebenköpfigen Leitungsgremiums fanden etwa monatlich und ohne Beteiligung von Vertretern des Ministeriums oder des ZK statt. Zunächst. Das sollte sich nach 1970 ändern.

Die Leitungsmitglieder hatten ein ähnlich gutes Verhältnis untereinander wie die Vorstandsmitglieder des Berliner Kollegiums.

Die ZRK führte Statistiken über die Entwicklung der Kollegien, die von der Leitung ausgewertet wurden, um die Interessen der Kollegien und ihrer Mitglieder gegenüber dem Justizministerium zu vertreten. Sie machte dazu Vorschläge, die sie mit weiterem gesammelten Faktenmaterial – Analysen genannt – zu stützen suchte. Die Fakten wurden in anonymen Fragebogen erfasst, die in allen Kollegien an die Mitglieder ausgegeben wurden.

Analysen waren bei den Kollegiumsmitgliedern nicht beliebt, weil sie Arbeit machten und kein Geld brachten. Sie waren jedoch nach meinem Eindruck für die Vertretung der Interessen der Anwälte nützlich.

Beliebter hingegen waren Seminare der ZRK. Sie folgten in bescheidenem Rahmen dem Vorbild der Anwaltstage. Überhaupt verfolgte die Leitung der ZRK interessiert die Entwicklung der Anwaltschaft in der Bundesrepublik und in der Sowjetunion. Mit Hilfe des Justizministeriums bezogen wir die *Neue Juristische Wochenschrift* aus Frankfurt am Main und das *Anwaltsblatt*.

Schwieriger war es mit dem Bezug der *Sowjetskaja Justizia* und von *Gossudarstwo i prawo* (»Staat und Recht«). Keiner von uns konnte außerdem gut russisch. So suchten wir nach dem englischen Inhaltsverzeichnis Artikel zur Übersetzung aus. Die übersetzten Artikel verschickten wir an die Kollegien. Wir erfuhren auf diese Weise Tendenzen im sowjetischen Recht, die uns wichtig erschienen.

Um aber die ganze Wahrheit zu sagen: Manche Anwälte fanden die Übersetzungen zu teuer. Gewisse marktwirtschaftliche Betrachtungsweisen gab es auch in der DDR, zumindest in den Anwaltskollegien, weshalb die Sache irgendwann einschlief.

Der Abschied von der Tätigkeit im Vorstand und in der Zentralen Revisionskommission fiel mir schwer. Andererseits waren sechzehn Jahre genug, vielleicht sogar bereits zu viel. Ich konnte nunmehr wieder meine ganze Kraft auf die anwaltliche Arbeit konzentrieren. Ich muss gestehen, dass mich diese Aussicht allerdings nicht unbedingt glücklich machte. Die anwaltliche Routinearbeit lag mir nicht besonders. Aber was half's, der Alltag musste eben alltäglicher werden.

Ganz so war es dann doch nicht. Die »jähen Wendungen« würzten und unterbrachen immer wieder den Trott.

Verteidiger von »Asozialen« und Republikflüchtigen (70er Jahre)

Das illegale Verlassen der DDR war eine Erscheinung, die die Zivil- und Strafjustiz der DDR seit ihrem Bestehen beschäftigte. Selten handelten die Täter aus politischer Überzeugung, meist waren rein persönliche Motive ausschlaggebend für den Entschluss, »in den Westen« zu gehen. An der Spitze der Motive stand die Erwartung, in der Bundesrepublik ein besseres Leben führen zu können. Für die vorwiegend jungen Täter spielten dabei Autos, Motorräder, Musik, Kleidung und überhaupt der westliche »lifestyle« eine ausschlaggebende Rolle. Häufig waren auch Fälle grenzüberschreitender Liebesbeziehungen und schlichte Liebestragödien mit DDR-Partnern, bei denen die Flucht in den Westen die Trennung demonstrieren sollte, sozusagen Selbstmordersatz war.

Nach 1961 entwickelte sich eine Rechtsprechung, die einen starren Tarif für die Bestrafung der meist nur versuchten oder vorbereiteten Republikflucht ergab. Das machte die Verteidigung frustrierend. Hatte ich anfangs noch häufiger Mandate von Republikflüchtigen, nahm deren Zahl später immer mehr ab. Rechtsanwalt Wolfgang Vogel wurde der Spezialist auf diesem Gebiet. Sein Name war unter den einschlägig Beschuldigten in den Haftanstalten in aller Munde.

Auch von den offiziellen Stellen der Bundesrepublik, die sich mit den Problemen ausreisewilliger DDR-Bürger befassten, wurde Prof. Vogel den Rechtsuchenden als Anwalt empfohlen. Persönlich, über seine Sozii oder über Unterbevollmächtigte in anderen Städten der DDR erfüllte er seine Aufgabe zur vollen Zufriedenheit seiner Mandanten. Später sahen dies einige von ihnen allerdings anders. Es bestätigte sich so auch in seinem Schicksal die alte Erkenntnis: Der größte Feind des Anwalts ist der Mandant.

Ein Fall, der sich bald nach der Errichtung der Mauer ereignete, ist mir wegen seiner Kuriosität in Erinnerung geblieben. Eine alleinstehende Frau bat mich, ihren 17-jährigen Sohn zu verteidigen. Er war aus dem Zug heraus verhaftet worden, als er in die CSSR reisen wollte, um von dort über die grüne Grenze in die Bundesrepublik zu gelangen. Ich wies darauf hin, dass meine Verteidigungsmöglichkeiten gering seien, aber sie sagte mir, es käme ihr in erster Linie darauf an, dass ich versuchen solle, einen im Sinn der DDR günstigen Einfluss auf den Sohn zu nehmen. Sie war im Parteiapparat beschäftigt, und der Sohn hatte ihr immer Kummer bereitet. Vor dem Bau der Mauer hatte er, fast noch ein Kind, Warenhausdiebstähle in Westberlin begangen und war dabei mehr als einmal gestellt und verurteilt worden. Nach 1961 hätte sie auf eine Besserung im Verhalten ihres Sohnes gehofft, leider offenbar vergeblich. Ich sagte zu, mich des Sohnes anzunehmen.

Wie üblich in jener Zeit bekam ich zunächst weder Akteneinsicht noch Sprecherlaubnis. Ich wusste also nicht, was meinem Mandanten konkret zur Last gelegt wurde. Die Mutter dagegen erfuhr im Laufe von Wochen das eine und das andere von der Polizei und teilte es mir mit. So war das damals. Der Sohn war anscheinend mit Gleichaltrigen in Berlin und im Randgebiet in leerstehende Lauben und Wochenendhäuser eingebrochen. Die Polizei machte der Mutter Vorwürfe, dass sie nicht bemerkt hätte, was da alles ihr Sohn in den Keller der Wohnung deponiert hatte. Diese entschuldigte sich damit, ihrem Sohn geglaubt zu haben, dass es sich um Sachen handelte, die ihm von Ausreisern zuvor überlassen worden wären. Sie schilderte mir, was für Sachen das waren.

Ich wurde stutzig, fragte nach und bemerkte, dass mein Mandant offenkundig zu jenen unbekannten Tätern gehörte, die das Wochenendhaus meiner Familie vor einem Jahr verwüstet und uns bestohlen hatten. Ich sollte also »meinen« Einbrecher verteidigen! Ich legte sofort das Mandat nieder. Der Knabe wurde von Rechtsanwalt Maximilian Stegmann verteidigt, der früher Oberrichter beim Obersten Gericht gewesen war.

Republikfluchtmandate waren nichts für mich. Man konnte damit Geld verdienen, aber Menschen zu verteidigen, die zumeist verurteilt werden *wollten*, um dadurch in den Westen zu kommen, machte für mich keinen Sinn. Das musste sich wohl herumgesprochen haben: Ich galt bei Auftraggebern wie Auftragsverteilern gleichermaßen als ungeeignet und erhielt – von wenigen Ausnahmen abgesehen – keine derartigen Aufträge mehr.

Nicht verschont blieb ich dagegen von Mandanten, denen asoziales Verhalten vorgeworfen wurde. Dieses Delikt war 1968 in das Strafgesetzbuch der DDR aufgenommen worden. Der Tatbestand des § 249 StGB beschrieb es in seinem Absatz 1 mit den Worten: »Wer das gesellschaftliche Zusammenleben der Bürger oder die öffentliche Ordnung und Sicherheit beeinträchtigt, indem er sich aus Arbeitsscheu einer geregelten Arbeit entzieht, obwohl er arbeitsfähig ist, wird mit Verurteilung auf Bewährung, Haftstrafe oder mit Freiheitsstrafe bis zu zwei Jahren bestraft.«

Auch hier gab es einen Tarif, der im Wesentlichen durch die Dauer der Nichtarbeit bestimmt war. Die Chancen der Verteidiger waren gering. Die Beauftragung des Anwalts erfolgte regelmäßig durch Angehörige, die schon vorher die Last getragen hatten, das missratene Familienmitglied, allgemein »Assis« genannt, zu unterhalten. Ihnen noch die Kosten einer wenig chancenreichen Verteidigung aufbürden zu müssen, war nicht angenehm.

Die Bestrafung der Asozialität erwies sich als ein Flop der Strafpolitik. Die Täter waren in der Regel psychisch Hilfsbedürftige, die durch Strafe nicht gebessert wurden. Sie trugen in der Untersuchungshaft wie im Strafvollzug ein schweres Los. Sie waren die Parias unter den Gefangenen und wurden von diesen entsprechend behandelt. Nach der Bestrafung »fielen« sie wieder »an«. Sie konnten nicht anders leben.

Die Strafpolitik nahm das schließlich, wenn auch widerstrebend, zur Kenntnis. Aufgehoben wurde § 249 erst nach 1989 im 6. Strafrechtsänderungsgesetz, geplant war diese Maßnahme aber wohl schon früher. Die Verfolgungswut hatte längst abgenommen.

Anwalt in Paris (1971-1974)

Mein Alltag als DDR-Anwalt, ausgefüllt von Scheidungen, kleinen Zivil- und Strafprozessen, wurde 1971 unerwartet von einem internationalen, einem sogenannten NSW-Mandat, unterbrochen. NSW stand für Nichtsozialistisches Währungsgebiet, was umgangssprachlich mit einem einzigen Wort bezeichnet wurde: Westen.

Ich sollte in Frankreich einen Fall übernehmen. Französisch war in der Schule meine erste Fremdsprache gewesen, ich hatte zwar keine guten Zensuren bekommen, wohl aber französische Literatur gelesen und während des Krieges mit Franzosen in einer Fabrik gearbeitet und mit ihnen parliert.

In Paris sollte ich im Auftrag der Ehefrau einen Mann namens Hans Voelkner anwaltlich betreuen, der dort im Mai 1969 wegen Spionage für die DDR zu einer Freiheitsstrafe von zwölf Jahren verurteilt worden war. Die eigentliche juristische Arbeit war also schon getan, das hatten französische Offizialverteidiger besorgt. Jetzt ging es darum, ihn und andere verurteilte Mitarbeiter der Hauptverwaltung Aufklärung (HV A) des MfS freizubekommen.

Die juristische Verteidigung in Spionage-Sachen ist praktisch in allen Ländern chancenlos. Chancenreich hingegen, zumindest während der Systemauseinansetzung, war das Verhandeln über einen Austausch von verhafteten und verurteilten Agenten oder, sofern keine »Äquivalente« in die Waagschale zu werfen waren, über Hafterleichterungen und -verkürzungen zu reden. Selten musste ein verurteilter Spion die Strafe voll verbüßen.

Der Fall Voelkner war mein erster dieser Art. Andere sollten folgen. Achtzehn Jahre hatte ich neben gewöhnlichen Straffälligen auch Kriegsverbrecher und politische Gegner der DDR verteidigt – Spione des BND, der CIA, des französischen Geheimdienstes und dergleichen. Solche Mandante fand ich als absurd. Nun endlich durfte ich mich einmal für unsere Leute engagieren.

Das Strafverfahren gegen Hans Voelkner sorgte für erhebliches Aufsehen in Frankreich. Neben der Tatsache der Spionage beschäftigten vor allem Voelkners Herkunft und Lebensweg die französischen Gemüter. Seine Eltern – nach Frankreich emigrierte deutsche Artisten – hatten Widerstand gegen die Nazis geleistet. Sie gehörten der internationalen Widerstandsorganisation an, die die Gestapo »Rote Kapelle« nannte. Käthe Voelkner und ihr Mann waren 1943 in Paris verurteilt und in Berlin hingerichtet worden.

Hans Voelkner war nach Verhaftung seiner Eltern zur »Umerziehung« an eine Internatsschule in Deutschland gekommen, vor Kriegsende zum Reichsarbeitsdienst eingezogen worden und dort desertiert. Er wurde verhaftet und des Hoch- und Landesverrats angeklagt, am 3. Mai 1945 von der Roten Armee befreit. Er kehrte mit Franzosen nach Paris zurück, wurde dort als Deutscher interniert, dann Arbeiter und später Schüler an einer berühmten protestantischen Internatsschule. Dort hatte er Mitschüler, die später prominent werden und sich für ihn, nachdem er verhaftet und verurteilt worden war, öffentlich einsetzen sollten.

Wegen Teilnahme an einer Demonstration wurde Voelkner 1947 aus Frankreich ausgewiesen. In Deutschland arbeitete er in der französischen Besatzungszone für die dortige FDJ, geriet aber wegen seiner Dolmetschertätigkeit für die Franzosen in Verdacht, auf beiden Schultern getragen zu haben, und wurde entlassen. In finanzieller Not beging er einen kleinen Diebstahl, saß dafür sechs Monate im Gefängnis und versuchte 1949 in die Ostzone zu gelangen. Sowjetische Soldaten griffen ihn auf, schickten ihn wieder zurück und, als Voelkner es erneut versuchte und gestellt wurde, verurteilte ihn die Besatzungsmacht zu den seinerzeit üblichen 25 Jahren. Viele dieser sowjetischen Häftlinge wurden zu Beginn der 50er Jahre an die DDR-Behörden übergeben und von denen irgendwann entlassen. Voelkner saß bis 1955 im Zuchthaus Bautzen ein. Mit Hilfe seines Onkels, des in der DDR bekannten Schriftstellers Benno Voelkner, absolvierte Hans Voelkner eine Ausbildung zum Bibliothekar und arbeitete danach in der Abteilung Kultur einer Kreisverwaltung, bis er zu Beginn der 60er Jahre von der Hauptverwaltung Aufklärung des MfS angeworben und in Frankreich eingesetzt wurde. Man kann darüber im Buch »Top-Spione im Westen« (edition ost, 2008) einiges nachlesen, der 2002 verstorbene Voelkner, welcher bis zu dessen Schließung 1990 am Berliner Institut für internationale Politik und Wirtschaft (IPW) gearbeitet hatte, berichtete in seinem Text darüber ausführlich.

Meine ersten Schritte 1971 in Paris machte ich unter der Obhut von Rechtsanwalt Joe Nordmann. Dieser war viele Jahre Präsident der Internationalen Vereinigung Demokratischer Juristen gewesen und hatte in der Resistance gekämpft. Nordmann gehörte der Kommunistischen Partei Frankreichs an und genoss national und international hohes Ansehen. Als Elsässer sprach er fließend deutsch.

Nordmann residierte in Paris in einem feudalen Gebäude aus dem 18. Jahrhundert. Alles in seiner Umgebung hatte Stil, nicht nur die Möbel. Mich beeindruckte beispielsweise ein Abendessen bei ihm, bei dem eine farbige Haushälterin auf ein Glockenzeichen auftrug. Manches erinnerte mich an meine Kindheit, als es auch in Deutschland noch Dienstmädchen und Messerbänkchen gab. Nordmann selbst war trotz dieser Umgebung erstaunlich einfach und bescheiden und machte nichts von sich her. Er unterschied sich darin deutlich von Rechtsanwalt Wolfgang Vogel, mit dem er ebenfalls zusammenarbeitete. Er scheute sich auch nicht, das mir gegenüber sehr klar zum Ausdruck zu bringen. Mich machte das nachdenklich. Warum sah der französische Anwalt, was deutsche kommunistische und sozialdemokratische Politiker nicht bemerkten?

Das moderne Gegenstück zu Nordmann war Voelkners Offizialverteidiger, Rechtsanwalt Soulez Larivière. Auch er stammte offenbar aus gutbürgerlichem Haus. Als Sieger in einem Wettbewerb junger Anwälte, der traditionell jährlich durchgeführt wurde, hatte er vom Präsidenten der Pariser Anwaltskammer die Verteidigung des ostdeutschen Agenten übertragen bekommen. Er engagierte sich sehr für seinen Mandanten und half mir auf dem ungewohnten Pariser Pflaster, wo er nur konnte. Später edierte er ein Buch über diese Tätigkeit mit Interviews von Anwälten verschiedener Länder, in dem er auch mich zu Worte kommen ließ. Ich verteidigte darin auf meine Art die DDR, war mir aber nicht sicher, dass das von den heimischen Genossen über mir verstanden und geschätzt werden würde. Ich vertraute darauf, dass sie das Buch nicht lesen würden. Das war wohl auch so.

Schließlich lernte ich durch den Fall Voelkner auch Gilles Perrault kennen. Er hatte ein Buch über die »Rote Kapelle« geschrieben und war dadurch am Schicksal von Hans Voelkner besonders interessiert. Am Vorabend des Prozesses gegen Voelkner hatte er einen Artikel in *Le Monde* veröffentlicht, den er mit der Zeile eines Gedichts überschrieb, welches Voelkner mit 15 Jahren schrieb, nachdem er von der Verhaftung seiner Mutter erfahren hatte. In deutscher Prosa lauten dessen letzte Zeilen: »Du findest in mir für Deine Idee keinen besseren Erben.« Perrault machte daraus die französische Zeitungsüberschrift: »Der Beste der Erben.« Der Kreis von Sympathisanten, der sich um Hans Voelkner gebildet hatte, bemühte sich, ihm zu helfen. Ihre moralische Unterstützung war ebenso wichtig wie erfolgreich, aber sonst bewegte sich wenig und das Wenige auch nur langsam.

Die französische Polizei und Justiz sind hart. Bis zu meinen Frankreich-Erfahrungen nahm ich an, das gelte nur für die Justiz der DDR und natürlich die der UdSSR und der anderen sozialistischen Länder. Jetzt lernte ich dazu.

Voelkner war vom französischen Staatssicherheitsgerichtshof (»Court de sécurité de l'état«) verurteilt worden. Allein die Existenz eines solchen Sondergerichtshofs sagt etwas über die Justiz des Landes im Allgemeinen und seine politische Justiz im Besonderen aus. Das Gericht war mit Militärs besetzt, also faktisch ein Militärgericht. Französische Kollegen erzählten mir, ein französischer Politiker, ich glaube Clémenceau, hätte gesagt, die Militärjustiz verhalte sich zur ordentlichen Justiz wie Militärmusik zur Kammermusik. Für Frankreich dürfte das zutreffen, für die DDR allerdings nicht. Bei uns waren die Militärgerichte oft ziviler als die ordentlichen. Verteidiger führten das darauf zurück, dass die Gehälter der Militärrichter wesentlich höher als die ihrer Kollegen waren.

Präsident Mitterrand schaffte den Staatssicherheitsgerichtshof ab. Die Konsequenzen durfte ich noch miterleben.

Voelkners Strafe von zwölf Jahren belegte die Härte der Justiz Frankreichs. Was er tatsächlich gemacht hat, habe ich nie erfahren. Ich weiß nur, dass man ihm nicht mehr beweisen konnte, als für den Auslandsnachrichtendienst der DDR gearbeitet zu haben. Laut eigenem Bekunden war er Instrukteur und Kurier einer Quelle in der NATO, die ihr Hauptquartier von 1952 bis 1967 in Paris hatte.

Voelkner verbüßte seine Strafe in Melun, einer Kleinstadt nahe Paris. Das Gefängnis war alt und gewaltig. Meine Besuche, die von den französischen Anwälten vorbereitet waren, machten keine Schwierigkeiten. Der Ausweis des Rechtsanwaltskollegiums wurde ohne weiteres akzeptiert und verschaffte mir die Rechte eines französischen Verteidigers. Dabei spielte der Alleinvertretungsanspruch der Bundesrepublik eine für mich positive Rolle. Ich war in ihrer Wahrnehmung Deutscher und damit Angehöriger eines Mitgliedstaates der Europäischen Gemeinschaft. Alles hat eben zwei seine Seiten.

Spione galten in Frankreich als politische Gefangene und waren darum einem besonderen Regime unterworfen. Sie wurden von den

Kriminellen getrennt und genossen besondere Rechte. In den ersten Jahren seiner Haft konnte sich Voelkner etwa Wein kommen lassen. Andererseits bedeutete die Trennung von den anderen Gefangenen auch Isolierung. Es gab nicht immer weitere politische Gefangene, und wenn, dann konnten diese auch aus einem anderen Lager kommen. In Melun saßen beispielsweise ein französischer SS-Mann und andere Kollaborateure der Nazis. Das war für Hans Voelkner eine ständige Herausforderung und Bedrohung.

Neben ihm verbüßten noch zwei weitere DDR-Kundschafter eine Strafe in Melun, deren Vertretung mir ebenfalls übertragen worden war.

Hans-Joachim Bamler war der Sohn eines Wehrmacht-Offiziers, der in sowjetischer Gefangenschaft dem Nationalkomitee »Freies Deutschland« beitrat. Dieser stand zu seiner neu gewonnenen Überzeugung und erzog seinen Sohn in diesem Sinn. Bamler versah seine nachrichtendienstliche Aufgabe als Leiter der NATO-Residentur diszipliniert und pflichtbewusst.

So schilderte es mir jedenfalls mein dritter Mandant, der aus ganz anderem Holz geschnitzt war. Die Nachkriegsverhältnisse hatten ihn in die französische Fremdenlegion verschlagen. Er hatte in Vietnam auf Seiten der Franzosen an harten Kämpfen teilgenommen. Als Soldat war er mit unserem Dienst in Verbindung gekommen. Er war, wie mir Voelkner sagte – und ich glaubte ihm das – undiszipliniert. Andererseits aber war er wohl auch kühn und erfolgreich. Seine beiden Kollegen Voelkner und Bamler mochte er gar nicht, dafür stand er auf gutem Fuß mit den französischen Kollaborateuren. Zwischen ihm und meinen anderen beiden Mandanten herrschte schließlich offener Kriegszustand.

Bamlers Frau Marianne war zu zwölf, er zu achtzehn Jahren verurteilt worden. Sie saß in Rennes, da Melun ein reines Männergefängnis war. Marianne Bamler war die einzige »Politische« in Rennes. Da sie keinen Kontakt zu anderen Gefangenen haben durfte, war sie total isoliert. Und das jahrelang. Sie war, wie ich bei meinen Besuchen immer wieder feststellte, sehr ausgeglichen und tapfer. Ich bewunderte sie.

Nach Jahr und Tag wurde sie zur Direktorin des Gefängnisses gerufen. Ihr wurde förmlich eröffnet, dass das zuständige Gericht aufgrund der bisher verbüßten Strafe und ihrer guten Führung die Reststrafe erlassen bzw. zur Bewährung ausgesetzt habe. Zur Entlassung kam es trotz dieser rechtskräftigen Entscheidung nicht. Frankreich brauchte sie als Tauschobjekt. Marianne Bamler wurde für den Austausch aufgespart. Vom Rechtsstaat Frankreich hätte ich das nicht erwartet. Marianne Bamler verkraftete auch das. Mir war es eine Lehre.

Alle Kundschafter wurden 1974 ausgetauscht.

Unter jenen, die im Gegenzug von der DDR entlassen wurden, befand sich ein Mandant, den ich 1964 im Auftrag des französischen Geheimdienstes verteidigt und seither nicht wieder gesehen hatte. Er behielt mich aber in Erinnerung. Offenbar nicht in schlechter. Nach dem 3. Oktober 1990 suchte ihn nämlich die Kriminalpolizei auf und wollte Erkundigungen über mich einziehen. Er war krank und ließ seine Frau erklären, er könne die Polizisten nicht empfangen.

Später teilte mir seine Frau den Vorstoß der deutschen Ermittlungsbehörden besorgt mit und richtete Grüße ihres Mannes aus. Als dieser Mann starb, sandte sie mir die Todesnachricht.

An den Austauschverhandlungen 1974 war ich nur am Rande beteiligt. Aber bei Übergabe und Übernahme der Verurteilten am Grenzübergang Chausseestraße in Berlin war ich dabei. Es sollte das einzige Mal sein, dass ich an einer solchen Aktion teilnahm. Ich war aufgeregt und freute mich für alle, die wieder frei waren. Besonders natürlich für meine Mandanten.

Die von hüben wie die von drüben.

Terroristenprozess (1972-1978)

Am 24. März 1972 brachte mir ein Mitarbeiter des Obersten Gerichts einen Beschluss des 1. Strafsenats vom gleichen Tag, in dem es hieß: »In der Strafsache gegen Herbert F. wegen Terror u. a. wird dem Angeklagten Rechtsanwalt Friedrich Wolff [...] zum Verteidiger bestellt.« Gleichzeitig wurde mir eine Ladung zur Hauptverhandlung zum 6. April 1972 zugestellt.

Langsam verbesserte sich der Standard der Verteidigungsmöglichkeiten, immerhin hatte ich jetzt zwölf Tage Vorbereitungszeit statt der gesetzlichen fünf. Der Vorwurf des Terrors allerdings versprach nichts Gutes. Einen solchen Vorwurf hatte ich bis zu diesem Tag noch nicht erlebt und sollte ihn auch in der Folgezeit nicht wieder erleben.

Bei meiner Akteneinsicht am 29. März las ich, worum es ging. Fünf Männer aus dem Thüringer Wald, in der Nähe von Bad Liebenstein, sollten sich verschworen haben, Walter Ulbricht bei einem Waldspaziergang zu ermorden. Einige waren bereits wegen Waffenbesitzes und Wilderei vorbestraft. Im Lokal »Zum Löwen« und in der »Krone« tauschten sie ihre politischen Ansichten beim Bier regelmäßig aus. In Stichworten notierte ich das Wesentliche auf vier Seiten. Wörtlich schrieb ich nur die entscheidenden Passagen ab. Mehr war zeitlich nicht möglich. Eine Anklageschrift oder einen Eröffnungsbeschluss erhielt ich nicht übergeben.

Bemerkenswert war schon auf den ersten Blick der zeitliche Ablauf des Ermittlungsverfahrens. Im Oktober 1968 waren die beiden Ersten aus der Tafelrunde verhaftet worden, im Juni 1969 der Dritte, im Januar 1970 mein Mandant und im Mai 1970 der letzte der potentiellen Attentäter. Warum siebzehn Monate zwischen der ersten und der letzten Verhaftung lagen, ließ die Akte nicht erkennen. Es schien mir wenig wahrscheinlich, dass das MfS die Täter nicht früher ermittelt hatte. Offen blieb für mich auch der Grund der ungewöhnlich lange Dauer des Ermittlungsverfahrens selbst nach der letzten Verhaftung. Vier Jahre befanden sich die ersten Inhaftierten bereits in Untersuchungshaft, als die Hauptverhandlung begann.

Es blieb Spekulation, ob die Ablösung Walter Ulbrichts als Erster Sekretär des ZK der SED im Mai 1971 dabei eine Rolle gespielt haben könnte. Sein Nachfolger Erich Honecker hatte als für die Sicherheit zuständiger ZK-Sekretär mit hoher Wahrscheinlichkeit Kenntnis von dem Ermittlungsverfahren. Schließlich handelte es sich um einen für die DDR einmaligen Vorgang. Weder davor noch danach hatte es ein Strafverfahren um ein Attentat oder ein Attentatsvorhaben gegen einen führenden Funktionär der DDR gegeben. Wie man damit umgehen sollte, dürfte also viele Fragen aufgeworfen und etliche Beratungen ausgelöst haben.

Einen Tag nach der Akteneinsicht suchte ich meinen Mandanten Herbert F. in der Untersuchungshaftanstalt des MfS in der Magdalenenstraße in Berlin-Lichtenberg auf. Das Regime dort war äußerst diszipliniert und disziplinierend. Man klingelte an einer kleinen, unbeschilderten Pforte in der Magdalenenstraße. Nach einiger Zeit öffnete ein Uniformierter und führte den Besucher über den leeren Hof zum eigentlichen Gefängniseingang. Dort zeigte man einem Offizier den Ausweis und nannte den Namen des Mandanten. Die Vorlage einer Sprecherlaubnis war nicht nötig, weil diese bereits vorlag und der Anwalt sich zudem angemeldet hatte. Alles verlief ruhig, höflich und distanziert – auch wenn man sich über Jahr und Tag kannte.

Von einem anderen Offizier wurde man sodann zum Sprechzimmer geleitet. Auf dem ganzen Weg begegnete man nie einem Menschen. Der Offizier überzeugte sich zunächst, bevor er einem die Tür freigab, dass das Sprechzimmer wirklich nicht besetzt und in Ordnung war, was immer das gleiche positive Ergebnis hatte. Danach war man allein. Die Tür zum Sprechzimmer war unverschlossen, der dahinterliegende Korridor menschenleer, die Türen dort abgeschlossen. Nur das Telefon auf dem Schreibtisch des Sprechzimmers öffnete den Weg in die Freiheit. Hoffentlich funktionierte es, dachte ich.

Mich beeindruckte das jedesmal.

Das Sprechzimmer sah aus wie ein Funktionärszimmer. Schreibtisch mit Sessel und davor im rechten Winkel ein rechteckiger Tisch mit zwei weiteren Sesseln. Beim Warten überlegt wohl jeder Verteidiger in jedem Knast der Welt, wo und wie man abgehört und visuell beobachtet werden würde. Natürlich stellte man nichts fest, trotzdem vermutet man es. Und man richtete sich darauf ein.

Nach einiger Zeit wurde der Häftling von einem Offizier vorgeführt. Der Verteidiger konnte bei ihm für sich und auch für seinen Mandanten Kaffee bestellen, der dann ebenfalls von einem Offizier, nach Anklopfen an der Tür, serviert wurde. Das Kännchen mit Zucker und Sahne kostete eine Mark.

Die äußeren Bedingungen waren Weltspitze. In keinem ausländischen Gefängnis, das ich kannte, wurde Gleiches geboten. Zeitliche Beschränkungen gab es für die Unterredungen nicht. Sie verliefen dennoch häufig kurz, weil viele Beschuldigte geständig waren und es nicht viel Gesprächsstoff gab. Stundenlange Gespräche zur Sache und zu politischen Fragen waren andererseits nicht explizit ausgeschlossen, also möglich.

Mit Herbert F. unterhielt ich mich zunächst ausführlich über seinen Lebenslauf. Die persönliche Entwicklung eines Angeklagten hatte in Strafverfahren der DDR einen höheren Stellenwert als in der BRD. Auch wenn dies im Laufe der Jahre zurückging, blieb nach meinem Eindruck der Lebenslauf bedeutungsvoll.

Das Oberste Gericht wandte sich gegen unnützes Psychologisieren, die Verhandlung zur Person wurde dadurch kürzer, das Gewicht der subjektiven Umstände geringer, schließlich zählte im Urteil fast nur noch der wirkliche oder vermeintliche Schaden, den die Tat verursacht hatte. Das führte zu Schematismus oder sogar zu Automatismus, vereinheitlichte aber die Rechtsprechung und machte das Urteil vorhersehbarer. Sie engte andererseits jedoch die Chancen der Verteidigung weiter ein und machte sie überdies farbloser.

Für mich war die Unterhaltung über den Lebensweg eines Mandanten für die Vorbereitung der Verteidigung in einer nicht alltäglichen Strafsache stets unverzichtbar. Sie bot eine gute Chance für das gegenseitige Kennenlernen. Mir war es in derartigen Sachen wichtig, dass nicht nur ich den Mandanten, sondern der Mandant auch mich kennenlernte. Mein Parteiabzeichen am Revers sagte ihm zwar etwas, aber nicht genug. Jeder Häftling in einem politischen Prozess in der DDR vermutete ohnehin, dass sein Pflichtverteidiger Genosse war. Doch unter diesen gab es, wie der Berliner sagte, »sone und solche«. Jeder DDR-Bürger wusste das. Viele unterschieden zwischen Parteimitgliedern und Genossen. Ich hoffte, zu Letzteren zu gehören.

Herbert F. war Jahrgang 1930. Sein Vater gehörte der NSDAP und der SS an, seine Mutter war gläubige Christin und Kriegsgegnerin. Politisch, meinte Herbert F., sei er nicht vom Elternhaus, sondern von Schule und Jungvolk erzogen worden. Das ideologische Milieu einer Thüringer Kleinstadt wird das Seinige getan haben. In der Volksschule gehörte er zu den vier Besten seiner Klasse. 1945 kam er auf die Oberschule, die er bis zur 12. Klasse besuchte, zum Abitur wurde er jedoch nicht zugelassen. Hier lag möglicherweise ein Schlüssel für seine spätere Einstellung. Trotzdem wurde er nach entsprechender Ausbildung und einem wechselhaften Berufsweg Hauptbuchhalter, was in der DDR viel bedeutete.

Seine Einstellung bezeichnete er bis 1960 als loyal. Dann seien ihm, angeregt durch westdeutsche Rundfunk- und Fernsehsender, »Zweifel« gekommen. Diese hätten sich durch die Parole von der »Störfreimachung der DDR-Wirtschaft«, durch Mauerbau, Industriepreisreform und Besteuerung von PGH-Angestellten verstärkt. Schließlich hätten 1968 die Ereignisse in der CSSR den Ausschlag gegeben.

Zum geplanten Anschlag erklärte er, dass er sich gegen solche Überlegungen der anderen Mitangeklagten ausgesprochen hätte. Er habe einen demokratischen Weg vorgeschlagen. Wäre er jener »führende Kopf« gewesen, als den ihn die Mitangeklagten bezeichneten, säßen sie nicht ein. Das alles seien nur Biertischgespräche gewesen.

Was Herbert F. sagte, stimmte mit seinen Aussagen vor dem Untersuchungsorgan, wie das MfS in derartigen Verfahren hieß, überein.

Die Hauptverhandlung bestand nur aus der Vernehmung der fünf Angeklagten. Zeugen oder andere Beweismittel gab es nicht. Eine fünfte Person, ein Förster, spielte in den Aussagen der Angeklagten zwar eine erhebliche Rolle, war jedoch nicht geladen. Obgleich Herbert F. von allen als »der Kopf« und der Intelligenteste bezeichnet wurde, stand er in der Anklageschrift nicht an erster Stelle. An sich entsprach es DDR-Gepflogenheit, dem Haupttäter den ersten Platz auf der Anklageschrift einzuräumen.

Dort aber stand der Angeklagte Gerhard R., der von sich sagte, seine Interessen seien »Wild, Waffen, Wald«. Er besaß, seinen Neigungen entsprechend, eine Kipplaufbüchse mit Zielfernrohr und Schalldämpfer sowie zwei Pistolen und Munition. Das allein hätte schon für eine harte Strafe ausgereicht. Illegaler Waffenbesitz gehörte zu den schwersten Delikten in der DDR. Jeder, der vom Waffenbesitz eines anderen erfuhr, war bei Vermeidung eigener Bestrafung zur Anzeige verpflichtet – auch ein Verteidiger.

Gerhard R. belastete in seinen Aussagen wiederholt meinen Mandanten. Herbert F. habe von »drei Strömungen im ZK« gesprochen und dabei auch auf Erich Apels Tod Bezug genommen. (Der Chef der Staatlichen Planungskommission, Kandidat des Politbüros, hatte sich am 3. Dezember 1965 mit seiner Dienstwaffe erschossen.) F. hätte erklärt, es gäbe dort »welche wie in der CSSR«. Die Reformer dort seien 1968 nur nicht vorbereitet gewesen. Man müsse sich Waffen von den Abschnittsbevollmächtigten der Volkspolizei, von den Kampfgruppen und anderen Waffenträgern besorgen. Alles läge an Walter Ulbricht, solange der da sei, gäbe es keine Veränderung, und für eine Veränderung gäbe es nur eine Möglichkeit. Das hätte er, Gerhard R., als Aufforderung zur Gewaltanwendung verstanden, deswegen habe er den Entschluss zur Ermordung Ulbrichts gefasst. Im Wald gäbe es immer eine Möglichkeit. Und von Walter Ulbricht sei bekannt gewesen, dass er oft im Wald spazierengehe.

Nach Gerhard R. sagte Herbert M. aus, dessen Bruder Kurt ebenfalls auf der Anklagebank saß. Die Aussagen von Herbert M. belasteten Herbert F. schwer. Dieser habe alle »inspiriert« und gegen Staat, Partei und Regierung aufgebracht.

Als dritter Angeklagter wurde Werner I. vernommen, ein Schulfreund von Herbert M. Dieser hatte schon einmal die DDR verlassen. Er war aber wieder zurückgekehrt und hatte »im Suff« den Betrieb seiner Eltern angezündet. I. entlastete meinen Mandanten, indem er berichtete, dieser hätte geäußert: »Ihr mit euren Schießereien, das geht nicht, es muss gesamtdeutsche Wahlen geben.«

Aber auch für Werner I. war mein Mandant »der Kopf«.

Die Aussage von Kurt M. war ebenfalls widersprüchlich. Einerseits erklärte auch er, dass mein Mandant im Gegensatz zu den anderen Beteiligten nicht habe »neinschlagen« wollen. »So geht das nicht«, soll er gesagt haben. Andererseits habe Herbert F. wie die anderen in Ulbricht die Person gesehen, »die keine Änderungen zuließ«, weshalb er gewaltsam besitig werden müsse.

Mein Mandant wurde als Letzter vernommen. Er bestritt, Attentatsabsichten gehabt zu haben. Er habe »Umsturzpläne« nach dem Muster der CSSR angestrebt. Die anderen hätten auf Kommunisten schießen wollen, er und Herbert M. nicht.

Der Vertreter des Generalstaatsanwalts hielt alle Angeklagten des Verbrechens des Terrors nach § 102 StGB im besonders schweren Fall für schuldig. Das Gesetz sah die Möglichkeit der Todesstrafe vor. Der Generalstaatsanwalt beantragte Strafen zwischen zehn Jahren und lebenslänglicher Freiheitsstrafe; für Herbert M. beantragte er fünfzehn Jahre.

In meinem Plädoyer beantragte ich Freispruch vom Vorwurf des Terrors und der Vorbereitung zum Mord sowie hinsichtlich seines sonstigen strafbaren Verhaltens eine mildere als die vom Staatsanwalt beantragte Strafe.

Das Urteils wurde am 11. April 1972 verkündet. Das Oberste Gericht folgte allen Anträgen des Generalstaatsanwalts. Eine Berufungsmöglichkeit gab es nicht, das Urteil wurde also mit seiner Verkündung rechtskräftig. Es sollte das letzte erstinstanzliche Urteil des Obersten Gerichts sein.

Achtzehn Tage hatte mich der Fall vom Erhalt des Beschlusses, durch den ich zum Pflichtverteidiger bestellt wurde, bis zur Rechtskraft des Urteils beschäftigt. Staatsanwaltschaft und MfS hatten den Fall zu diesem Zeitpunkt etwa vier Jahre bearbeitet. Waffengleichheit gab es nicht, nicht einmal in der Theorie.

Bis ich die Akte schließlich weglegen konnte, vergingen allerdings noch weitere sechs Jahre.

Im Oktober 1972 schrieb mir Frau F. nach einem Besuch bei ihrem Mann in Bautzen, sie bedanke sich für meinen Brief, in dem ich ihr den Urteilstenor mitgeteilt hatte, und auch dafür, dass ich mich derart für ihren Mann eingesetzt habe. Ihr Mann wäre sehr an einer persönlichen Unterredung mit mir interessiert. Sie selbst wollte wissen, ob er »unter die Amnestie fallen könnte«, von der sie gehört habe.

Das war der Anfang meiner Bemühungen, meines Mandanten vorzeitig aus dem Strafvollzug zu bekommen. Bemühungen, die von langen Perioden des Abwartens unterbrochen und am Ende doch erfolglos waren.

Zunächst hatte ich die Hoffnung, Herbert F. würde ebenfalls unter die sehr umfassende Amnestie fallen, die der Staatsrat aus Anlass des 23. Jahrestages der DDR-Gründung am 6. Oktober für politische und kriminelle Straftäter erließ. Diese sah eine Einzelfallprüfung vor – mein Mandant wurde nicht amnestiert.

Danach entwarf ich für die Ehefrau ein Gnadengesuch an den Staatsratsvorsitzenden – erfolglos.

1973 berichtete mir die Ehefrau, sie habe sich an einen anderen Anwalt gewandt, der damals – ähnlich wie Rechtsanwalt Professor Wolfgang Vogel – Inhaftierten zur Ausreise verhalf. Auch das brachte offenbar nichts, denn im selben Jahr bat mich Frau F., ihren Mann neuerlich in Bautzen zu besuchen. Besuche von Verteidigern bei Strafgefangenen bedurften der Einzelgenehmigung. Diese wurde in der Regel nur zur Erledigung zivilrechtlicher und sonstiger außerhalb des rechtskräftig abgeschlossenen Strafverfahrens liegender Fragen erteilt. Diesmal bekam ich aber die Sprecherlaubnis schnell. Sie war verbunden mit dem überraschenden Hinweis der Strafvollzugsanstalt, dass mich auch der nicht von mir verteidigte Kurt M. sprechen wolle.

Mein Besuch in Bautzen erfolgte im August 1973. Zuerst sprach ich in Gegenwart eines Aufsichtsführenden der Strafvollzugseinrichtung mit meinem Mandanten. Er erklärte, die tatsächlichen Feststellungen im Urteil seien falsch und Kurt M. sei jetzt bereit, die Wahrheit zu sagen. Er, Herbert F., habe von Waffen und Mordplänen nichts gewusst. Kurt M. bestätigte im anschließenden Gespräch mit mir, dass er seine Aussagen widerrufe, soweit sie Herbert F. belastet hätten.

Ich war wieder optimistisch. Ein Wiederaufnahmeverfahren bot sich an, schien aber bei einem erstinstanzlichen Urteil des Obersten Gerichts weniger wahrscheinlich als eine Gnadenentscheidung. Man musste versuchen, die Sache auf dem Verhandlungswege zu lösen. Derartige Aktivitäten gehörten nicht eben zu meinen Stärken. Ich war deswegen froh, dass ein Berliner Mitverteidiger in gleicher Richtung vorgehen wollte.

Alles sah zunächst hoffnungsvoll aus, doch die Sache zog sich hin, und im April 1974 berichtete mir mein Kollege, dass die Staatsanwaltschaft eine Entlassung aller Verurteilten »sukzessive« nach der Verbüßung der Hälfte der Strafe in Aussicht gestellt habe. Für meinen Mandanten bedeutete das folglich Hoffnung auf Entlassung 1977.

Nach mehr als drei Jahren sprach ich mit dem zuständigen Staatsanwalt im Juni 1977. Er vertröstete mich auf das Jahr 1978. Das teilte ich Herbert F. mit. Danach hörte ich nichts mehr von ihm und seiner Frau. Dagegen schrieb mir 1978 Rechtsanwalt Vogel, dass ihn der Mandant mit der Wahrnehmung seiner Interessen beauftragt habe. Das sah nach »Freikauf« aus. Herbert F. hatte mir schon 1975 mitgeteilt, dass seine Frau und er Ausreiseanträge gestellt hätten. Ich informierte Vogel im Juni über das, was ich von der Sache wusste. Der Fall des Herbert F. war danach für mich abgeschlossen. Ich ging davon aus, dass mein Mandant 1978 seine Freiheit wiedererhielt.

Aus einem Buch erfuhr ich in den 90er Jahren, dass Herbert F. erst 1981, also nach elf Jahren Haft, entlassen worden sein soll.

Der Juden- und Polenmörder (1972)

Am 9. Mai 1972 wurde Hubert Schwerhoff vom Stadtgericht Berlin wegen Kriegsverbrechen und Verbrechen gegen die Menschlichkeit zum Tode verurteilt. Die Hauptverhandlung gegen den 58 Jahre alten Bodenmeister begann am 11. April 1972, also am gleichen Tag, als der potentielle Attentäter Herbert F. vom Obersten Gericht zu einer Freiheitsstrafe von fünfzehn Jahren verurteilt worden war.

Das Stadtgericht hatte mich am 23. Februar 1972 zum Verteidiger bestellt. Zweiter Pflichtverteidiger war Rechtsanwalt Rudi Bell. Der Beschluss war uns zusammen mit der Ladung zur Hauptverhandlung am 14. März 1972 zugestellt worden. Auf der Ladung war vermerkt: »Anklage und Eröffn.-Beschl. liegen zur Einsichtnahme in Zimmer B 353 bereit.«

Der Prozess war für eine öffentliche Auswertung bestimmt, aber die Verteidiger erhielten wohl aus prinzipiellen Erwägungen derartige Dokumente nicht ausgehändigt. Zu verstehen war das nicht, aber wir hatten uns daran gewöhnt.

Auch wenn die Frist zwischen Ladung und Beginn der Hauptverhandlung diesmal fast einen Monat betrug, stand mir wegen des Verfahrens gegen Herbert F. nur wenig Zeit zur Verfügung. Ich teilte mir mit Rudi Bell die Arbeit. Wir kannten uns seit dem Studium, seine Frau gehörte zu den Gründerinnen des Berliner Rechtsanwaltskollegiums. Er selbst war Staatsanwalt in Wirtschaftsstrafsachen, bevor er in das Kollegium eintrat. Er war ein solider Arbeiter, ein guter Jurist und ausgeglichener Charakter. Er sollte wenig später einem Krebsleiden zum Opfer fallen.

Rudi übernahm die Tatfragen, ich die rechtliche Würdigung und die Strafzumessung. Es war anzunehmen, dass es um den Kopf unseres Mandanten ging. Die Anklage warf ihm vor, an der Erschießung von fast eintausend Polen, Sowjetbürgern und Juden beteiligt gewesen zu sein. Er hatte an Folterungen und Deportationen zwischen 1939 und 1945 im »Generalgouvernement« mitgewirkt.

Das Gericht bestand aus dem Vorsitzenden, einem Ergänzungsrichter, einem Ersatzrichter und zwei Schöffen. Der Vorsitzende Oberrichter Genrich gehörte vor 1933 der KPD an, der Ergänzungsrichter war von den Nazis rassisch verfolgt worden, sie waren mithin Opfer des Faschismus. Beide wurden nach kurzer Ausbildung Volksrichter. Inzwischen aber lagen zwei Jahrzehnte Praxis hinter ihnen. Genrich war ein ruhig wägender Richter, der souverän sein Amt ausübte.

Gleichwohl: Opfer richteten über Täter. Damals war mir die Problematik, die darin lag, nicht bewusst. Es war selbstverständlich, dass es so war: Die Gerechten urteilten hier wie in jeder anderen Strafsache über die Verbrecher. Fast alle Richter der DDR waren zu jener Zeit gleicher oder ähnlicher politischer und sozialer Herkunft. Sie waren damals alle, wenn man so will, Sieger. Und diese Sieger richteten über Besiegte.

So mancher von ihnen ist jetzt Besiegter, über den andere Sieger richten. Der rassisch verfolgte Beisitzer wurde nach 1990, inzwischen längst Rentner, mein Mandant, weil ihm Rechtsbeugung vorgeworfen wurde. Er starb, bevor im Ermittlungsverfahren eine Entscheidung ergangen war.

Sind wir nun am Ende der Geschichte angelangt, oder wird immer weiter und weiter in dieser Form »aufgearbeitet«?

Rudi Bell und ich verteidigten in dieser Sache noch mehr als in anderen Strafsachen nicht *gegen* den Staat, verteidigten *nicht* den Nationalsozialismus *gegen* den Kommunismus. Dieser Staat war unser Staat. Wir erregten uns über seine Fehler, versuchten sie vorsichtig, vielleicht auch ängstlich, zu korrigieren und hofften, so mit anderen eine bessere DDR schaffen zu können. Wir waren überzeugt, dass die Zukunft dem Sozialismus gehört und dass die DDR ein Meilenstein auf dem Weg dorthin ist. Nur so, glaubten wir, wäre auch die Wiederholung des Prozesses zu vermeiden, der mit Massenarbeitslosigkeit begann und in der Katastrophe von Faschismus und Krieg endete. Das war unsere innere Einstellung bei der Verteidigung eines ehemaligen SS-Mannes. Sie gewann bei mir mit jedem Kriegsverbrecherprozess neue Konturen, blieb aber im Kern gleich.

Erster Eckpunkt der Verteidigung Schwerhoffs war die Auseinandersetzung mit dem Ergebnis der Beweisaufnahme.

Der Staatsanwalt sah die Anklage voll bestätigt, während wir in jenen Fällen, in denen unser Mandant die Vorwürfe bestritt, diese auch nicht für erwiesen hielten. Seit den Taten waren etwa dreißig Jahre vergangen, die Aussagen der siebzehn Zeugen erschienen uns nicht immer eindeutig genug. Verwechslungen waren möglich. Der Täter in Uniform sah damals anders aus als auf der Anklagebank in Zivil.

Der rechtlichen Bewertung der Taten durch die Staatsanwaltschaft konnten wir nicht widersprechen. Es handelte sich ohne jede Einschränkung um Kriegsverbrechen und Verbrechen gegen die Menschlichkeit. Über das Rückwirkungsverbot dachten wir in Bezug auf die NS-Verbrechen damals nicht nach. Die Strafbarkeit dieser Untaten lag für uns jenseits jeden Zweifels. Auch heute noch sehe ich das so. Da ging es um Taten außerhalb menschlicher Vorstellungskraft, da hatte der jetzt oft zitierte Rechtsphilosoph Gustav Radbruch (1878-1949) recht. Doch über die *richtige* Strafe konnte man – auch und gerade unter Genossen – streiten. Manche sahen das zwar anders, aber wir sahen das so, und darauf legten wir den Schwerpunkt unserer Verteidigung.

Schritt für Schritt mussten wir versuchen, mit den allgemein in der DDR anerkannten juristischen und marxistischen Thesen, das Gericht und die Öffentlichkeit für den Gedanken aufzuschließen, dass ein Todesurteil nicht das einzig gerechte und politisch zu verantwortende Urteil sein müsse und könne. Dies war möglich, wenn man die Taten des Angeklagten in ihren größeren zeitgeschichtlichen Zusammenhang stellte, wenn man den Mann, der als Einzelner und Einziger vor Gericht stand, in die Masse seiner Zeitgenossen stellte, wo er nach unserer Auffassung auch tatsächlich hingehörte.

Wir gingen es also langsam an und zitierten erst aus dem Lehrbuch der Sozialistischen Kriminologie, dass die Verbrechen der Nazis keine üblichen Verbrechen waren, sondern »Ausdruck einer von den Monopolen dirigierten verbrecherischen Außen- und Innenpolitik«. Wir fügten aus einem Urteil des Obersten Gerichts hinzu: »Die vom Statut des Internationalen Militärtribunals erfassten völkerrechtlichen Massenverbrechen unterscheiden sich hinsichtlich ihres Charakters, ihrer Begehungsweise als staatlich geplante und organisierte Massenverbrechen und hinsichtlich ihres Ausmaßes prinzipiell von allen anderen Straftaten.«

Wenn es also so war, wie die höchsten Richter der DDR verkündeten und auch wir es für richtig hielten, war die Stellung des Täters in diesem Staat von ausschlaggebender Bedeutung. Sie musste also bei der Strafzumessung Berücksichtigung finden. Und dann meinten wir, »der Mensch ist das Produkt seiner Verhältnisse«. Wir hatten es bei den Klassikern des Marxismus gelesen und im Parteilehrjahr gelernt, wir wussten: »Das Sein bestimmt das Bewusstsein.«

Das wollten wir auf unseren Mandanten angewandt sehen. Mit konkreten Tatsachen aus dem Leben des Angeklagten wollten wir es belegen und anschaulich machen.

Schwerhoff hatte mir seinen Lebenslauf aufgeschrieben. Er war 1913 in Groß-Reken in Westfalen geboren. Seine Eltern, gläubige Katholiken, hatten sieben Kinder. Seine Kindheit und Jugend fielen in die schwere Kriegs-, Nachkriegs-, Inflations- und Wirtschaftskrisenzeit. Schwerhoff musste bis zum 16. Lebensjahr ohne Entgelt, nur für ein Deputat, das seine Eltern erhielten, in der Landwirtschaft arbeiten, um seine Geschwister mit zu ernähren. Anschließend war er in einer Ziegelei tätig, sein Lohn wurde mit den Schulden seines Vaters verrechnet. Seit 1932 war Schwerhoff arbeitslos und gehörte in jener Zeit dem Kommunistischen Jugendverband an. Sein älterer Bruder dagegen war im gleichen Jahr in die SS eingetreten. Es entstand Bruderzwist, typisch für die Weimarer Republik in ihren letzten Tagen.

Schwerhoff formulierte es selbst so: »Meine soziale Misere war auf der untersten Stufe angelangt. Es gab keinen Ausweg.« Doch Anfang 1933 sah er das berühmte Licht am Ende des Tunnels. Sein Bruder hatte es ihm aufgesteckt. Schwerhoff trat ebenfalls der SS bei, wechselte 1934 zur SS-Leibstandarte »Adolf Hitler« und verfolgte damit das Ziel, Beamter zu werden. Immer weiter auf diesem Weg in die materielle Sicherheit des Beamtentums bewarb sich Schwerhoff 1938 bei der Grenzpolizei. Er wusste, dass diese der Gestapo unterstellt war, doch was zählte das, wenn man Beamter war? 1939 wurde er zum SS-Einsatzkommando einberufen und kam im gleichen Jahr nach Polen. So war Schwerhoff vom Arbeitslosen zum Kriegsverbrecher geworden. Er war nicht der Einzige, der diesen Weg ging.

Nach 1945 war Schwerhoff erst zu seinen Eltern nach Reken zurückgekehrt, hatte danach seine Familie in Berlin aufgesucht und war schließlich, nach einem erneuten kurzen Intermezzo in Reken, im sowjetisch besetzten Sektor Berlins geblieben. Als er 1955 zur Beerdigung seiner Mutter in Reken weilte, hatte man ihm geraten, nicht in die DDR zurückzufahren. Ein Bekannter warnte ihn: »Du fährst in den sicheren Tod.« Er fuhr dennoch. In einer Lederwarenfabrik hatte er gute Arbeit. Er war einmal Aktivist und zweimal Bestarbeiter geworden, er trug die silberne Aufbaunadel und gehörte dem FDGB an. In die SED war er 1946 ebenfalls eingetreten, verließ aber diese 1948 wieder. Auch nichts Einmaliges.

Das war der Stoff für die Einbeziehung des historischen Rahmens in die Strafzumessungsüberlegungen. Was kann man einem Menschen als Schuld vorwerfen, der so wie der Angeklagte in den Sog einer historischen Entwicklung hineingezogen wird, die ein ganzes Volk erfasst hat? Wir zitierten aus einem DDR-Geschichtslehrbuch: »Tatsächlich erhielt ein erheblicher Teil vor allem der jüngeren Arbeiter, die aus dem Erwerbslosenheer ausschieden, keine Beschäftigung in der Produktion, sondern wurde auf verschiedenen Gebieten zu Vorbereitungen oder direkten Vorübungen für den Krieg herangezogen.«

Und: »Die massenhafte Einberufung junger Arbeiter, Bauern und Angestellter zum Arbeitsdienst und zum Militär ermöglichte es, sie dem ständigen Einfluss der faschistischen Ideologie zu unterwerfen. Damit war, was die Arbeiterjugend anging, eine Situation geschaffen, in der die jüngere Generation der älteren entfremdet und die kontinuierliche Vermittlung von Erfahrungen des Klassenkampfes unterbrochen werden konnte.«

Um die Stellung des Angeklagten in der verbrecherischen Organisation »Nazi-Deutschland« zu relativieren, um darzulegen, dass Schwerhoff keine singuläre Ausnahmeerscheinung war, wiesen wir darauf hin, dass die Zahl der Täter unbekannt sei, aber inzwischen bekannt wäre, dass es 1945 etwa 40 000 KZ-Wächter gegeben habe und 910 000 Mann der Waffen-SS. Einer aus diesem Heer der Täter war Schwerhoff.

Erstmals warfen wir auch die Frage auf, die fast zehn Jahre später noch größere Bedeutung für meine Überlegungen erlangte: War der Angeklagte noch der gleiche Mensch wie der Täter vor dreißig Jahren? Hatte Karl Marx nicht den Menschen als »Ensemble der gesellschaftlichen Verhältnisse« charakterisiert? Hatten sich diese Verhältnisse nicht entscheidend geändert? Wer von uns war noch der gleiche Mensch, der er vor dem Krieg war? Und wir sagten folgerichtig: Auch Schwerhoff ist nicht mehr der Gleiche. Wir können darum nicht so tun, als ob es jedoch so sei.

Weiter fragten wir nach dem Sinn der Strafe in solchen Fällen. Das Ziel der Strafe, die Menschheit vor der Wiederholung derartiger Verbrechen zu schützen, verliere an Bedeutung, wenn diese Verbrechen als »Ausdruck einer von den Monopolen dirigierten verbrecherischen Außen- und Innenpolitik« angesehen würden, wie es die sozialistische Kriminologie tut. Angesichts der Stärke des sozialistischen Lagers und der Ausrottung des Faschismus in der DDR mit allen seinen Wurzeln sei Abschreckung kein Argument für die Todesstrafe in diesen Fällen. Wir zitierten Lenin: »Es ist bereits seit langem ausgesprochen worden, dass der vorbeugende Sinn der Strafe keineswegs in ihrer Härte, sondern in ihrer Unabwendbarkeit liegt. Es ist nicht wichtig, dass ein Verbrechen eine schwere Strafe nach sich zieht, wichtig aber ist, dass kein einziges Verbrechen unaufgedeckt bleibt.«

Wie oft zitierten Verteidiger in der DDR dieses Wort des Advokaten Lenin? Und wie selten wurde es befolgt. Auch ein Beispiel, wie Theorie und Praxis des Sozialismus auseinanderfielen. Nebenbei: Heute sollten wir fragen, woran die DDR gescheitert ist – an zu konsequenter oder zu inkonsequenter Anwendung dieser Theorie?

Wir zitierten auch noch die aktuelle DDR-Strafrechtswissenschaft mit den Worten von Prof. Erich Buchholz: »Eine zu strenge Strafe ist ebenso gefährlich wie eine zu milde.«

Auch das war Theorie.

Zuletzt befassten wir uns mit dem Problem der Todesstrafe. Auch dort beriefen wir uns wieder auf Marx und Lenin und fragten, welche Strafe die gerechteste und wirksamste sei. Die Todesstrafe für den Arbeiter, der vom Imperialismus vor dreißig Jahren demoralisiert wurde – oder eine Freiheitsstrafe für einen Mann, der 27 Jahre lang am sozialistischen Aufbau dieses Landes nachweislich aktiv mitgewirkt hatte?

Alle Argumente nutzten nicht.

Auch die Berufung blieb erfolglos.

Die Gnadengesuche hatten ebenfalls keinen Erfolg.

Die Staatsanwaltschaft teilte das auf eine telefonische Anfrage mit. Einen offiziellen schriftlichen Bescheid erhielten wir nicht.

Ob die Ehefrau auf ihr eigenes Gesuch eine schriftliche Antwort erhielt, blieb mir unbekannt.

Das letzte Todesurteil gegen einen Kriegsverbrecher (1972)

Noch wusste ich nicht, ob Schwerhoff begnadigt oder hingerichtet werden würde, als ich am 17. November 1972 erneut eine Bestellung als Pflichtverteidiger in einem weiteren Kriegsverbrecherprozess vor dem Stadtgericht Berlin erhielt. Auch das Schicksal des potentiellen Attentäters Herbert F. und des Kundschafters Voelkner bewegte mich zu dieser Zeit. Seit knapp zwei Jahren war ich nicht mehr Kollegiumsvorsitzender, sondern ausschließlich Anwalt. Mein berufliches Leben hatte sich entscheidend verändert.

Diese Tatsache und auch andere hatten mich, der ich gerade 50 geworden war, stark gefordert. Das Verfahren gegen den ehemaligen SS-Hauptsturmführer Paul Feustel stellte darum eine weitere Belastung dar. Die Anklageschrift, die ich diesmal erhielt und behalten konnte, ließ keinen Zweifel zu, dass es wieder um den Kopf ging.

Diesmal sollte ich neben dem neuen Vorsitzenden des Berliner Anwaltskollegiums, Gerhard Häusler, verteidigen. Wegen einer Erkrankung Häuslers blieb die Last dieses Prozesses dann jedoch weitgehend bei mir.

Zwei Prozesse fast gleichen Inhalts hintereinander führen zu müssen, machte mir zusätzlich zu schaffen. Es nimmt den Argumenten die Kraft, wenn sie wiederholt werden, zumal, wenn dies kurze Zeit nach ihrer Zurückweisung durch dasselbe Gericht geschieht. Sicher, das Gericht verhandelte jetzt in einer anderen Besetzung, aber das bedeutete in der DDR nicht viel, eigentlich gar nichts.

Dies alles hemmte mich. Ich weiß nicht, ob meine Erinnerung zutreffend ist, aber ich glaube, ich war schwach.

Feustel war angeklagt, als SS-Hauptsturmführer bei der Ermordung, Folterung und Deportation von tschechischen Staatsbürgern während des Zweiten Weltkriegs, insbesondere nach dem Heydrich-Attentat, mitgewirkt zu haben. Die Prozesssituation unterschied sich nur wenig von derjenigen des vorangegangenen Verfahrens. Unser

Mandant war im Wesentlichen, wenn auch nicht in allen Punkten, geständig.

Unsere Strategie glich praktisch der im Verfahren gegen Schwerhoff. Es gab keine Alternative. Wir verteidigten also wieder politisch, das heißt, wir versuchten sichtbar zu machen, wie der Nationalsozialismus einen ganz normalen Menschen pervertierte. Nicht einmal, sondern millionenfach.

Andererseits betonten wir die Erfolge der DDR bei der »Umerziehung« der Mitläufer. Wir benutzten also offizielle, in der DDR unangreifbare Argumente zur Verteidigung eines ehemaligen SS-Mannes. Wir taten das nicht aus taktischen Erwägungen in Anwendung eines advokatorischen Tricks. Ich kann jedenfalls von mir sagen, dass ich es tat, weil ich von der Richtigkeit meiner Thesen überzeugt war und meinte, so und nicht anders müsse die DDR, müsse das Gericht hier handeln.

Diese vorstehende Gleichsetzung von DDR und Gericht habe ich unbewusst niedergeschrieben. Sie ist Ausdruck einer über Jahrzehnte eingeschliffenen Denkweise. Der Staat war eine Einheit, egal, ob er als Gericht, Staatsanwaltschaft, Verwaltung oder Volkskammer in Erscheinung trat.

Alle diese Organe waren Teile eines Ganzen, das von einem einheitlichen Willen gesteuert wurde. Ein Wille, der in »der Partei« entstand. Gewaltenteilung existierte nicht, war theoretisch verpönt, galt auch nicht einmal insgeheim als wünschenswerte Vorstellung. Alle Organe strebten – wenigstens der Idee nach – einem Ziel entgegen, zogen an einem Strang. Im Prinzip galt das auch für die Verteidiger, die helfen sollten, ein gerechtes Urteil zu erzielen – nur wurden sie (vorsichtshalber?) nicht an diesen Strick gelassen.

Vorsitzender des Senats war diesmal der Direktor des Stadtgerichts Berlin, Dr. Heinz Hugot. Wir kannten uns seit Jahren, unsere Beziehungen waren im Lauf der Zeit freundschaftlich geworden, zumal sich auch unsere Frauen aus ihrer Berufstätigkeit kannten. Im Prozess verhielt sich jedoch jeder so, als stünde ihm der andere so nah und so fern wie jeder beliebige sonstige Vertreter seines Fachs. Das war kein Rollenspiel, sondern entsprach unserer Auffassung von den Aufgaben, die wir hatten.

Dr. Hugot war in der Justiz der DDR eine herausragende Persönlichkeit. Wie viele andere stammte er aus einer Arbeiterfamilie. Doch im Unterschied etwa zu Oberrichter Genrich, der das Verfahren gegen Schwerhoff geführt hatte, gehörte Hugot einer anderen Generation an. Er hatte Jura an der Universität studiert, promoviert und die DDR-Justiz in sehr unterschiedlichen Funktionen und von vielen Seiten kennengelernt. Bevor er zum Direktor des Stadtgerichts berufen wurde, war er persönlicher Referent bei Hilde Benjamin sowie Richter und Direktor bei Stadtbezirksgerichten. Er war ein Intellektueller mit vielfältigen kulturellen Interessen. Hugot liebte das gute Leben, wozu für ihn Frauen, Kleidung, Essen, Trinken und Gespräche mit Leuten gehörten, die sich bei aller Bejahung des DDR-Sozialismus eigene Gedanken machten. Er war anwaltsfreundlich, schätzte unbequeme Verteidiger und verteidigte Anwälte, wenn die Justizbürokraten ihnen am Zeuge flicken wollten. Auch mich haute er einmal raus. Es war angenehm, mit ihm in einer Strafsache zu verhandeln.

Eine Abweichung gegenüber der Verteidigung Schwerhoffs ermöglichte die nicht widerlegte Aussage Feustels, er habe menschlich gehandelt, wo immer ihm das möglich gewesen wäre, er habe sogar Gefangene entgegen der ihm erteilten Weisung in die Freiheit entlassen. Wörtlich sagte er: »Ich habe nur widerwillig getan, was ich tun musste.« Dies wurde sogar von einem tschechischen Zeugen bestätigt, der ausgesagt hatte: »Feustels Auftreten schätze ich vor allem im Vergleich zu dem Verhalten seines Nachfolgers Fleischer, der sich nicht einmal wie ein Mensch bewegte, korrekt ein.«

Wir plädierten deswegen auf Anwendung des Artikel 8 des *International Military Tribunal*, der im Falle des Handelns auf Befehl eine Strafmilderung zuließ.

Feustel hatte uns durch sein Auftreten in der Hauptverhandlung und in den Vernehmungen Bausteine für seine Verteidigung geliefert. So lag es ganz auf der Linie meiner Verteidigungskonzeption, dass er von sich aus, ohne irgendeine Einflüsterung durch uns, überzeugend und eindrucksvoll zum Gericht gesagt hatte: »Ich bin in den letzten 25 Jahren ein Mensch gewesen wie Sie.«

Das entsprach genau unserer These: Der Angeklagte war nicht mehr das gleiche Individuum wie der Täter. Feustel war 1899 geboren, also bereits 73 Jahre alt. Das legte uns nahe, auch auf die biologische Veränderung hinzuweisen, die ein Mensch zwischen dem fünften und dem achten Lebensjahrzehnt durchmacht. Ich hätte diesen Gedanken gern vertieft, aber dazu wäre Fachliteratur notwendig gewesen, die ich in der kurzen Vorbereitungszeit auf das Plädoyer weder beschaffen noch gar lesen konnte. In solchen Situationen wirkte es sich auch nachteilig aus, dass wir keine Referendare, juristischen Hilfsarbeiter oder Partner hatten, auf die wir uns hätten stützen können. Wir mussten jeden Fall in jeder Beziehung allein bearbeiten, unser Brot allein verdienen. Allerdings hatten wir auch keine Sorgen mit Steuern, Marketing, Management, Altersvorsorge und auch nicht mit Anwaltshaftung.

Die Politik beeinflusste in der DDR – wie bereits erwähnt – offen und stark die Rechtsprechung. Immer wieder wurde in Urteilen auf die politische Lage Bezug genommen und dabei ausgeführt, dass die ausgesprochene Strafe eben dieser konkreten Situation entsprechend zum Schutz oder zur Förderung der sozialistischen Gesellschaftsordnung in der DDR notwendig sei.

Sogar in Ehescheidungsverfahren wurde, jedenfalls in den 50er Jahren, zum Teil argumentiert, dass, wenn nicht einmal Eheleute es fertigbrächten, miteinander in Eintracht zu leben, man nicht erwarten könne, dass wir einen Beitrag zum Frieden oder zur Deutschen Einheit leisten.

So naiv und komisch argumentierten wir hoffentlich nicht, als wir sagten, die Vorbereitung der Konferenz für Sicherheit und Zusammenarbeit in Europa (KSZE), welche Ende 1972 anlief, sei ein Zeichen für eine neue internationale Lage, die die Gefahr des Wiedererstehens von Faschismus und eines Dritten Weltkriegs vermindere. Das verringere das Maß der notwendigen Abschreckungswirkung der Strafe und müsse deshalb bei der Strafzumessung berücksichtigt werden. Im Übrigen wiederholte ich die Argumente aus dem Schwerhoff-Verfahren.

Wie objektiv nicht anders zu erwarten war, wiederholte auch das Gericht die Strafe dieses Verfahrens.

Natürlich blieb die Berufung erfolglos.

Häusler schrieb im Januar 1973 das Gnadengesuch. Eine Antwort auf dieses Gesuch habe ich weder mündlich noch schriftlich erhalten.

Ich halte es für möglich, dass Feustel begnadigt worden ist, dass der Gnadenakt aber geheimgehalten wurde, um keine Inkonsequenz bei der Bestrafung von Faschisten erkennen zu lassen.

Jedenfalls war das Urteil gegen Feustel das letzte Todesurteil, das gegen einen Kriegsverbrecher von DDR-Gerichten verhängt worden ist. Hätte man ihn später entdeckt und angeklagt, wäre ihm und uns das Todesurteil erspart geblieben. Es war unsäglich, machtlos zusehen zu müssen, wenn ein solches Schicksal – mag es auch verdient erscheinen – auf einen Menschen zukommt.

Was sollte man ihm sagen, wenn das Urteil verkündet und rechtskräftig war und man ihm als Verteidiger allein in der Zelle gegenübersaß?

Der Kanzleramtsspion (1974-1981)

Am 26. April 1974 beauftragte mich Frau Johanna Mittag, die Mutter von Günter Guillaume, mit der Verteidigung ihres Sohnes und ihrer Schwiegertochter. Als ich die Nachricht von der Verhaftung des sogenannten Kanzleramtsspions aus den Medien erfahren hatte, war mir nicht in den Sinn gekommen, dass das ein Fall für mich werden würde.

Ein »Fall für mich« war es natürlich eigentlich nicht. Vor bundesdeutschen Gerichten war ich nicht zugelassen und so konnte ich dort nur eine ähnliche Rolle spielen, wie sie etwa Heinemann und Posser im Fall Heinz Brandt gespielt hatten. Eine, jedenfalls in meinem Fall, sehr begrenzte Rolle.

Zunächst mussten für die beiden Beschuldigten Verteidiger in der Bundesrepublik gesucht werden. Unter etwa 50 000 Anwälten den oder die passenden zu finden, schien Glückssache, wenn man keine umfangreichen Beziehungen und Personenkenntnisse besaß. Ich kannte zwar von meiner Tätigkeit in der Vereinigung Demokratischer Juristen eine Reihe bundesdeutscher Anwälte, aber das waren alles mehr oder weniger linksorientierte, politisch engagierte Juristen, die mir für einen Spionageprozess nicht geeignet zu sein schienen. Ich ging von meinem DDR-Erfahrungshorizont aus und stellte mir vor, wie ein solcher Jurist auf einen vermutlich »schwarzen« Richter wirken und was er ausrichten würde. Spionageprozesse sind kein Forum für politische Auseinandersetzungen, keine »Dimitroff-Prozesse«.

Linke schieden folglich aus. Rechte schienen mir andererseits in einem solchen Fall auch nicht geheuer zu sein. Was blieb, war folglich das politisch neutrale Spektrum. Unter dem so eingegrenzten Kreis von Anwälten gab es etliche »Starverteidiger«, die wohl Anspruch gehabt hätten, in einem medienwirksamen Prozess zu agieren. Mir schien aber fraglich, ob das Partner sein würden, mit denen ich über Jahr und Tag bis zum vermutlich bitteren Ende würde zusammenarbeiten können. Schließlich mussten die Verteidiger in dieser Sache noch eine besondere Anforderung erfüllen: Sie mussten in der Lage sein, den Inhaftierten und Isolierten soweit wie möglich die Bezugspersonen zu ersetzen, die der bundesdeutsche Häftling, der von seinen Angehörigen besucht wird, gewöhnlich hat.

Mit den Rechtsanwälten Hansjörg Herdegen für Christel Guillaume und Dr. Horst-Dieter Pötschke für Günter Guillaume wurden schließlich Verteidiger gefunden, die diesen Erwartungen entsprachen. Sie mussten Ratgeber nicht nur in rechtlichen, sondern auch in vielen menschlichen Fragen sein, die im Laufe einer mehr als siebenjährigen Haftzeit entstanden. Da traten Probleme zwischen Eltern und Sohn, gesundheitliche, wirtschaftliche und psychische Fragen auf, die einen echten Vertrauten und klugen Ratgeber verlangten. Der Verteidiger ist eben nicht nur »Paragrafenreiter«, sein Erfolg misst sich nicht nur an Freispruch oder dem Strafmaß.

Natürlich reizte es mich, an der Vorbereitung der Verteidigung, an der Entwicklung der Verteidigungsstrategie mitzuwirken. In mehreren Aussprachen mit den eigentlichen Verteidigern versuchte ich, meine Vorstellungen von einer Verteidigung durchzusetzen. Ich wollte, dass die Verteidigung prinzipiell die Methode der Anklage angreift, die den Grundsatz »in dubio pro reo« durch sein Gegenteil – im Zweifel zu Lasten des Angeklagten – ersetzte. Gerade in diesem spektakulären Fall reizte mich das besonders. Einen Dieb rechtsstaatlich zu verurteilen, ist keine Bewährungsprobe für die Justiz, bei einem »Kanzlerspion« oder »Kanzleramtsspion«, wie Guillaume in der Presse tituliert wurde, sah das anders aus.

Doch meine Worte stießen auf taube Ohren. Die Westkollegen wussten besser als der Kollegiumsanwalt aus dem Osten, was machbar war. Ich möchte nicht wissen, was sie über mein naives Bemühen gedacht haben.

Bald lernte ich die bundesdeutsche Strafjustiz näher kennen. Sie schien viel liberaler als in der DDR. Der Untersuchungsgefangene konnte von seinem Geld ohne größere Beschränkungen einkaufen und sich vielseitig beschäftigen. Wenn er nicht aussagen wollte, brauchte er es nicht zu tun. Er wurde praktisch mit der Kriminalpolizei während der Ermittlungen dann nicht mehr konfrontiert. Ihm fehlte nur die Freiheit – doch das reichte. Die Verteidiger hatten es mit vollständigen Kopien der Gerichtsakten leichter, sich mit dem Verfahrensstoff vertraut zu machen. Ihre prozessualen Rechte schienen mir beneidenswert. Interessant war, wie sich das alles auf das Urteil auswirken würde.

An der Hauptverhandlung nahm ich während der Plädoyers der Staatsanwälte als Zuhörer teil. Es war ein eigentümliches Gefühl, von der Position des Verteidigers in der DDR in die Nähe der Position des Verteidigers in der BRD zu rücken. Alle Werte verkehrten sich in ihr Gegenteil. Ich hatte die Frontlinie des Kalten Krieges passiert, befand mich hinter der Front auf der anderen Seite.

Mich interessierte vor allem, wie die Bundesanwaltschaft mit der Tatsache fertig werden würde, dass es keine Beweise dafür gab, dass die Angeklagten Spionageberichte in die DDR geliefert hatten. Ich erwartete entsprechend meiner ursprünglichen Verteidigungskonzeption eine spannende Debatte.

Nichts dergleichen geschah.

Leidenschaftslos, geradezu ermüdend wurden Behauptungen vorgetragen. Die Argumente der Bundesanwaltschaft waren offenbar altbewährt und von der Rechtsprechung seit Jahr und Tag bestätigt. Die Sache war danach ganz simpel. Es war gerichtsbekannt, DDR-Spione spionieren alles aus, was es auszuspionieren gibt. Christel und Günter Guillaume hatten gestanden, im Dienst der DDR für die Hauptverwaltung Aufklärung gearbeitet zu haben. Das reichte.

Es war akribisch ermittelt und in der Hauptverhandlung ausgebreitet worden, was sie *hätten* spionieren können, welche Informationen und Dokumente ihnen theoretisch zugänglich gewesen waren. Das theoretisch Mögliche war danach das, was nach der freien richterlichen Überzeugung erwiesen war. Das Ergebnis: dreizehn Jahre Freiheitsstrafe für den Spion, acht Jahre für die Spionin.

Die Hamburger *Zeit* schrieb über das Urteil, dass seine »Beweisführung gerade in den entscheidenden Punkten einem Ritt über den Bodensee gleicht«.

Der Abstand zur DDR-Justiz reduzierte sich durch diese Plädoyers und das Urteil in meinen Augen beträchtlich.

Doch es gab auch andere Eindrücke von der bundesdeutschen Rechtspflege, etwa in der Zeit der Verbüßung der Strafe.

Diese war für Christel und Günter Guillaume hart. Ein Beschluss der kleinen Strafvollstreckungskammer des Landgerichts Bonn vom 21. April 1980 vermittelt davon eine annähernde Vorstellung. Die Kammer hatte über eine Beschwerde Günter Guillaumes wegen der Versagung der Genehmigung eines eigenen Fernsehers zu entscheiden. In ihrem von großem Engagement getragenen 42-seitigen Beschluss heißt es: »In den Anhörungsterminen der großen und der kleinen Srafvollstreckungskammer sprechen die Gefangenen seit Jahren sehr häufig über den Betroffenen, und zwar durchweg ablehnend. Er habe einmal ganz oben gesessen und gehöre nicht zu ihnen, von ihm wolle niemand etwas wissen. Er versuche zwar ab und zu, sich durch freundliche Worte oder dadurch anzubiedern, dass er von den Mitbringseln der DDR-Leute etwas anbiete, aber dadurch habe er allenfalls einen Mitgefangenen vorübergehend für sich interessieren können, der ohnehin ein ›Arschloch‹ sei.

Guillaume solle jetzt einmal so richtig schön lernen, wie es einem ergehe, der von ganz oben nach ganz unten falle. Der müsse ganz kleine Brötchen backen, auch bei der Arbeit. Wenn die Anstalt dem nicht Rechnung tragen und ihn anders als mit Handlangerarbeiten beschäftigen sollte, würde es einen Aufstand geben.

Gelegentlich genüsslicher Ausmalung der Behandlung einzelner Richter für den Fall, dass sie für ihre verbrecherische Tätigkeit in der ›Schreckenskammer‹ doch noch einmal in den wohlverdienten Strafvollzug kommen sollten, ist als abschreckendes Beispiel auf den Betroffenen verwiesen worden. Die Richter sollten sich beizeiten ansehen, wie der unter ihnen leben müsse, denn so werde es ihnen auch ergehen. Sie sollten sich das nur nicht zu leicht vorstellen, wenn sie von allen anderen Gefangenen verabscheut und gemieden würden, sie würden dann nicht leben und nicht sterben können.

Ein sehr einfacher Gefangener suchte Zweifel des Gerichts an seiner Kontaktfähigkeit in der Freiheit mit Bemerkung auszuräumen, er komme mit allen Menschen zurecht und habe gegen keinen etwas, er würde es nicht einmal ablehnen, mit Guillaume zusammenzuarbeiten.

Sehr gehässig vorgetragene Äußerungen des Neides wegen einer Besuchsverlegung nach Köln, einer Diätmahlzeit oder sonstiger bei anderen Strafgefangenen als selbstverständlich angesehenen Vollzugsbegebenheiten sind in Bezug auf den Betroffenen häufig vorgekommen. Über andere Mitgefangene reden die Gefangenen bei den Anhörungsterminen fast nie, über den Betroffenen haben sie sich – und zwar in den Terminen der kleinen Strafvollstreckungskammer stets ohne Anregung des Gerichts – jahrelang so häufig und in der Tendenz so ablehnend geäußert, dass die Kammer sich darüber nicht ohne weiteres hinwegsetzen kann.«

Die Kammer bewilligte das Fernsehgerät, das Oberlandesgericht Hamm hob diese Entscheidung knapp vier Monate später auf und wies den Antrag Günter Guillaumes zurück.

Der Unterschied im Strafvollzug hüben und drüben wurde so ebenfalls reduziert, wenn auch nur geringfügig.

Gut ein Jahr später, am 1. Oktober 1981, wurde Günter Guillaume entlassen und ausgetauscht.

Der »halbe Soldat« als Kriegsverbrecher (1975-1984)

Im April 1975 erhielt ich nach fast drei Jahren wieder einmal eine Pflichtverteidigerbestellung in einem Kriegsverbrecherprozess. Dem Beschluss lag erstmals nicht gleich die Ladung zur Hauptverhandlung bei. Diese folgte vierzehn Tage später wieder mit dem bekannten Vermerk, ich solle die Anklage und den Eröffnungsbeschluss auf der Geschäftsstelle des Senats einsehen. Die Rechte der Verteidigung entwickelten sich nach dem Muster zwei Schritte vorwärts, einen Schritt zurück. Man musste zufrieden sein, dass es nicht umgekehrt verlief. Ich war es auch.

Wieder war da die Furcht vor einem Todesurteil. Niemand hatte schließlich verlautbart, dass es keine Todesurteile in der DDR mehr geben würde. Das sprach sich erst später herum. In Beelitz, nach seinem Sturz, sagte mir Honecker, es wäre eine seiner ersten Maßnahmen als Vorsitzender des Staatsrates gewesen, zu erklären, dass er kein Todesurteil mehr bestätigen würde. Die Gerüchte hatten also einen realen Hintergrund gehabt. Es waren aber eben nur Gerüchte, ehe 1987 die Todesstrafe – elf Jahre nach Honeckers Amtsübernahme – per Gesetz abgeschafft wurde.

Ich hatte im Frühjahr 1975 also Sorge, schöpfte aber bald Hoffnung, dass das Schlimmste nicht eintreten würde.

Die Hoffnung keimte, als mir Stefan Sterzl in der Untersuchungshaftanstalt des MfS in der Magdalenenstraße gegenübersaß. Das war kein SS-Hauptsturmführer und auch kein Angehöriger der Leibstandarte »Adolf Hitler«. Sterzl bezeichnete sich selbst als »halben Soldaten«, der zwar bei der SS angestellt war, aber keine Schulterstücke und keine Tätowierung hatte, nicht kaserniert war und sich selbst verpflegen musste. Er absolvierte auch keine reguläre militärische Ausbildung, wenngleich ihm eine Waffe übergeben worden war.

Stefan Sterzls Geschichte war anrührend und außergewöhnlich zugleich.

Er war am 22. Juli 1923 in Königsfeld in der Tschechoslowakei geboren. Das Dorf wurde von Deutschen bewohnt, unter ihnen waren auch einige Juden. Vor dem Ersten Weltkrieg gehörte der Ort zu Ungarn. Seine Eltern hatten zwölf Kinder, sieben von ihnen waren gestorben. Für die Dorfbewohner gab es bis 1938 keinen Arzt, keine Krankenschwester, kein Krankenhaus. Die Schule besuchte Sterzl von 1929 bis 1937, wenn er Zeit hatte. Er hatte wenig Zeit, denn er musste die Kuh der Familie hüten. Der Vater war kaum da. In der Schule wurde er erst auf deutsch, dann auf tschechisch, dann wieder auf deutsch unterrichtet. Er war fünf- bis sechsmal sitzengeblieben, genauer wusste er das nicht. Er kannte auch seinen Geburtstag nicht. Im Dorf gab es weder Elektrizität noch Radio. Seine Bewohner erfuhren vom Kriegsausbruch erst durch den Einmarsch ungarischer Soldaten. Die Männer im wehrfähigen Alter sollten in der ungarischen Armee dienen, konnten aber nicht ungarisch. So reifte in Stefan Sterzl der Entschluss, über das Gebirge nach Polen zu gehen und dort bei den Deutschen zu dienen. Schon vor dem Krieg waren Dorfbewohner nach Deutschland gegangen, hatten im Harz im Wald gearbeitet und dort gut verdient. Also machte sich Sterzl auf den Weg und zog durch Wald und Gebirge nach Polen. Dort sah er zum ersten Mal in seinem Leben eine Stadt: Lemberg.

Die Deutschen nahmen ihn als »halben Soldaten« bei der SS auf. Genaueres war von ihm nicht zu erfahren. Nur eben dass er Uniform ohne Schulterstücke getragen habe, keine Grundausbildung bekam, aber ein Gewehr. Er hatte im Magazin gearbeitet – bis auf Ausnahmen.

Die Ausnahmen waren Gegenstand der Anklage.

Zwischen März/April 1942 und Juni 1943 war der Angeklagte einmal fünf Tage, einmal zwei Tage bei der Deportation von Juden als Posten an der Ghettoumzäunung, bei der Umstellung von Häusern und der Bewachung der Opfer bis zu ihrem Abtransport eingesetzt. Der Senat fasste das im Urteil mit den Worten zusammen, »dass der Angeklagte arbeitsteilig mit anderen handelnd an der Ermordung von 14 500 Menschen und der Deportation von 600 Opfern beteiligt war«. Nach dem Krieg hatte Stefan Sterzl im Braunkohlentagebau in der DDR gearbeitet. Er hatte bei der schweren Arbeit gutes Geld verdient. Er war aus seiner Sicht glücklich verheiratet, bis sich 1970 seine Frau von ihm trennte. Nach der Scheidung war ihm von dem Erarbeiteten nicht viel geblieben. Die Frau war gewitzter als der Mann aus dem Wald. Sterzl wurde vom Stadtgericht zu einer Freiheitsstrafe von zwölf Jahren verurteilt.

Das Strafmaß ließ erkennen, dass das Gericht die Relativität seiner eigenen Feststellungen durchaus erkannte. Auch in diesem Fall entsprach das Urteil dem Antrag der Staatsanwaltschaft. Schon lange war den Gerichten erklärt worden, dass geringfügige Abweichungen vom Antrag der Staatsanwaltschaft prinzipiell nicht gerechtfertigt seien. Sie widersprächen dem Grundsatz der Einheit der Staatsgewalt. Erhebliche Abweichungen seien dann ausführlich zu begründen. Im Ergebnis dieser Theorie kamen Abweichungen vom Antrag der Staatsanwaltschaft in Strafverfahren mit politischer Bedeutung nur ganz selten vor.

Das Oberste Gericht verwarf meine Berufung durch Beschluss als offensichtlich unbegründet, d. h., es fand keine erneute Hauptverhandlung in zweiter Instanz statt.

Fünf Jahre nach seiner Verurteilung schrieb mir Sterzl 1980 aus Bautzen und bat mich, für ihn einen »Gnadenerlass« zu beantragen, da er, wie er schrieb, »von der Amnestie zum 30. Jahrestag der DDR nicht betroffen wurde«. Weiter teilte er mit, dass er in Bautzen II im Leistungslohn arbeite.

Wenn ich mitteile, dass Sterzl mir schrieb, so ist das so zu verstehen, dass sein Brief von einem Schreibkundigen verfasst worden war. Sterzl selbst konnte keinen Brief schreiben, er war ein halber Analphabet. Nur seine Unterschrift hatte er eigenhändig und sehr schön ans Ende des Textes gesetzt.

Sterzl hatte kein Glück. Der Antrag auf Strafaussetzung zur Bewährung wurde nach Monaten abschlägig beschieden.

Die Art der Mitteilung veranlasste mich, die Sache im Januar 1981 dem Vorsitzenden des Staatsrats wegen des »ungewöhnlichen Lebenswegs« des Verurteilten vorzutragen.

Die Ablehnung der Abteilung Staats- und Rechtsfragen des Staatsrats kam nach drei Monaten im Mai 1981.

Danach hörte ich nichts mehr von oder über meinen Mandanten, bis mir der Staatsanwalt, der an der Hauptverhandlung teilgenommen hatte, im Januar 1984 mitteilte, dass Stefan Sterzl am 1. Februar 1984 entlassen werden würde.

Eine solche Mitteilung war ungewöhnlich, man wurde als Verteidiger von der Entlassung eines Mandanten nicht informiert, wenn sie nicht im Ergebnis eines entsprechenden Antrags erfolgte.

Ich entnahm daraus, dass auch der Staatsanwalt von diesem Menschenschicksal nicht unbeeindruckt geblieben war.

Mehr als zehn Jahre hatte Stefan Sterzl von der zwölfjährigen Strafzeit verbüßt.

Verteidiger an der Seite von Rechtsanwalt Vogel (1978/1979)

Am Internationalen Frauentag, also am 8. März, erhielt ich ein vorher telefonisch angekündigtes Schreiben von Rechtsanwalt Dr. Wolfgang Vogel. Dieser schrieb am 3. März 1978 auch für seinen Sozius Rechtsanwalt Dieter Starkulla:

Betr.:   1. Herrn Stein, Gustav – geb. 11.2.42
2. Herrn Bosdorf, Franz – geb. 2.5. 29
beide Bürger der BRD – Verfahren anhängig beim Generalstaatsanwalt der DDR-Militär-Oberstaatsanwalt (Staatsanwalt Bock), Grunerstraße, vorerst noch getrennt.

Sehr geehrter Herr Kollege!
Wir sind in beiden Fällen durch die Ehefrauen beauftragt, nehmen auf das mit Ihnen geführte Telefonat Bezug und erbitten Ihre Mitwirkung. Die Mandanten sind einverstanden. Wir dürfen Sie bitten, über die Staatsanwaltschaft Vollmacht auf Sie anzufordern.
Das ist ja der vorgeschriebene Weg. Eigentlich wollten wir Ihnen die Unterschrift gleich kurzerhand mitbringen, dann hatten wir Bedenken.
Für Ihr Honorar in der Währung DM treten wir ein.
Termin im Falle Stein soll wohl Ende März sein. Im Falle Bosdorf ist er noch nicht abzusehen. Herr Stein ist mehr, als es auch jedem Staatsanwalt lieb sein sollte, geständig. Es gibt viele Fragwürdigkeiten. Sie werden sich ein erstes Bild machen, wenn Sie den Mandanten gesprochen haben.
Herr Bosdorf bestreitet völlig. Aussage steht gegen Aussage. Ermittelt wurde nach den §§ 104 und 97 StGB.

Der Brief war vielsagend. Es war ein echter Vogel-Brief und ist heute, wenn man seine Sprache zu deuten weiß, ein Zeitdokument für die DDR der 70er Jahre. Deswegen einige Anmerkungen. Die erste: Namen und Daten der genannten Personen sind von mir hier geändert. Die Gründe muss ich nicht extra anführen.

Zwei Ehefrauen aus der BRD hatten Rechtsanwalt Wolfgang Vogel mit der Verteidigung ihrer in der DDR verhafteten Männer bauftragt. Ein typischer Fall. Anders als in den 60er Jahren, als man sich noch in derartigen Fällen bevorzugt an Friedrich Karl Kaul wandte, war jetzt Wolfgang Vogel der Ansprechpartner in Ost-West-Fällen. Er war es häufiger, als es Kaul jemals war. Fast konnte man denken, er habe ein Monopol auf solche Fälle. Seine Beauftragung durch die Ehefrauen war daher nicht überraschend.

Man konnte daraus schließen, dass sie, auf welchem Weg auch immer, um Rat bei kompetenten Behörden der Bundesrepublik nachgesucht und diesen bekommen hatten, nämlich die Empfehlung, DDR-Rechtsanwalt Vogel zu kontaktieren. Dieser konnte nicht alle Fälle, die an ihn so herangetragen wurden, selbst bearbeiten und gab daher Mandate an Kollegen weiter, die er für geeignet hielt.

In diesem Falle fiel auf, dass Vogel selbst im Mandat bleiben wollte und nicht einen seiner üblichen Partner, sondern mich hinzuzog. Das war ungewöhnlich und unterstrich den in anderen Passagen des Briefes angedeuteten besonderen Charakter des Falles. Das galt vor allem für seine rechtliche Grundlage. Die Paragraphen, nach denen die beiden Bundesdeutschen beschuldigt wurden, betrafen die Tatbestände der Sabotage und der Spionage. Sie drohten in besonders schweren Fällen lebenslängliche Freiheitsstrafe oder Todesstrafe an.

Interessant waren für mich auch Vogels Bedenken, mir die Vollmacht der Mandanten *direkt* zu überbringen. Das wäre nicht wider den »vorgeschriebenen Weg« gewesen. Es zeigte sich jedoch bald, dass es da tatsächlich Probleme gab. Die Ursachen dafür haben sich mir nicht erschlossen.

Das Honorar »in der Währung DM« war für alle Devisenausländer durch das Devisengesetz der DDR zwingend vorgeschrieben. Wir Rechtsanwälte waren es zufrieden, auch wenn wir in längeren Perioden nicht an die von beiden Seiten gesperrten Konten herankamen. Das jahrzehntelange Hin und Her um diese Konten bewegte die Gemüter der Anwälte und der Ministerialbürokraten gleich stark, wenn auch aus unterschiedlichen Motiven. In Vogels Brief konnte dieser Hinweis als eine Art »Gefahrenzulage« oder auch als Lockmittel verstanden werden. Aber das war und ist eine Frage der Auslegung.

Auffallend auch der Hinweis auf die Zusammengehörigkeit der beiden Mandate. Im Betreff »vorerst noch getrennt«, im Text: Termin Stein »wohl Ende März«, Termin Bosdorf »nicht abzusehen«. Dazu: »Stein über die Maßen geständig«, Bosdorf »bestreitet völlig«.

Etwas verwirrend.

Ein typischer Vogel-Brief: kurz und mehrdeutig. Auf jeden Fall versprach er in jeder Beziehung interessante Mandate.

Ich schrieb am 9. März 1978 an meine neuen Mandanten, dass ich bereit sei, ihre Verteidigung neben Dr. Vogel zu übernehmen, wenn sie die beiliegende Strafprozessvollmacht, auf mich unterschrieben, zu den Akten geben würden.

Darauf erhielt ich am 10. April 1978 ein Schreiben von Herrn Stein mit Datum vom 16. März:

Erklärung!
Heute habe ich die Strafprozessvollmacht von Herrn Friedrich Wolff vorgelegt bekommen. Ich erteile die Vollmacht zu meiner Verteidigung diesem Rechtsanwalt nicht, da ich die Absicht habe, einen Pflichtverteidiger in Anspruch zu nehmen.
Gustav Stein

Das war nach Form und Inhalt merkwürdig.

Doch schon zehn Tage später teilte mir Kollege Vogel in einem persönlichen Gespräch mit, dass Stein nun doch die auf mich ausgestellte Vollmacht unterschrieben habe.

Bosdorf hatte dies schon etwas früher getan.

Gemeinsam mit Vogel besuchte ich beide Mandanten am 24. Mai 1978 in der Untersuchungshaftanstalt des MfS in der Magdalenenstraße. Stein und Bosdorf machten auf mich einen sehr unterschiedlichen Eindruck. Vogels Hinweise bestätigten sich.

Stein war über alle Maßen geständig. »Ich habe meinen Standpunkt aufgegeben.« Er verdeutlichte das noch mit den Worten: »Ich habe mich aufgegeben.« Er teilte uns mit, dass sein Vernehmer ihm den Abschluss der Ermittlungen für die nächste Woche in Aussicht gestellt habe.

Der Verteidiger erfuhr in derartigen Sachen vom Gang der Ermittlungen mehr von seinem Mandanten als vom Staatsanwalt. So informierte insoweit nicht der Verteidiger den Beschuldigten, sondern dieser seinen Anwalt. Bosdorf berichtete, dass ihm vorgeworfen werde, Agent des BND zu sein, was er bestreite. Seine Haltung war konsequent. Von einem baldigen Abschluss der Ermittlungen sagte er nichts.

Zwei Beschuldigte in gleicher Lage, bei gleichen Ermittlungsmethoden mit extrem unterschiedlichen Haltungen. Das war keine Einzelerscheinung. Aber nur selten erlebte man bei Mitangeklagten derartig unterschiedliche Verhaltensweisen.

Während es im Falle Bosdorf aus unserer Sicht keinen – wie man heute sagt – Handlungsbedarf gab, hielten wir im Falle Stein eine Schutzschrift für zweckmäßig. Ich war ein Anhänger von Schutzschriften, deren Zweckmäßigkeit damals genauso umstritten war wie heute. Ich hielt es für fair, Staatsanwaltschaft und Gericht in der Hauptverhandlung nicht vor unerwartete Probleme zu stellen. Ich wollte ihnen Zeit zum Nachdenken geben. Vielleicht war ich blauäugig, aber ich erwartete eine Versachlichung von dieser Methode, wollte unkalkulierbare Reaktionen und damit unnötige Zuspitzungen vermeiden. Ob das nun richtig oder falsch war, egal, wir schrieben eine Schutzschrift.

Als Erstes wollten wir das Geständnis unseres Mandanten erschüttern. Wir verwiesen auf eine Richtlinie des Obersten Gerichts, wonach eine Geständnis »das Gericht nicht von seiner Pflicht zur allseitigen und unvoreingenommenen Feststellung der Wahrheit« befreie. Daraus zogen wir den Schluss, dass das Geständnis unseres Mandanten auch uns nicht bindet. Wir beanstandeten, dass es dem Geständnis an der in der genannten Richtlinie geforderten »Detailtreue und Konkretheit« mangele. Nicht Spionage, sondern Bestechung sei wahrscheinlich das Ziel des Konzerns gewesen, für den unser Mandant arbeitete.

Sodann griffen wir das Sachverständigengutachten an, weil es rechtliche Schlüsse gezogen hatte, die ihm nicht zukamen.

Gegen ein Gutachten des Ministeriums für Staatssicherheit wandten wir ein, dass seine Mitarbeiter kraft Gesetzes als Gutachter ausgeschlossen wären.

Schließlich stellten wir Beweisanträge auf Erstattung neuer Gutachten und Vorlage der Originale von Beweisurkunden.

Die Hauptverhandlung gegen Stein sollte am 26. Juni 1978 beginnen. Vorher hatten Vogel und ich, jeder allein, noch einmal unseren Mandanten besucht.

Rechtsanwalt Vogel hatte Zweifel, ob Stein eine Verteidigung durch uns wolle. Die Gespräche brachten aber keine neuen Erkenntnisse für uns, so dass wir zur Hauptverhandlung antraten. Diese verlief am ersten Tag ohne besondere Vorkommnisse, wenn man davon absah, dass es ein Gespräch zwischen Stein und Rechtsanwalt Vogel gab, das diesen veranlasste, am folgenden Tag, dem 27. Juni, die Verteidigung niederzulegen. Das kam auch für mich überraschend.

Vogel erklärte mündlich und schriftlich:

Herr Stein hat mir gestern unter Saalaufsicht und im Beisein des Kollegen Wolff erklärt: »Meine Marschroute ist die einzig richtige und wird mich vor lebenslänglich retten. Ihre Marschroute hilft mir nicht.«
Der Hintergrund dieser merkwürdigen Äußerungen ist mir nicht klar. Klar hingegen ist, dass mein Verteidigungsmandat vom Vertrauen des eigenen Mandanten nicht mehr getragen wird. Dies geht auch daraus hervor, dass er seiner Frau beim Haftbesuch aufgetragen hat, von mir zur Erforschung der Wahrheit für notwendig gehaltene Zeugen von einer Einreise in die DDR abzuhalten. Auch andere von mir zur Entlastung für erforderlich gehaltene Beweismittel will er nicht angewendet haben.
Bei dieser Sachlage bleibt mir aus inneren und äußeren Gründen keine andere Wahl, als mein Mandat niederzulegen. Das Recht auf Verteidigung und die Prozessökonomie sind dadurch nicht behindert.«

Das hatte ich bis zu jenem Tag noch nicht erlebt und erlebte es auch später nicht wieder.

Ich selbst hatte mit dem Mandanten keine Probleme. Wir einigten uns, er gäbe weiterhin alles zu, und ich würde weiterhin sagen, dass ich seinem Geständnis nicht glaube. So geschah es.

Der Staatsanwalt beantragte nach viertägiger Hauptverhandlung wegen Spionage und Sabotage eine Freiheitsstrafe von fünfzehn Jahren.

Ich hielt die Vorwürfe für nicht erwiesen. Erwiesen sei lediglich die Übergabe von Geld an Bürger der DDR und die Verursachung eines wirtschaftlichen Schadens. Dies sei jedoch nicht, wie es der Spionagetatbestand fordere, im Auftrag eines imperialistischen Geheimdienstes, sondern im wirtschaftlichen Interesse eines BRD-Betriebes geschehen. Es könne sich um Bestechung und Geheimnisverrat, nicht aber um Spionage handeln. Auch Sabotage sei nicht gegeben, da der Angeklagte nicht mit dem Ziel gehandelt hätte, die DDR oder ihre Gesellschaftsordnung zu schädigen. Die Sache müsse neu ermittelt werden, oder der Angeklagte könne nur nach den genannten Bestimmungen der Bestechung und des Geheimnisverrats bestraft werden.

Das Urteil wurde am 30. Juni 1978 verkündet. Es entsprach voll dem Antrag des Staatsanwalts.

Am 5. Juli besuchte ich Stein wieder in der Magdalenenstraße. Er wiederholte, was er mir schon nach der Urteilsverkündung gesagt hatte: er wolle keine Berufung. Das war für mich bindend. Dennoch hatte ich den Eindruck, dass wir uns verstanden und er mit mir zufrieden war. Meine Kostenrechnung über 1 445,09 DM wurde über Rechtsanwalt Vogel durch Zahlung auf mein Westberliner Sperrkonto beglichen.

Inzwischen war das Ermittlungsverfahren gegen Bosdorf fortgesetzt worden. Er hatte seine Haltung nicht geändert. Bei einem Besuch am 18. August erklärte er mir, die Ermittlungen seien beendet. Rechtsanwalt Starkulla versicherte mir dagegen einen guten Monat später, dass ein Ende der Ermittlungen nach seinem Kenntnisstand nicht in Sicht wäre.

Etwa um die gleiche Zeit wurde mir mein Mandant in der Untersuchungshaftanstalt ohne Angabe von Gründen nicht vorgeführt. Am 18. Oktober 1978 konnte ich ihn jedoch wieder besuchen, und wir besprachen wirtschaftliche Probleme seiner Familie.

Sechs Tage später rief mich Rechtsanwalt Vogel an und teilte mir mit, dass Bosdorf in zwei Tagen entlassen werden würde.

So geschah es auch.

Vogel schrieb mir am 1. November 1978:

Mandant ist am 26.10.1978 zur Entlassung gelangt. Er hat im Hinblick auf den außergewöhnlichen Umfang und den komplizierten Zusammenhang des Verfahrens mit der Sache Stein darauf verzichtet, dass Sie aus dem erhaltenen Gebührenvorschuss von DM 1 000 zurückzahlen. Der Mandant ist – verständlich – sehr zufrieden und lässt Ihnen, Herr Kollege, sehr danken.

Wieder ein typischer Vogel-Brief, ebenso kurz wie hintergründig. Den Dank hatte ich mir eigentlich in Sachen Bosdorf nicht verdient, ich wusste jedenfalls nicht wofür.

Der Generalstaatsanwalt schrieb mir am 24. November 1978, »dass der Beschuldigte Bosdorf am 26.10.1978 wegen schwerer Erkrankung aus der Untersuchunghaft entlassen wurde. Das Ermittlungsverfahren wurde nach § 150 Ziffer 2 StPO vorläufig eingestellt.«

Von Stein hatte ich am 18. September ein Schreiben aus Bautzen erhalten, in welchem er mich bat, eine Kostenrechnung des Stadtgerichts zu begleichen.

Meine Vollzugsmeldung vom 17. Januar 1979 erreichte Herrn Stein in Bautzen nicht. Sie kam mit dem Vermerk: »Adressat bei uns unbekannt« aus der Strafvollzugsanstalt zurück.

Danach hörte ich nichts mehr von Herrn Stein. Ich ging also davon aus, dass er etwa zur gleichen Zeit wie Bosdorf entlassen worden war. Zwei entgegengesetzte Verteidigungsmethoden hatten so mit gleichem Ergebnis geendet.

Das Verfahren hatte allerdings ein Nachspiel oder besser ein Nachverfahren: Zum 5. Juli 1995 erhielt ich eine Zeugenvorladung zur Staatsanwaltschaft II beim Landgericht Berlin, der Staatsanwaltschaft für die »Regierungskriminalität«. Mir wurde ein Schreiben von Stein vom 22. Juni 1995 gezeigt, in welchem es hieß.

In dem seinerzeit gegen mich anhängig gewesenen Strafverfahren entbinde ich meine damaligen Verteidiger Rechtsanwälte Prof. Dr. Wolfgang Vogel und Friedrich Wolff von der Verschwiegenheitspflicht.

Ich sagte also aus.

Am 23. Januar 1998 war ich als Zeuge im Rechtsbeugungsverfahren gegen die Richter und Staatsanwälte, die an dem Gerichtsverfahren gegen meinen ehemaligen Mandanten beteiligt waren, geladen.

Vor der Saaltür sprach mich ein Herr an. Ich hatte vorher schon gesehen, dass er mich auffällig musterte, und vermutet, dass er von der Presse sei.

Es war Herr Stein. Wir konnten nur kurz miteinander sprechen.

Gern hätte ich selbst mehr über die Hintergründe dieses Strafprozesses gewusst.

Ich kenne sie immer noch nicht. Wer kennt sie überhaupt?

Geheimer Feldpolizist (1978-1986)

Etwas mehr als drei Jahre waren seit dem Fall des »halben Soldaten« Stefan Sterzl vergangen, als mir am 5. Juli 1978 die Pflichtverteidigerbestellung in der Strafsache gegen Herbert Paland nebst Ladung zur Hauptverhandlung zuging. Diese sollte am 7. August 1978 beginnen. Diesmal trug das Formular der Ladung den Vermerk: »Eine Ausfertigung des Eröffnungsbeschlusses – eine Abschrift der Anklageschrift – liegen anbei sowie eine Ausfertigg. d. Beiordnungsbeschlusses.«

Die gut einmonatige Vorbereitungszeit erlaubte mir mehrere Besuche in der Magdalenenstraße. Ich fürchtete keine Todesstrafe mehr, war mir dabei allerdings nicht absolut sicher. Man konnte nie wissen.

Der Eröffnungsbeschluss der Stadtgerichts hielt den Angeklagten Herbert Paland für hinreichend verdächtig, »in der Zeit vom Sommer 1941 bis Sommer 1944 auf dem zeitweilig okkupierten Territorium der RSFSR und der Belorussischen SSR im Raum von Jochum, Spaso-Demensk, Wschody, Pazyn, Mogiljow, Nowy Bychow-Rogatschow und anderen Orten als Angehöriger der Geheimen-Feldpolizei (GFP) – Gruppe 570 – in seiner Tätigkeit im Stabe der Gruppe und als Leiter von Außenstellen bzw. Außenkommandos, zuletzt im Range eines Feldwebels, Kriegsverbrechen und Verbrechen gegen die Menschlichkeit durch Ermordung, Misshandlung und andere unmenschliche Handlungen, Deportation zur Zwangsarbeit sowie Verfolgung aus politischen Gründen von Angehörigen der Zivilbevölkerung in okkupierten Gebieten der UdSSR zur Durchsetzung des verbrecherischen faschistischen Okkupationsregimes begangen zu haben.«

Paland war 1915 in Halle geboren, lebte aber mit seinen Eltern bis 1938 in Polen. Sein Vater hatte 1919 die polnische Staatsangehörigkeit erwerben wollen, aber vrmutlich nicht erhalten. Er war selbständiger Schlossermeister, und es ging ihm bis etwa 1928 recht gut. Nach dem Urteil meines Mandanten war sein Vater ein unpolitischer Mensch. 1938 war die Familie nach Halle zurückgekehrt, weil der Vater keine Arbeits- und auch keine Aufenthaltsgenehmigung in Polen bekam.

Herbert Paland war also kein ausgewiesener Nazi, als er 1939 die Einberufung erhielt. Aber ihm »imponierte«, wie er in der Hauptverhandlung aussagte, »der Wiederaufstieg Deutschlands sehr«.

Das konnte ich verstehen. Ich selbst hatte die Jahre 1933 bis 1939 zwar zunächst als Kind unbewusst, dann als Jugendlicher bewusst miterlebt. Die meisten Deutschen erlebten eine Art Wirtschaftswunder. Hitler hatte verkündet: »Gebt mir vier Jahre Zeit, und ihr werdet Deutschland nicht wiedererkennen!« Diese Prophezeiung schien sich 1938/39 erfüllt zu haben. Alle waren beeindruckt, selbst Juden konnten sich, wie Victor Klemperer berichtet, dem Eindruck des rasanten wirtschaftlichen Aufschwungs nicht entziehen. Nur Wenige sahen Aufrüstung und Kriegsvorbereitung als Motor dieses Aufschwungs, nur Wenige waren der Überzeugung, dass sich Hitlers Prophezeiung auf ganz andere Weise erfüllen würde.

Im März 1941 meldete sich Paland zur Geheimen Feldpolizei. Danach begannen im Dezember 1941 die Handlungen, die Gegenstand der Anklage waren. Punkt für Punkt, Einsatzort für Einsatzort wurden die Geschehnisse mit fast buchhalterischer Akribie nachvollzogen. Menschenschicksale wurden so zwangsläufig gleichsam zu Rechnungsposten. Wieviele Erschossene, wie viele Gefolterte, wie viele Deportierte? Die Addition sollte das Strafmaß begründen, doch es kam nicht darauf an, ob es mehr oder weniger Tote waren, letztlich hätte ein Ermordeter genügt.

Im Plädoyer ging ich gemäß dem Geständnis des Angeklagten von 107 Menschen aus, die nachgewiesenermaßen unter Mitwirkung von Paland erschossen worden seien.

Die Staatsanwaltschaft nahm aufgrund der Aussagen der 23 sowjetischen Zeugen 137 Getötete an. Dazu kamen die anderen Taten, die Deportationen, die Misshandlungen.

Die Staatsanwaltschaft beantragte eine lebenslängliche Freiheitsstrafe. Drei Jahre zuvor hätte sie Todesstrafe beantragt und erwirkt. Zwischen Paland und Feustel gab es keine objektiven Unterschiede. Während Feustel erklärt hatte, er hätte die Befehle nur widerwillig erfüllt, sagte Paland: »Wir dachten damals, es wäre richtig, was wir machen.« Das war glaubhaft, aber keineswegs strafmildernd. Dennoch: Palands Urteil lautete auf »lebenslänglich«, Feustels auf »Todesstrafe«.

Das Plädoyer, zu dem ich mich nach drei Entwürfen entschloss, entsprach in seiner Struktur den vorangegangenen Schlussvorträgen in diesen Sachen. Als eins von vier Grundproblemen hatte ich in meinem ersten Entwurf die »Bewältigung der Vergangenheit« angesehen.

So wie ich in der Verteidigung erster Instanz erfolglos blieb, hatte auch meine Berufung keinen Erfolg. Am 13. Oktober 1978 wies das Oberste Gericht nach zweistündiger Verhandlung einschließlich Beratung meine Berufung als unbegründet zurück.

Ich hatte es erwartet. »Lebenslänglich« war unter Berücksichtigung aller Umstände die einzig mögliche Entscheidung. Nur, überzeugt war ich nicht, dass sie die klügste, politisch, juristisch und menschlich gesehen beste Entscheidung war. Das Mögliche und das Beste stimmen eben selten überein.

Mit der Ehefrau von Herbert Paland hatte ich trotz der räumlichen Entfernung guten Kontakt. Sie versuchte, ihrem Mann zu helfen, wo sie konnte. Sie schrieb Gnadengesuche und beauftragte auch mich damit. Im Januar 1985 schrieb ich das letzte Gesuch an den Vorsitzenden des Staatsrats. Im Februar erhielt ich die Mitteilung, »dass eine Prüfung veranlasst wurde«. Auf meine Anfrage im Juli 1985 wurde mir erklärt, »dass die Prüfung in obiger Angelegenheit noch nicht abgeschlossen ist«. Im Februar 1986, also nach einjähriger Prüfung, erhielt ich den Bescheid, dass »das Gesuch unter Berücksichtigung der Schwere und des Charakters der begangenen Straftat abgelehnt worden ist«. Danach habe ich nichts mehr von Paland und seiner Ehefrau gehört. Er war zuletzt im Haftkrankenhaus Leipzig-Meusdorf und war an einer bösartigen Geschwulst in der Lunge operiert worden.

Der Fall Dobbertin (1979-1990)

Am 29. Januar 1979 erhielt ich von einem Familienangehörigen den Auftrag, Rolf Dobbertin zu verteidigen bzw. für dessen Verteidigung Sorge zu tragen. In der Folge beschäftigte mich dieser Fall Dobbertin bis zum März 1990. Er war aber selbst dann noch nicht rechtskräftig entschieden.

Rolf Dobbertin war in Paris festgenommen worden. Seine Festnahme erregte großes Aufsehen. Er hatte im »Nationalen Rat für wissenschaftliche Forschung« (CNRS) gearbeitet und bekam sofort das Etikett »Atomspion« aufgeklebt. In der Westpresse hieß es, der Überläufer Stiller habe ihn verraten. Der *Spiegel* wollte erfahren haben: Stiller sei Dobbertins Führungsoffizier gewesen und »unter den zwei Dutzend Agenten des Ost-Berliner Ministeriums für Staatssicherheit (MfS) [...] der Wichtigste«.

Die französische Nationalversammlung erörterte am 14. November 1979 den Fall. Die innenpolitischen Wellen schlugen hoch. Berühmte französische Physiker, sogar Nobelpreisträger, beteiligten sich an der Diskussion. Am 13. Dezember 1979 veröffentlichte *Le Monde* einen Appell von drei Professoren, darunter ein Nobelpreisträger und ein Mitglied der französischen Akademie der Wissenschaften, »An unsere Minister«. Auch sie wandten sich gegen die Kampagne, die sie eine wahrhafte Hexenjagd nannten.

Als ich mich am 1. Februar 1979 mit Rechtsanwalt Nordmann in Verbindung setzte, hatte ich von Dobbertin und seinem Fall keine andere Vorstellung, als dass es um Spionage ging. Nordmann wollte den Fall nicht selbst übernehmen. Möglich, dass er es als Kommunist weder im Interesse des Mandanten noch im eigenen Interesse für opportun hielt, in diesem Fall zu verteidigen. Er verwies mich an Rechtsanwalt Bredin, einen Rechtsanwalt, der offenbar einen hervorragenden Ruf besaß. Bredin übernahm den Fall – vorerst.

Dobbertin selbst lernte ich erst etwa sieben Monate später persönlich kennen. Am 27. Juli stellte mir der Untersuchungsrichter auf Antrag Bredins eine Sprecherlaubnis für Verteidiger für das Untersuchungsgefängnis Fleury-Mérogis aus, in welchem sich Dobbertin befand. Ich hatte im Ausland bisher nur Strafgefangene, noch nie aber einen Untersuchungshäftling im Gefängnis besucht. Das ging gleichfalls. Später sagten mir die französischen Kollegen, ich könne auch vor Gericht plädieren. Ich hatte jedoch noch mehr Gründe als Nordmann, zurückhaltend zu sein und lehnte darum dankend ab.

Als ich erstmals mit Dobbertin sprach – es war wohl im September 1979 –, lernte ich einen deutsch-französischen Intellektuellen kennen, den ich in keine Schublade einordnen konnte. Der *Spiegel* titelte seine Reportage über Dobbertin am 21. April 1980 mit einem angeblichen Dobbertin-Zitat: »Ein bisschen DDR-Geist«. So war es. Französischer und bundesdeutscher Geist waren aber zweifellos auch in ihm. Sein Lebenslauf hatte das mit sich gebracht.

Rolf Dobbertin war am 9. September 1934 in Schwerin zur Welt gekommen. Mit 19 Jahren trat er im Jahr des 17. Juni der SED bei. Er studierte in Rostock, ging 1958 vermutlich im Auftrag des MfS in die BRD. Von dort wechselte er als Student an die Pariser Universität. Dort erwies er sich bald als wissenschaftliches Talent. Die Zeitschrift *Science et Vie* nannte ihn einen »brillanten Geist«. Er wurde Mitarbeiter des Instituts Henri Poincaré in Paris.

1968 veröffentlichte Dobbertin eine Arbeit über die statistische Mechanik des Plasmas. Schließlich gelangte er aufgrund seiner wissenschaftlichen Qualifikation in den Nationalen Rat für wissenschaftliche Forschung.

Dobbertin stand, seit er Rostock verlassen hatte, in ständiger Verbindung mit der DDR-Auslandsaufklärung. Er informierte konspirativ über seine Situation und seine Erkenntnisse. Dafür erhielt er Geldbeträge als Zuschuss zu seinem Einkommen, monatlich zwischen 200 bis 450 DM, zuzüglich Spesen, insbesondere Reisekosten.

Von Beginn des Verfahrens an behauptete Dobbertin, dass er keine Geheimnisse verraten und Frankreich nicht geschadet habe. Er habe nur wissenschaftliche Informationen, die zur Veröffentlichung vorgesehen waren, weitergeleitet. Dies sei aufgrund der besonderen Situation der DDR mit geheimdienstlichen Mitteln geschehen, was aber nicht strafbar wäre.

Tatsächlich gründete sich die Beschuldigung auf Artikel 80 Abs. 3 code pénal, der – soweit es den Fall Dobbertin anging – folgenden eindeutigen Wortlaut hat: »Mit Zuchthaus von 10 bis 20 Jahren wird bestraft, wer […] mit Agenten einer fremden Macht nachrichtendienstliche Beziehungen unterhält, die die militärische oder diplomatische Situation Frankreichs oder seine wesentlichen ökonomischen Interessen zu schädigen geeignet sind.«

Dobbertin berief sich von Beginn an darauf, dass er sich nach dem Gesetz nicht schuldig gemacht habe. Er habe Frankreich in keiner Beziehung und schon gar nicht militärisch, diplomatisch oder wirtschaftlich geschadet. Dobbertin berief sich überdies auf Helsinki und die Freiheit des wissenschaftlichen Gedankenaustauschs.

Die Gerichte wichen dieser Grundfrage aus. Sie ließen alle diesbezüglichen Beweisanträge Dobbertins – er war selbst aktiv an seiner Verteidigung beteiligt – und seiner Verteidiger ins Leere gehen. Es mag sein, dass sich die jeweiligen Untersuchungsrichter bzw. die jeweils zuständigen Gerichte sagten, sie wüssten selbst, was Frankreich schadet und was nicht, sie brauchten dazu weder Sachverständige noch Ermittlungen. Überzeugend für andere war das allerdings nicht.

So schrieb der *Spiegel* am 21. April 1980: »Seit fünfzehn Monaten schon recherchiert der Untersuchungsrichter des Staatssicherheitsgerichts. Zwar soll im Herbst der Prozess sein, doch bislang scheint der Häftling noch nicht hinreichend überführt. Und seine wichtigste Beteuerung lautet: ›Ich habe Frankreich nicht den geringsten Schaden zugefügt.‹«

Im Herbst 1980 fand der Prozess gegen Dobbertin nicht statt. Die Geschichte dieses Prozesses dürfte wegen ihrer Länge und Verworrenheit einzig sein. Nicht unbedingt ein Indiz für die Begründetheit der Beschuldigung. Hier die Eckdaten:

1979
19. Januar: Festnahme
25. Januar: Übergabe an den Untersuchungsrichter (die späte Vorführung zum Erlass des Haftbefehls gab nach Jahren den Verteidigern Anlass, den Europäischen Gerichtshof anzurufen)

1980
7. Juli: Antrag der Verteidiger auf Einholung eines Gutachtens über die Bedeutung der Informationen Dobbertins im Hinblick auf die Interessen Frankreichs
Juli: letzte Vernehmung

1981
18. Juni: Anklageerhebung vor dem Staatssicherheitsgericht
22. Juni: Antrag der Verteidiger auf Haftentlassung, dem sich die Staatsanwaltschaft anschließt. Ablehnung des Antrags durch die Kontroll-Kammer des Staatssicherheitsgerichts
19. September: Überweisung des Verfahrens durch den Kassationsgerichtshof an das Ständige Tribunal der Streitkräfte (TPFA) wegen der Auflösung des Staatssicherheitsgerichts durch das Gesetz vom 4. August 1981

1982
2. Februar: Anordnung von Nachermittlungen durch den Präsidenten des TPFA
21. Juli: Überleitung des Verfahrens kraft Gesetzes vom gleichen Tag in die ordentliche Gerichtsbarkeit
25. November: Abschluss der Nachermittlungen des TPFA

1983
1. Januar: Verweisung an die Anklagekammer von Paris
21. Februar: Die Anklagekammer des Pariser Gerichtshofs beschließt die Haftverschonung gegen die Zahlung einer Kaution von 250 000 F und die Erfüllung weiterer Auflagen
23. März: Die Anklagekammer übergibt den Fall dem Pariser Schwurgericht und setzt die Kaution auf 150 000 F herab, die Dobbertin gleichfalls nicht aufbringen kann
9. Mai: Haftverschonung ohne Kaution
14. Juni: Der Kassationsgerichtshof hebt die Entscheidung der Anklagekammer vom 23. März 1983 auf und verweist die Sache an die Anklagekammer von Paris zurück
1. September: Aufhebung des Haftbefehls ohne Auflagen
9. Dezember: Die Anklagekammer von Paris lehnt die Annullierung der Voruntersuchung ab und verweist die Sache an das Pariser Schwurgericht in spezieller Zusammensetzung und erlässt erneut Haftbefehl

1984
6. März: Der Kassationsgerichtshof hebt den Beschluss der Anklagekammer vom 9. Dezember 1983 vollständig auf und verweist die Sache an die Anklagekammer von Paris in anderer Besetzung
20. Juli: Die Anklagekammer von Paris verweist die Sache erneut an das Schwurgericht von Paris und erlässt wiederum Haftbefehl

19. Oktober: Der Kassationsgerichtshof hebt in einer Plenarsitzung die Entscheidung der Anklagekammer vom 20. Juli 1984 wiederum auf. Er verweist die Sache nunmehr an den Appellationsgerichtshof von Versailles

1985
14. Mai: Die Anklagekammer von Versailles annulliert einen Teil des Untersuchungsverfahrens.
29. Oktober: Der Kassationsgerichtshof kassiert die Entscheidung der Anklagekammer vom 14. Mai 1985 und verlangt die Annullierung der gesamten Voruntersuchung. Er verweist die Sache an den Appellationsgerichtshof von Amiens

1986
15. April: Die Anklagekammer von Amiens annulliert die gesamte Untertersuchung und verweist die Sache an den Untersuchungsrichter von Amiens

1989
19. September: Die Anklagekammer von Amiens überweist die Sache an das Schwurgericht von Paris

Die Entscheidung vom 19. September 1989 wurde mir von Rechtsanwalt Lachaud mit Schreiben vom 1. Februar 1990 übermittelt, welches ich am 14. Februar 1990 erhielt. Es war meine letzte Information in dieser Sache, die sich über elf Jahre durch die französische Justiz geschleppt und mich ebensolange beschäftigt hatte.

Die Familie Dobbertins hatte mich informiert, dass sie weitere Kosten nicht tragen könne, was ich Rechtsanwalt Lachaud am 22. März 1990 mitteilte. Danach hörte ich von Rolf Dobbertin nichts mehr. Erich Schmidt-Eenboom schreibt in seinem 1993 erschienenen Buch »Der BND«, Dobbertin sei »im Juni 1990 wegen Spionage für die DDR zu zwölf Jahren Haft verurteilt« worden. »Durch Gerichtsbeschluss kam er jedoch im Januar 1991 wieder auf freien Fuß, wenn auch unter Polizeiaufsicht.«

Mein juristischer Beitrag im Prozess gegen Dobbertin war gleich Null. Dennoch war mein Bemühen vielleicht nicht unnütz.

Ein solcher Prozess hat viele Seiten. Neben der juristischen steht die menschliche und die politische Seite. Der Advokat hat häufig auch Aufgaben wie ein Pfarrer oder ein Diplomat. Auch bei Dobbertin war das so.

Der Generalbundesanwalt hatte es sich nicht nehmen lassen, ebenfalls ein Ermittlungsverfahren gegen Dobbertin zu eröffnen. Auch in dieser Richtung musste Verteidigung gewährleistet werden. Schließlich war Dobbertin Deutscher, und die Botschaft der BRD interessierte sich für ihn – und auch für seinen DDR-Anwalt. Ich hatte dadurch ein sehr angenehmes Mittagessen mit einem Vertreter der Botschaft.

Bei allem heißen Bemühen bin ich mir bewusst, dass ich als Diplomat nur ein Dilettant war. Aber es bildete ungemein. Gebracht hat meine »Diplomatie« Dobbertin leider nichts, vielleicht war Vogel, der das bundesdeutsche Verfahren übernahm, erfolgreicher.

Dobbertin wurde später schließlich freigesprochen. Ich weiß nicht mehr wodurch und wann ich es erfuhr, es war jedenfalls weit nach 1998.

Der Oradour-Prozess (1981-1997)

Am 37. Jahrestag des Hitler-Attentats, am 20. Juli 1981, kam ein etwa 35-jähriger Mann zu mir und bat auch im Auftrag seiner Mutter und seines Bruders um die Verteidigung von Heinz Barth. Sein Vater war sechs Tage zuvor wegen Kriegsverbrechen festgenommen worden.

Die Familie hatte sich zunächst an die Rechtsanwältin Dr. Carlota Schindowski gewandt, die ihre Praxis im gleichen Stadtbezirk hatte, in dem Barths Sohn wohnte. Frau Dr. Schindowski hatte sich nach ihren Erlebnissen im Janka-Prozess mehr und mehr vom Strafrecht ab- und dem Recht der Landwirtschaftlichen Produktionsgenossenschaften sowie dem Familienrecht zugewandt. Sie verwies die Familie deshalb an mich, und so kam ich zu einem meiner schwierigsten Strafverfahren.

Was Heinz Barth gemacht hatte, stand von Anfang an fest. Er war geständig, seine Tat war Geschichte. Das Geschehen las sich im Eröffnungsbeschluss des Stadtgerichts Berlin vom 11. März 1983 so:

»Heinz Barth [...] ist hinreichend verdächtig, während des Krieges in okkupierten Gebieten der Tschechoslowakischen Republik und der Französischen Republik Kriegsverbrechen und Verbrechen gegen die Menschlichkeit begangen zu haben, indem er
1. als Angehöriger des in der Tschechoslowakischen Republik stationierten Reserve-Polizei-Bataillons Kolin durch Beteiligung am Erschießungskommando
– am 9.6.1942 bei Klatovy an der Ermordung von 4 namentlich bekannten Zivilpersonen,
– am 24. 6.1942 in Pardubice an der Ermordung von 33 namentlich bekannten Einwohnern des Ortes Lezaky,
– am 2.7.1942 in Pardubice an der Ermordung von 40 namentlich bekannten Zivilpersonen und als Zugehöriger eines Sicherungskommandos,
– am 9.7.1942 an gleicher Stelle an der Ermordung von 15 namentlich bekannten Zivilpersonen mitwirkte;

2. in der Französischen Republik als Zugführer der 3. Kompanie des zum Bestand der SS-Division ›Das Reich‹ gehörenden SS-Panzer-Grenadier-Regiments 4 ›Der Führer‹ am 10.6.1944 in Oradour-sur-Glane an der Ermordung von 642 namentlich bekannten Einwohnern sowie an der Niederbrennung dieses Ortes beteiligt war.«

Auch die rechtliche Würdigung dieser Taten stand von Anfang an unzweifelhaft fest. Der Eröffnungsbeschluss des Stadtgerichts formulierte:

»Verbrechen gemäß Artikel 6 Buchstaben b und c des Statuts für den Internationalen Militärgerichtshof in Nürnberg vom 8.8.1945 in Verbindung mit Artikel 8 und 91 der Verfassung der DDR, § 91 (2), 93 (3) StGB, § 1 (6) Einführungsgesetz zum StGB und zur StPO, UNO-Konvention über die Nichtanwendbarkeit von Verjährungsbestimmungen auf Nazi- und Kriegsverbrechen vom 26.11.1968.«

Die trockene Sprache des Eröffnungbeschlusses wurde, wie es von Beginn an zu erwarten war, in der Beweisaufnahme durch Fotografien, Aussagen von Überlebenden, Dokumente und die eigenen Schilderungen des Angeklagten zu einem Horrorbild.

Was gab es da noch zu verteidigen?

Verteidigung drohte zur Mittäterschaft zu werden. Die Verhandlung fand nicht in der Bundesrepublik statt. Es gab keine Chance für Rechtfertigung oder auch nur Entschuldigung in der öffentlichen Meinung. Es gab überhaupt keine andere öffentliche Meinung als die vom Staatsanwalt repräsentierte. Letztlich stand auch die Strafe von vornherein fest. Es gab hinreichend Entscheidungen, die vorhersagen ließen, ob am Ende lebenslänglich oder die Todesstrafe stehen würde. Da die Todesstrafe in den letzten Jahren nicht mehr ausgesprochen worden war, konnte mit einer lebenslangen Strafe gerechnet werden.

Ich zögerte dennoch keinen Augenblick, das Mandat anzunehmen. Mein verehrter Kollege Nordmann aus Paris verstand mich nicht und war merklich verstimmt. Wir waren beide Kommunisten und Nazigegner, aber er lebte in einer Gesellschaft, in der es Raum selbst für Faschisten gab. Da war die Vergangenheit noch nicht so bewältigt, wie wir meinten, dass sie in der DDR bewältigt sei. Da war in Nordmanns Augen die Verteidigung des politischen Gegners Verrat an der eigenen Überzeugung. Damals, in der DDR, musste sich die eigene Überzeugung auch und gerade bei der Verteidigung des Feindes bestätigen, deuchte mir. Zumal, wenn es ein gewesener, ein gewendeter Feind war. Mein übliches Verfahren wandte ich auch hier an: den Menschen kennenlernen. Von August 1981 bis August 1983 besuchte ich Barth jeden Monat wenigstens einmal und ließ mir von ihm sein Leben erzählen. Das war mir wichtiger als die Details der einzelnen Taten. Ich wollte genau wissen, wie es kam, dass er SS-Mann wurde und mit 22 Jahren begann, Menschen zu töten. Niemand wird als Verbrecher geboren.

Ich muss gestehen, dass die langen Gespräche, die wir hatten, meine Erwartungen nicht voll erfüllten. Ich fand nicht den Zugang, den ich mir erhofft hatte. Andererseits glaubte ich, bestätigt bekommen zu haben, dass Barth kein blutrünstiges Monster war.

Neben den Gesprächen mit Barth war es mir wichtig, den Geist der Zeit und der Menschen des Jahrgangs 1920 in Deutschland zwischen 1933 und 1945 dokumentarisch zu erleben und zu belegen. Schließlich war Barth kein Einzelfall. Ich selbst war 1922 in Berlin geboren und hatte vieles von dem selbst erlebt. Doch in der brandenburgischen Provinz, wo Barth aufwuchs, war der Fanatismus und der Glauben »an den Führer« wesentlich ausgeprägter als in der Reichshauptstadt, wo ich lebte. Briefköpfe ?

Den Geist der Zeit und ihrer Menschen würde ich deutlich machen müssen, mit Zeugnissen, denen kein noch so engagierter Antifaschist und Genosse würde widersprechen können. Mein eigenes Wort würde nichts gelten. Zitate mussten her. Was uns heute kaum vorstellbar war, galt im Dritten Reich als unumstößliche Wahrheit, etwa dass »die Juden« an allem Schuld seien, dass es eine »jüdischbolschewistische Weltverschwörung« gäbe und die arische die »Herrenrasse wäre, dass das deutsche Volk eines »ohne Raum«, aber zur Beherrschung der Welt aufgerufen sei.

Um einen Menschen von 1939 beurteilen zu können, sollte den Richtern das »gesunde Volksempfinden« jener Zeit vor Augen geführt werden. Ihnen musste bewusst gemacht werden, dass Barth keine ungewöhnliche Bestie war, sondern ein Produkt des Zeitgeistes. Die offenbare Ergebnislosigkeit dieses Unterfangens war für mich bedeutungslos. Ich verantwortete stets nur meine eigene Tätigkeit. Hoffnung machte ich mir ins geheim trotzdem. Vielleicht würde etwas hängenbleiben, das eines Tages zu einer Begnadigung führen könnte. Schließlich hörten viele Ohren zu und nicht alle gehörten zu dummen Köpfen und funktionierten für gefühllose Herzen. Auch diese Hoffnung blieb Jahrzehnte eitel.

Der Stoff, den ich zu beackern hatte, war grenzenlos. Es war klar, dass ich ihn trotz langer Vorbereitungszeit nicht würde bewältigen können. Ich hätte Historiker, Literaturkenner, Psychologen und

Mediziner gebraucht. Mich bewegte als eine der Hauptfragen der Verteidigung die Frage, ob ein Mensch mit 60 Jahren noch der selbe Mensch war wie mit 20? Kann man einen alten Mann für das verurteilen, was er als junger Mann getan hatte?

Ich war mit den Fragen und Problemen allein, bis ein zweiter Verteidiger auf meinen Wunsch bestellt wurde. Der Mandant selbst konnte keinen zweiten Anwalt bezahlen. An sich war es in Strafprozessen in der DDR nicht üblich, einen Pflichtverteidiger neben einem Wahlverteidiger zu bestellen. Das Institut des »Zwangsverteidigers« war unbekannt.

Aber das Gericht hatte ein Einsehen. Als Kollege Graubner beigeordnet wurde, war jedoch die Vorbereitung der Verteidigung fast abgeschlossen.

Es war dennoch gut. Ich hatte ein Regulativ, einen, der nicht in meine Thesen verliebt war, der kritisch sagen konnte, das ist Blödsinn. Das war in einem solchen Verfahren sehr wichtig. Es drohten zwar keine Kriminalstrafen und kein Berufsverbot, aber als Mensch ohne Gefühl für die Opfer, als Begünstiger von Fschisten gar wollte ich nicht erscheinen. Da wandelt der Verteidiger auf einem schmalen Grat. Das ist heute, wenn er einen Täter verteidigt, dem etwa Vergewaltigung vorgeworfen wird, nicht anders. Es muss nicht immer Politik sein, womit sich Verteidiger Schelte einholen.

Das Plädoyer hatte ich sorgfältig vorbereitet. Teils wollte ich nach Stichworten sprechen, teils hatte ich wörtliche Textpassagen vorgesehen. Die reichlichen Zitate mussten an den richtigen Stellen zur richtigen Zeit parat liegen. Dank Graubner klappte das. Es klappte auch sonst. Der volle Zuhörerraum war ganz still, als ich meine Sprüche aufsagte. Es lag Spannung in der Luft. Ich spürte das. Das konnte gut, das konnte auch schlecht sein. Als ich den Saal verließ, blickte ich in die Gesichter einiger Offizieller, die sich im für das Publikum gesperrten Teil des Ganges aufhielten. Ich sah überall Fragezeichen. Ein Hauptabteilungsleiter des Justizministeriums, selbst ein Opfer des Faschismus, kam auf mich zu. Die Miene war eindeutig. Eisige Ablehnung. Danach kamen die Vernehmer des MfS, die die Ermittlungen geführt hatten. Sie zollten mir Anerkennung. Ich wusste, ich hatte die Gratwanderung erfolgreich absolviert.

Mein Plädoyer wurde mitgeschnitten und später gekürzt in der *Neuen Justiz* und in einer Broschüre über den Prozess veröffentlicht. Die Sekretärin hatte es sicher nicht leicht, vom Tonband die freigesprochenen Teile zu übertragen. Fehler kamen bei lateinischen Zitaten und auch sonst vor. Sie können auch von mir verursacht worden sein, schließlich war ich aufgeregt. Ich habe nur wenig korrigiert, die Füllwörter, auch Symptome meiner Verfassung sind, habe ich gelassen. Ich wollte Authentizität. Hier Auszüge aus der Mitschrift:

»Gestatten Sie mir, Hohes Gericht, Herr Staatsanwalt, dass ich die gemeinsamen Überlegungen von uns beiden hier vortrage.

Zunächst möchte ich vor allem anderen zum Ausdruck bringen, um Wiederholungen zu vermeiden, dass wir auf weiten Strecken zu den gleichen Ergebnissen kommen, zu denen auch der Herr Staatsanwalt gekommen ist. Das betrifft die Ehrfurcht vor den Opfern, das betrifft Sinn und Ziel dieses Verfahrens, das auch wir darin sehen, einen Beitrag zu leisten, damit sich solche Ereignisse, wie sie Gegenstand der Hauptverhandlung waren, nicht wiederholen. Das betrifft die Rechtsprinzipien, auf denen dieses Verfahren beruht und die wir genauso bejahen, wie sie der Herr Staatsanwalt bejaht.

Das betrifft auch in großem Umfang den Sachverhalt, die Würdigung der tatsächlichen Feststellung der Beweisaufnahme. Was danach übrig bleibt, das werden wir dann im einzelnen hier ausführen.

Aber bevor wir dazu kommen, bitte ich Sie um die Erlaubnis, dass ich zu zwei Fragen Stellung nehme, die uns wiederholt während dieses Verfahrens gestellt worden sind. Ich bitte Sie um die Erlaubnis, weil das eigentlich nicht Fragen sind, die das Gericht stellt, aber weil es doch Fragen sind, die so unmittelbar mit dem Prozess verknüpft sind, dass wir glauben, wir müssen sie beantworten. Die Beantwortung der Fragen hilft vielleicht jedem, die Position der Verteidigung zu verstehen, und sie bereitet uns auch vor, uns mit den Einzelfragen zu beschäftigen.

Die erste Frage, die man uns gestellt hat, heißt: Wie kann man diesen Angeklagten verteidigen?

Diese Frage enthält in der Regel einen Unterton, der schon die Antwort auf die Frage wiederum beinhaltet. Er enthält in etwa den Unterton, dass die Verteidigung eines Menschen, der solcher Verbrechen angeklagt ist, in sich unmoralisch ist, dass sie auch politisch nicht zu rechtfertigen ist. Wir sehen darin einen Ausdruck von Emotionen, die sicherlich verständlich sind, und wir möchten auch sagen, dass wir im Prinzip überhaupt nicht gegen Emotionen sind, im Gegenteil. Aber wir glauben, dass man diese Frage beantworten muss, weil sonst eine Barriere entstehen würde gegen Argumente der Verteidigung, weil sonst die Argumente der Verteidigung zunichte gemacht werden würden, bevor sie überhaupt geäußert worden sind. Rechtlich ist natürlich alles ganz klar, die Verteidigung ist in einem solchen Verfahren durch die Strafprozessordnung zwingend vorgeschrieben. Der Prozess könnte überhaupt nicht stattfinden, wenn es keine Verteidigung, keine Verteidiger gäbe. Aber moralisch und politisch, so sagt man, sehe das vielleicht anders aus. Ich glaube, dass dies nicht gerechtfertigt ist, wenn man sich die Dinge richtig durchdenkt. Einem Menschen, der von höchster Strafe bedroht ist – und das ist ja hier in diesem Verfahren der Fall, nachdem wir den Antrag des Herrn Staatsanwalts gehört haben –, kann man ja nicht die Möglichkeit abschneiden, Argumente vorzubringen, die seine Schuld mindern können. Es soll ja in diesem Verfahren nicht Gleiches mit Gleichem vergolten werden.

Man muss natürlich davon ausgehen, was verteidigen heißt. Verteidigen heißt eben nicht, jemanden der gerechten Strafe zu entziehen, sondern die Verteidigung ist eben erst die Voraussetzung für die gerechte Strafe, denn erst, wenn man alles Be- und Entlastende gehört hat, erst dann ist man ja in der Lage, zur gerechten Strafe zu kommen. Und das kann nicht eine Person.

Der Herr Staatsanwalt hat die Aufgabe, es zu tun, aber psychologisch wohnt eben in jedem Menschen nur eine Seele und nicht zwei, und man kann nicht gleichzeitig pro und kontra sein, so sehr man sich auch bemüht. Wir haben vom Gesetz her die Aufgabe, nur pro, nur für den Angeklagten zu sein, und das entspricht dem humanistischen Charakter unseres Strafverfahrens.

Unsere Aufgabe heißt, einer ungerechten Strafe vorzubeugen, und dagegen, glaube ich, kann niemand sein, dagegen wird niemand sein. Das Gericht hat die Aufgabe, diese gerechte Strafe zu finden, nachdem wir uns geäußert haben. Verteidigen heißt ja auch im typischen Fall nicht einen Freispruch beantragen. Das sieht man zwar im Film sehr häufig, aber in der Praxis der Justiz ist das doch nicht der typische Fall. In der Regel muss man von der Schuld des Angeklagten ausgehen und dann finden, welche Umstände es gibt, die seine Strafe mildern könnten. Jeder weiß, hat es irgendwann mal in seinem Leben erfahren – ich glaube nicht, dass es einen gibt, der das nicht erfahren hat –, was zu harte Strafen bedeuten. Und zu harte Strafen sind eben auch im Staat eine Sache, mit der man sich nicht abfinden kann. Was Ungerechtigkeit bedeutet, weiß jeder, und damit sich so etwas nicht ereignet, dazu hat das Gesetz Verteidigung vorgeschrieben, und dieses Gesetz ist eben ein gerechtes Gesetz. Es ist auch ein moralisches Gesetz, wie wir ja überhaupt bei Nachdenken finden werden, dass das, was rechtlich geboten ist, wie eben das Gebot der Verteidigung, moralisch auch gerechtfertigt ist.

Das Gesetz ist auch keine Formalität, die die Verteidigung vorschreibt. Es ist also nicht so, dass wir hier nur reden, um dem Gesetz Genüge zu tun, sondern es ist Ausdruck der wirklichen Humanität, die auch in dem Angeklagten, auch in demjenigen, der schwerster Verbrechen angeklagt ist, den Menschen sieht. Und deswegen ist die Aufgabe der Verteidigung eine humanistische Aufgabe. Wir werden eben nicht nur Gefühl haben für die Opfer dieser Verbrechen, sondern auch für den Menschen, der uns seine Verteidigung anvertraut hat und demgegenüber wir verantwortlich sind. Soweit zur ersten Frage, die uns gestellt worden ist.

Es gibt noch eine zweite Frage, die mit der ersten Frage in einem engen, unlöslichen Zusammenhang steht, die man auch beantworten muss. Das ist die Frage: Kann ein Antifaschist, kann ein Kommunist einen Faschisten verteidigen?

Sicher, das ist auch eine berechtigte Frage. Wir bejahen diese Frage. Wir wissen, dass das eine schwere Aufgabe ist. Aber wie jeder Beruf enthält auch unser Beruf schwere Aufgaben. Und da unser Beruf eben in der Regel heißt, dass wir Schuldige wie Unschuldige verteidigen müssen, so müssen wir auch solche schwersten Aufgaben lösen. Und solche Aufgaben löst man nicht, indem man sie widerwillig angeht. Wir gehen diese Frage auch nicht widerwillig an. Wir sind bereit, für den Menschen, der sich uns anvertraut, das zu tun, was in der Sache möglich ist.

Wer soll auch einen Faschisten vor einem Gericht der DDR verteidigen? Wir können uns ja nun nicht einen Rechtsanwalt, ich nenne mal die Rechtsanwälte, die in berühmten derartigen Verfahren verteidigt haben, einen Rechtsanwalt wie Servatius oder Laternser, hierher holen. Sicher, das waren berühmte Verteidiger und sind berühmte Verteidiger in ihren Ländern, aber wäre das eine Verteidigung vor diesem Gericht? Wäre es eine Verteidigung, wenn der Verteidiger eine ganz andere Sprache spricht, als sie das Gericht spricht, auch wenn er deutsch spricht? Würde das dem Angeklagten nutzen, oder würde es der Gerechtigkeit nutzen? Würde es nutzen, wenn solche Argumente vorgetragen würden, wie sie Laternser vorgetragen hat im Frankfurter Auschwitzprozess, als er über die Selektionen zu befinden hatte?

Da kam das Argument, ich habe das aus seinem Buch entnommen: ›Der Selekteur hat also nicht entschieden, ob nach rechts oder links zu gehen sei und dass das eine den Tod und das andere das

Leben bedeutete. Nein, der Selekteur hat aus dem Kreis von zum Tode geweihten Personen einige wenige ausgenommen, die nach rechts oder links gewiesen worden wären, während die anderen den schon im Transportzug begonnenen Weg in die Gaskammern fortsetzten, ohne dass eine Bestimmung des Selekteurs dazu etwa noch erforderlich gewesen wäre.‹ Und er sagt dann nach einem weiteren Abschnitt: ›Sehen Sie, man kann die Meinung vertreten, und zwar mit Recht, dass der Selekteur dem einen oder anderen sogar ein Lebensretter war.‹

Ich glaube, das würde bei uns nicht auf Verständnis stoßen, aber es hat offenbar da genutzt oder ist da auf Verständnis gestoßen, wo es ausgesprochen wurde, denn der Rechtsanwalt Laternser hat einen Kollegen, der ihm vorwarf, er sei beschämt darüber und es sei ihm unfassbar, wie ein Mensch eine solche Auffassung vertreten könne, gegenüber der Anwaltskammer, wenn ich es so sagen darf, angezeigt, und die Anwaltskammer hat ihm am 6. Dezember 1965 berichtet, dass dieser kritische Kollege wegen dieses Schreibens disziplinarisch zur Verantwortung gezogen worden ist. Also Verteidigung in dem einen Land und Verteidigung in dem anderen Land, das ist etwas Unterschiedliches.

Bei uns ist das anders als dort. Aber verteidigen tun wir, und wir meinen, das hier richtig zu tun. Als Kommunisten werden wir nicht einen Faschisten oder den Faschismus verteidigen, sondern den Menschen, den können wir natürlich verteidigen im Rahmen der Gesetze nach dem Maß seiner Schuld. Wenn ich jetzt immer von Faschisten gesprochen habe, so nicht, weil ich von vornherein unterstellen werde oder will, dass der Angeklagte ein Faschist ist. Ich wollte bloß diese Fragestellung nicht abschwächen, weil es eben auch durchaus möglich ist, dass man einen Faschisten verteidigt,

Ich darf noch eine Vorbemerkung machen, bevor ich hier zu den eigentlichen Sachausführungen komme. Der Angeklagte bestreitet nichts. Er gibt jeden Vorwurf, wie den prinzipiellen Vorwurf, den ihm die Anklage macht, zu. Das bestimmt natürlich auch die Art und den Umfang der Verteidigung. Es macht aber die Verteidigung, wie man denken könnte, nicht überflüssig. Es vereinfacht sie, und es lenkt sie auf die Grundfragen der Auseinandersetzung mit der Vergangenheit, die auch heute noch notwendig ist.

Diese Einstellung des Angeklagten bewahrt ihn und auch uns vor der Versuchung, hier würdelos um Einzelheiten zu debattieren, die doch am Gesamtgeschehen nichts ändern können. Deswegen bejahen wir auch das Gesetz, das mit dem IMT-Statut geschaffen worden ist, weil es dieser besonderen Situation eben gerecht wird und weil nur ein solches Gesetz es vermeiden kann, dass aus der Tragödie nachträglich eine Farce wird, die darauf aufbaut, dass die menschliche Erinnerung nach dem Ablauf eines langen Zeitraumes eben doch in diesem oder jenem Punkt unzulänglich sein kann.«

Als ersten Komplex behandelten wir die Erschießungen, die dem Angeklagten während seiner Zugehörigkeit zu einem Polizeibataillon 1942 in der Tschechoslowakei vorgeworfen wurden. Wir bestritten in diesem Komplex, dass der Angeklagte den rechtswidrigen Charakter der Urteile, die vor den Erschießungen verkündet worden waren, erkannt hatte und beantragten insoweit Freispruch. Es folgte der Hauptkomplex der Anklage. Wir versuchten, die Tat des Angeklagten in den historischen Rahmen einzuordnen und damit seine Schuld zu relativieren.

Wir beriefen uns zunächst auf das Wachholz-Urteil des Obersten Gerichts: »Die faschistischen Massenverbrechen zur Durchsetzung der räuberischen ökonomischen und politisch-reaktionären Ziele des faschistischen deutschen Staates mit ihren ungeheuerlichen Formen und Ausmaßen mussten ihrem Wesen nach staatlich gelenkt und durch den gesamten Mechanismus der faschistischen Diktatur, durch ein Heer von Einzelpersonen verwirklicht werden, deren Zusammenwirken erst den verbrecherischen Gesamterfolg herbeiführen konnte. Ihre Durchführung wurde zentral geplant und durch Gesetze, Verordnungen, sonstige Anweisungen und Befehle organisiert und angeordnet. Es handelt sich somit nicht um Einzelverbrechen, die in den für die allgemeine Kriminalität typischen Teilnahmeformen begangen worden sind.«

Wir schlussfolgerten daraus: »Es muss eine Relation zwischen dem Beitrag des Einzelnen zu dem Gesamtverbrechen insgesamt hergestellt werden. Es muss insbesondere das Verbrechen des Einzelnen in den historischen Gesamtzusammenhang eingeordnet werden. Wir können die Taten des Angeklagten nicht trennen von den Taten seines Bataillons, seines Regiments, der Division, der SS überhaupt, des Staates und des Volkes zur Tatzeit, während des faschistischen Krieges.

Der Angeklagte ist, und das hat der Herr Staatsanwalt auch angedeutet, ein Produkt der gesellschaftlichen Verhältnisse, der historischen Entwicklung, die es in Deutschland, im Deutschen Reich, von 1918 bis zur Tat am 10. Juni 1944 gegeben hat. Diese historische Entwicklung ist bekannt. Wir können und müssen sie hier nicht im einzelnen wiederholen. Bekannt ist auch der Entwicklungsweg des Angeklagten. Uns liegt daran, dass zwischen der historischen Entwicklung des Angeklagten und seinen Taten ein ganz enger Zusammenhang hergestellt wird. In der Anklageschrift heißt es zu der Entwicklung des Angeklagten, und der Herr Staatsanwalt hat das heute auch hier wiederholt:

›Er war der Sohn eines Beamten, der der NSDAP angehörte. Bereits als Zwölfjähriger trat er, im Jahre 1932, dem faschistischen Deutschen Jungvolk bei und wurde 1935 in die Hitlerjugend übernommen. Im Jahre 1939 wurde er Mitglied des Nationalsozialistischen Kraftfahrerkorps, und seit 1939 gehörte er der NSDAP an. Im Jahre 1940 erfolgte seine Einberufung zur Schutzpolizei.‹

Das sind die äußeren Daten, die den Lebensweg des Angeklagten markieren. Und an diese Daten knüpft sich die Frage, war der nun bei dieser Entwicklung ein Mann, der Geschichte machte, der sie vorantrieb, oder ein Mann, den die Geschichte gemacht hat. Wir meinen, dass die Antwort auf diese Frage klar ist. Als er als Zwölfjähriger in das Deutsche Jungvolk, wie das damals hieß, eintrat, was machten denn da die Mütter und Väter, und wie sah es denn da in seiner Umgebung aus. Damals wählten bekanntlich sechs Millionen Wähler die KPD und fast sechs Millionen die SPD. Aber Hitler wählten 11,7 Millionen im November 1932, und im Juli 1933 waren es sogar 13,7 Millionen gewesen. So sah das zu seiner Zeit aus.

Und 1933, wie ging das dann weiter? Er war sehr jung, und es war die Zeit, in der er sich bildete. Am 20. Juli 1933, um nur ein Beispiel zu nennen, vollzog der Vatikan das Bündnis mit Hitler durch den Abschluss des Reichskonkordats. Im Juli 1933 fanden in der christlichen Kirche Wahlen statt. Die Mehrheit entschloss sich für die sogenannten Deutschen Christen und die Minderheit, die unterlegen war, eben für Leute, die Antifaschisten waren. Niemöller sagt in seiner Rede 1946: ›Es bildeten sich zwei große Lager in der evangelischen Kirche.‹ Er korrigiert das dann und sagt: ›Es war ein kleines Lager, nämlich die Bekennnde Kirche und ein großes Lager, das waren die Deutschen Christen.‹ Und er machte in dem Zusammenhang in dieser Rede auch Ausführungen darüber, die eben einen Schluss zulassen, wie es denn damals aussah und wie nun auch ältere Männer reagiert haben und wie die Schuld eben nicht nur eine Schuld des Einzelnen war.

Er sagt in dieser Rede von 1946: ›Hermann Göring rühmte sich öffentlich, dass die kommunistische Gefahr beseitigt ist, denn alle Kommunisten, die noch nicht um ihrer Verbrechen willen hinter

Schloss und Riegel sitzen, sitzen nun hinter dem Stacheldraht der neugegründeten Konzentrationslager.‹

Er schreibt dies rückblickend und sagt dann, dass ihm erst 1945 oder 1946 eingefallen ist: ›Die ganze Sache hat mir ja gar keinen Eindruck gemacht. Irgendwo im Winkel meines Herzens habe ich vielleicht gedacht, eigentlich sind wir doch auf diese Art und Weise die ganze Gottlosengefahr losgeworden. Aber dass diese Menschen, die ohne Gesetz, ohne Anklage, ohne Untersuchung, ohne Urteil, ohne vollstreckbares Urteil einfach ihrem Beruf, ihrer Familie, ihrem Leben weggenommen, der Freiheit beraubt wurden, dass diese Menschen eine Frage Gottes an mich waren, auf die ich im Angesicht Gottes damals hätte antworten müssen, daran habe ich 1933 nicht gedacht, 1934 und vielleicht später auch noch nicht.‹

Und er sagt dann und zieht die Schlussfolgerung für sich selbst, und diese Schlussfolgerung als die eines Antifaschisten, die kann man nicht übergehen: ›Mancher Mensch mag sich darauf berufen, ich hab Dich predigen hören. Du hast mich 1933 und 1934 vor nichts gewarnt, und so bin ich in die Partei gegangen. So bin ich SS-Mann geworden. Du hast mich nicht gewarnt.‹

Was Niemöller sagt, ist nach meiner Auffassung zweifellos richtig. Ich habe den Angeklagten hier gefragt, ob er denn Antifaschisten gekannt hätte, Kommunisten gekannt hätte. Er hat das verneint. Es hat ihn niemand gewarnt. Und wenn ich mir vorstelle, wie damals Leute reagiert haben, die von Berufs wegen nicht Moralisten wie Katholiken oder Protestanten sind, sondern kritische Leute, ganz kritische Leute, wie eben Rechtsanwälte, wie die 1933 reagiert haben, und zwar am 18. Mai 1933, also knapp vier Monate nach dem sogenannten Machtantritt. Da haben sie damals in ihrer Abgeordnetenversammlung des Anwaltvereins den Reichsjustizkommissar und Staatsminister Hans Frank reden lassen, den sie kurz zuvor disziplinarisch zur Verantwortung gezogen hatten, diesen damals noch Rechtsanwalt Frank 2 aus München.

Dieser Frank 2, damals war er nicht mehr Frank 2, damals war er schon Frank an sich und Reichsjustizkommissar, der hat vor diesen Rechtsanwälten, vor diesen Berufskritikern, wenn ich das mal so sagen darf, gesagt, sie hätten die freie Wahl, ob sie Führer, Mitführer in diesem Ringen sein wollen oder ob sie unter die Räder des revolutionären Geschehens kommen müssen. Vor dieser freien Wahl haben sich die Abgeordneten der Rechtsanwaltschaft entschieden und haben gejubelt, ›Hoch‹ gerufen, ›Heil‹ gerufen und sich für Führer und Mitführer entschieden. Nachzulesen in der *Ju-*

ristischen Wochenschrift von 1933 auf S. 1227. Ich meine, wenn sich solche Leute damals so verhalten hatten, die Recht und Gesetz kannten, die kritisch eingestellt waren, dann muss man auch das Verhalten eines jungen Menschen, der diese Ausbildung nicht hatte, dann muss man diesem gegenüber Nachsicht walten lassen, dass er diesen Weg beschritt, der eine allgemeine Gesetzlichkeit, eine innere Gesetzlichkeit in sich hatte und der dann in gerader Linie dahin führte, weil ihn das Schicksal eben auf solche Stellen gestellt hat.

Wir müssen uns daran erinnern, wie sein weiterer Weg bestärkt wurde durch äußere Ereignisse, zu denen z. B. die Olympischen Spiele gehörten, wo alle Länder vertreten waren, die also das besser hätten wissen müssen. Allein die Sowjetunion ist aufgetreten, aber dazu hatte der Angeklagte keinen Kontakt, keinen Draht. Er unterlag ohne andere Alternative der Beeinflussung dessen, was wir heute die Massenmedien nennen würden. Als der Krieg ausgebrochen war, da gab es doch nur noch die Siegesfanfaren, da gab es Polen, Dänemark, Norwegen, Belgien, die Niederlande, Luxemburg, Frankreich. Das waren doch alles die großen Siege und Erfolge, die einen Menschen nicht nur wie den Angeklagten beeinflussten. Rolf Hochhut berichtet in seinem Buch ›Ein Liebe in Deutschland‹ von einer Äußerung, die der damalige Nuntius des Vatikans zu Weizsäcker gemacht haben soll. Der Nuntius sagte: ›Wer jetzt (das war 1940) von Frieden spricht, der ist ein Stalinist.‹

In diese Zeit wurde der Angeklagte hineingeboren, in die Zeit, in der ja selbst die Opfer blind waren. Man kann das ja heute gar nicht mehr fassen, aber ich darf noch einmal aus Klemperer zitieren. Klemperer führt unter November 1933 ein Zusammentreffen mit einem jüdischen Ehepaar an. Und das war die Zeit unmittelbar vor einer Volksabstimmung, die dann auch ein großes Zustimmungsergebnis für Hitler brachte. Da schildert er das, was der jüdische Gast bei ihm sagte, wie folgt: ›Er (also der jüdische Gast) habe sich schweren Herzens genauso wie der Zentralverein jüdischer Staatsbürger entschlossen, beim Plebiszit mit Ja zu stimmen. Und seine Frau setzte hinzu, das Weimarer System habe sich nun einmal als unmöglich erwiesen, und man müsse sich auf den Boden der Tatsachen stellen.‹ Und die Frau dieses Mannes betonte dann noch, der Führer sei eine geniale Persönlichkeit. Und sein, Klemperers Kommentar dazu ist: ›Irgendeine Umnebelung ist vorhanden, die geradezu auf alle einwirkt.‹

So bitte ich Sie, Umstände zu berücksichtigen, die auf den Angeklagten wie auf alle anderen, die damals, ich möchte sagen, nicht

Kommunisten, nicht ganz bewusste Christen, nicht Antifaschisten waren, gewirkt haben, und das war eben eine ganze Menge.

Brecht hat in seinen Erläuterungen und in seinen Schreiben, die er zwischen 1936 und 1939 gemacht hat, davon gesprochen, dass die Jugend fast völlig von diesem Nationalsozialismus beeinflusst war, und er hat das damit erklärt, dass diese Jugend ja auch nicht die geringsten Erfahrungen im Produktionsprozess, im Klassenkampf hatte und den Irrlehren über die Volksgemeinschaft erlegen ist. Wir wollen daraus die Schlussfolgerung ziehen, der Angeklagte ist keine Ausnahme. Er ordnet sich ein in einen bestimmten historischen Rahmen. Und das müssen wir sehen und auch nur so, wenn wir das sehen, können wir das Ziel dieses Prozesses, vorzubeugen, richtig erfüllen. Es fängt da an, wo die Menschen verführt werden, wo sich Völker in Schuld verstricken.

Dass das damals allgemein so gesehen wurde, möchte ich mit noch etwas belegen, was der damalige Präsident der Vereinigten Staaten am 26. August 1944, also Roosevelt, schrieb: ›Es muss dem deutschen Volk in seiner Gesamtheit gründlich in den Kopf hinein, dass die ganze Nation in eine hemmungslose Verschwörung gegen die Gesetze der modernen Zivilisation verstrickt ist.‹

Wilhelm Pieck, später erster Präsident der Deutschen Demokratischen Republik, erklärte am 4. Mai 1945 über den Sender *Freies Deutschland*: ›Ausgeblutet und völlig verarmt ist unser Volk von dieser verbrecherischen Nazi-Ideologie.‹«

Nach Ausführungen über das »Handeln auf Befehl« und Schlussfolgerungen aus der Natur der Tat als Organisationsverbrechen fuhren wir fort: »Schließlich möchte ich mich einer letzten Frage zuwenden, die auch der Herr Staatsanwalt angeschnitten hat. Der Herr Staatsanwalt hat gesagt, der Angeklagte war nicht immer der, als der er uns heute erscheint. Der Herr Staatsanwalt hat damit die Frage aufgeworfen, aber nicht beantwortet, wer der Angeklagte eigentlich ist.

Diese Frage ist für die Strafzumessung rechtlich relevant, denn die Strafe wird auf einen konkreten Täter zugeschnitten. Sie wird nicht automatisch für jeden x-beliebigen Täter gleich sein. Das ist wohl eine Selbstverständlichkeit, aber ich will sie noch mit einem Zitat von Erich Buchholz aus ›Strafrechtliche Verantwortung und Strafe‹, S. 104, belegen. Da wird gesagt: ›Die konkret verhängte Strafe wirkt unmittelbar auf den Täter (die täterbezogene Wirkungsrichtung), um ihn vor der Begehung weiterer Straftaten zu bewahren und ihn wirksam zu sozialistischer Staatsdisziplin und zu verantwortungsbewusstem Verhalten zu erziehen.‹ Es muss also diese Frage im Rahmen der Strafzumessung geprüft werden. Und wir sind damit sicher vor ein schwieriges Problem gestellt, das aber mit den Regeln des Beweisrechts, des Strafverfahrensrechts gelöst werden muss. Ein Problem, das sonst nicht auftritt, weil die Strafe im allgemeinen der Tat auf dem Fuße folgt.

Wir sind vor die Frage gestellt, kann ein Mensch sich überhaupt so ändern, dass er aus einem Mörder von Oradour nun ein gesetzestreuer und pflichtbewusster Mitarbeiter einer Konsumgenossenschaft wird. Ich glaube, dass man diese Frage bejahen muss. Man muss sie bejahen, weil wir wissen, dass der Mensch einer ständigen Entwicklung unterliegt, weil wir wissen, dass man nicht so bleibt, wie man einmal zu einem bestimmten Zeitpunkt, etwa mit 23 Jahren, gewesen ist.

Wir müssen also davon ausgehen, dass der Mensch durch seine Umwelt, die wir hier ja auch dargestellt haben, geformt wird. Wenn das so ist, dann können wir das nicht nur für die Zeit von 1933 bis 1944 bejahen, sondern müssen auch fragen: Was ist denn nach 1944 geworden, in den vielen Jahren, in denen der Angeklagte in der DDR gewohnt und gelebt hat? Wir sind der Meinung, dass dieser Prozess schon 1944, unmittelbar nach Oradour, begonnen hat. Er wurde kurz danach verwundet, und diese Verwundung war ja so etwas Ähnliches wie eine Strafe, die der Tat auf dem Fuße folgte. Er hatte jetzt Zeit und Anlass zum Nachdenken über sich und was er gemacht hat, über die Gesellschaft und über alles. Wir wissen auch, dass das eine Zeit war, die nicht nur ihn zum Nachdenken gebracht hat, sondern die generell die Deutschen zum Nachdenken und Überlegen gebracht hat.

Die Zeiten änderten sich eben. So heißt es im Lehrbuch der deutschen Geschichte für diese Zeit: ›Das deutsche Volk spürte 1944 von Tag zu Tag fühlbarer die Folgen des Krieges am eigenen Leibe. Die Stimmung großer Teile des terrorisierten und irregeführten, in den ersten Jahren des Krieges auch materiell korrumpierten deutschen Volkes, das sich mitschuldig an Raub und Verbrechen gemacht hatte, verschlechterte sich 1944 wesentlich. Unter den Volksmassen breitete sich Unzufriedenheit gegen den Krieg und das faschistische Regime aus. Doch kam die kaum in antifaschistischen Aktionen zum Ausdruck.‹ Beides fiel also bei dem Angeklagten zusammen, das eigene Schicksal, die Entwicklung der Kriegsverhältnisse, die Entwicklung der allgemeinen Stimmung. Wir können nicht anders als glauben, dass diese Umstände auch bei dem Angeklagten einen Wandlungsprozess eingeleitet haben.

Sicher, er erlebte die Niederlage des Faschismus nicht in der damaligen sowjetischen Besatzungszone, sondern in der britischen Besatzungszone, offenbar dem allgemeinen Trend folgend, auf den sich der Herr Staatsanwalt bezogen hat, dass eben alles nach dem Westen strömte, was aktiv gewesen war. Aber 1946 kehrte er in seinen Heimatort zurück. Und das war doch auch kein bloßer Umzug von einem beliebigen Ort in einen anderen beliebigen Ort.

Sicher, das war keine Entscheidung etwa für die antifaschistisch-demokratische Ordnung, aber es war auch eine Entscheidung, die zum Ausdruck brachte, dass er dem Antikommunismus nicht mehr erlegen war. Er tat nicht das, was andere seinesgleichen getan haben. Er zog um, immerhin zu einem Zeitpunkt, als in Nürnberg schon die Waffen-SS unter Anklage gestellt war. Das war im Oktober 1945 allgemein in allen Besatzungszonen bekannt gegeben worden.

Und dann begann sein Leben in der DDR. Er arbeitete und ging einen Weg, der ihn, wie das auch der Herr Staatsanwalt gesagt hat, als einen pflichtbewussten Bürger auszeichnete. Er hat insgesamt dreißig Jahre – in zwei Etappen – bei einer Arbeitsstelle, bei der Konsumgenossenschaft gearbeitet. Er hat sich dort heraufgearbeitet vom Dekorateur über den Verkaufsstellenleiter, der Lehrlinge ausbildete, zum Vorstandsmitglied Handel. Er war dann Leiter der Abteilung Rationalisierung und schließlich, als sein Gesundheitszustand es ihm nicht mehr erlaubte, voll zu arbeiten, Mitarbeiter der gleichen Abteilung. Er ist neunmal Aktivist geworden. Er hat also seine Pflichten im Betrieb erfüllt.

Er hat auch seine staatsbürgerlichen Pflichten erfüllt. Er hat auch seine Pflichten in der Familie erfüllt. Er hatte 1945 geheiratet, er hat zwei Söhne. Er hat die beiden Söhne zu ordentlichen Menschen erzogen, was ja auch Rückschlüsse auf ihn zulässt. Sein ältester Sohn hat die Erweiterte Oberschule besucht, ist Ingenieur geworden, arbeitet mit in der Zivilverteidigung. Sein jüngerer Sohn hat die 10-Klassen-Schule besucht, ist Facharbeiter, hat wie der ältere Sohn den Ehrendienst in der NVA absolviert. Es spricht, so gesehen, nichts gegen ihn.

Die Frage, wer heute hier vor diesem Gericht steht, die kann deswegen meines Erachtens nicht offengelassen werden, die muss entschieden werden, die kann man meines Erachtens nur so beantworten, dass man sagt, es steht eben ein anderer vor ihnen als derjenige, der damals in Oradour vor den Opfern stand.« Nach weiteren Strafzumessungserwägungen, insbesondere zum Verschweigen seiner SS-Zugehörigkeit in Fragebögen und zur Aufbewahrung seiner alten Orden, schlossen wir mit dem Antrag: »Hohes Gericht, das sind die Erwägungen, von denen wir ausgehen, wenn wir Sie einfach bitten, Milde für einen Menschen zu gewähren, der als junger Mann in die Schuld seines Volkes verstrickt war und aus dieser Verstrickung heraus schwerste Verbrechen begangen hat. Auch Milde walten zu lassen, obgleich das Schicksal ihm die unverdiente Möglichkeit gab, ihn nach der Tat ein anderer und besserer werden zu lassen. Wir glauben, dass eine solche mildere Bestrafung dem Ziel dieses Verfahrens nicht schaden wird, und wir bitten Sie darum.«

Das Gericht entsprach in seinem Urteil vom 7. Juni 1983 nach der siebentägigen Hauptverhandlung dem Antrag des Staatsanwalts. Der Senat wiederholte in den Urteilsgründen »die bereits in anderen Verfahren mit ähnlich schweren Straftaten getroffene Feststellung, dass Verbrechen solchen Ausmaßes, wie sie diesem Verfahren zugrunde liegen, nicht dadurch gemildert werden, dass sich der Täter später gesellschaftsgerecht verhalten hat. Dabei bezieht der Senat in seine Betrachtung zur Straffindung auch die Bereitschaft des Angeklagten ein, sich zu seiner Schuld zu bekennen und zur vollen Aufklärung der Handlungen, ihrer Zusammenhänge und Hintergründe beizutragen.«

Meine Berufung vom 9. Juni 1983 hatte keinen Erfolg. Das Oberste Gericht wies sie durch Urteil vom 10. August 1983 zurück.

Am 7. Februar 1990 reichte ich für Heinz Barth ein Gnadengesuch ein. Von der »Verwaltung beim Staatsoberhaupt der DDR« erhielt ich darauf mit Datum vom 1. Oktober – vielleicht als letzte Amtshandlung dieser Verwaltung – die Mitteilung, »dass das Präsidium der Volkskammer dazu inzwischen eine ablehnende Entscheidung getroffen hat«.

Die Verwaltung fügte hinzu: »Unbeschadet dessen gelten jedoch auch für den Verurteilten die Festlegungen der Volkskammer vom 28. September 1990 über einen generellen Straferlass und die unabhängige Überprüfung von Strafurteilen auf Antrag der Verurteilten.«

Am 12. Oktober 1990 stellte ich daraufhin, nunmehr beim Generalstaatsanwalt beim Kammergericht, den Antrag, das Urteil des Obersten Gerichts der DDR vom 10. August 1983 zu überprüfen. Das Landgericht, das diesen Antrag als Kassationsantrag behandelte, verwarf ihn als »offensichtlich unbegründet«. Das war an sich zu erwarten gewesen, aber 1990 war nichts unmöglich, und so hatte ich es versucht.

Am 14. April 1992 folgte ein erneutes Gnadengesuch, diesmal an die Senatsverwaltung für Justiz in Berlin, das am 30. September abgelehnt wurde.

Erst am 8. März 1996 machte ich im Auftrag meines Mandanten und seiner Angehörigen einen neuen Anlauf und beantragte, die Vollstreckung der Reststrafe nach § 57 a StGB auszusetzen. Diese erst im Jahr 1986 eingeführte gesetzliche Regelung bestimmte: »Das Gericht setzt die Vollstreckung des Restes einer lebenslangen Freiheitsstrafe zur Bewährung aus, wenn

1. fünfzehn Jahre der Strafe verbüßt sind,

2. nicht die besondere Schwere der Schuld des Verurteilten die weitere Vollstreckung gebietet« und gemäß § 57 StGB »verantwortet werden kann zu erproben, ob der Verurteilte außerhalb des Strafvollzugs keine Straftaten mehr begehen wird und der Verurteilte einwilligt«.

Bei Barth waren offensichtlich alle Voraussetzungen des Gesetzes erfüll. Fraglich war nur, ob »die besondere Schwere der Schuld des Verurteilten die weitere Vollstreckung gebietet«. Das war offenbar nicht nur ein ernstes, nicht nur ein juristisches, sondern auch ein politisches Problem. Konnte und durfte die Bundesrepublik einen von der DDR wegen eines der grausamsten Verbrechen des Zweiten Weltkrieges Verurteilten entlassen? Wie würde das innen- und außenpolitisch von der Öffentlichkeit gewertet werden?

Das juristische Problem sah ich in der Tatsache, dass der § 57a StGB nur auf Mordfälle zugeschnitten war, da nur auf Mord die Todesstrafe stand. In der DDR war Barth jedoch nicht wegen Mordes, sondern wegen eines völkerrechtlichen Verbrechens verurteilt worden. Dabei waren nicht die Tatbestandsmerkmale geprüft und festgestellt worden, die die besondere Schwere der Schuld in einem Mordfall bestimmen. Das beschäftigte die Richter jedoch weniger. Sie gingen davon aus, dass Barth genauso verurteilt wurde wie ähnliche Täter vor bundesdeutschenn Gerichten, die die Taten als Mord werteten.

Zu dem politischen Problem, ob die besondere Schwere der Schuld die weitere Vollstreckung der Strafe gebiete, äußerte ich mich in dem Antrag vom 8. März 1996. »In dem Komplex der Vernichtung des Ortes Oradour handelte der Angeklagte als Glied einer Befehlskette. Sein unmittelbarer Vorgesetzter Diekmann erteilte ihm den Befehl, seinerseits den Befehl zur Eröffnung des Feuers auf die Menschen in der Garage zu erteilen. Dabei wurde davon ausgegangen, dass es sich dabei um eine Vergeltungsaktion handele. Es dürfte zweifelhaft sein, ob ein Gericht der Bundesrepublik Deutschland im Jahre 1983, also zum Zeitpunkt der Verurteilung des Antragstellers, diesen aufgrund dieser Tat wegen Mordes zu einer lebenslänglichen Freiheitsstrafe verurteilt hätte.

Die Zweifel ergeben sich aus folgenden Gesichtspunkten:

a) Ganz allgemein wird heute davon ausgegangen, dass nationalsozialistische Gewaltverbrechen in der Vergangenheit nicht so bestraft worden sind, wie das ihrem Charakter entsprochen hätte. So eröffnete Frau Bundesjustizministerin Leutheusser-Schnarrenberger die Ausstellung ›Im Namen des deutschen Volkes – Justiz und Nationalsozialismus‹ unter der Überschrift: ›Die Bewältigung der NS-Vergangenheit ist für uns Deutsche kein Ruhmesblatt‹ (*Berliner Anwaltsblatt 1995, S. 431*)

Frau Justizsenatorin Peschel-Gutzeit sprach bei dem gleichen Anlass von dem ›nahezu gescheiterten Versuch der jungen Bundesrepublik, die Nazidiktatur juristisch aufzuarbeiten‹. *(ebenda, S. 434).*

In dem Fall der Verbrechen von Oradour ist der Verurteilte, soweit ersichtlich, der Einzige, der wegen der Morde von Oradour vor ein deutsches Gericht gestellt worden ist. Dabei waren die Namen seiner Mittäter schon dadurch bekannt, dass sie von einem französischen Gericht in Abwesenheit verurteilt wurden. Dazu gehörte damals der Divisionskommandeur General der Waffen-SS Lammerding, der Regimentskommandeur Stadler, der Bataillonskommandeur Diekmann, der Kompaniechef Otto Kahn und der Zugführer Klar.

Nur gegen Lammerding wurde, soweit bekannt, ein Ermittlungsverfahren von der Staatsanwaltschaft Dortmund im Jahre 1962 unter dem Aktenzeichen 45 Js 2/62 eingeleitet, das jedoch angeblich eingestellt wurde. *(vgl. Przybylski, Busse, Mörder von Oradour, Militärverlag der DDR, 1984, S. 146ff., 152, 153)*«

Dieser Antrag wurde durch das Landgericht Potsdam mit Beschluss vom 15. Oktober 1996 abgelehnt. Die Strafvollstreckungskammer entschied, »dass die besondere Schwere der Schuld die Vollstreckung von 20 Jahren der Freiheitsstrafe gebietet«.

In den Gründen des Beschlusses hieß es: »Es vermag den Verurteilten im Übrigen nicht zu entlasten, dass seine Mittäter unbestraft geblieben sind, da er entsprechend seiner Schuld bestraft worden ist.«

Zweifellos richtig. Richtig bleibt aber danach auch, dass der »DDR-Kriegsverbrecher« schlechter dran war und ist als der »BRD-Kriegsverbrecher«.

Gegen diesen Beschluss legte ich am 6. November 1996 sofortige Beschwerde ein. In der Begründung griff ich zunächst die Feststellung der Strafvollstreckungskammer an: »Nach heute geltendem Recht wäre der Verurteilte wegen mehrfachen Mordes gemäß § 211 StGB verurteilt worden.« Das Stadtgericht hatte 1983 nicht festgestellt, dass der Angeklagte einen Menschen getötet hatte; die Feststellung, dass er gezielt auf Menschen geschossen hatte, begründete nicht die Verurteilung wegen vollendeten Mordes.

Zu der Festellung einer besonderen Schwere der Schuld führte ich aus: »Weiter ist im Zusammenhang mit der Festlegung der Schuldschwere der Umstand zu berücksichtigen, dass sich der Verurteilte zur Zeit der Tat in Übereinstimmung mit seinen Kameraden, seinem unmittelbaren Vorgesetzten und mit der Führung seines Volkes befand, die wohl von der Mehrheit des Volkes noch getragen wurde. Dies ist ein fundamentaler Unterschied zu allen sonstigen Straftaten, bei denen der Täter einen offenen Gegensatz zum Staat und auch zu dessen Bürgern provoziert.

Dieser Umstand findet in der Tatsache seinen Ausdruck, dass ein Täter wie der Verurteilte nie eine solche Tat begangen hätte, wenn ihm nicht von einem verbrecherischen Regime die Überzeugung vermittelt worden wäre, er diene damit Deutschland. Dabei war diese Überzeugung eben nicht die vereinzelte Überzeugung eines Irregeleiteten, sondern ein Phänomen, das Massen in Deutschland ergriffen hatte. Sich von dieser Massenpsychose freizuhalten, ist vielen Menschen nicht gelungen, die dafür wesentlich günstigere Voraussetzungen als der Verurteilte hatten. Auch dies ist bei der Beurteilung der Schuldschwere zu berücksichtigen.

Von großer Bedeutung ist auch die Tatsache, dass der Verurteilte geständig war. Er hat dadurch und auch durch seine gesamte Haltung im Vollzug sowie durch sein Leben nach 1945 überhaupt zum Ausdruck gebracht, dass er sich von seinen Taten innerlich distanziert hat. Dies alles hat jedoch, wie in den Urteilsgründen ausgeführt wurde, nicht zu einer Strafmilderung geführt. Bei der jetzt zu treffenden Beurteilung, ob eine besondere Schuldschwere vorliegt, können jedoch Feststellungen im Urteil wie diejenigen, ›dass sich der Täter später gesellschaftsgerecht verhalten hat‹ und dass er sich ›nach der Aufdeckung der Verbrechen zu seiner Schuld bekannt […] und zur vollen Aufklärung der Handlungen, ihrer Zusammenhänge und Hintergründe‹ beigetragen hat, nicht übergangen werden.«

Der Generalstaatsanwalt des Landes Brandenburg hielt die sofortige Beschwerde für nicht begründet.

Das Oberlandesgericht Brandenburg beraumte auf den 5. Juni 1997 einen Termin zur Anhörung Barths an. Der leitende Anstaltsarzt der Justizvollzugsanstalt Brandenburg sollte ein mündliches Gutachten über den Gesundheitszustand des Beschwerdeführers erstatten.

Die Verhandlung brachte, außer einer gewissen Aufklärung über den Gesundheitszustand des Verurteilten, vor allem die Auffassung des Senats zur Anwendung des § 57a StGB auf sogenannte Alttaten aus der DDR den Beteiligten zur Kenntnis. Dabei wurde deutlich, dass der Senat der Rechtsansicht der Strafvollstreckungskammer des Landgerichts folgte.

Der Generalstaatsanwalt des Landes, Dr. Erardo Rautenberg, nahm persönlich an der Verhandlung teil, äußerte sich aber nicht.

Für mich blieb danach der Ausgang des Verfahrens ungewiss. Die uns gebotene Möglichkeit, zur Ansicht des Senats Stellung zu nehmen, nutzte ich mit einem weiteren Schriftsatz, in dem ich meine grundsätzliche, von der Meinung des Senats abweichende Auffassung aufrechterhielt und im Übrigen nochmals darauf verwies, dass Barth seine früheren Taten bereue, seine innere Einstellung sich völlig verändert habe und dass aus dem Gesichtspunkte der Gerechtigkeit nach der Begnadigung und Amnestierung aller französischen Täter sowie der Nichtverfolgung der deutschen Mittäter schließlich auch Barth entlassen werden müsse.

Auch der katholische Gefängnisgeistliche äußerte sich schriftlich in diesem Sinn.

Das Brandenburgische Oberlandesgericht entschied am 10. Juli 1997: »Die Vollstreckung des Restes der lebenslangen Freiheitsstrafe aus dem Urteil des Stadtgerichts Berlin vom 7. Juni 1983 wird zur Bewährung ausgesetzt.«

In den Gründen seines Beschlusses ging der Senat von der besonderen Schwere der Schuld Barths aus. Diese Feststellung habe jedoch »nicht automatisch zur Folge, dass der Verurteilte mehr als fünfzehn Jahre der verhängten Freiheitsstrafe verbüßen« müsse. Die besondere Schuldschwere müsse vielmehr die weitere Vollstreckung gebieten. Dies sei bei dem Verurteilten nicht der Fall. »Zu Gunsten des Verurteilten – führte der Senat aus – fällt seine Schuldeinsicht und die eindeutige Distanzierung von den begangenen Verbrechen ins Gewicht«. Insoweit berief sich das Gericht auf die Äußerungen des Leiters der Justizvollzugsanstalt, der Vertreter der beiden Kirchen und seinen eigenen Eindruck aus der Anhörung Barths.

Zudem sei der Gesundheitszustand des 77-jährigen zu berücksichtigen, wonach ein »plötzlicher Exitus nicht ausgeschlossen werden« könne.

Ich freute mich über die Entscheidung. Andere übten, nachdem sie sich herumgesprochen hatte, an ihr Kritik. An sich und im Prinzip stand ich auf der Seite der Kritiker, aber im konkreten Fall konnte man den DDR-Bürger Barth nicht zum Sühneopfer für die Versäumnisse der BRD bei der »Bewältigung« der nationalsozialistischen Vergangenheit machen. Das konnte nur bedeuten, dem alten Unrecht der Nazis neues hinzuzufügen.

Dem Gericht ist die Entscheidung angesichts der geschilderten Umstände offenbar nicht leicht gefallen.

Nach fast auf den Tag genau sechzehn Jahren konnte ich die Akte Barth weglegen.

Andere legten eine neue Barth-Akte an. Das Versorgungsamt Cottbus stellte im Jahr der Aussetzung der Strafvollstreckung die Auszahlung der Kriegsopferrente für Barth ein. Ein neuer Barth-Prozess begann, diesmal vor dem Sozialgericht. Mein Fall war das nicht; ich bat einen auf Sozialrecht spezialisierten Kollegen, die Vertretung Barths zu übernehmen.

Er hielt es für richtig, die Rechtsposition seines Mandanten mit dem Argument zu vertreten, die Verurteilung Barths in der DDR sei nicht rechtsstaatlich gewesen. Ich bedauerte, meinen Mandanten an diesen Anwalt, der ehemals im Justizministerium der DDR eine verantwortliche Stellung gehabt hatte, vermittelt zu haben.

Der Prozess ging trotzdem im Jahr 2000 verloren.

Barth starb am 6. August 2007.

Der Tod des Feldwebels Braun (1982)

Am 5. Juli 1982 ging mir ein Beschluss des Militärobergerichts Leipzig zu, mit dem ich dem Angeklagten Roland Höhne als Verteidiger bestellt wurde. Der Aufenthalt Roland Höhnes war unbekannt, gegen ihn sollte in Abwesenheit am 19., 20. und 21. Juli 1982 vor dem Militärobergericht in Leipzig verhandelt werden. Die Anklage warf Höhne vorsätzliche Tötung des Feldwebels der DDR-Grenztruppen Klaus-Peter Braun vor.

Verhandlungen gegen Abwesende waren nach dem Strafverfahrensrecht der DDR möglich, fanden aber nur in seltenen Ausnahmefällen statt. Der Grund für diesen Ausnahmefall wurde mir aus der Anklageschrift schnell deutlich.

Höhne war als Grenzsoldat zusammen mit Feldwebel Braun, der postum zum Fähnrich befördert wurde, auf der Führungsstelle der Grenzkompanie Rüstenfelde, Kreis Heiligenstadt, eingesetzt. Die Anklage schilderte die Tat wie folgt: »Während dieses Dienstes hat er seinen Vorgesetzten Fähnrich Braun vorsätzlich getötet, indem er am 1. August 1981, um 0.40 Uhr, im südwestlichen Bereich zwischen dem Arbeitstisch und der westlichen Außenwand des Dienstzimmers der Führungsstelle stehend, aus der ihm zum Grenzdienst übergebenen Maschinenenpistole KM Nr. 66 F 1385 auf den hinter dem Arbeitstisch sitzenden Fähnrich Braun aus einer Entfernung von mehr als 50 cm drei einzelne Schüsse abgab.«

Nach der Tat flüchtete Höhne, wie die Anklage weiter behauptete, »unter Mitnahme der Schusswaffe« in die BRD.

Die *Frankfurter Allgemeine Zeitung* schrieb am 3. August 1982: »Nach den ersten Vernehmungen in Duderstadt und Göttingen war der Beschuldigte, der als Wehrpflichtiger seit drei Monaten an der DDR-Grenze zur Bundesrepublik Dienst tat, als Posten auf einem Beobachtungsturm eingesetzt. Dabei glaubte er, die günstige Gelegenheit zur Flucht nach Niedersachsen gefunden zu haben, auf die er angeblich schon länger gewartet hatte. Nach eigenen Angaben habe er seine Maschinenpistole geladen und entsichert, auf seinen in diesem Augenblick unbewaffneten Feldwebel gerichtet in der Hoffnung, dass jener, eingeschüchtert durch die Bedrohung, ihm den Weg freigeben würde.

Statt dessen aber habe der Feldwebel versucht, ihn aufzuhalten. Im Gerangel hätten sich die Schüsse aus der Maschinenpistole gelöst. Der Feldwebel sei davon getroffen worden, niedergestürzt und aus dem Bauch blutend liegengeblieben.«

Mit dem Verfahren gegen den Abwesenden sollte der Mord bewiesen und die bundesdeutsche Justiz zur Auslieferung oder wenigstens Bestrafung des Täters wegen vorsätzlicher Tötung bewegt werden. Das Verfahren wurde folglich so geführt, dass es allen Ansprüchen entsprach, die nach den Vorstellungen der DDR von bundesdeutscher Seite an ein rechtsstaatliches Verfahren gestellt werden könnten. Höhne sollte in der Bundesrepublik anders behandelt werden als Weinhold, der im Dezember 1975 gleichfalls als Grenzer mit der Waffe geflohen war und zwei andere Grenzer getötet hatte. Weinhold war damals vom Schwurgericht Essen wegen Notwehr freigesprochen worden. Der BGH hatte das Urteil, das ausschließlich auf der Einlassung des Angeklagten beruhte, am 9. September 1977 aufgehoben und die Sache zur erneuten Verhandlung zurückverwiesen. Weinhold war schließlich vom Landgericht Hagen am 1. Dezember 1978 nur zu einer Freiheitsstrafe von fünf Jahren und sechs Monaten verurteilt worden. Das sollte sich im Fall Höhne nicht wiederholen.

Die Hauptverhandlung begann am 19. Juli 1982 vor dem Militärobergericht Leipzig in einem großen Saal des Bezirksgerichts, der überwiegend mit Soldaten und Offizieren der Grenztruppen besetzt war. Die hochsommerliche Hitze passte zu der Atmosphäre des Prozesses. Für die Beweisaufnahme waren drei Tage vorgesehen. Zehn Sachverständige aus dem Institut für gerichtliche Medizin der Humboldt-Universität, der Sektion Kriminalistik dieser Universität und aus dem Kriminalistischen Institut der Deutschen Volkspolizei, sowie zwanzig Zeugen waren zur Beweisaufnahme geladen.

Die Beweisführung war schwierig. Zeugen oder Einlassungen des Täters gab es nicht. Nur aus den am Tatort vorhandenen Spuren konnte die aus der bundesdeutschen Presse bekannte Version des Angeklagten widerlegt werden, dass die Schüsse sich unabsichtlich infolge des »Gerangels« gelöst hätten und Höhne demzufolge den Feldwebel nicht vorsätzlich verletzt oder gar vorsätzlich getötet hätte.

Die Beweisaufnahme begann mit der Vernehmung der Zeugen zur Person. Die Mutter, die ehemalige Verlobte und Soldaten, die mit Höhne zusammen gedient hatten, sagten über ihn aus. Das Bild, das aus diesen Aussagen entstand, war widersprüchlich. Von Alkoholmissbrauch war die Rede, von unlustiger Dienstausführung, aber ebenso von widerspruchsloser Befehlsdurchführung, von Pflichterfüllung und von Treue gegenüber seiner ehemaligen Verlobten. Diese hatte Höhne unmittelbar vor der Tat mitgeteilt, dass sie die Verlobung löse. Nahezu zur selben Zeit hatte Höhne durch einen Unfall zwei Freunde verloren. Das alles traf ihn offenbar tief und löste bei ihm den Entschluss aus, die DDR zu verlassen. Mit diesem Gedanken hatte er schon früher gespielt, ihn aber wieder aufgegeben, als er sich verlobt hatte.

Vernommen wurden sodann diejenigen Zeugen, die Höhne und Braun zuletzt gesehen bzw. gesprochen hatten. Dazu gehörten ein Unteroffizier und ein Gefreiter, die von 22.35 bis 23.25 Uhr in Ausübung ihres Dienstes auf dem Wachturm mit Braun und Höhne gesprochen hatten. Ihre Schilderung wird im Urteil wie folgt wiedergegeben:

»Fähnrich Braun saß auf dem Stuhl an seinem Arbeitsplatz, der Angeklagte stand am geöffneten Fenster an der westseitigen Wand. Eine Maschinenpistole befand sich in der Waffenhaltung am Beistelltisch, die zweite stand neben dem Angeklagten an der Westwand.«

Andere Zeugen berichteten von Meldungen, die Braun um 23.35, 23.50, 0.10, 0.30 und 0.38 Uhr gemacht oder entgegengenommen hatte. Um 0.45 Uhr konnte ein Gefreiter mit Braun keinen Sprechkontakt mehr aufnehmen. Ein weiterer Versuch der Verbindungsaufnahme scheiterte um 1.00 Uhr. Als schließlich die vorgeschriebene Meldung des Feldwebels Braun um 1.30 Uhr ausblieb, wurde um 1.40 Uhr der Befehl erteilt, die Ursache der unterbrochenen Nachrichtenverbindung zu ermitteln.

Wie das Urteil feststellt, fanden um 1.45 Uhr ein Unteroffizier und ein Gefreiter »Fähnrich Braun in Bauch-Seitenlage, in einer Blutlache auf dem Fußboden liegend, vor«.

Der Raum des Beobachtungsturms, in dem sich die Tat ereignet hatte, maß 3,75 mal 3,75 Meter in der Grundfläche und war 2,50 Meter hoch. Er wurde mit allen Mitteln der Kriminalistik nach Spuren abgesucht. Die so gewonnenen Erkenntnisse und die Verletzungen des Opfers waren die Grundlagen der Sachverständigengutachten. Aus den Einschüssen in den Wänden und den Schusskanälen in der Leiche rekonstruierten die Sachverständigen den Tatablauf und kamen zu folgenden Erkenntnissen:

1. Der Schütze hatte gestanden, das Opfer hatte gesessen, als die Schüsse fielen.
2. Es waren drei Schüsse abgegeben worden. Der erste Schuss war nicht der tödliche Schuss.
3. Die Schüsse waren einzeln abgegeben worden. Die Maschinenpistole hatte nicht mit Dauerfeuer geschossen.
4. Es hatte keine körperliche Auseinandersetzung zwischen Opfer und Täter gegeben.

Vieles sprach für die Version der Gutachter, sie schien mir aber nicht auszureichen, um tatsächlich den vom Angeklagten gegenüber der West-Presse behaupteten Zweikampf auszuschließen. In diesem Zweikampf, behauptete ich, könnten sich drei einzelne Schüsse, vom Angeklagten nicht beabsichtigt, gelöst haben. Für den Zweikampf sprächen folgende Umstände: Das umgestürzte Scherenfernrohr, der umgestürzte Stuhl, die abgetrennte Koppelschlaufe, die Auftrennungen an Bluse und Unterhemd des Getöteten, die Auftrennung von Nähten der Hosenbeine.

Es sei auch im Gegensatz zu den Feststellungen der Sachverständigen nicht ausgeschlossen, dass die Schüsse im Ergebnis eines einzigen Feuerstoßes abgegeben wurden, da die konkrete Feuergeschwindigkeit des Tatwerkzeuges nicht festgestellt werden konnte. Das Opfer könnte sich in seiner Todesangst auch schneller als die Versuchsperson bewegt haben, mit der der Tatablauf rekonstuiert worden war. Von alledem müsse im Zweifel ausgegangen werden.

Die Zuhörer blieben ruhig, als ich dies in meinem Plädoyer vortrug. Doch das Gericht konnte ich von meiner Theorie nicht überzeugen. Das Urteil stellte fest: »Der Angeklagte stand zwischen Arbeitstisch und Westwand [...] Fähnrich Braun saß auf seinem Arbeitsplatz [...] Auf der Grundlage des von Dozent Dr. Radam dargelegten Sachverständigengutachtens ist Beweisergebnis, dass unter Beachtung der Opfer-Täter-Positionen, ihrer Beziehungen zu den Tatortbefunden, der bewegungs-physiologisch-zeitlichen Untersuchungen, der Art und Schwere der Verletzungen und der Auffindungssituation die Abgabe der drei Schüsse aus einer Maschinenpistole KM in einem Feuerstoß nicht möglich war.

Der Angeklagte hat mindestens zweimal hintereinander den Abzug der Tatwaffe betätigt. [...]

Unter Berücksichtigung, dass die drei Schüsse nicht in einem Feuerstoß abgegeben wurden, nach Erhalt des ersten Schusses das Opfer noch gewollte Bewegungen vollzogen hat, ergibt sich zwingend, dass der Angeklagte mehrmals den Abzug seiner Maschinenpistole betätigte, womit Unfall oder Fahrlässigkeit definitiv ausscheiden. Der Vorsatz zur Tötung wird weiterhin dadurch bewiesen, dass die Schüsse aus einer relativ kurzen Entfernung gezielt auf den Oberkörper von Fähnrich Braun abgegeben wurden.

Im Ergebnis der Beweisaufnahme ist der festgestellte Sachverhalt eindeutig erwiesen und sind alle Zweifel, wie sie der Verteidiger des Angeklagten aufstellte, unbegründet.

Der Angeklagte hat sich damit objektiv und subjektiv des Verbrechens des Mordes gemäß § 112 Absatz 1 StGB schuldig gemacht.«

Die von mir gegen dieses Urteil eingelegte Berufung wiederholte im Wesentlichen die Argumente meines Plädoyers. Das Oberste Gericht, das über die Berufung zu entscheiden hatte, beraumte die Hauptverhandlung auf den 26. August 1982 an. Die kurze Zeitspanne bis zur erneuten Hauptverhandlung war nicht außergewöhnlich. Dagegen war die Tatsache, dass der Berufungssenat eine eigene ergänzende Beweisaufnahme durchführte, nicht alltäglich. Es wurden noch einmal drei der Sachverständigen befragt und dann, am folgenden Tag, die Berufung als unbegründet zurückgewiesen. Allerdings hieß es in dem Urteil: »Das Militärobergericht hat jedoch die vorhandenen Beweismöglichkeiten zum zweifelsfreien Nachweis der Schuld des Angeklagten nicht vollständig genutzt, so dass es dem 1. Militärstrafsenat des Obersten Gerichts oblag, in einer ausnahmsweise eigenen Beweisaufnahme in zweiter Instanz dies nachzuholen.«

Wie die bundesdeutsche Justiz die Tat Höhnes rechtlich beurteilt hat, habe ich nicht erfahren.

Erfahren habe ich jedoch, dass der Grenzermörder Werner Weinhold, wie die *Westdeutsche Allgemeine Zeitung* am 11. Januar 2005 berichtete, wegen eines erneuten, diesmal versuchten Totschlags von der Polizei vernommen wurde. Er hatte »am Samstag gegen 1.15 Uhr« mit zwei Schüssen »nach einem Streit« auf einen 43-Jährigen geschossen.

Später konnte man aus der *Marler Zeitung*, und wohl nur aus dieser, erfahren: »Recht schnell war vor dem Landgericht Essen der Prozess gegen Werner Weinhold beendet, obwohl vieles ungeklärt blieb. Der 55-jährige Marler [...] wurde wegen gefährlicher Körperverletzung zu zweieinhalb Jahren Haft verurteilt.«

Gefunden habe ich diesen Bericht in der *jungen Welt* vom 18. Dezember 2007.

Zufall, dass diese Nachricht aus Marl so wenig Verbreitung fand?

Die letzten Kundschafter (1985-1990)

Der Prozess gegen Dobbertin ging bereits ins sechste Jahr, als mir am 29. August 1985 ein ungewöhnliches Mandat erteilt wurde. In meiner Sprechstunde erschien eine ältere Frau aus Sachsen, der man nicht ansah, dass sie etwas anderes wollte als eine unentgeltliche Rechtsauskunft. Sie bat mich, ihre Tochter und ihren Schwiegersohn zu verteidigen, die in England inhaftiert worden wären. Grund und Umstände der Verhaftung seien ihr unbekannt.

Ich hatte zwar schon etwas Erfahrung in Auslandssachen, aber England war neu. Englisches Recht mit perückentragenden Richtern und Anwälten, mit Kreuzverhör und zum Teil ungeschriebenem Recht faszinierte mich, wenn ich mir auch verstandesmäßig sagte, dass es antiquiert sei und nicht mehr Gerechtigkeit bringen könne als kontinentales Recht.

Was für meine Mandanten, ich nenne sie »Meier«, eine äußerst schmerzhafte, ja existenzbedrohende Erfahrung sein sollte, wurde für mich, bei allem Mitgefühl, zu einem einzigartigen juristischen und allgemeinbildenden Erlebnis.

Über die Botschaft der DDR in London fand ich einen *Solicitor*, also einen Anwalt, der (im Prinzip) selbst nicht vor Gericht auftritt und den Verkehr zum *Barrister*, dem Gerichtsanwalt, vermittelt. Mein Kontakt zu diesem Mr. Lewis beschränkte sich zunächst auf Korrespondenz und Telefonate. Mit letzteren hatte ich meine Probleme. Mr. Lewis sprach sehr schnell, fast hektisch und nicht sehr akzentuiert. Das überforderte mein Englisch, und ich war ständig unsicher, ob ich ihn auch richtig verstanden hatte. Irgendwie ging es aber doch.

Es handelte sich, wie ich bald erfuhr und ohnehin vermutet hatte, um Spionage.

Die Bilder glichen sich. Mr. Lewis erschien mir genauso ängstlich wie ein DDR-Anwalt in vergleichbarer Situation. Ich konnte mich gut in ihn einfühlen. Natürlich gab es graduelle Unterschiede. Mr. Lewis sagte z. B. in einem Telefonat, nachdem wir schon drei Monate miteinander telefoniert und korrespondiert hatten, er sähe keinen Grund, sich mit einem Rechtsanwalt eines anderen Landes zu treffen. Er sei überzeugt, dass sein Telefon abgehört würde, und bitte mich um Verständnis. So offenherzig wäre ich in Bezug auf das Abhören meines Telefons nicht gewesen, schon gar nicht am Telefon.

Doch in der Sache selbst war es in England nicht anders als in Frankreich oder in der Bundesrepublik oder eben bei uns. Überall gingen und gehen Anwälte davon aus, dass mitgehört wird. Der Sozius von Gustav Heinemann, Rechtsanwalt Posser, äußerte diesen Verdacht auch in seinem Buch »Anwalt im Kalten Krieg«.

Es verging mehr als ein halbes Jahr, bevor ich das erste Mal nach London fuhr. Es war, aus anwaltlicher Sicht, überflüssig. Mein Solicitor war, aus welchen Gründen auch immer, nicht zu sprechen; die Mandanten konnte ich auch nicht sehen. Nur unser Konsul war für mich da. Er hielt Kontakt zu Lewis, und bei ihm hatte dieser auch nicht die Hemmungen, welche er mir gegenüber offenbarte. Der Solicitor meinte, mit dem Konsul *könne* er sprechen. Das verstand ich nicht. Ich musste es auch nicht verstehen, nur akzeptieren musste ich es.

Erst sechs Wochen später sah ich sowohl den Anwalt als auch meine Mandanten zum ersten Mal. Ich muss sagen, dass ich mit den meisten ausländischen Kollegen wärmer geworden bin als mit Mr. Lewis. Vielleicht lag es an der Sprache, vielleicht an seiner Furcht vor der »Feindberührung«, vielleicht am britischen National- oder an seinem Individualcharakter. Er war sicher ein tüchtiger Anwalt, auf jeden Fall ein vielbeschäftigter, aber nach meinem Eindruck kein Staranwalt. Er machte seinen Job, hatte daneben aber noch viele andere Jobs, und das spürte man mehr, als es gemeinhin zulässig ist. Mir schien, dass bei Mewis »Massenbetrieb« herrschte.

In der Sache sah es nicht gut aus. Die Ermittlungen hatten sich hingezogen. Lewis hatte mir schon vor Monaten gesagt, der Fall gewinne täglich an Bedeutung. Jetzt lag die Anklage vor. Sie schien mir nicht so furchtbar, aber Engländer sahen das anders. Eine englische Anklage ist – wenn die Strafsache »Meier« keine Ausnahme darstellt – vor allem kurz. Knappe zwei Seiten wurden mir präsentiert. »Meiers« wurden beschuldigt:

1. an verschiedenen Tagen zwischen dem 1. Januar 1980 und dem 24. August 1985 zum Nachteil der Interessen des Staates Vorbereitungshandlungen zur Übermittlung von Nachrichten begangen zu haben, die dazu bestimmt oder beabsichtigt waren, einem Feind nützlich zu sein.

2. falsche Angaben gegenüber Behörden gemacht zu haben.
3. falsche Papiere besessen zu haben.

Alles war sehr umständlich ausgedrückt, ließ aber erkennen, dass die Übermittlung von Nachrichten nicht Gegenstand der Anklage war. Eigentlich beruhigend.

In Begleitung des Konsuls besuchte ich meine Mandanten. Das Gefängnis lag in Brixton. Lewis hatte uns angemeldet. Wir sprachen ohne Aufsicht. Es war wie in Frankreich. Allerdings waren wir überzeugt, dass wir abgehört wurden. Wenn es so war, war es umsonst: Was wir sagten, konnte jeder hören, wenn wir auch wollten, dass es keiner hörte. Alles unnütze Geheimniskrämerei. Die Engländer machten ohnehin, was sie wollten, und wir konnten machen, was wir wollten. Bewirken würden wir nichts.

»Meiers« freuten sich über unseren Besuch. Wir waren die Heimat. Ich brachte Nachrichten, Fragen und Pakete von den Eltern. Anders als andere Gefangene hatten »Meiers« natürlich keine persönlichen Besucher. Der Konsul und gelegentlich ich waren die Einzigen. »Meiers« waren intelligent und anständig, keine Kriminellen. Das Gefängnispersonal merkte das natürlich und behandelte sie im Allgemeinen entsprechend gut.

Besuche dieser Art sind schwierig. Der Gesprächsstoff ist begrenzt. Wir lebten in der Zeit der »Perestroika« – das war drei Jahre lang unser Hauptgesprächsstoff. Besonders Herr »Meier« wollte genau wissen, wie die DDR auf »Glasnost« und »Perestroika« reagierte. Unsere Gespräche waren offen, aber sicherlich nicht besonders ergiebig. Auch unser Konsul wollte wissen, was die Leute daheim dachten und sagten.

Erstaunlich war für mein Verständnis englischer Anwaltsgepflogenheiten, dass ich auch mit dem Barrister sprechen konnte. Das war bis zum letzten Augenblick problematisch. Normalerweise spricht ein Barrister nicht mit dem Mandanten. Nun war ich zwar Auftraggeber, aber daneben schließlich Anwalt, wenn auch »feindlicher« Ausländer. Wahrscheinlich war es die Neugier auf das unbekannte Wesen hinter dem Eisernen Vorhang, was den Ausschlag gab, mich zu empfangen.

Die Zusammenkunft war wie im Roman: alt, ehrwürdig, englisch. Ich wurde nicht nur von einem Barrister empfangen, sondern von einer ganzen Gruppe, die gemeinsam das Büro nutzte, welches sich in einem Haus aus dem Mittelalter befand, in dem die Sitten seiner Erbauer herrschten. Ich war beeindruckt und aufgeregt. Dann sollte ich auch noch meine Vorstellungen über die Verteidigung darlegen und zwar auf Englisch. Es ging. Aber wie sich später herausstellen sollte, nützte das nichts.

Aus dem Schatz meiner Erfahrungen in der Verteidigung von Spionen hatte ich mich an die Lektüre des Buches erinnert, das der US-amerikanische Verteidiger von Rudolf Abel über seine Tätigkeit für den Meisterspion geschrieben hatte. Es hieß »Strangers on a bridge«. Ich hatte es mir vor Jahren von meiner Mutter schenken lassen und hatte mich köstlich amüsiert. Ein Amerikaner in Ostberlin! James B. Donovan sah Horden von Jugendlichen bedrohlich durch die Straßen ziehen und beschrieb das Büro von Rechtsanwalt Vogel, seinem Verhandlungspartner, in einer geradezu umwerfenden Weise. Wenn das wahr sein sollte, konnte ich mir denken, wie es um den restlichen Inhalt des Buches stand, wo also Dinge geschildert wurden, die ich nicht so gut kannte wie Berlin oder Vogels Büro. Immerhin beschrieb Donovan, wie Abel und sein Partner, der ihn später verriet, über Drittstaaten in die USA gekommen waren. Das, so sagte ich, könnte auch bei »Meiers« so gewesen sein, denen eine Spionagetätigkeit in England nicht nachzuweisen war. Die englischen Anwälte nahmen interessiert mein, d. h. Donovans Buch, es verschwand für immer. Ich trauerte ihm lange nach. Ostberlin war darin so schön schrecklich beschrieben.

Die Hauptverhandlung begann im Juni 1986. Ich nahm an ihrer Eröffnung als Zuschauer teil. Ein für mich ungewohntes Bild: ein Rechtsanwalt, Barrister, als Vertreter der Krone in der Funktion des Staatsanwalts, der Verteidiger, auch ein Barrister, hinter ihm der Solicitor mit Hilfskraft und Akten, die Bank mit den Geschworenen, und über allem thronte der Judge, der Richter.

Die Eheleute »Meier«, isoliert von allen anderen, saßen dem Richter direkt gegenüber. Der Saal ehrwürdig, alt, englisch, mit vielen Folianten an den Wänden. Das Ambiente war durchaus beeindruckend. Besonders für unsereinen, der aus der DDR mit seinen spartanischen Gerichtssälen kam, in denen robenlose Richter, Staatsanwälte und Verteidiger simple Juristerei betreiben. Die Frage, ob sich dies das Ambiente auf Inhalt und Ergebnis des Gerichtsverfahrens auswirkt, stellte sich bei meiner ersten Begegnung mit der Justiz des Vereinigten Königreichs noch nicht. Das kam erst später.

Bis zum Ausgang des Prozesses konnte ich nicht in London bleiben. Letztlich war ich nur Zuschauer, und dafür war der pekuniäre Aufwand zu hoch. Das Urteil, zehn Jahre Freiheitsstrafe sowohl für Herrn als auch für Frau »Meier«, wurde am Donnerstag, dem

10. Juli 1986 verkündet. Die *Times* berichtete am nächsten Tag, der Richter habe den Eheleuten bei der Urteilsbegründung gesagt, das Urteil beruhe »auf überwältigenden Beweisen, dass ein sehr ernstes Verbrechen gegen dieses Land und seine Bürger begangen worden ist. [...] Es ist nicht bekannt, ob sie Geheimnisse mitgeteilt und dem Land Schaden zugefügt haben. [...] Wenn sie nicht entdeckt worden wären, hätten sie mit Sicherheit das getan, wozu sie hierher geschickt worden waren, um es zu tun und wozu sie eingehende Pläne gemacht hatten.«

Die *Times* fügte hinzu, dass Meiers umfangreiche Funknachrichten empfangen hätten, jedoch kein Sender bei ihnen gefunden worden wäre.

»Meiers« hatten während des Prozesses geschwiegen und nur zugegeben, dass sie im Besitz falscher Papiere waren.

Die *Times* meinte, »Meiers« seien »die ersten ›Illegalen‹ des Sowjetblocks gewesen, die seit dem Portland-Spionagering von 1961 als Nachrichtenoffiziere im Zielland England als Bürger gelebt hätten«.

Damit wurden »Meiers« als ganz gefährlich eingestuft, obgleich die *Times* andererseits auch hervorhob, dass man die Führer des Nachrichtenrings diesmal nicht gefasst hätte. 1961 waren als Agenten des sowjetischen Geheimdienstes Lonsdale alias Konon Trofimowitsch Molodij und seine Mittäter, die Eheleute Helen und Peter Kroger, Houghton und Ethel Gee, wegen Spionage gegen die britische Marine zu Freiheitsstrafen zwischen 25 und 15 Jahren verurteilt worden. Damals hatte man Dokumente aus dem Aktenbestand des Marineministeriums in Portland, Karten des Übungsgebiets der britischen Atom-U-Boote, Mikrofilme und die Funkausrüstung gefunden.

Mit dem Urteil war der Fall »Meier« für mich nicht beendet. Es unterschied sich nach meiner Ansicht im Ergebnis nicht wesentlich von einem DDR-Urteil in einem vergleichbaren Fall. Perücken, Roben, Bücher und nobles Ambiente einschließlich der Barrister und Solicitor hatten nicht mehr und nichts anderes zuwege gebracht als die bekennende Klassenjustiz der DDR.

Jetzt ging es darum, alle Möglichkeiten auszuschöpfen, um den beiden den Strafvollzug zu erleichtern, die Verbindung zu ihren Angehörigen so eng wie möglich zu gestalten und eventuell an ihrer vorzeitigen Entlassung mitzuwirken.

Viermal fuhr ich in den folgenden vier Jahren noch nach England. Von Jahr zu Jahr nahm das Gefühl einer bevorstehenden politischen Veränderung zu. Immer größer wurde die Spannung, immer wahrscheinlicher eine Wende mit unvorhersehbaren Folgen. Natürlich hofften die Eheleute von Monat zu Monat, von Jahr zu Jahr auf eine Entlassung. Spione wurden ausgetauscht. Gordon Lonsdale war schon nach drei Jahren gegen einen britischen »Geschäftsmann«, der in der Sowjetunion inhaftiert worden war, ausgetauscht worden. Britische Zeitungen berichteten gelegentlich, dass entsprechende Verhandlungen schon liefen. Offenbar war an einen Ringtausch gedacht, in den die UdSSR einbezogen werden sollte. Es hieß dann, die UdSSR sei nicht bereit, die Forderungen der Briten zu erfüllen.

Für mich war nicht erkennbar, was Gerücht, was Wahrheit war. Immerhin hielt ich es für möglich, dass engstirnige, bürokratische Hemmnisse der Lösung des Problems im Wege standen. Solche Hindernisse zu überwinden, war nach meiner damaligen Vorstellung Gorbatschow der richtige Mann. Also empfahl ich Herrn »Meier«, an den KPdSU-Generalsekretär zu schreiben. Ohne die bereits eingetretenen Veränderungen des politischen Klimas hätte ich eine solche Empfehlung nicht ausgesprochen. So etwas lag jenseits meiner Kompetenz. So aber glaubte ich, ich sei verpflichtet, meinem Mandanten diesen Weg zu weisen.

Er lehnte ab. Er wollte diesen für einen DDR-Bürger ungewöhnlichen und politisch unzulässigen Weg nicht gehen. »Meier« stellte die Sache, die er vertrat, höher als sein persönliches Wohlergehen. Er war unter den Kundschaftern, die ich vertreten habe, insofern keine Ausnahme.

Was er sagte, galt im Übrigen auch für seine Frau.

Ein anderes Zeichen des politischen Wandels bestand darin, dass drei DDR-Rechtsanwälte von der Regierung des Vereinigten Königreichs zu einem juristischen Studienbesuch eingeladen wurden und wir diese Einladung auch annehmen durften. Neben Gregor Gysi, der einige Wochen zuvor neuer Vorsitzender des Berliner Anwaltskollegiums geworden war, und Wolfgang Vogel reiste ich als Vizepräsident der Juristenvereinigung nach London.

Niemand von uns ahnte, dass schon bald Gysi Politiker, Vogel Angeklagter und ich Honeckers Verteidiger sein würde. Wolfgang Vogel wurde von den Briten mit der größten Aufmerksamkeit behandelt, er hatte auch diesen Besuch vermittelt. Vermutlich verhandelte er wohl damals schon über den Austausch der »Meiers«. Wir beiden anderen waren mehr oder weniger das notwendige Accessoir.

Nachdem das offizielle Programm beendet war, fuhr ich zu »Meiers«, die jetzt in Durham einsaßen. Die Engländer hatten keine Probleme gehabt, mit mir als Verteidiger feindlicher Spione zu verkehren. Etwas, was meinen westdeutschen Landsleuten und Kollegen viel schwerer fiel.

»Meiers« ertrugen den Strafvollzug ohne zu klagen. Sie nutzten die Zeit so gut es ging. Dabei bot ihnen das britische Vollzugssysteme auch Möglichkeiten, sich fortzubilden, was beide erfolgreich und zielstrebig taten. Die *Times* hatte das Paar nicht zu Unrecht als »intelligent, talentiert und entschlossen« charakterisiert. Das Blatt berichtete, dass »Mr. Meier« für einen von ihm belegten Studienkurs nur achtzehn statt der vorgesehenen vierundzwanzig Monate benötigte und diesen Kurs auch noch mit Auszeichnung abschloss.

»Meiers« wurden kurz vor dem Beitritt der DDR zur Bundesrepublik entlassen. Das Land, dem sie gedient hatten, existierte nicht mehr. Die Idee, die ein Teil ihres Lebensinhalts gebildet hatte, war vom Gang der Geschichte, wie es schien, offenkundig widerlegt, ihre Anhänger mit Schimpf bedeckt worden. Statt Belohnung und Auszeichnung erwartete sie nun das »Stasi«-Verdikt mit all seinen Konsequenzen.

Für mich war das Ende der »Kundschafter-Mandate« gekommen und die Zeit der »Regierungskriminalität« angebrochen.

Ein britischer Kollege nahm Ende der 90er Jahre Kenntnis von meiner Klage über mein in London verschollenes Buch von Donovan. Er schickte mir »Strangers on a bridge«.

Unabhängig von ihm tat dies auch ein Landsmann von mir, der das Buch im Antiquariat besorgt hatte.

Nun habe ich zwei.

Herzlichen Dank!

Kommunistenprozess in der Türkei (1988-1989)

Es muss im Frühjahr 1988 gewesen sein, als mir Ulrich Roehl in seiner Funktion als Generalsekretär der Vereinigung Demokratischer Juristen sagte, dass ich wahrscheinlich als Prozessbeobachter nach Ankara fahren solle. Dort waren die Führer der 1987 im Exil gegründeten kommunistischen Parteien TBKP angeklagt worden. Kutlu und Sargin, die beiden Generalsekretäre, waren bei ihrer Rückkehr aus mehrjähriger Emigration am 16. November 1987 verhaftet worden, obgleich sie vorher die entsprechenden Papiere bei den türkischen Behörden beantragt und erhalten hatten. Trotzdem verhafteten sie die Sicherheitsorgane noch auf dem Flugplatz.

Neunzehn Tage waren sie von der Außenwelt völlig isoliert und ohne jeden Kontakt zu Verteidigern und Angehörigen. Fünfzehn Tage wären nach türkischen Vorschriften zulässig gewesen, aber selbst das reichte der Polizei nicht. Einige Rechtsanwälte, die besonders hartnäckig versucht hatten, zu den Verhafteten vorzudringen, wurden deswegen festgenommen.

Kutlu und Sargin widerstanden in diesen neunzehn Tagen der Folter. Am 8. Juni 1988 sollte ihnen der Prozess vor dem Staatssicherheitsgericht in Ankara gemacht werden. Die Anklage warf ihnen kommunistische Gesinnung vor. Nach den Artikeln 141 und 142 des Strafgesetzbuches, die die Türkei von Italiens Faschistenführer Mussolini übernommen hatte, war das strafbar. Horst Isola, damals Leiter der Arbeitsgemeinschaft sozialdemokratischer Juristen, der auch unter den Prozessbeobachtern in Ankara war, sagte über diese Anklage, sie sei »von einem primitiven Antikommunismus gekennzeichnet«. Die Bestimmungen, auf die sich die Klage stützte, drohten die Todesstrafe an.

Diese Drohung war durchaus ernst zu nehmen.

Ich sah dieser mir neuen Aufgabe mit gemischten Gefühlen entgegen. Die Rolle eines Prozessbeobachters hätte mir schon zugesagt, wenn ich nicht fürchten musste, dass sie mit demonstrativen Auftritten verbunden sein konnte, die mir nicht lagen. Darüber hinaus war die Türkei für mich *terra incognita*, ich verfügte über keine sprachliche oder kulturelle Brücke. Vor allem schienen mir die Regierenden in der Türkei wenig vertrauenerweckend und berechenbar. Ich verspürte keine Ambitionen, ein türkisches Gefängnis kennenzulernen.

Zunächst hörte ich nichts mehr von dem Plan. Das Jahr 1988 brachte genügend Ablenkungen. Die Verhaftung von Protestierern, die bei der traditionellen Luxemburg-Liebknecht-Demonstration mit einem Luxemburg-Zitat Freiheit für Andersdenkende eingefordert hatten und anschließend in den Westen abgeschoben worden waren, erregte die Aufmerksamkeit auch der Juristen der DDR. Ich spürte Unsicherheit in der DDR-Führung, die mir zu denken gab.

Es tat sich auch sonst einiges: die Reise nach England, Kontakte zwischen bundesdeutschen und DDR-Anwälten, die gleichfalls Rechtsanwalt Vogel angebahnt hatte, etwa ein Treffen mit einer Gruppe von BRD-Strafverteidigern im Grand Hotel in Berlin am 4. Juni 1988 und am 16. Juni eine Begegnung mit Mitgliedern des Vorstandes des Deutschen Anwaltvereins im Haus von Wolfgang Vogel am Teupitzsee bei Berlin undsoweiter. Ich nahm daran teil und glaubte, dass weitere, interessantere Entwicklungen bevorstünden. Das türkische Abenteuer reizte mich unter diesen Umständen noch viel weniger.

Es ging aber nicht nach mir.

Am 4. Juni 1988, also am Tag des Treffens mit den bundesdeutschen Strafverteidigern, sollte ich fliegen. Die Türkei erteilte jedoch kein Visum. Erfreut ging ich zu den »Westgoten«, wie es damals im DDR-Jargon hieß. Drei Tage später kamen die Papiere aus Ankara doch noch. Als Vertreter der Vereinigung Demokratischer Juristen der DDR flog ich über Budapest und Istanbul in die türkische Hauptstadt. Stundenlang wartete ich ohne Geld auf den Anschluss in Budapest. Ein DDR-Handelsreisender spendete mir in dem sonst menschenleeren Warteraum Trost, Erfahrung und Abwechslung. In Istanbul empfing mich ein Vertreter der Interflug und sorgte dafür, dass ich zur Maschine nach Ankara kam. Was mich dort erwartete, wusste ich nicht.

Die Botschaft der DDR hielt nichts von dieser Solidaritätsaktion. Gerade hatte sie den Weg für bessere Wirtschafts- und sonstige Beziehungen freigemacht, und nun kam ich.

Auf dem Flugplatz standen statt der DDR-Diplomaten zwei junge Leute, Studenten, wie sich herausstellte. Sie trugen ein Schild mit meinem Namen und waren nicht zu übersehen. Ich war beruhigt: Es gab eine Organisation, die sich um mich kümmerte und die nicht der Sicherheitsdienst war. Mit einem kleinen, alten Pkw brachten sie mich zum Hotel, wo ich bald andere Prozessbeobachter aus anderen Ländern entdeckte. Wir halfen uns gegenseitig, denn die Organisation war zwar für die Bedingungen türkischer Illegalität bewunderungswürdig, unterschied sich aber doch von der Perfektion der mir vertrauten Delegationsbetreuung der DDR. Immerhin: man sprach deutsch. Und irgendwie erfuhr ich auch, dass wir am nächsten Morgen abgeholt und zum Staatssicherheitsgericht gebracht werden würden.

Das Gericht war weiträumig von starken Polizeikräften abgesperrt. Die Polizisten sahen sehr schick, stattlich und martialisch aus. Sie trugen weiße Handschuhe und waren sich ihrer Bedeutung bewusst. Manche trugen Maschinenpistolen, andere waren mit Helmen und Schlagstöcken ausgerüstet. Die Volkspolizisten daheim hielten in meinen Augen keinen Vergleich mit ihnen aus. Polizist war wohl in der Türkei im Gegensatz zur DDR ein attraktiver Beruf. Unser Fahrer machte uns irgendwie verständlich, was wir sagen mussten, falls uns die Polizisten über ihn befragen würde. Nur Ausländer durften nämlich die Polizeisperren passieren. Wir sollten ihn als unseren Dolmetscher ausgeben. Pech war nur, dass er kein Deutsch sprach. Einige Worte versuchten wir ihm noch schnell zu Demonstrationszwecken beizubringen. Wir hatten Angst um ihn. Aber alles ging gut.

Vor dem Gericht herrschte großes Gedränge. Von der Straße, die in einem mit villenartigen Häusern bebauten Viertel lag, führte eine Freitreppe zu dem erhöht liegenden Gerichtsgebäude, das sich nicht wesentlich von den Villen seiner Umgebung unterschied. Auf der Treppe drängten sich ausländische Prozessbeobachter und Journalisten. Vor dem Gebäude verweigerten Polizisten den Eintritt. Es herrschte eine gespannte Atmosphäre. Zivilisten mit Sprechfunkgeräten taten sehr geschäftig. Niemand wusste, ob wir eingelassen oder vertrieben werden würden. Zum Glück waren viele Westdeutsche präsent, die Türkeierfahrung besaßen und mich beruhigten. Sich widersprechende Parolen kursierten. Einer warnte mich, die Treppe wäre gefährlich, wenn die Polizei sie räumen würde. Die Räumung erfolgte tatsächlich, aber gewaltfrei. Wir warteten auf der Straße in der glühenden Hitze des späten Vormittags. Nur sechs Personen wurden schließlich in das Gericht eingelassen, unter ihnen Mikis Theodorakis, der eine Zeitlang neben mir gestanden hatte, und Lord Gifford, ein englischer Anwalt und Parlamentarier.

Irgendwann brachte ein Bus die Angeklagten. Die Türken, die sich außerhalb des ersten Absperrungsringes versammelt hatten, applaudierten lautstark. Die Polizei blieb ruhig. Später erfuhren wir, dass die Sympathiekundgebungen der Türken auch im Gerichtssaal zu hören gewesen waren.

Zur Verteidigung der Angeklagten, zu denen neben Kutlu und Sargin noch vierzehn andere Kommunisten gehörten, hatten sich vierhundert Rechtsanwälte gemeldet. Erschienen waren zum ersten Verhandlungstag nach meiner Erinnerung 170 Verteidiger. Im Verhandlungssaal fanden 70 von ihnen keinen Platz. Die anwesenden Verteidiger verlangten, wie wir später erfuhren, einen größeren Saal, das aber wurde abgelehnt. Darauf beschlossen sie, die Verhandlung zu boykottieren. Sie verließen nach und nach unter Abgabe entsprechender Erklärungen den Gerichtssaal. Kameraleute und Fotografen, denen der Zugang zum Gerichtssaal gleichfalls verweigert worden war, legten demonstrativ ihre Apparate auf die Straße, ein Rechtsanwalt legte seine Robe dazu. Das alles wurde fotografiert und von der Menge beklatscht.

Allmählich entspannte sich jedoch die Situation. Nach der Mittagspause waren durch den Abzug vieler Verteidiger Plätze im Saal freigeworden und einige Ausländer wurden eingelassen. Mir gelang es, in den Gerichtssaal vorzudringen. Das Tohuwabohu war in meinen DDR-Augen beachtlich. So waren Angeklagte, die sich auf freiem Fuß befanden, nicht in den Saal eingelassen worden. Ausländer mussten ihre Ausweise abgeben, die ungeordnet verwahrt und später ohne nähere Prüfung nach Gutdünken wieder ausgehändigt wurden. Schrecklich die Vorstellung, plötzlich ohne Pass zu sein.

Vertrauenerweckend wirkte das also auf mich nicht.

Später gewöhnte ich mich an türkische Verhältnisse. Angst und Unsicherheit ließen nach, wenn ich einen Dolmetscher bei mir hatte und einigermaßen wusste, worum es ging.

Der Saal hatte Ähnlichkeit mit DDR-Gerichtssälen, nur das Prozedere war anders. Die sechzehn Angeklagten, unter ihnen zwei Rechtsanwälte, saßen unterhalb des erhöhten Gerichtstisches in einem Karree, das von mehreren Bankreihen innerhalb der rechten vorderen Saalhälfte gebildet wurde. Die linke Seite daneben wurde von den Verteidigern besetzt. Sie saßen eng nebeneinander und waren ohne jede Schreibmöglichkeit.

Das Karree der Angeklagten war von Soldaten umstellt. Die Zuschauer saßen auf den hinteren Bänken und benahmen sich für meine Begriffe ungezwungen. Einige brachten den Angeklagten rote Nelken und begrüßten sie durch Handschlag. Den Soldaten war das nicht recht, aber sie ließen es zu. Viele Zuschauer fotografierten und hörten damit auch nicht auf, als die Verhandlung schon begonnen hatte. Ich hatte natürlich meinen Fotoapparat zu Hause gelassen und benahm mich auch sonst artig nach Art meines Landes. Das reichte aber nicht. Ich hatte die Beine übereinander geschlagen. So etwas war offenbar ungehörig und wurde bei mir wie bei anderen Zuhörern später von einem Gerichtsdiener auf Weisung des Vorsitzenden moniert. Andere Länder andere Sitten.

Die Richter betraten den Saal ohne Robe. Sie zogen hinter ihren Sesseln, soweit sie Zivil trugen, die Jacketts aus, reichten sie von Mann zu Mann aus dem Saal (es war eng hinter dem Richtertisch) und zogen coram publico ihre Roben an: schöne Roben, mit hochgestellten steifen roten Kragen im Biedermeierstil. Auch die Roben der Verteidiger hatten rote Aufschläge, wenn auch keine hochgestellten Kragen.

Danach begann umständlich der Aufruf der erschienenen Verteidiger. Jeder Name wurde aufgenommen. Protokolliert wurde von einer Frau, die in der Mitte unterhalb des Richtertisches saß und auf einer mechanischen Schreibmaschine mit bewunderswerter Schnelligkeit schrieb, was der Vorsitzende ihr diktierte, obgleich sie so gut wie er (vielleicht sogar besser) hörte, was die Verteidiger laut meldeten.

Eine Verhandlung in einer Sprache, die man nicht versteht, ist besonders ermüdend. Aber was bedeutet das schon, wenn man ihr aus Gründen der Solidarität beiwohnte. Ich hielt durch und zwang mich, nicht die Beine übereinanderzuschlagen. Irgendwann war die Gerichtsverhandlung zu Ende. Wir gingen in dem Glauben, dass es am nächsten Tag so weitergehen würde. Viel schien nicht passiert zu sein. Am späten Nachmittag fand eine Konferenz für die ausländischen Beobachter bei Rechtsanwalt Sansal statt, der anscheinend der »Chef-Verteidiger« war. Er berichtete, die türkische Regierung hätte ihre Taktik unter dem Eindruck der starken internationalen Solidarität geändert. Schon vor dem Prozessbeginn seien die vorgesehenen Richter ausgewechselt worden und im Verlauf des Verhandlungstags selbst sei die Haltung des Gerichts weniger hart gewesen als zu Beginn. Die türkische Regierung sei nicht selbstsicher. Im Verlauf der Zusammenkunft brachte ein »Bote« die Nachricht, die Verhandlung würde erst am 17. Juni fortgesetzt werden. Solange wollte und konnte ich nicht bleiben. Anderen Beobachtern ging es genauso. Wir vermuteten, das sei der Sinn dieser Vertagung.

Insgesamt nahm ich vom Juni 1988 bis zum September 1989 achtmal an Verhandlungen des Staatssicherheitsgerichts in Ankara teil. Die Verhandlungen dauerten oft nur Minuten und hatten nur formellen Inhalt. Lange Unterbrechungen der Hauptverhandlung bereiteten keine prozessualen Probleme. Richter, die in Urlaub waren, wurden durch andere ersetzt. Es war in der Türkei, wie ich von türkischen Gesprächspartnern erfuhr, keine Seltenheit, dass Prozesse im Sande verliefen. Sie wurden einfach ohne Ergebnis nicht fortgeführt, wobei der Angeklagte nicht sicher war, dass die Verhandlung nicht nach Jahr und Tag doch wieder aufgenommen werden würde.

Es fiel mir schwer, aus den unterschiedlichen Eindrücken über türkische Verhältnisse ein Bild zu zeichnen. Einerseits hatten die türkischen Verteidiger größere Freiheiten als in der DDR, so etwa, wenn sie demonstrierten und protestierten. Andererseits drohten drakonische Strafen schon für die bloße Äußerung der unbestreitbaren Tatsache, dass es eine kurdische Sprache gebe und dass die Kurden entgegen der offiziellen Sprachregelung keine »Bergtürken« seien. Auch Verteidiger wurden in solchem Zusammenhang angeklagt und inhaftiert.

Die Verbreitung der marxistischen Ideologie war verboten, aber es gab Bücher von Lenin, Stalin und anderen in den Buchläden zu kaufen. Unser türkischer Dolmetscher erklärte uns, zu wissenschaftlichen Zwecken könne man sie erwerben, aber es könne sein, dass die Polizei den Käufer zu Hause »besuche«, um sich vom Zweck des Kaufes zu überzeugen.

Nach den Gerichtsverhandlungen, wenn man sie so bezeichnen darf, fanden gelegentlich auch größere Veranstaltungen in Lokalen statt, in denen Künstler verschiedener Länder auftraten und ihre Solidarität mit den Angeklagten zum Ausdruck brachten. Keine Polizei schritt ein. Bei solchen und anderen Gelegenheiten kamen wir mit Menschen zusammen, die zum Teil jahrelang in Gefängnissen gesessen hatten und gefoltert worden waren. Das waren Kurden oder Kommunisten, die bereit waren, Karriere, Freiheit und Leben für ihre Idee und ihr Land einzusetzen.

Auch die Begegnung mit einer unpolitischen Türkin blieb mir in Erinnerung. Sie wollte zur Arbeit in die Bundesrepublik zurückfliegen und wartete wie wir auf das Flugzeug. Sie wunderte sich, dass wir – ich war in Begleitung eines Dolmetschers aus der DDR – nach Berlin zurückkehren wollten und nicht die Gelegenheit nutzten, uns in die Bundesrepublik abzusetzen. Das konnte sie nicht verstehen. Sie war also alles andere als eine »Rote«. Polizei und Folter waren jedoch auch für sie identisch. Ihr Bruder war gerade wegen eines unpolitischen Vergehens festgenommen und gefoltert worden. Sie selbst hatte offenbar auch keine guten Erfahrungen mit der türkischen Polizei gemacht. »Arrogant und brutal« nannte sie die fein aussehenden Polizisten.

Für mich stand nach meinen Besuchen fest: In der Türkei wird gefoltert, in der Türkei werden die Kurden blutig unterdrückt. Ich habe seitdem kein Verständnis dafür, dass die ausgeprägte Sensibilität für die angebliche Verletzung von Menschenrechten in der DDR keine Entsprechung bei der Beurteilung der Verhältnisse in der Türkei findet. Nach einem Internationalen Gerichtshof wird nicht gerufen, von »Unrechtsstaat« ist keine Rede, Waffenlieferungen sind selbstverständlich. Und über eine Mitgliedschaft in der EU wird nachgedacht, von einer »privilegierten Partnerschaft« ist schon lange die Rede.

Von zunehmenden Interesse waren für mich die Begegnungen mit bundesdeutschen Prozessbeobachtern. Es waren meist Rechtsanwälte, die zu den Grünen, zur SPD oder zu einer linken Anwaltsorganisation gehörten. Die anwesenden Mitglieder der DKP waren Nichtjuristen. Da wir häufig in demselben Hotel wohnten ergaben sich Gespräche, die unter dem Eindruck der Veränderungen in der UdSSR standen. Vorsicht auf beiden Seiten schränkte den Meinungsaustausch ein. Mich interessierte besonders die Haltung der DKP, über die wir in der DDR wenig erfuhren. Meine Erwartungen waren jedoch größer als das, was ich an Erkenntnissen gewann. Unabhängig davon blieb als Erinnerung haften, dass die Prozessbeobachter durchweg nicht politische Dienstreisende, sondern Menschen waren, die sich uneigennützig für die Sache der Demokratie, der Menschenrechte und des Sozialismus in der Türkei einsetzten. Selbst die Vertreter der BRD-Botschaft, die an dem Prozess teilnahmen, machten auf mich den Eindruck, nicht nur ihre Dienstpflicht zu erfüllen.

Bei diesem starken Engagement von Sozialisten, Liberalen und Grünen nicht nur aus der BRD, sondern auch aus Griechenland, England und Frankreich fiel das Fehlen von Vertretern sozialistischer Länder besonders auf. Lediglich einmal bemerkte ich einen TASS-Vertreter. Offenbar wollte kein sozialistisches Land die Beziehungen zur Türkei durch eine Demonstration der Solidarität mit den angeklagten Kommunisten belasten. Schließlich hatte auch unsere Botschaft am Anfang dem Unternehmen ablehnend ge-

genübergestanden. Erst später setzte Berlin durch, dass man mir beim Aufenthalt behilflich war. Ökonomische und politische Interessen widersprachen der ideologischen Solidarität. Ich rechnete es Erich Honecker hoch an, dass er, vielleicht im Gedanken an seine eigene Haftzeit, die Solidarität mit den angeklagten türkischen Genossen und ihrer ganzen Partei über solche politischen Tagesinteressen stellte.

Meine späteren Aufenthalte in Ankara ähnelten den Erlebnissen am ersten Verhandlungstag. Man hoffte immer wieder auf eine baldige Entlassung der Inhaftierten, weil alle glaubten, Ankara würde dem Druck des Auslands nachgeben. Es wurden Termine genannt, die immer wieder verstrichen, ohne dass die Entlassung erfolgte. Als ich Ende Januar 1989 wieder von einer Reise zurückkehrte, wurde mir von dem für die Türkei zuständigen Mitarbeiter im Zentralomitees gesagt, Hermann Axen wolle mit mir über die künftigen Solidaritätsaktionen für Kutlu und Sargin sprechen.

Am 13. Februar 1989 war es so weit. Ich kam zum ersten Mal nach fast vierzig Jahren persönlich mit einem Mitglied des Politbüros zusammen. Ich hatte mich sorgfältig vorbereitet, um Vorschläge zu unterbreiten, wie den beiden wirksamer beigestanden werden könne. Ich nahm das ernst, es war das Wenigste, was ich für die türkischen Genossen tun konnte. Welch ein Unterschied zwischen den türkischen Genossen und uns. Wir saßen, wie wir glaubten, warm und sicher – sie hielten den Kopf für die Sache hin.

Alles bei der Begegnung mit Axen verlief nach DDR-Standard. Ich ging zu dem Genossen, der die Türkei bearbeitete, und der geleitete mich zum Büro Axen am Posten auf der zweiten Etage vorbei. Ein übliches Vorzimmer, ein übliches DDR-Chefzimmer, allerdings mit gehobenem Standard. Axen konferierte mit uns, sozusagen von Gleich zu Gleich, in der obligatorischen Sesselecke. Die Sekretärin brachte Kaffee, und Hermann Axen sprach. Er erzählte vor allem, wie damals, nach 1933, die Solidarität mit Thälmann organisiert worden war. Das war sozusagen das Muster.

Axen war gebildet, sprach mehrere Sprachen, war Autodidakt, hatte selbstlos und mutig Jahrzehnte vor 1945 für »die Partei« gelebt und gearbeitet. Er war freundlich und höflich, meine Frau hätte gesagt: Er war lieb.

Von mir allerdings wollte er gar nichts wissen. Er redete mich mit »Sie« an, dachte wohl, ein Rechtsanwalt ist immer ein bürgerlicher Rechtsanwalt.

Ich wunderte und fragte mich, wozu er mich eingeladen hatte? War ich in der Türkei gewesen oder er?

Ich setzte einige Male an, um meine fleißig erarbeiteten Vorstellungen zum Besten zu geben. Erfolglos.

Der zuständige Genosse sagte gar nichts. Er wusste Bescheid.

Etwa ein Jahr später duzte mich Genosse Axen. Er saß im Gefängnis, wenn auch kurz, und ich war nun sein Verteidiger.

Und der Genosse, der mich damals zu ihm geleitet hatte, war arbeitslos.

Computerschmuggel (1988)

Anfang November 1988 beauftragte mich eine junge Frau mit der Verteidigung ihres inhaftierten Ehemanns. Das war ein Wissenschaftler, der am Anfang seiner Laufbahn stand. Es handelte sich um eines jener Delikte, die in dieser Zeit die Gerichte der Hauptstadt der DDR sehr häufig beschäftigten: Verstoß gegen das Zollgesetz – illegale Einfuhr von Computern.

Seit und solange es zwei Währungen in Deutschland gab, gab es Schmuggel. Die damit zusammenhängende Kriminalität war über mehr als vierzig Jahre das tägliche Brot Ostberliner Verteidiger. Auch ich hatte ihre verschiedenen Erscheinungsformen miterlebt. Sie widerspiegelten die wirtschaftliche, technische und politische Entwicklung.

Lange Zeit beherrschten die Prozesse gegen Kaffee- und Zigarettenschieber die Szene. Offenbar aus sowjetischen Quellen versorgten sich die Täter mit angeblich amerikanischen und sonstigen westlichen Zigaretten, die in sowjetisch geleiteten Zigarettenfabriken in der SBZ hergestellt wurden, und brachten sie illegal nach Westberlin. Der Zoll im Westen suchte sie wegen der Hinterziehung der Tabaksteuer, und im Osten wurden sie wegen der illegalen Einfuhr von Westgeld bestraft – wenn man ihrer habhaft wurde. Die Grenze war offen, und nicht jeder konnte kontrolliert werden. Die Schmuggler trugen spezielle Westen, in denen die Ware verborgen war.

Ähnlich war die Tätigkeit der Kaffeeschieber. Die Hintermänner wurden nie gefasst und sollen sehr reich geworden sein. Von manchem, der später in Handelskreisen bekannt wurde, hieß es, er habe auf diese Weise den Grundstock für seinen Ost-West-Handel gelegt. Es kam die Zeit, in der die DDR versuchte, Westberlin wirtschaftlich in die Knie zu zwingen. An etlichen Hauswänden las man die an Westberliner gerichtete Reklame: »Der kluge Berliner kauft in der HO.«

Was der HO recht war, war so manchem Ostberliner oder »Zonenbewohner« billig. Gänse, Eier und andere Lebensmittel wurden, nicht immer hygienisch, über die Grenze geschmuggelt und auf Westberliner Märkten angeboten. Der Einzelhandel Westberlins litt darunter, die Versorgung der Ostberliner Bevölkerung aber auch. Hohe Strafen änderten nichts. Alles, was Marktwert besaß, ging über die Grenze. Meine kuriosesten Fälle betrafen den Schmuggel von Wasserflöhen und den Versuch, die Pferde eines Zirkus über die Grenze zu bringen.

Nach Art von Epidemien löste eine Schmuggelwarenart die andere ab. Hart war die Ära der Buntmetalldiebstähle. Die Messingklinken in den Häusern, die Schienenverbinder der S-Bahn, selbst Denkmale wurden demontiert und bei Westberliner Schrotthändlern verkauft. Buntmetall war zu jener Zeit auf dem Weltmarkt knapp und teuer. Es gab feste Preise bei den neuen Volksrichtern: 1 kg Buntmetall = 1 Jahr Zuchthaus. In den Urteilsgründen wurde die besondere Verwerflichkeit dieser Diebstähle mit der Unterstützung des imperialistischen Koreakrieges begründet. Gestützt wurden die Verurteilungen auf ein Gesetz aus der Weimarer Republik: die Verordnung über den Verkehr mit unedlen Metallen.

Ebenfalls jahrelang wurde mit optischen Geräten, also Foto- und Filmapparaten sowie Ferngläsern geschoben, auch Strümpfe und Schreibmaschinen liefen gut. Das Handelsschutzgesetz drohte dafür drakonische Strafen an, aber sie nutzten nichts. Erst als die DDR-Industrie nicht mehr konkurrenzfähig und ihre Erzeugnisse weniger gefragt waren, endete diese Welle der Wirtschaftskriminalität.

Waren die 50er Jahre durch eine Ost-West-Kriminalität geprägt, in der die illegale Ausfuhr aus der DDR dominierte, änderte sich das in der Folgezeit. Seit den 60er Jahren wurde das illegale Geschäft ganz überwiegend mit Einfuhren aus dem Westen gemacht. Die Gegenstände, die schwarz über die Grenze gebracht wurden, markierten die Etappen des technischen Fortschritts.

Da gab es z. B. die Woge der Konverter-Importe. Das *ZDF* konnte ohne Konverter nicht empfangen werden, weil es in der DDR kein zweites Programm gab. Später kamen die Taschenrechner, die billigen Quarzuhren, elektronische Musikinstrumente und zum Schluss eben Computer und Disketten. Gebracht wurden die begehrten Waren von allen, die über die Grenze reisten, also von Rentnern und Ausländern, darunter auch Diplomaten.

Mein neuer Mandant, ich nenne ihn einfach Doktor, war nicht nur wissenschaftlich, sondern auch ökonomisch begabt. Er kannte ein amerikanisches Ehepaar, das ihm die Computer und Disketten so lieferte, wie er sie bestellte. Das Ehepaar wurde an der Grenze nicht durchsucht und hatte nichts zu befürchten. Das Geschäft war äußerst lukrativ. Zwar gab es Computer und Disketten auch in der DDR, aber sie waren wesentlich teurer und sicher auch nicht so gut. Der Absatz der illegal eingeführtem Geräte vollzog sich scheinbar ganz legal, gefahrlos und auf jeden Fall einfach. Man brachte den Computer zu einem der darauf spezialisierten A&V-Läden. Diese Läden für An- und Verkauf waren erst in den letzten Jahren eröffnet worden und erfreuten sich großer Beliebtheit, weil sie den Mangel mit »Waren aus zweiter Hand« kompensierten. Dort konnte man auch Westwaren mit gutem Gewinn verkaufen. Wenn die von Oma aus dem Westen geschickten Schuhe nicht passten, erzielte man für sie hier gutes Geld, mit dem man im Exquisit andere kaufen konnte. So weit so gut und so legal. Illegal war es, Waren hinter dem Rücken des Zolls mit dem Vorsatz einzuführen, sie gewinnbringend zu veräußern. Das war Handel und verstieß mindestens gegen das Zollgesetz.

Scheinbar alles klar. Die Computer, die in Massen dem A&V angeboten wurden, waren erkennbar neu. Sie waren oft noch in der Originalverpackung. Es war nahezu ausgeschlossen, dass hier ein Geschenk vorlag, welches nicht genehm war und deshalb vom Beschenkten gleich weitergereicht worden war. Betriebe, die Computer suchten und sie auf andere Art nicht bekamen, meldeten sich bei A&V an. Sie wurden auf Wartelisten erfasst und bevorzugt abgefertigt.

Für den Verkäufer war das Verbotene seines Tuns auf diese Art schwer erkennbar. Natürlich sprach sich in den einschlägigen Kreisen schnell herum, was passieren könnte. Und spätestens dann wusste man Bescheid. Doch die Verkäufer hofften, sie würden nicht erwischt, und der Erlös von etwa 20 000 Mark pro Computer lockte. Alle Verkäufer mussten sich ausweisen und wurden mit ihren Anschriften erfasst. »Die Organe« checkten mit Hilfe der neuen Technik die Namen der Verkäufer. Wer mehr als einmal einen Computer verkauft hatte, war fällig. »Fällig sein« hieß in der Regel zwei Jahre Freiheitsstrafe plus Einziehung des Verkaufserlöses.

Dem Spuk hätte der Staat durch die Nichtabnahme solcher Geräte ein Ende machen können, aber das wollte er anscheinend nicht. Die DDR brauchte die Computer. Zwei Seelen wohnten in der Brust des Arbeiter-und-Bauern-Staates. Die eine hatte ihren Sitz in der Zollbehörde, die andere in den Ministerien, die für Wirtschaft, Wissenschaft und alles, was Computer brauchte, zuständig waren. Wir Verteidiger sahen das trotz der Erwerbsquelle, die der

Zustand für uns war, mit Missbilligung. Ich versuchte, leitende Justizfunktionäre zur Abstellung des Missstandes zu bewegen, Erfolg hatte ich nicht.

Mein Mandant war ein Ausnahmemensch. Er verfügte nicht nur über glänzende merkantile Fähigkeiten, ihm fehlte nicht nur jedes Unrechtsbewusstsein, sondern er war auch überzeugt, dass er der DDR als Blockadebrecher einen großen Dienst mit einem immensen volkswirtschaftlichen Nutzen erbracht hätte. Dazu hatte er umfangreiche Kosten-Nutzen-Rechnungen angestellt, von denen er zunächst mich und dann das Gericht zu überzeugen trachtete. Hätte er nicht selbst einen riesigen und dazu noch spekulativen Vorteil davon gehabt – dann wäre das Gewicht seiner Argumente vielleicht größer gewesen. Aber auch so schien mir, dass er so unrecht nicht hätte und dass das rigide Vorgehen des Zolls so recht nicht war.

Der umfangreiche Prozess sollte noch im November 1988 stattfinden, aber da ich nach Ankara musste, war der Vorsitzende gezwungen, den Prozess auf Januar 1989 zu vertagen. Ich konnte mir vorstellen, was das für ihn bedeutete. Der Vorsitzende war kein Volksrichter, er hatte studiert und promoviert. Sein hohes Amt erfüllte ihn ganz. Seine Verhandlungsführung war so, dass er eine Kollegin von mir, die sich durchaus nicht die Butter vom Brot nehmen ließ und läßt, fast zu Tränen reizte. Ich hatte das damals als Kollegiumsvorsitzender moniert, und der Direktor des Stadtgerichts hatte ihm wohl Vorhaltungen gemacht. Ich nehme nicht an, dass er mich deswegen mehr schätzte als zuvor, aber immerhin wurde er vorsichtiger.

Als der Prozess begann, waren mein Mandant und jener Vorsitzender ein in jeder Beziehung ungleiches Paar. Sie hatten folglich überhaupt kein Verständnis füreinander. Der Täter argumentierte mit gesundem Menschenverstand, der Vorsitzende mit sozialistischer Jurisprudenz der herben Art. Ich beantragte Freispruch, was zwar der Rechtsprechung *wider*sprach, aber nach meinen Vorstellungen und denen vieler meiner Kollegen der sozialistischen Gesetzlichkeit *ent*sprach. Das Urteil gab mir nicht Recht und die Berufung auch nicht.

Von einem Schöffen hörte ich später, der Vorsitzende hätte über mein Plädoyer geäußert: »Wenn man den Wolff hört, denkt man, es spricht der Klassenfeind.«

Mehr gegen mich zu unternehmen traute er sich offenbar nicht. Immerhin hatte ich ihm eine Ermahnung eingebracht, war nach Ankara geflogen – und zurückgekommen. Man konnte nie wissen, wo die stärkeren Bataillone standen.

Einige Monate später war die Klassenfeind-Ideologie gewendet. Jetzt stand der Feind im ehemaligen Politbüro.

Der Vorsitzende erließ einen Eröffnungsbeschluss gegen ein Politbüro-Mitglied, der noch weniger rechtlich begründet war als das Urteil gegen meinen Mandanten. Und er war doch bei alledem ein guter Jurist in der DDR. Er sah überhaupt nicht ein, warum er nicht auch ein guter Jurist in der BRD sein sollte. Doch Frau Jutta Limbach gab auch ihm keine Chance.

Wie wohl überlegt!

Jetzt sind alle DDR-Juristen-Karrieristen beseitigt. Nun wird alles besser. Jetzt haben wir nur noch BRD-Juristen, die nicht an ihre Karriere denken.

Erneut Vorsitzender des Rechtsanwaltskollegiums (1984-1988)

Als ich 1970 aus dem Vorstand des Kollegiums ausschied, war mir nicht leicht zumute. Im Laufe der Jahre hatte ich das jedoch verschmerzt. Neue Aufgaben, die nicht zur Routine des Anwalts gehören, hatten mir dabei sehr geholfen. Die Tätigkeit als Parteisekretär war eine dieser neuen Aufgaben. Sie gab mir die Möglichkeit, mich wieder ein wenig in die Anwaltspolitik einzumischen. Es war jedoch ein Irrglaube anzunehmen, dass ein Parteisekretär viel zu sagen hätte. Schließlich richtete ich mich in meiner persönlichen Planung allmählich darauf ein, Rentner zu werden. Ich wollte nicht aufhören, Anwalt zu sein, aber ich wollte nur noch Mandate übernehmen, die mich befriedigten und daneben Zeit für außerberufliche Tätigkeiten ließ, zu denen ich bisher nicht gekommen war. Die Dinge entwickelten sich jedoch unvorhergesehen.

Mein Nachfolger als Kollegiumsvorsitzender war ein äußerst fähiger Anwalt. Ich hatte ihn selbst seinerzeit vorgeschlagen. Praktisch kam kein anderes Mitglied des Kollegiums damals für diese Aufgabe in Frage. Er besaß großes Organisationstalent, sehr gute Rechtskenntnisse, und die Verwaltung des Kollegiums bereitete ihm offenbar genau soviel Spaß wie mir. Leider war er nicht sehr kommunikationsfähig. Sein Verhalten wirkte manchmal schroff und gefühllos. Zwischen uns beiden waren die Beziehungen nie freundschaftlich geworden, obgleich ich das anfangs angestrebt hatte und wir jahrelang im Vorstand gemeinsam gearbeitet hatten.

Mit ihm war es anders als mit den anderen Vorstandsmitgliedern, die untereinander alle persönliche Beziehungen unterhielten. Im Laufe der Jahre isolierte er sich immer stärker von den Mitgliedern des Kollegiums. Es entstand Missstimmung. Ende 1983 war diese so angewachsen, dass einige Mitglieder nach einem Ausweg suchten. Im Kollegium gab es eine Gruppe jüngerer Anwälte, die sich schon vom Studium her kannte und die viele gemeinsame Auffassungen teilten. Sie fielen in Versammlungen dadurch auf, dass sie in verschiedenen Fragen eine von der Partei- oder Vorstandslinie abweichende Auffassung vertraten. Unter uns hießen sie spöttisch nach der damals chinesischen Oppositionsgruppe: die Viererbande. Sie und andere nannten mich »Ayatollah«, weil ich ihnen als Parteisekretär wohl zu fundamentalistisch war. Man darf diese Bezeichnungen nicht überbewerten. Sie entsprachen der Art, wie wir intern miteinander umgingen und kennzeichnen das offene Klima im Kollegium. Unser langjähriger Instrukteur der Bezirksleitung der SED, Fritz Marquardt, trug den Spitznamen »Pater Ignatius«. Bös war das alles nicht gemeint.

Die »Viererbande« war besonders unzufrieden mit dem Vorsitzenden. Sie bestand bei aller Opposition aus aktiven Partei- und Kollegiumsmitgliedern. Ihre Meinung zählte etwas. Gregor Gysi gehörte auch zu ihnen. Als wieder einmal, wohl in Vorbereitung von Wahlen zur Leitung der Betriebsparteiorganisation der SED, sogenannte persönliche Gespräche zwischen der Parteileitung und allen Mitgliedern stattfanden, erklärte eine größere Zahl Mitglieder offen ihre Unzufriedenheit mit dem Vorsitzenden. Das war beachtlich. Die geheime Wahl zum Vorstand, die im März 1984 fällig war, hätte ein Resultat bringen können, das unter keinem Aspekt wünschenswert gewesen wäre.

Im Ergebnis von Diskussionen erklärte der Vorsitzende daraufhin, dass er nicht mehr kandidieren werde. Gregor Gysi, der in der Perspektive als Vorsitzender vorgesehen war, sollte sich erst als Parteisekretär bewähren. Übrig blieb schließlich nur ich. Die persönlichen Gespräche hatten ergeben, dass es keine Widerstände unter den Mitgliedern gegen mich geben würde. Auch die »Viererbande« hatte nichts gegen den »Ayatollah«. Am 28. März 1984 wurde ich nach diesem Vorspiel für eine zweite Amtszeit gewählt. Mit Rücksicht auf mein Alter hatte ich meine Bereitschaft auf vier Jahre begrenzt.

Das Kollegium hatte sich in den vierzehn Jahren seit dem Ende meiner ersten Amtsperiode erheblich verändert. Die Zahl der Mitglieder war von 47 auf inzwischen 64 gestiegen. Absolut gesehen war das sehr wenig, aber alles ist relativ und ein Zuwachs von etwa vierzig Prozent machte schon etwas aus. Die ursprüngliche Homogenität der Mitgliedschaft war beeinträchtigt. Die neuen, jüngeren Mitglieder hatten andere Lebensläufe, andere Ansichten, andere Vorstellungen.

Die Zahl der Mandate war gegenüber 1970 kaum gewachsen. 1970 hatte das Kollegium insgesamt 9 382 Mandate und 1984 wenig mehr, nämlich 10 784. Entfielen 1970 im Durchschnitt auf den Anwalt 200 Mandate, waren es 1984 nur noch 169 Aufträge. Das Einkommen der Kollegiumsmitglieder vor Abzug der Steuern und der Sozialversicherungsbeiträge war gestiegen. Es betrug 1970 pro Mitglied und Monat im Durchschnitt 2 822 Mark, fünfzehn Jahre später waren es 3 781. Es gab nach wie vor kein garantiertes Mindesteinkommen, aber auch kein normiertes Höchsteinkommen.

Ein entsprechender Wunsch des Ministeriums, dem sich das Kollegium gebeugt hatte, wurde dennoch nie realisiert. Die Einkommensunterschiede waren für DDR-Verhältnisse erheblich. Insgesamt gehörten die Anwälte weiterhin zu den höchstverdienenden Berufsgruppen in der DDR.

Erheblich gestiegen war die Zahl der unentgeltlichen Rechtsauskünfte, die von jedem Mitglied erteilt wurden. Sie betrug 1970 insgesamt 7 042 oder 150 pro Anwalt, 1984 insgesamt 14 012 oder pro Anwalt 219. Die Entwicklung in den anderen Kollegien der DDR war, bei allen Unterschieden im Einzelnen, im Großen und Ganzen ähnlich.

Die Stellung der Anwaltschaft in der Justiz sowie darüber hinaus hatte sich seit 1970 zum Besseren gewendet. Die Tendenz, den Anwälten größere Aufmerksamkeit und mehr Spielraum zu gewähren, setzte sich in vielen Bereichen fort. Anwälte konnten seit der neuen ZPO von 1976 auch in erster Instanz in Arbeitsrechtssachen auftreten. In Strafverfahren war nach der StPO von 1968 schrittweise eine großzügigere Praxis bei der Erteilung von Sprecherlaubnissen für Untersuchungshäftlinge und der Genehmigung der Akteneinsicht eingeführt worden. An die Stelle der Verordnung über die Bildung der Kollegien der Rechtsanwälte war 1980 das Gesetz über die Kollegien der Rechtsanwälte getreten.

Inhaltlich waren die durch das Anwaltsgesetz eingeführten Neuerungen vorwiegend kosmetischer Natur. Typisch war, dass das Ministerium die Neuregelung in Form einer Verordnung einführen wollte. Die Rechtsanwaltschaft sollte auch dadurch von den anderen Rechtspflegeorganen, deren Stellung durch Gesetz geregelt war, abgehoben werden. Die Anwaltschaft, vertreten durch die Zentrale Revisionskommission, war natürlich für ein Gesetz. Sie obsiegte.

Ich bildete mir ein, dass wir das Prof. Wolfgang Vogel verdankten. Er hatte mich zu meiner Meinung nach dem Entwurf des Ministeriums gefragt, und ich war ihm wieder einmal mit dem Hinweis auf die Wirkung »auf den Westen« gekommen. Vogel besaß

Einfluss, wir hatten die Rechtspraxis. Es war ein Beispiel dafür, wie wir uns gegenseitig halfen und wie man in der DDR – wenn auch auf Umwegen – doch zum Ziel gelangen konnte.

Die Veränderungen waren jedoch nicht ausschließlich positiver Natur. Das Justizministerium hatte es verstanden, seine Position gegenüber den Kollegien zu verstärken. Bei geringerer Konfrontation war die Aufsicht komplett geworden. Das war lästig, auch wenn es in »friedlichen« Perioden keine greifbaren Nachteile brachte.

Nach dem Ausscheiden von Minister Kurt Wünsche aus dem Amt war 1972 Hans-Joachim Heusinger Minister geworden. Die Aufgaben eines Justizministers waren aus meiner Sicht bescheiden. Der Generalstaatsanwalt und der Präsident des Obersten Gerichts, beide im Gegensatz zu Heusinger Mitglieder der SED, hatten in der Justiz größere Kompetenzen, wenngleich auch sie vom Parteiapparat und vom Politbüro dominiert wurden. Justiz stand in der Liste politischer Prioritäten weiterhin am Ende. Die mühsame Vorwärtsbewegung soll damit nicht negiert werden. Mangels anderer Aufgaben – so meine unbescheidene Ansicht – wandte sich der Minister, mehr als seine Vorgänger, den Kollegiumsanwälten zu. Das war für mich ungewohnt und, wie gesagt, lästig.

Minister Heusinger war umgänglich, umgänglicher als alle seine Vorgänger. Er sah seine Aufgabe politisch und hielt die Anwälte, wenigstens auf diesem Gebiet, für ungebildet und zurückgeblieben. Er benutzte die Tagungen des Rates der Vorsitzenden, um auf die Mängel in den Kollegien und die Fehler der Rechtsanwälte unmissverständlich hinzuweisen. Lebhaft erinnere ich mich, wie Heusinger das Verhalten eines Verteidigers in einer Hauptverhandlung kritisierte. Die Strafsache hatte offenbar in einer gespannten Atmosphäre stattgefunden. Der Verteidiger ließ sich nicht disziplinieren. Der Richter, verärgert, forderte den Verteidiger auf, die Hand aus der Hosentasche zu nehmen. Dieser konterte: »Ziehen Sie sich erst mal den Schlips gerade!«

Das war ein schlimmes Beispiel mangelnder Verhandlungskultur. Das Oberste Gericht hatte es wahrscheinlich mit der Erwartung dem Minister mitgeteilt, dass dieser seine Anwälte zügelte. Und Heusinger wollte der Erwartung gerecht werden – vermute ich.

Ich fand derartige Kritiken nicht so gut und bat den Minister um ein persönliches Gespräch. Es wurde mir gewährt. Das war früher nicht oft geschehen. Ich war bestrebt, die Informationslinie von oben nach unten durch eine in umgekehrter Richtung zu ergänzen. Ich versuchte, Heusinger zu verdeutlichen, dass es für einen Vorgesetzten besser und angemessener wäre, seine Untergebenen nicht nur zu tadeln, sondern auch zu verteidigen. Ein Vorgesetzter solle seine Leute lieben, wenn es irgend geht. Er könne auch von den Anwälten Informationen haben, die Grundprobleme der Rechtspflege betreffen und die ihm nützen würden. Ich dachte dabei insbesondere an die Analysen. Irgendwie kamen wir uns näher.

Nach den ersten Gesprächen – oder war es nur ein Gespräch? – trafen wir uns nicht mehr allein. Ich nehme an, der für uns zuständige Mitarbeiter im Ministerium fühlte sich übergangen und hatte sich beim »Sektor«, d. h. bei der für die Justiz im ZK zuständigen Abteilung, beschwert. Weitere Gespräche fanden danach nur noch zu Dritt statt. Dritter war ein Vertreter des ZK, auch umgänglich, doch gesteuert von einer mittleren Etage des ZK nach deren Zielvorstellungen.

Unverändert geblieben war die Position der Kollegiumsvorsitzenden innerhalb der Hierarchie der DDR. Wie ich in der *Berliner Zeitung* am 3./4. Dezember 1994 las, war mein ehemaliger Mandant Karl Wilhelm Fricke der Auffassung, dass die Vorsitzenden der Rechtsanwaltskollegien »zu den wichtigsten Kadern im DDR-Rechtssystem« gehört hätten. Schön wär's gewesen! Wer die DDR kennt, kann über Frickes Missverständnis oder was es sonst sein mag nur staunen.

In mehr als zwanzig Jahren Vorsitzendentätigkeit habe ich nicht einmal mit Klaus Sorgenicht, dem Abteilungsleiter »Staat und Recht« im Zentralkomitee, gesprochen. Und mein Gespräch mit Hermann Axen, das ich bereits erwähnte, führte ich nicht in meiner Eigenschaft als Kollegiumsvorsitzender. Ich hätte es mir sehr gewünscht, mit einer wirklich kompetenten Persönlichkeit über die Probleme der Justiz und der Anwaltschaft zu reden.

Einmal saß ich in einem Präsidium neben Sorgenicht, er sagte: »Wir müssen uns einmal sprechen!«

Nichts wurde daraus. Mein höchster Gesprächspartner in Anwaltsangelegeheiten im ZK war der Leiter des Sektors Justiz. Auch er hatte nur selten für mich Zeit, und ich suchte das Gespräch mit ihm auch nur im äußersten Fall. Vielleicht lag es an mir, es war mein Fehler, dass wir nicht sprachen, aber es war so. Die Vorsitzenden von Rechtsanwaltskollegien im »DDR-Rechtssystem« waren, entgegen anderslautenden Darstellungen, unbedeutende Größen. Allenfalls in den Bezirken wurden sie noch einigermaßen beachtet; in der Hauptstadt Berlin spielte der Vorsitzende zu keiner Zeit eine wichtige Rolle. Erst 1989 hörte sich Egon Krenz einmal an, was Gregor Gysi, damals Vorsitzender des Rates, ihm zu sagen hatte. Das war für uns eine Sensation.

Im Prinzip habe ich in den vier Jahren meiner zweiten Vorsitzendenperiode nichts Umstürzendes zustande gebracht. Meine Bemühungen gingen in die Richtung, der Anwaltschaft mehr Ansehen, mehr Rechte und mehr Unabhängigkeit zu verschaffen.

Für das Ansehen der Rechtsanwaltschaft schien es mir im Arbeiter-und-Bauern-Staat wichtig, die Bedeutung von Rechtsanwälten in der Geschichte der Arbeiterbewegung deutlich zu machen. Dem Beruf des Rechtsanwalts haftete in der offiziellen DDR der Makel der Bürgerlichkeit an. Mit einem Referat in der Mitgliederversammlung des Berliner Kollegiums versuchte ich zu zeigen, wie, beim Vormärz beginnend, Rechtsanwälte führend in der demokratischen und dann sozialistischen Bewegung tätig waren. In die gleiche Richtung zielte die Stiftung einer Dr.-Kurt-Rosenfeld-Medaille.

Als unsere Oberen im Ministerium den Beschluss über diese Medaille im Protokoll der Sitzung des Berliner Vorstands lasen, waren sie entsetzt. Sie dachten, wir hätten einen eigenen Orden gestiftet und betrachteten das als endgültiges und sicheres Symptom von Größenwahn. Es handelte sich natürlich nicht um einen Orden, sondern um eine Bronzeabbildung des Kopfes von Dr. Rosenfeld (1877-1943) auf der einen Seite und der Eingangshalle des Justizgebäudes in der Littenstraße auf der anderen.

Unser Mann im Ministerium war beruhigt. Wir erhöhten sein Wohlbefinden, indem wir versprachen, der Minister würde die erste Medaille von uns erhalten. Das provozierte nach erneuten Überlegungen neues Misstrauen: Wer war eigentlich dieser Rosenfeld?

Nun, er verteidigte Rosa Luxemburg, Kurt Eisner und Georg Ledebour und zahlreiche Kommunisten vor dem Reichsgericht. Im *Weltbühnen*-Prozess vertrat er Carl von Ossietzky. Man könne sich darüber in der *Neuen Justiz* und in der Illustrierten *Freie Welt* informieren. Erst jetzt war man endgültig beruhigt. Der Minister nahm am 1. Oktober 1986 auf einer Mitgliederversammlung des Berliner Kollegiums die Medaille an. In seiner Rede nahm er sogar auf Feuchtwangers Buch »Die freien Berufe« Bezug, was für sich genommen bereits anzeigte, wie alles im Fluss war. Über die Medaille freute sich der Minister.

Auch auf diese, etwas höfische Weise versuchten wir, die Anwaltschaft aufzuwerten.

Im Frühjahr 1988 trat ich planmäßig von der Funktion des Vorsitzenden zurück. Ich sagte in meinem letzten Rechenschaftsbericht, ich täte es mit einem lachenden und einem weinenden Auge. Die große Stunde der sozialistischen Erneuerung und Demokratisierung schien auch für die Anwaltschaft gekommen zu sein. Ich würde nicht mehr verantwortlich dabei sein. Tragik der zu frühen Geburt, meinte ich. Die Jugend in Gestalt von Gregor Gysi werde der Nutznießer sein. Wieder ein Irrtum.

Es stand seit langem fest, dass Gregor Gysi Vorsitzender des Berliner Kollegiums werden würde. Das hieß nach bisheriger Übung, die allerdings nirgendwo geschrieben stand, er würde auch Vorsitzender des Rates der Kollegien werden. Doch da gab es Bedenken im Ministerium und im ZK. Man hatte plötzlich einen anderen Kandidaten im Auge, ihn kannte und schätzte man mehr. Er habe Erfahrung in der Leitung eines Kollegiums. Nach meinem Geschmack war er nicht.

Der ausgewählte Kandidat hatte einen sehr langen Rechenschaftsbericht über die Arbeit des Vorstandes seines Kollegiums gegeben. Ebenfalls nicht mein Geschmack, zu lang, zu schön, zu inhaltsarm. Ich hoffte, der Minister empfände wie ich. Der Minister pflegte solche Berichte nicht selbst zu lesen. Er war aber, wie gesagt, ein umgänglicher Mensch und ließ sich diese Lektüre empfehlen. Die Empfehlung wirkte.

Gysi wurde nun auch Vorsitzender des Rates. Sicher haben daran auch andere Berater ihren Anteil gehabt, aber ich bilde mir ein, ohne mich hätte es nicht geklappt. So lief damals ab, was laut Frickes Darstellung im bereits zitierten Artikel in der *Berliner Zeitung* die Einsetzung des Vorsitzenden durch die ZK-Abteilung Staats- und Rechtsfragen gewesen sein soll. Nicht ganz unwahr, aber auch nicht wahr.

Komisch, ich freue mich noch heute darüber, dass dieses Manöver damals gelang. Der gescheiterte Kandidat seinerseits ist vielleicht heute selbst froh über den damaligen Misserfolg. Eine Belastung weniger. Denn wenn Fricke schon von den Vorsitzenden zu berichten weiß: »Sie hatten die Kollegen zu disziplinieren und kontrollieren« – wie schlimm war dann erst der Vorsitzende des Rates als Oberkontrolleur dran?

Am 13. April 1988 schied ich aus dem Vorstand aus. Von da an »disziplinierte und kontrollierte« mich Gregor Gysi.

Das war ganz »schlimm«.

Prozess der Wende – Wendeprozesse (1989/1990)

Honecker war gestürzt und die Mauer gefallen, als mich am 15. November 1989 Frau Wittkuhn aufsuchte und mich bat, die Kassation des Urteils des Obersten Gerichts gegen ihren verstorbenen Vater Heinz Brandt zu beantragen. Am 21. November kamen Dr. Crüger und ein Brief von Herrn Hans Georg Haut, am 30. November rief mich Walter Janka an. Alle hatten das gleiche Anliegen. Sie waren die ersten aus der großen Zahl von Mandanten, die in der Folgezeit ihre Rehabilitierung betrieben.

Gleichzeitig erhielt ich die Mandate derjenigen, die jetzt, unter umgekehrten Vorzeichen, beschuldigt wurden, sich zum Nachteil der DDR strafbar gemacht zu haben. Als erster meldete sich am 22. November ein stellvertretender Minister. Ihm folgte am 12. Dezember Sonja Axen, die mich bat, ihren Ehemann zu vertreten, gegen den ein Ermittlungsverfahren eingeleitet worden war. Axen befand sich aber zu jener Zeit wegen einer Augenoperation in Moskau. Am 14. Dezember schließlich beauftragte mich Erich Honecker mit seiner Verteidigung.

Allen wurde Vertrauensmissbrauch vorgeworfen.

Ein knappes Jahr später wurde der Begriff »Regierungskriminalität« eingeführt.

Auch im Zivilrecht gab es Wendeprozesse. Persönlichkeiten des öffentlichen Lebens der DDR wurden in der Presse angegriffen und suchten Schutz bei Anwälten und Gerichten. Ein in der DDR bekannter Professor wurde öffentlich beschuldigt, ein Wochenendhaus zu teuer verkauft zu haben. Ein Zivilprozess des Verleumdeten ging mit einem Vergleich zu Ende, in dem sich der Verleumder entschuldigte. Beleidigungen solcher Persönlichkeiten waren an der Tagesordnung, da jeder jedem, der eine gehobene Stellung hatte, alles zutraute, nur nichts Gutes. Charakteristisch war, was Landolf Scherzer in einer Reportage als Äußerung einer älteren Genossin aus den heißen Tagen des Winters 1989/90 wiedergibt: »Wie lange wollen wir uns noch feige ducken, nur weil unsere Führer Verbrecher sind, ich war ehrlich – mein Leben lang.«

Keiner der »Führer« war verurteilt, aber alle galten als schuldig, auch zivilrechtlich.

Noch war die Welle der vereinigungsbedingten Zivilverfahren nicht angelaufen, wir waren noch nicht in der BRD »angekommen«, wie man später sagte. Es war nur der Anfang eines Vorgangs, dessen Ende nicht abzusehen ist. Nur keine Versöhnung, schon gar nicht, wenn es ums Eigentum geht.

Den »DDR-internen« Zivilprozessen der Wende sollten später die Ost-West-Streitigkeiten folgen. Die Fronten wechselten.

Während die Strafverfahren gegen die DDR-Prominenz bekanntlich erst nach Jahr und Tag zu Gerichtsverhandlungen führten, beeilte sich das Oberste Gericht, seine früheren Entscheidungen in politischen Strafsachen zu kassieren. Der Generalstaatsanwalt hatte nach der Veröffentlichung von Jankas Essay »Schwierigkeiten mit der Wahrheit« am 14. November 1989 aus eigenem Antrieb die Kassation des Urteils des Obersten Gerichts vom 26. Juli 1957 beantragt und sie am 4. Dezember 1989 begründet.

Am 5. Dezember suchte mich Walter Janka auf, am 19. Dezember erfolgte bereits die Ladung zur Hauptverhandlung am 4. Januar 1990. Janka wollte nicht an der Verhandlung teilnehmen, er wollte nicht noch einmal neben Zöger sitzen, von dem bekannt geworden war, dass er an Kriegsverbrechen beteiligt gewesen sein sollte. Mit der Ladung zur Hauptverhandlung hatte ich auch einen Beschluss des Obersten Gerichts vom 18. Dezember 1989 erhalten, durch den ich als Pflichtverteidiger im Kassationsverfahren Richard Wolf beigeordnet wurde. Wolf, der in London lebte, hatte sich unmittelbar an das Oberste Gericht gewandt.

An sich war ich bei den Kassationsverfahren ein Statist. Rein rechtlich hatte ich nichts zu sagen. Die Politik hatte entschieden, der Ausgang des Verfahrens war klar. Wie gehabt. Ungewiss war lediglich die Zukunft. Wohin würde uns der Weg nach der »Wende« führen? Neben euphemistischer Aufbruchstimmung gab es Angst vor Gewalt und Chaos. Die »Bewältigung« der Vergangenheit musste das im Auge haben.

Im Drang der sich überstürzenden Ereignisse und Anforderungen rang ich mir zwischen Weihnachten und Silvester drei Seiten Text für meine Stellungnahme in der Hauptverhandlung ab und schickte sie Janka, der sie billigte.

Die Hauptverhandlung begann am 4. Januar 1990 um Punkt 10 Uhr mit der Ankündigung des Protokollchefs: »Das Präsidium des Obersten Gerichts der DDR«.

Die Zeit vom 12. Januar vermeldete es in ihrem Prozessbericht mit Ironie und meinte: »Es fehlt nur ein Stab, mit dem er auf den Boden stampft.« Der Bericht erwähnt auch mein Plädoyer, das gleichfalls noch von der Atmosphäre der DDR-Justiz geprägt war: Nüchternheit, Disziplin, Achtung vor der Autorität des höchsten Gerichts.

»Gestatten Sie mir«, sagte ich mit dem Respekt, den ich für angebracht hielt, »dass ich namens der von mir vertretenen Angeklagten Janka und Wolf wie auch persönlich zum Kassationsantrag des Generalstaatsanwalts Stellung nehme.

Im engen juristischen Sinn wäre das nicht erforderlich. Recht oder Unrecht liegen offen zutage. Juristischer Erkenntnisse und juristischen Scharfsinns bedarf es nicht, um die Begründetheit des Kassationsantrags zu erkennen. Von daher könnte ich mir jedes Wort ersparen. Der Augenblick verlangt jedoch mehr von uns als nur das Offenkundige auszusprechen. Allerdings ist zwischen den Anforderungen eines für die Justiz in der DDR geschichtlichen Augenblicks und der durch die Strafprozessordnung begrenzten Rolle der Angeklagten und ihrer Verteidiger Balance zu wahren. Zu zügeln sind insbesondere die persönlichen Emotionen und politischen Gedanken von Janka und Wolf, deren Leben durch dieses Urteil ein weiteres Mal aus seiner Bahn geworfen wurde.

Dieses Schicksal kann durch Ihr Urteil nicht korrigiert werden. 32 Jahre sind für ein menschliches Leben ein zu langer Zeitraum. Was hätte aus Janka und Wolf ohne das Urteil von 1957 werden können? Was wäre auch aus unserer Republik geworden, hätten sich solche Menschen frei entfalten können? Auch für den Verteidiger gilt es, Gefühle zu unterdrücken. Ein dem Antrag des Verteidigers folgender Freispruch des Gerichts ist für den Rechtsanwalt immer eine tiefe Befriedigung. Sie nach 32 Jahren erleben zu dürfen, weckt jedoch zwiespältige Gefühle, die hier nicht diskutiert werden sollen.

Der Kassationsantrag des Generalstaatsanwalts vom 4.12.1989 zeigt, dass und wie materielles Recht durch das Urteil des Obersten Gerichts vom 26.7.1957 verletzt worden ist. Aus der Sicht des Verteidigers und mit Blick auf die Zukunft ist aber nicht nur die Verletzung materiellen Rechts zu rügen; zu rügen ist vielmehr auch das Verfahren. Wenngleich es im Einklang mit dem damaligen Recht steht, das weitgehend auch noch heutiges Recht der DDR ist, schränkte es doch das Recht auf Verteidigung erheblich ein. Dazu gehörte, dass die Anklageschrift den Verteidigern nicht zugestellt wurde, dass für die Einsicht in Anklage und Akten sowie für deren

Erörterung mit den Angeklagten nur fünf Tage zur Verfügung standen. Es ist offensichtlich, dass ein solcher Zeitraum für die Vorbereitung eines Verfahrens von grosser Bedeutung, eines Verfahrens erster Instanz vor dem Obersten Gericht, eines Verfahrens, in dem zwei Angeklagte von einem Verteidiger verteidigt werden, unzureichend ist. Dabei ist zu beachten, dass der Akteninhalt für die Verteidigung nicht in Abschrift oder Fotokopie zur Verfügung stand. Die Verteidiger mussten vielmehr alles, was sie für sich aus den Akten parat haben wollten, mit der Hand abschreiben. Vieles hat sich seit 1957 geändert, aber manches gilt noch unverändert, z. B. das Abschreiben mit der Hand, z. B. die Tendenz, das Verfahren auf Kosten der für die Verteidigung zur Verfügung stehenden Zeit zu beschleunigen. Das Urteil des Obersten Gerichts in diesem Verfahren sollte das mit Blick auf die Zukunft deutlich machen.

Ich sage dies auch, weil heute vielfach schnelles Recht gefordert wird: neue Gesetze ebenso wie kurzer Prozess für diejenigen, die für die Ereignisse in der Vergangenheit verantwortlich gemacht werden. Ich sage dies auch, weil zwischen der Begründung des Kassationsantrages und dem heutigen Tag nur wenige Wochen liegen, Wochen, in denen Verteidiger und Gericht zu einer Epoche Stellung nehmen sollen.

Eine Verfahrensfrage ist auch, ob in Zukunft – wie heute – der zu Unrecht Verurteilte nur passiv warten muss, ob zu seinen Gunsten ein Kassationsantrag gestellt wird oder nicht. Sollte in Zukunft nicht jeder das Recht haben, einen Antrag auf Kassation eines Urteils an das Oberste Gericht zu stellen, statt nur bitten zu dürfen, dass der Generalstaatsanwalt oder der Präsident des Obersten Gerichts zu seinen Gunsten diesen Antrag stellt?

Noch viele andere, schwerwiegendere Fragen werden durch das heutige Verfahren aufgeworfen werden. Zur Mitwirkung an ihrer Beantwortung sind alle Bürger legitimiert. Es wäre daher gut, wenn die Dokumente des Strafverfahrens gegen Walter Janka und andere der Öffentlichkeit vollständig zugänglich gemacht werden würden.

Eine dieser Fragen, die dieses Verfahren vor allen anderen stellt, ist die Frage: Wie konnte es zu dem Urteil von 1957 kommen? Welche Verantwortung tragen die Richter, der Staatsanwalt? Auch wenn sie alle tot sind, ist das keine theoretische Frage. Andere Richter leben. Beruhen Urteile, die geltendes Recht unrichtig in Übereinstimmung mit der Parteidoktrin auslegten, auf Rechtsbeugung? Sind Urteile, die nach geltendem Recht ergingen, Unrecht, weil die Gesetze unseren heutigen Vorstellungen vom richtigen Recht nicht entsprechen? In welchem Umfang lässt sich die Gesetzgebung und Rechtsprechung von vierzig Jahren nachträglich korrigieren? Hüten wir uns jedoch vor vorschnellen Antworten, wenn sie rechtsstaatlich sein sollen. Rechtsstaatlichkeit ist dabei nicht nur Aufgabe der Juristen.

Ein fairer Prozess, ein gerechtes Urteil verlangen eine demokratische Öffentlichkeit. Die Missfallenskundgebungen der Zuhörerschaft im Janka-Prozess von 1957 zeigen, wie es nicht sein darf. In unseren Tagen kommt es hier besonders auf das Verantwortungsbewusstsein der Massenmedien an. Das Entstehen eines Rechtsstaats in der DDR wird nicht zuletzt davon abhängen, wie die Massenmedien in der DDR und in der BRD dieser Verantwortung gerecht werden. Die Verantwortung der Richter, Staatsanwälte und anderen Juristen soll durch diese Feststellung in keiner Weise geschmälert werden.

Das heutige Urteil wird wieder ein Urteil in einem politischen Strafprozess sein. Aber es muss ein rechtsstaatliches werden. Es wird das Ende einer Epoche deutscher Rechtsgeschichte markieren, deren Anfang noch zu suchen und zu finden ist, wenn wir gerecht urteilen wollen. Ich meine, diese Epoche beginnt nicht 1949 mit der Gründung der DDR, wohl auch nicht 1933. Politik ging in Deutschland schon immer vor Recht. Es bedurfte vielleicht der Atombombe, der Infragestellung menschlichen Lebens auf der Erde, um das Primat der Politik gegenüber dem Recht zu brechen.

Die historische Epoche, die hinter uns liegt, wird mit dem Faschismus verglichen. Faschismus und Stalinismus erscheinen mir als feindliche Brüder. Etwa zur gleichen Zeit entstanden, stellen sie sich als Reaktion auf ökonomische und soziale Zustände am Beginn unseres Jahrhunderts dar. Die Tatsache, dass von den vier Opfern des Urteils von 1957 alle vier Mitglieder der SED waren, dürfte, wie wir aus anderen Ländern wissen, kein Zufall sein. Mir scheint das wesentlich, weil juristische Gerechtigkeit in politischen Verfahren nicht ohne historische Gerechtigkeit denkbar ist.

Die Justiz der DDR steht jetzt wieder vor der Aufgabe, das Unrecht einer abgeschlossenen Geschichtsepoche zu korrigieren: ungesühnte Straftaten zu sühnen und unrechtmäßige Schuldsprüche zu widerrufen. Fallen wir dabei nicht in die Fehler der Vergangenheit zurück. Lassen wir den Richter Recht sprechen, unabhängig, objektiv, ohne Rücksicht auf der Parteien Gunst oder Hass. Möge ihr Urteil dazu den Grundstein legen.« Das Urteil wurde am folgenden Tag verkündet. Klaus Pokatzky stoppte siebzehn Minuten.

Es entsprach voll dem Kassationsantrag des Generalstaatsanwalts. Die Richter, die es verkündeten und die Staatsanwälte, die es beantragt hatten, waren zehn Monate später sämtlich ihrer Ämter enthoben. Ihr Urteil aber hatte Bestand.

Schon am 28. März 1990 stand ich wieder in einem Kassationsverfahren vor dem Obersten Gericht. Manfred Hertwig, den ich im Harich-Prozess verteidigt hatte, war nach seiner Entlassung aus dem Strafvollzug in die Bundesrepublik gegangen und hatte mir nun aus Hamburg geschrieben, ich solle ihn im Kassationsverfahren vertreten. Die Situation war die gleiche wie im Janka-Prozess, nur die zeitliche Reihenfolge der Verfahren hatte sich umgekehrt. Damals erst Harich, dann Janka – jetzt rangierte Harich mit Hertwig und anderen an zweiter Stelle. Das verwunderte Hertwig. Erklären konnte auch ich es nicht.

Die Zeit von der Janka-Verhandlung am 4. Januar 1990 bis zur Harich-Verhandlung am 28. März 1990 war nicht lang, aber die Entwicklung war stürmisch. Die Regierung Modrow war am 18. März abgewählt worden, Lothar de Maizière trat an. Mein Plädoyer spiegelte den fortschreitenden Prozess der Auflösung der DDR wider.

»Nur weniger als drei Monate sind seither vergangen«, leitete ich ein, »und dennoch hat sich die Zeit verändert und wir uns mit ihr. Unser Nachdenken über uns, über unsere Geschichte und über das Problem unserer Schuld ist fortgeschritten und wir wissen, es muss weiter fortschreiten.

Wir sehen, eine Kassation dieser Art zieht die nächste nach sich. Was Janka recht war, ist Hertwig billig usw. Es bereitet uns keine Schwierigkeiten, von einem Urteil zu sagen, es verletzt das Gesetz. Das gehört zu unserem Beruf. Doch hier geht es nicht nur um ein Urteil, hier geht es um die Justiz der DDR. Es stellen sich Fragen, die der Kassationsantrag des Generalstaatsanwalts auch zu beantworten sucht.

Wir können eben nicht Urteil um Urteil kassieren, ohne den Versuch einer Erklärung dessen, was geschehen ist, zu unternehmen. Das Oberste Gericht sagt uns in letzter Instanz, was Recht ist. Warum spricht es heute anderes Recht als damals? Warum stellen der Generalstaatsanwalt und die Verteidiger heute andere Anträge als damals?

Anders als dem Herrn Generalstaatsanwalt ist mir die Gnade der späten Geburt nicht zuteil geworden. Ich habe Hertwig und Steinberger 1957 verteidigt und keinen Freispruch beantragt. Damals waren sie geständig, doch heute zählt ihr damaliges Schuldbekenntnis nicht mehr. Die letzten Worte der damaligen Angeklagten sind Zeitdokumente. Nach dem Protokoll der Hauptverhandlung erklärte z. B. Hertwig unter anderem:

›Schon vorher und im Verlaufe der Verhandlung und zuletzt in der Rede des Generalstaatsanwalts ist mir noch einmal die ganze Gefährlichkeit meines Tuns klar geworden. Mir ist das Mitschuldigwerden schon in den Diskussionen klar geworden. Die volle Tragweite glaube ich erst in den letzten zwei Tagen gewonnen zu haben. Ich will nicht viel Worte verlieren über Reue, sondern meine Haltung nicht nur in der Freiheit, sondern schon bei der Verbüßung der Strafe unter Beweis zu stellen, den Willen und die Einsicht, die Fehler, die man im Leben gemacht hat, nicht noch einmal zu begehen, sondern, wenn möglich, sie sogar wiedergutzumachen.‹

Soweit wörtlich das Protokoll.

Wäre Hertwig gefoltert worden, wäre seine Erklärung leicht zu deuten. Doch das war nicht der Fall. Sicher, die totale Isolierung hatte ihre Wirkung. Doch die Erklärung für sein Verhalten ist meiner Ansicht nach auf anderem Gebiet zu suchen. Wie im Janka-Prozess darf auch hier nicht aus den Augen verloren werden: Wir waren alle Mitglieder einer Partei, alle Genossen: Die Ankläger, die Richter, die Verteidiger, die Angeklagten und die Zuhörer wohl auch.

Der Konflikt zwischen Anklägern und Richtern einerseits und den Angeklagten andererseits war ein politischer und ein ideologischer Konflikt innerhalb einer Partei, zwischen Personen, die dasselbe Ziel, aber mit anderen Mitteln und Methoden, verfolgen wollten. Ein Konflikt, der zu Gunsten der Machthaber mit den Mitteln der Justiz entschieden wurde. Nichts Neues in der Geschichte, denkt man an die Inquisition, die französische Revolution oder eben an Stalin.

1957 waren wir alle, die wir im Gerichtssaal saßen oder standen, noch persönlich geprägt von unseren Erlebnissen im Tausendjährigen Reich. Nie wieder Krieg, nie wieder Faschismus, das war unsere gemeinsame Grundüberzeugung. Für uns gab es nur eine Alternative zum Sozialismus, die hieß Imperialismus und war mit dem Faschismus fast gleichgestellt. Aus den Erfahrungen, die Kommunisten und andere im Dritten Reich gemacht hatten, zog die offizielle Politik der DDR, wie sie damals durch Walter Ulbricht personifiziert wurde, die Schlussfolgerung, dass die Frage der Erhaltung der Macht die alles entscheidende Frage sei. Die Macht verlieren hieß, den Frieden verlieren. Der XX. Parteitag der KPdSU mit den Enthüllungen Chruschtschows war der unmittelbare Anlaß des Verfahrens gegen die Angeklagten. Sie hatten aus diesem Parteitag Schlussfolgerungen ziehen wollen, wie sie später unter dem Namen ›Perestroika‹ zum Begriff wurden. Zwei Theorien standen sich gegenüber.

Die Angeklagten und mit ihnen die Verteidiger erlagen der Suggestion, die von der Macht ausging und nach der der Sozialismus durch eine Abkehr von der stalinistischen Politik in Gefahr gebracht werden würde. Sozialismus war aber damals für alle Beteiligten als Inbegriff von Frieden, Freiheit, Gleichheit usw. ein unantastbares Ideal. Der ›reale‹ Sozialismus, wie er später genannt wurde, hatte sich in der wirklichen Welt behauptet. Der ideale Sozialismus existierte nur in den Köpfen der Angeklagten. Nach der Konfrontation mit der Macht unter den Bedingungen mehrmonatiger Isolation in der Untersuchungshaft erschien den Angeklagten der reale Sozialismus als das Gute und Wahre und ihr eigenes Verhalten als das Falsche und Verwerfliche.

Ich kannte als Verteidiger nicht nur Hertwig und Steinberger, ich kannte auch den Staatsanwalt und die Richter. Wären sie heute angeklagt, könnte ich auch sie verteidigen. Nicht, weil ein Verteidiger alles und jeden verteidigen kann, sondern weil ich ihre Zeit und ihre Motive kannte und in Erinnerung behalten habe. Damit will ich nicht sagen, dass meine Verteidigung erfolgreich sein müsste, ich will nur wenigstens meinerseits den Versuch einer Erklärung wagen.

Die Justiz der DDR ist in einer Krise. Was als sozialistische Moral unangefochten war, gilt nicht mehr. Die Krise der DDR kann im Übrigen um einen staatlichen Kernbereich wie die Justiz keinen Bogen machen. Die Juristen leiden unter dieser Krise, unter ihrer Schuld oder dem Verdacht ihrer Schuld. Sie sind auch Menschen. Für diese Juristenmenschen trägt das Oberste Gericht eine Verantwortung. Es kann sich und sie nicht freisprechen. Es sollte aber ein Verfahren wie dieses nutzen. Es sollte den Versuch beginnen, die historischen und politischen und vor allem moralischen Aspekte aus der Geschichte desRechts auf dem Gebiet der DDR nach 1945 zu klären. Auf diesem Weg könnte es gelingen, die Verantwortung des Juristen dieser Epoche, sei er Richter, Staatsanwalt oder Rechtsanwalt, zu bestimmen. Das wäre auch ein Dienst für die Zukunft. Die Lösung des Falles allein genügt den Anforderungen der Zeit nicht.«

Harich, der ehemalige Hauptangeklagte, hatte im Kassationsverfahren keinen Verteidiger. Harich verteidigte sich selbst. Ich fand das vom Standpunkt einer politisch medienwirksamen Darstellung seiner Sache unklug. Er wollte die Kassationsverhandlung zu einer neuen erstinstanzlichen Verhandlung umfunktionieren und den ganzen Sachverhalt noch einmal darstellen. Das ließ das Kassationsverfahren des DDR-Strafprozesses genauso wenig zu wie das Revisionsverfahren vor dem BGH im Strafprozess der Bundesrepublik. Harich geriet ganz außer sich, als das Gericht versuchte, ihm zu verdeutlichen, dass er sein Ziel in dieser Verhandlung nicht verwirklichen könne. In seiner Erregung warf er das Mikrofon, das an seinem Platz stand, um. Es war peinlich.

Das Gericht sprach zwei Tage später die Kassation aus. Es sagte, die Angeklagten hätten schon 1957 freigesprochen werden müssen. Es sagte auch, im Hinblick auf die kurze Zeit zwischen Ladung und Hauptverhandlung sei das Recht auf Verteidigung beeinträchtigt worden – mehr sagte es nicht.

Am 2. Mai 1990 nahm ich noch an der Kassationsverhandlung in der Strafsache gegen Dr. Crüger und am 3. Mai im Verfahren gegen Dr. Gülzow teil, der 1958 zusammen mit Dr. Crüger vom Bezirksgericht Potsdam verurteilt worden war. Unerfindlich, warum ihre Kassationsverhandlungen an unterschiedlichen Tagen stattfanden. Es war aber offenbar nicht einfach, in der Kürze der Zeit Akten von Verhandlungen, die Jahrzehnte zurücklagen, zu beschaffen. Alle, deren Urteile noch in jener Zeit kassiert wurden, hatten jedoch Glück. Sie erhielten Entschädigungen nach DDR-Recht, d. h. sie erhielten auch ihren Verdienstausfall für die Zeit der Haft ersetzt. Wer später rehabilitiert wurde, musste sich mit einer mageren Entschädigung von 550 DM pro Haftmonat begnügen.

Besonders skurril war der von einem anderen Mitglied unserer Sozietät vertretene Fall Rudolf Bahro. Sein Urteil wurde zwar vom Obersten Gericht kassiert, aber die Haftentschädigung wurde nicht mehr festgesetzt. Nach dem Beitritt erhielt Bahro dann lediglich die BRD-Entschädigung. Ebenso ging es meinem Mandanten Haut, der, wie die Tochter von Heinz Brandt, schon im November 1989 die Kassation seines Urteils betrieben hatte. Er wurde erst am 31. Oktober 1991 vom Landgericht Berlin rehabilitiert, Brandt noch später, nämlich am 18. Januar 1993. Beide erhielten zehntausende Mark weniger, als sie nach DDR-Recht erhalten hätten. Auch unter Berücksichtigung der Halbierung beim Umtausch in DM war die Differenz beträchtlich.

Diese Kassationen reflektierten genauso wie die gegen Honecker und andere führende Politiker der DDR eingeleiteten Strafverfahren den Beginn des Prozesses der politischen Wende innerhalb der Justiz. Der Prozess der politischen Wende vollzog sich von Oktober 1989 bis September 1990 in einem Tempo, das schockartige Auswirkungen für viele, vielleicht sogar alle Bürger der DDR, zur Folge hatte. Einige waren wie gelähmt, manche gingen vor Verzweiflung in den Tod, vielen anderen wuchsen unbekannte Kräfte zu und trieben sie zu nie gekannter Aktivität. Waren bisher die Möglichkeiten des Einzelnen, auf den Lauf der politischen Entwicklung Einfluss zu nehmen, sehr begrenzt, um nicht zu sagen gleich Null, so taten sich jetzt unvorstellbare Freiräume auf. Nicht nur ein Rechtsanwalt wie Wolfgang Schnur glaubte vor der Volkskammerwahl am 18. März, er sei zum Ministerpräsidenten der DDR berufen. Die Stunde der »Laienspieler« hatte geschlagen. Die Stunde währte für die meisten zwölf Monate, nur wenige Glückliche spielen noch heute.

Als Verteidiger im Harich-Janka-Prozess, als Verteidiger von Erich Honecker wurde auch ich in den Strudel der politischen Aktionen des Wendeprozesses hineingerissen. Nicht so wie meine Kollegen Gysi, de Maizière, Vogel und Schnur, aber für meine Kräfte mehr als ausreichend. Wenn ich mich auch in den vierzig Jahren zuvor nicht als passives Objekt der Politik gesehen hatte, so empfand ich doch jetzt das Maß der politischen Möglichkeiten wie auch der Verantwortung als ungleich größer. Alles sagen zu können, was man politisch und juristisch dachte, war einerseits neu und beglückend, andererseits war es aber von Sorgen belastet: Was wird aus der DDR, was aus dem Sozialismus, der jetzt als bankrott galt? Was wird aus den Sozialisten/Kommunisten? Aus denen, die sich dafür ausgaben und aus jenen, die es tatsächlich auch waren? Politische Justiz stand erneut an erster Stelle auf der Tagesordnung.

Es begann schon am 9. Dezember 1989, als Gregor Gysi zum Vorsitzenden der SED gewählt wurde. Ein unerhörter Vorgang in der Geschichte der DDR und dieser Partei. Ein junger Mann, ein Mann, der nicht aus dem Apparat kam, ein Intellektueller, ein Rechtsanwalt gar, wird übergangslos der erste Mann der Arbeiterpartei. Niemand war darauf vorbereitet, das Rechtsanwaltskollegium schon gar nicht. Sein Vorsitzender, nicht einmal zwei Jahre im Amt, legte plötzlich notgedrungen die Funktion nieder. Ein neuer Vorsitzender musste her. Die Parteiorganisation des Kollegiums suchte mich aus, schlug mich einstimmig vor. Obgleich mich die Mitgliederversammlung erst im Februar 1990 mit vier Gegenstimmen wählte, musste ich doch die Arbeit sofort kommissarisch aufnehmen. Am selben Tag wurde ich auf einer außerordentlichen Delegiertenversammlung der Vereinigung der Juristen der DDR, die sich hinfort wieder Vereinigung demokratischer Juristen nannte, auch zu deren Vorsitzenden gewählt.

Aus den Funktionen erwuchsen Aufgaben. Kein Monat bis zum Vollzug des Beitritts ohne wenigstens ein Ereignis, das vorher für ein ganzes Jahr bestimmend gewesen wäre.

– Im Februar Vortrag auf einer ordentlichen Versammlung der Berliner Anwaltskammer.

– Im März außerordentliche Mitgliederversammlung des Berliner Rechtsanwaltskollegiums mit dem Präsidenten der Anwaltskammer und dem Vorsitzenden des Berliner Anwaltvereins als Gästen.

– Im April erster und letzter Juristentag der DDR und Gast des Münchener Anwaltvereins bei einer Tagung in der Politischen Akademie Tutzingen.

– Im Mai gemeinsame Tagung des Rates der Vorsitzenden der Kollegien der Rechtsanwälte mit Vertretern des Deutschen Anwaltvereins (DAV) und der Bundesrechtsanwaltskammer, Interviews u. a. für *BBC* und *WDR* sowie Talkshow.

– Im Juni Empfang durch den Ministerpräsidenten der DDR Lothar de Maizière, mit dem Präsidenten und anderen Delegierten des DAV, Vortrag vor dem Vorstand der Vereinigung Demokratischer JuristInnen der Bundesrepublik in Frankfurt am Main, Artikel über die Lage der Anwaltschaft in der DDR für die *Deutsch-Deutsche Rechtszeitschrift* (DtZ).

– Im Juli nur Podiumsdiskussion in der Deutsch-Amerikanischen Juristenvereinigung.

– Im August Teilnahme an einem Kolloquium des Norwegischen Anwaltsvereins in Oslo.

– Im September Gast beim Abschiedsempfang des Leiters der Rechtsabteilung der Ständigen Vertretung der Bundesrepublik in der DDR, Gast des Deutschen Juristentages in München, Auflösung des Rechtsanwaltskollegiums, Ausbau eines neuen Büros.

– Am 1. und 2. Oktober Ausklang mit einer Einladung zum »Opening of the Legal Year« in London.

Interessant nicht nur, wer für den DDR-Anwalt alles Interesse zeigte, interessant im Rückblick auch mancher Gedanke von damals. Die DDR-Ideologie war zerbrochen, die DDR aber noch nicht »ehemalig«, die BRD-Sicht auf die DDR noch nicht festgeklopft, juristische »Vergangenheitsbewältigung« erst eine Ahnung.

Der Juristentag der DDR vom 22. bis 24. April 1990 mag als

erstes Beispiel dienen. Er war in aller Eile von der Vereinigung der Juristen und den eben gegründeten Bünden der Richter und Staatsanwälte der DDR, die nur Monate existieren sollten, einberufen worden. Die VdJ leistete die eigentliche Vorbereitungsarbeit, die neuen Bünde sicherten ihm eine größere Akzeptanz, sie waren bei den DDR-Juristen nicht so diskreditiert wie die VdJ. Nicht einmal zwei Monate lagen zwischen dem ersten Gedanken an seine Einberufung und seiner Eröffnung. Mängel und Pannen blieben nicht aus. Wir hätten gern mehr Teilnehmer gesehen, bessere Referenten gehabt, doch die Chance wurde genutzt, DDR-Juristen sagten vor dem Beitritt noch einmal ihre Meinung. Bundesdeutsche Teilnehmer waren auch erschienen. Es gehörte zu den Unzulänglichkeiten der Organisation, dass wir nicht alle zur Kenntnis nahmen, geschweige denn nach ihrer Bedeutung würdigten. Die meisten der bekannten Namen waren uns noch unbekannt.

Der Präsident des Deutschen Juristentages, Dr. Harald Franzki, gehörte zu dem kleinen Kreis der uns bekannten und gewürdigten Teilnehmer. In seinem Grußwort sagte er: »Wir werden mit großem Interesse die Diskussionen in den Arbeitskreisen verfolgen und sind auch bereit, uns daran zu beteiligen, soweit es erwünscht ist und wir uns kompetent genug fühlen.«

Wie sich das heute liest. Im April 1990 waren Juristen der DDR noch geachtete Partner, schon bald stellten sie das Hauptkontingent der Angeklagten der »Regierungskriminalität«, noch vor den Angehörigen des MfS, vor den Grenzsoldaten und vor der Polizei. Sie wurden zu den eigentlichen Repräsentanten des »Unrechtsstaats« DDR. Hätte Franzki das damals gedacht? Ich nicht.

Franzki skizzierte dann seine Sicht auf die Zukunft: »Uns Juristen in Ost und West ist mit Blick auf die bevorstehende deutsche Vereinigung eine Aufgabe gestellt, die in der Geschichte unseres Volkes ihresgleichen sucht. In mancher Hinsicht wird daneben nicht nur die Rechtserneuerung nach 1945, sondern sogar die große Kodifikationsbewegung des vorigen Jahrhunderts zur Überwindung der territorialen Rechtszersplitterung in Deutschland noch verblassen.«

Damals sah also Franzki, sahen wir alle, noch eine Aufgabe, eine geschichtliche Aufgabe »für die Juristen in Ost« gleichermaßen wie für die Juristen »in West«. Fünf Monate und elf Tage später, am 3. Oktober 1990, schloss eine strahlende (West-)Berliner Justizsenatorin alle Ostberliner Gerichtsgebäude und brachte gleichzeitig die neuen alten Gerichtsbezeichnungen an den geschlossenen Portalen wieder an. Von den ostdeutschen Teilnehmern des DDR-Juristentages waren ab sofort die meisten arbeitslos; für sie gab es keine Aufgabe mehr. Für die Juristen West stellte sich die Frage der eigenen Kompetenz nicht einmal im Ansatz.

Franzki irrte sich wie ich, wenn er prognostizierte: »Was sich in 45 Jahren auseinander entwickelt hat, wird sich nicht in 45 Monaten wieder zusammenführen lassen. Unabhängig davon, wann und auf welchem Wege der staatliche Zusammenschluss stattfindet, wird die deutsche Rechtseinheit doch nur stufenweise und in einem voraussichtlich viele Jahre währenden Zeitraum zurückzugewinnen sein.«

Schließlich riet Franzki, und dieser Rat war wohl nicht so falsch wie die andersartige Praxis: »Es sollte auch die Gunst der Stunde nicht vertan werden, das eigene Recht darauf zu untersuchen, ob es noch zeitgemäß ist, nicht von Verwerfungen und Verkrustungen befreit und insgesamt einfacher gestaltet werden kann, schon um der anderen Seite seine Übernahme und Anwendung zu erleichtern. Nicht diejenige Rechtspolitik muss hier die beste sein, die auf dem kürzesten Wege zur Rechtseinheit führt. Wichtiger ist es, dass der Weg dorthin so spannungsfrei und so sozialverträglich wie möglich verläuft und am Ende eine gemeinsame Rechtsordnung steht, die breite Akzeptanz erfährt, keiner Seite ihre Identität und ihr Selbstbewusstsein genommen hat und in der unser deutsches Volk im Frieden mit sich selbst und mit seinen Nachbarn leben kann.«

Man kann sich offenbar irren und doch recht haben.

Es gelang nicht, einen Juristen zu finden, der bereit gewesen wäre, in dieser Stunde den Part des Sprechers der DDR-Juristen zu übernehmen und den die drei Organisationen überdies dafür geeignet hielten. Also fiel mir als neugebackenem Vorsitzenden der VdJ diese Aufgabe zu.

Nach einem Versuch der Auseinandersetzung mit der Frage, »welche Verantwortung wir als Juristen für Ungerechtigkeiten der Vergangenheit tragen«, wandte ich mich der bevorstehenden Rechtsangleichung zu. Meine Irrtümer fasste ich in die Worte:

»Wie ein Buchhalter muss der Gesetzgeber darauf achten, dass die Bilanz ausgeglichen ist. Wenn sich die Lösungen der Einzelprobleme so addieren, dass alle negativen Folgen auf der einen Seite der Elbe und alle positiven auf der anderen Seite eintreten, ergibt das ein Ungleichgewicht, dass das Ziel des inneren Friedens, das unser Ministerpräsident und Kollege de Maizière sicher nicht ohne Grund so hervorhob, verfehlt. Einheit bedeutet dann noch nicht Einigkeit und Recht, nicht Gerechtigkeit. Die Herstellung eines einheitlichen

Rechts in einem einheitlichen Deutschland ist aus meiner Sicht ein schwieriger und langwieriger Prozess. Bei aller Eile, die Not tut, braucht die Eile wie eh und je die Weile. Jede Hast schafft nur Verwirrung, erhöht die Schmerzhaftigkeit des Prozesses und verlängert ihn. Ich bin ein entschiedener Gegner der These: Wir brauchen nur das Recht der Bundesrepublik zu übernehmen, das sich in vierzig Jahren bewährt hat. Sie wurde nicht von einem Juristen aufgestellt und war wohl auch nicht für Juristen bestimmt.«

Zur juristischen Vergangenheitsbewältigung sagte ich damals noch relativ unbefangen und ahnungslos: »Die Geschichte kann in ihrem Verlauf durch Juristen nicht korrigiert werden. Das schließt natürlich generelle Fürsorgemaßnahmen für Opfer der Geschichte ebenso wenig aus wie die Überprüfung von Rechtsakten, die gegen das damals bestehende Recht verstießen. Dabei werden die tatsächlichen Möglichkeiten der Beweisführung solchen Bestrebungen Grenzen setzen, die ungerecht erscheinen können aber hingenommen werden müssen. Es sind im Übrigen nicht nur politische Gesichtspunkte, die Gesetzgebung und Rechtsprechung in diesen Jahrzehnten verändert haben. Die Homosexuellen, die auf Grund irriger Anschauungen bestraft wurden, hätten gleichen Anspruch auf Rehabilitierung wie diejenigen, die Opfer einer verfehlten Ideologie oder Politik geworden sind. Schließlich wäre es auch nicht denkbar, die in der DDR legalen Schwangerschaftsabbrüche im Wege der Rechtsangleichung nachträglich wieder zu kriminalisieren.«

Und ich meinte auch hinzufügen zu sollen: »Aussöhnung in einer Zeit tiefgreifender nationaler Auseinandersetzung ist stets eine gute Grundlage für einen Neubeginn gewesen.« Schließlich machte ich einen letzten untauglichen Versuch, einen Gedanken einzubringen: »Berücksichtigt man die Schwierigkeit der Aufgabe, vor der die Justiz in der DDR steht, kann leicht der Gedanke aufkommen, die benötigten Juristen – ähnlich den Wirtschaftsfachleuten – aus der Bundesrepublik zu importieren. Mir scheint das kein guter Gedanke zu sein. Richter und Rechtsuchende müssen sich gegenseitig verstehen. Das erfordert nicht nur gleiche Sprache, sondern auch eine in den Grundzügen gleiche Lebenserfahrung.

Die Bevölkerung der DDR wird, wie bereits festgestellt, noch lange Zeit durch die Geschichte, d. h. durch die Geschichte der DDR anders geprägt sein als die Bevölkerung der Bundesrepublik Deutschland. Ein Richter oder Staatsanwalt, der diese geschichtliche Entwicklung nicht aus eigenem Erleben kennt, wird die Menschen in ihrem Handeln nicht richtig verstehen und daher auch nicht richtig beurteilen können. Schließlich glaube ich, dass der bloße Gedanke, dass wir DDR-Deutschen auf lange Zeit unfähig sein sollen, in unserer engeren Heimat Recht zu sprechen, nicht nur mir unerträglich sein würde.« Prof. Dr. iur. Dres. h.c. Bernd Rüthers, Konstanz, hielt meine Ausführungen anscheinend für ein abschreckendes Beispiel. Er nannte sie zwar eine »bemerkenswert offene Rückschau«, relativierte das jedoch sogleich mit den Worten: »Sein Vortrag ›Überlegungen eines Rechtsanwalts zur Verantwortung des (DDR-)Juristen für die deutsche Rechtsangleichung‹ fand den langanhaltenden Beifall der anwesenden etwa 400 DDR-Juristen, die besorgt in ihre sozialistische Vergangenheit und ihre marktwirtschaftliche Zukunft schauten.« Die anwesenden BRD-Juristen wurden von Rüthers offenbar eliminiert.

Ganz am Ende des Prozesses der Wende und meiner Anwalts-Laufbahn in der DDR stand eine Einladung der Law Society zur Teilnahme am »Opening of the Legal Year« in der Zeit vom 1. zum 2. Oktober in London. Ich hielt die Einladung, die mich im Juli 1990 erreichte, erst für ein bürokratisches Versehen und glaubte, das Protokoll der zuständigen britischen Organisationen habe die DDR und ihre Institutionen noch nicht gestrichen. Als mir jedoch die britische Botschaft in der DDR schrieb, dass sie bereit wäre, mir »auf irgendeine Weise bei der Organisation« meines Besuchs behilflich zu sein, wurde ich unsicher. Auf meine Zweifel antwortete die Botschaft unter dem 31. August 1990, »dass die Einladung natürlich weiterhin gilt« und dass die Law Society hofft, »ihre Kontakte in diesem Teil Deutschlands aufrechtzuerhalten.«

So erlebte ich die letzen Tage der DDR in England und berichtete dort auf einer Zusammenkunft der Vertreter der zentral- und osteuropäischen Anwaltsorganisationen über die Situation der Anwälte in der DDR. Im Protokoll der Zusammenkunft heißt es dazu: »Herr Wolff erläuterte die Perspektive der in der DDR ausgebildeten Rechtsanwälte, die eine intensive Ausbildung im Recht der Bundesrepublik nachholen müssten. Die Lage in Berlin würde besonders schwierig werden. Ein neues Gesetz über die Anwaltschaft sei in Kraft, aber keiner kenne es, weil es noch nicht veröffentlicht wäre.«

Derartige Situationen, dass Juristen Gesetze anzuwenden hatten, die in Kraft, aber noch nicht veröffentlicht waren, hatten wir zwischen Herbst 1989 und Oktober 1990 mehrfach.

Heute sind sie fast vergessen; damals erregten sie uns noch.

Erste Begegnungen mit der Berliner Justiz nach dem Beitritt (1990)

Am Tage nach meiner Rückkehr aus London, am 3. Oktober 1990, ging ich als Besitzer einer Einladung des Bundespräsidenten zum Festakt in die Berliner Philharmonie. Es war der Start in eine neue Ära. Bei allem Skeptizismus keimte etwas Hoffnung. Die Einladung – nie war ich bei ähnlicher Gelegenheit etwa vom Staatsratsvorsitzenden eingeladen worden – und die Worte des Bundespräsidenten nährten diese Hoffnung. Offene Frage: Wer hatte mich auf die Gästeliste gesetzt?

Beim Deutschlandlied fehlte mir etwas vom Text. Ich hatte es seit dem Ende meiner Schulzeit, seit 1941, nicht mehr gesungen. Damals hatten wir in der Aula gestanden, den rechten Arm zum »Deutschen Gruß« erhoben, anschließend wurde das Horst-Wessel-Lied gesungen, ich sang es nicht mit, durfte das aber nicht erkennen lassen.

Merkwürdiges Gefühl, das Deutschlandlied wieder zu singen. In England war ich zwei Tagen zuvor gefragt worden, wie ich mich am 3. Oktober fühlen würde. An das Deutschlandlied hatte ich damals nicht gedacht. Jetzt, wo es erklang, stand die Vergangenheit für einen Moment wieder auf. Nur für einen Moment beherrschte sie mein Gefühl, dann war sie nur noch im Unterbewusstsein vorhanden. Das Deutschlandlied war ein Symptom, eins unter mehreren. Doch die Vergangenheit beherrschte die Gegenwart nicht. Die Gegenwart hatte aber diese Vergangenheit auch nicht »bewältigt«. Die Symptome zeigten es.

Die Arbeit als nunmehr bundesrepublikanischer Anwalt sollte unverzüglich beginnen. Eine Einladung der Arbeitsgemeinschaft der anwaltlichen Ehrengerichtsbarkeit Berlin vom 6. September zu ihrer Arbeitstagung am 10. Oktober 1990 war noch zu befolgen.

Als Referenten waren angekündigt: »Mathias Treffkorn, Justizministerium der DDR« und »Dr. Dombek, Präsident der Rechtsanwaltskammer Berlin«.

Ein »Justizministerium der DDR« gab es nicht mehr, Herr Treffkorn hatte seine Arbeitsstelle verloren, aber die Einladung datierte eben noch vor dem Beitritt, war noch nach altem Protokoll paritätisch erfolgt. Der Anachronismus war mir nicht sofort deutlich, mein Bewusstsein konnte dem Lauf der Dinge so schnell nicht folgen.

In den 34 Tagen, die seit dem Ausspruch der Einladung verstrichen waren, hatte sich an einem Tag, am 3. Oktober, viel geändert. Ich sollte das sofort erfahren.

In einer Pause, bei einem Glas Sekt, traten Mitglieder des Vorstandes der Anwaltskammer an mich heran. Die Mienen erstmals nicht von der gewohnten Freundlichkeit. Die Botschaft der Herren lautete knapp, fast militärisch, morgen 9 Uhr sollten die Mitglieder des ehemaligen Vorstandes des ehemaligen Kollegiums in der Littenstraße auf die Vorstandsmitglieder der Kammer warten.

Mein schüchterner Versuch einer Widerrede fruchtete nicht. Man wolle unsere Akten, die man von Vernichtung bedroht sah, hieß es.

Mein Hinweis, dass unsere Akten nicht ihre Akten wären, blieb gleichfalls wirkungslos.

Was »unser« war, sei jetzt »ihres«, wurde mit Hinweis auf Rechtsnachfolge argumentiert.

Meine advokatorische Replik, dass die Kammer dann auch unsere Schulden – die wir natürlich nicht hatten, was aber die neuen Akteneigentümer nicht wussten – bezahlen müsse, brachte eine kleine Korrektur in die Argumentation: Funktionsnachfolger sei man, Schulden übernehme man nicht, nur Akten.

Schließlich fiel die Drohung mit der Polizei. Ein Kollege, der sonst *vor* der Polizei schützte, sprach sie aus.

Wir waren angekommen. Wir waren in dem großen Kreis der ehemaligen Westberliner Kollegen aufgenommen, waren in diesem Moment buchstäblich eingekreist. Wir waren ganz klein: 800 Ossis unter 4 000 Wessis. Von der Ausbildung ganz zu schweigen: Marxismus-Leninismus – wenn nicht gar Stalinismus – kontra Otto Palandt, Baumbach, Maunz und anderen. Es war ein Fehler im Einigungsvertrag, dass wir überhaupt noch Anwälte waren.

Am Morgen des 11. Oktober 1990 waren alle (ehemaligen) Vorstandsmitglieder und die Liquidatoren des Kollegiums pünktlich zur Stelle. Unser Angebot an die Kammermitglieder, eine Tasse Kaffee zu trinken, wurde abgelehnt. Die Zeiten der Vertraulichkeit waren vorbei.

Man wolle keinen Kaffee, sondern Akten. Äußerster Argwohn war entstanden, und das kam so: Die Senatsverwaltung für Justiz hatte uns aufgefordert, unsere Räume im Gebäude des Stadtgerichts in der Littenstraße, des künftigen Landgerichts, kurzfristig zu räumen. Es erhob sich also die Frage: wohin mit dem Inventar? Wir hatten eine Bibliothek, die wir 1953 von der Anwaltskammer übernommen und in der Folgezeit natürlich durch eigene Erwerbungen erweitert hatten. Diese boten wir der Anwaltskammer an, die einen Abgesandten zur Besichtigung entsandte. Der Kollege sah, wie zwei Sekretärinnen in der Bibliothek saßen und Akten zerrissen. Mehrere Papiersäcke mit Aktenschnipseln zeugten von ihrem Fleiß. Für ihn war klar, dass sie die Spuren der Untaten des Anwaltskollegiums beseitigten. Man wusste ja, was im Osten los war. Also eilte er zum Vorstand der Kammer, der zu eben jener Zeit tagte und berichtete, was er gesehen hatte und was er dachte. Alle dachten genauso. Es galt zu handeln, Spuren zu sichern! Nun saß man also uns gegenüber.

Wir waren bis dahin ohne Arg. Wir hatten dem Kammervorstand und dem Vorstand des Berliner Anwaltsvereins rechtzeitig geschrieben, welche Probleme wir bei der Auflösung des Kollegiums haben würden. Es ging uns um den Altersfonds, den Haftpflichtfonds, die Arbeitsverhältnisse der Angestellten der Zentrale des Kollegiums und um das Archiv. Wir schrieben den Anwaltsorganisationen am 18. Juni 1990, dass »uns Ihr Rat und unter Umständen auch Ihre Hilfe sehr nützlich sein würde«.

Der Kammervorstand antwortete am 16. Juli: »... wären wir Ihnen für eine Mitteilung dankbar, um was es sich bei dem Archiv des Berliner Kollegiums handelt. Enthält das Archiv Personalakten? Sollte dies der Fall sein, wären wir aus verständlichen Gründen daran interessiert, die Akten zu gegebener Zeit zu übernehmen.«

Von Eigentumsansprüchen war nicht die Rede gewesen.

Nun, die Personalakten hatten wir den Kollegen ausgehändigt, die sie betrafen. Sie waren nicht nach bundesrepublikanischem Recht geführt, enthielten z. B. Angaben über die Parteizugehörigkeit, die die Kammer auch nicht von ihren Westberliner Mitgliedern besaß. Wir hielten damals noch Gleichbehandlung für selbstverständlich.

Was in Vorbereitung der Räumung vernichtet worden war, waren Unterlagen, die für die Zukunft keinen Wert besaßen. Alles, was Bedeutung hatte, die Protokolle der Mitgliederversammlungen und der Vorstandssitzungen, die Disziplinarakten, war lückenlos in Stehordnern seit 1953 gesammelt und vorhanden. Aber die Papiersäcke ...

Sie wurden schließlich von den Vorstandsmitgliedern der Anwaltskammer mitgenommen. Jeder trug in jeder Hand einen Sack. Ein mir unvergessliches Bild aus einer denkwürdigen Stunde der Geschichte der Berliner Anwaltschaft.

Unsere Sekretärinnen lachten – im Gegensatz zu uns, nur wertlose Papierschnipsel waren in den Säcken und die Griebsche der Äpfel, die sie beim Zerreißen gegessen hatten.

Später holte die Kammer gegen unseren Protest auch die anderen Akten. Einziges Ergebnis: Untaten des Kollegiums kamen nicht zutage. Wohl aber sind die Gehaltsunterlagen unserer Angestellten seither genauso verschwunden wie unsere Illusionen.

Meine eigentlichen Anwaltsgeschäfte liefen daneben weiter. Politische Prozesse gab es in Hülle und Fülle. Die von der Staatsanwaltschaft der DDR eingeleiteten Ermittlungsverfahren wurden, im Gegensatz zu den Staatsanwälten selbst, übernommen und neue Verfahren eingeleitet. Neue Paragraphen, neue Menschen, neue Sitten, neue Gebäude waren zu erkunden. War mir bisher alles vertraut, so war mir jetzt alles fremd. Jeder Gang zum Gericht war ein kleines Abenteuer. Wie ein Berufsanfänger hatte ich nach meiner Zulassung den Eid geleistet, und wie einem Berufsanfänger wurde mir manche alltägliche Anwaltsobliegenheit zum Problem. 37 Jahre Berufserfahrung waren wie ein zu heiß gewaschenes Wäschestück eingelaufen. Das Alter schützte nicht vor Torheit. Doch zum Lamentieren oder Philosophieren war keine Zeit. Die mangelnde Kenntnis und Erfahrung musste durch erhöhten Zeit- und Arbeitsaufwand ausgeglichen werden.

Manches war aber auch unerwartet ähnlich. Richter und Justizbeamte saßen oft in Räumen, die denen in der DDR fatal glichen. Das hätte ich von der reichen Bundesrepublik nicht gedacht, zumal die Justiz dort einen hohen Stellenwert hat. Aber selbst manch Staatsanwalt und sogar Richter glich vom Naturell seinem Kollegen in der ehemaligen DDR. Unbekanntes und Bekanntes vermischten sich.

Unter den vielen neuen politischen Verfahren war auch das gegen einen führenden SED-Funktionär, dem vorgeworfen wurde, dass er für seinen Sohn eine Datsche von Betrieben des Ministerrats zu bevorzugten Konditionen habe bauen lassen. Er hatte geplant, nach seiner aktiven politischen Laufbahn mit seiner Ehefrau im Souterrain zu leben, während der Sohn mit seiner Familie das

Obergeschoss bewohnen sollte. Kein führender Politiker eines Landes der Bundesrepublik hätte so seinen Lebensabend beschließen wollen. Für die aufgebrachten Bürgerrechtler am Ende der DDR war das jedoch der Gipfel der Verkommenheit.

Anklage war noch von der DDR-Staatsanwaltschaft am 16. Mai 1990 erhoben worden. Die Staatsanwaltschaft beim Kammergericht, Arbeitsgruppe Regierungskriminalität, hielt sie für rechtsstaatlich. Auch der Eröffnungsbeschluss war noch von DDR-Richtern erlassen worden. Sie hatten zügig gearbeitet und wenig Zeit zur Überlegung benötigt. Einer der beteiligten Richter war derjenige, der von mir nach meinem Plädoyer im »Computer-Prozess« gesagt haben soll: »Wenn man den Wolff hört, glaubt man, der Klassenfeind spricht.«

Nun schwang nämlicher Richter das scharfe Schwert der Justiz in die andere Richtung. Geblieben war immerhin der Grundsatz: »Immer feste druff!« Mein Crashkurs in Menschenkenntnis hatte begonnen. Die 20. Strafkammer unter dem Vorsitz von Frau Schwarzmann hatte gleichfalls keine Bedenken hinsichtlich der Rechtsstaatlichkeit der Verfahrenseröffnung durch die ehemaligen Richter des ehemaligen Stadtgerichts. Bedenken hatte sie nur, ob der Angeklagte durch mich auch ordnungsgemäß verteidigt werden würde. Schließlich hatte sie eine Fürsorgepflicht für den Angeklagten, und die nahm sie sehr ernst.

Am 30. Januar 1991 schrieb mir Frau Schwarzmann:

»Sehr geehrter Herr Rechtsanwalt!

Wie Ihnen bekannt ist, habe ich Sie durch Verfügung vom 7. Januar 1991 zum Pflichtverteidiger des Angeklagten K. bestellt.

Am 8. Januar 1991 hatte ich Gelegenheit, im Fernsehen die Sendung *Kontraste* zu sehen. Dabei ging es u. a. um den Fall des Journalisten Karl Wilhelm Fricke, der im April 1955 aus West-Berlin in den damaligen Ost-Sektor verschleppt und wegen angeblicher Agententätigkeit in Untersuchungshaft genommen worden ist. Wie ich der Sendung weiterhin entnehmen konnte, waren Sie seinerzeit Pflichtverteidiger des Herrn Fricke. Herr Fricke, der in der Sendung zu Wort kam, hat berichtet, anlässlich eines Verteidigergesprächs in der Haftanstalt hätten Sie ihm gegenüber erklärt, es kümmere Sie gar nicht, ob Herr Fricke entführt worden sei. Abgesehen davon, dass Ihnen nicht bekannt sei, ob dies zutreffe, hätten Sie im Grunde gar nichts dagegen, wenn ›die Staatssicherheit auch einmal über die Sektorengrenze lange, um den Agentensumpf in West-Berlin trocken zu legen‹. Auf den Einwand des Herrn Fricke, er sei kein

Agent, hätten Sie wörtlich geantwortet: ›Wo gehobelt wird, fallen auch Späne!‹

Wie ich der Sendung weiter entnehmen konnte, ist Herr Fricke schließlich zu vier Jahren Zuchthaus verurteilt worden, die er voll verbüßt hat, zuletzt in der Sonderhaftanstalt Bautzen II.

Wie mir Herr Fricke auf eine entsprechende Anfrage versichert hat, entsprächen alle in der Sendung gemachten Angaben der Wahrheit. Er stehe zu dem, was er in der Sendung geäußert habe. Zusätzlich hat mir Herr Fricke mitgeteilt, Sie seien seit 1945 Mitglied der KPD, seit 1946 Mitglied der SED gewesen und hätten eng mit Hilde Benjamin zusammen gearbeitet. Zu seiner Überzeugung seien Sie Vertrauensanwalt des Staatssicherheitsdienstes gewesen. So hätten Sie zum Beispiel in mehreren Fällen Angeklagte, die angeblich Agenten gewesen seien, als Pflichtverteidiger vertreten. In seinem Verfahren hätten Sie erklärt, Sie würden Herrn Fricke mit allen Mitteln, aber auf der Basis der sozialistischen Gesetzlichkeit, verteidigen. Sie hätten es abgelehnt, den Hauptverhandlungstermin Freunden und Kollegen des Herrn Fricke in West-Berlin mitzuteilen, um ihnen Gelegenheit zu geben, an der Hauptverhandlung teilzunehmen. Ihre Ablehnung hätten Sie damit begründet, dass das Verfahren ohnehin unter Ausschluss der Öffentlichkeit geführt werde.

Zu seiner Überraschung habe Herr Fricke dann feststellen müssen, dass die Verhandlung dann öffentlich gewesen sei und dass sogar ein Antrag des Staatsanwalts, die Öffentlichkeit auszuschließen, vom Gericht abgelehnt worden sei. Allerdings seien tatsächlich keine Zuhörer anwesend gewesen, was u. a. daran gelegen habe, dass Sie es abgelehnt hätten, den Hauptverhandlungstermin Verwandten und Kollegen des Angeklagten bekannt zu geben.

Ich habe nunmehr zu prüfen, ob ich Ihre Stellung zum Pflichtverteidiger zurücknehmen muss. Sollten die Angaben des Herrn Fricke zutreffen, so ist Ihr Verhalten ihm gegenüber möglicherweise über das hinausgegangen, was von einem Verteidiger in einem totalitären Staat hingenommen werden kann.

Ich gebe Ihnen hiermit Gelegenheit zur Stellungnahme innerhalb von zwei Wochen seit Zustellung dieses Schreibens.

Hochachtungsvoll

Schwarzmann, Vorsitzende Richterin am Landgericht«

Bevor ich dieses Schreiben erhielt, hatte ich geglaubt, die Zeiten ideologischer Konfrontationen mit Vorsitzenden in Strafsachen wären vorüber. Überdies kannte ich Frau Schwarzmann schon bzw.

glaubte, sie zu kennen. Am 23. November hatte ich nämlich das erste Mal am traditionellen Anwaltsessen des Berliner Anwaltsvereins – früher im wesentlichen treffender »Herrenessen« genannt – teilgenommen. Mit den anderen Mitgliedern unserer Sozietät dachte ich naiv, es fördere das »Zusammenwachsen«. Es war eine der vielen Premieren des Herbstes 1990. Eigentlich sind derartige Veranstaltungen nicht das, wonach ich mich dränge. Hier galt es jedoch zu versuchen, Gräben zuzuschütten. In der mir gewohnten Terminologie ausgedrückt, handelte es sich folglich um gesellschaftliche Arbeit. Also kaufte ich mir, dem neuen alten Komment folgend, einen Smoking, den ersten in meinem Leben, und ging hin.

Wie der Zufall so spielt, war ich zwischen Frau Schwarzmann und Herrn Richter Reinwarth plaziert worden, der nicht den Ruf genoss, Menschen wie mich sonderlich zu mögen. Doch entgegen allen Vorurteilen derjenigen, die diese Plazierung kommentierten, kamen wir gut miteinander aus. So jedenfalls mein Eindruck. Wir tauschten unsere gegenteiligen Standpunkte aus, und ich antwortete auf die Fragen nach dem Anwaltsleben hinter dem Eisernen Vorhang.

Auch als ich Frau Schwarzmann am 8. Januar 1991 aufsuchte, um mit ihr die Frage der Beiordnung eines zweiten Pflichtverteidigers aus Westberlin zu erörtern, fand ich bei ihr Verständnis für dieses Anliegen, wenngleich sie mir auch sagte, dass sie es sich noch überlegen wolle. Vielleicht hat für die Überlegungen der Name des Kollegen eine Rolle gespielt, denn sie fragte nach dem Namen des Kandidaten.

Rechtsanwalt Walter Venedey, um den es sich handelte, beantragte am 29. Januar bei Frau Schwarzmann, ihn als zweiten Pflichtverteidiger beizuordnen. Am 4. Februar teilte ihm Frau Schwarzmann mit, dass sie »im gegenwärtigen Zeitpunkt keine Veranlassung sehe, einen weiteren Pflichtverteidiger zu bestellen. Ich werde diese Frage bei der Vorbereitung der Hauptverhandlung erneut prüfen.«

Meine umfangreiche Selbstverteidigung, mit der ich die Anschuldigungen von Fricke zu entkräften versuchte, hatte – wie das bei Selbstverteidigungen nicht selten ist – trotz Beifügung von unverdächtigen »Referenzen« kein positives Resultat. Frau Schwarzmann verfügte am 11. März 1991: »Die am 7. Januar 1991 erfolgte Bestellung des Rechtsanwalts Dr. Friedrich Wolff zum Pflichtverteidiger des Angeklagten [...] wird zurückgenommen.«

Die Begründung des Beschlusses begann mit den Worten: »Der Zweck der Bestellung eines Pflichtverteidigers besteht darin, dass ein Angeklagter zu seinem eigenen Schutz aber auch wegen staatlichen Interesses an einem geordneten Ablauf des Verfahrens einen rechtskundigen Beistand erhält [...] Pflichtverteidiger kann daher nur der Verteidiger sein, der die Gewähr dafür bietet, dass er seine Aufgaben gewissenhaft erfüllen und zur sachgerechten Wahrnehmung der Interessen des Angeklagten bereit und imstande sein wird. Diese Voraussetzungen erfüllt der Verteidiger Dr. Wolff nicht.«

Und sie mündete in der Feststellung: »Es mag sein, dass Rechtsanwalt Dr. Wolff andere Angeklagte anders verteidigt hat. Sein Verhalten gegenüber dem Journalisten Fricke ist jedoch derart gravierend, dass es auch nach der politischen Wende fortwirkt und seine Bestellung zum Pflichtverteidiger eines Angeklagten ausschließt.«

So hatte ich mir den Rechtsstaat nicht vorgestellt. 1 : 0 für Fricke.

Auf meine Beschwerde entschied das Kammergericht am 16. Mai 1991: »Die Verfügung der Vorsitzenden der Strafkammer 20 des Landgerichts Berlin vom 11. März 1991 (wird) aufgehoben.«

In der Begründung dieser Entscheidung hieß es: »Diese von der Strafkammervorsitzenden angeführten, von dem Verteidiger bestrittenen Umstände sind nicht geeignet, dessen Entpflichtung zu rechtfertigen. Es ist nicht zu erkennen, wie sie – ihre Richtigkeit unterstellt – die Durchführung eines ordnungsgemäßen Verfahrens gegen den Angeklagten gefährden könnten.

Dass dem Verteidiger die notwendigen Rechtskenntnisse für eine ordnungsgemäße Verteidigung des Angeklagten fehlen, lässt sich aus diesen Umständen nicht ableiten. Sie ergeben auch nichts für die Annahme, dem Verteidiger fehle es etwa an dem Willen, sich im Rahmen des geltenden Verfahrensrechts zu bewegen. Kein Kriterium bei der entsprechenden Anwendung des § 143 StPO kann eine Bewertung des Verhaltens eines Rechtsanwalts sein, der (vor 35 Jahren) in der damaligen DDR als Verteidiger sein Handeln nicht am Grundgesetz des Bundesrepublik Deutschland, sondern – möglicherweise – an den ›Grundsätzen der Sozialistischen Gesetzlichkeit‹ ausgerichtet hat.«

Mein Rechtsstaatsvertrauen war wieder gestärkt, wenn auch der geweckte Zweifel nicht ganz beseitigt war.

Ein – vorläufig – letztes Nachspiel zu dieser Affäre gab es, als einer der Richter, die Fricke 1956 verurteilt hatten – der Richter am Obersten Gericht Reinwarth – wegen Rechtsbeugung angeklagt wurde. Das Landgericht Berlin sprach Reinwarth von diesem Vorwurf frei. Die von der Staatsanwaltschaft und Fricke als Nebenkläger eingelegte Revision wurde vom BGH mit Urteil vom 16. November 1995 zurückgewiesen. In den Gründen hieß es: »Die [...] Verschleppung [...] von Karl Fricke [...] zum Zwecke der Strafverfolgung aus dem Westteil Berlins nach Ostberlin musste jedenfalls aus der Sicht des Angeklagten kein Verfahrenshindernis darstellen, das eine Verfolgung dieses Betroffenen verbot. Die zwingende Annahme eines Prozesshindernisses in dem Fall, dass ein Tatverdächtiger unter Verletzung fremder Gebietshoheit in den die Strafverfolgung betreibenden Staat verbracht wird, ist selbst unter den Bedingungen des Rechtsstaats bislang weitgehend nicht anerkannt und zwar weder im Blick auf das Rechtsstaatsprinzip noch auf das Völkerrecht.«

Der BGH befand auch, das Verhalten Frickes als Spionage zu werten, sei »ersichtlich nicht willkürlich«.

Im Prinzip war es genau das, wovon ich als junger Strafverteidiger etwa vierzig Jahre zuher ausgegangen war, was mich aber nicht gehindert hatte, Fricke sachgerecht und nicht mit illusorischen Argumenten zu verteidigen.

Parallel zu dem Streit um meine Qualifikation als Pflichtverteidiger lief die Vorbereitung der Hauptverhandlung weiter. Mit Schriftsatz vom 4. März 1991 beantragte ich Aussetzung des Verfahrens und Vorlage beim Bundesverfassungsgericht zur Prüfung der Frage, ob die Bestimmung des § 10 Abs. 1 des 6. Strafrechtsänderungsgesetzes der DDR, nach der mein Mandant angeklagt war, mit dem Grundgesetz vereinbar sei. Eine andere Strafkammer des Landgerichts hatte im Verfahren gegen Harry Tisch diese Frage bereits dem Bundesverfassungsgericht vorgelegt. Über die Vorlage ist nie befunden worden. Harry Tisch starb früher. Frau Schwarzmann legte nicht vor. Neuer Minuspunkt in meiner Rechtsstaatsbilanz.

Mein Mandant war seit langem zucker- und herzkrank. Ich hatte daher Bedenken hinsichtlich seiner Verhandlungsfähigkeit und wandte mich deshalb am 31. Januar brieflich mit einem Ersuchen um entsprechende Auskunft an seinen behandelnden Arzt. Die Antwort ließ auf sich warten und ging auf die Frage der Verhandlungsfähigkeit nicht ein, sondern enthielt nur Befunde und Diagnosen, die mir nichts sagten. In jener Zeit stellte ich wiederholt fest, dass Ärzte in Ostberlin sehr vorsichtig an die Beurteilung der Verhandlungsfähigkeit solcher Patienten herangingen.

Immerhin konnte ich die Frage der ärztlichen Begutachtung daraufhin mit Frau Schwarzmann besprechen, die mir sagte, dass sie die Begutachtung erst unmittelbar vor der Hauptverhandlung veranlassen würde. So geschah es auch.

Frau Schwarzmann bestellte Herrn Prof. Dr. E. Philipp zum Sachverständigen. Da ich damals noch nicht das »Moabiter Landrecht«, eine Dokumentation aus der Schriftenreihe der Vereinigung der Berliner Strafverteidiger, gelesen hatte, sagte mir sein Name nichts. In nämlicher Dokumentation war Prof. Philipp als ein exemplarischer Beispiel dafür genannt, dass immer dieselben im Ruhestand befindlichen Personen als Gutachter von bestimmten Gerichten bestellt werden würden, obgleich hinreichend Institute vorhanden seien, die Gewähr für unabhängige Gutachten böten.

Solche Gutachten schienen den Richtern, die den Gutachter bestellt hatten, zu gefallen, während sie den Verteidigern außergewöhnlich verfehlt erschienen. Erstaunt war ich nur, dass ein Facharzt für Psychiatrie und Neurologie ausgewählt worden war, die Verhandlungsfähigkeit eines Angeklagten zu prüfen, der unter Diabetes mellitus, Durchblutungsstörungen des Herzens, Herzrhythmusstörungen und hohem Blutdruck litt.

Das Gutachten von Prof Dr. Philipp hätte sich zur Veröffentlichung im »Moabiter Landrecht« gut geeignet. Der Sachverständige befand, »dass Herr [...] noch die erforderlichen psychischen und körperlichen Fähigkeiten für das Verständnis prozessualer Vorgänge besitzt, wenn auch zu bedenken ist, dass seine aktuelle Belastbarkeit durch die erwähnten somatischen Störungen gemindert ist. Die zeitliche Begrenzung seiner Verhandlungsfähigkeit ist m. E. von der jeweiligen ›Tagesform‹ abhängig.« Am 6. November 1991 ergänzte Herr Prof. Philipp sein Gutachten wie folgt: »In der Strafsache gegen [...] teile ich mit, dass mir inzwischen die Krankenunterlagen über den Beschuldigten zugegangen sind. Die Fachärztin für innere Medizin Dipl.-med. Frau Nuglisch bezeichnete ihn in dem beigefügten Schreiben als ›Nicht verhandlungsfähig‹. Ein aktueller Befund liegt jedoch nicht vor, so dass ich nicht ohne weiteres Veranlassung sehe, von meiner Stellungnahme vom 1. November abzuweichen.«

Immerhin hielt die Kammer von Frau Schwarzmann jetzt eine weitere medizinische Aufklärung für erforderlich und beschloss: »Bei dem Angeklagten [...] soll ein EKG erstellt werden. Mit der Anfertigung des EKG wird Herr Oberarzt Dr. Zschierdrich beauftragt.«

Wieder wunderte ich mich. Wollte die Kammer das EKG selbst auswerten?

Herr Dr. Zschierdrich »erstellte« am 15. November 1991 das EKG und schrieb dazu: »Zwar bin ich im Beschluss zu einer gutachterlichen Stellungnahme nicht aufgefordert, doch halte ich bei einem derartigen EKG-Befund in Ruhe eine Verhandlungsfähigkeit für nicht gegeben.«

Mit Beschluss der 20. Kammer vom gleichen Tage wurde das Verfahren gegen meinen Mandanten »zur gesonderten Verhandlung und Entscheidung abgetrennt, weil dieser Angeklagte zur Zeit nicht verhandlungsfähig ist«.

Die endgültige Einstellung des Verfahrens erfolgte nach mehrfachen erneuten Untersuchungen durch verschiedene Sachverständige am 23. August 1995. Der Fall war inzwischen von der Öffentlichkeit vergessen; mir ist er in Erinnerung geblieben.

Gericht über Hermann Axen (1989-1998)

Im Dezember 1989 übernahm ich die Verteidigung Hermann Axens. Er war im Politbüro für die Außenpolitik einschließlich der Kontakte zur BRD zuständig. Wegen einer Augenoperation befand er sich in einer Moskauer Klinik, als das Strafverfahren, mit dem ihm Vertrauensmissbrauch vorgeworfen wurde, gegen ihn eingeleitet worden war. Seine Frau Sonja hatte mich mit der Verteidigung beauftragt, und ich hatte Rechtsanwalt Dr. Joachim Noack aus meiner Zweigstelle hinzugezogen.

Als Axen am 16. Januar 1990 zurückkam, wurde er auf dem Flugplatz verhaftet. Am 31. Januar 1990 wurde der Haftbefehl gegen ihn wegen seines schlechten Gesundheitszustandes wieder aufgehoben. Wir hatten immer wieder versucht, eine Einstellung des Verfahrens zu erwirken, da Axen den Tatbestand des Vertrauensmissbrauchs nicht erfüllte und später das Gesetz, nach dem er beschuldigt worden war, von der Volkskammer aufgehoben worden war. Bis zum 2. Oktober 1990 war uns das nicht gelungen, aber wir hatten Hoffnung, dass es uns gelingen würde und waren fest überzeugt, dass es in der Bundesrepublik, bei nüchterner und unbefangener Betrachtung, postwendend geschehen würde. Der Staatsanwalt dachte jedoch anders als wir dachten, dass er denken würde. Er sagte mir, bei dem Interesse der Öffentlichkeit an diesem Verfahren wäre er nicht so töricht, das Verfahren selbst einzustellen. Dann würden sich die Medien auf ihn stürzen. Das unabhängige Gericht solle das tun, wenn es das wolle.

Es war eine meiner ersten Lektionen über Justizwirklichkeit im Rechtsstaat.

Das Ermittlungsverfahren gegen Hermann Axen wurde überraschend schnell abgeschlossen. Die Staatsanwaltschaft beim Kammergericht hatte schon am 23. November 1990, also fünfzig Tage nach Begründung ihrer Zuständigkeit, das Verfahren »hinsichtlich der folgenden Komplexe nach § 170 Abs. 2 StPO eingestellt:
– Benutzung von Regierungsflugzeugen für Privatreisen,
– Kauf einer Schreibmaschine auf Staatskosten,

– Veranlassung eines Valutastudiums für die Tochter des Beschuldigten,
– Geschenke an eine Dolmetscherin auf Staatskosten,
– Einkauf von Schaukelstühlen in Nicaragua auf Staatskosten,
– Übernahme von Beerdigungskosten durch den Staat,
– Einkauf größerer Mengen von Wein in der Bundesrepublik Deutschland,
– unberechtigte Inanspruchnahme von Dienstleistungen durch die Verwaltung in Wandlitz.«

In all diesen Fällen, in denen der Generalstaatsanwalt der DDR seit Dezember 1989 ermittelt hatte, sah die Arbeitsgruppe »Regierungskriminalität« der Staatsanwaltschaft bei dem Kammergericht also keinen genügenden Anlass für eine Anklageerhebung. Sie hatte am 21. Januar 1991 nur Anklage erhoben, weil Hermann Axen eine Staatsdatsche gebaut erhalten hatte, die angeblich 6 508 464,27 Mark gekostet hatte.

Das Landgericht Berlin lehnte am 27. Juni 1991 die Eröffnung des Hauptverfahrens auch wegen dieser Anschuldigung ab. In der Begründung des Beschlusses hieß es, dass der Angeschuldigte »auch und gerade nach dem Ermittlungsergebnis« keine solche Dispositionsbefugnis besaß, wie sie der gesetzliche Tatbestand voraussetzte. Der Beschluss gipfelte in der Feststellung: »Einen Straftatbestand etwa des Wortlauts ›Wer unter Ausnutzung seiner gesellschaftlich oder politisch herausragenden Position sich Vorteile in Geld oder geldwerter Art verschafft, wird [...] bestraft‹, gab es weder in der ehemaligen DDR noch in der alten, auch nicht in der neuen Bundesrepublik Deutschland. Genau dies ist aber der Vorwurf, den die Staatsanwaltschaft bei dem Kammergericht dem Angeschuldigten – möglicherweise zu Recht – macht.«

Die Staatsanwaltschaft beim Kammergericht, Arbeitsgruppe Regierungskriminalität, legte zwar sofort Beschwerde ein, doch zu einer Entscheidung des Kammergerichts kam es nicht mehr. Hermann Axen verstarb am 15. Februar 1992.

Mit der Einleitung der Strafverfahren hatte der Generalstaatsanwalt der DDR die Konten von Hermann Axen und seiner Ehefrau arrestiert. Damit nicht genug. Der Sonderausschuss der Volkskammer zur Prüfung der Rechtmäßigkeit des Erwerbs von Umstellungsguthaben hatte noch am 27. September 1990 »einstimmig beschlossen«, das Konto der Eheleute Axen mit einem Guthaben von 246 143,32 M/DDR = 123 071,66 DM einzuziehen bzw. deren Einziehung anzuweisen.

In der Begründung hatte der Generalstaatsanwalt so argumentiert: »Im Ergebnis der Prüfung kam der Sonderausschuss einstimmig zur Einschätzung, dass Herr Axen durch Missbrauch seiner Funktionen, durch Inanspruchnahme von selbstbestätigten Privilegien und durch Handlungen, die einen gröblichsten Verstoß gegen die guten Sitten darstellen, sich und anderen persönliche Vorteile zum Nachteil der Gesellschaft und zu Lasten des Staatshaushalts sowie anderer gesellschaftlicher Fonds verschafft hat.«

Gegen die Entscheidung des Sonderausschusses erhob ich im Oktober 1990 siegesgewiss Klage beim Verwaltungsgericht Berlin. In der »freiheitlich-demokratischen Grundordnung«, im »Rechtsstaat« würden die Entscheidungen des Sonderausschusses keinen Bestand haben – dachte ich. Bereits der Name »Sonderausschuss« deutete auf Sonderrecht, Sondergericht und ähnliches hin. Das Umstellungsguthabengesetz wurde als Gesetz gegen SED-Funktionäre praktiziert, die Beweislast wurde umgekehrt – die von vornherein Verdächtigen sollten ihre Unschuld (die Rechtmäßigkeit des Erwerbs der Guthaben) beweisen. Die Entstehung der Guthaben aus Renten und Gehältern wurde dafür aber nicht als Beweis angesehen. Privilegien hätten Ersparnisse ermöglicht, folglich seien die Guthaben nicht rechtmäßig erworben.

So etwas hätte ich nur beim Umgang mit dem Klassenfeind in der frühen DDR für möglich gehalten.

Die 25. Kammer des Verwaltungsgerichts unter Vorsitz von Richter Klaus Pée brauchte zwei Jahre und sieben Monate, bis sie am 24. Mai 1993 meine Klage vom 17. Oktober 1990 abwies. Auch in der neuen Ära war mir in politischen Prozessen ein Erfolg, auf den ich Anspruch zu haben glaubte, durchaus nicht sicher.

Der Anfang meiner Berufungsbegründung gab meinen Eindruck von dem Verfahren und der neuen Rechtsstaatlichkeit mit den Worten wieder: »Das vorliegende Verfahren gehört zu denjenigen Verfahren, mit denen die Vergangenheit der DDR, wie es gemeinhin heißt, ›bewältigt‹ werden soll.

Während Streit darüber besteht, inwieweit eine justizförmige ›Aufarbeitung‹ der Vergangenheit möglich ist, besteht Einigkeit darüber, dass dies, wenn überhaupt, nur rechtsstaatlich geschehen kann. Diesem Anspruch sind weder die Volkskammer noch das Verwaltungsgericht gerecht geworden.

Das Verfahren, mit dem dem verstorbenen Hermann Axen und seiner Ehefrau zum zweiten Mal ihr gesamtes Vermögen entzogen wurde, war ein Verfahren, das auf einem verfassungswidrigen Gesetz beruhte, das den Klägern das rechtliche Gehör versagte, das von einem Organ (Sonderausschuss der Volkskammer) ausgeübt wurde, das Sonderrecht voreingenommen und nicht unparteiisch anwandte und das summarisch durchgeführt wurde. Das Verfahren vor dem Verwaltungsgericht half diesen Mängeln nicht ab.«

Das Oberverwaltungsgericht Berlin entschied durch Urteil vom 1. Juli 1997: »Die Entscheidung der Volkskammer der DDR, Sonderausschuss zur Prüfung der Rechtmäßigkeit des Erwerbs von Umstellungsguthaben vom 27./28.9.1990 wird aufgehoben.

Die Beklagte wird verurteilt, das Umstellungsguthaben der Klägerin zu 1) bei der Berliner Sparkasse, Kontonummer 6652-40-56458, freizugeben.

Die Kosten des Verfahrens werden der Beklagten auferlegt.«

Gegen die Entscheidung des Oberverwaltungsgerichts legte die Beklagte, also die Bundesrepublik Deutschland, vertreten durch den Deutschen Bundestag, Justitiariat, Nichtzulassungsbeschwerde ein. Das Bundesverwaltungsgericht entschied durch Beschluss vom 5. Juni 1998:

»Die Berufung der Klägerinnen gegen das Urteil des Verwaltungsgerichts Berlin wird verworfen.«

In den Gründen des Beschlusses hieß es lapidar: »Das Oberverwaltungsgericht hätte eine Sachentscheidung nicht treffen dürfen, weil die Berufung [...] gegen die Entscheidung des Verwaltungsgerichts vom 24. Mai 1993 nicht zulässig war.« Die Verfassungsbeschwerde gegen diese Enteignung blieb erfolglos. Erfolglos war auch die Beschwerde an den Europäischen Gerichtshof für Menschenrechte in Strasbourg. Darüber später mehr.

Es blieb nicht bei der Enteignung. Auch die Entschädigungsrente, die Sonja Axen nach ihrem verstorbenen Mann in Höhe von monatlich 800 DM erhielt, wurde ihr durch Bescheid des Bundesversicherungsamtes vom 9. November 1992 aberkannt. Die gegen diesen Bescheid am 2. Dezember 1992 erhobene Klage wies das Sozialgericht Berlin am 10. Januar 1995 ab. Das Gericht befand: »Hier lagen die Voraussetzungen für die endgültige Aberkennung der Hinterbliebenen- Entschädigungsrente der Klägerin nach § 5 Abs. 1 ERG vor, da der Ehemann der Klägerin, insbesondere aufgrund seiner langjährigen Tätigkeit im Politbüro des Zentralkomitees der SED, gegen die Grundsätze der Menschlichkeit und Rechtsstaatlichkeit verstoßen hat.«

Zur individuellen Verantwortung und Schuld von Hermann Axen stellte das Sozialgericht fest: »Verstöße gegen die Grundsätze der rechtsstaatlichen Ordnung, insbesondere gegen das Recht auf Leben und Freizügigkeit, ergeben sich aus den der Kammer vorgelegten Arbeitsprotokollen über Sitzungen des Politbüros vom 6. Juli 1971 und 23. Januar 1973, bei denen der Ehemann der Klägerin anwesend war.«

Über meine Berufung vom 28. März 1995 entschied das Landessozialgericht Berlin am 23. Oktober 1996. Die Berufung wurde abgewiesen. Das überraschte mich schon nicht mehr.

Die Revision wurde vom Bundessozialgericht ebenfalls für unbegründet gehalten, wenn man von einer weniger bedeutenden Randfrage absieht. Das Urteil wurde am 24. März 1998, also etwa fünfeinhalb Jahre nach Klageerhebung, verkündet. Es stellte fest: »Mit den aufgezeigten Grundsätzen der Menschlichkeit und Rechtsstaatlichkeit sind die vom Politbüro der SED und von A. als dessen Mitglied am 6. Juli 1971 (Tagesordnungspunkt 4 betreffend Maßnahmen zur Erhöhung der Sicherheit und Ordnung an der innerdeutschen Grenze) und am 23. Januar 1973 (Tagesordnungspunkt 9 betreffend die Durchführung des vorgenannten Beschlusses und weitere Maßnahmen zur Grenzsicherung) beschlossenen Maßnahmen nicht vereinbar.«

Die in dem Zitat vorgenommene Bezeichnung der Grenze zwischen der DDR und der BRD als »innerdeutsche Grenze« entstammt natürlich nicht den Politbürodokumenten. Sie ist offizieller bundesdeutscher Sprachgebrauch und geeignet, die Vorstellung zu wecken oder zu bestärken, dass diese Grenze eigentlich keine richtige Grenze war, wie sie zwischen zwei Staaten oder gar feindlichen Militärblöcken existierte.

Es kann hier nicht auf die gesamte Argumentation des Urteils eingegangen werden, das in weiten Teilen juristisch präzise war und nur eben dort, wo die Politik ihr Recht verlangte, natürlich der BRD Recht gab. Dabei war es sicher für den Senat die heikelste Aufgabe, einerseits den »Unrechtscharakter« der DDR gehörig hervorzuheben, andererseits aber die durch die Bezugnahme auf die Rechtsprechung zum NS-Unrecht suggerierte Gleichsetzung der DDR mit dem Hitler-Staat abzulehnen. Das geschah etwa mit den Worten: »›NS-Unrecht‹ ist [...] nicht schlechthin mit ›SED-Unrecht‹ vergleichbar.« Daraus zog der Senat den Schluss: »Schon deshalb verbietet es sich, von A. erlittenes NS-Unrecht gegen dessen Unrechtshandlungen in der DDR aufzurechnen.«

Das Kapitel Axen war damit für die bundesdeutsche Justiz rechtskräftig abgeschlossen.

Es blieb noch die Frage: Was würde der Europäische Gerichtshof für Menschenrechte in Strasbourg sagen?

Vielleicht dachte er anders als das höchste deutsche Sozialgericht und die anderen höchsten deutschen Gerichte über die DDR? Vielleicht sah er gravierende Unterschiede zwischen Nazi-Deutschland und der DDR? Vielleicht honorierte er, was Hermann Axen als Antifaschist vor 1933 in Chemnitz tat, was er im Nazi-Zuchthaus von Zwickau erlitt, was er in französischer Emigration nach 1938 bis zur deutschen Okkupation für die Verteidigung Europas gegen die Nazis unter größten Entbehrungen leistete, was ihm im französischen Internierungslager Vernet widerfuhr und in den Konzentrationslagern Auschwitz und Buchenwald?

Der Antifaschist und Jude Hermann Axen hatte gegen die Nazis gekämpft wie nicht viele in Europa oder gar in Deutschland. Vielleicht würde das in Strasbourg deutlicher gesehen werden, dachte nicht nur ich.

Eventuell empfand man dort wie Egon Bahr, als dieser anlässlich des 75. Geburtstages von Hermann Axen im Rundfunk daran erinnerte, dass er, Bahr, nicht vergessen habe, dass Axen »eine eingebrannte Nummer auf seinem linken Unterarm« trug, die er im Vernichtungslager Auschwitz erhalten hatte. Vielleicht.

Es blieb bei der Vorstellung. Wir riefen weder das Bundesverfassungsgericht noch den Europäischen Gerichtshof an.

Wir gaben auf.

Erfahrungen in anderer Sache zeigten: Die BRD hatte immer recht, jedenfalls, wenn es gegen die DDR ging.

Das Strafverfahren gegen Erich Honecker (1989-1994)

Zu den Verfahren, die im Zuge der »Wende« gegen führende Funktionäre der SED eingeleitet worden waren, gehörte auch das Ermittlungsverfahren gegen Erich Honecker. Es war vom Generalstaatsanwalt der DDR, der bis zum Dezember 1989 noch Günter Wendland hieß, am 5. Dezember 1989 eingeleitet worden. Auch gegen Hermann Axen, Günter Kleiber, Werner Krolikowski, Erich Mielke und Willi Stoph waren Ermittlungsverfahren eingeleitet worden.

Gegen Harry Tisch und Günter Mittag war schon am 2. Dezember Haftbefehl ergangen.

Die SED hatte Erich Honecker am 3. Dezember aus ihren Reihen ausgeschlossen. Egon Krenz war an jenem Tag noch ihr Generalsekretär, fünf Tage später wurde Gregor Gysi sein Nachfolger. Der *Spiegel* titelte: »Die Abrechnung« und »Die Macht liegt auf der Straße« und (kleiner): »Die DDR am Rande der Anarchie«.

Das war die Situation, in der mich Wolfgang Vogel anrief und fragte, ob ich den »großen« oder den »kleinen Erich« verteidigen wolle. Er selbst sei daran wegen der Verteidigung von Schalck-Golodkowski gehindert, da Interessenkollision bestünde.

Ich sah das ein und entschied mich für den »großen Erich«. Am 15. Dezember 1989 erhielt ich Honeckers Vollmacht.

Ein solches Mandat hatte ich für möglich gehalten, dann aber war ich von dem Anruf doch überrascht. Mir war klar, dass ich mit der Übernahme des Mandats mich dem Hass all jener aussetzte, die Erich Honecker die Schuld an ihrem wirklichen oder vermeintlichen Unglück gaben. Das waren zu jener Zeit sehr viele. Ihre Haltung gegenüber dem Verteidiger kam am prägnantesten in dem Ruf zum Ausdruck, der mir von einer aufgebrachten Menge am 29. Juli 1992 vor dem Untersuchungsgefängnis Moabit nachgerufen wurde: »Wer einen Verbrecher verteidigt, ist selbst ein Verbrecher!«

Erich Honecker war für mich kein Verbrecher. Er war – trotz des Ausschlusses aus der SED – mein Genosse. Für politische Manöver, mit denen offensichtlich eigenes Überleben auf Kosten anderer gesichert werden sollte, hatte ich nichts übrig, gleich, ob sie von »Stalinisten« oder »Reformern« ausgeführt wurden. Honecker hatte für seine politische Überzeugung mehr gelitten und mehr Beweise erbracht, als die meisten anderen 2,3 Millionen Mitglieder der SED. Er brauchte einen Verteidiger. Wie hätte ich seine Verteidigung ablehnen können, ohne die Selbstachtung zu verlieren, wenn seine Wahl auf mich fiel?

Gab es eine größere Herausforderung für einen Verteidiger in der DDR, als denjenigen zu verteidigen, der über Nacht vom ersten Mann im Staat zum größten Verbrecher im Staat gemacht wurde, von den selben »Genossen«, die ihm früher nach dem Munde geredet hatten? Das reizte mich. So nicht, sagte ich.

Überdies hatte ich mich, wenn ich über meine politischen Strafsachen in der DDR nachdachte, ganz insgeheim schon das eine oder andere Mal gefragt, was ich tun würde, wenn ich Verteidiger des Generalsekretärs wäre? Das waren zwar nur Gedankenspiele, die von mir nicht ernst genommen und nicht ausgespielt wurden, sie hatten jedoch seinerzeit einen durchaus realen Hintergrund. Kommunistische Politiker lebten gefährlich. Kamenew, Sinowjew, Slánsky, Rayk und viele andere führende Politiker in den sozialistischen Ländern waren zum Tode verurteilt und hingerichtet worden, in der DDR hatten Merker und Fechner langjährige Freiheitsstrafen erhalten. Natürlich hatte ich meine Gedanken nicht ausgesprochen, sondern für mich behalten. Die Aufgabe stellte juristische, politische und charakterliche Ansprüche. Ich wollte versuchen, ihnen gerecht zu werden.

Schon am Tag nach dem Empfang der Vollmacht, am Sonnabend, dem 16. Dezember 1989, fuhr ich mit meiner Frau zur Waldsiedlung in Wandlitz. An fast jedem Wochenende waren wir auf dem Weg zu unserer Datsche an der Mauer und dem Tor vorbeigefahren und hatten uns gefragt, wie es dahinter wohl aussähe. Meine Frau hatte einmal nachts geträumt, Honecker wäre bei uns zum Kaffee gewesen. Bei dieser Gelegenheit hätte sie ihm gesagt, wie es in der DDR wirklich zugehe. Sie war davon überzeugt, dass er das nicht wisse. Bei ihrer Schilderung, so berichtete sie mir ihren Traum, hätte er angefangen, still zu weinen. Er habe ihr leid getan und sie wollte darum aufhören, ihm weh zu tun, aber ihre anwesende Freundin hätte gesagt: »Nein, sag ihm alles!«

Dem Traum folgte nun die Wirklichkeit.

Die Torwache ließ uns passieren. Wolfgang Vogel hatte offenbar unseren Besuch angekündigt. Wir fuhren durch die menschenleeren schmalen Straßen, vorbei an Einfamilienhäusern im Stil der 50er Jahre, und hielten vor einem Haus, das es nach der uns gegebenen Beschreibung sein konnte. Kein Name, kein Zaun, der das Grundstück von der Straße oder den Nachbargrundstücken trennte. Wir klingelten an der Haustür. Nach einiger Zeit öffnete Margot Honecker. Wir legten unsere Sachen in einer kleinen Garderobe ab und gingen in den ersten Stock in ein ziemlich eng möbliertes Wohn- bzw. Arbeitszimmer: ein Schreibtisch, Bücherregale, eine Sitzgruppe um einen Rauchtisch, Fotos der Enkelkinder.

Es war 13.30 Uhr, wir hatten auf unserer Datsche zu Mittag gegessen, ein Kaffee hätte uns und der Atmosphäre gut getan. Es gab ihn aber nicht. Honeckers lebten, wie wir bald herausfanden, genügsam. Essen und Trinken besaßen in ihrem Leben eine untergeordnete Bedeutung. Arbeit stand auf der Tagesordnung und in diese wurde unverzüglich ohne große Vorrede eingetreten.

Erich Honecker war anzumerken, dass er eine Galleoperation hinter sich hatte. Sie war im August 1989 erst beim zweiten Versuch geglückt, nachdem der erste Versuch wegen einer Kreislaufdepression abgebrochen werden musste. Eine weitere Operation wegen eines Nierentumors stand ihm unmittelbar bevor.

Honecker lief unsicher, sprach leise und undeutlich. Ich hatte auch den Eindruck, dass es ihm schwerfiel, sich mit den Vorwürfen der Staatsanwaltschaft sachgerecht auseinander zu setzen. Seit seinem Rücktritt als Staatsratsvorsitzender und Generalsekretär waren eben erst zwei Monate vergangen. In dieser Zeit war er unter Hausarrest gestellt, sein Haus von Posten umstellt und seine Telefonleitung unterbrochen worden. Maßnahmen, die in der Strafprozessordnung der DDR nicht vorgesehen waren. Die Medien erhoben schwerste Vorwürfe. Eine »Hinterziehungssumme von 70 Millionen Westmark« wurde laut *Spiegel* 50/1989 in diesem Zusammenhang »in amerikanischen Geheimdienstkreisen gehandelt«, die von Schalck-Golodkowski beiseite geschafft worden sein sollte.

Das Volk nahm alles für bare Münze und wenn es vorher nur verordnet »Hosianna «gerufen hatte, so rief es jetzt aus manipulierter Überzeugung: »Kreuziget ihn!«

Der *Spiegel* schrieb: »Der Zorn wird täglich größer«, und berichtete in zweckdienlicher Zuspitzung von »der aufkommenden Progromstimmung«.

Man wusste vom Schicksal Ceausescus.

Das alles konnte, ja musste einen 77-jährigen kranken Mann stark erschüttern. Bei allem bewahrte Erich Honecker aber an diesem Tag, wie bei allen folgenden Ereignissen, die ich miterlebte, Haltung und Ruhe. Er jammerte nicht, schimpfte nicht, sondern vertrat seinen Standpunkt und seine politischen Entscheidungen ebenso sachlich wie unerschütterlich – nur eben gesundheitlich geschwächt.

Während Honecker mir gegenübertrat, als sei ich schon immer einer seiner Mitarbeiter gewesen und wir hätten eine von vielen seiner schwierigen Aufgaben zu lösen, war ich befangen. Mit einem »großen Mann« hatte ich noch nie gesprochen. Das begann schon mit der Anrede. Unter Genossen war das »Du« üblich. Doch das galt nicht uneingeschränkt. In der NVA siezten sich die Genossen. Meine Mandanten, die Genossen waren, hatte ich unterschiedlich angeredet. Da gab es keine feste Regel. Es hing auch davon ab, wie sie mich ansprachen. Die Anrede von Genossen, insbesondere von Genossen in leitenden Positionen, war für mich immer schon ein Problem gewesen.

Mit Erich und Margot Honecker duzte ich mich sofort. Mir war klar, dass eine andere Anrede eine Akzeptierung der Verurteilung ihres Verhaltens als Genossen bedeutet und einer Vorwegnahme der strafrechtlichen Verurteilung gleichgekommen wäre. Das notwendige Vertrauensverhältnis zwischen Mandant und Anwalt hätte so nicht zustandekommen können.

Als Verteidiger hielt ich stets eine angemessene Distanz zum Mandanten, was ich für eine unerlässliche Voraussetzung wirksamer Verteidigung hielt. Nur mit dem richtigen Abstand war der Verteidiger in der Lage, Stärken und Schwächen der Position des Mandanten zu erkennen und daraus die zweckentsprechenden Schlüsse für seine Verteidigung zu ziehen. So hatte ich bisher gedacht, gehandelt und auch geschrieben. Friedrich Karl Kaul, mit dem ich mich generell gut verstand, hatte mich deswegen scharf angegriffen. Jetzt aber hatte sich die Situation verändert. Die DDR war nicht mehr, was sie war. Es entstanden unterschiedliche, sich bekämpfende Parteien, aus einem »monolithischen« Staat wurde ein pluralistischer. Die Verteidigung eines politischen Angeklagten erforderte einen Verteidiger, der politisch nicht auf »der anderen Seite« stand. Meine Situation war jetzt derjenigen ähnlich, in der sich Kaul früher in der BRD befunden hatte.

Das bedeutete nicht, dass ich mich innerhalb der Partei als Anhänger einer »Honecker-Fraktion« verstand oder aufführte. Wäre ich Mitglied des Politbüros oder des ZK gewesen, hätte ich auch für den Rücktritt Honeckers gestimmt. Ich hatte schon am 29. Oktober 1989 in einem Brief an Egon Krenz erklärt: »Wir müssen uns ohne Vorbehalt und ohne Hintergedanken zur ›Perestroika‹ bekennen [...] Aus meiner Sicht ist es unerlässlich, dass Genossen, die in dieser Stunde zu einer Belastung für unsere Partei und unseren Staat geworden sind, dem Beispiel des Genossen Honecker folgen und zurücktreten.« Der Brief gab die Auffassung aller Genossen des Rechtsanwaltskollegiums wider. Er wurde aber nur von mir und nur in meinem eigenen Namen geschrieben, weil wir in diesen Tagen noch fürchteten, die Reaktion des Politbüros könne dem Kollegium schaden. Die überkommenen Verhaltensweisen waren auch bei uns nicht in elf Tagen überwunden. Tatsächlich gab es überhaupt keine Reaktion.

Andererseits hielt ich eine scharfe Trennung zwischen politischer und strafrechtlicher Verantwortung für erforderlich. Ich betrachtete selbst den Parteiausschluss Erich Honeckers und anderer führender Genossen als eine moralisch und politisch ungerechtfertigte sowie übereilte Maßnahme.

Es war für mich während der ganzen Dauer meines Mandats notwendig, das Vertrauensverhältnis zu meinem Mandanten nicht durch politische Diskussionen über die Politik der SED im Allgemeinen, des Politbüros und des Generalsekretärs im Besonderen zu gefährden. Ich habe deswegen solche Diskussionen weitgehend vermieden.

Auch bei Margot und Erich Honecker glaubte ich, ein ähnliches Bestreben zu erkennen. Während sie in Sachen juristischer Verteidigung mir wie allen ihren anderen Verteidigern fast blindlings vertrauten, galt das in politischen Fragen auch dort nicht, wo sich diese eng mit den juristischen Fragen berührten, etwa bei Veröffentlichungen. Das fand ich nicht so gut, und ich hatte manchmal Mühe, das Gefühl der Kränkung zu unterdrücken.

Wir kamen also ohne Umschweife zur Sache.

Die »Sache« war umfangreich und unkonturiert. Sie entzog sich schon deshalb zunächst einer qualifizierten rechtlichen Beurteilung.

Die Verfügung über die Einleitung des Ermittlungsverfahrens gegen Erich Honecker vom 5. Dezember 1989 hatte folgenden Wortlaut: »Erich Honecker ist verdächtig, seine Funktion als Vorsitzender des Staatsrats der DDR und seine angemaßte politische und ökonomische Macht als Generalsekretär des ZK der SED missbraucht zu haben, indem er, teils im Zusammenwirken mit anderen Mitgliedern des damaligen Politbüros, entgegen seinem auf die Verfassung der DDR gerichteten Eid ungerechtfertigte umfangreiche

Privilegien für Mitglieder der ehemaligen Partei- und Staatsführung schuf und dadurch der Volkswirtschaft der DDR und dem sozialistischen Eigentum schwersten Schaden zufügte. Ferner ist er verdächtig, seine Verfügungsbefugnisse als Generalsekretär des ZK der SED zum Vermögensvorteil für sich und andere missbraucht zu haben.

Verbrechen strafbar gemäß §§ 165 (1) (2) Ziff.1, 161 a, 162 (1) Ziff. 1 StGB.

Im Auftrag

Dr. Buske

Abteilungsleiter«

Von dem Wortlaut dieser Verfügung hatte ich bei meinem ersten Besuch in Wandlitz noch keine Kenntnis. Wir erfuhren ihn erst, nachdem uns eine Akteneinsicht am 17. Januar ermöglicht worden war. Wenn ich »wir« sage, meine ich Wolfgang Vogel und mich. Vogel hatte zu einem mir unbekannten Zeitpunkt offiziell die Verteidigung Erich Honeckers übernommen bzw. wieder übernommen, nachdem Rechtsanwalt Peter Danckert Verteidiger von Schalck-Golodkowski geworden war.

Angesichts der Unbestimmtheit der Vorwürfe konnten zunächst nur die Ergebnisse weiterer Ermittlungen abgewartet werden. Das entsprach zwar nicht den Wünschen des Mandanten, der es lieber gesehen hätte, wenn ich mit einem Schlag alle Vorwürfe zunichte gemacht hätte, aber er sah ein, dass dieser Wunsch unerfüllbar war.

Honecker selbst war allerdings schon vor meinem Besuch aktiv geworden. Mit mehreren Schreiben hatte er sich im November und Dezember 1989 an das Zentralkomitee, an die Zentrale Parteikontrollkommission und an Generalstaatsanwalt Wendland gewandt, um sich politisch, aber auch juristisch zur Wehr zu setzen.

So schrieb er am 14. November 1989 an Egon Krenz, dass er »die Beschlüsse der 10. Tagung (des ZK) mittrage« und brachte seine Bereitschaft zum Ausdruck, »an ihrer Verwirklichung in dieser oder jener Weise mitzuwirken«.

Weiter schrieb er: »Zu einer Frage kann und darf ich jedoch nicht schweigen. Das ist der jetzt aufgeworfene Vorwurf ›des Amtsmissbrauches‹. Ich werde immer, wo dies auch sei, diesen Vorwurf bei allen Fehlern, die ich begangen habe, zurückweisen. In keiner Phase meines Lebens war meine Tätigkeit mit Amtsmissbrauch verbunden. Dies tue ich in voller Verantwortung für begangene Fehlentscheidungen sowohl im Interesse unserer Partei und des Volkes der DDR. Das liegt auch im Interesse derer, die im Kampf für die weitere sozialistische Entwicklung unserer Republik, der Festigung der Freundschaft zur UdSSR und allen sozialistischen Ländern nicht enttäuscht werden dürfen.«

In einer »Stellungnahme« vom 1. Dezember 1989, gerichtet an die Zentrale Parteikontrollkommission, bezog sich Honecker auf sein Schreiben an Egon Krenz und führte auf dreizehn Seiten einige Gesichtspunkte näher aus. Unter anderem schrieb er: »Ich sehe die Ursache meiner Fehleinschätzung darin, dass ich das reale Leben im Lande in der letzten Zeit nicht unmittelbar wahrnahm. Ich täuschte mir etwas vor und ließ mir oft etwas vortäuschen bei Besuchen im Lande. Ich anerkenne auch voll den berechtigten Vorwurf, dass ich mich zunehmend mehr der internationalen Arbeit widmete. So war ich im ersten Halbjahr des Jahres 1989 häufig im Ausland. [...]

Hinsichtlich unserer Gesellschaftsstrategie, unserer Wirtschafts- und Sozialpolitik, unserer sozialistischen Demokratie, waren wir uns im Politbüro zunehmend bewusst, dass wir mit dem XII. Parteitag hierbei zu tiefgreifenden Veränderungen kommen mussten. [...] Einer der Hauptpunkte, die vor uns standen, war die Frage, wie wir die ökonomischen Probleme meistern, um den Kurs der Einheit von Wirtschafts- und Sozialpolitik weiterführen zu können. Dabei war für alle klar, dass wir – so sehr es auch schwerfiel, das einzugestehen – über unsere Verhältnisse gelebt haben. [...]

Zu den Ausführungen der Genossen Schürer und Höffner möchte ich sagen, dass sie die wirtschaftliche und finanzielle Lage der DDR richtig einschätzten. Meiner Überzeugung nach hatten sie aber für die Lösung dieser Probleme kein tragfähiges Konzept, das auch von den Bürgern der DDR angenommen worden wäre. [...]

Ich habe beim Generalstaatsanwalt der DDR wegen öffentlicher Verleumdung und der Beschuldigung der Korruption Anzeige erstattet. Ich besitze im Kreis Waren kein Jagdhaus und kein Jagdgebiet. Bei dem Objekt, auf das Bezug genommen wird, handelt es sich um ein Gästehaus des ehemaligen Ministeriums für Staatssicherheit. [...]

Das in 40 Jahren Arbeiter-und-Bauernmacht auf deutschem Boden Erreichte bildet – ob man das nun wahrhaben will oder nicht – den Ausgangspunkt für jegliche Erneuerung. Ich war und bin für eine Erneuerung von Partei und Gesellschaft, wie es im Aktionsprogramm gefordert wird, habe aber zunehmend Zweifel, ob dieser Prozess in die richtige Richtung läuft. Ich habe den Eindruck, dass

Kräfte wirksam werden, die einen regelrechten Vernichtungsfeldzug gegen unsere Partei, unseren souveränen Staat, gegen die Volkspolizei und andere Sicherheitsorgane führen. Es gibt Erscheinungen des rücksichtslosen Vorgehens gegen Kader der Partei und der Zerschlagung großer Teile ihres Apparates. Ich hoffe dennoch, dass es unserer Partei gelingen möge, im Verein mit allen gutwilligen Bürgern dieses Landes, das Errungene zu bewahren.«

Ich erhielt Honeckers Erklärungen zusammen mit seiner Strafanzeige an den Generalstaatsanwalt am 16. Dezember 1989. Sie nützten mir damals wenig. Es war unmöglich, mit ihnen der Flut der Beschuldigungen wirksam zu begegnen.

Heute lesen sich diese Verteidigungsversuche überdies anders als damals. Niemand regt sich heute noch über den Luxus und die Verschwendung der »SED-Bonzen« auf. Die Politiker der alten Bundesrepublik haben in den neuen Bundesländern auch dabei neue Maßstäbe gesetzt. Die Welle der Ermittlungsverfahren, die Anfang Dezember 1989 mit Haussuchungen und Festnahmen begann, führte nur in wenigen Fällen zu Verurteilungen. Auch diese waren juristisch zweifelhaft und hatten keine spektakulären Verbrechen zum Gegenstand. Im Laufe der Zeit interessierte sich kaum noch ein DDR-Bürger oder einstiger DDR-Bürger für diese Verfahren. Man hatte andere Sorgen.

Bei meinem ersten Besuch in Wandlitz standen nicht unmittelbar die strafrechtlichen Vorwürfe, die Erich Honecker gemacht wurden, im Mittelpunkt unserer Erörterungen. Es ging mir vielmehr zunächst um die Frage der Organisation der Verteidigung. Allein konnte ich ein solches Verfahren nicht übernehmen. Von der Mitwirkung Vogels war mir noch nichts bekannt. Ich bat also Honecker, neben mir auch Rechtsanwalt Dr. Noack mit seiner Verteidigung zu beauftragen. Honecker willigte sofort ein. Die leidige Frage des Honorars, sozusagen die Grundfrage professioneller Verteidigung in der Marktwirtschaft, war weder an diesem Tag noch später ein Thema zwischen uns.

Es mag unglaublich klingen und ist doch so gewesen. Allerdings beruhigte uns Vogel etwas später vor- und fürsorglich aus eigenem Antrieb, wir würden zu »unserem Geld« kommen. Doch zeigte sich am Ende, dass sein Optimismus unbegründet war. Die von ihm erwarteten westdeutschen »Sponsoren« hatten offenbar kalte Füße bekommen. Ausschlaggebend war dafür wohl der Vorwurf, Honecker habe die RAF unterstützt. Eine der vielen haltlosen Verdächtigungen. Es blieb also letztlich beim Pflichtverteidigerhonorar.

Nach dem ersten Besuch bei Erich Honecker suchten Dr. Noack und ich am folgenden Montag Staatsanwalt Buske beim Generalstaatsanwalt der DDR auf, der den Fall Honecker bearbeitete. Dort wurde uns mitgeteilt, dass kaum Ermittlungsergebnisse vorlägen. Auf unsere entsprechende Frage erhielten wir die Auskunft, dass das Regierungskrankenhaus erklärt habe, Honecker sei nicht haftfähig. Dies entspreche auch dem eigenen Eindruck der Staatsanwälte, die an der Hausdurchsuchung teilgenommen hätten. Der Beschuldigte habe im Laufe der Hausdurchsuchung den Eindruck gemacht, dass er »zusehends verfalle«. Es hätte schließlich ärztliche Hilfe in Anspruch genommen werden müssen. Ein Haftbefehl sei daher nicht beantragt worden, doch gingen die Meinungen in der Generalstaatsanwaltschaft hierüber auseinander.

Am 22. Dezember fuhr ich zu meinem geplanten Weihnachtsurlaub nach Oberhof, nachdem ich zuvor meinen Mandanten ein weiteres Mal besucht und über das Ergebnis unserer Unterredung bei Staatsanwalt Buske informiert hatte. Da Dr. Noack in Berlin blieb, war ich entbehrlich.

Der Urlaub zeigte ein anderes Oberhof, als wir es bisher kannten. »Wessis«, damals noch freundlich »Bundis« genannt, kamen in Massen mit ihren Autos. Sie meinten, alles würde sich ändern. Fahnen und Transparente begrüßten sie, und die Freiwillige Feuerwehr hatte an einer ausgefahrenen Leiter die BRD-Fahne gehisst und bewirtete die ungewohnten Gäste aus der Gulaschkanone.

Wieder in Berlin zurück überschlugen sich die Ereignisse. Die Kassationsverhandlung gegen Janka fand am 4. Januar 1990 vor dem Obersten Gericht statt und musste vorbereitet werden. Das bisherige Rechtsanwaltsbüro für internationale Zivilrechtsvertretungen wurde aufgelöst und seine Mitglieder traten überwiegend unserem Kollegium bei, BRD-Anwälte suchten Partner in der DDR, *Die Zeit* wollte ein Interview.

Das Ermittlungsverfahren gegen Erich Honecker lief inzwischen weiter. Der sogenannte Amtsmissbrauch erschien der öffentlichen Meinung, den Politikern und den Strafverfolgern als Vorwurf nicht mehr ausreichend. Die Schuld Honeckers war für sie erwiesen, es fehlte nur der richtige Paragraph. Der wurde gesucht und schließlich – so glaubte man wenigstens – gefunden. Der Generalsekretär und Staatsratsvorsitzende hatte Hochverrat begangen. Wie sagten doch die Lateiner? Difficile est satiram non scribere – schwierig ist es, keine Satire zu schreiben. Hochverrat war in § 96 StGB wie folgt definiert:

»Wer es unternimmt,

1. die sozialistische Staats- oder Gesellschaftsordnung der Deutschen Demokratischen Republik durch gewaltsamen Umsturz oder planmäßige Untergrabung zu beseitigen oder in verräterischer Weise die Macht zu ergreifen;

2. das Gebiet der Deutschen Demokratischen Republik einem anderen Staat einzuverleiben oder einen Teil desselben von ihr loszulösen;

3. einen Angriff auf Leben oder Gesundheit eines führenden Repräsentanten der Deutschen Demokratischen Republik zu begehen;

4. mit Gewalt oder durch Drohung mit Gewalt die verfassungsmäßige Tätigkeit der führenden Repräsentanten der Deutschen Demokratischen Republik unmöglich zu machen oder zu behindern,

wird mit Freiheitsstrafe nicht unter 10 Jahren oder mit lebenslänglicher Freiheitsstrafe bestraft.«

Kaum glaublich, aber Staatsanwälte beim Generalstaatsanwalt der DDR meinten allen Ernstes, Honecker habe Hochverrat begangen!

Der am 11. Januar 1990 neu ernannte Generalstaatsanwalt Dr. Hans-Jürgen Joseph, der dem kurzzeitig amtierenden Harri Harland nachgefolgt war, verkündete diese Erkenntnis persönlich vor der 15. Tagung der Volkskammer: »Die Staatsanwaltschaft konzentriert sich auf folgende Ermittlungskomplexe: 1. Hochverrat und andere Staatsverbrechen; 2. Schwere Eigentums- und Wirtschaftsverbrechen.«

Angesichts dieses neuen, viel schwereren Vorwurfs konnte der so Beschuldigte nicht länger auf freiem Fuss bleiben. Der Generalstaatsanwalt beschloss Honeckers Festnahme. Dieser befand sich inzwischen zu einer überfälligen Operation in der Charité. Eine ärztliche Stellungnahme von Prof. Dr. Peter Althaus vom 27. Januar 1990, abgegeben in Erwartung der drohenden Verhaftung, schildert Honeckers gesundheitliche Situation in diesem Zeitpunkt.

»Bei o. g. Patienten erfolgte am 18.08.1989 im ehemaligen Regierungskrankenhaus zu Berlin-Buch die Entfernung der Gallenblase wegen Gallensteinleidens. Dabei musste auch ein Teil des Dickdarms wegen gedeckten Durchbruches mitentfernt werden. Zur Darmentlastung wurde dabei der Dickdarm gefistelt und der Wurmfortsatz entfernt. Nach diesem großen operativen Eingriff war es notwendig, den Patienten 12 Tage künstlich zu ernähren. Der bereits Anfang August 1989 von Urologen aus der Charité geäußerte Verdacht auf das Vorhandensein eines bösartigen Tumors am unteren Pol der rechten Niere und die sich daraus ergebende Empfehlung zu dessen operativer Entfernung wurde ignoriert. Am 10.1.1990 ist bei dem Patienten an der Klinik für Urologie der Charité eine Krebsgeschwulst (hellzelliges Nierenkarzinom mit der Tumorformel T3, NO, MO, G2) aus dem unteren Pol einer funktionellen rechten Einzelniere entfernt worden. Der Anteil der linken Niere an der Nierengesamtfunktion beträgt wegen zystischer Dysplasie nur 29 %. Nach diesen beiden operativen Eingriffen ist es aus ärztlicher Sicht nicht zu verantworten, den Patienten zu inhaftieren.«

Diese ärztliche Stellungnahme übersandte Rechtsanwalt Vogel dem Generalstaatsanwalt. Dieser zeigte sich davon jedoch unbeeindruckt und wollte Erich Honecker am Sonntag, dem 28. Januar, abends in der Charité verhaften lassen.

Peter Przybylski, damals noch Staatsanwalt für Öffentlichkeitsarbeit beim Generalstaatsanwalt, schildert das in seinem 1991 erschienen Buch »Tatort Politbüro« so: »Der für die Bearbeitung des Falles Honecker zuständige Staatsanwalt hatte daher Order, den Beschuldigten noch am Sonntagabend in seine Obhut zu nehmen und dessen Krankenbett bis zum nächsten Morgen zu hüten. Als er jedoch mit seinem Begleiter auf der Nierenstation eintraf, stieß er damit auf wenig Verständnis des anwesenden Arztes. Im Krankenzimmer des Patienten, so bedeutete der Mediziner den Anklägern, dürfe man sich nicht aufhalten, das sei weder üblich noch zulässig. Wenn schon, dann müsse die Entlassung des Patienten auf dem Gang abgewartet werden – ein Ansinnen, das dem Zweck der Aktion natürlich zuwiderlief. Denn wer wollte garantieren, daß Honecker, der mit seiner Verhaftung rechnen mußte, sich nicht noch zu nächtlicher Stunde aus dem unvergitterten Fenster des Hochhauses stürzte?

Staatsanwalt und Stationsarzt einigten sich schließlich darauf, Klinikchef Althaus per Telefon zu konsultieren. Der bestand auf einer schriftlichen Festnahmeanordnung des Generalstaatsanwalts, die der Ankläger nicht parat hatte, weil es die Prozessordnung gar nicht verlangte.

Generalstaatsanwalt Professor Reuter verfügte daraufhin schriftlich, daß die vorläufige Festnahme des Beschuldigten ›am 28. Januar 1990 um 22.00 Uhr angeordnet (wird)‹. Allerdings entbehrte die Begründung nicht einer gewissen Kuriosität: ›Es besteht Gefahr im Verzuge, da mit hoher Wahrscheinlichkeit zu erwarten ist, daß der Beschuldigte nach Entlassung aus dem Krankenhaus den Zeitraum bis zum Erlass eines Haftbefehls nutzen wird, sich der Untersuchungshaft zu entziehen.‹

Wohin aber hätte Honecker nach dem Verlassen der Charité schon fliehen sollen? Wie eine Klette hätte sich die Journaille an seine Person geheftet und jeden Schritt verfolgt.

Als die Staatsanwälte am späten Abend mit der Festnahmeorder wieder auf der urologischen Station eintrafen, lag der Patient Honecker längst in tiefem Schlaf.

Das unerwartete Wecken wurde zum bösen Erwachen, als man ihm nun das Papier des Generalstaatsanwalts unter die Nase hielt. Obgleich die Medien die bevorstehende Verhaftung prophezeit hatten, hatte Honecker doch gehofft, vor dem Untersuchungsgefängnis verschont zu bleiben. Er empfand die Festnahme als unerhört. Seiner Empörung machte er in einem Telefongespräch mit seiner Frau Margot Luft.

Früh am nächsten Morgen fanden sich Frau Margot sowie eine der Töchter nebst Ehemann und Enkelkind im Krankenhaus ein, um Abschied von Erich Honecker zu nehmen, ein Abschied, der dem alten Mann sichtlich schwer fiel. Schließlich stand ihm auch noch der Canossagang durch das Spalier von Journalisten bevor, die sensationsgierig, zum Teil feindselig, am Eingang der Klinik auf ihn lauerten. ›Na, Herr Honecker, noch mal lächeln für das letzte Foto!‹ So und ähnlich witzelten sie schadenfroh, als Honecker um 7 Uhr morgens Arm in Arm mit Frau Margot den Klinikausgang passierte. Der Gesichtsausdruck des Diktators, von der Last der Operation noch sichtlich gezeichnet, wirkte versteinert, sein Haupt aber blieb erhoben. Im Angesicht der Öffentlichkeit ließ sich ein Mann wie er nicht aus der Fassung bringen.«

Staatsanwalt Przybylski hat uns ein schönes Zeitdokument geliefert. Da ist alles drin: die Rechtfertigung des Haftbefehls gegen seinen höchsten Vorgesetzten, die Schmähung der Begründung des Haftbefehls durch seinen unmittelbaren Vorgesetzten, die Medienschelte und die Nachahmung des Journalistendeutschs, wo die nüchterne Sprache des Juristen unabdingbar gewesen wäre. Wem Przybylskis Schilderung von der Festnahme des eben operierten Erich Honecker unvorbereitet »unter die Nase« gehalten wird, ohne dass ihm die Ehre und das Vergnügen zuteil wurde, den Verfasser persönlich als Untertan des »Diktators« kennengelernt zu haben, der wird allerdings dieses Zeitdokument nicht voll genießen können.

Die Festnahme Honeckers fand in den Medien nicht nur Beifall. Willy Brandt äußerte nach einer Reuter-Meldung, er habe »manchmal ein ungutes Gefühl, wenn viele, die auch im alten SED-Regime immer dabeigesessen hätten, sich nun zum Richter aufspielten, um ihre eigenen Fehler vergessen zu machen«. Lothar Loewe schrieb in der Berliner *Bild* unter dem Titel: »Honecker – Gnade vor Recht« am 30. Januar: »Auf Honeckers Konto gehen auch Akte der Menschlichkeit, die wir nicht vergessen sollten. Der Deutsche Erich Honecker verdient Haftverschonung.«

Rupert Scholz sprach am gleichen Tage in der *Welt* in bezug auf Erich Honecker von Haftbefehlen, »die ohne Rücksicht auf klare und rechtsstaatliche Straftatbestände und ohne Rücksicht auf die rechtsstaatlichen Vorstellungen von Fluchtverdacht und nachgewiesener Verdunklungsgefahr [...] erlassen und vollzogen werden.«

Entgegen der Darstellung von Rupert Scholz und zur Ehre der Richter des Stadtbezirksgerichts Mitte und des Stadtgerichts muss jedoch festgestellt werden, dass der beantragte Haftbefehl gegen Erich Honecker *nicht* erlassen wurde. Der Direktor des Stadtbezirksgerichts Mitte, der 1996 bei einem Flugzeugunglück tragisch ums Leben gekommene Richter Weitzberg, wies den Antrag des Generalstaatsanwalts ab, da der Gesundheitszustand des Beschuldigten eine Inhaftierung verbiete.

Das Stadtgericht wies auch die gegen diese Entscheidung eingelegte Beschwerde des Generalstaatsanwalts zurück. Es machte allerdings der öffentlichen Meinung eine Konzession, indem es, anders als Richter Weitzberg, feststellte: »Nach dem bisherigen Ermittlungsergebnis und unter Beachtung der Tatsache, dass der Beschuldigte bisher nur einmal und sehr global vernommen wurde, kann es gleichwohl keinem Zweifel unterliegen, dass der dringende Tatverdacht schwerer Verbrechen besteht.«

Der Senat lehnte die Inhaftierung ab, da der Beschuldigte »gegenwärtig nicht haftfähig ist«. Auch das war von den Richtern Ziegler, Strauß und Wollert angesichts der Stimmung der Bevölkerung zu diesem Zeitpunkt mutig.

Die »schweren Verbrechen«, deren Honecker dringend verdächtig sein sollte, fasste das Stadtgericht auf der Grundlage des Haftbefehlsantrags mit den Worten zusammen: »Mit dem Antrag wird ihm zur Last gelegt, im Zusammenwirken mit den ehemaligen Politbüromitgliedern Mielke, Mittag und Herrmann planmäßig und systematisch die Verfassungsordnung der DDR als grundlegenden Bestandteil der Staatsordnung untergraben sowie Vertrauensmissbrauch und Untreue sozialistischen Eigentums begangen zu haben, indem er

– Häftlingsfreikäufe veranlasste, für die die BRD 1989 auf ein nur dem Beschuldigten zugängliches Konto bei der Deutschen Handelsbank ca. 75 Mio DM überwies,
– Vergeudung von erheblichen finanziellen und materiellen Mitteln und Ressourcen einschließlich Valutamitteln zum Zwecke einer staatlich organisierten und abgesicherten Privilegierung von Angehörigen der ehemaligen Partei- und Staatsführung veranlasste. Es handelte sich dabei um die Versorgung der Waldsiedlung Wandlitz, den Bau und die Nutzung von Freizeitobjekten sowie die Nutzung von Staatsjagdgebieten unter nicht gerechtfertigten Bedingungen und um die Vergeudung von Valutamitteln, die auf dem o. g. Konto eingegangen waren.«

Die Haltlosigkeit des Hochverratsvorwurfs lag auf der Hand. Darauf haben nicht nur Vogel und ich in einer Schutzschrift vom 29. Januar 1990 das Gericht hingewiesen. Wir sagten: »Der Tatbestand verlangt, dass der Täter die sozialistische Staats- oder Gesellschaftsordnung der Deutschen Demokratischen Republik beseitigen wollte. Dies ist angesichts der Person und des Lebenslaufs des Beschuldigten schlechthin undenkbar. Die Beseitigung der sozialistischen Staats- und Gesellschaftsordnung ist vielmehr erst nach dem Rücktritt des Beschuldigten in Angriff genommen worden, weil sie dem demokratischen Willen der Mehrheit der Bevölkerung, soweit dies bisher feststellbar ist, nicht entsprach.

Auch die Alternative der verräterischen Machtergreifung ist logisch nur für einen Täter denkbar, der die Macht nicht besitzt. Ein solcher Täter war der Beschuldigte nicht.«

Diese und unsere anderen Argumente machten auf das Stadtgericht, wie aus seinem zitierten Beschluss ersichtlich ist, keinen Eindruck. Wie begründet und wie offensichtlich sie waren, zeigte nicht nur die spätere Einstellung des Ermittlungsverfahrens wegen Hochverrats, sondern auch der bereits zitierte Artikel von Rupert Scholz vom 30. Januar, in dem es auch hieß: »Honecker nun hat genau jene sozialistische Ordnung vertreten, die das Gesetz meint – wenn, dann suchen die Oppositionskräfte sie zu beseitigen, und mit Recht –, und er hat die Macht nicht ›verräterisch‹ ergriffen, sondern im Verein mit der SED. Ihn jetzt als Verräter an eben dieser ›sozialistischen Ordnung‹ zu bestrafen, ist nicht nur juristisch absurd, sondern es heißt obendrein nichts anderes, als dass jene ›sozialistische Ordnung‹ nach wie vor gültig sein soll.«

Rupert Scholz gab am 30. Januar noch einen Hinweis an die Staatsanwaltschaft der DDR, in welche Richtung die Strafverfolgung zukünftig gehen soll: »Die wahren Vergehen waren Unterdrückung, Terror, Schießbefehl.«

So kam es, dass zum Schluss von allen Vorwürfen, die ursprünglich unter dem Stichwort »Regierungskriminalität« erhoben wurden, nur die Prozesse wegen der Schüsse an der Mauer übrig blieben. Hinzu kamen allerdings Rechtsbeugung und Doping. Das Urheberrecht an dem Totschlagsvorwurf sollte Rupert Scholz nicht bestritten werden.

Generalstaatsanwalt Christoph Schaefgen wollte es gern den DDR-Staatsanwälten zuschreiben, um behaupten zu können: »Es war die DDR, die die Bestrafung wegen der Schüsse an der Mauer forderte!«

Ende Januar 1990 hatte der weitsichtige Wolfgang Vogel offenbar den Eindruck, die Verteidigung Honeckers sollte eine bundesdeutsche Verstärkung erfahren. Jedenfalls schlug er um diese Zeit Erich Honecker vor, Rechtsanwalt Otto Schily neben ihm, Dr. Noack und mir zusätzlich mit seiner Verteidigung zu beauftragen.

Erich Honecker war wie stets mit solchen Empfehlungen einverstanden, und mit Rechtsanwalt Schily wurde daraufhin für den 29. Januar 1990 eine gemeinsame Unterredung in seinem Büro verabredet. Es war der Tag, an dem Honecker vor den Haftrichter geladen war. Vogel und ich warteten auf die Entscheidung von Richter Weitzberg und, als sich diese verzögerte, blieb Vogel allein in Rummelsburg. Noack und ich fuhren gemeinsam zu Schily. Nachdem wir einige Zeit im Wartezimmer gesessen hatten, kam Schily zu uns und lehnte das Mandat ab. Er sei lediglich zu einer gutachterlichen Tätigkeit bereit, erklärte er. Noack und ich zogen leicht verwundert ab. Wir pflegten einen anderen Umgang mit Kollegen als den Kontakt im Wartezimmer. Den rauhen Westwind kannten wir eben noch nicht. Wolfgang Vogel ließ sich seinerseits nicht abschrecken und sandte am 12. Februar 1990 Schily ein kurzes persönliches Schreiben von Erich Honecker.

Die Reaktion darauf ist mir nicht bekannt.

Fest steht nur: Schily übernahm das Mandat nicht.

Honecker in Lobetal, 30. Januar bis 2. April 1990

Erich Honecker wurde am 30. Januar 1990 aus der Untersuchungshaftanstalt Rummelsburg entlassen und von Wolfgang Vogel nach Lobetal zu Pfarrer Uwe Holmer gebracht. Seit seinem Rücktritt war klar, dass Honeckers Wandlitz verlassen mussten. Unklar war nur, wo sie wohnen sollten. Vogel hatte sich schon im Dezember 1989 bemüht, für beide eine Bleibe zu finden. Dabei erwog er eine Unterbringung in einer evangelischen Institution. Kirchliche Kreise, aber auch westdeutsche und ausländische Persönlichkeiten, etwa Mitterrand und Jakowlew, unterstützten seine humanitären Bemühungen. Die Hoffnungsthaler Anstalten in Lobetal unweit von Wandlitz gaben schließlich Obdach. Pfarrer Holmer, Leiter der Anstalten und zugleich Bürgermeister von Lobetal, stellte im Pfarrhaus zwei Zimmer seiner Kinder zur Verfügung, in die Honeckers einzogen.

Auch dagegen regte sich Protest. Auf diesen reagierte Bischof Dr. Gottfried Forck am 5. Februar 1990 mit einer Klarstellung: »Die Bitte, Erich Honecker und seine Frau in ein Heim der Kirche aufzunehmen, ist viermal an mich herangetragen worden: Zuerst durch Rechtsanwalt Prof. Dr. Vogel, dann durch den Rat des Bezirkes Frankfurt/Oder, danach durch den stellvertretenden Ministerpräsidenten, Herrn de Maizière, und schließlich durch Prof. Dr. Vogel und Dr. Mehnert (aus dem Büro des Ministerpräsidenten). Immer wieder habe ich darauf hingewiesen, dass die Unterbringung von Herrn Honecker Aufgabe des Staates und der SED sei. Die Kirche könne dagegen nur aus Barmherzigkeit die Unterbringung von Herrn Honecker übernehmen, wenn Staat und Partei aus zwingenden Gründen dazu nicht in der Lage wären.

Im vierten Gespräch ist gegenüber Konsistorialpräsident Stolpe, Pastor Braune und mir erklärt worden, die Regierung habe sich um eine Wohnung für Herrn Honecker gemüht, könne aber an keiner Stelle eine Sicherheit gegen etwaige Lynchjustiz bieten; darum müsse sie die Bitte um Aufnahme des Ehepaares Honecker in eine kirchliche Einrichtung erneuern.

Im Nachgang zu diesem Gespräch hat Pastor Braune in meinem Auftrag mit dem Ehepaar Honecker in der Charité gesprochen. Beide haben ihm gegenüber betont, dass sie um Aufnahme in ein kirchliches Heim bäten, weil sie nur dort sich einigermaßen sicher fühlen könnten. Pastor Braune hat daraufhin mit Pastor Holmer (Lobetal) telefonisch Verbindung aufgenommen und von ihm erfahren, dass er und seine Frau bereit wären, das Ehepaar Honecker in die Gästezimmer ihres Pfarrhauses aufzunehmen. Es brauche also kein Heimplatz für das Ehepaar Honecker bereitgestellt zu werden.

Danach hat die Kirchenleitung mehrheitlich entschieden, dass sie der Aufnahme des Ehepaares Honecker in das Pfarrhaus des Lobetaler Anstaltsleiters zustimmt. Damit habe ich Ihnen den Sachverhalt geschildert. 1) Die Kirche hat also nicht von sich aus einen Platz für das Ehepaar Honecker angeboten, sondern ist viermal vom Staat darum gebeten worden. 2) Herr Honecker befindet sich in Lobetal nicht in einem Asyl, das ihn der strafrechtlichen Verfolgung entzieht. 3) Das Ehepaar Honecker nimmt keinem der Antragsteller einen Heimplatz weg.

Lassen Sie mich dieser Darstellung noch hinzufügen Entscheidend war für uns in der Kirchenleitung, dass wir die von Christus erwirkte Vergebung der Sünden allen Menschen zu bezeugen haben. Von dieser Vergebung ist nach dem Neuen Testament niemand ausgeschlossen. Es ging uns also nicht darum, nachträglich die Schuld von Herrn Honecker herunterzuspielen, wohl aber darum, die noch viel größere Vergebungsbereitschaft Gottes zu bezeugen. Insofern war es mir eine Ermutigung, dass manche, die in der Vergangenheit wirklich Schweres von unserer Staatsführung erdulden mussten (Berufsbehinderung und Gefängnis), die Aufnahme von Honecker durch die Kirche gutgeheißen haben.

Bitte bedenken Sie unter dieser Voraussetzung noch einmal Ihren Protest.«

Am 2. Februar besuchten meine Frau und ich nach telefonischer Anmeldung durch Vogel die Eheleute Honecker zum erste Mal in Lobetal. Die Hoffnungsthaler Anstalten liegen idyllisch in einem Kiefernwald gelegen. Nur eine holprige Straße und ein befahrbarer Waldweg führten zu den Häusern. Man sah ihnen an, dass sie bessere Tage erlebt hatten. Das Pfarrhaus, dessen Garten an einen kleinen See grenzte, strahlte Ruhe und Geborgenheit aus. Nur eine Menschenmenge vor der Gartentür störte das idyllische Bild.

Frau Holmer ließ uns ein und führte uns zu dem im ersten Stock gelegenen Zimmer. Sie war eine resolute, lebenstüchtige Frau, die sieben Kinder großgezogen und den Pfarrhaushalt einschließlich des Backens des in der Familie benötigten Brotes besorgte.

Das Zimmer, in dem wir Honeckers trafen, gehörte dem etwa 17-jährigen Sohn der Familie Holmer. Kirchliche Bilder und Symbole hingen an den Wänden, die Möblierung war schlicht. Die Sitzgarnitur hatten Honeckers mitgebracht. Vor uns waren bereits zwei Angehörige der Kriminalpolizei erschienen, die bereits begonnen hatten, Erich Honecker zu vernehmen.

Nach uns kamen Prof. Vogel und Prof. Althaus. Letzterer hatte vorsorglich einen Krankenwagen der Charité mit gebracht. Eine ärztliche Versorgung in Lobetal war, wenn überhaupt, nur unzulänglich gewährleistet. Honeckers Blutdruck maßen seine und meine Frau.

Prof. Althaus versuchte den Vernehmern klarzumachen, dass Erich Honecker zur Zeit nicht vernehmungsfähig sei, und wir erklärten, dass unser Mandant jede Aussage bis auf weiteres verweigere. Die Kriminalpolizisten erklärten, der Staat sei bereit, für die weitere Unterbringung Erich Honeckers sowie für seine Sicherheit zu sorgen. Vogel vertrat demgegenüber im internen Gespräch die Auffassung, dass die Unterbringung durch die Kirche der staatlichen Unterbringung vorzuziehen wäre. Dabei blieb es dann auch.

In den drei Monaten, die Margot und Erich Honecker mit der Familie Holmer unter einem Dach lebten, bildete sich zwischen ihnen ein achtungsvolles und – man kann wohl auch sagen – herzliches Verhältnis heraus. Pfarrer Holmer, aber auch seine Frau, genossen in Lobetal eine unangefochtene Autorität. Beide gewährleisteten sie so mit Unterstützung der Bewohner und Mitarbeiter der Lobethaler Anstalten den Schutz Erich und Margot Honeckers, was mit mannigfachen Beschwernissen und auch Gefahren für sie verbunden war. Sie ließen sie auch nie allein im Haus.

Frau Holmer erzählte uns einmal, dass ein Pkw mit jungen Leuten eines Tages einen an der Grundstücksgrenze entlangführenden, polizeilich gesperrten schmalen Weg befahren hätte. Von ihr zurechtgewiesen drohten die Männer Frau Holmer, ihr eine Handgranate zwischen die Beine zu werfen.

Lästig waren auch die vielen Journalisten, die zu Honecker vorzudringen versuchten. Rund um die Uhr wiesen die Eheleute Holmer und ihre Kinder alle ungebetenen Gäste ebenso freundlich wie bestimmt ab.

Honeckers schickten sich ohne zu klagen in diese Verhältnisse. Sie konnten wegen der »Belagerung« kaum aus den Fenstern sehen und das Haus nur in Begleitung von Pfarrer Holmer ein- oder zweimal am Tag für kurze Zeit verlassen. Margot Honecker half Frau Holmer im Haushalt, wobei sie vor keiner Arbeit zurückschreckte.

Natürlich mussten sich Honeckers dem christlichen Geist des Hauses anpassen. Sie taten es, ohne Zweifel daran zu lassen, dass sie Kommunisten, also auch Atheisten, waren und blieben. Andererseits respektierte der Pfarrer die Überzeugung seiner Gäste, was ihn jedoch nicht hinderte zu versuchen, sie für den christlichen Glauben aufzuschließen.

Es war in diesen hasserfüllten Tagen eine Wohltat, auf Menschen zu treffen, die Nächstenliebe nicht nur predigten, sondern auch lebten. Die Kirche hat Pfarrer Uwe Holmer die Bewältigung seiner schweren Aufgabe nicht gedankt. Vorzeitig musste er sein Amt in Lobetal aufgeben. Es ist eigentümlich, dass so verschiedene Organisationen wie der Kommunisten und der Kirche in manchen Punkten sich derart ähnlich sind. Beide straften ihre Besten und Treuesten.

Die Meinungen über die Aufnahme Honeckers in Lobetal gingen innerhalb der Kirche wahrscheinlich auseinander. Möglich, dass man in der »Westkirche« mehrheitlich anders darüber dachte als in der »Ostkirche«. Wie problematisch christliche Nächstenliebe zu praktizieren gegenüber Erich Honecker damals war, zeigte auch ein Bericht der *Süddeutschen Zeitung* vom 1. Februar. Kirchenvertreter, darunter der Berliner Probst Hans-Otto Furian, offenbarten den Druck, der auf ihnen lastete. »Die evangelische Kirche habe jahrelang versucht, der ›Mund der Stummen‹, der Schwachen, zu sein. Zu den neuen Schwachen gehöre dieser ›vor kurzer Zeit scheinbar noch mächtige Honecker‹. Furian verwies auf Kritik an der Aufnahme Honeckers, die bis zur Androhung des Kirchenaustritts reichte. Bei den meisten kirchlich Engagierten werde die Mehrheitsentscheidung der Kirchenleitung aber verstanden.

Der evangelische Pfarrer Christian Näcke aus Bischofswerda bei Dresden erhielt nach eigenen Angaben Dutzende von Anrufen. Näcke berichtete: ›Ich bin am Morgen 22mal angerufen und bedroht worden, weil die Kirche Erich Honecker aufgenommen hat‹. Näcke fügte hinzu, die Menschen hätten den 77-jährigen Expolitiker wüst beschimpft. Die Anrufer seien ohne jede Bereitschaft zur Vergebung gewesen. Er halte sie für seelisch krank.

Gegen die Festnahme des todkranken Honeckers war in der DDR und im Ausland Protest lautgeworden.«

Die Möglichkeiten, auf den Gang des Ermittlungsverfahrens Einfluss zu nehmen, waren gering. Es war offensichtlich, dass die »kochende Volksseele« die Staatsanwaltschaft stark beeindruckte. Immer neuen Meldungen über Honeckers »Verbrechen« zeitigten Wirkung. Als Verteidiger standen wir der Entwicklung machtlos gegenüber.

In dieser Situation entstand bei mir der ungewöhnliche Gedanke, alle Verteidiger der beschuldigten DDR-Repräsentanten sollten in einer Petition die Abgeordneten der Volkskammer um Unterbrechung der Ermittlungsverfahren ersuchen. Erst nach Konstituierung einer aus der Neuwahl hervorgegangenen Volkskammer, die wieder rechtsstaatliche Verfahrensvoraussetzungen durchsetzen würde, sollten die Ermittlungen fortgesetzt werden. Zu diesem Zweck lud Wolfgang Vogel alle Verteidiger, die es anging, zum 1. Februar in sein Büro ein. Es erschienen insgesamt sechzehn Rechtsanwälte, die sich darüber verständigten, wie man aus der ungewöhnlichen und so gut wie hoffnungslosen Situation herauskäme. Ich wurde beauftragt, die Petition an die Volkskammer zu entwerfen. Vier Tage später versammelten wir uns erneut bei Vogel. Der Entwurf wurde gebilligt, alle sechzehn Verteidiger unterschrieben das an den Volkskammerpräsidenten Günter Maleuda gerichtete Schreiben. Bereits am 20. Februar antwortete dieser, dass keine Möglichkeit bestünde, unserem Anliegen zu entsprechen. »Eine solche Maßnahme würde ein unmittelbares Eingreifen der obersten Volksvertretung unseres Landes in Fragen der Rechtspflege bedeuten, was mit der verfassungsrechtlichen Stellung der Volkskammer unvereinbar ist«, schrieb Maleuda an Vogel.

Diese zutreffende Feststellung hatte die Volkskammer allerdings nicht gehindert, Forderungen nach der Einleitung von Disziplinarverfahren gegen den Stellvertreter des Generalstaatsanwalts und den Präsidenten des Obersten Gerichts zu erheben – was in unserer Petition als ein Beispiel für unzulässige Einflussnahme und das Nichtbestehen einer Gewaltenteilung genannt worden war.

Ganz wirkungslos blieb die Petition dennoch nicht. Prof. Dr. John Lekschas, ein führender Strafrechtswissenschaftler der DDR, äußerte wenige Tage später in einem Interview gegenüber dem *Neuen Deutschland*, dass ein Hochverratsprozess gegen Honecker »außerordentlich gediegen vorbereitet und geführt werden« müsse. Er mahnte weiter: »Insofern sollten weder Staatsanwälte noch Richter irgendwelchen Rufen nach schneller Verurteilung nachgeben.« Schließlich gab Lekschas zu bedenken: »Günstiger aber wäre natürlich ein neugewähltes Oberstes Gericht mit neugewählten Richtern, die unbelastet von der Vergangenheit ein exaktes Verfahren durchführen könnten, mit exakter Beweisführung und genauester Verteidigung.«

Das vom *ND* am 10./11. Februar veröffentlichte Interview fand auch in anderen Zeitungen Beachtung. Das Klima bei der Generalstaatsanwaltschaft selbst schien sich danach zu ändern. Schon am 21. Februar erfuhr Vogel bei einer Rücksprache mit dem stellvertretenden Generalstaatsanwalt Prof. Lothar Reuter, dass das Verfahren wegen Hochverrats gegen Honecker eingestellt werden würde.

Die endgültige Einstellung dieses Ermittlungsverfahrens erfolgte dann allerdings erst durch eine elfseitige Verfügung vom

23. März, also nach den Wahlen fünf Tage zuvor, »da sich der Verdacht nicht als begründet erwiesen hat«. In der Begründung wurde auch auf die »in der öffentlichen und fachwissenschaftlichen Diskussion in den vergangenen Wochen geäußerten erheblichen Zweifel« Bezug genommen.

In Lobetal informierte mich Erich Honecker auch erstmals darüber, dass sein Konto gesperrt worden sei. Unterlagen darüber besaß er nicht. So fragte ich am 7. Februar 1990 beim Generalstaatsanwalt an, welche Maßnahmen auf welcher Rechtsgrundlage hinsichtlich des Kontos ergriffen worden wären. Die Antwort erfolgte postwendend.

»Am 5.12.1989 wurde mit Anordnung des Generalstaatsanwalts der DDR die Beschlagnahme des Kontos Nr. 6652-48-10537 von E. Honecker mit einem Kontostand von 217 930,64 M per 5.12.1989 verfügt. Die Realisierung erfolgte durch die Sparkasse am 6.12.1989. Die Beschlagnahme wurde richterlich bestätigt.

Weitere Beschlagnahmen oder Arrestnahmen von Sparkonten erfolgten im Verfahren nicht, so dass aufgrund des eigenen Kontos der Frau Honecker der Lebensunterhalt der Familie gewährleistet ist. (Kontostand per 28.11.1989: 77 502,98 M).«

Durch diese Mitteilung des Generalstaatsanwalts erfuhr ich amtlich, über welches Vermögen die Eheleute Honecker nach vierzig Jahren Arbeit in höchsten Staats- und Parteiämtern der DDR verfügten. Aus Ehescheidungsverfahren war mir das Vermögen von Handwerkern, Ärzten und Künstlern bekannt. Auch von Vermögen unserer Rechtsanwälte besaß ich eine Vorstellung. Viele von ihnen besaßen mehr, viel mehr und Wertbeständigeres wie Grundstücke und Antiquitäten.

Wenn ich das Schreiben des Staatsanwalts nicht falsch interpretierte, meinte er, Honeckers besäßen viel mehr als ihnen zustünde. Warum erwähnte er sonst ausdrücklich die 77 000 Mark auf dem Konto von Frau Honecker? Dieses Konto ging ihn und mich überdies gar nichts an. Ich fand einen alten Eindruck bestätigt: Wehe dem Vorgesetzten, der von seinem Untergebenen be- und abgeurteilt wird!

Das nach der Währungsunion 1990 auf 108 965,32 DM halbierte Konto Erich Honeckers ist übrigens noch immer gesperrt. Der Rechtsstaat überstürzt nichts.

Ich kann mich gut in die Lage des zur Entscheidung verdammten Richters beim Verwaltungsgericht versetzen – wieder einmal. Der 1994 verstorbene Erich Honecker hat nicht nur eine Ehefrau hinterlassen, sondern auch Kinder und Enkel. Sie können noch etwas warten. Die Frage ist: Kann Gerechtigkeit auch so lange warten? Wie ist es mit dem in Artikel 6 der Menschrechtskonvention verbrieften Recht auf Durchführung der Verfahren in »angemessener« Zeit?

In der DDR spitzte sich im Februar 1990 die Lage weiter zu. Die Regierung Modrow tat im Verein mit dem Runden Tisch alles, um ein drohendes Chaos zu vermeiden. Ein Problem besonderer Art waren in diesem Zusammenhang die aus den Wahlen vom 7. Mai 1989 hervorgegangenen örtlichen Organe. Es gab keinen Zweifel, die Wahlergebnisse waren frisiert, die Resultate um einige Prozentpunkte im Sinne der SED geschönt worden. Am eigentlichen Resultat hatte die Schönfärberei nichts geändert, doch es blieb dabei, die Wahlen waren gefälscht. Daraus entstanden Zweifel an der Legitimation der Kommunalvertretungen. Ohne diese aber war keine ordentliche Verwaltung in den Kreisen und Gemeinden möglich. Was tun? Es entstand der Gedanke einer Amnestie, mit der der Übergang bis zu aus freien Wahlen hervorgegangenen Kommunalvertretungen gesichert werden sollte. Als Basis für das Amnestiegesetz sollte der Volkskammer ein Schuldbekenntnis Erich Honeckers dienen.

Wolfgang Vogel setzte mich von diesem Vorhaben telefonisch am Sonntag, dem 11. Februar, in Kenntnis. Pfarrer Rainer Eppelmann, Minister ohne Portefeuille im Kabinett Modrow, sollte in drei Tagen Honecker aufsuchen und ihn um eine entsprechende Erklärung bitten. Ich bezweifelte, dass Erich Honecker zu einem solchen Schritt bereit wäre. Andererseits hielt ich den Versuch angesichts der Lage, in der sich die DDR befand, durchaus für zweckmäßig.

Ich suchte also am gleichen Tag meinen Mandanten auf, um ihn auf den Besuch Eppelmanns vorzubereiten. Wie erwartet zeigte Honecker keinerlei Neigung, dem Verlangen zu entsprechen. Er habe nicht veranlasst, dass die Wahlen gefälscht würden, er habe korrekte Wahlen gewollt und trage keine Verantwortung für Fälschungen, wenn solche vorgenommen worden wären.

Die Unterredung zwischen Eppelmann und Honecker war eindrucksvoll. Eppelmann war ganz Pfarrer, Honecker ganz Kommunist. Eppelmann sprach fließend von Honeckers Alter, von seinem bevorstehenden Tod, erinnerte sich an seinen eigenen Vater, mahnte Honecker, an seine Eltern zu denken, streichelte dabei seine Hand und ging so weit zu erklären: »Wir wollen doch beide dasselbe.«

Rainer Eppelmann lässt das in seinem 1993 in Köln erschienenen Erinnerungen (»Fremd im eigenen Haus«) aus. Er schildert darin die eindrucksvolle Szene ohne dieses wesentliche Detail. »Ich muss Ihnen von meinem Vater erzählen. Der hat sein Leben lang die Vorstellung gehabt, jedem seiner Kinder ein Haus zu bauen. Er wollte dies wohl in der Hoffnung tun, dass er, wenn er stirbt, jedem Kind sagen könnte: Das ist dein Haus, und dieses ist dein Haus usw. Den Kindern wäre gar nichts anderes übrig geblieben, als zu erwidern: Danke schön, lieber Pappi, du bist der Beste. Und dann hätte er in Frieden sterben können. Er hätte sein Ziel erreicht gehabt. Aber irgendwann hat mein Vater festgestellt, dass er es nicht schaffen würde. Hinzu kam, dass von den Kindern, die er in die Welt gesetzt hatte, nur noch zwei etwas mit ihm zu tun haben wollten, und das weniger aus Liebe als aus Mitleid. Als er das begriff, wurde aus einem starken Mann, der sich als Versager fühlte, innerhalb von zwei Jahren ein Wrack, und bald war er tot. Und wie meinem Vater geht es jetzt Ihnen. Sie wollten etwas aufbauen und meinten auch, etwas aufgebaut zu haben, aber nun stellen Sie fest, dass die, für die Sie etwas aufgebaut haben, Sie nicht mehr haben wollen. Die jagen Sie jetzt vom Hof.

Honecker antwortete: ›Ich haben den Eindruck, Sie verstehen mich.‹«

Ich erinnere mich gern an diese Szene, wenn ich Herrn Eppelmann im Bundestag, in der Enquête-Kommission oder in anderer wichtiger Funktion im Fernsehen sehe. Nur schade, dass der Bericht der Enquête-Kommission offenbar von ganz anderen Voraussetzungen ausgeht als der Erkenntnis vom Februar 1990, dass beide »dasselbe« wollten.

Im Interesse der Aufrechterhaltung eines einigermaßen geordneten Übergangs in die bürgerliche Demokratie schloss ich mich den Überzeugungsbemühungen von Pfarrer Eppelmann an. Wir fanden schließlich eine Lösung, die für beide Seiten akzeptabel erschien. Meine Frau schrieb nach Diktat Honeckers Erklärung auf der Schreibmaschine.

»Entsprechend meinen früheren Erklärungen gegenüber der damaligen SED bekenne ich mich zu der politischen Verantwortung für die Krise, in die der Staat und die Bevölkerung der DDR geraten ist. Das betrifft auch die Umstände, die letztlich zu der Fälschung der Wahlergebnisse vom 7.5.89 führten. Gleichzeitig möchte ich betonen, dass ich nie in meinem Leben politische Entscheidungen aus egoistischen Motiven getroffen habe und dass ich mich frei von jeder Schuld in strafrechtlichem Sinne fühle.« Die Erklärung nützte letztlich nichts. Die Amnestie kam nicht zustande, Ruhe und Ordnung blieben jedoch erhalten.

Nicht ganz zwei Wochen später, am 26. Februar, erschien der *Spiegel* mit der Aufmachung »Die Akte Honecker«. Viele – wenn nicht gar alle Zeitungen – übernahmen eine Nachricht, die von der Münchener *Abendzeitung* unter der Balkenüberschrift »So ließ sich Honecker von Bonn zum Millionär machen« erschien. Im Text hieß es: »Allein im vergangenen Jahr wurden 75 Millionen D-Mark abgezweigt und gingen auf das Konto Honeckers bei der Ostberliner Handelsbank.« Eine andere Boulevardzeitung titelte: »75 Millionen auf Honeckers Privatkonto«.

Das war die Bestätigung für alle die, die schon immer gewusst hatten, was Honecker für ein Schurke sei.

Natürlich war nichts Wahres an der Meldung. Wer den *Spiegel* aufmerksam las, konnte das erkennen, wenn er denn wollte. Dort nämlich hieß es zweifelnd: »Aber kaum glaublich erscheint der Vorwurf der Staatsanwälte, er habe sich persönlich bereichert und am Menschenhandel, einem der widerwärtigsten Im- und Exportgeschäfte der DDR, verdient.« Und weiter hieß es: »Die Bonner können sich nicht erklären, wie die DDR-Staatsanwälte zu dem Vorwurf kommen.«

Tatsächlich war zu jenem Zeitpunkt längst geklärt, dass es sich bei dem Konto weder um ein »Privatkonto« Honeckers handelte noch das er die Einlagen für persönliche Zwecke verwandt hatte. Was tat das? Schon die Römer wussten: Semper aliquid haeret – es bleibt immer etwas hängen.

Wie viel hängen geblieben war, zeigte sich am 23. März. Honecker wollte auf Anraten Vogels von Lobetal in ein Heim des Ministerrats der DDR nach Lindow umziehen. Frau Vogel hatte zusammen mit meiner Frau das Heim vorher besichtigt, um nach praktischen, also hausfraulichen Gesichtspunkten, zu ermitteln, ob es als Unterkunft geeignet wäre. Geeignet war es insoweit schon, nur war ersichtlich, dass die Menschen auf den neuen Gast nicht so erpicht waren. Meine Frau jedenfalls äußerte zurückhaltend Zweifel.

Der Umzug scheiterte. Im Fernsehen waren Bilder von wütenden Menschen zu sehen, die auf das Auto mit Fäusten hämmerten, in denen die Honeckers saßen. Die *Berliner Zeitung* berichtete: »Schon bei ihrer Ankunft hatten sich erzürnte Bürger vor dem Regierungsheim versammelt und durch massive Proteste am Sonnabend die Rückreise nach Lobetal erzwungen.«

Und die *Märkische Volksstimme* zitierte eine Äußerung der Ehefrau des Pfarrers von Lindow mit den Worten: »Die Leute schrien und schlugen mit Fäusten aufs Auto. Ich hörte Äußerungen wie: ›Ich an Honeckers Stelle würde mir einen Strick nehmen.‹ Es waren nicht die jungen Leute, die das sagten. Von denen hörte ich, es müsse doch einen Platz geben, wo er bleiben kann.«

Wir Verteidiger übergaben der Presse am 26. März eine Erklärung, in der es hieß: »Die strafrechtlichen Beschuldigungen gegen Erich Honecker sind durch den Verlauf des Ermittlungsverfahrens entweder nicht bestätigt oder direkt widerlegt worden. Widerlegt ist der Verdacht, Erich Honecker habe in der Schweiz ein Nummernkonto mit einem Bestand von 367 534 192,12 Schweizer Franken unterhalten. Der Verdacht entstand aufgrund eines Fernschreibens vom 24.10.1989, das seit dem 20.12.1989 als Fälschung erkannt worden ist.

Widerlegt ist die mit dem Antrag des Generalstaatsanwalts auf Erlaß eines Haftbefehls gegen Erich Honecker erhobene Beschuldigung, er habe veranlaßt, dass die BRD 1989 für Häftlingsfreikäufe 75 Mio DM auf ein nur ihm ›zugängliches‹ Konto bei der Deutschen Handelsbank überweist. [...] Der Vorwurf des Hochverrats entbehrt jeder rechtlichen Grundlage. [...] Die weiteren Vorwürfe gegen Erich Honecker sind derart global und unkonkret, dass keine Voraussetzung besteht, sie auf ihre strafrechtliche Bedeutung zu überprüfen. Solche Vorwürfe können daher nach § 98 StPO nicht Grundlage für die Durchführung eines Ermittlungsverfahrens sein, geschweige denn strafrechtliche Schuld beweisen. Die Ereignisse vom 24.3.1990 offenbaren, dass die Staatsorgane ihrer verfassungsrechtlichen Pflicht, für jeden Bürger das Wohnrecht, den Schutz seiner persönlichen Freiheit und der Unantastbarkeit der Person zu gewährleisten, für Erich und Margot Honecker nicht nachkommen. [...] Das Strafverfahren gegen Erich Honecker ist einzustellen, da ›sich die Beschuldigungen oder der Verdacht einer Straftat nicht als begründet‹ erwiesen hat (§ 148 I 1 StPO) und der Beschuldigte ›schwer erkrankt ist‹ (§ 150 Ziff. 2 StPO) und die Krankheit ›sich als unheilbar‹ erwiesen hat (§ 152 Ziff. 1 StPO).«

Honecker in Beelitz, 3. April 1990 bis 13. März 1991

Kollege Vogel sah sich wegen des Scheiterns des Umzugs nach Lindow in der Mark nach einer anderen Bleibe für die Eheleute

Honecker um. Dabei entstand auch die Idee eines vorübergehenden Aufenthalts in Österreich. Ein prominenter Westdeutscher war bereit, sein Ferienhaus für diesen Zweck zur Verfügung zu stellen. Honecker sollte erklären, dass er jederzeit nach Deutschland zurückkehren würde, wenn das Strafverfahren dies erfordere.

Der Plan kam nicht zur Ausführung, da der Generalstaatsanwalt, wie zu erwarten war, seine Zustimmung zu einer Ausreise nach Österreich verweigerte.

Nach Lage der Dinge blieb wohl keine andere Möglichkeit als die der Übersiedlung in ein Objekt der sowjetischen Streitkräfte in der DDR. Diesem Vorhaben stimmte am 29. März auch der Generalstaatsanwalt zu, so dass es am 3. April zum Umzug der Eheleute Honecker in das sowjetische Militärhospital in Beelitz kam.

Entsprechend der Rechtsauffassung, die wir am 26. März in einer Presseerklärung veröffentlichen, beantragten Dr. Noack, Prof. Vogel und ich am 19. April die vollständige Einstellung des Ermittlungsverfahrens gegen Erich Honecker.

Generalstaatsanwalt Dr. Hans-Jürgen Joseph hatte uns schon in einem Gespräch am 29. März erklärt, dass er unseren Rechtsstandpunkt nicht teile. Charakteristisch war, dass er sich dabei auch auf die Meinung westdeutscher Juristen berief. Die strafrechtliche Aufarbeitung der DDR-Vergangenheit ging Schritt für Schritt spätestens seit den Wahlen vom 18. März in die Kompetenz der bundesdeutschen Justiz über. Die DDR-Justiz gab nur noch den Namen. Wir Anwälte hatten nichts dagegen, weil wir damals mehr »Rechtsstaatlichkeit« von den Westjuristen erwarteten. Wir nahmen blauäugig an, dass bundesdeutsche Staatsanwälte Honecker weder des Hochverrats noch des Vertrauensmissbrauchs oder der Untreue bezichtigen würden. Wir waren naiver, als wir es nach vierzig Jahren Parteilehrjahr eigentlich hätten sein dürfen.

Vom 28. Mai bis zum 8. Juni befand sich Erich Honecker zur Begutachtung auf Verhandlungs- und Haftfähigkeit stationär im Krankenhaus der Deutschen Volkspolizei in der Berliner Scharnhorststraße. Ich besuchte meinen Mandanten dort am 29. Mai. Er war zusammen mit seiner Frau in einem Zweibettzimmer untergebracht. Mit ihm waren auch die anderen beschuldigten Mitglieder des Politbüros dort und baten mich, auch sie aufzusuchen. Sie erhofften sich aktuelle Informationen über den Stand der Ermittlungen.

Die ehemals wichtigsten Männer der DDR waren mit Schlafanzügen bekleidet, lagen oder saßen auf Betten und versuchten offenbar gemeinsam, sich die Zeit des Wartens zu verkürzen, indem sie über ihr künftiges Schicksal spekulierten.

Die kurze Begegnung machte auf mich einen unbeschreiblichen Eindruck. Unwillkürlich dachte ich an Bilder, die aus der französischen Revolution überliefert sind.

Viel Neues konnte ich ihnen nicht mitteilen.

Die Begutachtung im Krankenhaus war entscheidend für den Fortgang des Ermittlungsverfahrens. Untersuchungen hatten zum Zeitpunkt meines Besuchs noch nicht stattgefunden, weswegen Vogel und ich uns über die Verzögerung der Ermittlungen beschwerten. Ich ging damals fälschlich davon aus, dass Honecker nach den beiden schweren Operationen und in Anbetracht seines Alters nicht für verhandlungsfähig erklärt werden würde. Tatsächlich bejahten dann jedoch die Ärzte in einem am 3. Juli der Staatsanwaltschaft übermittelten Gutachten eine eingeschränkte Verhandlungsfähigkeit, während sie die Haftfähigkeit verneinten. Eine neue Begutachtung empfahlen sie nach drei Monaten.

Offensichtlich standen alle Gutachter unter dem Eindruck, das Volk würde es nicht verstehen, wenn man den ehemaligen Staatsratsvorsitzenden für nicht verhandlungsfähig erklärte. *Bild am Sonntag* kommentierte am 22. Juli das Ergebnis des Gutachtens hämisch mit der Überschrift: »Honecker kann sich ins Fäustchen lachen!«

Noch charakteristischer war ein Offener Brief des stellvertretenden ärztlichen Direktors des Bezirkskrankenhauses Cottbus, Dr. sc. med. Conrad, in dem es hieß: »Unseres Erachtens werden Ärztekommissionen missbraucht und Ärzte in der Öffentlichkeit diskriminiert. Wir fordern deshalb, dass die Prozesse durchgeführt werden. Krankheit und Alter sind keine Entschuldigung für kriminelle Handlungen.«

Dr. Conrad schrieb das vorgeblich im Auftrag der Mitarbeiter des ambulanten Bereiches des Bezirkskrankenhauses, und *Humanitas,* die Zeitschrift des Gesundheitswesens der DDR, veröffentlichte den Brief in einem rosa unterlegten Kästchen in der Nummer 11/1990.

Am 20. Juni besuchte ich meinen Mandanten zum ersten Mal im sowjetischen Militärhospital in Beelitz. Die Anfahrt war lang, und es war auch schwieriger als bislang, zu ihm zu gelangen. Zum Hospital versuchten viele Journalisten vorzudringen, was die ohnehin große Wachsamkeit des sowjetischen Personals erhöht hatte. Zwar hatte mich Vogel angemeldet, dennoch war es nicht einfach, den Posten zu überzeugen, weshalb wir passieren müssten.

Erich und Margot Honecker waren unweit des Eingangstores in einem Haus untergebracht, das man heute als Stadtvilla bezeichnen würde. Es war vermutlich um die Jahrhundertwende zur Unterbringung leitender Ärzte gebaut worden. Honeckers bewohnten drei Zimmer im Erdgeschoss. Das Haus stand unter alten Bäumen, und das Zimmer, in dem wir uns auch in der Folgezeit trafen, war so dunkel, dass ständig eine Leuchtstoffröhre brannte, die über dem Fenster montiert war. Sie richtete nur wenig aus. Die Tapete, dem Muster nach Jahrzehnte alt, verstärkte den düsteren Eindruck. Das Mobiliar erheiterte allenfalls denjenigen, der nicht dazu verdammt war, zwischem ihm zu wohnen. Es gab keine Kleiderschränke, Honeckers hatten sie in fünf Koffern untergebracht. Dafür stand eine Untersuchungsliege in einem der Zimmer. Die Ärzte kamen täglich zur Visite, und ihre weißen Kittel hingen in der Garderobe. In dem weitläufigen, kaum gepflegten Park der früheren Lungenheilstätten konnten die Eheleute spazierengehen. Zwei Soldaten folgten ihnen in kurzem Abstand. Sie sollten Journalisten abwehren und vor Anschlägen schützen.

Die Verpflegung erfolgte aus der Küche des Hospitals. Täglich erschienen Ärzte zur Visite. Unmittelbar nach einer solchen Visite war Margot Honecker ohnmächtig zusammengebrochen. Ihr Mann hatte die Ärzte zurückrufen können, die einen Herzinfarkt vermuteten. Ein anschließender stationärer Aufenthalt bestätigte den Verdacht jedoch nicht. Der Zwischenfall machte mir deutlich, welche emotionale Bedeutung Margot Honecker für ihren Mann hatte.

Die Verständigung mit Ärzten und dem sonstigen Personal fand auf russisch statt, und zwar in erster Linie über Margot Honecker, die nach meinem Eindruck die Sprache besser verstand als ihr Mann.

Unser Antrag auf Einstellung des Ermittlungsverfahrens war erwartungsgemäß abgelehnt worden, das ärztliche Gutachten lag noch nicht vor. Ich sah der Entwicklung gelassen entgegen. Noch war ich der Auffassung, weder der Gesundheitszustand meines Mandanten noch die Beweis- und Rechtslage würden die Eröffnung eines rechtsstaatlichen Strafverfahrens zulassen. Die DDR würde über kurz oder lang der BRD beitreten, vorher wäre ein Gerichtsverfahren zeitlich nicht mehr möglich und nachher rechtlich nicht zu erwarten. In den Ermittlungen vermochten wir keine Bewegung zu erkennen. Und nicht zuletzt glaubte ich auch, die Sowjetarmee würde ihren früheren Verbündeten nicht der Justiz der Bundesrepublik ausliefern.

Doch parallel zur Einführung der DM in der DDR und der Vorbereitung des Beitritts zur BRD wurde das Klima ab Juli rauher und die Presse aggressiver. Neue, schwerwiegendere Vorwürfe tauchten auf. Medien berichteten, Honecker habe die RAF unterstützt und warfen ihm die »Todesschüsse« an der Mauer persönlich vor.

Danach eröffnete am 8. August der Generalstaatsanwalt der DDR – entgegen seiner uns gegenüber noch am 19. Juli bekundeten Rechtsansicht – schließlich ein Ermittlungsverfahren wegen Mordes gegen den ehemaligen Staatsratsvorsitzenden.

Innerhalb von fünf Monaten traten an die Stelle der Vorwürfe der DDR-Bürger gegen ihr Staatsoberhaupt die Vorwürfe der BRD gegen den Führer des Feindstaates. Statt »Machtmissbrauch« hieß es nun »Schießbefehl«.

Am 22. November 1990 »enthüllte« der *Stern* schließlich die »Lebenslüge« Erich Honeckers. Dieser sei kein aufrechter Kommunist gewesen, sondern habe seine Genossen der Gestapo verraten.

Der Angriff des *Stern* traf unseren Mandanten besonders empfindlich. Die »habilitierte Historikerin Monika Kaiser« hatte »im Auftrag der Ostberliner Staatsanwaltschaft die Honecker-Akten durchforstet« und aus den Unterlagen des Strafverfahrens gegen Honecker von 1935 entnommen, dass er, »ob aus Unerfahrenheit, aus Angst oder aus welchen Gründen auch immer – stets zuerst an die eigene Person dachte«. Der *Stern* verbreitete, dass Honecker Bruno Baum, den »verantwortlichen Mann« des KJVD in Berlin, schwer belastet habe. Aber nicht nur den. »Besonders verhängnisvoll erwies sich Honeckers Verhalten in den Verhören für die Jüdin Sarah Fodorová.«

Recht glaubhaft war die *Stern*-Story in dieser Beziehung allerdings nicht. Das »besonders verhängnisvolle« Verhalten Erich Honeckers stand jedenfalls dem guten Ende für Sarah Fodorová nicht entgegen. Der *Stern* meinte: »Für Sarah Fodorová endete das Verfahren völlig überraschend mit einem Freispruch.«

Auch Peter Przybylski, der ehemalige Staatsanwalt, berichtete ausführlich unter Überschriften wie »Der manipulierte Lebenslauf« und »Verrat an die Gestapo« über die »Lebenslüge«. Er mutmaßte: »Der Freispruch für die Jüdin Sarah Fodorová dürfte sie kaum vor der Gestapo gerettet haben.«

Honecker war gegenüber diesen Berichten praktisch wehrlos. Erst 1992 suchte mich ein Ostberliner auf, der von einer Reise nach Israel zurückgekehrt war, und übergab mir einen Brief Sarah Fodorovás, die unter dem Namen Wiener in Tel Aviv lebte, an die in

Berlin erscheinende Boulevardzeitung *Super!*, in welchem sie Bezug nahm auf einen Beitrag am 9. September 1991 in dieser Postille.

»Mein Name ist Sarah Wiener (früher Fodorová). Ich bin die Kurierin aus Prag, von der im Artikel die Rede ist. Ich wurde im Dezember 1935 verhaftet und wurde vor das Nazi-Volksgericht gestellt, zusammen mit Bruno Baum, Erich Honecker und anderen. Ich bin vom Gericht freigesprochen worden aus Mangel an Beweisen.

Dies geschah dank der Aussagen und des Verhaltens von Honecker, der, was mich betrifft, mich nicht belastet noch verraten hat, im Gegenteil: Er hat meine Aussagen bestätigt.

Herrn Honecker habe ich im Leben viermal gesehen, davon zweimal auf der Straße, einmal im Kaffeehaus, das vierte Mal während des Prozesses. Außer im Gerichtssaal waren unsere Begegnungen sehr kurz.

Nach der Freisprechung kehrte ich in die Tschechoslowakei zurück, dann lebte ich in den USA, wieder in der Tschechoslowakei und seit ungefähr 24 Jahren lebe ich in Israel – also keine Schutzhaft nach dem Gericht, kein KZ, kein Tod durch Gas, wie Sie schreiben. Ich ersuche Sie nachdrücklich diesen meinen Brief zu veröffentlichen.

Sarah Fodorová-Wiener«

Soweit ich weiß, wurde der Brief von der *Super!* nicht veröffentlicht. *Bild am Sonntag* erfuhr davon und beauftragte einen Journalisten zu recherchieren. Dieser fuhr im Juni 1992 nach Israel, fand auch die Fodorová, die klipp und klar erklärte: »Ich verdanke Honecker mein Leben. Daran besteht für mich überhaupt kein Zweifel. Auch wenn ich mit manchen politischen Entwicklungen in seinem Land nicht einverstanden war, werde ich ihm das und sein tapferes und mutiges Auftreten vor dem Nazi-Tribunal niemals in meinem Leben vergessen und ihm dafür immer dankbar sein. Manches, was jetzt in Deutschland nach der Vereinigung geschieht, kann ich aus der Entfernung nicht richtig beurteilen. Aber ich kann mir nicht vorstellen, dass man einen alten Mann, der für seine politische Überzeugung, ich glaube zehn Jahre, im Nazi-Kerker gesessen hat, noch einmal einsperrt. Nein, das kann ich nicht glauben. Ich kann auch nicht verstehen, wie verantwortungslos Ihre Zeitungen schreiben.«

Bild am Sonntag druckte nichts von dem, was ihr der Reporter berichtete. Man erklärte: »Das können wir nun wirklich nicht ins Blatt nehmen.«

»Enthüllungen« über Honecker gab es nur in einer Richtung. Schließlich wurde in der Presse etwa zur gleichen Zeit erstmalig der Vorwurf erhoben, der später im Zentrum der strafrechtlichen Beschuldigungen gegen den ehemaligen ersten Mann der DDR stand. Der Vorwurf hieß Mord, später Totschlag. Wir erkannten seine spätere Bedeutung zu jener Zeit allerdings noch nicht. In einem Gespräch, das auf unsere Bitte mit Vize-Premier und Innenminister Peter Michael Diestel am 3. Juli 1990 in Beelitz stattfand, gingen wir alle davon aus, dass der Vorwurf der Unterbringung von RAF-Terroristen schwerwiegender wäre als jener wegen der Schüsse an der Mauer. Wir hielten diesen Vorwurf für ähnlich abenteuerlich konstruiert wie die Beschuldigung des Hochverrats, die inzwischen ad acta gelegt worden war.

Diestel wies uns – vielleicht hintergründig – darauf hin, dass bundesdeutsche Stellen bereits entscheidenden Einfluss auf die Politik der DDR hätten. Damit sagte er uns nichts Neues und nichts, was uns entmutigt hätte.

Wir waren eben noch blauäugig.

Im Ergebnis des Gesprächs wollten wir die Einholung eines Rechtsgutachtens beantragen, das die Rechtslage nach BRD-Recht belegen sollte. Das, so meinten wir, würde die rechtliche Haltlosigkeit der erhobenen Vorwürfe bestätigen.

Am 19. Juli überreichten Vogel und ich dem amtierenden Generalstaatsanwalt gemäß der getroffenen Vereinbarung unseren neuen Einstellungsantrag. In ihm wurde darauf Bezug genommen, dass unser Antrag vom 19. April 1990 am 4. Mai nur mit dem Bemerken beantwortet worden sei, dass ihm »zum gegenwärtigen Zeitpunkt« nicht entsprochen werden könne. Inzwischen sei aufgrund des 6. Strafrechtsänderungsgesetzes der § 165 StGB, auf den die Beschuldigungen unseres Mandanten im Wesentlichen gestützt worden wären, aufgehoben worden. Nach § 10 dieses Gesetzes, solle die Bestimmung zwar für anhängige Ermittlungsverfahren weiter gelten, doch das widerspreche eindeutig dem Gleichheitsgrundsatz des Art. 20 Abs. 1 der DDR-Verfassung.

Für den Fall, dass unserem Antrag nicht stattgegeben werden würde, beantragten wir die »Einholung eines Rechtsgutachtens zur strafrechtlichen Beurteilung des Verhaltens des Beschuldigten auf der Grundlage des Rechts der Bundesrepublik Deutschland«.

Wir begründeten dies mit der »schnell fortschreitenden Entwicklung zur Einheit Deutschlands und damit zur Herstellung der Rechtseinheit« sowie damit, dass »das Recht der Bundesrepublik

Deutschland zur Zeit noch ausländisches Recht ist, dieses Recht aber von maßgeblicher Bedeutung für eine Entscheidung sein würde, die nach dem Tage der Wiedervereinigung zu treffen sein würde.«

Staatsanwalt Theodor Seidel las den Antrag durch und bemerkte, dass er sowie sein Mitarbeiter die Rechtslage genauso beurteilen würden. Sie hätten das gegenüber der Volkskammer im Zusammenhang mit der Beratung des Entwurfs des 6. Strafrechtsänderungsgesetzes auch zum Ausdruck gebracht, jedoch kein Gehör gefunden. Wir stimmten auch darin überein, dass eine Verantwortlichkeit für die Schüsse an der Mauer in strafrechtlicher Hinsicht nicht gegeben wäre, weil dem völkerrechtliche Aspekte entgegenstünden. Ernster zu nehmen wäre dagegen der Vorwurf der Aufenthaltsgewährung für die RAF-Terroristen. Ein Ermittlungsverfahren sei jedoch noch nicht eingeleitet.

Binnen nicht einmal drei Wochen musste dem Generalstaatsanwalt der DDR eine juristische Offenbarung zuteil geworden sein, die die Dinge in ganz anderem Licht erscheinen ließ und ihn veranlasste, gegen Erich Honecker am 8. August ein Ermittlungsverfahren wegen Mordes zu eröffnen.

Uns war solches nicht offenbart worden, und wir waren unverändert naiv-optimistisch.

In einem Interview mit der *Berliner Zeitung* antwortete ich am 20. Juli auf die Frage »Wie prognostizieren Sie den weiteren Fortgang des Verfahrens?«:

»Das vorauszusagen ist sehr schwer. Bis heute kennen wir noch nicht den Inhalt des Gutachtens, von dem alles weitere abhängt. Aber auch unabhängig davon gehe ich als Verteidiger davon aus, dass es ein Gerichtsverfahren gegen Erich Honecker nicht geben wird. Und die Vereinigung wird sich in diesem Sinne eher positiv für ihn auswirken, denn je stabiler eine Rechtsordnung ist, desto geringer ist die Wahrscheinlichkeit seiner Anklage oder gar Verurteilung.«

Wir standen mit dieser Auffassung nicht allein. Peter Jochen Winters schrieb am 30. Juli in der *FAZ* unter Bezugnahme auf meine obige Äußerung: »Das klingt zynisch, ist aber die Wahrheit.«

Die Staatsanwaltschaft kannte inzwischen dank ihrer westdeutschen Berater den Gang der Entwicklung und die künftig zuständige Justiz besser als wir. Sie antwortete nicht auf unseren Einstellungsantrag, sondern entwickelte eine ungeahnte Aktivität zur Vernehmung von Erich Honecker.

Nach den medizinischen Gutachten, die der Generalstaatsanwaltschaft am 3. Juli übersandt worden waren und welche ich am 23. Juli zur Kenntnis erhielt, waren alle Beschuldigten – also Erich Honecker, Erich Mielke, Günter Mittag, Willi Stoph, Hermann Axen, Werner Krolikowski, Harry Tisch und Gerald Götting – vernehmungsfähig, allerdings nur, »wenn die Belastbarkeit differenziert berücksichtigt wird«.

Was das für Erich Honecker bedeutete, wurde nicht näher ausgeführt. Die Staatsanwaltschaft fragte auch nicht nach. Sie war vielmehr bestrebt, Honeckers Vernehmung fortzusetzen, obgleich dieser mehrfach erklärt hatte, dass er von seinem Recht Gebrauch mache, sich zur Sache nicht zu äußern und wir dies am 19. Juli gegenüber Staatsanwalt Seidel bekräftigten.

Drei Wochen nach unserem Gespräch mit dem amtierenden Generalstaatsanwalt erschienen am 10. August zwei Staatsanwälte und ein Kriminaloberrat im sowjetischen Militärhospital und begannen um 8.45 Uhr eine Vernehmung Erich Honeckers. Sie nahmen folgende als »Vorhalt« bezeichnete Erklärung zu Protokoll: »Mir wird mitgeteilt, dass das am 5.12.1989 gegen mich eingeleitete Ermittlungsverfahren wegen Verdachts des mehrfachen Mordes und mehrfacher vorsätzlicher Körperverletzung erweitert wurde.

Für die Erweiterung des Ermittlungsverfahrens enthält die Verfügung des Generalstaatsanwalts der DDR vom 8.8.1990 folgende Gründe:

›Es besteht der Verdacht, dass Herr Honecker in seinen Funktionen als Vorsitzender des Staatsrates und Vorsitzender des Nationalen Verteidigungsrates für die Aufrechterhaltung des 1961 errichteten Grenzregimes und damit für die Regelungen der Anwendung der Schusswaffe sowie den pioniertechnischen Ausbau mit Minensperren an der Staatsgrenze der DDR zur BRD und Berlin (West) im Gegensatz zu bestehenden völkerrechtlichen Verpflichtungen verantwortlich ist.

Obwohl das Grenzregime völkerrechtlichen Regelungen und dem KSZE-Prozess widersprach sowie fortlaufend internationaler Kritik ausgesetzt war, erfolgte keine prinzipielle Änderung.

Durch die vom Beschuldigten zu verantwortenden Regelungen über die Schusswaffenanwendung und die Minensperren sowie Selbstschussanlagen an der Staatsgrenze der DDR zur BRD und Berlin (West) wurde eine bisher noch nicht genau festgestellte Anzahl von Menschen beim Passieren der Staatsgrenze verletzt bzw. getötet‹.«

Nachdem Erich Honecker erneut die Aussage verweigert hatte, wurde die Vernehmung um 9.10 Uhr geschlossen.

Unter Bezugnahme auf die Verfügung vom 8. August 1990 wird Generalstaatsanwalt Schaefgen sechs Jahre später erklären: Nicht die bundesdeutsche Justiz, sondern die Staatsanwaltschaft der DDR habe die Strafverfahren wegen der Schüsse an der Mauer eingeleitet.

Wie wahr – und doch unwahr!

Der letzte Generalstaatsanwalt der DDR gab nur seinen Namen für das, was in Bonn oder Karlsruhe beschlossen worden war. Im Übrigen war es damals nur ein Verfahren gegen Erich Honecker und kein Verfahren gegen einfache Grenzsoldaten. Ich glaube nicht, dass Herr Generalstaatsanwalt Seidel auch dazu noch bereit gewesen wäre.

Zu dem Vorwurf des Mordes nahm Erich Honecker uns gegenüber in einem Schreiben vom 11. August Stellung: »Ich bitte meine Verteidiger, gegen den ungeheuerlichen Verdacht ›des mehrfachen Mordes und mehrfacher vorsätzlicher Körperverletzung‹ schärfsten Protest einzulegen.

Seit frühester Jugend kämpfe ich gegen Mord, gegen Massenmord durch Krieg und Faschismus. Dafür bin ich 10 Jahre ins Zuchthaus gegangen, dafür habe ich mein ganzes Leben in jeder Funktion gearbeitet. Es ist bekannt und kann belegt werden, dass ich in meiner Tätigkeit an der Spitze des Staates, wie ich das auch in meiner Erklärung vom 8.1. niedergelegt habe, humanitären Fragen *(diese Worte fehlen im Original dieses Schreibens, stehen aber in der Erklärung vom 8. Januar – F. W.)* stets große Aufmerksamkeit gewidmet habe. Eine der ersten Maßnahmen als Vorsitzender des Staatsrates war die Mitteilung an die Generalstaatsanwaltschaft, dass ich nicht die Absicht habe, auch nur ein Todesurteil zu bestätigen, bis hin zu meiner Initiative, die Todesstrafe überhaupt abzuschaffen. Um Massenmord, Kriege zu verhüten, dazu gehörten sichere Grenzen, die Anerkennung der Souveränität der Staaten, vor allem ihrer Grenzen. Das ist Völkerrecht, das ist so auch in Helsinki vereinbart.

Die 1961 erfolgte Grenzsicherung zu Berlin/West erfolgte aufgrund der akuten Kriegsgefahr auf Beschluss der Warschauer-Vertragsstaaten am 5. August 1961 in Moskau. Die Tagung fand unter Leitung von N. Chruschtschow statt. Das Protokoll dieser Beratung müsste von Moskau angefordert werden. Die DDR sowie das Oberkommando der Vereinten Streitkräfte des Warschauer Vertrages wurden mit der Durchführung dieser Beschlüsse beauftragt. Am

11. August wurde eine Beratung der Volkskammer durchgeführt, die eine Erklärung beschloss, die veröffentlicht ist. Der Ministerrat wurde von der Volkskammer mit den sich aus dem Beschluss ergebenden Maßnahmen beauftragt.

Bereits in meinem Schreiben vom 30.6.1990 habe ich darauf verwiesen, dass man die Fragen des sogenannten ›Schießbefehls‹ und Fragen der Grenzsicherung nur im Zusammenhang mit folgenden Fakten sehen kann:

1. Alle Grenzsicherungen ergaben sich aus der Tatsache, dass es der DDR als souveränen Staat oblag, ihre Grenzen gegen alle Anschläge zu sichern.

2. Das Grenzregime entlang der gesamten Westgrenze, einschließlich Berlin/West, entsprach den Festlegungen des Warschauer Vertrages. Bis zum Jahre 1989 wurden die Grenzen zwischen den Staaten des Warschauer Vertrages durch Grenzsicherungsanlagen gegenüber der NATO bzw. gegen über neutralen Staaten geschützt. Bis in die 70er Jahre waren die gleichen Grenzsicherungen, wie zur BRD und Berlin, auch für die Grenzen zwischen der DDR und der CSSR so geregelt wie das Grenzregime zwischen der UdSSR und der VR Polen. Das Grenzregime der DDR zur BRD wurde nicht allein von der DDR verantwortet.

Es wurde nicht unter meiner Leitung beschlossen.

Die Sicherung der Zonengrenzen erfolgte bereits vor der Gründung der DDR durch die Grenzpolizei, die auf Befehl der SMAD aufgestellt wurde.

Auch von Seiten der BRD wurde die sogenannte innerdeutsche Grenze gesichert. Diese Grenze war ja eine völkerrechtlich anerkannte Staatsgrenze, wie dies im Vertrag von Moskau als auch in der Schlussakte von Helsinki verankert wurde.

Die Grenzsicherungen wurden in der Zeit des Kalten Krieges aufrechterhalten im Interesse der Stabilität des Friedens in Europa als der westlichsten Grenze des gesamten sozialistischen Lagers. Unter hohem Einsatz der Grenzsoldaten wurde diese Grenze trotz schwerer, ernster Grenzprovokationen umsichtig gesichert.

Die Politik der Entspannung erforderte und ermöglichte erst eine Änderung des Grenzregimes, das ich in seinen Einzelheiten nicht kannte. Diese unterlagen den zuständigen Organen, die dies zumindest mit den zuständigen Organen der SU und der anderen Länder des Warschauer Vertrages abstimmen mussten.

Im Interesse des Helsinki-Prozesses, nicht zuletzt aus humanitären Gründen, wurden von mir Änderungen des Grenzregimes gefordert wie der Abbau der Minenfelder und Selbstschussanlagen, was seit Herbst 1983 begann.

Einen generellen Schießbefehl gab es nicht. An der Grenze galt für die Angehörigen der Grenztruppen wie auch für die Volkspolizei, so wie in anderen Ländern, eine Ordnung für den Gebrauch von Waffen, eine ›Waffengebrauchsordnung‹, die den zuständigen Stellen vorliegen muss. Es oblag nicht dem Vorsitzenden des Staatsrates, eine solche zu erlassen oder zu unterschreiben. Mir ist bekannt, dass eine solche Ordnung streng regelt, wann von der Waffe Gebrauch gemacht werden darf bzw. nicht Gebrauch gemacht werden darf.

Aufgrund von Vorkommnissen und im Interesse der Normalisierung der deutsch-deutschen Beziehungen habe ich Ende 86, Anfang 87 die Anwendung der Schusswaffe, auch das Abgeben von Warnschüssen, verboten. Das Letztere, um jeden Irrtum auszuschließen.

Wenn vor dem Verbot geschossen wurde, entsprechend der Ordnung für den Gebrauch der Schusswaffe, haben die Grenzsoldaten, bei korrekter Einhaltung dieser vorausgesetzt, ihrer Pflicht genügt, jede unbefugte Überschreitung der Grenze zu verhindern, im Interesse des Friedens Konflikte an der Grenze zu vermeiden.

Wurde nach dem ausdrücklichen Verbot geschossen, so war das gegen das Verbot und es musste im Einzelfalle, in bestimmten Fällen durch mich veranlasst, überprüft werden. Dabei ist in Betracht zu ziehen, dass das Leben der Grenzsoldaten in vielen Fällen vorsätzlich bedroht wurde und mit dem Leben bezahlt werden musste.

Es ist absurd, ein Staatsoberhaupt für einzelne Vorkommnisse verantwortlich zu machen, ihm solche anzulasten. Ich mache darauf aufmerksam, dass in der Begründung zur Erweiterung des Ermittlungsverfahrens festgestellt wird, ›daß EH in seiner Funktion als Vorsitzender des Staatsrates […] für die Aufrechterhaltung des 1961 errichteten Grenzregimes und […] verantwortlich ist, es erfolgte keine prinzipielle Änderung […]‹.

Erstens bin ich erst seit 1976 Vorsitzender des Staatsrates und des Nationalen Verteidigungsrates und zweitens wurden, wie oben gesagt, die Minenfelder und Selbstschussanlagen beseitigt und das Schießen an der Grenze verboten.

Der in der Begründung erwähnte pioniertechnische Auf- bzw. Ausbau mit Minensperren ist nicht vom Vorsitzenden veranlasst oder geregelt, das muss die Staatsanwaltschaft beweisen.

Für die Regelung der Ordnung zur Anwendung der Schusswaffe

gelten übrigens internationale Bestimmungen, auch in der BRD gelten meines Wissens analoge Bestimmungen.

Beelitz, den 11.8.1990
E. Honecker«

Dieses Schreiben hatte Erich Honecker offenbar in großer Erregung entweder selbst auf der Schreibmaschine getippt oder, was wahrscheinlicher ist, von seiner Frau tippen lassen. Es trägt viele Zeichen der Spontaneität und der Empörung. Schreibfehler, die dieser Tatsache geschuldet sind, habe ich korrigiert, ein ausgelassenes Wort ersetzt, sonst aber inhaltlich nichts geändert. Die durch Punkte markierten Auslassungen in Zitaten stammen gleichfalls von Erich Honecker.

Am 14. August nahmen wir zu dem Mordvorwurf Stellung, indem wir erneut die Einstellung des Verfahrens, auch soweit es sich auf die neuerlichen Beschuldigungen bezog, beantragten. Wir führten aus:

»Der Vorwurf des mehrfachen Mordes und der mehrfachen vorsätzlichen Körperverletzung, der gegenüber dem Beschuldigten erhoben wird, ist in tatsächlicher und rechtlicher Hinsicht unbegründet. Er wird gegen den Beschuldigten als ehemaligen Vorsitzenden des Staatsrates der Deutschen Demokratischen Republik und als ehemaligen Vorsitzenden des Nationalen Verteidigungsrates der Deutschen Demokratischen Republik erhoben. Der strafrechtliche Vorwurf erfolgt daher wegen der politischen Tätigkeit des Beschuldigten.

Der Vorwurf verkennt offensichtlich die Grenzen zwischen politischer und juristischer, insbesondere strafrechtlicher Verantwortlichkeit.

Die Tatsache, dass die genannten Vorwürfe nach mehr als achtmonatiger Dauer des Ermittlungsverfahrens erhoben werden, ohne dass im Zuge dieses Ermittlungsverfahrens Tatsachen bekannt geworden sind, die nicht schon bereits zu Beginn des Ermittlungsverfahrens bekannt waren, begründet zusätzlich den Eindruck der Verteidigung, dass politische Erwägungen das Übergewicht gewonnen haben.

Dieser Eindruck wird durch die Begründung der Verfügung des Generalstaatsanwalts vom 8.8.90 verstärkt, indem dort die Tatsache, dass das Grenzregime ›fortlaufend internationaler Kritik ausgesetzt war‹, als eine strafrechtlich relevante Tatsache gewertet wird. Es gab während der Periode, die allgemein die Periode des ›Kalten

Krieges‹ genannt wurde, kaum eine Maßnahme der einen Seite, die nicht Kritik auf der anderen Seite auslöste. Die ›internationale Kritik‹, von der in den Gründen der genannten Verfügung gesprochen wird, ist die Kritik, die ihren Ausgangspunkt in den Staaten der NATO hatte. Die DDR gehörte und gehört immer noch der Organisation der Staaten des Warschauer Vertrages an. Von den Staaten dieser Organisation wurde an den Maßnahmen der DDR keine Kritik geübt.« Eine Entscheidung über diesen Einstellungsantrag ist uns genauso wenig zugegangen wie über den vorangegangenen Antrag vom 19. Juli.

Keine Resonanz fand auch die folgende Passage aus unserem Schriftsatz vom 14. August: »Der Beschuldigte hat wiederholt von seinem Recht auf Aussageverweigerung Gebrauch gemacht. Er lässt durch uns hiermit erklären, dass er auch in Zukunft und hinsichtlich aller ihm gemachten Vorwürfe die Aussage verweigert.

Wir bitten daher von weiteren Vernehmungen, die den Gesundheitszustand des Beschuldigten nur verschlechtern können, ohne dass sie andererseits für den Fortgang des Verfahrens von Nutzen sind, abzusehen.«

Das Ermittlungsverfahren lief dessen ungeachtet wie gehabt weiter. Der Vernehmung vom 10. August schlossen sich weitere Vernehmungsversuche am 27. August, 3., 6., 11. und 13. September an. Umständlich wurden Erich Honecker Beweismittel zur Kenntnis gegeben, was er bestätigte und im Übrigen immer wieder erneut die Aussage verweigerte. Eine unnötige, strapaziöse und entwürdigende Prozedur. Alle »Vernehmungen« betrafen die Vorwürfe wegen Vertrauensmissbrauchs und Untreue.

Von Mord war nicht die Rede.

Mit dem 13. September 1990 endeten die Vernehmungsaktivitäten der DDR-Generalstaatsanwaltschaft.

Der Zeitpunkt des Beitritts der DDR zur Bundesrepublik rückte immer näher. Mit der Einführung der DM am 1. Juli war wirtschaftlich der Anschluss bereits vollzogen. Ein Sonderausschuss der Volkskammer, der aufgrund des Umstellungsguthabengesetzes vom 29. Juni gebildet worden war, beschlagnahmte nach der strafprozessualen Arrestierung am 27. September sicherheitshalber noch einmal das Bankguthaben von Erich Honecker.

Die hiergegen eingelegten Rechtsmittel blieben, wie noch gezeigt werden wird, erfolglos.

Mit dem Beitritt zur Bundesrepublik würde, das war uns bewusst, auch bundesdeutsches Recht, insbesondere das Strafprozessrecht, neben dem DDR-Recht den weiteren Verlauf des Verfahrens bestimmen. Wir hielten es daher für notwendig, nach einem westdeutschen Verteidiger Ausschau zu halten. Unser Versuch, Rechtsanwalt Otto Schily zu gewinnen, war gescheitert.

Aus meiner Sicht war ein linker Verteidiger in diesem Verfahren nicht notwendig. Links waren wir selber, dachte ich. Notwendig waren Verteidiger mit Kenntnissen, Reputation und Standvermögen, die möglichst auch Berliner waren und die hiesige Justiz kannten. Wen konnte ich mangels eigener Personalkenntnisse fragen? Wer wäre als Berater frei von Gunst und Missgunst?

Ich entschloss mich, einen bekannten Gerichtsreporter zu konsultieren – den *Spiegel*-Redakteur Gerhard Mauz (1925-2003), den selbst DDR-Juristen schätzten. Bei einem Podiumsgespräch war ich mit ihm in Kontakt gekommen. Er empfahl mir nach Bedenkzeit schließlich Rechtsanwalt Wolfgang Ziegler.

Dieser wollte das Mandat nur zusammen mit Rechtsanwalt Nicolas Becker übernehmen. Das wiederum setzte voraus, dass zwei von uns drei DDR-Verteidigern ausschieden. Am Ende blieb ich als einziger Ostanwalt übrig. Im Laufe des Oktobers waren alle Formalitäten erledigt, die neue, die »West-Verteidigung« stand.

Noch im September hatte wir drei DDR-Verteidiger, im Ergebnis erfolglos, versucht, juristische Entlastung über die sowjetische Botschaft zu erhalten. Die DDR, die sozialistische Staatengemeinschaft, die sozialistische Gesetzlichkeit lagen hinter uns – Erich Honecker war mit neuer Verteidigermannschaft im »Rechtsstaat« angekommen.

Es verging mehr als ein Monat bis Becker, Ziegler und ich am 14. November 1990 den ersten Kontakt mit den nunmehr zuständigen Staatsanwälten beim Kammergericht hatten. Bis dahin machten sich Ziegler und Becker anhand meiner Akten mit dem bisherigen Ermittlungsverfahren und den anstehenden Problemen vertraut. Die beiden beurteilten die Rechtslage, insbesondere bezüglich der Schüsse an der Mauer, wesentlich pessimistischer als ich. Sie kannten schließlich die Westberliner Atmosphäre und die Rechtsprechung, die seit einem Urteil des Landgerichts Stuttgart am 11. Oktober 1963 galt. Dort waren Grenzsoldaten, die auf Flüchtlinge schossen, schuldig gesprochen worden, die Tat galt also als strafbar. Die Gegenmeinung, die von Prof. Gerald Grünwald hierzu vertreten worden war, hatte die Gerichte nicht beeindruckt. Ich war auf das Gespräch mit den Staatsanwälten gespannt, war es doch eine meiner ersten beruflichen Begegnungen mit der bundesdeutschen Justiz. Bisher hatte ich in politischen Strafsachen in der DDR nur Staatsanwälte kennengelernt, die auf Klassenkampf eingeschworen waren. Meine Impressionen aus Begegnungen mit ausländischen Richtern und Staatsanwälten waren flüchtig. Trotz oder vielleicht auch wegen aller Schulungen im Parteilehrjahr war ich optimistischer als meine beiden Kollegen.

Die Unterredung dauerte etwa zwei Stunden bis abends 19 Uhr. Die Atmosphäre empfand ich als verkrampft und gezwungen. Das irritierte mich.

Wir wurden zunächst darüber informiert, dass die Akten nicht so geführt worden seien, wie dies nach bundesdeutschem Recht vorgeschrieben wäre. Sie müssten nun fotokopiert werden, damit unter Aufrechterhaltung der Originalakten die Fotokopien dem geltenden System entsprechend geordnet werden könnten. Wir würden dann diese Akten zur Verfügung gestellt bekommen. Sofort wurden uns Kopien der Vernehmungen unseres Mandanten ausgehändigt. Das entsprach meinen Erwartungen.

Es wurden dann die Sach- und Rechtsfragen erörtert. Jetzt waren mir die Staatsanwälte nicht mehr so fremd. Das war die Haltung, die mir in vergleichbaren Sachen aus der DDR vertraut war. Nur die Terminologie war eine andere.

Natürlich sei der an sich von der Volkskammer durch das 6. Strafrechtsänderungsgesetz aufgehobene § 165 StGB/DDR in diesem Verfahren weiterhin geltendes Recht, natürlich bleibe Honeckers Konto arrestiert, natürlich wären die Schüsse an der Mauer strafbar, und persönliche Bereicherung bei Honecker sei ihrer Auffassung nach nachweisbar. Selbstverständlich wäre das noch nicht ihre abschließende Meinung. Natürlich gäbe es Probleme, Honeckers persönliche Verantwortung für Totschlag und Körperverletzung nachzuweisen.

Das Ganze war eine erste kalte Dusche.

Die Frage eines Haftbefehls gegen unseren Mandanten hatten wir nicht angeschnitten.

Sechzehn Tage nach dieser Unterredung wurde er vom Amtsgericht Tiergarten erlassen. Honecker wurde beschuldigt,
»in Berlin
am 25. Dezember 1983,
am 1. Dezember 1984,
am 24. November 1986 und
am 5. Februar 1989
als mittelbarer Täter

durch vier selbständige Handlungen vorsätzlich einen Menschen getötet zu haben, ohne Mörder zu sein.

In seiner Eigenschaft als Sekretär des Nationalen Verteidigungsrates, dem Obersten Kommandoorgan aller bewaffneten Kräfte der DDR, war der Beschuldigte maßgeblich an der Errichtung der innerdeutschen Sperranlagen am 13. August 1961 beteiligt.

In einer Lagebesprechung des Zentralen Stabes ordnete er am 20. September 1961 den Schusswaffeneinsatz gegen Grenzverletzer an. In den folgenden Jahren zeichnete er für den systematischen und immer perfekteren Ausbau der Sperranlagen verantwortlich. Nachdem er am 24. Juni 1971 den Vorsitz des Nationalen Verteidigungsrates übernommen hatte, ordnete er in dessen 45. Sitzung am 3. Mai 1974 nochmals an: ›[…] nach wie vor muss bei Grenzverletzungen von der Schusswaffe rücksichtslos Gebrauch gemacht werden und es sind die Genossen, die die Schusswaffe erfolgreich angewandt haben, zu belobigen …‹

Dementsprechend wurde in der Folgezeit wiederholt auf flüchtende Personen geschossen. Bei dem Versuch, die innerdeutschen Sperranlagen zu überwinden, sind seit August 1961 etwa 190 Menschen zu Tode gekommen. […]

Nach der Allgemeinen Erklärung der Menschenrechte der Vereinten Nationen, deren Mitglied die DDR seit 1973 war, hat ›jeder Mensch das Recht, jedes Land, einschließlich seines eigenen zu verlassen‹, Art. 13 Ziff. 2.

Nach dem Internationalen Pakt über bürgerliche und politische Rechte der UNO, in der DDR in Kraft seit 1976, ›steht es jedermann frei, jedes Land einschließlich seines eigenen zu verlassen‹, Art. 12 Abs. 2.

In der Schlussakte der Konferenz über Sicherheit und Zusammenarbeit vom 1. August 1975 hat die DDR sich als Teilnehmerstaat zur Achtung der Menschenrechte und Grundfreiheiten ausdrücklich verpflichtet, Korb 1, 1a) VII.«

Von diesem Haftbefehl erhielten wir am Sonnabend, dem 1. Dezember, über die Medien Kenntnis. Am Sonntag wurde der erste gesamtdeutsche Bundestag und das Berliner Abgeordnetenhaus gewählt. Welch Zufall.

Am Montag, dem 3. Dezember, legten wir Haftbeschwerde ein, die wir nur auf das stützen konnten, was uns aus den Medien bekannt war. Dazu bemerkten wir: »Der zeitliche Zusammenhang der beabsichtigten Inhaftierung und, nachdem diese nicht sofort durchgeführt werden konnte, der Publizierung der Existenz des Haftbefehls in der *Berliner Morgenpost* und in anderen Medien am 1. Dezember mit der am 2. Dezember stattfindenden Bundestags- und Abgeordnetenhauswahl ist offensichtlich. [...]

Bei dem Verfahren gegen Herrn Honecker handelt es sich – ob man das will oder nicht – um ein politisches Strafverfahren. Der Rechtsstaat zeichnet sich gegenüber anderen politischen Systemen dadurch aus, dass nicht jeder bestraft werden kann, den man gerne bestrafen will oder dessen Bestrafung eine Vielzahl von Menschen fordern, sondern dadurch, dass sich die Strafbarkeit aus einer gesetzlichen Grundlage ergibt. Es ist in einem politischen Strafverfahren wie dem vorliegenden besonders wichtig, die Kategorien der politischen Verantwortlichkeit, des moralischen Fehlverhaltens und der strafrechtlichen Verantwortlichkeit sauber auseinander zu halten. Gerade weil dieses Verfahren von einem erheblichen öffentlichen und publizistischem Druck begleitet wird, besteht sehr leicht die Gefahr, dass diese Kategorien den zur Entscheidung berufenen Personen verschwimmen. Wenn die Verteidigung im Folgenden zu den Rechtsfragen Stellung nimmt, so wird sie sich ausschließlich auf die Diskussion der dritten Kategorie, nämlich der strafrechtlichen Verantwortlichkeit, beschränken. Fragen der politischen und moralischen Verantwortlichkeit, zu denen jede Person ihre eigene Meinung hat, spielen bei der Beantwortung der strafrechtlichen Fragen keine entscheidende Rolle.«

Im folgenden Text der Beschwerdebegründung wiesen wir darauf hin, dass der Schusswaffengebrauch in den dem Haftbefehl zugrundeliegenden Fällen durch § 27 des Gesetzes über die Staatsgrenze der DDR gerechtfertigt war. Die angebliche Anordnung Honeckers aus dem Jahre 1974 war durch dieses Gesetz von 1982 aufgehoben worden. Damals wussten wir noch nicht, dass diese »Anordnung« nicht einmal erwiesen war. Sie war in einer inoffiziellen Mitschrift der 45. Tagung des Nationalen Verteidigungsrates aufgefunden worden, die kein anderer Teilnehmer dieser Sitzung inhaltlich bestätigte und die auch nicht in dem offiziellen Protokoll enthalten war.

Weiter gingen wir auf das Argument ein, dass das Recht, das eigene Land zu verlassen, die Schüsse auf Flüchtlinge verboten hätte. Wir verwiesen demgegenüber darauf, dass die betreffende Bestimmung nicht in nationales Recht der DDR transformiert worden sei und bezogen uns zum Beweis auf Veröffentlichungen von Völkerrechtswissenschaftlern der DDR und Österreichs. Schließlich wiesen wir darauf hin, dass Erich Honecker nach den vorliegenden Gutachten nicht haftfähig sei und keine Fluchtgefahr bestünde, weil er in der gesamten Zeit »nicht die geringsten Anstalten gemacht (hat), sich dem Verfahren in irgendeiner Form zu entziehen«.

Nachdem wir den Wortlaut des Haftbefehls kannten, ergänzten wir am 6. Dezember unsere Beschwerdebegründung. Dabei bezogen wir uns auch auf einen Vermerk des Amtsrichters Ebsen, der den Haftbefehl erlassen hatte. In dem Vermerk hatte er ausgeführt, er habe seiner Entscheidung das Urteil des Landgerichts Stuttgart aus dem Jahre 1963 zugrunde gelegt. Wir wiesen demgegenüber darauf hin, dass das Landgericht seinerzeit bundesdeutsches Recht angewandt hätte, während jetzt DDR-Recht anzuwenden sei. Im Übrigen vertieften wir die völkerrechtliche Argumentation.

Das Landgericht Berlin verwarf durch Beschluss vom 14. Dezember unsere Beschwerde als unbegründet. Es bezog sich dabei zunächst auf die angebliche Anordnung Erich Honeckers in der Sitzung des Nationalen Verteidigungsrates vom 5. März 1974 und erklärte: »Die in der Beschwerdebegründung vertretene Auffassung, jegliche zuvor getroffene Anordnung sei durch das Grenzgesetz abgelöst worden, ist bisher nicht belegt.«

Auf die völkerrechtliche Begründung des Haftbefehls verzichtete das Landgericht. Es hatte offenbar ihre Unhaltbarkeit erkannt.

Gegen diese Entscheidung legten wir am 14. Dezember das Rechtsmittel der weiteren Beschwerde ein. In der Begründung dieser Beschwerde vom 18. Dezember hieß es: »Folgt man der Geschichte dieses Haftbefehls, so lässt sich leicht feststellen, dass von Staatsanwaltschaft und Gerichten unterschiedliche Begründungen für den Erlass bzw. die Aufrechterhaltung des Haftbefehls gegeben werden, je nachdem, auf welches Argument der Verteidigung es zu reagieren gilt. Dabei ist bemerkenswert, dass ursprünglich eingenommene Rechtspositionen aufgegeben oder zumindest nicht wiederholt werden, wenn ihre rechtliche Grundlage zweifelhaft geworden ist und dafür neue, keineswegs tragfähigere Argumente vorgeschoben werden.«

Dies wurde wie folgt belegt: Der Antrag der Staatsanwaltschaft auf Erlass des Haftbefehls hatte keine Rechtsausführungen enthalten. Der Richter am Amtsgericht hatte sich auf Völkerrecht berufen.

Danach bezog sich die Staatsanwaltschaft in Erwiderung auf unsere Beschwerde auf »den unantastbaren Kernbereich des Rechts«, der durch die Schüsse an der Mauer verletzt worden wäre.

Das Landgericht warf dem Beschuldigten in seinem Beschluss nicht mehr mittelbare Täterschaft, sondern Anstiftung zum Totschlag, begangen durch seine angebliche Äußerung vom 3. Mai 1974 vor. Es ging also davon aus, dass der Erfolg der Anstiftung nach Ablauf einer Zeit von neun bis fünfzehn Jahren eintrat.

Darüber hinaus unterstellte das Gericht fälschlich, dass Honecker die entsprechende Mitschrift unterschriftlich bestätigt hätte, was unzweifelhaft nicht der Fall war.

Das Kammergericht verwarf unsere weitere Beschwerde am 6. März 1991. Es ging in seiner Entscheidung, wie es ausdrücklich erklärte, vom Recht der DDR aus. Danach wäre die Anwendung der Schusswaffe nach § 27 Grenzgesetz gerechtfertigt gewesen, wenn die Flüchtlinge durch ihre Flucht ein Verbrechen begangen hätten. Die Getöteten Proksch, Schmidt und Bittner hätten jedoch durch ihre Flucht kein Verbrechen begangen. Diese Feststellung allein schien dem Kammergericht wohl nicht tragfähig genug zu sein. Es fuhr daher fort: »Abgesehen davon ist weitgehend anerkannt [...], dass jedenfalls solche im Tatortrecht vorgesehenen Straffreistellungen, die im krassen Widerspruch zu allgemein anerkannten rechtsstaatlichen Grundsätzen stehen, eine Bestrafung schwerster Rechtsgutverletzungen – hier von Tötungsdelikten – nach deutschem Recht *(gemeint ist das Recht der BRD – F. W.)* nicht hindern können.«

Damit war die zunächst herausgestellte Anwendung des DDR-Rechts und somit die Prüfung der Strafbarkeit nach dem Recht, das zur Tatzeit und am Tatort galt, am Ende wieder beseitigt. Das bedeutete einen Verstoß gegen den Grundsatz »Keine Strafe ohne Gesetz« und gegen das Verbot der Rückwirkung.

Es blieb also beim Haftbefehl, und es blieb auch bei Anstiftung anstelle der mittelbaren Täterschaft.

Während jener Monate, in denen das Ermittlungsverfahren hauptsächlich um die Frage des Haftbefehls kreiste, beschäftigte uns der Fall Honecker auch auf anderen Gebieten.

Anfang November erschienen bei mir im Büro im Rahmen der üblichen Sprechstundenzeiten Reinhold Andert und Wolfgang Herzberg. Herr Andert war mir aus einem Gespräch im Büro Vogel bekannt. Er hatte an jenem Tag Margot Honecker begleitet. Ich wusste auch von ihm selbst, dass er Gespräche mit Erich Honecker führte, die, wie er meinte, psychotherapeutische Bedeutung für meinen Mandanten besäßen. Andert kannte die Familie Honecker als ein Bekannter oder Freund der Tochter Sonja.

Herr Herzberg war mir bis zu jenem Tag unbekannt, seine Mutter war einmal meine Schülerin an der Berliner Volksrichterschule.

Beide überraschten mich mit der Erklärung, dass sie ein Buch über Gespräche mit Erich Honecker veröffentlichen wollten. Ich sollte dem zustimmen, weil Herr Honecker sonst mit der Veröffentlichung nicht einverstanden wäre.

Die Mitteilung schockierte mich. Die Tatsache solcher Gespräche hatte sich bereits angedeutet, und wir Anwälte hatten immer vor einer Veröffentlichung gewarnt. Wir waren aber jeweils beruhigt worden, so dass wir an ein konkretes Publikationsvorhaben nicht geglaubt hatten. Nun also das.

Ich erklärte, dass wir Verteidiger einer Veröffentlichung im gegenwärtigen Augenblick keinesfalls zustimmen könnten. Die beiden wollten daraufhin von mir wissen, was ihnen passieren könnte, wenn sie es dennoch täten. Ich machte deutlich, dass sie mit erheblichen Sanktionen rechnen müssten.

Nach dieser Mitteilung setzte ich mich unverzüglich mit Becker und Ziegler in Verbindung. Am 15. November erfolgte in Beelitz eine Aussprache aller Beteiligten mit Andert. Becker stellte Andert bohrende Fragen. Als die Frage nach dem Honorar auftauchte, das Andert für das Buch erhalte, erhob sich dieser vom Stuhl, der Schweiß stand ihm auf der Stirn, und er erklärte, dass er das nicht länger mitmache und nun gehe.

Erich Honecker war am Rande seiner Fassung. Nie zuvor hatte ich ihn so gesehen, und auch später erlebte ich ihn nie wieder in solch erregtem Zustand. Er brachte nur heraus: »Das kannst du doch nicht machen!«

Aber Andert »machte« es und ging.

Mir hat sich die Szene derart eingeprägt, weil ich in diesem Moment fühlte, wie stark sich Honecker in seinem Vertrauen getäuscht und wie sehr er sich verletzt fühlte. Ich glaube, dass Erich Honecker alles andere als mißtrauisch war. Ihm fehlte diese typische Eigenschaft, die man »Tyrannen« nachsagt, völlig. Eher meine ich, er war leichtgläubig und vertrauensselig.

Das Buch »Der Sturz – Erich Honecker im Kreuzverhör« erschien noch 1990 bei Aufbau. Messbaren Schaden hat es nicht verursacht. Honecker bestritt die Richtigkeit mancher Äußerungen, aber das war nicht mehr zu ändern. Das Ganze hat uns jedoch unnötig geärgert und beschäftigt.

Es gab in dieser Zeit auch wichtige, nachdenkliche Stimmen, die sich von der herrschenden Meinung unterschieden. So forderte

Rudolf Augstein im *Spiegel* vom 12. Dezember 1990 »Gnade für den Bluthund«. Bundespräsident Richard von Weizsäcker hatte bereits am 27. Januar 1990 in einem persönlichen Gespräch mit Wolfgang Vogel Besorgnis über die mit Rechtsstaatlichkeit unvereinbare Machart der Abrechnung mit den Schuldigen von gestern ausgedrückt.

Es waren Rufer in der Wüste.

Als Becker und Ziegler am 14. März 1991 Honecker in Beelitz besuchen wollten, fanden sie ihn nicht mehr vor. Ich hatte nicht mitfahren können, was mir den Verdacht der Kollegen eintrug, ich hätte Kenntnis von Honeckers Weggang gehabt. Meine Kollegen hatten offensichtlich keine Kenntnisse oder Erfahrungen mit den Regeln der Konspiration. Honeckers schwiegen auch mir gegenüber. Erst später schilderten sie mir die näheren Umstände ihres Fluges nach Moskau.

Vom sowjetischen Militärhospital in Beelitz waren sie auf einen Militärflugplatz gebracht worden, wo sie stundenlang auf den Abflug warteten. Man erklärte dem Ehepaar, es müsse noch etwas geklärt werden. Als das Flugzeug schließlich gestartet war, wurden sie von der Besatzung informiert, dass Flugzeuge der Bundesluftwaffe sie in Sichtweite begleiteten. Erich Honecker und seine Frau waren daher überzeugt, dass ihre Ausreise mit stillschweigender Billigung der Bundesregierung erfolgte. Dies hätte nach Überzeugung vieler auch politischer Vernunft und – jedenfalls auf Seiten der Sowjets – den Regeln des Anstands und der Ehre entsprochen. Kohl unterlief im Bundestag die Freudsche Fehlleistung, in einem Versprecher vom »Kollegen Honecker« zu reden. Durch den Abflug Erich Honeckers fand ich meine ursprüngliche Annahme bestätigt: Der Honecker-Prozess findet nicht statt. Auch mit dieser Auffassung stand ich nicht allein da. Der *Freitag* prophezeite: »Es wird keinen Prozess geben.«

Honecker in Moskau, 14. März 1991 bis 29. Juli 1992

Honeckers Flucht in die Sowjetunion war *das* Medien-Ereignis. Die *Berliner Zeitung* zitierte mich im Titel mit den Worten: »Letztlich sind doch alle zufrieden«. Der *Freitag* begnügte sich mit einem schlichten »Honecker weg!« als Überschrift für seinen Kommentar, in dem Christoph Dieckmann seine kleine Tochter zitierte: »Ich würde ihn nur ein bisschen bestrafen, er ist doch irgendwie niedlich.«

Dieckmann schrieb auch: »Ich brauche keinen Honecker-Prozess.« Quasi als Alibi zitierte er Springers *BZ* mit dem Titel: »Ihr könnt ihn behalten!« Ganz anderer Meinung die *FAZ*: »Dreister Fall von Republikflucht«.
Die Meinungen waren erkennbar geteilt.
Für meine Auffassung, dass es keinen Honecker-Prozess geben werde, sprachen scheinbar gute Gründe. Meine Westberliner Kollegen dachten wohl ähnlich.
Wir ahnten nicht, wie schlecht unsere Karten waren.
Den ersten Brief unseres Mandanten, geschrieben von seiner Ehefrau, erhielten wir am 5. April 1991. Er trug das Datum vom 24. März und gelangte über die Außenstelle der sowjetischen Botschaft in Berlin zu uns.
Die Informationen waren knapp: »Wir befinden uns zur Zeit im Krankenhaus, noch geht es den Ärzten neben der Behandlung des akuten Zustands um eine genauere Diagnose, damit langfristig therapeutische Maßnahmen festgelegt bzw. eingeleitet werden können.«
Und: »Es wird sicher bald möglich sein, dass Sie direkten Kontakt mit meinem Mann aufnehmen können.«
Wir antworteten am 25. April. Auch unser Brief war nicht sehr inhaltsreich. »Natürlich herrschte in Deutschland nach Ihrer Abreise zunächst große Aufregung, die sich aber inzwischen weitgehend gelegt hat. Es herrscht die Ansicht vor, dass die Regierung der Bundesrepublik mit dem Schritt der Sowjetunion, Sie aus humanitären Erwägungen zu einer Behandlung in die Sowjetunion zu überführen, einverstanden gewesen ist.
Selbstverständlich sind wir alle bereit, die Mandate weiter auszuüben, doch sind die Möglichkeiten, was das Strafverfahren anbelangt, äußerst beschränkt. Für eine endgültige Einstellung des Strafverfahrens oder für eine Aufhebung des Haftbefehls ist die Zeit noch nicht gekommen. Fast täglich bringen die Medien neue ›Enthüllungen‹, die in irgendeiner Weise natürlich insbesondere auch das Strafverfahren berühren. Im Augenblick besteht unsere Taktik darin, Ruhe zu bewahren und der Presse keinen Stoff für neue Spekulationen zu geben.«
Neben den Strafverfahren – eines wegen der Schüsse an der Grenze und das andere wegen Vertrauensmissbrauchs und Untreue – beschäftigte uns noch der Zivilprozess gegen die Autoren des Buches »Der Sturz« sowie das Verwaltungsgerichtsverfahren wegen der Kontenbeschlagnahme durch den Sonderausschuss der Volks-

kammer und die Rentenangelegenheiten der Eheleute Honecker. Am meisten Arbeit aber bereiteten uns die Medien mit ihren Interviewwünschen. Ständig testeten sie, welche Chance für ein Gespräch mit Erich oder Margot Honecker in Moskau bestehe, was wir Neues wüssten usw. Da wir nicht klüger waren als alle anderen Zeitungsleser (was uns natürlich niemand glaubte), war das für beide Seiten recht unerquicklich.

Mit der Übersiedlung, Flucht oder Verlegung – wie immer man diesen Vorgang bezeichnete – hatte die Rentenversicherung die Zahlung der Bezüge für die Eheleute Honecker eingestellt. Irgendeine amtliche Mitteilung darüber hatte es nicht gegeben. Weder die Betroffenen noch wir Anwälte waren von der Bundesbehörde informiert worden. Honeckers bemerkten lediglich, dass ihr einziges Einkommen, die Rente, plötzlich nicht mehr auf ihrem Konto einging. Das betraf sowohl die Altersrenten wie auch die Ehrenpension Erich Honeckers als Kämpfer gegen den Faschismus.

Ich legte gegen den unbekannten Rechtsakt, der dieser Maßnahme zugrunde liegen musste, Rechtsmittel ein und erhielt daraufhin am 25. Juli 1991 einen Bescheid, der sich auf eine alte DDR-Bestimmung stützte, wonach Renten bei illegaler Ausreise nicht mehr gezahlt werden würden.

Wir begaben uns daraufhin auf den Rechtsweg: Sozialgericht, Landessozialgericht, Bundessozialgericht.

Am 18. September 1996 verkündete das Bundessozialgericht sein Urteil, das uns am 27. Februar 1997 zuging: Wegen des Aufenthalts in Moskau und der Fortgeltung des DDR-Rechts werde für die Zeit vom 1. August 1991 bis zum 31. Dezember 1991 keine Altersrente gezahlt, und seit 1. August 1991 gäbe es wegen Unwürdigkeit auch keine Ehrenpension mehr.

Gegen dieses Urteil legte ich mit geringer Hoffnung auf Erfolg Verfassungsbeschwerde ein.

Am 3. August 1999 notierte ich in mein Tagebuch: »Die Verfassungsbeschwerde von MH (Margot Honecker) wegen der Versagung der Altersrente in der Moskauer Zeit ist als unzulässig abgelehnt worden. Die Urteile hätten als Anlage bei Fristablauf gefehlt und aus der Begründung hätte sich nicht der wesentliche Inhalt der Urteile ergeben. Das nach zweieinhalb Jahren! Wir hatten die Beschwerde ohne Anlagen am 25.3.97 gefaxt, die Schrift mit Anlagen spätestens am 26.3. zur Post gegeben. Angeblich ist sie erst am 1.4. (Fristablauf 27.3.) eingegangen. Ich war so sauer, dass ich mir die Akte erst am Mittwoch angesehen habe und dann auch erst feststellte, wie sich alles verhalten hatte. Wutti (meine Sekretärin) und Barbara (meine Tochter) meinten, die suchten bloß einen Grund. Meine ich auch.«

Ob »die« bloß einen Grund suchten, oder ob die Frist tatsächlich abgelaufen war: Das Ergebnis wäre, wie ich glaube, auch bei Fristwahrung kein anderes gewesen. Eben ein verlorener Prozess.

Die Altersrente für Margot Honecker wird mit jenen Abstrichen gezahlt, die sich aus den im Volksmund als »Rentenstrafrecht« bezeichneten Bestimmungen gegen ehemalige DDR-Bürger, die »staatsnah« waren, ergaben.

In einem weiteren Brief informierte uns Honecker am 29. Mai 1991, dass seine Frau und er aus dem Krankenhaus entlassen worden wären. Er sei wegen der Kontensperre allerdings nicht in der Lage, unser Honorar zu zahlen, und dass er mit uns einer Meinung sei, aus »pragmatischen Gründen« keine gerichtlichen Schritte gegen Veröffentlichungen zu unternehmen, die ihn herabsetzten. So oder so ähnlich verlief auch in der Folgezeit die Korrespondenz.

In Berlin wurden die ersten Anklagen gegen »Mauerschützen« erhoben. Sie blieben – damals – nicht ohne ablehnende Kommentare in den Medien. Heute wäre ein *Spiegel*-Artikel, wie ihn Augstein am 1. Juli 1991 veröffentlichte, undenkbar.

Unter der Überschrift »Vernunft vor Recht« begann er mit den Worten: »Den Deutschen scheint ihre Vereinigung nun doch zu Kopf gestiegen zu sein. Sie haben allen Ernstes Anklage gegen vier Grenzsoldaten erhoben, die an der Berliner Mauer auf zwei flüchtende Landsleute geschossen und einen von ihnen getötet haben. Deren Vorgesetzte bis hin zu Mielke und Honecker wegen des Schießbefehls an der innerdeutschen Grenze anzuklagen, wäre dann nur konsequent.«

Nach dem Augustputsch in Moskau, der den Zerfall der UdSSR beschleunigte, änderte sich die Situation. Am 28. August 1991 schrieb ich in einem persönlichen Brief an die Honeckers: »Vielen Dank für Euer Schreiben vom 16.8.1991, das ich am 27.8.1991 erhalten habe. Seit der Absendung Eures Briefes hat sich das Rad der Geschichte mächtig gedreht. Die Situation hier verändert sich auch von Tag zu Tag als Reaktion auf die Veränderungen in der UdSSR. Welche Auswirkungen das auf Euren Fall und ähnliche Fälle hat, vermag ich nicht und wohl auch niemand sonst zu sagen. Es besteht eine allgemeine Unsicherheit über das, was in der nächsten Zeit zu erwarten ist. Insbesondere kreisen hier die Spekulationen darum, ob Erich nach Deutschland zurückgebracht wird oder nicht. Ich werde von allen Seiten befragt und sage immer nur, dass ich nicht mehr weiß, wie jeder andere Zeitungsleser, und dass ich nach den letzten Nachrichten alles für möglich halte. Daraus werden in der Presse die unterschiedlichsten Varianten als meine Darstellung wiedergegeben. Es hat aber keinen Zweck, sich darüber aufzuregen.«

Während ich an Erich Honecker schrieb, wandte sich dieser am gleichen Tag an Präsident Gorbatschow. Eine Abschrift, die unser Mandant unterschrieben hatte, brachte mir ein Mitarbeiter der Botschaft mehr als einen Monat später, am 4. Oktober. Der neun Seiten lange Brief, der offenbar von unserem Mandanten selbst oder seiner Ehefrau auf Schreibmaschine geschrieben worden war, machte die Zuspitzung der Situation deutlich.

In ihm hieß es: »In einer Erklärung, in der ich gegen die Verhaftung führender Mitglieder der Partei- und Staatsführung protestierte, schrieb ich am 21. Mai 1991 u. a., die Beschuldigten haben in Ausübung ihrer durch die Volkskammer der DDR übertragenen Ämter, im Interesse der Wahrung des Friedens und der Souveränität der DDR, die Grenzsicherungsmaßnahmen, die dem Völkerrecht entsprachen, mitgetragen. Die DDR war ein souveräner Staat, international und auch von der BRD anerkannt. Ihre Westgrenzen waren die Westgrenzen des Warschauer Vertrages, der bis zu seiner Auflösung eine völkerrechtlich anerkannte Gemeinschaft war und dessen Existenz nach der Gründung der NATO schließlich 45 Jahre Frieden in Europa und in der Welt sicherte.

Die Hexenjagd auf ehemalige Mitglieder der SED in allen Bereichen des gesellschaftlichen Lebens, der Versuch, die SED als verbrecherische Organisation abzustempeln, die Ausgrenzung von Lehrern, Wissenschaftlern, Richtern und Staatsanwälten, die Abwälzung aller Lasten der Vereinigung auf die Schultern der Arbeiter, Bauern, der Rentner, der Frauen und der Jugend hat Ausmaße angenommen, die alle ehrlichen Menschen in der Welt beunruhigen müssen. Die deutsche Justiz, die Justiz von Berlin-West, die nicht einen Nazirichter, keinen einzigen Richter des Volksgerichtshofes verurteilte und die sich ihrer politischen Unabhängigkeit rühmt, begeht schlimmes Unrecht, wenn ihr nicht Einhalt geboten wird. Die Verhaftungen, Verfahren und angestrengten Prozesse, die jeder Rechtsgrundlage entbehren, sind, ob man es wahrhaben will oder nicht, Gesinnungsterror, Gesinnungsprozesse.

Welches Recht maßt sich die deutsche Justiz an, über 40 Jahre deutsche und internationale Geschichte zu urteilen? [...]

Was die Frage meiner Auslieferung betrifft, so möchte ich erklären: Ich gehe nicht nach Deutschland zurück, bevor nicht der Haftbefehl aufgehoben ist. Ich möchte das wie folgt begründen:
– nach zweijähriger öffentlicher Vorverurteilung meiner Person ist ein fairer Prozess nicht zu garantieren;
– bei diesem beabsichtigten Prozess geht es nicht um Recht, geht es nicht einmal um meine Person, sondern es ist beabsichtigt, einen politischen Schauprozess gegen die sozialistische DDR zu führen;
– ich habe mich nicht vor dem faschistischen Volksgerichtshof gebeugt und ich beuge mich auch heute nicht, aber ich spreche der Justiz der Bundesrepublik das Recht ab, zu Gericht zu sitzen über das ehemalige Staatsoberhaupt eines von ihr anerkannten souveränen Staates;
– ich würde ein solches Auslieferungsersuchen als Wortbruch des Bundeskanzlers gegenüber dem Präsidenten der UdSSR betrachten.
Als ich am 12. März 1991 offiziell von Moskau befragt wurde, ob ich bereit sei, mich in Moskau behandeln zu lassen aufgrund meines sich verschlechternden Gesundheitszustandes, habe ich, der ich mich weder in der Zeit des Faschismus ins Exil begab und Deutschland auch nicht verlassen wollte in der jetzigen Situation, meine Zustimmung gegeben, weil ich in meinem Zustand keine andere Möglichkeit sah. Am 13. März wurde mir mitgeteilt, dass Präsident Gorbatschow Bundeskanzler Kohl über die notwendige Verlegung in ein Krankenhaus in Moskau informiert hat. Ich wurde in Kenntnis gesetzt, dass die SU mir politisches Asyl gewähren würde, wenn es von mir gewünscht wird.
Entsprechend dem Völkerrecht ersuche ich ein Land meiner Wahl um politisches Asyl. Meine Frau, die mich in dieser schweren Zeit bis nach Moskau begleitet hat, beabsichtigt nicht, ihre deutsche Staatsangehörigkeit aufzugeben. Ich bitte Sie, sie dabei zu unterstützen.«
Zwei Wochen später, als die Bundesrepublik tatsächlich die Auslieferung Honeckers von der UdSSR verlangte, schrieb das einstige Staatsoberhaupt der DDR am 11. September erneut an den Präsidenten der UdSSR, M. S. Gorbatschow. Darin wiederholte Honecker seine Positionen aus dem Schreiben vom 28. August und bittet um politisches Asyl in der Sowjetunion: »Die mir gemachten Vorwürfe stellen daher ihrem Wesen nach eine politische Verfolgung dar. Die Beendigung des Kalten Krieges kann nicht dazu führen, dass die Handlungen der einen Seite in dem Kalten Krieg

kriminalisiert werden und die Handlungen der anderen Seite legalisiert werden.

Unter Berücksichtigung dieser Tatsachen bitte ich Sie, mir Schutz vor strafrechtlicher Verfolgung zu gewähren. Ich bitte Sie um politisches Asyl für meine Frau und mich.«

Eine direkte Antwort auf diese Schreiben erhielt er von Gorbatschow meines Wissens nicht.

Am 4. Oktober rief mich der 1. Sekretär der Botschaft der UdSSR, Außenstelle Berlin, an und bat um eine Rücksprache. Er suchte mich in meiner Wohnung auf und übergab mir Post unseres Mandanten. Im Gespräch brachte der Diplomat zum Ausdruck, dass in der Sache selbst alles offen wäre. Auch der Brief, den ich erhielt und der kein Datum trug, ließ das erkennen.

»Durch die Ereignisse hier waren unsere ›Außenverbindungen‹ zeitweilig unterbrochen. Das war besonders belastend, weil wir nur durch die verwirrenden Nachrichten aus den hiesigen Medien und über den Rundfunk aus Deutschland erfahren konnten, was eventuell zwischen den Regierungen der BRD und der UdSSR besprochen worden sein könnte. Die Erklärungen verschiedener Politiker waren außerdem nach allen Seiten auslegbar. [...]

Im Zusammenhang mit Neuregelungen von Verantwortlichkeiten in den hiesigen Regierungsstellen regelt nun das Ministerium für Auswärtige Angelegenheiten die Probleme, die mit unserem Aufenthalt hier verbunden sind. [...]

Die Herren *(vom Außenministerium – F. W.)* haben uns in dem Gespräch nachdrücklich auf die offiziellen Erklärungen der sowjetischen Seite aufmerksam gemacht, deren ›Feinheiten‹ meist im Pressetrubel untergehen. Dazu folgendes: Nach den Ereignissen hier gab es eine Note der BRD an das hiesige Außenministerium mit der Erinnerung an den damaligen Protest nach meiner Ausreise. Diese wurde hier mit dem Hinweis auf den humanitären Aspekt beantwortet. Dem folgte nichts von deutscher Seite.

Im Zusammenhang mit dem Besuch Herrn Genschers gibt es von Seiten der SU zwei zu beachtende offizielle Formulierungen. Im Kommuniqué über das Gespräch Gorbatschow/Genscher wird gesagt, dass man über die Angelegenheit E. H. gesprochen habe und es ›ein gegenseitiges Verständnis‹ gab. Auf eine Anfrage von *TASS* erklärte das Außenministerium offiziell (ich lege den russischen Text bei), dass es keinerlei Vereinbarungen gegeben hat, eingeschlossen einer eventuellen Reise in ein 3. Land. Die Probleme werden weiter

in ›Behandlung‹, ›Beachtung‹ oder ›Bearbeitung‹ (so kann man es lesen) bleiben.
Es gibt demnach keine Entscheidungen.«
Der Brief an uns Anwälte endete mit zwei Bitten: »Ich wäre Ihnen sehr dankbar, wenn Sie mir bald Ihre Einschätzung zur möglichen Entwicklung der Dinge übermitteln könnten. […] Wir würden Sie bitten, sich weiterhin für die Freigabe unserer Renten, vor allem für die meiner Frau einzusetzen, selbst wenn eine Überweisung nach hier noch nicht möglich ist, wir könnten sehr bald darauf angewiesen sein.«

Wir antworteten Erich Honecker in einem gemeinsamen Brief am 11. Oktober. »Die Situation hier ist unverändert geblieben. Gegenwärtig läuft vor dem Landgericht Berlin – Schwurgericht – der Prozess gegen die sogenannten Mauerschützen, gegen vier ehemalige Soldaten der Grenztruppen der DDR, die verantwortlich für den Tod von Chris Gueffroy gemacht werden. Der Prozess findet allgemein sehr großes Interesse, wobei unser Eindruck ist, dass im Gebiet der ehemaligen DDR wenig Verständnis dafür besteht, dass diese Soldaten vor Gericht gestellt werden. […]

Wir könnten uns eigentlich zum gegenwärtigen Zeitpunkt eine Aufhebung des Haftbefehls nur unter Bedingungen vorstellen, die wir Ihnen ansonsten keineswegs wünschen: nämlich, dass […] Sie auf Dauer für einen gegen Sie in Aussicht genommenen Prozess nicht verhandlungsfähig wären.«

Wir schlossen den Brief mit dem Hinweis, dass uns eine persönliche Aussprache nützlich erscheine. Als Anlage fügten wir noch Augsteins Kolumne im *Spiegel* Nr. 47/1991 (»Herrn Honeckers Geschichten«) und einen Brief von zwei Jugendlichen aus Berlin-Mitte vom 7.10.1991, dem 42. Jahrestag der DDR, bei.

In Augsteins Artikel hieß es: »Es führt kein Weg daran vorbei, der Haftbefehl gegen Erich Honecker ist ein Unrecht.«

Die jungen Männer bekundeten: »Wir wollen Sie wenigstens an diesem Tag nicht allein lassen […] Wir vermissen Sie und unsere uns geraubte Heimat, die DDR, sehr.«

Am 10. Oktober 1991 hatte das Kammergericht eine weitere Beschwerde Willi Stophs gegen den Beschluss des Landgerichts Berlin vom 24. Juni 1991 verworfen, mit dem der Haftbefehl aufrecht erhalten wurde. Es bestätigte sich so unsere Auffassung, dass auch unser Mandant nicht mit einer Aufhebung seines Haftbefehls rechnen durfte. Am 23. Oktober schrieb die *Süddeutsche Zeitung,* die die veränderte Stimmungslage wohl zutreffend erfasste: »Nach dem gescheiterten Putsch in der Sowjetunion sieht die Sache Honeckers wieder anders aus. Die alten Genossen des ehemaligen Staatsratsvorsitzenden sind keine Autorität mehr in Moskau. Der frühere Berater von Gorbatschow, Wjatscheslaw Daschitschew, rechnet jetzt mit der Überstellung Honeckers an die deutschen Behörden. Und Russlands Präsident Jelzin spricht den Deutschen das Recht zu, die Auslieferung zu verlangen, und meint, die Sowjetunion solle diesem Wunsch nachkommen.«

Die Agenturen meldeten am 4. November, Justizminister Kinkel erwarte Honecker noch in diesem Monat in der BRD.

Die politischen Aktivitäten um den Honecker-Prozess waren ebenso lebhaft wie verwirrend. Die Frage, wie es weitergehen würde, war nicht zu beantworten. Es ging offenbar nicht nur um das Schicksal Honeckers. Wie sollte Europa und vielleicht auch die Welt nach dem Zusammenbruch des sozialistischen Lagers und scheinbar auch des Sozialismus als Idee aussehen? Wie sollte man sich gegenüber den Repräsentanten, aber auch den vielen Anhängern dieser Idee verhalten? Es gab erkennbar keine Konzeption. Vieles entwickelte sich im Selbstlauf, im freien Spiel der politischen Kräfte.

Margot Honecker flog auf Einladung der Regierung Ende Oktober nach Chile – kurz vor Helmut Kohl. Wir Anwälte wurden in diesem Zusammenhang von unserem Mandanten gebeten, ein Gutachten zu erstatten, das nachwies, dass es sich bei dem Strafverfahren gegen ihn um einen politischen Prozess handele. Auf Honeckers Wunsch flogen wir am 6. November nach Moskau. Da ich zu jener Zeit ein Gespräch mit Rechtsanwalt Dr. Widmaier in Karlsruhe wegen der Verteidigung des letzten Leiters der Auslandsaufklärung der DDR, Werner Großmann, hatte, kam ich aus Frankfurt am Main. Auf dem Moskauer Flugplatz erwartete uns Margot Honecker. In zwei Pkw sollten wir die Fahrt zum Hotel und zu dem uns unbekannten Aufenthaltsort unseres Mandanten antreten. Erst jedoch musste ein Fahrer den Motor seines Wagens instand setzen. Die Fahrer sahen so aus, als wären sie vom Personenschutz. Sie fuhren auch so. Nur die Autos entsprachen nicht den Vorstellungen, die ich von Regierungswagen hatte.

Seit etwa sieben Jahren war ich zum ersten Mal wieder in Moskau. Damals war ich als Parteisekretär des Rechtsanwaltskollegiums gemeinsam mit Gerhard Häusler, dem Vorsitzenden, und Gregor Gysi, dem stellvertretenden Vorsitzenden, Gast des Moskauer Kollegiums. Damals wurden wir mit einem Tschaika befördert, der immer sauber war und nie versagte. Das konnte man von den Wolgas, mit denen wir durch die nassen, teilweise unbeleuchteten Straßen des abendlichen Moskau jagten, nicht sagen. Als wir unter einer Unterführung durch eine große Pfütze fuhren, knallte es furchtbar. Margot Honecker und ich drehten uns erschrocken nach dem Wagen mit Becker und Ziegler um. Der stand mitten auf der Straße. Unser Fahrer fuhr weiter. Sehr beeindruckend.

Unser Hotel war dafür schöner als jedes andere Hotel in Moskau, in welchem ich je untergebracht gewesen war. Es gehörte nach meiner Erinnerung der Lufthansa und beherbergte nur Gäste, die in harter Währung zahlten. Das Hotel war deprimierend leer.

Honeckers waren in einer Waldsiedlung bei Moskau untergebracht. Mir ist so, als ob uns Gorki als Ortsname genannt wurde. Eine exakte Anschrift hatten wir nicht. Der Postverkehr wurde nach wie vor über die Botschaft abgewickelt.

Honeckers waren in einem zweistöckigen Einfamilienhaus aus beigefarbenen Klinkersteinen untergebracht, wie sie auch bei vielen Neubauten in Moskau zu sehen waren. Im Parterre befanden sich die Personenschützer. Die Möblierung entsprach dem Geschmack des Landes. Das Haus war offenbar eine »Regierungsdatscha«, die vermutlich vormals von einem Politbüromitglied genutzt worden war. Der ehemalige Staatsratsvorsitzende und Generalsekretär der SED wurde, so schien mir, noch mit der ihm laut Protokoll zustehenden Aufmerksamkeit behandelt.

Das sollte sich schon in fünf Wochen ändern.

Inhaltlich war unsere Begegnung aus meiner Sicht nicht sehr ergiebig. Ich hatte gehofft, dass wir in Moskau Gelegenheit haben würden, der sowjetischen Seite deutlich zu machen, dass sie nicht nur moralische, sondern auch völkerrechtliche Pflichten gegenüber unserem Mandanten zu erfüllen und ihm Asyl zu gewähren hätte. Diese Hoffnung erwies sich als eitel. Kein verantwortlicher russischer oder sowjetischer Politiker ließ sich blicken. Wir blieben ganz unter uns.

In Vorbereitung auf das Treffen mit unserem Mandanten hatten wir in aller Eile und jeder für sich Stellungnahmen zur völkerrechtlichen Situation Erich Honeckers verfaßt. Es war für mich ein ungewohntes juristisches Terrain, aber die Kürze der Zeit zwang mich wie auch meine Kollegen, dieses Gebiet zu betreten. In meinem Text hieß es: »Bei der Gewährung von Asyl für Erich Honecker kann es […] in keinem Fall darum gehen, dass diese Asylgewährung unter völkerrechtlichen Aspekten unstatthaft ist, sondern nur dar-

um, ob eine völkerrechtliche Verpflichtung besteht, Erich Honecker Asyl zu gewähren. Dies ist dann zu bejahen, wenn er im Sinne des Artikels 33 der Genfer Flüchtlingskonvention politisch verfolgt wird. [...]
Der Tatbestand der politischen Verfolgung wird von der Rechtsprechung der Gerichte der Bundesrepublik Deutschland ›als eine diskriminierende Maßnahme von Gewicht‹ definiert, ›die den echten oder auch nur vermeintlichen politischen Gegner treffen soll‹. [...] Schon aus dieser Definition geht hervor, dass der Vorwurf krimineller Delikte den Tatbestand der politischen Verfolgung nicht ausschließt. [...] Der Charakter des Ermittlungsverfahrens gegen Erich Honecker stellt sich damit unzweifelhaft als Maßnahme politischer Strafverfolgung dar. Die Asylgewährung für Erich Honecker ist daher nicht nur völkerrechtlich erlaubt, sondern vielmehr durch die Genfer Flüchtlingskonvention geboten. Jedes Land, von dem Erich Honecker Asyl begehrt, muss ihm nach völkerrechtlichen Grundsätzen Asyl gewähren.«

Rechtsanwalt Ziegler äußerte sich in einem als »Aktenvermerk« bezeichneten Text zur Frage der Restitution und Auslieferung. Er verwies darauf, dass entgegen der Behauptung der Bundesregierung unser Mandant sich »zum Zeitpunkt der Abreise nicht in der Hoheitsgewalt der Bundesrepublik Deutschland« befand. »Er hielt sich in Beelitz auf und befand sich im Schutz und damit in der Hoheitsgewalt der Sowjetunion. Dieser Schutz ist bereits eingetreten, als die DDR noch existierte.«

Wir übergaben unsere Ausarbeitungen und erläuterten sie. Vielleicht konnten wir auch Trost spenden und unserem Mandanten ein realeres Bild der Lage in Deutschland vermitteln, sonst aber konnten wir weiter nichts tun, d. h. die russische Küche konnten wir auch noch genießen.

Es war das einzige Mal in den mehr als drei Jahren, dass ich Honecker ein Glas Alkohol, hier georgischen Weinbrand, trinken sah. Es blieb unter Gorbatschows Einfluss und entgegen russischer Sitte bei einem Glas. Hier deckten sich offenbar Gorbatschows und Honeckers Anschauungen.

Die Wochen nach unserer Moskaureise waren voller sich widersprechender Gerüchte und Meldungen zum Thema: Kommt er oder kommt er nicht? Obgleich der Druck der Bundesrepublik zur Auslieferung Honeckers immer größer wurde, blieb ich unbelehrbarer Optimist. Ich meinte, das könne und das werde die Sowjetunion nicht machen. Manche Nachricht schien mir Recht zu geben. Am 13. November 1991 meldete *AFP*, Russlands Präsident Jelzin hätte in einem Gespräch mit der *Zeit* erklärt: »Honecker habe nicht um politisches Asyl gebeten. ›Und Sie haben einen gewissen Anspruch auf ihn‹, fügte er hinzu. ›Da ich Honeker keine Garantien gegeben habe, würde ich selbst …‹, erklärte Jelzin, ohne den Satz aber zu vollenden. Honecker befinde sich jedoch in der Obhut des sowjetischen Präsidenten Michail Gorbatschow. Jelzin betonte, er könne jetzt viele Probleme entscheiden, ohne Gorbatschow zu fragen, praktisch fast alle. Es blieben aber einige, die er nicht entscheiden könne. ›Ich kann Honecker nicht von dort wegholen, ihn packen und zu Ihnen bringen‹ betonte Jelzin.«

Gorbatschow seinerseits erklärte, als er vom *Stern* auf diese Äußerung seines innenpolitischen Rivalen angesprochen wurde: »Die Sache Honecker hat vor allem mit Humanität zu tun. Er ist ein alter Mann, fast 80 Jahre alt, und hat zehn Jahre unter den Nazis im Gefängnis gesessen. Soll denn nach alledem, was passiert ist, nach der deutschen Vereinigung, auch auf diesem Gebiet ein Revanchismus, ein Weg der Rache eingeschlagen werden? Wir Russen haben denen vergeben, die in der Wehrmacht unter Hitler gedient haben. Diese Soldaten sind zu normalen Bürgern geworden. Und jetzt sollen ausgerechnet wir Honecker ausliefern? Das reimt sich bei mir nicht zusammen. […]

Wenn wir die Geschichte der letzten Jahrzehnte betrachten und dieselbe Elle wie bei Honecker anlegen, müssten wir wahrscheinlich alle Staatsmänner und Regierungschefs nicht in Rente, sondern ins Gefängnis schicken.«

Noch bevor das Interview am 19. November 1991 im *Stern* erschien, berichtete uns unser Mandant in einem Brief über einen Besuch. Ihn hatte am 16. November der stellvertretenden Außenminister der UdSSR, J. S. Deriabin, aufgesucht. Der Bericht hatte die Form eines Gesprächsvermerks, den Margot Honecker angefertigt und unterschrieben hatte. In dem Vermerk hieß es: »Er *(Deriabin – F. W.)* freue sich, E. Honecker zu begegnen, und er möchte seine Hochachtung zum Ausdruck bringen, leider sei die Lage, in der wir uns befänden, schwer. Er überbringe die Grüße seines Ministers Pankin. Er habe den Auftrag, offen mit uns über die Lage zu sprechen und gemeinsam zu beraten, denn alle Entscheidungen der sowjetischen Regierung würden nur in vollem Einverständnis unsererseits getroffen werden. […]

Die Lage der SU, auch die innere Lage, wird immer schwieriger. Der politische und ökonomische Druck der BRD auf allen Gebieten wächst, auch bezogen auf die Frage nach der Rückführung E. Honeckers. Die BRD gehe weiter davon aus, dass die Verlegung E. H. nach Moskau eine Verletzung der Souveränität der BRD durch die SU gewesen sei.

Die Frage E. H. wird zu einer Belastung zwischen den beiden Regierungen. Dies beunruhige die sowjetische Führung. [...] Es gibt zur Zeit ernste Diskussionen über die früheren Entscheidungen der sowjetischen Regierung, über deren Richtigkeit, das betrifft auch die Entscheidung, was E. H. angehe. Hierüber gäbe es verschiedene Meinungen, vor allem unter denen, die der russischen Regierung angehören. [...]

Für die sowjetische Seite wäre die beste Variante, die freie Entscheidung von E. H., nach Deutschland zurückzukehren, natürlich verbunden mit entsprechenden Bedingungen.

E. Honecker erklärte:

Er muss davon ausgehen, dass sich in Deutschland die Lage weiter verschärft hat. Aus den ihm von seinen Anwälten überlassenen Dokumenten (Materialien der Staatsanwaltschaft, der Gerichte und der Verteidiger zum Verfahren gegen die Beschuldigten in der Angelegenheit Grenze) gehe eindeutig hervor, dass man beabsichtigt, die gesamte militärische und politische Führung der DDR anzuklagen. Es gehe offensichtlich schon nicht mehr um den sogenannten Schießbefehl, sondern um die Grenze überhaupt. [...]

E. H. stellte die Frage, wie die SU auftreten kann und aufzutreten gedenkt, da es nicht nur um ihn persönlich, sondern um die gesamte politische und militärische Führung der ehemaligen DDR gehe. Wie ihm bekannt sei, haben Gorbatschow und Kohl beim Treffen im Kaukasus darüber gesprochen, dass sich mit der Vereinigung alles würdevoll und fair vollziehen solle, dass unter die Vergangenheit ein Schlussstrich gezogen werden solle. Jetzt aber gehe man dazu über, rückwirkend Urteile zu fällen, was rechtlich in keiner Weise haltbar ist und nur als Rache zu verstehen sei.

E. H. erklärte weiter, auf die offenen Darlegungen des Ministers gebe er eine ebenso offene Antwort: Er gehe jetzt nicht nach Deutschland zurück, dafür habe er einen entscheidenden politischen Grund: ›Die DDR darf nicht neuen Demütigungen ausgesetzt werden, indem man das ehemalige Staatsoberhaupt der DDR der BRD-Regierung zur Verurteilung übergibt.‹ [...]

E. H. stellte noch einmal die Frage, wie bereits im Brief an M. S. Gorbatschow gestellt, was die SU tun könne, damit er nach Chile reisen könne. Wenn der Präsident der SU sich nicht in der Lage sieht, ihn hier zu behalten, dann möchte er das Recht in Anspruch nehmen, ein Land seiner Wahl zu bitten, ihm politisches Asyl zu gewähren. [...]

M. H. erklärte, sie betrachte eine eventuelle Zustimmung zur freiwilligen Rückkehr als indirekte Auslieferung. Dann solle doch die Regierung der SU offen erklären, dass sie Honecker ausliefere. Abgesehen von dem weiteren politischen Prestigeverlust seitens der SU, halte sie es persönlich für unmoralisch dem ehemaligen Freund und Verbündeten gegenüber.

Als Ehefrau müsse sie darauf hinweisen, dass ihr Mann zwar gesund aussehe, aber dass er weder psychischen noch physischen Belastungen aus gesundheitlichen Gründen gewachsen sei, was die Ärzte bestätigt haben. In diesem Zusammenhang verwies sie auf die bevorstehende ärztliche Kontrolluntersuchung, da E. H. wegen der zurückliegenden Krebsoperation ständig kontrolliert werden müsse. [...] Minister J. S. Deriabin fasste das Gespräch folgendermaßen zusammen:

[...] Die politischen Motive, die E. H. dargelegt hat, sind klar und eindeutig. Das Ziel seines Besuches bestand nicht darin, das wolle er ausdrücklich betonen, die Frage der Auslieferung zu erörtern, das stehe weder politisch, völkerrechtlich noch moralisch zur Debatte. Vielleicht sei es nicht ganz glücklich, von freiwilliger Rückkehr zu sprechen, was so aufgefaßt werden könnte, wie es im Gespräch zum Ausdruck kam. Es müßten natürlich im Falle einer Rückkehr Bedingungen gestellt werden, zumindest die Aufhebung des Haftbefehls.

Es sei bei diesem gemeinsamen Gespräch darum gegangen, die Standpunkte zu erörtern, da die Gespräche mit Bonn fortgesetzt werden, und das schon in Kürze, während des Besuchs von Jelzin in der BRD bei Kohl. Und man könne es nicht den Überbringern überlassen, was sie dort erklären oder den dortigen Partnern. Wir müssen (die SU) eigene Positionen beziehen. Z. B., was bei einem Angebot der BRD-Seite unsere Bedingungen sind oder einen anderen möglichen Kompromiss betreffend.

Gorbatschow und andere sind sehr engagiert zu Gunsten Honeckers, und Jelzin begreife schon, dass es sich um ein schwieriges Problem handelt.

Jelzin wird das Gespräch in Bonn auf höchster Ebene im Auftrag von Gorbatschow führen. Jelzin solle in den inoffiziellen Gesprächen prinzipiell auftreten, alle Motive in Betracht ziehend. Der Minister unterstrich noch einmal, dass es keine Entscheidung der sowjetischen Führung geben wird ohne unsere Zustimmung. Er würde uns über die weitere Entwicklung informieren, weiter in Kontakt bleiben.

Er deutete an, dass sie wahrscheinlich den deutschen Botschafter Blech informieren werden.«

Der Brief und der Vermerk gingen am 25. November bei mir ein. Sie waren offensichtlich in Eile von Margot Honecker selbst auf der Maschine geschrieben worden. Nicht einmal eine Kopie hatte Frau Honecker machen können, denn sie bat uns, ihr eine solche zurückzusenden.

Am 10. Dezember rief Margot Honecker bei Rechtsanwalt Becker an und informierte, dass der Justizminister Russlands bei ihnen gewesen sei und sie aufgefordert habe, das Land bis Freitag, den 13. Dezember, zu verlassen.

Wir berieten noch am Abend, was zu tun sei. Im Ergebnis teilten wir unserem Mandanten telefonisch mit, dass wir unsererseits keine Möglichkeit sehen, ihm zu helfen.

Später erhielten wir eine Kopie vom »Protokoll über die Erklärung des Beschlusses über die Auslieferung vom Territorium der RSFSR, 10. Dezember 1991, Moskau.

Der Minister des Inneren Dunajew A. F. und Justizminister Fedorow N. W. in Auftrag der russischen Regierung handelnd, haben beschlossen:

Den Bürger der BRD Erich Honecker durch seine Unterschrift davon ins Kenntnis zu setzen, dass er nicht später als bis zum 13. Dezember 1991 das Territorium der RSFSR verlassen muss, es wurde ihm erklärt, dass er im Falle der Nichtbefolgung dieser Mitteilung gewaltsam nach BRD ausgeliefert wird.«

Diese Übersetzung war von A. Dunajew und N. Fedorow eigenhändig unterschrieben. Auf einer zweiten Seite des Dokuments befand sich folgender Text: »Erich Honecker mit Beteiligung des Dolmetschers und in Anwesenheit des Vertreters des Außenministeriums RSFSR Kolokolov B. L. um 18 Uhr 00 min am 10. Dezember 1991 zur Kenntnis gebracht.

Ich beständige die Richtigkeit der Übersetzung.«

Die Unterschrift war unleserlich.

Diese deutsche Übersetzung war offenbar von einem russischen Dolmetscher anlässlich der Erklärung ad hoc mit der Hand geschrieben. Sie wies, außer orthographischen und stilistischen Fehlern, Einfügungen und Durchstreichungen auf, was auf große Eile bei der Abfassung hindeutete.

Margot Honecker fertigte ihrerseits über den Besuch des Innenministers und des Justizministers der RSFSR eine Niederschrift an. In ihr hieß es, dass Erich Honecker nach Verlesung der Erklärung der Minister sofort Protest eingelegt und darauf hingewiesen habe, »dass es sich bei dem Verfahren gegen ihn um ein politisches Verfahren handelt und er deshalb um politisches Asyl ersucht habe. Er nahm Bezug darauf, dass es sich bei allen Fragen, die die Grenze sowohl zwischen der DDR und der BRD wie der Grenze zu Westberlin um eine gemeinsame Verantwortung der sowjetischen wie der DDR-Seite handelt und dass die Grenze zu Berlin-West von den Beschlüssen des Warschauer Paktes getragen wurde.«

Der Wunsch Erich Honeckers nach rechtlichem Beistand wurde von Fedorow mit der Bemerkung abgelehnt, »es handele sich um einen administrativen Akt, die Rechte eines Bürgers der BRD interessieren ihn nicht«.

Noch am 10. Dezember richtete Erich Honecker gleichlautende Schreiben an Präsident Gorbatschow und Präsident Jelzin, in denen er gegen den Ausweisungsbeschluss der russischen Regierung protestierte, »da dieser völkerrechtlichen Bestimmungen widerspricht. Dazu liegen beweiskräftige Rechtsgutachten meiner drei Anwälte im Außenministerium der CCCP bereits seit Mitte November vor.«

So erfuhren wir, dass unsere eiligen völkerrechtlichen Vermerke, die wir am 6. November übergeben hatten, doch noch bis ins Außenministerium gelangt waren. Erkennbare Reaktionen hatten sie dort nicht hervorgerufen. Juristische Argumente spielten wohl bei den Verhandlungen mit der Bundesrepublik keine Rolle.

Am nächsten Tag meldeten die Medien, Erich Honecker sei in der chilenischen Botschaft in Moskau. Das bestätigte Margot Honecker telefonisch am Abend des 12. Dezember. Sie könnten in der Residenz des Botschafters bis zu einer »Lösung« bleiben. Sie fügte jedoch ahnungsvoll hinzu, man müsse mit allem rechnen.

In der *Süddeutschen Zeitung* berichtete Heribert Prantl am 14./15. Dezember: »Die Berliner Staatsanwaltschaft erarbeitet eine Anklageschrift gegen Erich Honecker, die weit über die Vorwürfe im Haftbefehl hinausgehe; sie solle ›im Frühjahr‹ nächsten Jahres vorgelegt werden.«

Gleichzeitig gingen die Spekulationen über das weitere Schicksal des ehemaligen Staatsratsvorsitzenden weiter. *ADN* informierte am 16. Dezember: »Journalisten, die das Geschehen (vor der chilenischen Botschaft) beobachten, rechnen für die nächsten Stunden mit einer Entscheidung über das weitere Schicksal Honeckers. Nordkorea bestätigte seine Bereitschaft, den 79-jährigen Honecker zur ›medizinischen Behandlung‹ aufzunehmen.«

Es gab aber auch andere Pressestimmen, wenn auch verschwindend wenige. So erschien am 16. Dezember im *Spandauer Volksblatt* ein Artikel von Klaus Eschen unter der Überschrift: »Die drei Fehler des Erich H. – Keinen Krieg geführt, keine Autobahnen gebaut und immer Dachdecker geblieben.«

Ermutigend war auch eine *ADN*-Meldung vom gleichen Tag. Außenminister Andrej Kosyrew sagte demnach: »Russland werde gegen Honecker keinerlei Gewalt ausüben. Er könne die Botschaft Chiles, wo sich Erich Honecker und Ehefrau Margot seit vergangenem Mittwoch als ›persönliche Gäste‹ von Botschafter Clodomiro Almeyda aufhalten, jederzeit frei verlassen.«

Tags darauf schrieb mir Rudolf Bahro: »Schon irgendwann im Jahre 1990 hatte ich Rechtsanwalt Vogel, dessen Mandant Erich Honecker wohl damals war, erklärt, dass ich die eigentliche politische Verteidigung übernehmen möchte, wenn es zu einem Prozess kommen sollte. Heute wäre ich noch tiefer als damals daran interessiert, in dieser Sache so öffentlich wie möglich das Wort zu ergreifen.«

Mich hat dieses Angebot sehr bewegt. Schließlich hatte Bahro eine Strafe von acht Jahren Zuchthaus dafür erhalten, dass er gegen die Linie der SED und damit gegen Honecker opponiert hatte. Er ließ sich, wie andere Opfer, in seiner Überzeugung nicht beirren, weil andere Kommunisten Fehler oder auch Verbrechen begingen.

Noch bevor das Jahr zu Ende ging, erhob ich vor dem Sozialgericht Klage, da die Widersprüche gegen den Entzug der Alters- und VdN-Rente für Honeckers erfolglos geblieben waren. Die BfA berief sich auf den Auslandsaufenthalt der Honeckers, der nach DDR-Recht automatisch den Verlust der Rente zur Folge hätte. Ich verwies darauf, dass der Grund für diese Regelung, die Nicht-Konvertierbarkeit der DDR-Währung, entfallen sei. Andere ehemalige DDR-Bürger erhielten ihre Renten auch ausgezahlt, wenn sie etwa nach Israel auswanderten.

Anfang Januar 1992 – am 31. Dezember hatte die Sowjetunion aufgehört zu existieren und Russland die Rechtsnachfolge angetreten – erhielt ich von einem Bekannten des »Botschaftsflüchtlings«, der ihn an seinem Zufluchtsort besucht hatte, eine Information über Honeckers aktuelle Situation. Er bewohnte mit seiner Frau ein kleines Zimmer, das er nicht verlassen könne, sie lebten entsprechend isoliert. Erich Honecker befände sich bei angeschlagener Gesundheit in einem entsprechenden Zustand.

Bis zum Februar 1992 gab es keine sichtbare Entwicklung. Am Freitag, dem 13. Februar, rief mich Margot Honecker an und bestätigte, was die Presse bereits berichtet hatte, bei ihrem Mann wären Metastasen in der Leber diganostiziert worden. Peter Brinkmann von der *Bild* fragte mich kurz danach:»»Wann stellen Sie einen Antrag auf Aufhebung des Haftbefehls von Honecker wegen seiner Krankheit?«

Ich antwortete, dass wir zur Zeit noch nicht über die notwendigen ärztlichen Unterlagen verfügten und ich bezweifle, »ob die deutschen Richter es mit der Aufhebung des Haftbefehls ebenso eilig haben wie bei der Ausstellung«. Dann wagte ich wieder eine Prophezeiung, zumindest las ich es so in der Zeitung: »Es besteht doch überhaupt keine Chance, den Prozess von Honecker zu seinen Lebzeiten zu Ende zu führen. Dieser Prozess wäre das größte Unglück für den deutschen Rechtsstaat, er würde auch das Ansehen des deutschen Staates versauen.«

Brinkmann liebte Kraftausdrücke, vielleicht habe ich sie in einer Art Gefühlsausbruch auch tatsächlich benutzt.

Am 14. Februar erhielt ich die Nachricht von Hermann Axens Ableben. Ein Waldheim-Richter nahm sich mit seiner Frau das Leben, weil er der Rechtsbeugung beschuldigt wurde. Prof. Gerhard Riege, Mitglied der PDS-Gruppe des Bundestages, beging Selbstmord wegen des Vorwurfs einer IM-Tätigkeit vor dreißig Jahren. Das Ermittlungsverfahren gegen Werner Großmann wegen Spionage lief weiter ... All das und noch viel mehr drang Schlag auf Schlag auf mich ein. Von neuem Recht und altem Kopf gar nicht zu reden. Eines jedoch blieb unverändert: Februar war Urlaubsmonat beim Ehepaar Wolff oder, wie es in der DDR hieß: privat geht vor Katastrophe. Ich war eben trotz allem noch nicht in der Bundesrepublik angekommen.

Vordergründig ereignet sich dann monatelang nichts oder so gut wie nichts. Nur die Presse spekulierte und jagte nach Sensationen. Hintergründig wurde gekämpft. Wir erfuhren nur Bruchstücke und waren nur Randfiguren der Auseinandersetzung. Der Hauptschauplatz der diplomatischen Rangeleien hatte sich offenbar nach Chile verlagert. Alles hing für den Fortgang der Ereignisse von der Haltung in Santiago ab.

Am 16. März rief Frau Honecker Rechtsanwalt Becker an und teilte ihm mit, dass Santiagos Sonderbotschafter James Holger über

Berlin reisen würde und uns bei dieser Gelegenheit zu sprechen wünsche. Die geplante Unterredung wurde jedoch schon am nächsten Tag wieder abgesagt. Sie sollte eine Woche später in Moskau stattfinden. Wir flogen ein zweites Mal nach Moskau.

Unser Mandant bewohnte mit seiner Frau ein Zimmer in der chilenischen Botschaft, das zwar geräumig, aber nicht für Dauergäste gedacht war. Auf dem Fußboden stand ein Koffer, der einen Kleiderschrank ersetzen musste. Nach einer Unterredung mit Erich Honecker und seiner Frau sprachen wir mit Botschafter Holger und Botschafter Cifuentes. Die Unterredung fand ohne Dolmetscher auf Englisch statt.

Wir legten unseren Standpunkt über Honeckers Recht auf Asyl, über die Rechtmäßigkeit seines Aufenthalts in Russland und über die Notwendigkeit dar, ihm förmlich rechtliches Gehör zu gewähren. Wir verwiesen auch auf die Notwendigkeit, ein objektives und kompetentes ärztliches Gutachten einzuholen.

Ich hatte den Eindruck, dass die Botschafter uns aufmerksam zuhörten, konnte jedoch nicht erkennen, ob wir sie überzeugten.

Wegen anderer Arbeiten – ich glaubte damals noch, der Prozess gegen Hans Modrow wegen des Vorwurfs der Wahlfälschung stehe unmittelbar bevor – flog ich noch am gleichen Tag nach Berlin zurück, während meine Mitstreiter blieben und das Ergebnis unserer Unterredung mit dem Ehepaar Honecker besprachen.

Die Reaktion Chiles deutete sich in einem Gespräch an, das Botschafter Holger im Beisein des 3. Sekretärs der Botschaft Chiles in der BRD mit Honecker am 10. April 1992 führte. Nach einem Gesprächsvermerk von Margot Honecker sagte Holger, »dass die Anklageschrift bald vorliegen werde […], dass Chile Vertrauen zur Rechtsstaatlichkeit der BRD habe und davon ausgehe, dass ein rechtsstaatliches Verfahren gewährleistet sei, außerdem habe E. H. ja kompetente Anwälte. Es wäre das Beste, wenn sich E. H. freiwillig der deutschen Justiz stelle, dann wären alle rechtlichen Maßnahmen gegeben, auch eine gute medizinische Betreuung.«

Er fügte hinzu, er habe »mit seinem Präsidenten und dem Außenminister gesprochen, diese haben Weisung gegeben, eine kurze Frist zu setzen für das freiwillige Verlassen der Botschaft unter Beachtung der Zusicherung, dass kein Zwang ausgeübt werden solle.«

E. H. lehnte es in seiner Erwiderung ab, die Botschaft freiwillig zu verlassen. Er gebe sich nicht dafür her, dass man nachträglich über die DDR zu Gericht sitzen könne. Er verwies eingehend auf die historische Entwicklung, die zum Bau der Mauer geführt habe, auf den

Beschluss der Staaten des Warschauer Vertrages, auf die Rolle der DDR bei der Entspannungspolitik und auf seinen Empfang in der BRD im Jahr 1987. Holger entgegnete, die Information, die Erich Honecker gegeben habe, sei für seine Arbeit wichtig. Präsident Alwyn wirke darauf hin, dass Honecker nach Korea fahren könne. Russland habe den Wunsch Chiles ohne Begründung abgelehnt.

Holger hob ferner hervor, »dass er aus seinen Gesprächen in der BRD den Eindruck gewonnen habe, dass die beste Lösung wäre, wenn E. H. freiwillig nach Deutschland zurückgehe, es gäbe doch eine gute Verteidigungposition, es könne doch nur gut ausgehen.«

Holger sprach auch Magot Honecker auf die Sorge an, die sich die Chilenen um den Gesundheitszustand Erich Honeckers machten. Die Angesprochene erwiderte darauf nach ihrer eigenen Aufzeichnung, »dass ihr der noch immer nicht völlig geklärte Gesundheitszustand Sorgen bereite. Leider hätte man in Chile und in Deutschland mit dem ersten Befund und dem Ergebnis der Krankenhausuntersuchung politische Manipulationen betrieben. Das muss künftig ausgeschlossen werden.«

Abschließend erklärte Holger laut Vermerk von Margot Honecker: »Die Russen sind an ihr Versprechen an Deutschland gebunden, Russland ist von Deutschland abhängig«.

Die Medien berichteten immer häufiger, dass die Anklage der Staatsanwaltschaft gegen Erich Honecker bevorstehe. Wir schrieben daher am 5. Mai 1992 an Herrn Oberstaatsanwalt Großmann: »In der vorbezeichneten Strafsache wissen wir aus zahlreichen Presseverlautbarungen, dass die Staatsanwaltschaft beabsichtigt, gegen unseren Mandanten Anklage zu erheben.

Wir möchten Sie in aller Form darauf hinweisen, dass eine Anklageerhebung im gegenwärtigen Stand des Verfahrens nicht zulässig ist und beantragen im Hinblick auf die Abwesenheit von Herrn Honecker analog zu § 205 StPO, das Verfahren vorläufig einzustellen.«

Wir begründeten den Antrag mit der Tatsache, dass Erich Honecker zu dem Vorwurf nicht gehört worden war, da die Beschuldigtenvernehmung vom 10. August 1990 von ihm nur aus gesundheitlichen Gründen abgelehnt worden wäre, zumal er an diesem Tag ohne Verteidiger gewesen sei. Er habe damit nicht auf sein Recht auf rechtliches Gehör schlechthin verzichtet.

Die Perspektive sah Anfang Mai 1992 nicht rosig aus, ließ aber doch noch Raum für die Hoffnung, der Prozess werde im Interesse aller Beteiligten nicht stattfinden. Am 11. Mai kam es im Büro von

Rechtsanwalt Ziegler zu einem Gespräch zwischen uns Anwälten und dem chilenischen Konsul in Bonn, O'Ryan. Danach richteten wir ein Schreiben an die chilenische Botschaft in Bonn, in dem wir zum Ausdruck brachten, dass wir unter bestimmten Voraussetzungen Herrn Honecker raten würden, sich einer Entscheidung nach Artikel 13 des Internationalen Paktes über bürgerliche und politische Rechte (IPbpR) zu unterwerfen.

Diesem Schreiben war eine als Vermerk bezeichnete Anlage beigefügt, in der Nicolas Becker die Rechtslage darstellte. Dabei ging er davon aus, dass Russland als Rechtsnachfolger der UdSSR an den Pakt gebunden sei und sich Erich Honecker rechtmäßig auf dem Territorium Russlands aufhalte, da ihm die Einreise mit einem Regierungsflugzeug ermöglicht wurde. Die Ausweisung aus Russland wäre demzufolge nicht rechtmäßig, d. h. nicht aufgrund eines formellen Gesetzes ergangen wäre. Sie sei überdies nicht von der zuständigen Stelle verfügt worden. Schließlich beruhe die Ausweisung auf einem Machtmissbrauch, da kein vernünftiger Grund für sie angegeben worden wäre. Letztlich stelle die gegen Herrn Honecker verfügte Ausweisung eine verdeckte Auslieferung dar und sei als Machtmissbrauch rechtswidrig. Das Verfahren, in dem die Ausweisung erfolgt wäre, sei ebenfalls rechtswidrig gewesen, da Herr Honecker keine Möglichkeit gehabt hätte, sich anwaltlich vertreten zu lassen, und ihm nicht die Einlegung eines Rechtsmittels zugestanden worden wäre. Folglich wären die Verfahrensgarantien des Artikel 13 IPbpR nicht eingehalten worden.

Auf diese Unterlagen bezog sich Holger in einem weiteren Gespräch mit Erich Honecker am 14. Mai 1992.

Er lobte deren juristische Qualität und bezeichnete sie als sehr konstruktiv. An der Legalität der Einreise Honeckers in die UdSSR bestünde auf chilenischer Seite kein Zweifel mehr. Er sagte auch zu, dass Chile hinsichtlich der Zusammensetzung eines in Artikel 13 IPbpR vorgesehenen Entscheidungsgremiums Unterstützung geben würde. Auf die Bildung eines solchen unabhängigen Gremiums hatten wir in dem Schreiben vom 11. Mai großen Wert gelegt, und auch Erich Honecker hatte sich gegenüber Holger darauf bezogen.

Schließlich bedankte sich Holger für die Bereitschaft, einen Kompromiss nach Artikel 13 IPbpR zu suchen und im Zusammenhang damit die Botschaft zu wechseln. Im weiteren Verlauf des Gesprächs erklärte Holger laut der Gesprächsnotiz von Margot Honecker: »Präsident Alwyn und die Regierung teilen die Sorge um die Gesundheit E. H. Er habe mit seinem Staatssekretär Kontakt gehabt und mit dem Chef des ärztlichen Kollegiums. Es sei in Erwägung gezogen, ein internationales Ärztekollegium zu bilden, um Manipulationen zu verhindern. Eine solche Ärztegruppe würde unter chilenischer Verantwortung gebildet. Es gibt eine Überlegung, den bekannten Chirurgen und persönlichen Arzt von Salvador Allende einzubeziehen.

Man müsse bei der Betrachtung dieses Aspekts davon ausgehen, dass Politik manchmal über Humanitäres gestellt würde. Russland habe schließlich bis jetzt ärztliche Behandlung in Korea strikt abgelehnt. Man müsse in diesem Zusammenhang die absolute Abhängigkeit Russlands von Deutschland in Betracht ziehen. Die deutsche Position zu E. H. sei unverändert, und es wird schwer sein zu erreichen, dass einer Reise nach Korea zugestimmt wird. Deshalb sei die Idee, internationale Ärzte, die objektiv urteilen, einzubeziehen, ins Spiel gebracht.«

Abschließend verwies Holger darauf, dass es Schwierigkeiten bezüglich der von den Anwälten geforderten Voraberklärung der russischen Regierung geben würde, dass sie sich an eine Entscheidung des nach Artikel 13 IPbpR zu bildenden Gremiums halte. Auch im Hinblick auf die weitere anwaltliche Forderung, Honecker müsse bis zur Entscheidung nach Artikel 13 IPbpR in der chilenischen Botschaft verbleiben, werde es Schwierigkeiten geben.

In der Folgezeit hörten wir nichts mehr von den dreiseitigen Verhandlungen. Wir erlebten nur ihr Resultat. Offenbar hatte Deutschland nicht nur Russland und seine Vertreter in der Hand.

Am 15. Mai 1992 gab die Berliner Senatsverwaltung für Justiz in einer Pressemitteilung bekannt: »Die Senatorin für Justiz, Prof. Dr. Jutta Limbach, bestätigt auf mehrfache Anfragen, dass die Staatsanwaltschaft bei dem Kammergericht – Arbeitsgruppe Regierungskriminalität – Anklage gegen Honecker, Mielke, Stoph, Keßler, Streletz und Albrecht wegen der Gewalttaten an der innerdeutschen Grenze/Berliner Mauer erhoben hat.«

Am 21. Mai teilte Margot Honecker telefonisch mit, dass sich die Situation verschlechtere. Diesen Eindruck haben ihr Mann und sie nach einer vierstündigen Unterredung mit dem chilenischen Botschafter gewonnen. Dieser hätte erklärt, es gäbe offenbar eine feste Vereinbarung zwischen Kohl und Jelzin, Erich Honecker, wenn man seiner habhaft werden könne, sofort nach Deutschland zu überstellen. Das Verfahren nach Artikel 13 IPbpR erscheine wenig aussichtsreich. Am 4. Juni erhielten wir die Anklage und beantragten daraufhin am 5. Juni, uns als Pflichtverteidiger zu bestellen.

Noch fehlte der Angeschuldigte, aber der Prozess begann bereits. Unsere diplomatischen Gesprächspartner schwiegen.

Wenige Tage nach dem Erhalt der 783 Seiten starken Anklageschrift gaben wir am 10. Juni eine knapp siebenseitige Stellungnahme ab.

Wir wiederholten erstens, dass die Anklageerhebung das Gesetz verletze, da Honecker keine Gelegenheit erhalten habe, zu den Vorwürfen Stellung zu nehmen.

Zweitens wiesen wir darauf hin, dass Herr Honecker durch Maßnahmen der Justizverwaltung seinem gesetzlichen Richter entzogen worden wäre, weil der erst im Dezember 1991 erlassene Geschäftsverteilungsplan des Landgerichts im März 1992 im Hinblick auf die jetzt vorliegende Anklage geändert worden wäre.

Drittens verwiesen wir darauf, dass es sich um ein politisches Verfahren handele, das auf der Vorstellung beruhe, die Existenz der DDR sei nicht legitim gewesen. Der politische Charakter des Verfahrens ergäbe sich darüber hinaus aus dem erheblichen politischen Druck, unter dem es stattfinde, und aus der Tatsache, dass nur West-Richter über die Ost-Vergangenheit entscheiden sollten.

Viertens diene die Anklageschrift nicht der Aufarbeitung der Vergangenheit, da sie wesentliche Zusammenhänge wie die Rolle der UdSSR und die Gegebenheiten des Kalten Krieges völlig außer acht lasse.

Fünftens wäre es Sache der Bundesrepublik, in einem formellen Auslieferungsersuchen die Überstellung Erich Honeckers zu begehren, wenn sie rechtlich von ihrer Position überzeugt sei.

In einem sechsten Punkt nahmen wir auch zu dem neuen Haftbefehl gegen unseren Mandanten wegen des Vorwurfs des Vertrauensmissbrauchs Stellung. Dabei verwiesen wir darauf, dass die rechtliche Bestimmung, auf der er beruhe, vom Landgericht Berlin im Verfahren gegen Harry Tisch bereits als verfassungswidrig angesehen worden wäre. Dieser Haftbefehl diene nach unserem Dafürhalten nur politischen Zwecken. Der Wert der Einkäufe in der Waldsiedlung Wandlitz »würde auf das Jahr gesehen nicht wesentlich höher liegen als die Ausgleichszahlung, die ein anderer Saarländer als ehemaliger Oberbürgermeister erhält«.

Natürlich war die Anklage gegen Honecker auch ein Medienereignis. Der *Spiegel* wählte in Ausgabe 25/1992 dafür die Überschrift »Kochende Volksseele« und spielte mit diesem bekannten Terminus aus der Sprache des Dritten Reiches auf die Nazistimmungsmache gegen Juden, Kommunisten und andere Missliebige an. Ironisch zitierte er aus anderen Publikationen Äußerungen wie: »Jetzt endlich auch Anklage gegen die Großen« (*Märkische Oderzeitung*) und »Unter lebenslänglich kommt er nicht davon« (*Super!*). Selbst meinte der *Spiegel* erneut: »Die Vorwürfe gegen das ehemalige Staatsoberhaupt und seine Mitstreiter stehen juristisch auf wackligen Beinen.«

In diesem Artikel werden bekannte Juristen zitiert. Etwa Professor Erich Samson mit den Worten »Das ist die Dogmatik der kochenden Volksseele«, Günther Jakobs mit »Hier schwappt die Politik über die Rechtsdogmatik hinweg« und »Ein nachträgliches Revolutionstribunal im Gerichtssaal«.

Auch ich äußerte mich in einem Interview in der *Berliner Zeitung* am 13./14. Juni unter der Überschrift: »Das wird kein fairer Prozess«.

Auf die Frage, ob Honecker nach Deutschland zurückkehre, antwortete ich: »Er kommt nicht zurück, jedenfalls nicht freiwillig, solange der Haftbefehl gegen ihn existiert.«

Die Bemerkung des Interviewers, dass die politische Entscheidung zum Bau der Mauer 200 Menschen das Leben kostete, veranlasste mich zu der Entgegnung: »Niemand aber würde umgekehrt fragen, wie das Verhalten von Ronald Reagan im Nachhinein zu beurteilen sei, als er Präsident Noriega aus Panama herausholte und das wesentlich mehr Tote kostete als der Bau der Mauer.«

Ich schloss das Interview mit den Worten: »Die Einseitigkeit der Anklageschrift, die Vorverurteilung der Öffentlichkeit und der Presse würden Honecker kein faires Verfahren ermöglichen.«

Unterdessen blieben auch die Diplomaten nicht untätig. Deutschland siegte auf der ganzen Linie. Wie es geschah, erfuhren wir aus einem Bericht Margot Honeckers, der kein Datum trug und uns am 14. September erreichte. Darin teilte sie mit, dass Sonderbotschafter Holger am 20. Mai Erich Honecker berichtet habe, dass er mit dem stellvertretenden Außenminister Russlands Kolokolow und anderen Vertretern zuständiger Behörden übereingekommen sei, dass Honecker in einer Moskauer Privatklinik von einem internationalen Ärztegremium untersucht werde. Erich Honecker hätte demgegenüber im Hinblick auf die früheren Manipulationen bei Untersuchungen Bedenken geäußert, sich in Russland erneut untersuchen zu lassen.

Nach Konsultationen mit uns willigte Honecker schließlich ein, sich von einer internationalen Ärztekommission in Moskau unter-

¹ hier vermutlich: Wiedereinsetzung in den vorigen Stand oder Wiederaufhebung einer Entscheidung, die einen unbilligen (?) Rechtserfolg begründete.

suchen zu lassen, wenn ihr ein deutscher Arzt angehöre, der von der Verteidigung benannt werde.

Am 1. Juli informierte Holger, er habe Gespräche mit dem Außenministerium, mit Bonn (Castrup) hinsichtlich der Ärztekommission gehabt. Russland habe zugestimmt, aber nur im Prinzip. Er selbst bemerkte, dass trotz humanitärer Aspekte im Falle Honecker politisch entschieden werden würde.

Am 15. Juli informierte Holger Erich Honecker, dass die chilenische Seite trotz vieler Aktivitäten keine Antwort von Deutschland in der Frage der internationalen Ärztekommission erhalten habe. Holger forderte dabei Honecker erneut auf, die Botschaft freiwillig zu verlassen und erklärte, es gäbe kein Entgegenkommen von Deutschland und von Russland.

Am 27. Juli informierte Botschafter Holger Erich Honecker, dass am Freitag, dem 24. Juli, dem chilenischen Botschafter eine Note des Außenministeriums Russlands übergeben worden sei, die die »Restitution«¹ Honeckers verlange.

Holger erklärte, die Russen hätten alle Initiativen Chiles abgelehnt.

Am 29. Juli kam Santiagos Sonderbotschafter James Holger und verkündete förmlich, indem er in »inoffizieller Übersetzung« den nachstehenden, mit »Notifizierung«² überschriebenen Text verlas (Fehler entsprechen dem Original):

»1. Das Außenministerium der Russischen Föderation hat durch meiner Person der Regierung der Republik Chile mitgeteilt, dass die Regierung der Republik Chile der Bundesrepublik Deutschland Ihm eine Ofizielle Note gesendet hat, wobei die Zurücküberstellung (Restitution) von Herrn Honecker nach Deutschland verlangt wird. Anliegend eine Kopie der Aufzeichnung Nr. 419/2ey.

2. Der russische Behörde hat diesen Dokument erhalten und uns bekanntgegeben, dass er einverstanden ist damit Herr Honecker innerhalb von 24 Stunden schriftlich vom rechtliches Gehör gebraucht macht und seine Stellung gegenüber den deutschen Zurücküberstellungsantrag überreicht. Diese Frist beginnt zu laufen, ab dieser Notifizierung.

3. Ich würde Herrn Honecker dankbar sein, wenn er dem Unterzeichner dieser Notifizierung seine Entscheidung bekanntgeben würde ob er von diesem Recht innerhalb der erwähnten Frist (Nr. 2) Gebrauch machen wird.
Siegel
gez. James Holger«

² Benachrichtigung (auch Notifikation)

Die Verbalnote der Bundesrepublik Deutschland in Moskau hatte folgenden Wortlaut:

»Die Deutsche Botschaft beehrt sich, dem Ministerium für Auswärtige Angelegenheiten der Russischen Föderation folgendes mitzuteilen:

Die Regierung der Bundesrepublik Deutschland ersucht die russische Regierung unter Bezugnahme auf die zahlreichen Gespräche und wiederholten Zusicherungen der russischen Seite, ihr zu bestätigen, dass Herr Honecker nach Deutschland zurücküberstellt wird, damit er sich vor der deutschen Justiz verantworten kann. Gegen Herrn Honecker ist Anfang Juni 1992 von der Staatsanwaltschaft bei dem Kammergericht Berlin Anklage wegen gemeinschaftlichen Totschlages in 25 Fällen erhoben worden.

Nach Auffassung der deutschen Regierung verstößt die widerrechtliche Verbringung von Herrn Honecker nach Moskau gegen den ›Vertrag über die Bedingungen des befristeten Aufenthalts und die Modalitäten des planmässigen Abzugs der sowjetischen Truppen aus dem Gebiet der Bundesrepublik Deutschland‹ und gegen allgemeines Völkerrecht, weil sie dazu diente, eine wegen Anstiftung zur mehrfachen vorsätzlichen Tötung durch Haftbefehl gesuchte Person der Strafverfolgung zu entziehen. Nur durch eine Rücküberstellung kann die erfolgte Verletzung des Völkerrechts wiedergutgemacht werden.

Die Deutsche Botschaft benutzt diesen Anlass, das Ministerium für Auswärtige Angelegenheiten der Russischen Föderation ihrer ausgezeichneten Hochachtung zu versichern.

Moskau, den 22. Juli 1992

L. S.«

Vier Stunden nach der Übergabe der Noten erschien James Holger wieder. Margot Honecker schilderte uns diesen Besuch in einem Brief, den wir am 14. September erhielten.

»J. Holger informierte über den Anruf des Präsidenten. Dieser habe ihn über das Gespräch mit den Ministern der Regierung und seinen Beratern informiert. Er, Holger, habe eine Notiz über das Gespräch angefertigt und es sei bereits ein Telex mit dem Inhalt dieses Telefonats eingetroffen.

Die Entscheidung, die die Regierung getroffen habe, sei eine kollektive Entscheidung der Vertreter der verschiedenen Parteien, die die Konzertation (Koalition) bilden.

Er erinnerte an die offizielle Erklärung vom 10. März, dass der Gaststatus aufgehoben werden müsse auf der Grundlage der internationalen Bestimmungen hierfür. Der Auftrag des Sonderbotschafters habe darin bestanden, die Interessen der beteiligten Länder in Übereinstimmung zu bringen unter Berücksichtigung der Interessen Erich Honeckers. Seit vier Monaten habe er sich darum bemüht. Das Hauptziel sei gewesen, rechtliches Gehör für Erich Honecker zu erreichen auf der Grundlage des Vertrages über ›zivile und politische Rechte‹, entsprechend des Artikels 13. Das wurde von Russland und Deutschland abgelehnt. ›Und dies auch in der jetzigen Etappe.‹ In der Frage, eine Internationale Ärztekommission einzuschalten, habe man ebenfalls nichts erreicht. Das einzige, was die chilenische Seite erreichen konnte, war die Frist von 24 Stunden, um Gebrauch machen zu können von seinem Recht auf rechtliches Gehör. Wir hätten die Möglichkeit gehabt und genutzt, die rechtlich begründeten Anträge der Anwälte mit der Unterschrift Erich Honecker weiterzuleiten.

Weiter erklärte Holger, ›wir sind überzeugt, obwohl Erich Honecker dazu anderer Meinung ist, dass er einen fairen Prozess bekommen wird‹. Es sei das ständige Anliegen Chiles gewesen, dieses zu erreichen. Deshalb hätten sie die Gespräche mit den deutschen Behörden, auch mit Frau Limbach und den Anwälten Honeckers geführt. Sie, die chilenische Seite, habe verlangt, dass die Bestimmungen der deutschen Gesetze für eine faire Behandlung eingehalten werden.

Was die russische Regierung gemacht habe und die Haltung der deutschen Regierung, habe den Spielraum Chiles eingeengt. Was die Rücküberstellung von Russland an Deutschland angehe, darauf habe Chile aus rechtlicher Sicht keinen Einfluss. Eine andere Haltung Chiles dazu wäre eine Einmischung in innere Angelegenheiten anderer Länder. Chile könne den Haftbefehl nicht ignorieren, sie hätten sich bemüht, dass die Deutschen die Anklage fertigstellen, das sei wichtig gewesen für Chile.

Die Argumente der Verteidiger hätten sie zur Kenntnis genommen, ›diese unterliegen jedoch nicht unserer Beurteilung‹.

Das russische Außenministerium habe ihm gesagt, sie würden die Aktivitäten von Erich und Margot Honecker (Übergabe der Briefe in dem öffentlichen Gebäude der Regierung und des Parlaments an die Adressaten, da das Außenministerium behauptete, die Briefe der Anwälte nicht über ihren Botschafter in Bonn bekommen zu haben, und immerhin eine Frist gesetzt war) als ›Destabilisierungsaktion‹ der russischen Regierung (›und Chile als Komplizen‹) betrachten.

Daran anschließend sagte Holger: ›Ich erkläre Ihnen die offizielle Aufhebung des Gaststatus ab diesem Moment. Wir haben Ihnen schon bei fünf Gelegenheiten mitgeteilt, dass es unser Wunsch ist, dass Sie die Botschaft verlassen. In Anbetracht der Ihnen erwiesenen Gastfreundschaft bitte ich Sie um freiwilliges Verlassen der Botschaft.‹

Erich Honecker erklärte darauf, ›was Sie mir soeben mitteilen, ist schon seit ca. 10 Tagen öffentlich. Es ist sicher nicht auf die gestrige Sitzung Ihrer Regierung zurückzuführen, was Sie uns mitteilen, sondern auf das Treffen zwischen Präsident Alwyn und Kohl in Rio, denn seither wird von der Auslieferung Juli/August gesprochen.‹ Erich Honecker unterstrich seine hohe Einschätzung für die Tätigkeit Holgers und sagte, dass es ein Irrtum von ihm gewesen sei zu glauben, dass die chilenische Regierung ihre humanistische Haltung beibehält. ›Am 10. März wurde noch erklärt, dass es um eine Lösung für die beteiligten Länder gehe, die auch meine Interessen berücksichtigt.‹ Er sagte zu Holger, dass dessen Funktion als Sonderbotschafter aus seiner Sicht sehr eingeschränkt gewesen sei. Ein Sonderbotschafter habe doch das Recht, nicht nur auf einer unteren Ebene zu verhandeln, wie das geschehen ist. Das sei keine Kritik, sondern eine Feststellung. Weiter führte er aus: ›Ich erkläre Ihnen zum wiederholten Male, dass die BRD kein Recht hat, über mich zu Gericht zu sitzen. Mir wurde nicht das Recht auf rechtliches Gehör gewährt, es wurde mir keine Möglichkeit gegeben. Das Ganze war eine Farce. Auch die internationale Ärztekommission hatte ich auf Anraten meiner Anwälte akzeptiert. Frau Limbach weiß genau, dass die Restitution keine rechtliche Grundlage hat. Das Ganze ist nicht ernsthaft geprüft worden. Ich bin legal in die SU gekommen, freiwillig und noch bevor der 2+4-Vertrag ratifiziert war. Ich bin in Begleitung von Ärzten zur Behandlung nach Moskau gekommen.

Die Aufforderung, das Haus zu verlassen, die Aufhebung des Gaststatus heißt: Auslieferung Chiles an Deutschland, denn wenn ich die Botschaft verlasse, so die Erklärung der russischen Regierung, werde ich an Deutschland ausgeliefert. Ich bin politisch verfolgt, diese Handlung steht im Widerspruch zum Artikel 33 der Genfer Konvention und entsprechenden Artikeln der russischen Verfassung. ›Ich weiß nicht‹, so Erich Honecker, ›ob das in der gestrigen Beratung Ihrer Regierung erörtert wurde. Ich nehme den Beschluss zur Kenntnis. Ich habe immer meine Bereitschaft erklärt, die Botschaft zu verlassen, aber ich bin immer davon ausgegangen, dass dies keine Auslieferung sein darf, ich habe das Recht, um Schutz zu bitten.‹

Holger widersprach daraufhin ziemlich heftig, dass die Entscheidung zwischen Kohl und Alwyn getroffen worden sei. Es gäbe eine solche Vereinbarung zwischen Jelzin und Kohl. Chile ist ein kleines Land, Deutschland und Russland sind stärker. Die Beziehungen zwischen Deutschland und Chile seien belastet worden. ›Sie unterstellen uns die Auslieferung an Deutschland, jetzt geht es um die Übergabe an Russland, nicht an Deutschland. Wir haben die russischen Behörden gebeten, dass sie dies würdig vollziehen sollen, wir begleiten Sie an den vereinbarten Punkt.‹

Erich Honecker fragte, wieviel Zeit er habe, Stunden oder Tage, darauf erklärte Holger, dass das Gastrecht ab diesen Moment aufgehoben ist.

Erich Honecker sagte noch einmal deutlich, was sich hier vollziehen soll, ist eine Auslieferung über Russland nach Deutschland durch Chile. ›Es ist für mich schwer zu verstehen, dass Chile sich so einem Land und dessen Repräsentanten gegenüber verhält, das so vielen Chilenen Solidarität bewiesen habe und als Asylland in der Welt gilt.‹ Darauf reagierte Holger empört.

Honecker fragte, welche Zwangsmaßnahmen denn angeordnet werden sollen, wenn er nicht freiwillig geht. Holger erklärte daraufhin: ›Eine Eskorte wird Sie begleiten‹ und beendete daraufhin das Gespräch. Die Tür des Raumes wurde geöffnet, es erschienen mehrere Beamte der russischen Behörden, die sich bereits während des Gespräches in der Residenz der Botschaft befanden. Die russischen Vertreter (Außenministerium und Behörde der Sicherheit) übernahmen. Der Vertreter des Außenministeriums (2. Europäische Abteilung) erklärte: ›Ich bin beauftragt, Sie auf russisches Territorium zu übernehmen (im Haus der Residenz) und Sie nach Deutschland zu bringen.‹

Die Russen, offensichtlich die Vertreter der Sicherheit, gaben zehn Minuten Zeit zum Umziehen und Sachenpacken. In sehr unfreundlicher Haltung verlangten sie, dass Erich Honecker nur unter Aufsicht in sein Zimmer gehen dürfe. Holger und der Geschäftsträger der Botschaft begleiteten uns auf das Zimmer, nachdem Erich Honecker zu den Russen gesagt hatte, dass sie schließlich in der Residenz kein Hausrecht besäßen, da sie Anstalten machten, mit auf das Zimmer zu gehen.

Ich hatte nach längerer Verständigung mit meinem Mann diesem mein Einverständnis gegeben, nicht mit nach Deutschland zu

kommen. Erst am Schluss des Gespräches habe ich erstmal die chilenischen Vertreter davon in Kenntnis gesetzt. Sie waren sehr erstaunt über diese Entscheidung, dass ich Erich Honecker nicht begleite. In Abstimmung mit Santiago erklärten sie, alles tun zu wollen, dass ich schnell nach Chile reisen könne. Noch in der Nacht wurden dazu alle Vorbereitungen ihrerseits getroffen, so dass die Abreise schon am nächsten Tag erfolgen konnte.
gez. M. Honecker«

Ich will diese Darstellung der Ereignisse in der chilenischen Botschaft am 29. Juli 1992 nicht kommentieren. Nur eine Ergänzung halte ich für erforderlich.

Margot Honecker wollte schon während des Aufenthalts in Moskau zunächst vorübergehend nach Berlin kommen, um hier eine Wohnung für sich und ihren Mann einzurichten. Sie trug uns Anwälten diesen Plan vor, und wir haben ihr wiederholt und dringend abgeraten, ihn zu verwirklichen. Auch gegen Margot Honecker liefen Ermittlungsverfahren, die zwar offensichtlich unbegründet waren und später auch eingestellt worden sind, aber wir waren alle drei der Auffassung, dass in der Atmosphäre des Jahres 1992 eine Rückkehr von ihr nach Deutschland mehr als unklug wäre. Auch in Briefen später aus Chile äußerte sie wiederholt die Absicht, zu ihrem Mann nach Berlin zu kommen. Sie wolle keineswegs ständig im Ausland bleiben.

Auch Erich Honecker wollte das nicht. Er bat sie jedoch dringend darum, vorläufig nicht zu kommen.

Es kann also keine Rede davon sein, dass Margot Honecker ihren Mann in dieser Situation im Stich gelassen habe.

Honecker in Moabit, 29. Juli 1992 bis 13. Januar 1993

Der Juli 1992 war seit Tagen heiß. Meine Frau hatte im Kalender den 29. durchgestrichen. Ich sollte den Vortag meines 70. Geburtstags zwar nicht arbeits-, aber terminfrei verbringen. Auf die gleiche Weise hatte sie auch Donnerstag, den 30. Juli, und den folgenden Freitag blockiert. Die Nachrichten, die von den Medien verbreitet wurden, ließen jedoch nicht erwarten, dass ihre Vorsorge von Erfolg gekrönt sein würde.

Ich war wie üblich ins Büro gefahren und diktierte. Meine Tochter verfolgte in einem anderen Zimmer des Büros an einem tragbaren Schwarz-Weiß-Fernseher die Nachrichtensendungen. Äußerlich blieb ich ungerührt bei meiner Beschäftigung mit einer Bagatellsache. Ich sah, was auf mich zukam, wusste jedoch nicht, was zu tun sei. Schließlich kamen die Meldungen über die Auslieferung. Die Berichterstattung nahm Formen an, die an die Berichterstattung von großen Sportereignissen oder von den Siegen »unserer Soldaten« an der Front erinnerte. Besonders die Landung der Maschine mit Erich Honecker an Bord und die Fahrt mit dem Gefangenen durch Berlin waren Höhepunkte, die bekannte Fernsehjournalisten wie Pleitgen und Engert mit triumphierendem Unterton dem Millionenpublikum live kommentierten.

Sieg auf der ganzen Linie.

Margot Honecker hatte mir telefonisch die Auslieferung ihres Mannes durch die chilenischen und russischen Instanzen bestätigt. Ich war als einziger Verteidiger »vor Ort«, die beiden anderen weilten in Urlaub. Eine derartige Situation hatte ich noch nicht erlebt. An sich war nichts Juristisches zu machen. Aber ein Mandant erwartet natürlich bei einer solchen dramatischen Entwicklung seinen Anwalt. Der traditionelle Umtrunk am Vorabend meines Geburtstags musste ausfallen.

Erich Honecker, so hatte es geheißen, wäre nach Moabit gebracht worden, also musste auch ich dorthin. Im Gegensatz zu meinem Mandanten war ich dort noch nie zuvor gewesen.

Grundsätzlich machte ich keine Strafsachen mehr. Wir hatten uns in der Sozietät geeinigt, die Arbeit nach Rechtsgebieten unter uns aufzuteilen und nicht, wie früher im Rechtsanwaltskollegium, alle alles machen zu lassen. Das erleichterte die Einarbeitung in das neue Recht. Für Strafsachen war danach eine Kollegin zuständig. Ich wollte altershalber forensisch möglichst wenig tätig werden, weniger vor Gericht streiten. Ich streite mich überhaupt nicht gern. Ausnahmen bestätigten diese Regel. Der Honecker-Prozess war eine solche Ausnahme. Ausgerechnet jetzt aber hatten mich meine berufserfahrenen Mitstreiter verlassen, und ich musste allein das in jeder Beziehung neue Terrain betreten.

Meine Frau fuhr mit mir gegen 21 Uhr nach Moabit. Vorm Tor drängten sich Neugierige, Journalisten, TV-Kamerateams und Polizisten. Scheinwerfer beleuchteten eine Szene, auf der sich nichts tat.

Vor einer kleinen Pforte in der Mauer der JVA an der Rathenower Straße standen einige Polizisten, aber keine Zuschauer. Ich hoffte, das sei ein Einlass, durch den ich unbeobachtet zu meinem Mandanten gelangen könnte. Die Beamten schauten mich ob meines Begehrs verständnislos an und verwiesen mich auf den belagerten

Haupteingang in der Straße Alt-Moabit. Wir gingen an der Gefängnismauer entlang darauf zu. Vor uns liefen zwei harmlos aussehende Spaziergänger, Mann und Frau. Ich hoffte, in ihrem Schatten unbeobachtet zum Eingang zu gelangen. Meine Frau kehrte zum Wagen zurück, um ihn weniger ordnungswidrig zu parken. Ich erreichte den Eingang, ohne Aufsehen zu erregen. Die Beamten wiesen mich jedoch mit dem Bemerken zurück, außerhalb der offiziellen Dienstzeiten würde ich für den Einlass eine Genehmigung der Justizsenatorin benötigen.

Irgendwie ähneln sich alle diese Institutionen.

Es war inzwischen gegen 21.45 Uhr, und ich besaß den notwendigen Schein nicht. Also kehrte ich um. Wenigstens hatte ich versucht, meine Pflicht zu erfüllen.

Nach wenigen Schritten des Rückwegs kam der Ruf aus der Menge: »Da ist er ja!«

Die Gruppe, etwa 50 Personen schätze ich, begann mir nachzulaufen. Einige Journalisten kamen mir entgegen, um dann im Rückwärtsgang mich mit ihren Scheinwerfern aus wenigen Schritten Entfernung zu blenden, zu filmen und zu fotografieren, mir ein Mikrofon unter die Nase zu recken und Fragen im Stakkato zu bellen. Die Leute skandierten im Sprechchor »Stasi raus!«. Ich dachte an Mielke, der hinter dieser Mauer saß und fand den Ruf nun komisch. Doch die Meute schien keinen Sinn für Humor zu haben. Sie sah auch nicht vertrauenerweckend aus. Ich fühlte mich nicht als Held, dachte aber, wenn die mich verprügeln, unterstreicht das unsere Argumentation, dass ein rechtsstaatliches Verfahren heute und hier nicht möglich sei. Außerdem vertraute ich noch auf die Polizisten in der Nähe. Ein hochgewachsener, kräftiger Mann neben mir erklärte mir, er hätte in der MfS-Haftanstalt in Pankow gesessen. Ich erwiderte, dass ich dort viele Mandanten gehabt und verteidigt hätte.

Eine Journalistin fragte mich mit vorgehaltenem Mikrofon, ob ich Honecker für unschuldig halte.

Mit der unfreundlichen Begleitung an meiner Seite und im Rücken bejahte ich das.

Ich hatte die Wahl zwischen Pflichterfüllung und Anpassung. Anpassung wurde einem jetzt immer vorgeworfen, also blieb nur Pflichterfüllung.

Mein einziges Sinnen und Trachten war, meine Frau und das Auto wiederzufinden. Ich wusste nicht, wo ich sie suchen sollte. Bis zur Rathenower Straße war ich gelangt, die Journalisten begannen sich von mir abzuwenden, ihr Bedarf war gedeckt. Es waren aber immer noch genügend unfreundliche Menschen um mich herum. Ich kannte die Gegend nicht, fand weder Frau noch Wagen, sah kein Taxi und war völlig hilflos. Eben in jenem Augenblick bemerkte ich links neben mir durch eine Lücke in der mich umgebenden Menschenmauer hindurch einen Pkw-Kotflügel, der zu meinem Auto gehören konnte. Ich riß die Tür auf und bekam einen Stoß in den Rücken. Ich sank auf den Befahrersitz und verriegelte die Tür von innen. Meine Frau gab mehr Gas als gewöhnlich, doch wir hörten noch den zornigen Ruf: »Einen Fahrer hat er auch noch, dieser Bonze!«

Am nächsten Morgen fuhr ich gegen 8 Uhr ins Büro, nahm die Glückwünsche zum 70. entgegen und ließ mich dann von unserer Strafrechtlerin Kossack nach Moabit fahren. Man wies mir den Weg, den Verteidiger zur Untersuchungshaftanstalt zu nehmen hatten. Um 9.30 Uhr saß ich im Krankenhaus der UHA, in das Honecker eingeliefert worden war, meinem Mandanten gegenüber.

Er trug den Anstaltsschlafanzug, schien aber im Übrigen unverändert. Ich habe viele Menschen in Gefängnissen gesprochen und immer wieder mit Erstaunen festgestellt, wie unterschiedlich sie auf das Eingesperrtsein reagierten. Man sollte denken, dass diejenigen, die vorher in Wohlstand und Geborgenheit lebten, sich am Bedrücktesten fühlten. Das ist aber keineswegs immer der Fall. Erich Honecker war ein Beispiel dafür. Er beklagte nicht sein Los, wirkte keinswegs verzweifelt oder wehleidig, er gab sich, als wäre nichts Dramatisches geschehen. Sein Gang war aufrecht, Miene und Stimme freundlich und ruhig, eine unaufdringliche, durchaus Achtung gebietende Persönlichkeit. Ein würdiger Greis. Der Gefängniswärter an seiner Seite unterstrich den Eindruck noch.

Wir hatten nur eine halbe Stunde Zeit. Erich Honecker war ein angenehmer Mandant. Er stellte keine anspruchsvollen Forderungen, befolgte vertrauensvoll Ratschläge, kurz: er fiel einem nicht auf die Nerven. Er teilte mir mit, wie seine Auslieferung abgelaufen war und welche Rolle die Beteiligten nach seiner Ansicht dabei gespielt hatten. Im Anschluss an unser Gespräch suchte ich den Vorsitzenden Richter Hansgeorg Bräutigam auf. Er teilte mir mit, dass die Verkündung des Haftbefehls um 11 Uhr stattfinden werde. Das war ebenfalls nicht in meinem Geburtstagsprogramm vorgesehen. Ich musste hin. Erreichen konnte ich bei diesem Justizakt gewiss nichts, aber … Die dekorative Funktion des Verteidigers war mit der DDR nicht untergegangen.

Also, zurück zum kalten Büffet im Anwaltsbüro, weitere Glückwünsche entgegengenommen und wieder auf nach Moabit. Der Haftbefehl erging an Erich Honecker »ohne festen Wohnsitz«, in welchem er beschuldigt wurde, »1. eine ihm dauernd übertragene Vertrauensstellung missbraucht zu haben, indem er entgegen seinen Rechtspflichten Entscheidungen oder Maßnahmen traf oder pflichtwidrig unterließ oder durch Irreführung oder in anderer Weise Maßnahmen oder Entscheidungen bewirkte und dadurch vorsätzlich einen besonders schweren wirtschaftlichen Schaden verursachte und die Tat mit anderen ausführte, die sich zur wiederholten Begehung zusammengeschlossen hatten,

2. gemeinschaftlich handelnd eine ihm durch Gesetz eingeräumte Befugnis, über sozialistisches Eigentum zu verfügen oder es zu verwalten oder in sonstiger Weise Vermögensinteressen des sozialistischen Eigentums wahrzunehmen, missbraucht zu haben und damit zum Schaden des sozialistischen Eigentums – nämlich des Vermögens der Deutschen Demokratischen Republik – sich oder anderen rechtswidrig Vermögensvorteile verschafft zu haben.«

In dem siebenseitigen Haftbefehl war auch zu lesen, wen Honecker geschädigt hatte, auf welche Weise und wie sehr: »Infolge der günstigen Kalkulation der Endverbraucherpreise in Wandlitz entgingen allein in den Jahren 1988 und 1989 dem Haushalt des MfS Einnahmen in Höhe von mindestens 3 684 705,14 Mark der DDR. In dieser Höhe wurde das sozialistische Eigentum der DDR besonders schwer geschädigt.«

Wieviel besser es der DDR und dem sozialistischen Eigentum gegangen wäre, wenn das Ministerium für Staatssicherheit dieses Geld für seine anderen Aufgaben zur Verfügung gehabt hätte, konnte man da nur ironisch fragen.

Alles war aber richtig ernst gemeint. Verhandelt oder gar geurteilt wurde über den Vorwurf der Schädigung des MfS aber nie. Schade eigentlich.

Nach der Verkündungszeremonie wieder im Büro angekommen, fand ich ein um 11.52 Uhr aufgegebenes Fax von Richter Bräutigam vor, den ich etwa 30 Minuten zuvor verlassen hatte. »In der Strafsache gegen Erich Honecker bitte ich um sofortigen Rückruf. Die Sache ist dringend.«

Honecker hatte von ihm einen falschen, inzwischen aufgehobenen Haftbefehl verkündet erhalten: den Haftbefehl des Amtsgerichts Tiergarten von 1990. Dieser aber war durch einen Haftbefehl von 1991 ersetzt worden war. Der Fehler musste repariert werden.

Nun streikte ich. Alles hatte seine Grenzen, und ich hatte meinen 70. Geburtstag.

Der »richtige« Haftbefehl wurde ohne mich verkündet. Im Protokoll hieß es: »Ihm wurde im Austausch gegen den Haftbefehl des Amtsgerichts Tiergarten vom 30.11.1990 – 351 Gs 4764/90 – nunmehr der Haftbefehl des Amtsgerichts Tiergarten vom 2.12.1991 – 351 Gs 5948/91 durch Aushändigung einer Ablichtung verkündet.«

Die Sache fing gut an.

Der Geburtstagsempfang verlief ohne Pannen. Es kamen angeblich 96 Leute, die alle nett zu mir waren, DDR-Kollegen, die die Gelegenheit benutzten, sich nach zwei Jahren einmal wiederzusehen, neue Westkollegen, die uns seit dem Beitritt geholfen hatten, uns zurechtzufinden und die nun anerkannten, was wir geschafft hatten, sowie alte und gegenwärtige Mandanten. Die Gratulationscour vollzog sich in der Gluthitze reibungslos und machte auch ein wenig stolz.

14 Uhr gaben wir wie angekündigt eine Pressekonferenz. Dazu musste ein Anwaltszimmer ausgeräumt werden. Es fasste dennoch kaum die schiebende, stoßende Menge der Bild-, Ton- und Wortreporter. Die Hitze machte das Gedränge noch spürbarer.

Ich hielt die Linie der Verteidigung durch: kein faires Verfahren, BRD richtet über die DDR, den Feind von gestern, kein Schießbefehl, keine Straftat nach DDR-Recht. Sticheleien begegnete ich mit Gegensticheleien. Im Prinzip kam ich hier wie früher und auch später mit den Journalisten gut aus, selbst mit denen von der Boulevardpresse. Man musste nur nicht jedes Wort auf die Goldwaage legen und überempfindlich sein. Ein Anwalt verteidigt auch nicht nur Unschuldige.

Zeitungen titelten am nächsten Tag salopp: »Das haste nicht gedacht« und: »Honecker musste Hosenträger und Schnürsenkel abgeben«.

Der historischen Wahrheit zuliebe: Honecker trug keine Hosenträger.

Die öffentliche Meinung in den neuen Bundesländern hatte sich gegenüber 1989/90 merklich verändert. Ich spürte es auch persönlich. Nachbarn sahen nicht mehr weg, zunehmend gewann ich den Eindruck, man sei betont freundlich zu mir. Die wirtschaftliche und soziale Entwicklung und jüngste Erfahrungen hatten die Meinungen korrigieren lassen. Sprüche wie »Wohlstand statt Sozialismus« hörte man nicht mehr. Das Versprechen von den »blühenden Landschaften« brachte vor brachliegenden Feldern und verlassenen

Fabriken seinem Urheber keine Stimmen mehr und ließ die Stimmung gegen »Erich« eher abkühlen als erhitzen. Mehr als einmal hörte ich: »Es war ja offenbar das meiste richtig, was wir im Parteilehrjahr gelernt haben, wir haben es nur nicht geglaubt.«

Dieser Stimmungsumschwung konnte das Verfahren nicht beeinflussen, er erleichterte jedoch die Lage der Verteidigung. Das betraf weniger meine Westberliner Kollegen, weil sie unverdächtig waren – politisch gesehen. Mir war es jedoch angenehm, wenn mir statt Antipathie zunehmend Sympathie entgegengebracht wurde. Es wirkte sich wohl so ähnlich aus wie der Heimvorteil beim Fußball.

Auch in den Medien kamen neben den Fundamentalisten einer totalen Entsozialisierung per juristischer Vergangenheitsbewältigung nun auch häufiger Verfechter rechtsstaatlicher, liberaler und sozialer Ideen zu Worte.

Joseph Rovan (1918-2004) durchforstete in der *FAZ* vom 8. August 1992 »Das Erbe der Tyrannei« in Vergangenheit und Gegenwart. Dabei rühmte der französischer Historiker, Journalist, Politikberater und Hochschullehrer, der als einer der wichtigsten Förderer der deutsch-französischen Beziehungen galt, die »staatsmännische Klugheit Ludwig des XVIII.«, der nach seiner Rückkehr verkündet hatte, dass an den neuen Besitzverhältnissen, die im Ergebnis der französischen Revolution entstanden waren, nichts geändert werden würde. Weder Rückgabe noch Entschädigung, weder Landesämter zur Regelung offener Vermögensfragen noch eine Gauck-Behörde.

Der ehemalige Bundesverfassungsrichter Martin Hirsch (1913 bis 1992) hatte schon im März, wenige Wochen vor seinem Tode, gegenüber der Presse mit einer Deutlichkeit erklärt, die für mich keinen Wunsch offen ließ, dass ihn die Verteidigung Honeckers reizen würde, wenn er jünger wäre. Sein Motiv: »Weil die ganze Welt zurecht empört ist, wie der Fall in Deutschland gehandhabt wird. Da verlangt die Bundesregierung von den Chilenen die Auslieferung Honeckers, obwohl sie weiß, dass mehrere Mitglieder der chilenischen Regierung Honecker ihr Leben verdanken, weil er ihnen während der Militärdiktatur Asyl gewährte.

Man lacht in der Weltöffentlichkeit, weil die deutsche Regierung nicht mit der nötigen Souveränität an das Thema herangeht. Noch kennt niemand die Anklageschrift. Ich habe nur von einer Anzeige gehört, nach der er für die Schießereien an der Mauer verantwortlich sein soll. Aber das genügt nicht. Nur wenn Honecker befohlen haben sollte, auf einen wehrlosen, schon gefassten Grenzüberschreiter noch zu schießen, wäre das natürlich Totschlag oder vielleicht sogar Mord. Doch das muss ihm erst einmal nachgewiesen werden.«

Hirsch schloss mit den Worten: »Wenn ich es mir genau überlege, eigentlich ist es schade, dass ich schon so alt bin. Dieser Prozess, sollte er wirklich geführt werden, wäre für mich, in der Rolle des Verteidigers, eine reizvolle Herausforderung,« So etwas gab Auftrieb. Was hätte Martin Hirsch wohl zum Keßler-Urteil des BGH von 1994 und zum Urteil des Bundesverfassungsgerichts von 1996 gesagt, diesen Spitzenleistungen juristischer Kreativität? Da hätte sich doch die ganze Welt totlachen müssen. Sagte doch dort das Bundesverfassungsgericht – über dem, wie Frau Limbach meinte, nur noch der blaue Himmel ist – ganz unzweideutig: »Dieses Rückwirkungsverbot des Strafrechts ist absolut.«

Und ebenso deutlich steht jedoch auf der nächsten Seite: »Dies gilt nicht mehr uneingeschränkt, wenn [...] das Strafrecht der DDR anzuwenden ist.«

Wollten Sie, Martin Hirsch, so Sie noch lebten, bei diesem Hickhack Verteidiger sein?

Laut *FAZ* vom 12. Juni 1992 versicherte Berlins Justizsenatorin Jutta Limbach: »Honecker werde nicht in einem politischen Verfahren verfolgt, ihm werde vielmehr der Vorwurf des Totschlags gemacht.« Schlicht und überzeugend.

Unbeeindruckt von diesem Nebel allerdings äußerte Rudolf Augstein am 3. August im *Spiegel*: »Der Haftbefehl gegen Honecker hätte gar nicht erst erlassen werden dürfen. Dann könnten wir ja auch gleich die Verantwortlichen in China, Russland und England mitverhaften. Gewiss sind mehr als 201 Tote im nordirischen Bürgerkrieg zu beklagen, die von der Regierung in London zu verantworten sind.«

Unbeeindruckt auch die *Zeit*, in der Robert Merkel am 28. August über das Limbach-Zitat in der *FAZ* schrieb: »Es ist ein gedankliches und juristisches Armutszeugnis.«

Heribert Prantl setzte sich jedoch überraschend kritisch mit der These auseinander, es handelte sich um ein politisches Verfahren. Er schrieb in der *Süddeutschen Zeitung* am 31. Juli: »›Politischer Prozess‹ – mit diesem Wort fällen die Verteidiger Honeckers ihr Urteil über ein Strafverfahren, noch bevor es begonnen hat. ›Politischer Prozess‹ – mit diesem Verdikt sollen die Schrecklichkeiten vom Tisch gewischt werden, die in den Akten aufgelistet sind. Dieses Wort soll glauben machen, eine ›Siegerjustiz‹ wolle mit ›den Verlierern der Geschichte‹ abrechnen – der Strafprozess sei also nichts anderes als eine Neuauflage des Streits der bürgerlichen Parteien wider die SED mit nunmehr besonderen Mitteln.

Nichts dergleichen: Das Gerede von einem politischen Prozess ist nichts anderes als der Versuch, von der persönlichen Verantwortung der Angeklagten für Kapitalverbrechen abzulenken.«

CDU-Rechtsaußen Lummer forderte laut *FAZ* vom 1. August sogar »indirekt« die Todesstrafe für Erich Honecker.

Günter Gaus, Herausgeber der Ost-West-Zeitschrift *Freitag*, fragte in der Ausgabe vom 7. August aufgebracht: »Sind wir soweit, dass, wer gegen diesen Prozess als eine Heuchelei argumentiert, beteuern muss, er achte die Toten? Welche Züge nimmt unsere Demokratie an?«

Die Meinungen der deutschen Öffentlichkeit waren erkennbar geteilt. Das war 1989/90 ein wenig anders, da war die Ablehnung total. Es hatte sich also einiges im öffentlichen Bewusstsein bewegt. Dennoch hatte die *Süddeutsche Zeitung* nicht unrecht, wenn sie meinte: »Das Verfahren gegen Honecker wird zu einem Schlüsselprozess der deutschen Einheit.«

Erich Honecker war noch am 30. Juli ärztlich untersucht worden. Die Diagnose lautete hinsichtlich der Leber: »Rundherd mit einem Durchmesser von etwa 5 cm, wobei differentialdiagnostisch eine Solitärmetastase bei dem bekannten Nierenleiden (bösartige Nierengeschwulst) in Betracht kommt.«

Am gleichen Tage beschloss die 27. Strafkammer, der Angeschuldigte soll »auf seine Haft-, Vernehmungs- und Verhandlungsfähigkeit untersucht werden. Mit der Untersuchung wird Herr Prof. Dr. Volkmar Schneider vom Institut für Rechtsmedizin der Freien Universität Berlin [...] beauftragt.« Der Vorsitzende genehmigte auch das Regime, dem Honecker in Moabit nach der Sicherungsverfügung der Justizvollzugsanstalt vom 31. Juli unterlag: »Keine unerlaubten Kontakte, Übergabe ›von Hand zu Hand‹ usw.«

Chefarzt Dr. Rex veranlasste eine Computertomographie im Krankenhaus Moabit. Über das Ergebnis berichtete Prof. Dr. Taenzer am 5. August.

Bei den Gesprächen, die ich in jenen Tagen mit Honecker hatte, standen neben den Krankheitssymptomen und den praktischen Fragen, die der Aufenthalt in einem Gefängnis mit sich brachte, zunächst die Umstände seiner Auslieferung aus der chilenischen Botschaft in Moskau sowie die grundsätzlichen Fragen des Grenzregimes der DDR im Vordergrund.

Honecker schilderte mir den Ablauf der Ereignisse in den Tagen vor dem 29. Juli und am Tage selbst. Um jegliche Missverständnisse auszuschließen und eine authentische Grundlage für die Auseinandersetzung mit dieser politisch wichtigen Frage zu besitzen, bat ich ihn, den Ablauf aufzuschreiben. Er tat dies handschriftlich, da er zu jenem Zeitpunkt noch keine Schreibmaschine besaß. Seine Angaben deckten sich mit denen, die ich von seiner Frau erhielt. Was den strafrechtlichen Vorwurf betraf, legte Honecker dar, dass es ihm in dem Verfahren darum gehe, die DDR zu verteidigen. Das Verfahren selbst sah er als rechtswidrig an. Die Position der Anklage verkenne die völkerrechtlichen, politischen und historischen Gegebenheiten. Die Grenze zwischen der DDR und der BRD sei keine »innerdeutsche Grenze«, sondern eine Staatsgrenze gewesen. Die »Mauer« sei ein Ereignis gewesen, das mehr die UdSSR und die USA betroffen habe als die DDR. Beide Weltmächte hätten voreinander Angst gehabt. Die NATO habe stets den Vorschlag des Warschauer Vertrages abgelehnt, beide Seiten sollten auf den Ersteinsatz von Atomwaffen verzichten.

Am 6. August fand ein von uns beantragter Haftprüfungstermin statt, zu dem auch Prof. Schneider geladen war. Nicolas Becker war inzwischen aus dem Urlaub zurück, gemeinsam nahmen wir den Termin wahr, nachdem wir zuvor die neue Situation erörtert hatten. Die Verhandlung dauerte zweieinhalb Stunden.

Alles hing von den Ausführungen Prof. Schneiders ab. Er erklärte, Honecker wäre zweifelsfrei haft- und vernehmungsfähig, ließ jedoch offen, ob er für die bevorstehende Hauptverhandlung verhandlungsfähig sei.

Darauf vertagte die Strafkammer die Entscheidung über die Fortdauer der Untersuchungshaft bis zum Vorliegen des schriftlichen Gutachtens von Prof. Schneider.

Am folgenden Tag wurden wir alle drei zu Pflichtverteidigern bestellt. Richter Bräutigam war unseren Argumenten gefolgt. Er hätte wohl auch sonst befürchten müssen, dass die Beschränkung der Zahl der Pflichtverteidiger als kleinliche Beschränkung der Verteidigungsrechte und als Indiz für eine eher politische als rechtsstaatliche Behandlung Honeckers angesehen werden könnte. Eigentlich hatten wir nur diese Entscheidung erwartet.

Ebenfalls am 7. August fand in unserem Büro auf Einladung meiner Kollegin Kossack eine Besprechung der Verteidiger von Mielke, Stoph und Honecker statt. Die Verteidiger von Albrecht und Streletz waren nicht erschienen.

Schon zu Beginn des Ermittlungsverfahrens hatte sich die Besprechung von Problemen mit allen betroffenen Verteidigern als nützlich erwiesen. Damals gab es allerdings noch keine Anklage und alles spielte sich unter DDR-Bürgern ab. Jetzt kamen nur die sechs Angeklagten und fünf von dreizehn Verteidigern aus dem Osten. Das war einerseits ein Symptom für die Tatsache, dass DDR-Recht selbst aus der Sicht der Angeklagten für das Verfahren eine untergeordnete Bedeutung hatte. Andererseits machte es für die Zusammenarbeit der Verteidiger einen gravierenden Unterschied. Früher waren alle Verteidiger miteinander seit Jahren gut bekannt und schwerwiegende Differenzen gab es zwischen ihnen nicht. Jetzt begannen sich »Ost-« und »Westverteidiger« eben erst kennen zu lernen, und die Verhältnisse unter den »Westverteidigern« waren – so schien es mir wenigstens – nicht so einfach strukturiert wie einst zwischen den DDR-Verteidigern. Es lief dennoch alles gut.

Wir waren alle von Anfang an der Auffassung, dass ein wechselseitiges Belasten nicht im Interesse unserer Mandanten liege. Diese waren auch von sich aus zu einer Haltung gekommen, die prinzipiell übereinstimmte: keine Anerkennung der Legitimität des Verfahrens, ein politischer Prozess der BRD gegen die DDR, keine Aussagen in einem solchen Verfahren, abgesehen von grundsätzlichen Erklärungen.

Etwas abweichend war lediglich die Haltung von Streletz, der auch zur Sache aussagen wollte.

Wir einigten uns, dass wir eine gemeinsame Erklärung zur Anklage abgeben wollten, die ich entwerfen und die in einer nächsten Zusammenkunft beschlossen werden sollte. Dazu kam es jedoch nicht. Ich hatte auch das Gefühl, dass wir dafür keine gemeinsame Basis finden würden.

Am Abend dieses Tages erhielt Honecker von Chefarzt Dr. Rex die Bestätigung, dass der Tumor in der Leber bösartig sei. Ziegler und ich erfuhren davon, als wir unseren Mandanten am folgenden Montag im Haftkrankenhaus aufsuchten. Bitter stellte Honecker fest, »das Konsilium in Moskau hat gelogen«. Statt eines ärztlichen Gutachtens habe es Jelzin einen politischen Dienst erwiesen. Seine persönliche Betroffenheit über dieses medizinische Urteil ließ Honecker ahnen, als er sybillinisch feststellte, in zwei Monaten würde man mehr wissen, »wie schnell sich alles weiterentwickelt«.

Die Krankheit des Angeklagten war mit ihrem von Dr. Rex deutlich gemachten Ernst zum prozessbeherrschenden Ereignis geworden. Prof. Schneider hatte am 11. August Erich Honecker aufgesucht und die Mitteilung von Rex auch seinerseits bestätigt. Gleichzeitig hatte er die Haft- und Vernehmungsfähigkeit weiterhin bejaht und sich zur Frage der Verhandlungsfähigkeit im Hinblick auf die mutmaßliche Verhandlungsdauer wiederum nicht definitiv geäußert. Becker und ich informierten Margot Honecker und andere Angehörige telefonisch über die neuesten ärztlichen Befunde. Gleichzeitig musste ich darüber berichten, dass das Sozialgericht die Klage gegen die Aberkennung der Entschädigungsrente als Verfolgter des Naziregimes abgewiesen habe.

Margot Honecker wollte auf die Hiobsbotschaft von der Krebserkrankung nach Berlin kommen. In Übereinstimmung mit ihrem Mann redete ich ihr das aus. Ihre Anwesenheit in Berlin sei nach Verteidigeransicht alles andere als nützlich.

Als ich unseren Mandanten am 12. August wieder aufsuchte, hatte er selbst mit seiner Frau telefoniert. Er war weiterhin frei von Sentimentalität. Honecker informierte mich über die Situation, die zum Mauerbau geführt hatte und erklärte: Die Mauer wurde auf Initiative der UdSSR gebaut. Er selbst habe bis Juli 1961 nichts von diesem Vorhaben gewusst. Er wies weiter darauf hin, dass in Berlin damals noch Besatzungsrecht galt und die Botschafter der vier Mächte Kontakt zueinander hielten.

Wir sprachen auch über seinen möglichen künftigen Aufenthaltsort. Dabei sprach er sich dezidiert gegen Chile aus, was offenbar auf die Umstände seiner Auslieferung zurückzuführen war. Dagegen fasste er Korea ins Auge – »schon aus Dankbarkeit« –, ferner Kuba und Dänemark, wohin er vom Mitglied des ZK der dänischen KP, Ingmar Wagner, eingeladen worden war.

Am Mittwochabend trafen wir drei Verteidiger uns um 18 Uhr bei Ziegler und beratschlagten, wie wir auf die Feststellung der tödlichen Erkrankung unseres Mandanten reagieren sollten. Zu meiner Überraschung gab sich Becker skeptisch. Er meinte, wir sollten den Befund erst verifizieren lassen, damit wir nicht wieder reinfallen.

Ich hatte bisher nicht gedacht, dass ich auf etwas reingefallen wäre, sondern war überzeugt, dass das Gutachten der Moskauer Diplomatenklinik manipuliert worden war. Schon damals stand fest, dass Honecker Krebs hatte. Unsere unterschiedlichen Auffassungen hingen offenbar mit unseren unterschiedlichen geografischen und sonstigen Standorten zusammen. Ich hielt Becker in diesem Moment für ein Opfer der Meinungsmanipulation. Wir verständigten uns jedoch sofort und fanden zu unserer »monolithischen« Geschlossenheit zurück. Die Verständigungsformel hieß: Befunde her und Öffentlichkeit informieren! Für den 13. August verabredete unser Skeptiker Becker im Einvernehmen mit unserem Mandanten ein Gespräch mit dem Berliner *Spiegel*-Korrespondenten Pötzl. Die Presse reagierte prompt mit einem Unterton Beckerschen Erstaunens. Die *Süddeutsche Zeitung* überschrieb einen Bericht am 18. August mit »Gutachter: Honecker tatsächlich schwer krank«, und die *FAZ* mit »Honecker offenbar todkrank«.

Der medialen Verteidigung musste die juristische folgen. Am 14. August stellten wir den Antrag: »1. die Eröffnung des Hauptverfahrens abzulehnen, 2. den Haftbefehl gegen Herrn Honecker aufzuheben.«

In der Begründung unseres Antrages hieß es: »Es ist hier nicht ein Fall zu entscheiden, bei dem es um eine potentielle Lebensgefährdung alleine geht, die bei Durchführung des Strafverfahrens eintreten könnte, sondern es ist medizinisch leider absolut sicher, dass unser Mandant aufgrund dieser Krankheit in absehbarer Zeit sterben wird. Er hat das Recht, in Würde und Ruhe zu sterben, ohne die Zeit bis zu seinem Tode Objekt eines öffentlichen Strafverfahrens zu sein. Die Kammer ist im Rahmen ihrer Pflicht zur Achtung der Menschenwürde auch aus diesem Gesichtspunkt gehalten, das Verfahren gegen Erich Honecker nicht durchzuführen. Es ist deshalb auch nicht gerechtfertigt, das Verfahren gegen einen dem Tode nahen Beschuldigten überhaupt zu beginnen, vielleicht in der Hoffnung, er könnte vielleicht doch noch das Ende des Prozesses, in welchem körperlichen und seelischen Zustand auch immer, erleben.« Wir wiesen auch darauf hin, »dass nunmehr offensichtlich geworden ist, dass durch das fehlerhafte Gutachten der Spezialpoliklinik in Moskau vom 3. März 1992 nicht nur die Öffentlichkeit, sondern insbesondere die chilenische Regierung getäuscht worden ist, dem Überstellungsbegehren der Bundesrepublik Deutschland sich zu öffnen.«

Der Hinweis auf die Achtung der Menschenwürde erfolgte in diesem Schriftsatz zum ersten Mal. Er wurde unser ständiges Argument. Wir hatten mit ihm lange Zeit keinen Erfolg. Mehr als fünf Monate musste Erich Honecker miterleben, wie sein voraussichtlicher Todeszeitpunkt von Ärzten, Verteidigern, Anklägern, Richtern und Journalisten und letztlich von jedermann im Lande, wenn nicht gar auf der Welt, diskutiert wurde. Wie die Politiker Kinkel und Kohl wollten auch Staatsanwälte und Richter die Beute, die so diplomatisch und so hartnäckig und nicht nur mit Geschick errungen worden war, nicht wieder herausgeben. Viele dachten wie sie. Es gab eine gemeinsame Überzeugung von den souveränen deutschen Politikern bis zu den unabhängigen Richtern. Doch es gab auch andere Christdemokraten und Liberale, die dem unwürdigen Prozessgerangel ein Ende machen sollten.

Wochentags besuchten wir fast täglich unseren Mandanten im Haftkrankenhaus. Wir besprachen mit ihm unsere Anträge, machten ihm Mitteilung von unseren täglichen mehr oder weniger bedeutenden Medienkontakten, besprachen mit ihm unterschiedliche Anfragen, die über uns von verschiedenen Personen an ihn gerichtet wurden, darunter Besucherwünsche, die Richter Bräutigam alle über mich leitete. Das war nicht der angenehmste Teil meiner Aufgaben als Verteidiger.

Erich Honecker seinerseits hatte auch das Bedürfnis, sich auszusprechen, einfach nur reden mit einem Vertrauten. Er sprach, natürlich, auch von seinem Leiden und den sich daraus ergebenden Konsequenzen. Das Notwendigste jedoch veranlasste er. Vor allem aber sprach er über seine Sicht auf Personen und Ereignisse. Herb urteilte er über manchen seiner Genossen aus dem Politbüro, am härtesten über Günter Schabowski: Konrad Naumann wäre zehnmal besser gewesen als dieser. Außerordentlich bedauerte er den Tod von Werner Lamberz 1978, was ein Unglück für die DDR gewesen wäre. Ein Fehler sei es gewesen, Egon Krenz »heranzuziehen«, falsch sei auch die Aufnahme Joachim Herrmanns ins Politbüro gewesen. Von Schalck habe er keine schlechte Meinung, Gerald Götting sei »ein sauberer Mensch« gewesen. Und Ex-Botschafter Abrassimow habe unrecht, wenn er meine, dass er, Honecker, die Führung der UdSSR auf die Anklagebank setzen wolle ... Nicht alles, was Erich Honecker mitteilte, war mir verständlich. Oft setzte er Insiderwissen voraus, das ich nicht besaß, und nachfragen mochte ich nicht. Ich wollte ihn nicht ausforschen, so sehr es mich auch reizte zu erfahren, was er über die Entwicklung dachte, die zum Untergang der DDR geführt hatte. Deutlich war nur, dass er Gregor Gysi für seinen Feind hielt. Ähnliches dachte er wohl auch über Hans Modrow.

Mit einer gewissen Genugtuung berichtete er mir, dass er durch Beschluss des ZK als Mitglied der wieder gegründeten KPD aufgenommen worden wäre. Für mich war es ein Zeichen, wie sehr ihn der Ausschluss aus der SED getroffen hatte. Die Aufnahme in die KPD stellte sozusagen seine Parteiehre wieder her. Diese Parteiverbundenheit war ein Kennzeichen der Genossen seiner Generation. Sie ist späteren Generationen mit anderen Lebenserfahrungen nicht mehr eigen. Diese wissen daher auch nicht, was sie jenen angetan haben.

Am 25. August versammelten wir uns alle drei, um unserem Mandanten zum 80. Geburtstag zu gratulieren. Er hatte noch viele Gratulanten an diesem Tag, die Besuche taten ihm sichtlich gut. Sonst waren seine Wünsche bescheiden. Von der Anstalt war er nach diesen gefragt worden. Er wünschte sich Weinbrandkirschen.

Dieser Dienstag war für mich auch ein trauriger Tag. Mein Kollege Dr. Noack wurde beigesetzt, und ich hielt die Trauerrede. Am Abend war ich zu einem Treffen mit ausländischen Teilnehmern eines Kongresses der Internationalen Anwaltsunion (UIA) eingeladen, wohl weil manche den Wunsch hatten, den Honecker-Prozess aus der Sicht der Verteidigung geschildert zu bekommen. Ich entsprach dem. Manchmal wurde es aber etwas viel.

Professor Schneider erstattete sein Gutachten am 26. August. Er zitierte eingangs ein Schreiben des Vorsitzenden Richters am Landgericht, Bräutigam, mit dem ihm der Gutachterauftrag am 31. Juli übermittelt worden war: »Ich bitte Sie, die bei den Akten vorhandenen Krankenunterlagen, das hohe Alter, die völlig neue Situation und eine zu erwartende mindestens zweijährige Verfahrensdauer einer Hauptverhandlung zu berücksichtigen, die keinesfalls vor Ende Oktober 1992 überhaupt beginnen kann.«

Professor Schneider berief sich sodann auf ärztliche Befunde und Gutachten, die in der DDR im ersten Teil des Ermittlungsverfahrens gegen Erich Honecker zu den Akten gelangt waren, auf die Unterlagen des Haftkrankenhauses Moabit, darunter den CT-Befund des Krankenhauses Moabit (Prof. Taenzer), ein Schreiben der Spezialpoliklinik Moskau vom 12. Februar 1992 und ein Zusatzgutachten des Psychiaters Dr. Werner Platz sowie eigene ärztliche Untersuchungen.

Professor Schneider teilte aus seinem Gespräch mit Honecker mit: »Herr E. Honecker ist bereit, über sich und seine Erkrankungen frei zu erzählen. Es entstehen während des Gesprächs keinerlei Gesprächspausen. Herr E. Honecker spricht über seine beiden Operationen (Gallenblase und Dickdarm sowie rechte Niere), über die Probleme bei dem ersten Versuch, die Gallenblase zu operieren (Zwischenfall bei der Narkoseeinleitung).

Er spricht über seine Klinikaufenthalte in Moskau und in Beelitz, aber auch, ohne dass er daraufhin angesprochen wird, über die Vorgänge, die dann letztlich zur Ausweisung geführt haben. Es seien 7-10 Russen in Zivil gekommen und hätten ihn aufgefordert mitzukommen, darunter seien auch zwei Frauen gewesen, offensichtlich, weil man wohl zunächst der Annahme gewesen sei, dass auch Frau Honecker ausgewiesen werden sollte. Herr Honecker spricht über seine beiden Ehen und seine 4 Enkelkinder. Auf sein Lieblingsenkelkind angesprochen meint er, dass dieser inzwischen schon 18 Jahre alt ist und ihm einen sehr netten Brief geschrieben habe. Das Enkelkind spreche fließend Spanisch. Er gar nicht. Er könne etwas Russisch, allerdings könne er sich auf Russisch nicht mit einem Russen fließend unterhalten, wohl aber eine Zeitung in Russisch lesen. Seine Frau habe angefangen, Spanisch zu lernen. Sie könne sehr viel besser Russisch als er. Hier, in der Haftanstalt, würde er viel lesen, Bücher und Zeitungen. Früher sei er kaum zum Lesen gekommen, habe aber schon seinen Goethe und seinen Schiller gelesen und in letzter Zeit den Heym, wie er sagt. Er spricht von seiner Inhaftierung 1935 (10 Jahre, davon 1 1/2 Jahre hier in U-Haft). Er spricht ferner davon, dass bei seinem Verfahren auch der Richter Reese mitgewirkt habe, der später dann in den 60er Jahren hier in West-Berlin freigesprochen worden sei.«

Professor Schneider berichtete auch: »Herr Kollege Rex meint, dass es keinerlei Schwierigkeiten auf der Station mit Herrn E. Honecker gebe. Er habe mit dem Patienten einen guten Kontakt (Arzt/Patient). Herr Honecker unterzieht sich bereitwillig allen erforderlichen ärztlichen Maßnahmen.«

Am Ende seines 49 Seiten umfassenden Gutachtens beantwortete Prof. Schneider die ihm vom Gericht gestellten Fragen wie folgt: »1. Zum jetzigen Zeitpunkt ist die Haftfähigkeit gegeben. Alle erforderlichen ärztlichen Maßnahmen sind im Haftkrankenhaus durchzuführen oder aber nach Absprache in externen Spezialabteilungen. Davon ist auch schon wenige Tage nach Zuführung durch Herrn Chefarzt Rex Gebrauch gemacht worden (CT-Untersuchungen im Krankenhaus-Moabit – Prof. Taenzer).

2. Im Hinblick auf die verschiedenartigen Beschwerden mit ihrer unterschiedlichen Wertigkeit und im Hinblick auf das fortgeschrittene Lebensalter, insbesondere in Kenntnis einer metastatisierenden bösartigen Erkrankung ist die Frage nach der Vernehmungsfähigkeit nur eingeschränkt zu bejahen. In Übereinstimmung mit dem Ergebnis der psychiatrischen bzw. psychologischen Zusatzbegutachtung (Chefarzt Dr. Platz) wird man derzeit Herrn Honecker eine dreistündige Vernehmungszeit täglich zumuten können, wobei es am sinnvollsten wäre, diese zusammenhängend auf den Vormittag zu verlegen.

3. Die Annahme einer Verhandlungsunfähigkeit lässt sich zum jetzigen Zeitpunkt ebenfalls nicht begründen. Aber auch hier gilt das, was schon zur Vernehmungsfähigkeit gesagt worden ist, wobei natürlich stets mit einer aktuellen Verschlechterung des Zustandsbildes gerechnet werden muss. Eine ständige Rückkopplung mit den behandelnden Ärzten im Haftkrankenhaus dürfte erforderlich sein, ebenso auch Zusatzbegutachtungen in relativ kurzen Abständen, wobei, wenn sonst keine Verschlechterung auftreten sollten, Zeiträume von 1-2 Monaten in Betracht kämen.

4. Im Hinblick auf die bösartige Erkrankung (der Rundherd der Leber stellt offensichtlich eine Solitärmetastase dar) ist es, auch wenn prognostische Überlegungen in solchen Fällen äußerst schwierig sind, schwer vorstellbar, dass Herr Honecker eine Verhandlung über 2 Jahre durchsteht. Man wird eher damit zu rechnen haben, dass die Verhandlungsfähigkeit nach einem sehr viel kürzeren Zeitraum nicht mehr gegeben sein wird.

5. Möglicherweise sind diese Aussagen durch die Ergebnisse der Nachuntersuchungen Anfang Oktober noch näher zu konkretisieren, insbesondere wird man über die Progredienz des Tumors in der Leber exaktere Angaben machen können.

6. Herr Honecker ist über sein Krankheitsbild von den behandelnden Ärzten voll aufgeklärt, eine akute Suizidalität scheint zum jetzigen Zeitpunkt nicht vorzuliegen. Diese Einschätzung deckt sich auch mit der des Psychiaters, Chefarzt Dr. Platz.

7. In die Stellungnahme Anfang Oktober sollten auch die Überlegungen eines erfahrenen Onkologen einfließen. In Betracht käme Herr Chefarzt Kirstaedter, dem die CT-Bilder vom 4.8.1992 durch Herrn Chefarzt Rex bereits vorgelegt worden sind und dessen Meinung im vorliegenden Teil bereits mehrfach zitiert worden ist.«

Haftprüfungstermin wurde nach Eingang des Gutachtens auf Donnerstag, den 3. September, angesetzt. Ich hatte am 29. August meinen üblichen Septemberurlaub angetreten, den ich wie immer auf unserer Datsche verbrachte. Becker und Ziegler besuchten mich dort, um unser weiteres Vorgehen nach Kenntnis des Gutachtens zu besprechen. Wir fertigten einen Schriftsatz, mit dem wir die Begründung unseres Antrags auf Aufhebung des Haftbefehls ergänzten. Zum Termin fuhr ich in die Stadt. Das Ergebnis der etwa anderthalbstündigen Verhandlung, in der Nicolas Becker Prof. Schneider befragte, kam nicht unerwartet. Der Haftbefehl wurde nicht aufgehoben, eine neue ärztliche Untersuchung sollte abgewartet werden.

Immerhin erhielten wir am 17. September die Abschrift eines Schreibens des Landgerichts an die JVA Moabit, in dem dieser mitgeteilt wurde: »Der oben genannte Untersuchungsgefangene hat hier um die Einbringung a) eines Radiogerätes mit Kassettenteil, b) einer Schreibmaschine gebeten. Hiergegen bestehen keine Bedenken. Es kann entsprechend verfahren werden, sofern die Geräte die für den Betrieb in einer Haftanstalt üblichen Voraussetzungen erfüllen. Kassettenteil ohne Mikrofonaufnahme!«

Auch Telefonate mit seiner Frau in Chile und seiner Tochter in Berlin wurden ihm genehmigt. Honecker begann, nachdem er eine Schreibmaschine erhalten hatte, seine persönliche Erklärung niederzuschreiben.

Die »Vergangenheitsbewältigung« entwickelte sich zur gleichen Zeit in ihrer vollen Breite oder, um modern zu sprechen, »flächendeckend«. Manfred Stolpe wurde der Zusammenarbeit mit der »Stasi« bezichtigt. Honecker wunderte sich. Bei meinem Besuch am 5. Oktober äußerte er: Die »Hetze gegen den Pfarrer« sei ihm unverständlich. Stolpe sei »immer Mann der Kirche« gewesen und hätte die Interessen der Kirche gegen den Staat vertreten, wie umgekehrt die Staatsfunktionäre die Interessen des Staates gegen die Kirche vertreten hätten.

Der Meineidprozess gegen Hans Modrow rückte näher, und ich befürchtete, dass ich auch hier die Verteidigung bald intensiv vorbereiten müsse. Das war, wie sich später herausstellte, ein Irrtum.

Auch Markus Wolf erhielt in jenen Tagen seine Anklage im Verfahren vor dem Oberlandesgericht Düsseldorf. Das konnte ich neben dem Honecker-Prozess nicht auch noch leisten – ich legte die Verteidigung des gleichermaßen bewunderten wie gehassten Chefs der DDR-Auslandsaufklärung nieder.

Nicht nur aus eigenem Entschluss, muss ich hinzufügen, auch weil der Mitverteidiger es wollte. Er hatte recht, wenn man nicht miteinander kann, soll man es lassen. Nichts ist schlimmer, als wenn Verteidiger eines Angeklagten sich um die richtige Strategie und Taktik der Verteidigung streiten. Das blieb meinem Namensvetter erspart. Ich vertrat Markus Wolf dann nur noch wegen seiner Rentenprozesse vor dem Sozialgericht. Nicht gerade meine Materie, aber gleichfalls Vergangenheitsbewältigung, gleichfalls Politik. Die Versäumnisse gegenüber den Nazis wollte die Bundesrepublik nicht noch ein zweites Mal begehen. Gegenüber Kommunisten oder solchen, die es gewesen waren, fiel es ihr leicht, den Fehler nicht zu wiederholen.

Schließlich wurde auch unsere Sozietät in eben jenen Tagen Gegenstand von »Enthüllungen«, die dem hehren Ziel der Vergangenheitsbewältigung dienten. Ein Kollege von uns hatte während seiner Armeezeit eine Verpflichtungserklärung für die Abwehr oder die Aufklärung unterschrieben. Wie verwerflich war es doch, einem Staat gedient zu haben, der nicht mehr existierte. Wir solidarisierten uns mit ihm. Die »Enthüllung« fiel schnell der Vergessenheit anheim, aber sie trug zur Verunsicherung mit bei, die uns, wie mehr oder weniger alle ehemaligen DDR-Juristen, befallen hatte. Zur Selbstaufmunterung sagten wir uns: Da müssen wir durch.

Gegen die Ablehnung der Aufhebung des Haftbefehls hatten Becker, Ziegler und ich am 3. September 1992 Beschwerde eingelegt, über die das Kammergericht am 5. Oktober entschied. Dabei nahm es Bezug auf einen Aktenvermerk des Landgerichts vom 18. September, in dem »eine weitere Untersuchung des Angeklagten im Oktober des Jahres für erforderlich (gehalten wurde), um eine ausreichend fundierte Prognose über den weiteren Krankheitsverlauf stellen zu können«.

Außerdem hieß es in dem Vermerk: »Die unmittelbar nach Eingang des Verfahrens beim Landgericht gemachte Äußerung des Vorsitzenden der Kammer zur voraussichtlichen Prozessdauer beruhte auf der Vorstellung, dass – eine entsprechende Eröffnungsentscheidung vorausgesetzt – über sämtliche Fälle der Anklage verhandelt werden würde. Angesichts der gesundheitlichen Situation mehrerer Angeschuldigter erwägt die Kammer nunmehr prozessuale Möglichkeiten, den Verhandlungsstoff und damit auch die Verfahrensdauer erheblich zu reduzieren.«

Das Kammergericht verwarf unsere Beschwerde. Der Senat bemerkte in den Gründen seines Beschlusses: »Es ist rechtlich umstritten, ob ein zur Einstellung des Verfahrens führendes Prozesshindernis erst dann vorliegt, wenn die Prognose, dass der Beschuldigte aufgrund einer schweren Erkrankung die zu erwartende Dauer der Hauptverhandlung nicht in verhandlungsfähigem Zustand durchstehen wird, sicher ist.«

Und er meinte dann weiter und weckte damit Hoffnung: »Da eine Prognose über den Verlauf einer Erkrankung und die zu erwartende Dauer einer Hauptverhandlung zwangsläufig zum großen Teil auf einer vorausschauenden Bewertung zahlreicher noch nicht bekannter Umstände beruht, neigt der Senat zu der Auffassung, dass insoweit sichere Voraussage nicht verlangt werden kann. Es erscheint vielmehr zweckmäßig, sich an den Grundsätzen der Entscheidung des Bundesverfassungsgerichts (BVerfGE 51, 324, 346 ff.) zu orientieren, die dieses Gericht für den Fall erarbeitet hat, dass dem Beschuldigten gerade durch die Abwicklung der Hauptverhandlung eine konkrete Lebens- oder schwerwiegende Gesundheitsgefährdung droht. Für die hier ebenfalls wesentliche Frage, ob der Angeschuldigte Honecker möglicherweise infolge der nicht optimalen psychosozialen Betreuungsmöglichkeiten in der Haftanstalt seinem Krebsleiden erheblich früher erliegen könnte, als das bei Abbruch des Verfahrens der Fall wäre, sind diese Grundsätze ohnehin unmittelbar anzuwenden.«

So weit, so gut. Doch dann hieß es in der »Abwicklung« der Begründung, jede Hoffnung vernichtend, mit der nur erfahrenen Juristen eigenen, staatstragenden Logik weiter: »Letztlich kann der Senat jedoch offenlassen, welcher Ansicht zu folgen ist. Denn im vorliegenden Fall müssten wegen der außerordentlichen Bedeutung des Strafverfahrens, die sich aus der Art, Umfang und Gewicht des Anklagevorwurfs ergibt, sehr hohe Anforderungen an den spezifischen Grad der Wahrscheinlichkeit der Voraussage gestellt werden.

Eine derartige sehr hohe Wahrscheinlichkeit dafür, dass die Hauptverhandlung gegen den Angeschuldigten Honecker wegen seiner Erkrankung nicht mehr durchgeführt werden kann, lässt sich jedenfalls derzeit aufgrund der Gutachten der Sachverständigen Prof. Dr. Schneider vom 26. August 1992, Dr. Platz vom 20. August 1992, nicht bejahen. Ob das von dem Landgericht in Auftrag gegebene und noch in diesem Monat zu erwartende Zusatzgutachten [...] eine genauere Voraussage über den Krankheitsverlauf ermöglicht, wird das Landgericht zu gegebener Zeit zu prüfen haben.«

Wesentliche Befunde lagen für das zweite Gutachten schon vor, als die Entscheidung des Kammergerichts erging. Am 2. Oktober berichtete mir Erich Honecker, dass eine Untersuchung von Rex ein unerwartet schnelles Wachstum des Tumors ergeben habe. Sein Umfang betrage jetzt sieben Zentimeter.

Auf mich machte das großen Eindruck. Ich war überzeugt, dass diese Diagnose das Ende des Prozesses bedeute. Am gleichen Tag informierte ich telefonisch Margot Honecker über die ärztlichen Untersuchungsergebnisse. Sofort tauchten praktische Fragen auf: Wohin sollte der Todkranke gehen, nach Chile oder nach Korea? Er zog weiter Korea vor.

In den nächsten Tagen erhielten wir nacheinander die Teilgutachten von Taenzer, Platz, Kirstaedter, bis wir das vollständige zweite Gutachten von Prof. Schneider vom 12. Oktober 1992 in die

Hand bekamen. Diese Informationen brachten uns zu der Auffassung, das Gericht würde, sozusagen als Kompromiss, eine Haftverschonung beschließen. Das bedeutete, Honecker musste in Berlin oder der näheren Umgebung untergebracht werden. Wir wandten viel Energie auf, um für diesen Fall vorzusorgen. Eine Unterkunft, die allen Anforderungen, insbesondere den Sicherheitsbedingungen genügte, fanden wir nicht.

Das Gutachten vom 12. Oktober, das uns mit einem Schreiben der 27. Strafkammer vom 14. Oktober mitgeteilt wurde, stellte zunächst fest, »dass der Lebertumor (Solitärmetastase? Leberzellkarzinom?) erheblich an Ausdehnung zugenommen hat. Der Durchmesser wird jetzt mit knapp über 7 cm bestimmt, der Befund wird von dem untersuchenden Arzt Professor Taenzer dem Patienten demonstriert und erläutert.«

Professor Schneider zitierte den Tumorspezialisten Prof. Kirstaedter mit den Worten: »Es liegt mit sehr hoher Wahrscheinlichkeit ein Krebsherd im rechten Leberlappen vor, die Erkrankung scheint relativ rasch fortzuschreiten. Zwischen drei und sechs Monaten ist mit dem Auftreten beeinträchtigender Symptome zu rechnen, die wahrscheinliche Überlebenszeit liegt zwischen sechs und achtzehn Monaten.«

Den psychiatrisch-psychologischen Gutachter Dr. Platz zitierte Professor Schneider wie folgt: »Die Zunahme der jetzt festgestellten depressiven und Angstsymptomatik im Vergleich zum Vorbefund neben dem Auftreten neuerer Symptome, wie plötzliches Einschlafen bei gewünschter Tätigkeit wie Lesen, berichteter Amnesie beim Aufwachen danach für das zuvor Gelesene, lassen befürchten, dass es bei weiterer Inhaftierung zu vorzeitigen psychischen Schäden kommt, die bei einem anderen ›Setting‹ außerhalb der Haft nicht derart stark und rasch zu erwarten wären, so dass aus forensisch-psychiatrischer Sicht bei Fortdauer der Haft eine ernste, vorzeitige Verschlimmerung erwartet werden muss.«

Professor Schneider selbst kam zu der Feststellung, »dass auch zum jetzigen Zeitpunkt noch die Haftfähigkeit innerhalb des Haftkrankenhauses gegeben ist, und dass auch die Vernehmungs- und Verhandlungsfähigkeit – zumindest in der Einschränkung wie bereits ausgeführt (drei Stunden am Vormittag mit groß bemessenen Pausen/zwei Verhandlungstage pro Woche) –, dass aber das Krankheitsbild insgesamt – und hier wird man das psychosomatische Krankheitsbild als Einheit aufzufassen haben – unter Haftbedingungen sicher rascher fortschreiten dürfte, insbesondere unter Ausbildung einer depressiven Symptomatik.« Prof. Schneider kam abschließend zu folgenden strafrechtlich besonders relevanten Feststellungen: »Eine Haftverschonung wäre aus ärztlichen Überlegungen zu begrüßen, sie könnte – nach dem, was zuvor gesagt worden ist – auch dazu führen, dass der Zustand der zumindest eingeschränkten Vernehmungs- und Verhandlungsfähigkeit noch länger als unter Haftbedingungen erhalten bliebe. [...] Aber auch unter diesen Bedingungen (Haftverschonung) dürfte eine zweijährige Verhandlungsdauer, wie ins Auge gefasst, kaum in Betracht kommen.«

Die Frist, die uns für eine Stellungnahme zur Anklageschrift gesetzt worden war, lief ab. Am 15. Oktober beantragten wir beim Landgericht, »das Hauptverfahren gegen Herrn Honecker nicht zu eröffnen«. Jetzt war die letzte Chance gekommen, das Gerichtsverfahren zu verhindern. Illusionen, das zu erreichen, hatten wir nicht. Wir mussten aber sagen, was zu sagen war. Es kam dabei nicht nur auf das Was, sondern auch auf das Wie an.

Natürlich war nicht alles in diesem Schriftsatz – wie in anderen Schriftsätzen von uns – nach meinem Geschmack, und es gab manches, was zu sagen mir am Herzen gelegen hätte, was ungesagt blieb; aber wir waren drei und mussten mit einer Stimme sprechen und mit einer Feder schreiben. Mir war klar, dass mir nicht die erste Geige zukam, also spielte ich unverdrossen die dritte. Wirklich unverdrossen. Der Schriftsatz war im Was und im Wie besonders in seinem 1. Teil nicht zaghaft. In ihm hieß es: »Entsprechend den von der Bundesregierung und dem Berliner Senat erteilten Vorgaben war der Ermittlungsbehörde, die sich den programmatischen Namen ›Arbeitsgruppe Regierungskriminalität‹ gab, von vornherein klar, dass das, was politisch und moralisch kritikwürdig sei, auch strafbar sein müsse.«

In unserem Schriftsatz vom 15. Oktober 1992 nannten wir nach der einleitenden Vorbemerkung auf 51 Seiten die Gründe, von denen jeder einzige für sich allein die Verurteilung Erich Honeckers ausschloss:

1. Erich Honecker genoss als ehemaliges Staatsoberhaupt der DDR völkerrechtliche Immunität.
2. Die Act-of-State-Doktrin stand einer Verurteilung Honeckers entgegen, da sie besagt, dass die »Regierungsakte, die eine Regierung hinsichtlich von Personen, Sachen oder Rechten erlässt, die sich auf ihrem Staatsgebiet befinden, von den Gerichten und Verwaltungsbehörden eines anderen Staates als rechtmäßig angesehen werden müssen«.

3. Der Vorwurf der Anklage erfüllte nach dem anzuwendenden Strafrecht der DDR weder die Voraussetzungen der Täterschaft, noch der Anstiftung, noch der Beihilfe. Die Honecker vorgeworfene Tat war daher zur Tatzeit nach dem Recht der DDR nicht strafbar.

4. Das Verhalten Honeckers war nach dem Recht der DDR nicht rechtswidrig. In diesem Zusammenhang widerlegten wir die Behauptung, »die Beschlüsse des Nationalen Verteidigungsrats hätten bis zum Inkrafttreten der geänderten Verfassung vom 6. April 1968 in Widerspruch zu Artikel 10 Abs. 3 der Verfassung der DDR gestanden, der das Recht auf Ausreise gewährleistet habe; sie hätten ferner zu einem späteren Zeitpunkt gegen Artikel 12 IPbpR verstoßen und hätten schließlich als Eingriff in den Kernbereich des Rechts auf Leben und Freiheit niemals erlassen werden dürfen«.

5. Die Taten sind verjährt.

Im einzelnen können nicht alle unseren damaligen Argumente wiederholt werden. Über sie wird heute noch unter Juristen gestritten. Ein Zeichen dafür, dass die Versuche, sie zu widerlegen, nicht überzeugt haben, obgleich die Zahl der Anhänger Erich Honeckers in der Bundesrepublik im allgemeinen und unter den Juristen insbesondere verschwindend gering sein dürfte. Es sollen daher nur diejenigen Passagen zitiert werden, in denen Kerngedanken zum Ausdruck gebracht wurden.

Eine, wenn nicht die entscheidende Basis für die Verurteilung von Mauerschützen und sogenannte Schreibtischtätern à la Erich Honecker ist das überpositive, das Naturrecht, sind die (falsch interpretierten) Thesen von Gustav Radbruch. Wir bemerkten dazu: »Der reine ›Gesetzespositivismus‹, den Radbruch bei seiner Kritik im Auge hatte, war in der zweiten Hälfte des 19. Jahrhunderts in Deutschland herrschend, vielleicht noch bis zum Ende des Ersten Weltkrieges. In der Weimarer Zeit waren die demokratischen Staatsrechtslehrer Positivisten, die antidemokratischen Positionen beriefen sich auf überpositive Normen. Unter nationalsozialistischer Herrschaft galt der Positivismus schließlich als Entartung. Von den Rechtsanwendern wurde erwartet, die Gesetze im Licht der Ziele des neuen Staates, d. h. gemäß dem Programm der NSDAP, dem Führerwillen oder dem was ›gesundem Volksempfinden‹ entsprach, auszulegen, wenn es sein musste, und es musste häufig, gegen den Wortlaut der Norm. Hinzu trat die Tendenz der nationalsozialistischen Normsetzung zur bewussten Unschärfe in der Formulierung, zum Rückgriff auf Generalklauseln.

Dadurch wird deutlich: die Begründung, die das Bundesverfassungsgericht in der auch in der Anklage herangezogenen Entscheidung (gemeint ist die Entscheidung in Band 3, S. 232) für seinen Rückgriff auf ›materiale Gerechtigkeit‹ gibt, ist nicht nur falsch. Sie ist ideologisch und diente der Legitimation gerade der undemokratischen, antirechtsstaatlichen Haltung, die sie zu bekämpfen vorgab.

Das sogenannte überpositive Recht ist nichts anderes als ein Einfallstor des politisch motivierten Maßnahmerechts. Und gerade dies zeigt die geschichtliche Erfahrung mit der nationalsozialistischen Rechtsanwendung. Deutsche Richter haben von Anfang des ›Dritten Reiches‹ an gegen das (noch) geltende Recht unter Berufung auf die ›materielle Gerechtigkeit‹ oder ›deutsches Rechtsempfinden‹ oder sonstige ›überpositive‹ Instanzen entschieden. Eine Argumentation, die ›überpositive‹ Autorität bemüht, sollte daher den Argwohn wecken, es gehe ihr in Wahrheit schlicht um ein außerrechtliches Interesse.«

Gegenüber dem Argument, das Recht auf Ausreisefreiheit hätte nicht eingeschränkt werden dürfen, führten wir an: »Das Recht zur Ausreise aus dem eigenen Land gehört nicht zum Kernbereich des Rechts. [...] Die Streichung der Ausreisefreiheit aus dem Katalog des IPbpR wurde von Großbritannien beantragt und unter anderem damit begründet, dass die Freizügigkeit kein fundamentales, sondern ein eher zweitrangiges Recht sei. [...] Etwa 30 Staaten gewähren ihren Staatsbürgern bis 1989 das Recht auf Ausreise nur gegen Beantragung eines Ausreisevisums.«

Vier Tage nach Absendung unseres Schriftsatzes am 19. Oktober 1992 eröffnete die 27. Strafkammer unter Vorsitz von Richter Hansgeorg Bräutigam das Verfahren gegen Honecker und andere. Von den ursprünglich 68 Anklagepunkten wurden nur 14 zum Gegenstand des Verfahrens gemacht, die übrigen wurden abgetrennt. Die vermutete Lebenszeit Honeckers ließ nicht mehr zu. Drei Tage später wurde ein neuer Haftbefehl verkündet. Eine Formsache – aber ein Haftbefehl trotz seines Gesundheitszustandes und meines Optimismus.

Honecker war bei der Verkündung ungeduldig und erregt. Der Vorsitzende verbot ihm, sich mit Mielke zu unterhalten. Darauf bemerkte Honecker: »Das ist ja schlimmer als beim Volksgerichtshof, da durfte ich mit Bruno Baum sprechen.«

Im Anschluss an den Termin sprachen wir zu dritt mit unserem Mandanten im Haftkrankenhaus. Seine Frau hatte mir am Vortag telefonisch mitgeteilt, dass ihr Mann mit uns unzufrieden sei. Es war dies, wie ich glaube, das einzige Mal, dass er sich über uns, wenn auch verhalten, beklagte. Er glaubte, dass es günstiger wäre, wenn wir Haftverschonung beantragen und nicht den weitergehenden Antrag auf Aufhebung des Haftbefehls stellen würden. Es gelang uns aber im Gespräch, ihm unseren Standpunkt verständlich zu machen und die Missstimmung zu beseitigen. Er übergab mir am Ende unseres Gesprächs den Entwurf seiner persönlichen Prozesserklärung, den er auf der Schreibmaschine getippt hatte.

Ein weiterer Vertrauensbeweis, aber auch ein Symptom seiner seelischen Verfassung war, dass er mich bat, einen Notar zur Errichtung seines Testaments zu bestellen.

Der Beginn der Hauptverhandlung gegen den Todkranken rückte immer näher. Dennoch hatte ich immer noch Hoffnung, und ich glaube, meinen beiden Mitverteidigern ging es ähnlich. Dabei mochte auch eine Rolle spielen, dass ich auf diese Verhandlung nicht genügend vorbereitet war. Bis zum 29. Juli war ich überzeugt, der Prozess würde nie stattfinden. In den Monaten, die seitdem vergangen waren, hatten sich andere, unaufschiebbare Tagesaufgaben in den Vordergrund gedrängt. Immer wieder waren es vor allen Dingen die Medien, die uns nicht zur Ruhe kommen ließen, dann die täglichen Probleme des Anstaltsbesuchs beim Mandanten, der Regelung seiner praktischen Anliegen, auch der Sorge um seine Unterbringung im Falle der Haftverschonung, des damit in Zusammenhang stehenden Kontaktes mit Persönlichkeiten und Organisationen, und dann eben auch die übrige Anwaltstätigkeit, die nicht ruhte. Auch ohne den Honecker-Prozess wäre ich nicht arbeitslos gewesen. Die Vergangenheitsbewältigung wurde von respektlosen Geistern in Moabit nicht ohne Grund als »Arbeitsbeschaffungsmaßnahme für Juristen« bezeichnet.

Die »Fälle« Axen, Großmann, Modrow und Markus Wolf verlangten ebenfalls Zeit und Nerven. Das alles ohne juristische Mitarbeiter, das konnte den objektiven Anforderungen eines historischen Strafverfahrens nicht entprechen. Kurz, ich wollte das Verfahren nicht und glaubte wohl auch deswegen, dass es nicht stattfinden würde. Vielleicht ging es manchem Mitverteidiger ähnlich.

Am 29. Oktober trafen sich die Verteidiger aller Angeklagten in unserem Büro in der Wilhelm-Pieck-Straße, die damals noch diesen Namen führte. Unser Treffen verlief ohne Streit, was bei solchen Begegnungen von Anwälten nicht selbstverständlich ist. Wir gingen wohl alle von der Überzeugung aus, dass die Anklage juristisch unhaltbar, aber politisch umso erwünschter war. Das hieß, die Verteidigung hatte gute Argumente, aber schlechte Karten.

Es lag natürlich nahe, bei einer derartigen Prognose nicht nach der Taube auf dem Dach, sondern nach dem Spatzen zu greifen. Nach meinem Überblick ließ sich jedoch nur ein Angeklagter von solchem Rat seiner Verteidiger beeinflussen. Wir anderen plädierten in Übereinstimmung mit unseren Mandanten für das kompromisslose »Nicht schuldig«. Es war also unter uns eine Harmonie mit kleinen Dissonanzen, die jedoch unausgesprochen blieben. Im Übrigen brachte das Treffen nichts Wesentliches. Geplante Vorhaben wurden von Mielkes und Stophs Ausscheiden aus dem Verfahren überholt. Am Tage nach unserem Treffen traf Richter Bräutigam »sitzungspolizeiliche« Maßnahmen für die Durchführung der Hauptverhandlung. Es war ein umfangreiches Dokument, das die Sitzordnung der Angeklagten, ihrer Verteidiger, die Plätze für die Presse, die Modalitäten der Einlasskontrolle und ähnliches regelte. Man sah, der Vorsitzende war auf alles vorbereitet und entschlossen zu beginnen.

Am 2. November war eine letzte Chance, unserem Mandanten (und uns) den Prozess zu ersparen. Die Strafkammer hörte den Onkologen Kirstaedter als Sachverständigen an. Der Tumor war wieder gewachsen, von 7,3 cm auf 8,5 cm Durchmesser. Den Arzt beeindruckte das bei seinem Gutachten nicht. Er blieb dabei: verhandlungsfähig.

Wir sahen das, nachdem wir schon vorher das Ergebnis der letzten Untersuchung am 30. Oktober erfahren hatten, anders. Wir hatten geglaubt, nunmehr würde niemand mehr die tödliche Erkrankung und ihr schnelles Voranschreiten leugnen, jetzt könne keiner mehr für die Durchführung des Verfahrens gegen den Sterbenden sein. Irrtum!

Wir drei Verteidiger waren betroffen.

Es war klar: Die Strafkammer würde nach dem Gutachten des Sachverständigen unserer Haftbeschwerde nicht abhelfen. Das danach zuständige Kammergericht galt in diesen Sachen – wie wir selbst schon erlebt hatten – nicht als humaner.

Der Beschluss der Strafkammer erging am 4. November. Wir reagierten darauf zunächst mit einer Presseerklärung, in der es hieß, dass Prof. Dr. Kirstaedter »die wissenschaftlich überhaupt nicht haltbare Behauptung aufgestellt hat, dass das neueste Messergebnis, wonach der Tumor von Herrn Honecker von 7,3 cm auf 8,5 cm innerhalb eines Monats angewachsen sei, was einer Volumenvergrößerung von 30 Prozent entspricht, nicht relevant sei, weil es der ›Tagesform‹ des Patienten geschuldet sein könne [...] Das Gericht hat also in seinem Bestreben, unbedingt den Prozess mit Herrn Honecker eröffnen zu können, auch noch auf einer höchst unsicheren Tatsachengrundlage entschieden und alle für sein Bestreben ungünstigen Umstände bewusst ausgeblendet.

Angesichts des gestrigen Urteils des Bundesgerichtshofs in dem zweiten Mauerschützenprozess, in dem die besondere Bedeutung der Menschenrechte hervorgehoben worden ist, ist diese gegen die Menschenwürde verstoßende Entscheidung besonders bedenklich.«

Entsprechende Erklärungen gaben wir in Interviews gegenüber Nachrichtenagenturen, Zeitungen und Fernsehanstalten des In- und Auslandes ab.

Die Presse beschäftigte sich stark mit diesem Problem. Die *Super Illu* fragte am 5. November auf der Titelseite »Honecker & Co. Der Prozess: Anklage Schießbefehl: Wird's die große Blamage?«. Die *junge Welt*, neben dem *Neuen Deutschland* die einzige ehemalige DDR-Zeitung, die nicht von westdeutschen Verlegern herausgegeben wurde, brachte am 10. November als »Zitat des Tages« hintersinnig Gorbatschows Eintragung vom 16. April 1986 im Gästebuch der DDR-Grenztruppen: »Am Brandenburger Tor kann man sich anschaulich davon überzeugen, wieviel Kraft und wahren Heldenmut der Schutz des ersten sozialistischen Staates auf deutschem Boden vor den Anschlägen des Klassenfeindes erfordert. Die Rechnung der Feinde des Sozialismus wird nicht aufgehen. Der Unterpfand dessen sind das unerschütterliche Bündnis zwischen der DDR und der UdSSR. [...] Ewiges Andenken an die Grenzsoldaten, die ihr Leben für die sozialistische DDR gegeben haben.«

Unserer Presseerklärung folgte ein an das Kammergericht gerichteter Schriftsatz vom 5. November.

Am 6. November veröffentlichte die Zeitung der DKP, *Unsere Zeit*, ein Interview mit mir. Auf die Frage »Warum, glauben Sie, folgen die Verantwortlichen nicht den Geboten der Gerechtigkeit, Großmut, Vernunft und Humanität, sondern beharren darauf, einen todkranken Achtzigjährigen um jeden Preis vor Gericht zu sehen?«, antwortete ich entsprechend meiner nach wie vor unveränderten Meinung: »Diese Frage ist auch für mich schwer zu beantworten. Selbst wenn man sich nicht von den Grundsätzen der Humanität leiten lässt, sondern alles nur auf politisches Kalkül abstellt, ist der Sinn des Prozesses für die politischen Gegner nicht zu erkennen. Es ist klar, dass der Prozess nicht an der Tatsache vorbeikommt, die der Regierung der BRD auch schon von bekannten ausländischen und deutschen Persönlichkeiten vorgehalten worden ist, dass sie den Mann, den sie gestern hofierte, als Verbrecher behandelt. Dass an der Mauer geschosssen wurde, war schließlich bekannt.

Entweder legten die Staatsmänner der BRD keinen Wert auf Ehre, indem sie den Umgang mit einem Menschen pflegten, den sie als Verbrecher ansahen, oder sie legen heute keinen Wert auf Ehre, indem sie einen Unschuldigen als Verbrecher verurteilen lassen. [...] Wenn sie das tun, kann es dafür nur einen vernünftigen Grund geben: die Furcht davor, dass die DDR für deren frühere Bürger, nachdem diese die ›soziale‹ Marktwirtschaft kennengelernt haben, attraktiver wird als die neue Ordnung, die sie jetzt haben. [...] Dem will man vorbeugen – und zwar durch das Bild des Unrechtsstaats DDR, der von ›Verbrechern‹ geführt wurde.«

Die Tage bis zum Beginn der Hauptverhandlung vor dem Moabiter Schwurgericht standen einerseits im Zeichen der unaufhaltsam fortschreitenden Krankheit des Hauptangeklagten, andererseits boten sie Gelegenheit zu historisch-politischen Betrachtungen. In der *FAZ* erinnerte Prof. Friedrich-Christian Schroeder am 9. November an die Zeit »Als es den roten Teppich für Honecker gab«. Der Untertitel »Wie das SED-Regime juristische Unterstützung aus der Bundesrepublik bekam« machte deutlich, dass der Prozess dazu benutzt werden sollte, nicht nur die Vergangenheit der DDR, sondern auch die der BRD »aufzuarbeiten«. Die Zeit war gekommen, alte westdeutsche Rechnungen zu begleichen.

Bild war bildhafter, direkter, ohne Gehirnakrobatik. Sie wusste am 8. November auf der ersten Seite: »Krankenakte beweist den nahenden Tod.« Darunter in Balkenschrift: »Das ist Honeckers Leber« und daneben eine Ultraschall-Aufnahme vom 1. Oktober.

Bräutigam las anscheinend nicht das Blatt. Er eröffnete am 12. November planmäßig, pünktlich und scheinbar unbeeindruckt die Hauptverhandlung des ganz normalen und unpolitischen Totschlagsprozesses.

Wir hatten uns zuvor im Anwaltzimmer getroffen und marschierten gemeinsam auf den Saal zu, vor dem ein Pulk von Journalisten – an die 200 sollen es gewesen sein – sich auf jeden stürzte, der an dem Verfahren irgendwie beteiligt war. Wir kämpften uns durch auf unsere Plätze, die wir nach Weisung des Vorsitzenden wegen der besonderen Sicherheitsmaßnahmen eine halbe Stunde vor Beginn der Verhandlung einnehmen mussten. Die Angeklagten und andere Verteidiger waren schon da. Sie dienten den Bildreportern als wehrlose Objekte. Wir hatten versucht, unseren Mandanten auf diese unangenehme Situation vorzubereiten, und so hatte er Lesestoff vor sich, mit dem er die Zeit des »Modellsitzens« überbrückte. Dennoch fanden die Reporter an ihm noch genügend Berichtenswertes: »Honecker zeigte sich aufgeräumt« und war »äußerlich in guter Verfassung« hieß es da.

Stoph war wegen Krankheit nicht zur Verhandlung erschienen, was das Bild des Verfahrens stilgemäß abrundete. Die Tatsache lieferte zugleich den Stoff für eine erste Auseinandersetzung. Bräutigam wollte ohne Stoph verhandeln, Staatsanwaltschaft, Nebenklägervertreter Rechtsanwalt Plöger und Rechtsanwalt Becker widersprachen selten einmütig.

Bräutigam wirkte auf mich nervös und gereizt. Ich tippte, dass er der nächste Verhandlungsunfähige sein würde. Unser Mandant war ruhig. Er sah zwar angegriffen aus, wirkte jedoch keineswegs wie ein Todeskandidat.

Nach 45 Minuten war alles vorbei. Zur Sache war man nicht gekommen. Keine Sensation, keine Erkenntnisse, viel Lärm um nichts. Erich Böhme schrieb in der *Berliner Zeitung* am 13. November unter der Überschrift »Auf gut Deutsch«: »Es lebe der Unterschied. Am Montag dieser Woche erhob sich das politische Berlin im alten Reichstag von seinen Sitzen. Es galt, einen neuen Ehrenbürger der Bundeshauptstadt zu feiern. Michael Gorbatschow badete im Jubel der politischen Klasse. Am Donnerstag erhoben sich die Zuschauer und Prozessbeobachter im Kriminalgericht Moabit. Erich Honecker, ein alter Ehrenbürger der Hauptstadt der DDR, stand vor seinem irdischen Richter. […] Und so geht die Geschichte zu Ende: Berlin hat einen neuen Ehrenbürger und Moabit einen neuen Häftling. Vergangenheitsaufarbeitung auf gut Deutsch: per Ehrenbürgerbrief und Anklageschrift. Zweifellos hat Gorbatschow die Ehrenbürgerwürde verdient. Der zu spät gekommene Honecker den zweifelhaften Strafprozess nicht.«

Uwe Wesel überschrieb seinen Prozessbericht vom ersten Verhandlungstag in der *Wochenpost*: »Auf dünnem Eis«.

Alles schöne Worte, richtige Worte, folgenlose Worte. Die Justizmaschine lief weiter, und sie läuft heute noch. Das Eis ist scheinbar dicker geworden, das Klima frostiger. Der Bundesgerichtshof hat entschieden, das Bundesverfassungsgericht hat entschieden.

Die nächste Verhandlung fand schon vier Tage später statt. Es ging um Verfahrensfragen. Für mich ungewohnt. In der DDR gab es keine Besetzungsrügen. Befangenheitsanträge waren zwar möglich, kamen aber nicht vor, da man sie nur bis zur Verlesung des Eröffnungsbeschlusses in der Hauptverhandlung stellen konnte. Ich habe in der DDR keinen Befangenheitsantrag in Strafsachen erlebt oder gar selbst gestellt. Nach Lage der Dinge konnte man von ihnen nichts erwarten, jedenfalls nichts Gutes.

Ziegler verlas unseren Befangenheitsantrag. Er umfasste dreißig Seiten. »Die abgelehnten Richter haben durch ihre Entscheidungen im Vorfeld der heutigen Hauptverhandlung wiederholt ihre fehlende Unvoreingenommenheit offenbart. Ihre Entscheidungen sind von dem Willen getragen, den Prozess gegen Herrn Honecker um jeden Preis zu führen. Das rechtsstaatliche Gebot der Achtung der Menschenwürde wird der Demonstration der Härte geopfert.

Mit ihren Entscheidungen zeigen die abgelehnten Richter, dass sie entschlossen sind, den Prozess im Wettlauf mit dem Tode von Herrn Honecker zu führen. Statt ihn – wie insbesondere von dem Sachverständigen Dr. Platz gefordert – in die Obhut seiner Familie zu entlassen, um ihm die einzige noch mögliche Therapie, nämlich die Betreuung durch seine nahen Angehörigen zu ermöglichen, wird er in seinen letzten Lebensmonaten vor Gericht gestellt und soll offensichtlich so bis zu seinem Tode Objekt eines mit großer medialer Beteiligung geführten Verfahrens sein. Objekt deshalb, weil auch die Richter wissen, dass Herrn Honecker schon jetzt die Kräfte fehlen, sich aktiv und umfassend zu verteidigen.

In einem Verfahren, in dem es nicht um irgendeinen kleinen begrenzten Vorwurf geht, sondern das eine ganze historische Epoche zum Gegenstand hat, in dem es eigentlich um die Legitimität der früheren DDR geht, sind an die Fähigkeit, sich aktiv und jederzeit angemessen zu verteidigen, enorme Anforderungen zu stellen. Diesen Anforderungen kräftemäßig und zeitlich zu genügen, ist dem Angeklagten aufgrund seines Gesundheitszustandes offensichtlich verwehrt. Das immer wieder auch von Seiten der Justiz in der Öffentlichkeit abgelegte Bekenntnis zum Rechtsstaat und das Versprechen, das insbesondere die Bundesregierung gegenüber der Republik Chile abgegeben hat, Herr Honecker werde ein rechtsstaatliches Verfahren erhalten, wird so nicht eingelöst.«

Vor allem auf sechs Entscheidungen der Kammer wurde der Ablehnungsantrag gestützt. An erster Stelle stand dabei die Manipulation der Zuständigkeit der Kammer unter Mitwirkung von Richter Bräutigam. In Kenntnis der bevorstehenden Anklage gegen Honecker und andere wurden der 27. Großen Strafkammer, die bisher für die Buchstaben A-H zuständig war, die Buchstaben A-G entzogen und ihr nur der Buchstabe H (wie Honecker) belassen. Neu erhielt sie dafür die Buchstaben I, M (wie Mielke) und N.

Da Mielke der älteste und Honecker der zweitälteste Angeklagte war, wurde dadurch die Zuständigkeit dieser Kammer auch für den Fall gewährleistet, »dass Erich Mielke zum Zeitpunkt der Anklageerhebung nicht mehr am Leben sei«.

Zu diesem Sachverhalt hieß es in dem Befangenheitsantrag: »Eine solche Zuständigkeitsregelung, die darauf abzielt, die Zuständigkeit in einem Strafverfahren für eine bestimmte Strafkammer zu begründen, stellt einen Verstoß gegen Artikel 101 Abs. 1 Satz 2 GG dar, der bestimmt, dass jedes neu angeklagte Verfahren blindlings zu seinem gesetzlichen Richter gelangen soll. [...] Der Grundsatz des gesetzlichen Richters verbietet eine Veränderung der Zuständigkeitsordnung im Hinblick auf ein bestimmtes Verfahren. Gegen diesen Grundsatz ist nach dem dargelegten Sachverhalt verstoßen worden. Dass die Zuständigkeitsordnung zufällig ohne den Blick auf das zu erwartende Verfahren gegen Mielke, Honecker u. a. erfolgte, wird niemand behaupten können.

Ein Richter, bei dem davon ausgegangen werden kann, dass er – noch dazu zu eigenen Gunsten – an einer Zuständigkeitsmanipulation unter Verstoß gegen Artikel 101 Abs. 1 Satz 2 GG beteiligt war, ist in den Augen jedes vernünftigen Angeklagten nicht mehr der unbefangene gesetzliche Richter.«

Der zweite Entscheidungskomplex war in dem Antrag unter dem Begriff »Vorauseilende Planung« zusammengefasst. Hier wurde zunächst darauf verwiesen, dass die Frist für die Stellungnahme zur Anklageschrift den Verteidigern bis zum 15. Oktober 1992 gesetzt worden war. Tatsächlich ging diese 68seitige Stellungnahme zu der 783 Seiten umfassenden Anklage dem Gericht am 15. Oktober zu.

Am 16. Oktober verfügte der Vorsitzende, sie solle fotokopiert werden, das geschah am 19. Oktober. An jenem Tag also lag sie den beisitzenden Richtern zum ersten Mal vor – und an diesem Tag eröffneten sie bereits das Verfahren gegen Erich Honecker. Wir meinten, auch hierin dokumentiere sich die vorgefasste Meinung des Gerichts.

Der dritte Punkt betraf die Abtrennung von 56 Einzelfällen. Hierzu wurden die Angeklagten nicht gehört. Die Abtrennung war, so meinten wir, ein Zeichen dafür, dass die Richter entschlossen waren, den Angeklagten in den zwölf verbleibenden Fällen zu einer hohen Freiheitsstrafe zu verurteilen, was dann zur Einstellung der übrigen 56 Fälle führen würde, da deren Bestrafung dann nicht mehr ins Gewicht fallen würde. Anders machte die Abtrennung keinen Sinn, und sinnlose Entscheidungen traute niemand dem Gericht zu.

Viertens beriefen wir uns auf die Haltung des Gerichts gegenüber der tödlichen Erkrankung unseres Mandanten. Hier hatte das Gericht, ohne die Stellungnahme der Verteidigung zu den ärztlichen Gutachten abzuwarten, das Hauptverfahren eröffnet.

Fünftens hoben wir besonders die Tatsache hervor, dass das Gericht sich über das Sachverständigengutachten von Dr. Platz hinsichtlich der psychischen Faktoren, die die Verhandlungsunfähigkeit begründeten, hinwegsetzte.

Sechstens und letztens verwiesen wir darauf, dass auch die Abtrennung der Verfahren gegen Stoph und Mielke die Strafprozessordnung missachtete. Sie solle die Verfahrensdauer verkürzen, um den »Wettlauf mit dem Tod« zu gewinnen und den Angeklagten um jeden Preis zu verurteilen.

Prozessbeobachter nahmen die Zeit: Die Verlesung unseres Antrages dauerte 70 Minuten. Alles war darin ausführlich begründet. Jeder Grund hätte für sich die Ablehnung wegen Befangenheit gerechtfertigt. Keiner fand jedoch Gehör.

Das war der siebte Umstand, der nachträglich die Befangenheit der Richter bestätigte.

Findet man derartig viele, dem Angeklagten verhängnisvolle Zufälle in einem »normalen« Strafprozess? Ich kenne sie nur aus politischen Prozessen und halte sie für ein Indiz eines politischen Prozesses und nicht für ein Symptom eines »normalen«, rechtsstaatlichen Verfahrens. Nach zwei Stunden Verhandlung war Honecker erschöpft und der Sitzungstag beendet.

Den nachträglichen Höhepunkt dieses Verhandlungstages lieferte jedoch Rechtsanwalt Plöger, der die Nebenklägerin Bittner vertrat. Gegenüber der Presse erklärte der Anwalt, er bezweifle, dass der Angeklagte, der sich Honecker nenne, tatsächlich Honecker sei. Er vermute vielmehr, es handele sich um ein Double. Der »richtige« Honecker sitze »derweil in Chile bei seiner Margot«, so zitierte ihn die *Berliner Zeitung* am 19. November.

Neben dem »Jahrhundertprozess« – von dem einige Jahre später schon niemand mehr redete – läuft die normale Anwaltspraxis weiter. Die Vergangenheit wurde auf vielen Ebenen bewältigt und anderes gab es auch.

Am 17. November, einem Dienstag, fuhr ich als Verteidiger von Hans Modrow zu seiner staatsanwaltschaftlichen Vernehmung im Wahlfälscher-Prozess nach Dresden. Am Donnerstag nahm ich an einer Podiumsdiskussion in der Frankfurter Goethe-Universität teil. Ich schwänzte so den dritten Verhandlungstag in Berlin, weil es mir wichtiger erschien, mit dem Generalbundesanwalt von Stahl, Rechtsanwalt Posser, dem Direktor der Gauck-Behörde, Dr. Geiger, dem Bürgerrechtler Dr. Ullmann sowie Professoren und Studenten der Universität über den Honecker-Prozess zu streiten und zu informieren, als an einer Verhandlung teilzunehmen, von der ich nichts, weder Gutes noch Schlechtes, erwartete. Tatsächlich wurde unser Befangenheitsantrag abgelehnt, und auch sonst ließ sich das Prozessgeschehen am besten mit den Worten »In Moabit nichts Neues« zusammenfassen.

Von Frankfurt am Main war ich unmittelbar zu einem Kolloquium der Friedrich-Ebert-Stiftung nach Wernigerode gefahren. Zwei Teilnehmer verließen demonstrativ den Saal, als ich sprach, sonst verlief die Diskussion auch hier sachlich. Das Wochenende war damit ausgefüllt.

Am Montag, dem 23. November, fiel die vorgesehene Verhandlung aus. Zeit nicht etwa zum Nachdenken, zum Akten- oder Literaturstudium, sondern Zeit für andere Klienten, andere Probleme oder für andere Obliegenheiten im Interesse unseres berühmten Mandanten.

So besuchte ich zwischen den Verhandlungstagen im Wechsel mit meinen Kollegen oder auch mit ihnen gemeinsam Erich Honecker im Haftkrankenhaus. Immer wieder kam er dabei auf den 13. August 1961 zu sprechen. Das Politbüro sei mit der Vorbereitung dieses Tages nicht befasst gewesen. Auch er selbst habe davon vorher nichts gewusst. Chruschtschow habe gegenüber Ulbricht gesagt, mit offener Grenze könne man keinen Sozialismus aufbauen. Die Pläne für den Bau der Mauer seien dann vom Stab der Vereinigten Streitkräfte des Warschauer Vertrages erarbeitet worden.

Daneben brauchte er unsere Hilfe zur Regelung einer Vielzahl persönlicher Fragen, etwa der Klärung der Reihenfolge der vielen Besucher, die ihn sprechen wollten. Und natürlich beschäftigte ihn die Tatsache seines Todes.

Am 24. November errichtete er sein Testament. Viel zu vererben hatte er nicht. Sein Vermögen bestand aus seinem gesperrten Sparkonto, nichts sonst, kein Auto, keine Liegenschaft, kein Schweizer Konto, keine Antiquitäten oder Gemälde. Diktatoren sorgen meist anders für sich. Selbst Demokraten sind – wie man hört – fürsorglicher aufs Erbe bedacht.

Am Donnerstag, dem 26. November, wieder Hauptverhandlung, weiter Streit um Verfahrensfragen. Becker beantragte eine Aussetzung des Verfahrens für die Dauer von vier Wochen zum Studium der rund 13 000 Seiten Ermittlungsakten, die wir erst kurz vor Verhandlungsbeginn bekommen hatten.

Außerdem rügten Becker und Ziegler die Zuständigkeit und die Besetzung des Gerichts.

Honecker machte einen besonders angegriffenen Eindruck. Es wurde immer deutlicher sichtbar, dass er das Ende des Verfahrens nicht erleben würde. Im Lauf der Verhandlung erbat er sich eine zwanzigminütige Pause. Nach 150 Minuten war dann endgültig Schluss. Immerhin hatte Bräutigam für die folgende Woche eine erneute ärztliche Untersuchung angekündigt, und auf die richtete sich nun wieder unsere Hoffnung.

Am fünften Verhandlungstag, am Montag, dem 30. November, verlas Oberstaatsanwalt Schaefgen eine Kurzfassung der Anklageschrift im »Sprint-Tempo«, wie eine Zeitung titelte. In zwanzig Minuten war alles gesagt. Es war keine Offenbarung für die Öffentlichkeit. Niemand sah die DDR jetzt anders als vorher. Honecker erhielt darauf das Wort »zur Sache«. Er konnte und wollte an jenem Tag nicht mehr sprechen, obgleich er vorbereitet war.

Er hatte uns drei Verteidigern am 26. November die zweite überarbeitete Fassung seiner persönlichen Erklärung übergeben, an der er seit seiner Einlieferung in Moabit gearbeitet hatte. Wir hatten an ihr nichts auszusetzen. Ich ließ sie im Büro auf dem Computer abschreiben und schärfte meiner Sekretärin ein, sie so zu speichern, dass ein Dritter nicht Missbrauch damit treiben könne. Pech war nur, dass sie erkrankte und unser Mandant doch noch Änderungen am Text vornahm. Buchstäblich erst in letzter Minute fanden wir den Text, änderten ihn nochmals und ließen ihn per Taxi, während die Verhandlung schon lief, in vierzig Exemplaren für die Journalisten nach Moabit bringen. Viel Hektik um nichts – wir hätten noch drei Tage Zeit gehabt.

Mit der Verlesung der Anklage war die Phase der reinen Formalitäten der Hauptverhandlung beendet. Wir suchten anschließend zu dritt Honecker auf, um über die neue Etappe zu sprechen. Für mich – und wohl für alle – war jedoch klar: zum eigentlichen Prozessgegenstand würden wir nicht vordringen. Ich rechnete jeden Tag, jedenfalls noch im Jahr 1992, mit der Einstellung des Verfahrens wegen des Gesundheitszustands unseres Mandanten. Es war höchste Zeit.

Die angekündigte erneute Untersuchung erfolgte am 1. Dezember. Im Ergebnis einer Sonographie wurde festgestellt, dass der Tumor in der Leber weiter gewachsen war. Der behandelnde Arzt im Haftkrankenhaus, Dr. Groß, wollte uns am Tage der Untersuchung vor der Unterrichtung der Strafkammer nicht den exakten Befund mitteilen, doch die Grundaussage ließ er uns wissen: »Im Vergleich zur Voruntersuchung am 30.10.92 hat der Lebertumor deutlich an Größe zugenommen.«

Dies war die Situation am 3. Dezember, als nach der Ablehnung aller noch nicht abgelehnten Anträge von Verteidigung und Nebenklage Erich Honecker das Wort zu seiner Erklärung erhielt. Ich war überrascht.

Honecker sprach klar, fest und getragen von einer unerschütterlichen Überzeugung. Keine Zeichen von Schwäche, Krankheit oder gar Todesnähe waren auszumachen. In einer Pause, etwa nach der Hälfte seines Vortrages, hat er sich, wie er uns später berichtete, hingelegt und ist sofort eingeschlafen. Anschließend sprach er wieder wie zuvor.

Das war es, was Erich Honecker sagte:

»Meine Damen und Herren, ich werde dieser Anklage und diesem Gerichtsverfahren nicht dadurch den Anschein des Rechts verleihen, dass ich mich gegen den offensichtlich unbegründeten Vorwurf des Totschlags verteidige.

Verteidigung erübrigt sich auch, weil ich Ihr Urteil nicht mehr erleben werde. Die Strafe, die Sie mir offensichtlich zudenken, wird mich nicht mehr erreichen. Das weiß heute jeder. Ein Prozess gegen mich ist schon aus diesem Grunde eine Farce. Er ist ein politisches Schauspiel.

Niemand in den alten Bundesländern, einschließlich der Frontstadt Westberlin, hat das Recht, meine Genossen Mitangeklagten, mich oder irgendeinen anderen Bürger der DDR wegen Handlungen anzuklagen oder gar zu verurteilen, die in Erfüllung staatlicher Aufgaben der DDR begangen worden sind.

Wenn ich hier spreche, so spreche ich allein um Zeugnis abzulegen für die Ideen des Sozialismus, für eine gerechte politische und moralische Beurteilung der von mehr als einhundert Staaten völkerrechtlich anerkannten Deutschen Demokratischen Republik. Diese jetzt von der BRD als ›Unrechtsstaat‹ apostrophierte Republik war ein Mitglied des Weltsicherheitsrates, stellte zeitweise den

Vorsitzenden dieses Rates und stellte auch einmal den Vorsitzenden der UN-Vollversammlung.

Die gerechte politische und moralische Beurteilung der DDR erwarte ich nicht von diesem Prozess und diesem Gericht. Ich nehme jedoch die Gelegenheit dieses Politschauspiels wahr, um meinen Standpunkt meinen Mitbürgern zur Kenntnis zu geben.

Meine Situation in diesem Prozess ist nicht ungewöhnlich. Der Deutsche Rechtsstaat hat schon Karl Marx, August Bebel, Karl Liebknecht und viele andere Sozialisten und Kommunisten angeklagt und verurteilt. Das Dritte Reich hat dies mit den aus dem Rechtsstaat der Weimarer Republik übernommenen Richtern in vielen Prozessen fortgesetzt, von denen ich selbst einen als Angeklagter erlebt habe. Nach der Zerschlagung des deutschen Faschismus und des Hitlerstaates brauchte die BRD nicht nach neuen Staatsanwälten und Richtern zu suchen, um erneut Kommunisten massenhaft strafrechtlich zu verfolgen, ihnen mit Hilfe der Arbeitsgerichte Arbeit und Brot zu nehmen und sie mit Hilfe der Verwaltungsgerichte aus dem öffentlichen Dienst zu entfernen oder sie auf andere Weise zu verfolgen.

Nun geschieht uns das, was unseren Genossen in Westdeutschland schon in den 50er Jahren geschah.

Es ist seit ca. 190 Jahren immer die gleiche Willkür. Der Rechtsstaat BRD ist kein Staat des Rechts, sondern ein Staat der Rechten.

Für diesen Prozess wie für andere Prozesse, in denen andere DDR-Bürger wegen ihrer ›Systemnähe‹ vor Straf-, Arbeits-, Sozial- und Verwaltungsgerichten verfolgt werden, muss ein Argument herhalten. Die Politiker und Juristen sagen, wir müssen die Kommunisten verurteilen, weil wir die Nazis nicht verurteilt haben. Wir müssen diesmal die Vergangenheit aufarbeiten. Das leuchtet vielen ein, ist aber ein Scheinargument. Die Wahrheit ist, dass die westdeutsche Justiz die Nazis nicht bestrafen konnte, weil sich die Richter und Staatsanwälte nicht selbst bestrafen konnten. Die Wahrheit ist, dass die bundesdeutsche Justiz ihr derzeitiges Niveau, wie immer man das beurteilt, den übernommenen Nazis verdankt. Die Wahrheit ist, dass die Kommunisten, die DDR-Bürger heute aus den gleichen Gründen verfolgt werden, aus denen sie in Deutschland schon immer verfolgt wurden. Nur in den 40 Jahren der Existenz der DDR war das umgekehrt. Dieses Versäumnis muss nun ›aufgearbeitet‹ werden. Das alles natürlich rechtsstaatlich. Mit Politik hat es nicht das Geringste zu tun. Die führenden Juristen dieses Landes, gleich ob Angehörige der Regierungsparteien oder der

SPD, erklären beschwörend, unser Prozess sei ein ganz normales Strafverfahren und kein politischer Prozess. Man sperrt die Mitglieder eines der höchsten Staatsorgane des Nachbarstaates ein und sagt, das hat mit Politik nichts zu tun. Man wirft den Generälen eines gegnerischen Militärbündnisses militärische Entscheidungen vor und sagt, das hat mit Politik nichts zu tun. Man nennt die heute Verbrecher, die man gestern ehrenvoll als Staatsgäste und Partner in dem gemeinsamen Bemühen, dass nie wieder von deutschem Boden ein Krieg ausgeht, begrüßt hat. Auch das soll mit Politik nichts zu tun haben. Man klagt Kommunisten an, die, seit sie auf der politischen Bühne erschienen sind, immer verfolgt wurden, aber heute in der BRD hat das mit Politik nichts zu tun.

Für mich und, wie ich glaube, für jeden Unvoreingenommenen liegt auf der Hand: Dieser Prozess ist so politisch, wie ein Prozess nur sein kann. Wer das leugnet, der irrt nicht, sondern der lügt. Er lügt, um das Volk ein weiteres Mal zu betrügen. Mit diesem Prozess wird das getan, was man uns vorwirft. Man entledigt sich der politischen Gegner mit den Mitteln des Strafrechts, aber natürlich ganz rechtsstaatlich.

Auch andere Umstände lassen unübersehbar erkennen, dass mit dem Prozess politische Ziele verfolgt werden. Warum war der Bundeskanzler, war Herr Kinkel, der frühere Bundesgeheimdienstchef, spätere Justizminister, noch spätere Außenminister der BRD, so darauf aus, mich, koste es, was es wolle, nach Deutschland zurückzuholen und wieder nach Moabit zu bringen, wo ich schon einmal war? Warum ließ mich der Bundeskanzler erst nach Moskau fliegen, um dann Moskau und Chile unter Druck zu setzen, mich entgegen jedem Völkerrecht auszuliefern? Warum mussten russische Ärzte die richtige Diagnose, die sie auf Anhieb gestellt hatten, verfälschen? Warum führt man mich und meine Genossen, denen es gesundheitlich nicht viel besser geht als mir, dem Volke vor wie einst die römischen Cäsaren ihre gefangenen Gegner vorführten?

Ich weiß nicht, ob das alles rational zu erklären ist. Vielleicht bewahrheitet sich hier das alte Wort: Wen Gott vernichten will, den schlägt er zuvor mit Blindheit. Es ist doch wohl jedem klar, dass alle diejenigen Politiker, die sich einst um eine Audienz bei mir bemühten und die sich freuten, mich bei sich begrüßen zu dürfen, von diesem Prozess nicht unbeschadet bleiben. Dass an der Mauer Menschen erschossen wurden, dass ich der Vorsitzende des Nationalen Verteidigungsrates, der Generalsekretär, der Vorsitzende des

Staatsrates der DDR war, der für diese Mauer als höchster lebender Politiker die größte Verantwortung trug, wusste jedes Kind in Deutschland und darüber hinaus. Es gibt demnach nur zwei Möglichkeiten: entweder haben die Herren Politiker der BRD bewusst, freiwillig und sogar begierig den Umgang mit einem Totschläger gesucht, oder sie lassen jetzt zu, dass Unschuldige des Totschlags bezichtigt werden. Keine dieser beiden Möglichkeiten wird Ihnen zur Ehre gereichen. Eine dritte Möglichkeit gibt es nicht. Wer dieses Dilemma in Kauf nimmt, so oder so ein Mensch ohne Charakter zu sein, ist entweder blind oder verfolgt ein Ziel, das ihm mehr gilt als die Bewahrung seiner Ehre.

Nehmen wir an, dass weder Herr Kohl noch Herr Kinkel noch all die anderen Herren Ministerpräsidenten und Parteiführer der Bundesrepublik Deutschland blind sind (was ich dennoch nicht ausschließen kann), dann bleibt als politisches Ziel dieses Prozesses nur die Absicht, die DDR und damit den Sozialismus zu diskreditieren. Die Niederlage der DDR und des Sozialismus in Deutschland und in Europa allein genügt ihnen offenbar nicht. Es soll alles ausgerottet werden, was diese Epoche, in der Arbeiter und Bauern regierten, in einem anderen als furchtbaren, verbrecherischen Licht erscheinen lässt. Total sollen der Sieg der Marktwirtschaft (wie man den Kapitalismus heute euphemistisch nennt) und die Niederlage des Sozialismus sein. Man will, wie es Hitler einst vor Stalingrad sagte, ›dass dieser Feind sich nie mehr erheben wird‹. Die deutschen Kapitalisten hatten eben schon immer den Hang zum Totalen.

Dieses Ziel des Prozesses, den totgesagten Sozialismus noch einmal zu töten, offenbart, wie Herr Kohl, wie Regierung und Opposition der BRD die Lage einschätzen. Der Kapitalismus hat sich ökonomisch genauso totgesiegt, wie sich Hitler einst militärisch totgesiegt hat. Der Kapitalismus ist weltweit in eine ausweglose Lage geraten. Er hat nur noch die Wahl zwischen dem Untergang in einem ökologischen und sozialen Chaos und der Aufgabe des Privateigentums an Produktionsmitteln, d. h. dem Sozialismus. Beides bedeutet sein Ende. Nur der Sozialismus erscheint den Herrschenden der Bundesrepublik Deutschland offenbar als die akutere Gefahr. Dem soll dieser Prozess genauso vorbeugen wie der ganze Feldzug gegen das Andenken an die untergegangene DDR, wie deren Stigmatisierung als ›Unrechtsstaat‹.

Der unnatürliche Tod jedes Menschen in unserem Land hat uns immer bedrückt. Der Tod an der Mauer hat uns nicht nur menschlich betroffen, sondern auch politisch geschädigt. Vor allen anderen trage ich die Hauptlast der politischen Verantwortung dafür, dass auf denjenigen, der die Grenze zwischen der DDR und der BRD, zwischen Warschauer Vertrag und NATO, ohne Genehmigung überschreiten wollte, unter den Bedingungen der Schusswaffengebrauchsbestimmung geschossen wurde. Das ist sicher eine schwere Verantwortung. Ich werde später noch darlegen, warum ich sie auf mich genommen habe. Hier, bei der Bestimmung des poliltischen Ziels dieses Prozesses, komme ich jedoch nicht umhin, auch festzustellen, mit welchen Mitteln das Prozessziel ›Verunglimpfung der DDR‹ erreicht werden soll. Dieses Mittel sind die Toten an der Mauer. Sie sollen und werden diesen Prozess wie schon vorangegangene Prozesse medienwirksam gestalten. Wir und vor allem Sie haben bereits erlebt, wie ohne Rücksicht auf Pietät und Anstand die Bilder der Toten vermarktet wurden. Damit soll Politik gemacht und Stimmung erzeugt werden. Jeder Tote wird so gebraucht, richtiger missbraucht, im Kampf der Unternehmer um den Erhalt ihres kapitalistischen Eigentums.

Denn um nichts anderes geht es bei dem Kampf gegen den Sozialismus.

Die Toten sollen die Unmenschlichkeit der DDR und des Sozialismus beweisen und von der Misere der Gegenwart und den Opfern der sozialen Marktwirtschaft ablenken. Das alles geschieht demokratisch, rechtsstaatlich, christlich, human und zum Wohle des deutschen Volkes. Armes Deutschland.

Nun zur Sache selbst. Die Staatsanwälte der Frontstadt klagen uns als gemeine Kriminelle, als Totschläger an. Da wir nun offensichtlich keinen der 68 Menschen, deren Tod uns in der Anklage vorgeworfen wird, persönlich totgeschlagen haben, da wir auch deren Tötung ebenso offensichtlich nicht vorher befohlen oder sonst veranlasst haben, wirft mir die Anklage auf Seite 9 wörtlich vor: ›als Sekretär des NVR und Sekretär für Sicherheitsfragen beim Zentralkomitee der SED (angeordnet zu haben), die Grenzanlagen um Berlin (West) und die Sperranlagen zur Bundesrepublik Deutschland auszubauen, um ein Passieren unmöglich zu machen‹.

Ferner wirft mir die Anklage vor, in 17 Sitzungen des NVR vom 29.11.1961 bis 1.7.1983 an Beschlüssen teilgenommen zu haben,
- weitere Drahtminensperren zu errichten (wobei das Wort ›weitere‹ erkennen lässt, dass die Streitkräfte der UdSSR vorher schon solche Sperren errichtet hatten),
- das Grenzsicherungssystem zu verbessern, die Schießausbildung der Grenzsoldaten zu verbessern,

– Grenzdurchbrüche nicht zuzulassen,
– am 3.5.1974 persönlich erklärt zu haben, von der Schusswaffe muss rücksichtslos Gebrauch gemacht werden,
– und dem Entwurf des am 1. Mai 1982 in Kraft getretenen Grenzgesetzes zugestimmt zu haben.

Die Vorwürfe gegen mich bzw. gegen uns richten sich also gegen Beschlüsse eines verfassungsmäßigen Organs der DDR. Gegenstand des Verfahrens ist somit die Politik der DDR, das Bemühen des NVR, die DDR als Staat zu verteidigen und zu erhalten. Diese Politik soll durch dieses Verfahren kriminalisiert werden. Damit soll die DDR als ›Unrechtsstaat‹ gebrandmarkt und alle, die ihr dienten, zu Verbrechern gestempelt werden.

Die Verfolgung von Zehntausenden und unter Umständen Hunderttausenden DDR-Bürgern, von denen die Staatsanwaltschaft jetzt schon spricht, ist das Ziel dieses Verfahrens, das durch ›Pilotverfahren‹ gegen Grenzsoldaten vorbereitet sowie von unzähligen, die DDR-Bürger diskriminierenden anderen Gerichtsverfahren vor Zivil-, Sozial-, Arbeits- und Verwaltungsgerichten und von zahlreichen Verwaltungsakten begleitet wird. Es geht also nicht um mich oder um uns, die wir in diesem Prozess angeklagt sind. Es geht um viel mehr. Es geht um die Zukunft Deutschlands, Europas, ja der Welt, die mit der Beendigung des Kalten Krieges, mit dem neuen Denken so glücklich zu beginnen schien.

Hier wird nicht nur der Kalte Krieg fortgesetzt, hier soll ein Grundstein für ein Europa der Reichen gelegt werden. Die Idee der sozialen Gerechtigkeit soll wieder einmal endgültig erstickt werden. Unsere Brandmarkung als Totschläger soll dazu ein Mittel sein. Ich bin der letzte, der gegen sittliche und rechtliche Maßstäbe zur Be- oder auch Verurteilung von Politikern ist. Nur müssen drei Voraussetzungen erfüllt sein: Die Maßstäbe müssen exakt vorher formuliert sein. Sie müssen für alle Politiker gleichermaßen gelten. Ein überparteiliches Gericht, das weder mit Freunden noch Feinden der Angeklagten besetzt ist, muss entscheiden.

Mir scheint, dass alles dies einerseits selbstverständlich, andererseits aber in der heutigen Welt noch nicht machbar ist. Wenn Sie heute dennoch über uns zu Gericht sitzen, so tun Sie das als Gericht der Sieger über uns Besiegte. Dies ist ein Ausdruck der realen Machtverhältnisse, aber nicht ein Akt, der irgendeinen Anspruch auf Geltung vor überpositivem Recht oder überhaupt Recht für sich beanspruchen kann. Das allein könnte schon genügen, um darzulegen, dass die Anklage ein Unrechtsakt ist. Doch da wir die Auseinandersetzung auch im Detail nicht scheuen, will ich im Einzelnen darlegen, was die Anklage, sei es aus böser Absicht, sei es aus Verblendung, nicht darlegt.

Wie bereits zitiert, beginnt die Anklage die chronologische Aufzählung aller Vorwürfe gegen uns mit den Sätzen:

›Am 12. August 1961 ordnete der Angeschuldigte Honecker als Sekretär des NVR und Sekretär für Sicherheitsfragen beim Zentralkomitee der SED an, die Grenzanlagen um Berlin (West) und die Sperranlagen zur Bundesrepublik Deutschland auszubauen, um ein Passieren unmöglich zu machen.‹

Diese historische Sicht der Dinge spricht für sich. Der Sekretär für Sicherheitsfragen des ZK der SED ordnete 1961 ein welthistorisches Ereignis an. Das übertrifft noch die Selbstironie der DDR-Bürger, die die DDR als die größte DDR der Welt bezeichneten. Wenn auch heute Enno von Löwenstein die DDR zu einem ›großen Land‹ machen will, um den Sieg der BRD entsprechend gewichtiger darstellen zu können, so versucht doch nicht einmal dieser Rechtsaußen des politischen deutschen Journalismus die DDR zur Weltmacht hochzustilisieren. Das bleibt der ›objektivsten Behörde der Welt‹ vorbehalten. Jeder macht sich vor der Geschichte so lächerlich, wie er will und kann. Wahr ist, dass der Bau der Mauer auf einer Sitzung der Staaten des Warschauer Vertrages in Moskau beschlossen wurde. In diesem Bündnis sozialistischer Staaten war die DDR ein wichtiges Glied, aber nicht die Führungsmacht. Dies dürfte gerichtsbekannt sein und braucht wohl nicht bewiesen zu werden.

Da wir – wie ich schon sagte – offensichtlich niemand persönlich totgeschlagen noch den Totschlag eines Menschen unmittelbar befohlen haben, wird der Bau der Mauer, ihre Aufrechterhaltung und die Durchsetzung des Verbots, die DDR ohne staatliche Genehmigung zu verlassen, als Tötungshandlung angesehen. Mit Politik soll das alles nichts zu tun haben. Die deutsche Jurisprudenz macht das möglich. Nur vor der Geschichte und dem gesunden Menschenverstand wird sie damit nicht bestehen. Sie wird nur ein weiteres Mal demonstrieren, wes Geistes Kind sie ist und wohin Deutschland zu gehen im Begriffe steht.

Wir alle, die wir in den Staaten des Warschauer Vertrages damals Verantwortung trugen, trafen diese politische Entscheidung gemeinsam. Ich sage das nicht, um mich zu entlasten und die Verantwortung auf andere abzuwälzen; ich sage es nur, weil es so und nicht anders war, und ich stehe dazu, dass diese Entscheidung damals, 1961, richtig war und richtig blieb, bis die Konfrontation zwischen den USA und der UdSSR beendet war. Eben diese politische Entscheidung und die Überzeugungen, die ihr zugrunde liegen, sind der Gegenstand dieses Prozesses. Man muss schon blind sein oder bewusst vor den Geschehnissen der Vergangenheit die Augen verschließen, um diesen Prozess nicht als politischen Prozess zu erkennen, um nicht zu erkennen, dass er eine politisch motivierte Entstellung der Geschichte bedeutet.

Wenn Sie diese politische Entscheidung für falsch halten und mir und meinen Genossen die Toten an der Mauer zum strafrechtlichen Vorwurf machen, dann sage ich Ihnen, die Entscheidung, die Sie für richtig halten, hätte Tausende oder Millionen Tote zur Folge gehabt.

Das war und das ist meine Überzeugung und, wie ich annehme, auch die Überzeugung meiner Genossen. Wegen dieser politischen Überzeugung stehen wir hier vor Ihnen. Und wegen Ihrer andersartigen politischen Überzeugung werden Sie uns verurteilen.

Wie und warum es zum Bau der Mauer gekommen ist, interessiert die Staatsanwaltschaft nicht. Kein Wort steht darüber in der Anklage. Die Ursachen und Bedingungen werden unterschlagen, die Kette der historischen Ereignisse wird willkürlich zerrissen. Erich Honecker hat die Mauer gebaut und aufrechterhalten. Basta. So einfach vermag der bundesdeutsche Jurist die Geschichte zu sehen und darzustellen. Hauptsache, der Kommunist wird zum Kriminellen gestempelt und als solcher verurteilt. Dabei kann doch jeder Deutsche wissen, wie es zur Mauer kam und warum dort geschossen wurde. Da die Anklage so tut, als sei es dem Sozialismus eigen, Mauern zu bauen und daran Menschen erschießen zu lassen, und als trügen solche ›verbrecherischen‹ Einzelpersonen wie ich und meine Genossen dafür die Verantwortung, muss ich, ohne Historiker zu sein, die Geschichte, die zur Mauer führte, rekapitulieren.

Der Ursprung liegt weit zurück. Er beginnt mit der Entstehung des Kapitalismus und des Proletariats. Der unmittelbare Beginn des Elends der deutschen Geschichte der Neuzeit ist das Jahr 1933. 1933 haben bekanntlich sehr viele Deutsche in freien Wahlen die NSDAP gewählt, und der Reichspräsident Hindenburg, der schon 1932 ebenfalls frei gewählt worden war, hat Adolf Hitler dann ganz demokratisch zum Reichskanzler berufen. Anschließend haben die politischen Vorläufer unserer etablierten Parteien mit Ausnahme der SPD dem Ermächtigungsgesetz zugestimmt, das Hitler diktatorische Vollmachten verlieh. Nur die Kommunisten hatten vor den

Wahlen gesagt: ›Wer Hindenburg wählt, wählt Hitler, wer Hitler wählt, wählt den Krieg.‹ Bei der Abstimmung zum Ermächtigungsgesetz waren die kommunistischen Abgeordneten bereits aus dem Reichstag entfernt. Viele Kommunisten waren inhaftiert oder lebten illegal. Schon damals begann mit dem Verbot der Kommunisten der Untergang der Demokratie in Deutschland.

Kaum war Hitler Reichskanzler, erlebte Deutschland sein erstes Wirtschaftswunder. Die Arbeitslosigkeit wurde überwunden, die Anrechtsscheine auf Volkswagen wurden verkauft, die kochende Volksseele führte zur Vertreibung der Juden. Das deutsche Volk war in seiner Mehrheit glücklich und zufrieden.

Als der Zweite Weltkrieg ausgebrochen war und die Fanfaren die Siege in den Blitzkriegen gegen Polen, Norwegen, Dänemark, Belgien, Holland, Luxemburg, Frankreich, Jugoslawien und Griechenland vermeldeten, kannte die Begeisterung keine Grenzen. Die Herzen fast aller Deutschen schlugen für ihren Kanzler, für den größten Führer aller Zeiten. Kaum einer dachte daran, dass das Tausendjährige Reich nur zwölf Jahre bestehen würde.

Nachdem 1945 alles in Scherben lag, gehörte nicht die ganze Welt Deutschland (wie es in einem bekannten Nazilied vorausgesungen wurde), sondern Deutschland gehörte den Alliierten. Deutschland war in vier Zonen geteilt. Freizügigkeit gab es nicht. Dieses Menschenrecht galt damals bei den Alliierten noch nicht. Es galt nicht einmal für die deutschen Emigranten, die wie Gerhart Eisler aus den USA nach Deutschland zurückkehren wollten.

In den USA gab es damals Pläne (z. B. den Morgenthauplan), Deutschland für dauernd in mehrere Staaten aufzuteilen. Diese Pläne gaben Stalin Veranlassung zu seinem oft zitierten Satz: ›Die Hitler kommen und gehen, das deutsche Volk und der deutsche Staat bleiben.‹ Die damals von der UdSSR angestrebte Erhaltung der Einheit Deutschlands kam jedoch nicht zustande. Deutschland wurde im Ergebnis des 1947 von den USA ausgerufenen Kalten Krieges auf dem Wege über die Bildung der Bizone, der Trizone, die separate Währungsreform und schließlich die Bildung der Bundesrepublik im Mai 1949 für lange Zeit zweigeteilt. Diese Teilung war, wie die zeitliche Abfolge beweist, nicht das Werk der Kommunisten, sondern das Werk der westlichen Alliierten und Konrad Adenauers. Die Bildung der DDR war eine zeitliche und logische Folge der Bildung der BRD.

Nunmehr existierten zwei deutsche Staaten nebeneinander. Die BRD war jedoch nicht gewillt, die DDR anzuerkennen und mit ihr friedlich zu leben. Sie erhob vielmehr für ganz Deutschland und alle Deutschen den Alleinvertretungsanspruch. Sie verhängte mit Hilfe ihrer Verbündeten über die DDR ein Wirtschaftsembargo und versuchte so, die DDR wirtschaftlich und politisch zu isolieren. Es war eine Politik der nichtkriegerischen Aggression, die die BRD gegen die DDR führte. Es war dies die Form des Kalten Krieges auf deutschem Boden. Es war die Politik, die zur Mauer führte.

Nachdem die BRD der NATO beigetreten war, schloss sich die DDR dem Warschauer Vertrag an. Damit standen sich beide deutsche Staaten als Mitglieder feindlicher Militärbündnisse feindlich gegenüber. Die BRD war der DDR nach der Zahl ihrer Bevölkerung, nach ihrer Wirtschaftskraft und nach ihren politischen und ökonomischen Verbindungen in vielfacher Hinsicht überlegen. Die BRD hatte durch den Marshallplan und durch geringere Reparationsleistungen weniger an den Kriegsfolgen zu tragen. Sie hatte mehr Naturreichtümer und ein größeres Territorium. Sie nutzte diese vielfache Überlegenheit gegenüber der DDR in jeder Hinsicht, besonders aber dadurch aus, dass sie DDR-Bürgern materielle Vorteile versprach, wenn sie ihr Land verließen. Viele DDR-Bürger erlagen dieser Versuchung und taten das, was die Politiker der BRD von ihnen erwarteten: sie ›stimmten mit den Füßen ab‹. Der wirtschaftliche Erfolg verlockte die Deutschen nach 1945 nicht weniger, als er sie nach 1933 verlockt hatte.

Die DDR und die mit ihr verbündeten Staaten des Warschauer Vertrages gerieten in eine schwierige Situation. Die Politik des Rollback schien in Deutschland zum Erfolg zu führen. Die NATO schickte sich an, ihren Einflussbereich bis an die Oder zu erweitern.

Durch diese Politik entstand 1961 eine Spannungssituation in Deutschland, die den Weltfrieden gefährdete. Die Menschheit stand am Rande eines Atomkrieges. In dieser Situation also beschlossen die Staaten des Warschauer Vertrages den Bau der Mauer. Niemand fasste diesen Entschluss leichten Herzens. Er trennte nicht nur Familien, sondern er war auch ein Zeichen einer politischen und wirtschaftlichen Schwäche des Warschauer Vertrages gegenüber der NATO, die nur mit militärischen Mitteln ausgeglichen werden konnte.

Bedeutende Politiker außerhalb Deutschlands, aber auch in der BRD, erkannten nach 1961 an, dass der Bau der Mauer die Weltlage entspannt hatte.

Franz Josef Strauß schrieb in seinen Erinnerungen: ›Mit dem Bau der Mauer war die Krise, wenn auch in einer für die Deutschen unerfreulichen Weise, nicht nur aufgehoben, sondern eigentlich auch abgeschlossen.‹ (S. 390) Vorher hat er über den geplanten Atombombenabwurf im Gebiet der DDR berichtet. (S. 388)

Aus meiner Sicht hätte es weder den Grundlagenvertrag, noch Helsinki noch die Einheit Deutschlands gegeben, wenn damals die Mauer nicht gebaut oder wenn sie vor der Beendigung des Kalten Krieges abgerissen worden wäre. Deswegen meine ich, dass ich genauso wie meine Genossen nicht nur keine juristische, sondern auch keine politische und keine moralische Schuld auf mich geladen habe, als ich zur Mauer ja sagte und dabei blieb.

Es ist in der Geschichte Deutschlands sicher nur am Rande zu vermerken, dass viele Deutsche sowohl aus dem Westen wie aus dem Osten sich die Mauer wiederwünschen.

Fragen muss man aber auch, was geschehen wäre, wenn wir uns so verhalten hätten, wie das die Anklage als selbstverständlich voraussetzt. Das heißt, wenn wir die Mauer nicht gebaut, die Ausreise aus der DDR jedem zugebilligt und damit freiwillig die DDR schon 1961 aufgegeben hätten. Man muss nicht spekulieren, um sich die Ergebnisse einer solchen Politik vorzustellen. Man muss nur wissen, was 1956 in Ungarn und 1968 in der CSSR geschehen ist. Genauso wie dort hätten auch 1961 in der DDR die ohnehin anwesenden sowjetischen Truppen interveniert. Auch in Polen rief 1981 Jaruzelski das Kriegsrecht aus, um eine solche Intervention zu verhindern.

Eine derartige Zuspitzung der Ereignisse, wie sie von der Anklage als selbstverständliche politische, moralische und juristische Aktion von uns verlangt wird, hätte das Risiko eines Dritten Weltkrieges bedeutet. Dieses Risiko wollten, konnten und durften wir nicht eingehen. Wenn das in Ihren Augen ein Verbrechen ist, so werden Sie sich vor der Geschichte mit Ihrem Urteil selbst richten. Das wäre an sich nicht bedeutungsvoll. Bedeutungsvoll ist jedoch, dass Ihr Urteil ein Signal sein wird, das die alten Fronten neu aufreißt, statt sie zu schließen. Sie demonstrieren damit im Angesicht eines drohenden ökologischen Kollapses der Welt die alte Klassenkampfstrategie der 30er Jahre und die Machtpolitik, die Deutschland seit dem eisernen Kanzler berühmt gemacht hat.

Wenn Sie uns wegen unserer politischen Entscheidung von 1961 bis 1989 verurteilen, und ich gehe davon aus, dass Sie das tun werden, so fällen Sie Ihr Urteil nicht nur ohne rechtliche Grundlage, nicht nur als ein parteiisches Gericht, sondern auch unter völliger Außerachtlassung der politischen Gepflogenheiten und Verhaltensweisen derjenigen Länder, die als Rechtsstaaten Ihren höchsten Respekt genießen.

Ich will und kann in diesem Zusammenhang nicht alle Fälle aufzählen, in denen politische Entscheidungen Menschenleben gefordert haben, weil ich Ihre Zeit und Ihre Sensibilität nicht überstrapazieren will. Auch kann ich mich nicht mehr an alles erinnern. Nur Folgendes will ich erwähnen:

1964 entschied der damalige Präsident der USA, Kennedy, Truppen nach Vietnam zu entsenden, um anstelle der besiegten Franzosen bis 1973 Krieg gegen die um ihre Freiheit, ihre Unabhängigkeit und ihr Selbstbestimmungsrecht kämpfenden Vietnamesen zu führen. Diese Entscheidung des Präsidenten der USA, die eine eklatante Verletzung der Menschenrechte und des Völkerrechts beinhaltete, wurde von der Regierung der BRD in keiner Form kritisiert. Die Präsidenten der USA, Kennedy, Johnson und Nixon wurden vor kein Gericht gestellt, auf ihre Ehre fiel, zumindest wegen dieses Krieges, kein Schatten. Dabei hatte kein US-amerikanischer und kein vietnamesischer Soldat die Freiheit zu entscheiden, ob er sich wegen dieses ungerechten Krieges in Lebensgefahr begeben will oder nicht.

1982 setzte England Truppen gegen Argentinien ein, um die Falklandinseln als Kolonie für das Empire zu erhalten. Die ›Eiserne Lady‹ sicherte sich damit einen Wahlsieg, und ihr Ansehen wurde dadurch, auch nachdem sie abgewählt worden ist, nicht beschädigt. Von Totschlag keine Rede.

1983 befahl der Präsident Reagan seinen Truppen die Besetzung von Grenada. Niemand genießt in Deutschland höheres Ansehen als dieser Präsident der USA. Keine Frage, dass die Opfer dieses Unternehmens rechtens zu Tode gekommen sind.

1986 ließ Reagan die Städte Tripolis und Bengasi in einer Strafaktion bombardieren, ohne zu fragen, ob seine Bomben Schuldige oder Unschuldige trafen.

1989 ordnete Präsident Bush an, General Noriega aus Panama mit Waffengewalt zu entführen. Tausende unschuldige Panamesen wurden dabei getötet. Wiederum fiel auf den Präsidenten der USA kein Makel, geschweige denn, dass er wegen Totschlags oder Mordes angeklagt wurde.

Die Aufzählung ließe sich beliebig erweitern. Von dem Verhalten Englands in Irland überhaupt nur zu sprechen, dürfte als unanständig gelten. Nach dem, was die Waffen der Bundesrepublik Deutschland unter türkischen Kurden oder der schwarzen Bevölkerung Südafrikas anrichten, werden zwar rhetorische Fragen gestellt, doch niemand zählt die Toten, und niemand nennt die Schuldigen.

Ich habe hier nur die als besonders rechtsstaatlich anerkannten Staaten mit nur einigen ihrer politischen Entscheidungen aufgezählt. Jeder kann vergleichen, wie sich diese Entscheidungen zu der Entscheidung verhalten, an der Grenze des Warschauer Vertrages und der NATO eine Mauer zu errichten.

Sie werden sagen, dass Sie über die Handlungen in anderen Ländern nicht entscheiden können und dürfen. Sie werden sagen, dass Sie dies alles nicht interessiert. Doch ich meine, das Urteil der Geschichte über die DDR kann nicht gefällt werden, ohne dass die Ereignisse Berücksichtigung finden, die sich in der Zeit der Existenz der DDR aufgrund der Auseinandersetzung zwischen den beiden Blöcken in anderen Ländern abspielten. Ich meine darüber hinaus auch, dass politische Handlungen nur aus dem Geist ihrer Zeit zu beurteilen sind. Wenn Sie die Augen davor verschließen, was von 1961 bis 1989 in der Welt außerhalb Deutschlands passierte, können Sie kein gerechtes Urteil fällen.

Auch wenn Sie sich auf Deutschland beschränken und die politischen Entscheidungen in beiden deutschen Staaten einander gegenüberstellen, würde eine ehrliche und objektive Bilanz zugunsten der DDR ausfallen. Wer seinem Volk das Recht auf Arbeit und das Recht auf Wohnung verweigert, wie das in der BRD der Fall ist, nimmt in Kauf, dass zahlreichen Menschen ihre Existenz genommen wird und sie keinen anderen Ausweg sehen, als aus dem Leben zu scheiden. Arbeitslosigkeit, Obdachlosigkeit, Drogenmissbrauch, Beschaffungskriminalität, Kriminalität überhaupt sind alle das Ergebnis der Entscheidung für die soziale Marktwirtschaft. Selbst anscheinend so politisch neutrale Entscheidungen wie die Geschwindigkeitsbegrenzung auf Autobahnen sind Folgen einer Staatsverfassung, in der nicht die frei gewählten Politiker, sondern die nicht gewählten Wirtschaftsbosse das Sagen haben. Wenn die Abteilung Regierungskriminalität des Generalstaatsanwalts beim Kammergericht ihre Aufmerksamkeit einmal hierauf richten würde, hätte ich bald die Möglichkeit, den Repräsentanten der Bundesrepublik Deutschland wieder wie früher die Hand zu schütteln – diesmal allerdings in Moabit. Das wird natürlich nicht geschehen, weil die Toten der Marktwirtschaft alle rechtens ihr Leben verloren. Ich bin nicht derjenige, der die Bilanz der Geschichte der DDR ziehen kann. Die Zeit dafür ist noch nicht gekommen. Die Bilanz wird später und von anderen gezogen werden. Ich habe für die DDR gelebt. Ich habe einen beträchtlichen Teil der Verantwortung für ihre Geschichte getragen. Ich bin also befangen und darüber hinaus durch Alter und Krankheit geschwächt. Dennoch habe ich am Ende meines Lebens die Gewissheit, die DDR wurde nicht umsonst gegründet. Sie hat ein Zeichen gesetzt, dass Sozialismus möglich und besser sein kann als Kapitalismus. Sie war ein Experiment, das gescheitert ist. Doch noch nie hat die Menschheit wegen eines gescheiterten Experiments die Suche nach neuen Erkenntnissen und Wegen aufgegeben. Es ist nun zu prüfen, warum das Experiment scheiterte. Sicher scheiterte es auch, weil wir, ich meine damit die Verantwortlichen in allen sozialistischen Ländern, vermeidbare Fehler begangen haben. Sicher scheiterte es in Deutschland unter anderem auch deswegen, weil die Bürger der DDR wie andere Deutsche vor ihnen eine falsche Wahl trafen und weil unsere Gegner noch übermächtig waren. Die Erfahrungen aus der Geschichte der DDR werden mit den Erfahrungen aus der Geschichte der anderen sozialistischen Länder für die Millionen in den noch existierenden sozialistischen Ländern und für die Welt von morgen insgesamt nützlich sein. Wer seine Arbeit und sein Leben für die DDR eingesetzt hat, hat nicht umsonst gelebt.

Immer mehr ›Ossis‹ werden erkennen, dass die Lebensbedingungen in der DDR sie weniger deformiert haben als die ›Wessis‹ durch die ›soziale‹ Marktwirtschaft deformiert worden sind, dass die Kinder in der DDR in Krippen, in Kindergärten und Schulen sorgloser, glücklicher, gebildeter und freier aufwuchsen als die Kinder in den von Gewalt beherrschten Schulen, Straßen und Plätzen der BRD. Kranke werden erkennen, dass sie in dem Gesundheitswesen der DDR trotz technischer Rückstände Patienten und nicht kommerzielle Objekte für das Marketing von Ärzten waren. Künstler werden begreifen, dass die angebliche oder wirkliche DDR-Zensur nicht so kunstfeindlich war wie die Zensur des Marktes. Staatsbürger werden spüren, dass die DDR-Bürokratie plus der Jagd auf knappe Waren nicht soviel Freizeit erforderte wie die Bürokratie der BRD. Arbeiter und Bauern werden erkennen, dass die BRD ein Staat der Unternehmer (sprich Kapitalisten) ist und dass die DDR sich nicht ohne Grund einen Arbeiter-und-Bauern-Staat nannte. Frauen werden die Gleichberechtigung und das Recht, über ihren Körper selbst zu bestimmen, die sie in der DDR hatten, jetzt höher schätzen.

Viele werden nach der Berührung mit dem Gesetz und dem Recht der BRD mit Frau Bohley, die uns Kommunisten verdammt, sagen: ›Gerechtigkeit haben wir gewollt. Den Rechtsstaat haben wir bekommen.‹

Viele werden auch begreifen, dass die Freiheit, zwischen CDU/CSU, SPD und F.D.P. zu wählen, nur die Freiheit zu einer Scheinwahl bedeutet. Sie werden erkennen, dass sie im täglichen Leben, insbesondere auf ihrer Arbeitsstelle, in der DDR ein ungleich höheres Maß an Freiheit hatten als sie es jetzt haben. Schließlich werden die Geborgenheit und Sicherheit, die die kleine und im Verhältnis zur BRD arme DDR ihren Bürgern gewährte, nicht mehr als Selbstverständlichkeit missachtet werden, weil der Alltag des Kapitalismus jetzt jedem deutlich macht, was sie in Wahrheit wert sind.

Die Bilanz der 40-jährigen Geschichte der DDR sieht anders aus, als sie von den Politikern und Medien der BRD dargestellt wird. Der wachsende zeitliche Abstand wird das immer deutlicher machen. Der Prozess gegen uns Mitglieder des Nationalen Verteidigungsrates der DDR soll ein Nürnberger Prozess gegen Kommunisten werden. Dieses Unternehmen ist zum Scheitern verurteilt. In der DDR gab es keine Konzentrationslager, keine Gaskammern, keine politischen Todesurteile, keinen Volksgerichtshof, keine Gestapo, keine SS. Die DDR hat keinen Krieg geführt und keine Kriegs- oder Menschlichkeitsverbrechen begangen. Die DDR war ein konsequent antifaschistischer Staat, der wegen seines Eintretens für den Frieden hohes internationales Ansehen besaß.

Der Prozess gegen uns als die ›Großen‹ der DDR soll dem Argument entgegengesetzt werden, ›die Kleinen hängt man, und die Großen lässt man laufen‹. Das Urteil über uns soll damit den Weg völlig frei machen, um auch die ›Kleinen‹ zu hängen. Schon bisher hat man sich allerdings hierbei wenig Zwang auferlegt.

Der Prozess soll die Grundlage für die Brandmarkung der DDR als ›Unrechtsstaat‹ bilden. Ein Staat, der von solchen ›Verbrechern‹ wie uns ›Totschlägern‹ regiert wurde, kann nur ein ›Unrechtsstaat‹ sein. Wer ihm nahestand, wer ein pflichtbewusster Bürger der DDR war, soll mit einem Kainszeichen gebrandmarkt werden. Ein Unrechtsstaat kann natürlich nur von ›verbrecherischen Organisationen‹ wie dem MfS, der SED usw. geführt und gestützt worden sein. Kollektivschuld, kollektive Verurteilung soll an die Stelle individueller Verantwortlichkeit treten, um das Fehlen von Beweisen für die behaupteten Verbrechen zu verschleiern. Pfarrer aus der DDR geben ihren Namen für eine neue Inquisition, für eine moderne Hexenjagd. Millionen werden so gnadenlos ausgegrenzt, aus der Gesellschaft ausgestoßen. Vielen werden die Existenzmöglichkeiten bis aufs Äußerste eingeschränkt. Es reicht, als IM registriert worden zu sein, um den bürgerlichen Tod zu erleiden. Der Journalist als Denunziant wird hoch gelobt und reich entlohnt, nach seinem Opfer fragt niemand. Die Zahl der Selbstmorde ist tabu. Das alles unter einer Regierung, die sich christlich und liberal nennt, sowie mit Duldung, ja sogar Unterstützung einer Opposition, die diesen Namen ebensowenig verdient wie die Bezeichnung ›sozial‹.

Das alles geschieht mit dem selbstverliehenen Gütesiegel des Rechtsstaats.

Der Prozess offenbart seine politische Dimension auch als Prozess gegen Antifaschisten. Zu einer Zeit, in der der rechte Mob ungestraft auf den Straßen tobt, Ausländer verfolgt und wie in Mölln ermordet werden, zeigt der Rechtsstaat seine ganze Kraft bei der Verhaftung demonstrierender Juden und eben bei der Verfolgung von Kommunisten. Hier fehlt es auch nicht an Beamten und Geld. Das alles hatten wir schon einmal.

Resümiert man den politischen Gehalt dieses Prozesses, so stellt er sich als Fortsetzung des Kalten Krieges, als Negierung des neuen Denkens dar. Er enthüllt den wahren politischen Charakter dieser Bundesrepublik. Die Anklage, die Haftbefehle und der Beschluss des Gerichts über die Zulassung der Anklage sind geprägt vom Geist des Kalten Krieges. Die Präjudizien zu den Gerichtsentscheidungen gehen auf das Jahr 1964 zurück. Die Welt hat sich seitdem geändert, aber die deutsche Justiz führt politische Prozesse, als regiere noch Wilhelm II. Sie hat die vorübergehende politische ›Schwäche‹, die sie nach 1968 überfiel, wieder überwunden und ihre alte antikommunistische Hochform wiedergewonnen. Uns schalt man ›Betonköpfe‹ und warf uns Reformunfähigkeit vor.

In diesem Prozess wird demonstriert, wo die Betonköpfe herrschen und wer reformunfähig ist. Nach außen ist man zwar äußerst geschmeidig, wird Gorbatschow die Ehrenbürgerwürde von Berlin verliehen, wird gnädig verziehen, dass er einst die sogenannten Mauerschützen durch einen Eintrag in ihr Ehrenbuch belobigte, aber nach innen ist man ›hart wie Kruppstahl‹. Den einstigen Verbündeten von Gorbatschow gewährt man demgegenüber weder Recht noch Gnade. Gorbatschow und ich gehörten beide der kommunistischen Weltbewegung an. Es ist bekannt, dass wir in einigen wesentlichen Punkten verschiedener Meinung waren. Doch unsere Differenzen waren aus meiner damaligen Sicht geringer als unsere Gemeinsamkeiten. Ich hoffe, dass das noch heute so ist. Mich hat der Bundeskanzler nicht mit Goebbels verglichen, und ich hätte ihm das auch nicht verziehen. Weder für den Bundeskanzler noch für Gorbatschow ist dieses Strafverfahren ein Hindernis für ihre Duzfreundschaft. Auch das ist kennzeichnend.

Ich bin am Ende. Tun Sie, was Sie nicht lassen können.«

Während Honecker seine Erklärung vortrug, war ich zunächst voller Besorgnis, ob es ihm gelingen würde, den Text angemessen zu lesen. Erst allmählich wich diese Besorgnis. Im Saal herrschte gespannte Aufmerksamkeit. Auch das Gericht und die Staatsanwälte waren nach meinem Eindruck gebannt. Die Stille wurde nur durch den demonstrativen Abgang der Nebenklägervertreter und durch gelegentlichen Beifall aus den Reihen der Zuhörer unterbrochen.

Nachdem Honecker geendet hatte, erklärte Bräutigam nach kurzer Besinnung: »Das müssen wir erst verarbeiten« und vertagte die Verhandlung auf den 7. Dezember.

Die Reaktion der Medien am folgenden Tag spiegelte das Ereignis selbst in den äußeren Details unterschiedlich wider. In der *FAZ* berichtete Jacqueline Hénard: »Honecker sprach zunächst in nuschelndem Singsang, später immer lauter und deutlicher.« Sie fand: »Honeckers Rede verliert viel durch seinen Vortragsstil. Es ist mühsam, seinem Vorlesen zuzuhören. Nur die Mitangeklagten folgten ihm gespannt.«

Gisela Friedrichsen berichtete am 7. Dezember im *Spiegel*: »Seine Rede hörte sich besser an, als sie sich später las.«

Sabine Deckwerth gab ihren Eindruck zum selben Thema mit den Worten wider: »›Meine Damen und Herren‹, hob er mit deutlich vernehmbarer Stimme an, die ihm auch während seiner 70-minütigen Redezeit nicht den Gehorsam verweigerte.«

Die objektive Berichterstattung zur Form des Vortrags brachte also objektiv unterschiedliche Resultate. Hinsichtlich des Inhalts war sie insofern tendenziell etwas einheitlicher, als die reine auszugsweise Inhaltswiedergabe im Vordergrund stand. Kommentare waren seltener und dann auch konträr. Enno von Loewenstein hielt in der *Welt* vom 4. Dezember Honeckers Argumenten entgegen: »Ja, nun, wofür war der Sozialismus sonst da? Seit er real existiert, hat er seine Grenzen gesperrt, Stacheldrahtzäune, Posten mit Maschinenpistolen und sogar eine Mauer und ein beispielloses Terrorsystem errichtet, um die Unterworfenen als Zwangsarbeiter in einem riesigen KZ einzusperren und auszubeuten.«

Und auf Honeckers Darstellung, es hätte in der DDR »keine Konzentrationslager, keine Gaskammern, keine politischen Todesurteile, keinen Volksgerichtshof, keine Gestapo, keine SS gegeben«, erwiderte er zynisch: »Aber natürlich gab es das, wenn auch teilweise unter anderem Namen – außer den Gaskammern; dieses System bevorzugte den Genickschuss.«

Alles stand unter der Überschrift: »Keine Spur von Reue.«

Gisela Friedrichsen komprimierte ihr Urteil in dem Satz: »Was der alte, kranke Mann sagte, ist zum großen Teil unsinnig und grotesk und für die Ohren mancher aus einfühlbarem Grund auch unerträglich.« Im persönlichen Gespräch mit ihr hörten wir später allerdings Selbstzweifel heraus, ob ihr dieser Artikel gelungen sei.

Auch kurz, aber etwas weniger verdammend, war »pra« in der *Süddeutschen Zeitung* vom gleichen Tag: »Seine Verteidigungsrede war ein Zeugnis für Starrsinn, ohne eine Spur von Einsicht und Mitleid. Dies hatte auch niemand im Ernst erwarten können. Immerhin: Die Rede war penibel und akkurat, eine ordentliche Zusammenfassung der einschlägigen Argumente. Sie mag als versuchte Selbstverteidigung konzipiert gewesen sein. Dafür indes war sie objektiv untauglich. Sie war ein guter Funktionärsbericht.«

In der *FAZ* berichtete Jacqueline Hénard unter der Überschrift »Was wäre wohl geschehen ohne den Bau der Mauer?« Sie enthielt sich jeder direkten Wertung. Zwischen den Zeilen konnte man lesen – und sich auch irren. In ihrem Buch »Geschichte vor Gericht. Die Ratlosigkeit der Justiz« hat man dieselbe Möglichkeit, denn dort wird gleichfalls Honeckers Rede nicht gewertet. Aber immerhin findet man bei ihr auf Seite 75 den Satz: »Die Justiz hat den Prozess verloren.« Mehr Stoff, quantitativ und substantiell, bot Catarina Kennedy-Bannier im *Tagesspiegel*. Da las man nach der Aufzählung der kriegerischen Aktionen Kennedys, Johnsons und Nixons den Satz: »Da ist es ganz still im Saal. Da vergisst man doch fast, wieso man eigentlich hierher gekommen war.«

Allerdings kann sie auch den Zweifel nicht auslassen: »Irgendwie möchte man am Ende gar nicht glauben, dass der Erich das wirklich alles selber gedichtet haben soll, wie sein Verteidiger Wolff beteuert.«

In einem mit »psi« gezeichneten Kommentar sprach der *Tagesspiegel* auch anerkennend »von der vielleicht besten Rede, die Erich Honecker je in seinem politischen Leben gehalten hat« und findet, er sei »kein bisschen Wendehals«, und »seine Einlassung ist ein bedeutendes Dokument der Zeitgeschichte.«

In der *taz* schrieb Götz Aly am 4. Dezember anders als andere: »Zweifelsohne ist das Strafverfahren gegen Erich Honecker kein einfacher Kriminalprozess, sondern zwangsläufig ein politischer Prozess.« Und fügt hinzu: »Ein solcher politischer Prozess erfordert eine gesellschaftliche und demokratische Glaubwürdigkeit, die die Bundesrepublik in diesem Jahr einbüßte und dies ausgerechnet als Folge der Überwindung der deutschen Teilung, deren Zementierung Gegenstand des Prozesses ist.« Und später: »Viele gestrige Einschätzungen des ehemaligen Staatsrats- und Parteivorsitzenden mögen irrig oder halbwahr sein, doch wird darüber nicht die Justiz, sondern die kritische Zeitgeschichtsforschung der nächsten Jahrzehnte befinden müssen. Dennoch: Erich Honecker wahrte seine Chance.« Und er schließt beeindruckt: »Mit dieser Rede gewann Erich Honecker seine persönliche Ehre zurück.«

Soweit die Presse, fast hätte ich gesagt: die Westpresse, aber es gibt – viele finden das selbstverständlich – nur noch eine deutsche Presse, eben die Westpresse. Presse oder gar Rundfunk bzw. Fernsehen, gemacht von ehemaligen DDR-Bürgern, gibt es nicht. Ich finde das nicht selbstverständlich. Es war eines der großen Probleme des Verfahrens. Wir mussten damit fertigwerden.

Es reagierte jedoch nicht nur die Presse auf die Rede. Im Saal saßen die Nebenkläger bzw. ihre Vertreter und die »Unbelehrbaren«, die Kommunisten, die die Faust zum Gruß erhoben. Ich sah einen Bekannten, der nicht zu den »Unbelehrbaren«, allerdings noch weniger zu den Opfern gehörte, er hatte Tränen in den Augen. Sozialismus war für ihn kein Verbrechen, sondern ein Menschheitstraum. Er wollte sich nicht von ihm verabschieden. Honeckers Rede hatte ihn angerührt. – Die Reaktion auf die Rede war tatsächlich vielgestaltig, vielgestaltiger, als das Medienecho ahnen ließ.

Nach dem Ende der Verhandlung suchten Ziegler und ich unseren Mandanten auf. Er war erleichtert, er hatte getan, was er sich zu tun vorgenommen hatte. Auch aus unserer Sicht war das der Höhepunkt des Verfahrens. Jetzt galt es, die mit der Entlassung verbundenen praktischen Fragen zu lösen. An der bevorstehenden Entlassung hatten wir keinen Zweifel. Ungewiss war nur das Datum. Honecker hatte keinen gültigen Pass, er besaß lediglich einen DDR-Diplomatenpass. Mit der sehr menschlichen und engagierten Sozialfürsorgerin des Haftkrankenhauses erörterten wir, wie Honecker zu einem BRD-Pass kommen könnte. Auch sie war entschieden davon überzeugt, dass unser Mandant entlassen werden müsste und entlassen werden würde. Ziegler wollte in Verbindung mit ihr das Notwendige veranlassen. Honecker selbst blieb skeptisch, wir aber bereiteten seine Ausreise vor.

Da unser Mandant, entsprechend unserer gemeinsamen Auffassung, sich über seine Erklärung hinaus nicht mehr zur Sache äußern wollte, kam am nächsten Verhandlungstag, d. h. am Montag, dem 7. Dezember, Heinz Keßler zu Wort. Er verlas gleichfalls eine Erklärung. In den grundsätzlichen Problemen bezog er sich auf Erich Honecker, und auch sonst machte der ehemalige Verteidigungsminister deutlich, dass er mit seinem einstigen Chef übereinstimmte. Als ungünstig empfand ich, dass er seine Erklärung nur verlesen und nicht schriftlich der Presse übergeben hatte. Anders als Honecker war Keßler auch bereit, zur Sache auszusagen. Insofern differierte seine Verteidigungsstrategie von unserer. Ich fand nicht, dass Keßler die bessere Wahl getroffen hatte.

Neben der Hauptverhandlung und unabhängig von ihr zog die fortschreitende Krankheit unseres Mandanten die Aufmerksamkeit aller Prozessbeteiligten auf sich. Die Computertomografie vom 4. Dezember bestätigte das von der Sonografie drei Tage zuvor festgestellte Wachstum des Tumors. Professor Taenzer teilte die Befunde direkt dem Gericht mit. Bräutigam zeigte Reaktionen, die uns eine baldige Einstellung des Verfahrens gegen unseren Mandanten erwarten ließen. In einem Gespräch mit Keßler am Rande der Verhandlung eröffnete Bräutigam diesem, er müsse damit rechnen, der Hauptangeklagte zu werden. Uns kündigte er an, er erwarte das medizinische Gutachten am Sonntag, den 13. Dezember, er werde es danach allen Beteiligten übermitteln und am 21. Dezember die Entscheidung darüber treffen, ob das Verfahren eingestellt wird oder nicht. Wir warteten von Tag zu Tag.

Am Donnerstag, dem 10. Dezember, widmete man sich wiederum der Vernehmung Heinz Keßlers, nachdem Anträge eines Nebenklägervertreters vom Gericht abgelehnt worden waren. Daneben wurden jedoch zum Erstaunen aller Prozessbeteiligten lange Auszüge aus den Gerichtsakten verlesen, obgleich die Beweisaufnahme noch nicht eröffnet war. Proteste dagegen wurden vom Gericht zurückgewiesen.

Am folgenden Montag, dem 14. Dezember, konnte ich an der Verhandlung nicht teilnehmen, da ich einen einstigen ZK-Mitarbeiter vor dem Verwaltungsgericht zu vertreten hatte. Sein Sparguthaben war vom Sonderausschuss der letzten DDR-Volkskammer nach dem Umstellungsguthabengesetz beschlagnahmt worden. Meiner Meinung nach war das nicht rechtsstaatlich. Das Verwaltungsgericht Berlin bestätigte jedoch, wie es dies immer tat, den Beschluss des Sonderausschusses. Mein Mandant, der inzwischen wieder in seinem Beruf arbeitete, wollte nicht Gegenstand der Medienberichterstattung werden, um nicht seine neue Stellung zu gefährden, und akzeptierte das Urteil. Im Anschluss an die Verhandlung vor dem Verwaltungsgericht suchte ich Honecker auf. Er erzählte mir, dass Streletz vernommen worden und »gut« gewesen wäre. Er hätte nicht nur die Zuhörer, sondern auch die Staatsanwälte beeindruckt. Im Übrigen besprachen wir den Gang des weiteren Verfahrens in Erwartung des Sachverständigengutachtens.

Prof. Schneider erstattete sein Gutachten am 15. Dezember unter Hinzuziehung von Prof. Taenzer, Prof. Kirstaedter und Dr. Platz. Im Wesentlichen bestätigte es die bisherigen Gutachten. Unter Bezugnahme auf die Tatsache, dass in den letzten beiden Monaten »der Tumor in der Leber erheblich an Größe zugenommen« habe, kam Prof. Schneider zu dem Ergebnis: »Akute Verschlechterungen im Gesamtbefinden wird man vielleicht noch eher zu erwarten haben, wenn es zu entsprechenden Kompressionserscheinungen im Bereich der Leberpforte kommt.«

Schneider zitierte Prof. Kirstaedter mit den Worten: »Die Lebenserwartung mag bei aller Schwierigkeit der Einschätzung einer solchen Frage ab 4.12.92 bei 3 bis 6 Monaten liegen.«

Abschließend kam Professor Schneider zu dem Ergebnis: »Bei Herrn Erich Honecker besteht ein Zustand, wo sich Leben und Sterben überlappen, wobei der Vorgang des Sterbens nunmehr mehr Gewicht bekommt, zumindest, wenn man unterstellt, dass das Tumorwachstum in der bisherigen Geschwindigkeit fortschreitet. An einer solchen Annahme ist aufgrund des jetzigen Verlaufs nicht ernsthaft zu zweifeln. Eine Haftverschonung könnte vielleicht dazu führen, dass noch gewisse Reserven freigesetzt werden. Der vorgegebene Krankheitsverlauf dürfte dadurch aber kaum in entscheidender Weise zu beeinflussen sein. Die Frage nach der Haftfähigkeit wird hiervon natürlich nicht in gleichem Maße berührt. Herr Honecker ist nach dem zuvor gesagten weiter haftfähig, wobei man natürlich sagen muss, dass Patienten im fortgeschrittenem Krebsstadium einer zunehmenden psychosozialen Betreuung bedürfen. Es stellt sich die Frage, ob dies von den Ärzten im Haftkrankenhaus und ihren Mitarbeitern geleistet werden kann.«

Die Frage blieb offen. Das Gutachten schloss mit ihr.

Weniger orakelhaft kommentierte *Bild* am 15. Dezember das Gutachten: »Im Frühling Honecker tot«. Wir hielten es für unmöglich, dass Honecker nach diesem Gutachten nicht entlassen werden würde. Dementsprechend wurden unsere Vorbereitungen intensiver. Während Ziegler sich um den Pass kümmerte, schrieb Becker am 14. Dezember an den Innensenator wegen Personenschutzes auf der Fahrt zum Flughafen. Ich besprach mit den Verwandten die Besorgung der Flugkarten sowie mit Klaus Feske vom Solidaritätskomitee am 16. Dezember die Reisebegleitung.

Es galt schließlich, Honecker soweit wie irgendmöglich während der Fahrt von Moabit nach Chile vor der Presse abzuschirmen. Dazu brauchte es eine geeignete, in allen damit zusammenhängenden praktischen Fragen erfahrene Persönlichkeit, die charakterlich und körperlich hinreichend robust war. Ich hatte Feske während meines Aufenthalts als Prozessbeobachter in Ankara kennengelernt, wo er in gleicher Funktion für die SEW tätig war. Wie er dort mit den türkischen Sicherheitskräften umgegangen war, hatte mich überzeugt, dass er für diese Aufgabe der richtige Mann sei. Die Erfahrung hat mir recht gegeben.

Der Polizeipräsident von Berlin war allerdings anderer Meinung. Er kannte Klaus Feske auch. Er ließ nicht zu, dass Honecker zusammen mit Feske zum Flugplatz fuhr. Die Schwierigkeiten, die dadurch entstanden, dass Feske in dem Gewühl der Journalisten rechtzeitig seinen Schützling finden musste, um ihn vor eben diesen abzuschirmen, meisterte Feske allerdings auch. Am Donnerstag, dem 17. Dezember, war es soweit. Das Gericht schlug vor, über das Gutachten außerhalb der Hauptverhandlung in nichtöffentlicher Sitzung zu verhandeln. So geschah es. Rechtsanwalt Plöger hatte Professor Julius Hackethal zu seiner Unterstützung mitgebracht, der schon früher mit seinen ungewöhnlichen medizinischen Sichten und Einsichten einen eigenen Akzent gesetzt hatte, indem er verkündete, Honecker hätte nicht Krebs, sondern einen Fuchsbandwurm.

Wir beantragten, gestützt auf das Gutachten der Sachverständigen, das Verfahren gegen unseren Mandanten von dem der Mitangeklagten abzutrennen, damit es durch Urteil eingestellt werden könne. Wir trugen vor: »Eine Fortführung des Prozesses gegen Erich Honecker würde aber auch einen Verstoß gegen dessen Menschenwürde bedeuten. Zur Menschenwürde eines Sterbenden gehört das Recht, sich von der Öffentlichkeit, von ihm fernstehenden Menschen zurückziehen zu dürfen. Dieses Recht ist mit einem öffentlichen Prozess unvereinbar. Eine Fortführung der öffentlichen Hauptverhandlung würde seine Menschenwürde verletzen.«

Das Gericht vertagte sich auf den 21. Dezember, weil es erst entscheiden könne, wenn über das Ablehnungsgesuch gegen Bräutigam entschieden sei. Wir Anwälte waren enttäuscht, blieben aber dennoch optimistisch, dass Honecker aufgrund des Gutachtens nunmehr am 21. Dezember entlassen werden würde.

Plöger blieb auch nicht untätig. Er wiederholte am 20. Dezember seinen bereits am 13. Dezember gestellten Antrag, »dass dem Angeklagten, Herrn Erich Honecker, aus seiner ›krebsbefallenen Leber‹ eine Gewebsprobe auch gegen dessen Willen zum Zwecke der exakten Bestimmung entnommen wird, ob tatsächlich ein Krebsbefall der Leber vorliegt und ob dieser gutartig oder bösartig ist und um welche Art von Krebsbefall es sich hierbei handeln könnte.«

Drei Tage vor Heiligabend traten wir erneut mit der Hoffnung an, im Ergebnis des letzten Gutachtens würde nunmehr endlich der Haftbefehl aufgehoben werden. Ähnlich dachten offenbar die zahlreichen Journalisten.

Noch vor Verhandlungsbeginn erhielten wir jedoch von einem Wachtmeister eine neue Anklage gegen Erich Honecker zugestellt. Der Vorwurf lautete: Untreue und Vertrauensmissbrauch. Das war das, was ihm in der DDR zum Vorwurf gemacht worden war. Ich schenkte ihm keine Bedeutung. Was sollte das für den Todkranken noch bedeuten? Die »Wessis« dachten anders, weiter.

Die *Süddeutsche Zeitung* schrieb am 22. Dezember: »Die Staatsanwaltschaft hat übrigens eine neue Anklageschrift nachgeschoben, mit umfangreichen Vorwürfen wegen Veruntreuung staatlicher Gelder. Sie wird dafür ihre guten Gründe haben, obwohl sie genau weiß, dass dieses Verfahren schon gar keine Chance hat, auch nur eröffnet zu werden. Sollte es sich allerdings nur um einen Schachzug handeln, den Angeklagten im Gefängnis zu behalten, gereichte ihr der nicht zur Ehre.« Uwe Wesel sagte es unverblümter: »Ein Coup der Staatsanwaltschaft [...] Also rechnet auch die Staatsanwaltschaft damit, dass die 27. Strafkammer heute zu einer für Honecker positiven Entscheidung kommt, und will auf diese Weise Zeit gewinnen. Nun kann er erst freigelassen werden, wenn auch der andere Haftbefehl aufgehoben wird. Dafür braucht man ein paar Tage. Erster Schlag für die Verteidigung Honeckers.«

Die Verhandlung begann mit der Zurückweisung von Ablehnungsanträgen Plögers gegen Bräutigam und die Sachverständigen Taenzer und Rex. Das entmutigte Plöger jedoch keinesfalls. Zusammen mit Rechtsanwalt Andreas Schulz, der die Nebenklage Reis vertrat, stellt er einen neuen Ablehnungsantrag gegen den Vorsitzenden Richter Bräutigam, weil dieser am Vorabend im Fernsehen zu den medizinischen Gutachten der Sachverständigen Stellung genommen hatte. Nichts Besonderes, aber Anlass zu einer erneuten Beratungspause.

Wir warteten vor dem Saaleingang. Ein Wachtmeister teilte mir mit, dass mich Bräutigam zu sprechen wünsche. Ich ging auf ihn zu, und in Gegenwart von Becker erklärte er mir, ein Schöffe wünsche ein Autogramm von Honecker und überreichte mir dazu einen Stadtatlas des VEB Berlin-Tourist.

Ich war überrascht, sah aber keinen Grund zur Ablehnung und versuchte, das kleine grüne Buch ohne Aufsehen in meine Aktentasche zu stecken. Bei mir dachte ich: Selten, dass man sich von Totschlägern Autogramme wünscht, und dann noch als Richter.

Die Verhandlung wurde fortgesetzt.

Es ging immer noch um Befangenheit. Plöger fragte plötzlich, was der Vorsitzende Richter in der Pause mit uns besprochen habe. Bräutigam antwortete: »Eine Postfrage«. Damit war dieses Intermezzo beendet.

Zur Sache erhielt nunmehr die Staatsanwaltschaft das Wort. Sie stimmte dem Gutachten zu, dass der Tumor in der Leber von Honecker bösartig sei und eine mittlere bis hohe Wachstumsgeschwindigkeit habe. Sie kam jedoch zu der Auffassung, dass er derzeit »noch nicht bedrohlich« und der Angeklagte somit noch weiter verhandlungsfähig wäre. Der Sachverständige Platz, der das aus Sicht des Psychologen anders beurteilt hatte, wäre zu einem unzutreffenden Ergebnis gekommen, da ihm der Eindruck aus der Hauptverhandlung fehle.

Aus der Abwesenheit des Oberstaatsanwalts an diesem Tag wurde orakelt, die Staatsanwaltschaft sei sich in ihrer Auffassung nicht einig gewesen. Die Nebenklägervertreter waren sich einig, sie schlossen sich der Stellungnahme der Staatsanwaltschaft an.

Plöger setzte noch eins drauf: Er wünschte Honecker »Gute Besserung«.

Dann kam die Verteidigung zu Wort. Als erster von uns plädierte Ziegler. Entsprechend seinem Naturell »ruhig, genau und vornehm«, wie Wesel später in der *Wochenpost* berichtete. Ihm folgte Becker mit seinem von anderem Naturell geprägten Vortrag. Er griff die Staatsanwaltschaft scharf an, zog Parallelen zur Verfolgung der NS-Juristen, die Staatsanwalt Jahntz, der hier keinem ärztlichen Befund traute oder gar folgte, seinerzeit mit Einstellungsverfügungen der Strafverfolgung entzogen hatte.

Nach Becker kam ich an die Reihe. Beide Plädoyers hatten auf mich einen starken Eindruck gemacht. Eigentlich hielt ich es nicht für erforderlich und auch nicht für opportun, noch etwas zu sagen. Ich wollte nicht Gefahr laufen, den starken Eindruck der Plädoyers meiner Kollegen abzuschwächen. Auf der anderen Seite quälte mich der Gedanke, ob die Verteidigung nicht nur ein Alibi für die Rechtsstaatlichkeit des Verfahrens seien. Das hatte ich mir und hatten andere mir doch oft in Bezug auf meine DDR-Verteidigungen vorgehalten. Mussten wir nicht einen großen Eklat herbeiführen und uns aus dem unwürdigen Procedere zurückziehen? Doch hätte das Honecker genützt?

Es war Mildebrath, der als Verteidiger von Keßler diesen Gedanken später tatsächlich äußerte, allerdings auch ohne ihn zu verwirklichen.

Ich entschloss mich zu sprechen. Es war nicht viel, was ich zu sagen hatte. Es war sicher auch nicht sehr eindrucksvoll. Ich war zu beeindruckt von meinen Kollegen und auch im bundesdeutschen Gerichtssaal zu unsicher. Ich verwies auf Artikel 1 des Grundgesetzes, der die Menschenwürde garantiert. Meine Kollegen hatten darauf nicht ausdrücklich, wenn auch inzidenter, Bezug genommen.

Die Beratung dauerte etwa zweieinhalb Stunden. Uwe Wesel diagnostizierte: »Die Richter sind sich nicht einig. Es gibt Auseinandersetzungen.« Dann wurde verkündet: Das Verfahren gegen Erich Honecker wird nicht eingestellt, der Haftbefehl wird nicht aufgehoben, neue Untersuchung im Januar. Die Hauptverhandlung wird auf den 4. Januar 1993 vertagt.

Die Reaktion der Medien war teilweise herb. Die *Süddeutsche Zeitung* resümierte: »Man hätte es schon kommen sehen können: Zu heftig kämpfte der Anwalt der Nebenkläger, zu sehr sperrte sich der Staatsanwalt. Danach hätte die 27. Strafkammer mehr Mut gebraucht, als ihr zur Verfügung stand, um den Angeklagten auf freien Fuß zu setzen [...] Es wäre allerdings die richtige Entscheidung gewesen.«

Im *Spiegel* äußerte Gisela Friedrichsen, noch bevor sie das Ergebnis der Verhandlung kannte: »Vor allem durch sein *(Rechtsanwalt Plögers – F. W.)* Zutun verkommt der Prozess gegen Erich Honecker zu einer trostlosen Klamotte.« Und: »Auch in der Weihnachtswoche wird über den Tod verhandelt, nicht den der Erschossenen, sondern den des Hauptangeklagten. Es wird gefeilscht, man singt dem Knochenmann ein Lied: Warte, warte nur ein Weilchen.

Die Kreuzritterschar der Staatsanwälte, die so tollkühn gegen einen geschwächten und immer schwächer werdenden Gegner anrennt, hatte am vergangenen Donnerstag ihre Stellungnahme zum Antrag der Verteidigung, das Verfahren gegen Erich Honecker einzustellen, schon in der Tasche: eine Ablehnung. Dann bat sie um ein Fristchen Bedenkzeit – bis zu diesem Montag. Wieder ist ein Verhandlungstag gewonnen.«

Schließlich zitierte sie noch eine Bemerkung Plögers nach dem Ende der Sachverständigen-Anhörung am Donnerstag: »Jeder Tag, den Herr Honecker länger in Haft sitzt, ist ein Gewinn für den Rechtsstaat und eine Genugtuung für die Opfer.« Das *Neue Deutschland* wählte sachlich und emotionslos als Überschrift das für die Medien im Mittelpunkt der Aufmerksamkeit stehende Resultat: »Erich Honecker sitzt zu Weihnachten in Moabit«.

Ich fuhr nach der Niederlage in meinen Weihnachtsurlaub zurück. Das Erlebte ließ uns alle nicht los. Der Prozess musste beendet werden. Der 21. Dezember hatte uns gelehrt: Bei diesem Gericht musste man aufs Schlimmste gefasst sein.

So entstand andertags der Gedanke, wegen der Verletzung der Menschenwürde eines Sterbenden das Verfassungsgericht anzurufen und – unabhängig davon – wegen der Autogramm-Bitte und besonders wegen der Antwort Bräutigams auf die misstrauische Anfrage Plögers den Vorsitzenden Richter abzulehnen. Am 23. Dezember erklärten meine weiterarbeitenden Kollegen, dass »Herr Honecker den Vorsitzenden Richter Bräutigam wegen Besorgnis der Befangenheit« ablehne. Die Begründung nahm sieben Seiten in Anspruch.

Ich muss gestehen, ich war nicht begeistert. Es widerstrebte mir, ein vertrauliches Gespräch öffentlich zu machen und gegen meinen Gesprächspartner zu verwenden. Letztlich stimmte ich aber zu. Das Interesse des Mandanten ging vor. Und im Interesse des Mandanten lag es, diesen Richter, der nach unserer festen Überzeugung durch eigene und fremde Manipulation zum Honecker-Richter geworden war, von diesem Platz zu entfernen.

Der Versuch wäre wohl misslungen, wenn nicht Plöger für seine Mandantin aus dem gleichen Grund ebenfalls den Ablehnungsantrag gestellt hätte. Was er sich davon versprach, war mir nicht klar. Hatten wir berechtigte Motive, Bräutigam für befangen erklären zu lassen, hätte er, so meinte ich, allen Grund gehabt, Bräutigam auf seinem Platz zu halten. Plöger dachte offenbar in anderen Kategorien.

Bräutigam nahm am Mittag des 23. Dezember in einer dienstlichen Erklärung zu dem Ablehnungsgesuch Stellung. »Es trifft zu, dass mir der Ergänzungsschöffe Kohlus am 21. Dezember 1992 mittags einen Stadtatlas von Berlin überreicht und dazu die Bitte geäußert hat, ob der Angeklagte Honecker dieses Buch signieren könne. Er habe gehört oder gelesen, dass Herr Honecker viele Autogramme gebe. Normalerweise werden alle Autogrammwünsche, egal, ob sie mit der Post eingehen oder persönlich abgegeben werden, und egal, wer sie einreicht – es sei denn, ein kommerzieller Hintergrund ist offensichtlich – über den internen Postweg an den Angeklagten Honecker in der Haftanstalt weitergeleitet, der diesen Wünschen, soweit mir aus der Postkontrolle in der Kammer bekannt ist, allen nachkommt. Dies ist allgemeinkundig.

Deshalb habe ich das Buch von dem Ergänzungsschöffen kommentarlos entgegengenommen und, weil sich hier die Gelegenheit anbot, es in der Sitzungspause am frühen Nachmittag den Verteidigern des Angeklagten, den Rechtsanwälten Dr. Wolff und Becker, im Rahmen eines Pausengesprächs auf dem Gerichtsflur übergeben und den Wunsch übermittelt. Ich habe dabei um Vertraulichkeit gebeten, weil auch sonst nicht bekannt wird, wer Autogrammwünsche an den Angeklagten richtet. Dr. Wolff nahm das Buch entgegen und sagte zu, er werde die Sache erledigen. Rechtsanwalt Becker bemerkte dazu sinngemäß, nachdem fast jeder Wachtmeister bereits ein Buchautogramm besitze, stünde diesem Wunsch sicher nichts entgegen.«

Die Idee der Anrufung des Verfassungsgerichts verfestigte sich bei uns schnell. Telefonisch kamen wir nach Überwindung juristischer Zweifel am 23. Dezember gemeinsam zum Entschluss, den Berliner Verfassungsgerichtshof anzurufen und den Sozius von Rechtsanwalt Becker, Rechtsanwalt Geulen, zu bitten, den entsprechenden Antrag zu formulieren. Weihnachtsstimmung kam nicht auf. Am 28. Dezember beschloss das Kammergericht: »Die Beschwerden des Angeklagten vom 19. Oktober, 2. November und 22. Dezember gegen den Haftfortdauerbeschluss des Landgerichts Berlin vom 19. Oktober 1992 werden verworfen.«

Das war wieder eine schlechte Nachricht, in der jedoch eine gute Nachricht verborgen war. In den fünf Schreibmaschinenseiten umfassenden Gründen des Beschlusses hieß es nämlich: »Der Senat hält diese sorgfältig begründeten und auf einer längeren Beobachtung sowie auf einer breiten Tatsachengrundlage beruhenden Schlussfolgerungen der Sachverständigen *(die zuvor im Beschluß wiedergege-*

ben worden waren – F. W.) für überzeugend und kommt daher zu dem Schluss, dass die Verhandlungsfähigkeit des Angeklagten mit hoher Wahrscheinlichkeit nicht mehr lange bestehen wird. Dass das Verfahren bis April 1993 im ersten Rechtszug abgeschlossen sein könnte, hält der Senat für sehr unwahrscheinlich. Das Landgericht hat nach Auffassung des Senats in dem angefochtenen Beschluss nämlich nicht ausreichend berücksichtigt, dass sich das Verfahren im Hinblick auf die mit sehr hoher Wahrscheinlichkeit in Kürze weiter abnehmende Verhandlungsfähigkeit des Angeklagten wohl mindestens bis zum Jahresende 1993 hinziehen wird. Solange wird der Angeklagte mit an Sicherheit grenzender Wahrscheinlichkeit nicht mehr leben.«

Am 29. Dezember ging die mit dem Antrag auf Erlass einer einstweiligen Anordnung verbundene Verfassungsbeschwerde von Becker und Geulen an den Berliner Verfassungsgerichtshof. In der 14-seitigen Begründung hieß es: »Die Fortführung eines Strafverfahrens und einer Hauptverhandlung gegen einen Angeklagten, von dem mit Sicherheit zu erwarten ist, dass er vor Abschluss der Hauptverhandlung und mithin vor einer Entscheidung über Schuld oder Unschuld sterben wird, verletzt die Menschenwürde des Betroffenen. Die Menschenwürde beinhaltet insbesondere das Recht eines Menschen, in Würde sterben zu dürfen, sich zum Sterben zurückziehen zu dürfen und nur noch mit den von ihm gewünschten Personen zusammen zu sein. Die Tatsache, dass der Beschluss des Landgerichts vom 21.12.1992 bedeutet, dass der Gerichtssaal für den Angeklagten zum Sterbezimmer werden soll, dass eine große Öffentlichkeit an seinem ständigen Schwächerwerden teilhat, er im Sterben noch vor die Öffentlichkeit gezerrt wird und das Strafverfahren zur Strafe verkommt und seines Erkenntnischarakters entkleidet wird, verletzt die Menschenwürde des Angeklagten.«

Am 30. Dezember teilte Oberarzt Dr. Groß vom Krankenhaus der Berliner Vollzugsanstalten der 27. Strafkammer »die letzten medizinischen Befunde von Herrn Honecker« mit. »Eine allmähliche, allgemeine Verschlechterung des Befindens und Kräfteverfall in den letzten zwei Wochen muss von Seiten der behandelnden Ärzte konstatiert werden.« Mit dieser ärztlichen Mitteilung klang das Prozessjahr 1992 aus. Am 4. Januar, einem Montag, fand der erste Hauptverhandlungstag 1993 statt.

Der Start verlief zögerlich. Bräutigam eröffnete verspätet. Er machte auf mich einen unsicheren Eindruck. Die Verhandlung wurde sogleich wieder unterbrochen. Plöger fehlte, und das Gericht brauchte auch noch Zeit für die dienstliche Erklärung Bräutigams zur Frage seiner eventuellen Befangenheit. Als Plöger schließlich erschien, fragte ihn der Vorsitzende in ungewohntem, alles andere als herablassendem Ton, ob er seinen Befangenheitsantrag zurücknähme. Offenbar hatte Plöger diese Möglichkeit angedeutet, jetzt zögerte er mit der Antwort. Ein anderer Nebenklägervertreter erklärte darauf, dann würde er seinerseits den Befangenheitsantrag stellen. Plöger nahm danach seinen Antrag nicht zurück. Bräutigam fühlte sich wie üblich nicht befangen, die Staatsanwaltschaft hielt wie üblich die Befangenheitsanträge für unbegründet. Um 14.15 Uhr wurde die Verhandlung auf den 7. Januar vertagt. Die Zeit verstrich.

Am 5. Januar entschied die Kammer, wie der *Tagesspiegel* anderentags informierte »in lakonischer Kürze – ohne weitere Begründung [...] schlicht: ›In der Strafsache gegen Honecker sind die Ablehnungsgesuche des Angeklagten Honecker gegen den Vorsitzenden Richter am Landgericht Bräutigam vom 23. Dezember 1992 und der Nebenkläger Bittner, Reis und Gross gegen den Vorsitzenden Richter am Landgericht Bräutigam und den Ergänzungsschöffen Kohlus vom 23. Dezember 1992 bzw. 4. Januar 1993 begründet.‹«

Die Medien kommentierten das Ereignis generell zustimmend. Die Ablehnung erschien ihnen wohl überfällig. Die *Berliner Zeitung* meinte, dass sich das Verfahren, das sie als »wichtigsten Prozess in der bundesdeutschen Rechtsgeschichte« bezeichnete, »sich immer mehr vom Grundsatz der Rechtsstaatlichkeit entfernt« und hielt es für möglich, dass Bräutigam »für die ›Autogramm-Affäre‹ möglicherweise sogar dankbar« wäre. Die *Süddeutsche Zeitung* wählte am 7. Januar die Überschrift: »Honecker-Prozess gerät immer mehr zur Farce« und den Untertitel: »Der Abgang des Richters Bräutigam wegen Befangenheit bleibt absurd und banal«.

Die Bezeichnung »Farce« für den »Jahrhundertprozess« wurde wohl am häufigsten gebraucht. Selbst die Bundestagsgruppe Bündnis 90/Die Grünen wählte sie im Zusammenhang mit ihrer Forderung, den Prozess gegen Honecker zu beenden.

Das Klima hatte sich vom Juli 1992 zum Januar 1993 nicht nur metereologisch drastisch verändert. Der Triumph des Rechtsstaats war zu seiner Blamage mutiert. Warum das so war, fragte niemand.

Ein Echo auf die erfolgreiche Ablehnung kam auch von Kollegen. Eine Strafverteidigervereinigung faxte »für diesen Sieg über Eitelkeit und Rechthaberei und für die Rechte der Angeklagten die herzlichsten Glückwünsche«. Auch Richter waren unter den

Gratulanten. Ich genoss die Lorbeeren, wenngleich dieses Verdienst eigentlich nur meinen Kollegen gebührte. Ich empfand es aber als ausgleichende Gerechtigkeit, gelobt zu werden, ohne es verdient zu haben, da ich oft genug dort Tadel geerntet hatte, wo ich meinte, Lob verdient zu haben.

Lob muss der Anwalt wie Honorar nicht mit Blick auf den Einzelfall genießen, Hauptsache, es stimmt in der Summe.

Die Hauptverhandlung am Donnerstag, dem 7. Januar 1993, begann pünktlich. Der neue Vorsitzende, Richter Hans Boß, eröffnete sie, als sei nichts gewesen. Er verhandelte ruhig, sicher, ohne überheblich zu sein, kehrte nicht den »Boss« heraus. Zunächst gab er den Inhalt eines Schreibens des Leitenden Arztes des Haftkrankenhauses, Rex, vom Vortag bekannt. In den zwei eng beschriebenen Seiten hieß es: »Der Unterzeichner hat als verantwortlicher behandelnder Arzt die gesundheitliche Entwicklung des Untersuchungsgefangenen vom Augenblick seiner Aufnahme in die JVA Moabit verfolgen können.

Während er sich in der Anfangszeit der Untersuchungshaft mit großer Intensität, geradezu Arbeitswut viele Stunden täglich in die Durcharbeitung seiner Prozessakten vertieft und außerdem viele Stunden gelesen hat, fällt jetzt eine hochgradige Erschöpfbarkeit und Konzentrationsschwäche auf. Er beklagt, nicht mehr lesen zu können, weil die o. e. rechtsseitigen Oberbauchschmerzen, deren Intensität und Häufigkeit sowie Dauer des Auftretens sich gesteigert haben, Bewusstsein sowie Empfinden zunehmend beherrschen.

Zu anderen Zeiten könnte er sich nicht konzentrieren, weil er aus ihm wesensfremder Entkräftung und Ermüdung ständig über den Buch- bzw. Aktenseiten einschliefe. Auffällig ist das hohe Maß an Erschöpfung, mit dem er neuerdings jeweils von den Prozessterminen in das Krankenhaus der Berliner Vollzugsanstalten zurückkehrt. Mit ärztlichen Mitteln kann dem nicht gegengesteuert werden.« Es müsse darum »mit an Sicherheit grenzender Wahrscheinlichkeit angenommen werden, dass unbeschadet der Frage der Verhandlungsfähigkeit von der Fortdauer der Untersuchungshaft eine schwere Beeinträchtigung der Gesundheit, nämlich eine Beschleunigung des Krankheitsverlaufs erwartet werden muss.«

Das war deutlich, mutig und entsprach ärztlichem Ethos. Es nötigte mir erneut Hochachtung gegenüber dem Verfasser ab, den ich schon vorher nicht nur als korrekten, sondern auch als menschlich einfühlsamen Arzt kennengelernt hatte. Ich weiß nicht, ob es in einem Haftkrankenhaus leicht und selbstverständlich ist, sich diese

Eigenschaften zu bewahren. Ich hatte so etwas in der DDR nicht kennengelernt.

In der Gerichtsverhandlung über dieses Dokument wurden von den Beteiligten wiederum sehr gegensätzliche Standpunkte bezogen. Das Gericht beschloss, erneute medizinische Untersuchung und neuen Anhörungstermin am 14. Januar. Wir erhoben Gegenvorstellungen und verlangten sofortige Einstellung des Verfahrens und Haftentlassung unseres Mandanten. Dabei bezogen wir uns auch auf die Stellungnahme, die Rex am 6. Januar abgegeben hatte und in der es ausdrücklich hieß: »Vom Standpunkt des behandelnden Arztes erscheint die durch Gericht und Gutachter ins Auge gefasste nochmalige computertomografische Untersuchung trotz der vergleichsweise geringen körperlichen Belastung, die damit verbunden ist, unnötig, da die mit dieser Untersuchung, an die der Schwerkranke keinerlei Genesungshoffnungen knüpfen kann, verbundene Belastung durch Transport und Sicherheitsbedingungen eine nicht gering zu achtende zusätzliche seelische Belastung darstellt.«

Die Staatsanwaltschaft widersprach unserer Auffassung wie der des Leitenden Arztes, sah aber – ein neuer Akzent – das Ansehen der Berliner, ja der deutschen Justiz beschädigt. Dagegen hatten wir nichts einzuwenden. Die Verteidiger der anderen Angeklagten unterstützten unseren Antrag. Mildebrath war für mich besonders eindrucksvoll. Er forderte, der Verhandlungssaal dürfe nicht zum Todeszimmer werden und erklärte, ein rechtsstaatliches Verfahren sei unter diesen Umständen nicht mehr gewährleistet.

Die Nebenklägervertreter widersprachen einer Abtrennung. Plöger höhnte, ob die Mitangeklagten ihren Genossen allein lassen wollten und meinte, man hätte doch von Anfang an gewusst, dass »Fußkranke« unter den Angeklagten wären und redete von Honeckers Fuchsbandwurm.

Der zuständige Senat des Kammergerichts beschloss: Das Verfahren gegen Erich Honecker wird abgetrennt.

Die Vorentscheidung war gefallen.

Honecker verabschiedete sich von seinen Mitangeklagten in dem Bewusstsein, sie nicht mehr wiederzusehen. Der Abschied war allseits herzlich und bewegend.

Die »Farce« war jedoch mitnichten beendet. Die Nebenklägervertreter beantragten schriftlich als neuen Gutachter für die nochmalige Untersuchung Prof. Dr. Peter Neuhaus. Wir widersprachen, und Becker widersprach in einem Fax noch einmal höchstpersönlich. Dabei fand er die für ihn ebenso typische wie in der Sache treffliche Formulierung: »Die Strafprozessordnung kennt auch nicht das Institut der Appeasementbestellung von Sachverständigen zugunsten irgendeiner Prozesspartei.«

Sieben Minuten nach diesem Becker-Fax faxte das Landgericht: »[…] wird zu der Frage, ob der Angeklagte an einer bösartigen Lebergeschwulst leidet, ein weiteres Sachverständigengutachten eingeholt. Mit der Gutachtenerstattung wird Herr Professor Neuhaus […] beauftragt.«

Würde der neue Sachverständige die Entscheidung weiter hinausschieben oder den bösartigen Krebs gar negieren?

Am Sonnabend, dem 9. Januar, und am Sonntag konnte ich in Sachen Honecker nichts anderes tun als zu warten. Normales Bürodiktat war angesagt – die alltägliche Praxis verlangte wieder ihr Recht. Am Montag war ich zusammen mit Becker bei Honecker. Wir erörterten die Situation. Honecker war mut- und lustlos. Er wollte auch keine Briefe an Familie und Freunde mehr schreiben. Als nächster Untersuchungstermin war ihm von den Sachverständigen der 12. Januar, 16.30 Uhr, mitgeteilt worden. Nach einer Stunde verließ ich unseren Mandanten. Es war alles gesagt.

Am Abend des gleichen Tages erfuhr ich, dass der Verfassungsgerichtshof tagt. Am nächsten Morgen hörte ich im Radio, das Berliner Verfassungsgericht werde die Beschwerde voraussichtlich zurückweisen. In entsprechender Stimmung suchte ich unseren Mandanten auf und teilte ihm mit, dass wir beim Verfassungsgerichtshof keine Chancen hätten. Mitten in diesem Gespräch wurde ich zum Telefon gerufen und hörte von Becker, das Verfassungsgericht habe den Beschluss des Kammergerichts vom 28. Dezember und den des Landgerichts vom 21. Dezember aufgehoben und die Sache an das Landgericht zurückverwiesen sowie Einstellung des Verfahrens und Aufhebung des Haftbefehls gefordert. Das war praktisch das Ende des Prozesses.

Honecker reagierte in einer Weise, die mich befürchten ließ, er würde die frohe Botschaft nicht überleben.

In den Gründen des Beschlusses, die ich erst am späten Nachmittag erhielt, hieß es, dass die angefochtenen Beschlüsse »das Grundrecht des Beschwerdeführers auf Achtung seiner Menschenwürde verletzen«. In der weiteren Begründung wurde ausgeführt: »Das Kammergericht ist in Auswertung der bereits vom Landgericht eingeholten Gutachten und sonstigen Erhebungen der medizinischen Sachverständigen, die es für überzeugend hält, zu dem

Schluss gekommen, dass der Beschwerdeführer aufgrund seiner weit fortgeschrittenen Krebserkrankung den Abschluss des Verfahrens vor der Strafkammer, der nach Auffassung des Kammergerichts frühestens für das Jahresende 1993 zu erwarten ist, mit an Sicherheit grenzender Wahrscheinlichkeit nicht mehr erleben wird. Diese Tatsachenwürdigung ist den weiteren Erwägungen des Verfassungsgerichtshofs zugrunde zu legen. Auf dieser Grundlage ist davon auszugehen, dass das gegen den Beschwerdeführer anhängige Strafverfahren seinen gesetzlichen Zweck nicht mehr erreichen kann, der darin besteht, den legitimen Anspruch der staatlichen Gemeinschaft auf vollständige Aufklärung der dem Beschwerdeführer in der Anklage zur Last gelegten Taten und gegebenfalls auf Verurteilung und Bestrafung zu erfüllen (vgl. dazu BVerfGE 20, 45 [49]). Das Strafverfahren wird damit zum Selbstzweck; für die weitere Durchführung eines solchen Strafverfahrens gibt es keinen rechtfertigenden Grund. Auch der eine Untersuchungshaft anordnende Haftbefehl ist nicht Selbstzweck, sondern hat die ausschließliche Funktion, die Durchführung eines geordneten Strafverfahrens zu gewährleisten und die spätere Strafvollstreckung sicherzustellen.«

Das war ein Sieg des Rechtsstaats, wenn auch ein später. Ich bin sicher, nicht nur meine Kollegen, sondern viele Justizbedienstete, die in Moabit mit dem Verfahren zu zun hatten, dachten und empfanden wie ich. Das Verfahren hatte, wie mir aus persönlichen Bemerkungen deutlich geworden war, das Vertrauen in den Rechtsstaat bei etlichen von ihnen tangiert, die vorher wohl überzeugt waren, ihr Vertrauen sei in dieser Hinsicht unerschütterlich.

Danach ging alles Schlag auf Schlag. Und dennoch, die Stunden vergingen langsam, die Entlassung ließ auf sich warten, neue Ungewissheit kam auf. Dr. Rex stellte Honecker vorsorglich ein Attest über seine Flugfähigkeit aus.

Ich wartete bei ihm in Moabit. Wir unterhielten uns noch einmal über die Moskauer Ereignisse von dem Abflug aus Deutschland bis zur Auslieferung an Deutschland. Irgendwann ließ ich ihn allein. Während ich später im Büro wieder die Akten meiner weniger berühmten Mandanten bearbeitete, beherrschte, zunächst unbemerkt von mir, Hektik die Berliner Justizszene. Wer wann zuerst das berühmte Rad der Geschichte aufzuhalten bemüht war, ist kaum feststellbar. Faxe hinterließen allerdings minutiöse Spuren.

Zunächst faxte mir das Landgericht am 12. Januar um 18.50 Uhr den Beschluss zu: »1. Das Verfahren gegen den Angeklagten

Honecker wird wegen Eilbedürftigkeit außerhalb der Hauptverhandlung auf Kosten der Landeskasse eingestellt (§§ 206 a, 467 Abs. 1 StPO).

2. Der Haftbefehl der Kammer vom 19. Oktober 1992 wird bezüglich des Angeklagten Honecker aufgehoben. Eine Entschädigung für die erlittene Untersuchungshaft ist gemäss § 5 Abs. 2 StrEG ausgeschlossen, da sich der Angeklagte durch Aufenthalt im Ausland dem Strafverfahren vorsätzlich entzogen hat.

3. Der Anhörungstermin und der Hauptverhandlungstermin vom 14. Januar 1993 werden aufgehoben.«

Für mich war der Beschluss die notwendige Konsequenz der Entscheidung des Berliner Verfassungsgerichtshofs.

Anders für andere: Um 17.17 Uhr hatte Staatsanwalt Großmann von der Abteilung Regierungskriminalität beim Kammergericht an die 27. Große Strafkammer beim Landgericht Berlin gefaxt: »In der Strafsache gegen Erich Honecker wegen des Verdachts des Totschlags nimmt die Staatsanwaltschaft zu dem Beschluss des Verfassungsgerichtshofes des Landes Berlin – VerfGH 55/92 – vom 12. Januar 1993 wie folgt Stellung:

1. Eine Entscheidung über eine etwaige endgültige Einstellung des Verfahrens gegen den Angeklagten Honecker darf, da die Verhandlung noch andauert, nur durch Urteil gemäß §260 Abs. 3 StPO, nicht jedoch außerhalb der Hauptverhandlung durch Beschluss erfolgen.

2. Der Beschluss des Verfassungsgerichtshofes gibt keinen Anlass, vor Fortsetzung der Hauptverhandlung am 14. Januar 1993 über die Haftfrage erneut zu entscheiden, da diese Entscheidung untrennbar mit der Frage der Verhandlungsfähigkeit des Angeklagten verbunden ist. Über diese Frage muss erneut – und zwar auf Grund erneuter Anhörung der Sachverständigen – entschieden werden.

3. Dem Beschluss des Verfassungsgerichtshofes kommt, soweit darin tatsächliche Feststellungen zur Verhandlungsfähigkeit des Angeklagten Honecker enthalten sind, keine Bindungswirkung zu. Diese Feststellungen sind im Hinblick auf die nicht gewürdigte mündliche Anhörung der Sachverständigen am 17. Dezember 1992, in der diese ihre schriftlichen Ausführungen relativierten, unvollständig. Hierauf hat die Staatsanwaltschaft in ihrer Stellungnahme gegenüber dem Verfassungsgerichtshof vom 6. Januar 1993 (in Ablichtung als Anlage anbei) hingewiesen.

4. Auf dieser fehlerhaften Tatsachengrundlage beruht die Rechtsauffassung des Verfassungsgerichtshofes, die Fortsetzung des

Verfahrens und die Aufrechterhaltung der Untersuchungshaft gegen den Angeklagten Honecker verstießen gegen dessen Menschenwürde.

5. Aus diesem Grunde kann die Rechtsauffassung des Verfassungsgerichtshofes nicht als verbindliche Vorgabe für eine erneute Entscheidung des Landgerichts Berlin über die Anträge des Angeklagten Honecker auf Einstellung des Verfahrens und Aufhebung des Haftbefehls gegen ihn angesehen werden.«

Nachdem die Staatsanwaltschaft den Beschluss des Landgerichts über die Einstellung des Verfahrens und die Aufhebung des Haftbefehls erhalten hatte, legte sie hiergegen noch am gleichen Tag sofortige Beschwerde ein und beantragte, »den angefochtenen Beschluss zu 1. und 2. aufzuheben und erneut Termin zur Fortsetzung der Hauptverhandlung – unter Beachtung von § 229 StPO – anzuberaumen.«

Am Abend des 12. Januar besuchte ohne unsere Kenntnis Prof. Neuhaus Erich Honecker und besprach mit ihm ausführlich und unter Betonung seiner ärztlichen Schweigepflicht »wesentliche Aspekte seiner Krankheit und einer möglichen Behandlung«.

Anschließend wandte sich Neuhaus an Prof. Dr. Schneider und teilte ihm mit, was er mit Honecker besprochen hatte. Schneider hielt seine Gutachteraufgabe in diesem Prozess für beendet, nachdem das Landgericht das Verfahren eingestellt hatte. Er lehnte Aktivitäten seinerseits ab. Daraufhin wandte sich Prof. Neuhaus an den Innensenator Dieter Heckelmann, der ihn an die zuständige Justizsenatorin, Frau Jutta Limbach, verwies. Mit dieser telefonierte Neuhaus entweder noch am 12. oder am 13. Januar vormittags und erfuhr, er möge über seine Erkenntnisse die zuständige Strafkammer informieren. Das tat Prof. Neuhaus am 13. Januar um 10.45 Uhr. Ich weiß nicht, was ihn beflügelte. War es der Dienst am Volk oder das ärztliche Ethos oder was sonst?

An mir ging die Hektik vorbei. Für mich war sonnenklar: Die Würfel waren gefallen. Eine Weiterführung des Prozesses erschien mir absurd, war für mich schlechthin unvorstellbar.

Am folgendem Mittwoch erwies sich – meiner Erwartung entsprechend –, dass der 13. kein Unglückstag sein muss. Kurz nach 9 Uhr war ich wieder im Haftkrankenhaus bei Erich Honecker. Wir sprachen über die Dinge, die noch zu regeln waren, wie Grüße von und an Freunde, den von Feske ausgewählten Flug, die Sicherheitsvorbereitungen, soweit wir sie kannten. Die Zeit verging langsamer als der Gesprächsstoff.

Um 10.42 Uhr faxte die 14. Große Strafkammer ihren Beschluss über die Ablehnung der Eröffnung des Hauptverfahrens wegen Vertrauensmissbrauchs in der Zeit von Januar 1972 bis Oktober 1989 sowie über die Aufhebung ihres Haftbefehls. Die Haftanstalt ließ wissen, die Entlassung stehe definitiv fest.

Doch die Gefängnistore öffneten sich für Honecker noch nicht. Schließlich kam die Nachricht, dass er seine persönlichen Sachen in Empfang nehmen solle. Ich begleitete ihn zur Kammer, wo er in Gegenwart des Bediensteten seine Krankenhauskleidung ablegte und seine persönlichen Sachen anzog. Ich stellte mir vor, wie sich wohl andere Staatsoberhäupter in einer entsprechenden Situation verhalten würden. Bei Honecker verlief die Szene ganz natürlich. Gegen 13 Uhr verabschiedeten wir uns. Wir dachten, nun sei endgültig alles geregelt. Hinter den Kulissen wurde jedoch eifrig weiter agiert, um aus der Prozessfarce noch ein deutsches Epos zu machen.

Um 13.46 Uhr faxte mir die 27. Strafkammer den Beschluss, dass den Beschwerden der Staatsanwaltschaft und der Nebenkläger Gross und Reis vom 12. und 13. Januar 1993 nicht abgeholfen und der Antrag der Staatsanwaltschaft auf Erlass eines neuen Haftbefehls abgelehnt werde.

Am späten Nachmittag des 13. Januar rief mich in meinem Büro ein Staatsanwalt, vermutlich Oberstaatsanwalt Brüner, an und erklärte mir, Herr Honecker müsse sich der Hauptverhandlung stellen, das Kammergericht hätte den Einstellungsbeschluss des Landgerichts vom Vortag aufgehoben.

In meinem naiven DDR-Juristengemüt konnte ich mir nicht vorstellen, dass da noch rechtsstaatlich etwas laufen könnte, was in die Richtung dieser staatsanwaltlichen Ambitionen ging. Für mich stand fest, Honecker fliegt um 20.25 Uhr nach Chile. Alles andere hielt ich für Spinnerei. Wahrheitsgemäß erklärte ich dem Staatsanwalt, der mich anscheinend zu seinem Vollzugsbeamten machen wollte, ich wisse nicht, wo mein Mandant sei.

Becker erhielt einen ähnlich Anruf, den er in einer Veröffentlichung im Jahr 1994 so schilderte: »Noch um 17.30 rief mich ein Staatsanwalt an, berichtete mir, das Kammergericht habe den Einstellungsbeschluss – wegen eines Formfehlers – aufgehoben, jetzt müsse Honecker hierbleiben, da die Einstellung in der Hauptverhandlung verhandelt werden müsse. Aufgeregt wiederholte er immer wieder: ›Jetzt ist er bösgläubig, jetzt ist er bösgläubig.‹ Gemeint war Honecker. Die Staatsanwaltschaft las Honecker sogar telefo-

nisch den Beschluss des Kammergerichts noch auf dem Flughafen vor, aber er interessierte sich nicht mehr für juristische Finessen.«
Erich Honecker flog planmäßig um 20.25 Uhr von Tegel ab. Die Justizmühle war jedoch dadurch nicht zum Stehen gekommen.

Honecker in Chile, 14. Januar 1993 bis 29. Mai 1994

»Das Stück ist noch nicht zu Ende« schrieb die *Wochenpost* am 18. Februar 1997. Wie wahr, das Stück war noch lange nicht zu Ende. Es weitete sich aus. Während Erich Honecker aus dem Blickfeld verschwunden war, suchten andere Akteure das Rampenlicht der Bühne oder wurden gegen ihren Willen hineingezerrt.

Unermüdlich wie immer Plöger. Am 14., 15. und 17. Januar 1993 schickte er seine Schriftsätze an das Gericht. Am 14. Januar gleich zwei Stück. Fortsetzung der Hauptverhandlung, Selbstablehnung der Richter und einen Vorführungstermin verlangte er. Ein Dauerfeuer mit Hilfe von siebeneinhalb engzeilig beschriebenen Faxpapierseiten. Vielleicht waren es auch mehr, vielleicht ist mir ein Schriftsatz entgangen, weniger waren es jedenfalls nicht. Alles für das Opfer?

Die Politiker der Bundeshauptstadt wollten nicht zurückstehen. Am 19. Januar gab die Senatsverwaltung für Justiz die Pressemitteilung 7/93 heraus: »Der Generalstaatsanwalt bei dem Kammergericht teilt mit: Die Staatsanwaltschaft bei dem Kammergericht verwahrt sich mit aller Entschiedenheit gegen den Vorwurf, dass das Strafverfahren gegen Erich Honecker nicht rechtsstaatlich geführt worden sei. Insbesondere die Feststellung des Verfassungsgerichtshofes des Landes Berlin, das Landgericht und das Kammergericht hätten das Grundrecht der Menschenwürde des Angeklagten überhaupt nicht in Erwägung gezogen, entbehrt jeder Grundlage.

Der Beschluss des Verfassungsgerichtshofes vom 12. Januar 1993 enthält eine massive Richterschelte gegenüber dem Landgericht und dem Kammergericht, soweit diesen vorgeworfen wird, den Geboten der Menschenwürde nicht Rechnung getragen zu haben. Diese Kritik muss die Anklagebehörde, selbst wenn sie nicht direkt angesprochen wird, naturgemäß auch auf sich beziehen, da sie zu allen Verfahrensfragen die sich aus der jeweiligen Prozesssituation ergebenden Anträge gestellt hat. Es gibt keine Berechtigung für eine derartige Kritik – weder gegenüber der Staatsanwaltschaft noch gegenüber dem Landgericht und dem Kammergericht.

Es ist nicht nachvollziehbar, warum der Verfassungsgerichtshof in Kenntnis des für den 14. Januar 1993 angesetzten Anhörungs- und Hauptverhandlungstermins meinte, über die bereits am 29. Dezember 1992 eingelegte Verfassungsbeschwerde des Angeklagten Honecker unbedingt schon am 12. Januar 1993 in der Hauptsache entscheiden zu müssen.

Sowohl die Staatsanwaltschaft als auch das Gericht haben die Frage der Verhandlungs- und Haftfähigkeit des Angeklagten Honecker während des gesamten Verlaufs des Strafverfahrens in regelmäßigen Abständen durch mehrere medizinische Sachverständige überprüfen lassen. Es erscheint geradezu absurd, dass dabei der Verfassungsgrundsatz der Achtung der Menschenwürde nicht in Erwägung gezogen worden sein soll. Die Dauer der Hauptverhandlungstermine war stets auf den jeweiligen Gesundheitszustand des Angeklagten Honecker ausgerichtet. Die ärztlichen Untersuchungen erfolgten im Verlauf der Hauptverhandlung in immer kürzeren Zeitabständen. Dem Verfassungsgerichtshof war insbesondere bekannt, dass die Strafkammer das Hauptverfahren gegen den Angeklagten am 7. Januar 1993 abgetrennt und vor Anberaumung eines weiteren Hauptverhandlungstermins für den 14. Januar 1993 zunächst die mündliche Anhörung mehrerer medizinischer Sachverständiger angeordnet hatte, um sich ein weiteres Bild über den Gesundheitszustand Honeckers machen zu können.

Das gesamte Verfahren war, soweit es um die Verhandlungsfähigkeit ging, durch Erwägungen gekennzeichnet, die auf die Menschenwürde zielten. Den richterlichen Entscheidungen war damit auch zu entnehmen, dass sie den Verfassungsgrundsatz der Achtung der Menschenwürde berücksichtigt haben, ohne dass dies direkt zum Ausdruck gebracht worden ist.

Im Übrigen ist auch darauf zu verweisen, dass im Strafprozess nicht nur die Würde des Angeklagten, sondern auch die Schwere und der Umfang des Tatvorwurfs sowie die Würde der Opfer eine Rolle spielen, ein Umstand, den Staatsanwaltschaft und Gerichte stets bedacht haben.« Das rief die Rechtsanwaltskammer Berlin auf den Plan. Ihr Präsident schrieb am 20. Januar an Justizsenatorin Frau Limbach: »Selbstverständlich halte ich Kritik und Urteilsschelte an Entscheidungen von Gerichten für zulässig. Eine derart heftige Kritik, wie sie in der Pressemitteilung geübt wird, ist mir gegenüber einer Entscheidung anderer Verfassungsgerichte der Bundesrepublik Deutschland bisher nicht bekannt geworden. Ich halte sie für ungehörig. Sie ist umso mehr zu bedauern, weil die Richter des Verfassungsgerichtshofs sich nicht wehren können, denn Verfassungsrichter verteidigen ihre Entscheidungen nicht in der Öffentlichkeit. Die Kritik ist aber nicht nur ungehörig, mit ihr wird auch offenbar, welche geringe Achtung die Strafverfolgungsbehörden dieser Stadt vor dem höchsten Berliner Gericht, dem Wahrer der Verfassungsrechte, haben.«

Wo alle das Wort ergriffen, konnten wir nicht schweigen. Also gaben auch wir am 21. Januar eine Presseerklärung in der Form eines offenen Briefs an Frau Limbach ab: »Es mag das gute Recht der Staatsanwaltschaft bei dem Kammergericht sein, anderer Auffassung als das höchste Berliner Gericht zu sein, gleichwohl meinen wir, dass es Ihre Aufgabe sein muss, die Achtung vor diesem Gericht zu erhalten und nicht durch Presseverlautbarungen Ihres Hauses sich an einer unzulässigen Herabwürdigung des Verfassungsgerichtshofs zu beteiligen. Wir bitten Sie, darauf hinzuwirken, dass Herr Generalstaatsanwalt Dieter Neumann sich in Zukunft einer angemessenen Sprache gegenüber dem höchsten Berliner Gericht befleißigt.«

Soweit waren wir ganz Organ der Rechtspflege. Mehr als Verteidiger fügten wir hinzu: »In der Sache ist die Krtik des Generalstaatsanwalts im Übrigen nicht berechtigt, denn aus den Sachverständigengutachten, die Grundlage der Entscheidung des Landgerichts vom 21. Dezember 1992 waren, ging bereits hervor, dass sich der Krebs von Herrn Honecker bedrohlich nahe an die Leberpforte herangearbeitet hatte und dass mit diesem todkranken Mann ein solches Großverfahren nicht werde zu Ende geführt werden können. Dementsprechend hat auch das Kammergericht in seinem Beschluss vom 28. Dezember 1992 deutlich Kritik an der Entscheidung des Landgerichts vom 21. Dezember 1992 geübt, wenngleich es daraus die notwendigen Folgerungen, insbesondere der Haftentlassung, nicht gezogen hat.«

Am gleichen Tag baten wir in einem weiteren an Frau Limbach gerichteten persönlichen Brief mit dem unnachahmlichen Charme, den nur einer von uns aufzubringen in der Lage ist, um Aufklärung über fünf Umstände im Zusammenhang mit den Offenbarungen des Gesprächs zwischen Prof. Neuhaus und Erich Honecker und legten so den Grundstein für einen neuen Prozess. Man muss schließlich auch etwas für die Kollegen tun.

Schon am nächsten Tag war wieder ein Antrag an das Landgericht fällig. Wir berieten ihn in einer dreistündigen Zusammenkunft am Vormittag nebst anderen Fragen, die als Nachwehen des Prozesses zu klären waren. Es war zugleich ein Resümee unserer

Zusammenarbeit, in dem wir feststellten, wir wären mit uns zufrieden. Dem Landgericht teilten wir unsere Auffassung zu der nach der Aufhebung des Einstellungsbeschlusses verworrenen prozessualen Lage mit und beantragten (mit entsprechender Begründung):
»1. Die Hauptverhandlung wird ausgesetzt;
2. das Verfahren wird gemäß § 206 a eingestellt.«

Sicherheitshalber beantragten wir für den Fall, dass diesem Antrag nicht gefolgt werden sollte, »den unterzeichnenden drei Pflichtverteidigern jeweils eine Flugreise nach Chile in der Weise zu genehmigen, dass die Kosten dieser Reise von der Staatskasse als notwendige, sachdienliche Auslagen im Rahmen der Pflichtverteidigung anerkannt werden.«

Das war doch auch nicht ohne Charme – oder?

Klaus Feske erzählte mir am Nachmittag jenes 22. Januar von seinen Erlebnissen auf der Chile-Reise. Bis dahin hatte ich mit Honeckers nur kurze, auf das Notwendigste beschränkte Telefonate geführt. Man wusste ja nicht, wer alles mithörte. Klaus Feske berichtete von guter Arbeit des Berliner Staatsschutzes und des Lufthansapersonals. Dennoch befanden sich unter dem Sitz ein Mikrofon und Richtmikrofone waren in Stellung gebracht worden. Hinter ihren Plätzen saß der Staatsschutz. In Frankfurt wurden sie von uniformierter Polizei in einen besonderen Raum gebracht und erfuhren, dass fünfzehn Attentatsdrohungen vorlagen. Zur Maschine nach Chile wurden sie im Panzerwagen aufs Rollfeld gefahren. Drei Stunden hätten sie Verspätung gehabt, und sechs Stunden hätte Honecker geschlafen. Im Flugzeug hätte es eine Befragung der Passagiere gegeben, ob sie mit dem prominenten Mitreisenden einverstanden wären, was objektiv zu einer Gefährdung aller führen würde. Alle hätten sich für Honeckers Verbleib ausgesprochen. In Chile habe man ein weiteres Wachstum des Tumors festgestellt und im Falle einer Operation von einem hohen Risiko gesprochen. Während der drei Tage, die Klaus Feske in Chile verbrachte, habe sich das Verhalten Erich Honeckers verändert. Er sei ruhiger geworden, hätte aber auch gesagt, »lange mache ich nicht mehr«.

Nach dem Wochenende wurde Plöger wieder aktiv. Am 24. Januar erinnerte er an seinen Antrag vom 13. Dezember, Herrn Honecker sofort als Zeuge zu laden, über den, wie über andere Anträge von ihm, noch nicht entschieden worden sei. In diesem Zusammenhang nahm er auf unseren Hilfsantrag Bezug, uns die Reisekosten nach Chile zu bewilligen, und erklärte: »Dies ist nun wirklich der Gipfel der Frechheit der Verteidigung des Herrn Honecker.«

Und Plöger kämpfte weiter um die Fortsetzung des Verfahrens gegen den abgereisten Honecker: »Ich sehe einer Stellungnahme des Landgerichts bis zum 26. Januar 1993, 18.00 Uhr, entgegen, ob und welche Maßnahmen das Gericht eingeleitet hat, um das Verfahren gegen Herrn Honecker fortzusetzen. Nach meiner Berechnung ist die Hauptverhandlung spätestens am 8. Februar 1993 fortzusetzen, andernfalls wird die Hauptverhandlung ausgesetzt und das Verfahren müßte von Neuem gegen Herrn Honecker beginnen.«

Am nächsten Tag schoss Plöger scharf. Diesmal gegen die Richter Abel und Boß, die er (wieder einmal) wegen Besorgnis der Befangenheit auch im abgetrennten Verfahren gegen Herrn Honecker ablehnt. Eigentlich ging es aber wohl mehr gegen Nicolas Becker, der für seine Frau in Sippenhaft genommen werden soll. Das eilte. Plöger konnte sein Fax nicht mehr mit Schreibmaschine aufsetzen, sondern per Hand. Durch sieben Seiten Hieroglyphen mussten sich die Beteiligten quälen.

»Aus der Ausgabe Nr. 4/1993 *Der Spiegel* erfuhr ich heute auf den Seiten 57/58, dass der Verteidiger Nikolas *(das exklusive »c« des Vornamens hatte Plöger im Briefkopf seines Lieblingsgegners noch nicht wahrgenommen – F. W.)* Becker mit einer Jounalistin Irene Dische verheiratet ist, die für mehrere Zeitungen im In- und Ausland schreibt, am 17.12.1992 bei der Befragung der Sachverständigen, die außerhalb der Hauptverhandlung stattfand, als einzige Journalistin teilgenommen hat. Ferner entnimmt man diesem ›Bericht‹, dass Frau Dische eine gewisse Sympathie für die Person Honecker empfindet und ihn in die Nähe eines Helden rückt. Es liegt auf der Hand, dass Frau Dische bei ihren Publikationen über die Befragung der Sachverständigen am 17.12.92 nicht über die Zweifel an der Glaubwürdigkeit der Gutachter und deren Bewertungsergebnisse berichten würde, sondern die Strategie der Verteidiger des Herrn Honecker – es handele sich um einen todgeweihten Mann und der Gerichtssaal dürfe nicht zum Sterbezimmer werden – wurde von der Zeugin Dische in den Medien weitverbreitet. […]

Der Nebenklage war nicht bekannt, dass der Kollege Becker mit einer Journalistin verheiratet ist und dass der Kollege Becker seine Frau als ›Gehilfin‹ mit in den Saal 700 genommen hat, damit sie an der Befragung der Sachverständigen teilnehmen konnte. Den abgelehnten Richtern war dieser Sachverhalt bekannt. […]

Nachdem Herr Honecker jetzt in Chile weilt, ist es für ihn derzeit wichtiger, seine Memoiren zu schreiben als sich als derzeit frei-

er Mann behandeln zu lassen; denn es geht ihm gut und er befindet sich nicht etwa in der 4. Phase einer Krebserkrankung, wie es Dr. Platz in seinem Gutachten vom 11.1.93 festgestellt hat. [...]
Der spätere Aufschrei der Bevölkerung nach der Entlassung des Herrn Honecker (über 90 %) zeigt doch, wie schlecht oder wie gezielt teilweise die Medien die Strategie der Verteidigung unter der Einbindung der medizinischen Gutachten übernommen hatten. Die Öffentlichkeit war, wie das jetzige Ergebnis zeigt, nur unvollständig informiert.«

Die Richter erklärten sich am folgenden Tag für nicht befangen. Sie wussten nicht, dass die Ehefrau von Rechtsanwalt Becker journalistisch tätig ist, auch wussten einige nicht nicht, dass Frau Dische Beckers Ehefrau ist. Sie luden die Beteiligten zur Fortsetzung der Hauptverhandlung gegen Erich Honecker zum 8. Februar, 9.30 Uhr. Gleichzeitig richtete Richter Boß an Erich Honecker in Santiago de Chile folgendes Schreiben:

»Sehr geehrter Herr Honecker!

In der Strafsache gegen Sie wegen des Verdachts des mehrfachen Totschlags hat das Kammergericht am 13. Januar 1993 die Einstellung des Verfahrens aufgehoben. Der Tenor dieses Beschlusses ist Ihnen noch unmittelbar vor Ihrem Abflug übergeben worden. Mehrere Prozessbeteiligte haben die Fortsetzung der Hauptverhandlung beantragt. Dementsprechend ist Termin zur Fortsetzung der Hauptverhandlung für den 8. Februar 1993, 930 Uhr im Saal 500 des Kriminalgerichts Berlin-Moabit, Turmstr. 91 anberaumt worden.

Für den Fall, dass Sie zu diesem Termin nicht erscheinen sollten und die Kammer Ihr Ausbleiben als eigenmächtig ansehen würde, bestünde die Möglichkeit einer Fortsetzung der Hauptverhandlung in Ihrer Abwesenheit bzw. des Erlasses eines erneuten Haftbefehls.

Hochachtungsvoll«

Am 29. Januar erklärte Erich Honecker, dass er »definitiv zu diesem Termin nicht erscheinen« werde und verwies auf Befunde sowie den Rat der ihn behandelnden Ärzte.

Das Kammergericht wies am gleichen Tag den Befangenheitsantrag gegen die Richter Boß und Abel, den Plöger am 25. Januar eingebracht hatte, zurück. Am gleichen Tag erfuhren die Prozessbeteiligten die Gründe des Beschlusses des Kammergerichts vom 13. Januar, der durch die Aufhebung des Einstellungsbeschlusses des Landgerichts die ganze zusätzliche Aufregung veranlasst hatte. Das Kammergericht teilte darin mit, dass es »seine Entscheidung in Unkenntnis der Tatsache erlassen (habe), dass die Abreise des Angeklagten unmittelbar bevorstand«. Im Übrigen verwies es auf die Möglichkeit, nunmehr die Hauptverhandlung auszusetzen, wenn der Angeklagte zu einem neuen Termin nicht erscheinen könne, und danach das Verfahren doch durch Beschluss einzustellen. Schließlich meinte der Senat, würde »außerdem zu prüfen sein, ob die angefochtene Entscheidung hinsichtlich der Verfahrenseinstellung trotz ihrer eindeutigen Fassung als Beschluss nicht als das nach § 260 Abs. 3 StPO vorgeschriebene Urteil anzusehen ist« und begründet dies unter Verweisung auf Rechtsprechung des BGH.

Nicht nur Anwälte sind flexibel. Nur ist diese Strafprozessordnung wirklich noch zeitgemäß, oder ist sie in der Rechtspflege das, was ein Automobil aus der Zeit seiner Entstehung in der Technik von heute ist?

Diese Entscheidung des Gerichts veranlasste uns, am gleichen Tag zu beantragen festzustellen, dass es sich bei dem fraglichen Beschluss des Landgerichts um ein Urteil gehandelt habe. Hilfsweise beantragten wir, die Hauptverhandlung auszusetzen und das Verfahren einzustellen. In unserem neunseitigen Schriftsatz hieß es: »Es stellt sich somit nur die Frage, in welcher Entscheidungsform das Verfahren einzustellen ist. Zwar darf nach der Kommentierung in Löwe-Rosenberg-Rieß zu § 206 a Rdn. 9 in dem Falle, in dem das Verfahrenshindernis in der Hauptverhandlung erkannt wird, das Verfahren nicht etwa ausgesetzt werden, um eine Entscheidung nach § 206 a *(d. h. eine Entscheidung durch Beschluss statt durch Urteil – F. W.)* zu ermöglichen. Jedoch kann dies dann nicht gelten, wenn die zu treffende Entscheidung von vornherein feststeht. Ein neuer Hauptverhandlungsfortsetzungstermin darf nicht anberaumt werden, wenn in ihm nur eine Entscheidung verkündet werden soll, die zwingend feststeht.«

Nunmehr gab sogar die Staatsanwaltschaft beim Kammergericht auf. Aber sie legte vor der Geschichte Wert darauf zu dokumentieren, dass sie sich nur dem bindenden Spruch der Gerichte beugte, die bessere Einsicht jedoch auf ihrer Seite läge. So sagte sie mit Recht: »Es kann nicht der Disposition des Landgerichts unterliegen, durch die Bekundung, es habe mit seinem Beschluss in Wahrheit ein Urteil fällen wollen, den aufgehobenen Beschluss wieder aufleben zu lassen.«

Dann aber betonte sie, sie sei »nach wie vor« der Auffassung, Honeckers Menschenwürde wäre gewahrt worden und sie sei »nach wie vor der Auffassung, dass die Entscheidung des Verfassungs-

gerichtshofes auf unzureichender Tatsachengrundlage ergangen ist.«
Danach stellte sie den Antrag: »Das Verfahren gegen den Angeklagten Honecker wird auf Kosten der Landeskasse eingestellt (§§ 206 a, 467 Abs. 1 StPO).«

Und so geschah es dann auch. Am 4. Februar 1993 hob das Landgericht den auf den 8. Februar angesetzten Hauptverhandlungstermin auf und erklärte mit jener Klarheit, die den deutschen Juristen auszeichnet: »Sofern im Gesundheitszustand des Angeklagten Honecker keine entscheidende Besserung eintritt, wird die Kammer nach Ablauf der Frist des § 229 StPO eine das Verfahren abschließende Entscheidung treffen.«

Am 5. März 1993 forderte die 27. Große Strafkammer noch einmal ein Attest von Honecker an und, nachdem dies keine »entscheidende Besserung« seines Gesundheitszustandes ergab, beschloss sie am 7. April 1993:

»1. Dem Beschluss des Verfassungsgerichtshofes des Landes Berlin vom 12. Januar 1993 entsprechend wird das Verfahren gegen den Angeklagten gemäß § 206a StPO wegen eines in der schweren Erkrankung des Angeklagten liegenden Verfahrenshindernisses eingestellt.

2. Gemäß § 467 Abs. 1 StPO trägt die Landeskasse Berlin die Kosten des Verfahrens einschließlich der notwendigen Auslagen des Angeklagten. Unabhängig von der Frage, ob die Voraussetzung der Schuldspruchreife vorliegt, hat die Kammer jedenfalls das ihr durch die eng auszulegende Ausnahmevorschrift des § 467 Abs. 3 Satz 2 Nr. 2 StPO eingeräumte Ermessen dahin ausgeübt, dass bei Einstellung des Verfahrens die Landeskasse auch die notwendigen Auslagen des Angeklagten trägt. Der Angeklagte hat sich seit der Entdeckung des Lebertumors auf das daraus resultierende Verfahrenshindernis berufen. Dass das Verfahren dennoch fortgeführt worden ist, bis seine Rechtsauffassung bestätigt worden ist, darf ihm kostenrechtlich nicht zum Nachteil gereichen.

Der Antrag des Nebenklägers Gross, seine notwendigen Auslagen dem Angeklagten oder hilfsweise der Landeskasse aufzuerlegen, wird abgelehnt, da hierfür keine gesetzliche Grundlage existiert.

3. Eine Entschädigung für die erlittene Untersuchungshaft ist gemäß § 5 Abs. 2 StrEG ausgeschlossen, da sich der Angeklagte während des Ermittlungsverfahrens durch Aufenthalt im Ausland dem Strafverfahren vorsätzlich entzogen hat.«

Das war aber noch immer nicht das Ende der Strafverfahren gegen Erich Honecker. Es war über Beschwerden der Staatsanwaltschaft beim Kammergericht gegen die Ablehnung der Eröffnung des Hauptverfahrens und die Aufhebung des Haftbefehls in dem Wirtschaftsstrafverfahren wegen Vertrauensmissbrauchs noch nicht entschieden. Diese Beschwerden verwarf das Kammergericht auf Kosten des Landes Berlin fast ein Jahr später am 14. Februar 1994.

Inzwischen gebar das Verfahren gegen Erich Honecker andere Verfahren gegen Beteiligte, die bis dahin so offensichtlich auf der Seite des Rechts und der Moral gestanden hatten, dass schon der bloße Gedanke, sie könnten zu Passivbeteiligten eines Strafverfahrens und noch dazu im Zusammenhang mit dem Fall des »Totschlägers« Honecker werden, abwegiger als abwegig erschienen wäre. Doch das Unwahrscheinliche wurde Ereignis. Zwar nur ein kleines, aber eben doch eines und eins, das nicht übersehen werden sollte, weil es die damalige Atmosphäre verdeutlicht.

Anlass zu dem Prozess im Prozess gab der auf die medizinischen Offenbarungen von Herrn Prof. Neuhaus gestützte Versuch der Staatsanwaltschaft, beim Kammergericht, Abteilung Regierungskriminalität, am 13. Januar 1993, also buchstäblich in letzter Minute, einen neuen Haftbefehl gegen Erich Honecker zu erwirken, weil er durch eine Operation wieder in einen verhandlungs- und prozesstauglichen Zustand versetzt werden könne. Das, so schlossen wir messerscharf, konnte nicht mit rechten Dingen zugehen, und so hatten wir uns mit dem bereits erwähnten Brief am 21. Januar 1993 an Frau Justizsenatorin Dr. Jutta Limbach gewandt.

Wenn ich wieder einmal »wir« sage, so, weil ich den Brief mitunterschrieben habe und mich auch zu ihm bekenne. Andererseits will ich mich nicht mit fremden Federn schmücken. Vielmehr muss ich gestehen, dass ich, wie viele meiner Herkunft, nicht so konfliktfähig und konfliktfreudig bin, wie ich es als nunmehriges Glied einer Gemeinschaft von Freien und noch dazu als Anwalt sein sollte. Ich gestehe einen psychischen Defekt, ich bin harmoniebedürftig. Zank liebe ich gar nicht und Streit nur, wenn er Substanz hat. Vierzig Jahre Abwesenheit von Marktwirtschaft und von jenem freien Spiel der Kräfte, das von einigen bösartig »Ellenbogengesellschaft« tituliert wird, haben mich offenbar dergestalt deformiert.

So jedenfalls habe ich mich vor Jahr und Tag von dem bekannten Psychologen Hans-Joachim Maaz belehren lassen, der jetzt, wie mir scheint, allerdings auch anderswo psychische Defekte feststellt. Kurz, ich hätte die Professores Limbach und Neuhaus in opportunistischer Manier ungeschoren gelassen, aber ich sehe ein, dass das falsch gewesen wäre. Als Anfänger-Bundesbürger habe ich mich noch öfter so opportunistisch (oder soll ich sagen anpasslerisch?) verhalten. So habe ich doch jenes Editorial mitgetragen, in dem die *Neue Justiz* im September 1991 verkündete, dass die DDR »im Kern« ein »Unrechtsstaat« war. Daraus hat einer der edelsten aller Kreuzritter gegen die verbliebenen Invaliden des Kommunismus, Wassermann, die Schlussfolgerung gezogen, wenn sogar Wolff das gesagt hat, dann stimme es.

Nun muss ich also etwas verantworten, was ich auch nur wegen der Harmonie im Herausgeberkreis nach dem Motto »Lass doch dem Kind die Boulette« schweigend akzeptiert habe. In Wirklichkeit weiß ich weder, was ein »Unrechtsstaat« ist (im Münchener Rechtslexikon habe ich das Wort nicht gefunden – hat vielleicht auch mit Recht nichts zu tun), noch weiß ich, was der »Kern der DDR« war. Ich wusste nur, wenn ich über diesen Punkt weiter streite, bedrohe ich die Fortexistenz der *Neuen Justiz*; und warum sollte diese sterben, wenn Otto Palandt lebt und Beck boomt?

Es waren also wir drei Rechtanwälte, die am 21. Januar 1993 unter dem Betreff »Mögliche Verletzung der ärztlichen Schweigepflicht durch Herrn Prof. Dr. Neuhaus im Falle Honecker« wie folgt schrieben: »Sehr geehrte Frau Professor Dr. Limbach, als Verteidiger von Herrn Honecker bitten wir Sie um Aufklärung bezüglich Ihres angeblichen Gespräches mit Prof. Neuhaus in der Nacht vom 12. zum 13. Januar 1993:

Herr Professor Neuhaus, der auf Bitten der Nebenklägervertreter von der 27. Strafkammer als zusätzlicher Sachverständiger bestellt worden ist, hat, nachdem aufgrund der Entscheidung des Berliner Verfassungsgerichtshofes vom 12. Januar 1993 die auf den Mittag des selben Tages angesetzten Untersuchungen abgesetzt worden sind, Herrn Chefarzt Dr. Rex darum gebeten, ein ärztliches Gespräch unter ärztlicher Verschwiegenheit mit Herrn Honecker zu führen. Herr Honecker hat unter diesen Bedingungen diesem Gespräch zugestimmt. Das Gespräch soll ca. eine Stunde gedauert haben.

Im Anschluss an dieses Gespräch soll Herr Professor Dr. Neuhaus versucht haben, seine Einschätzung der Operationsaussichten einschließlich des Inhalts des ärztlichen Gespräches mit Herrn Honecker an Dritte weiterzugeben. Er soll zunächst den Sachverständigen Professor Dr. Schneider angerufen haben, der ihm gesagt haben soll, er möge von sich aus nicht tätig werden. Daraufhin soll er Herrn Professor Dr. Heckelmann, Ihren Senatskollegen in der Senatsverwaltung für Inneres, angerufen haben, der ihn an Sie weiterverwiesen habe. Herr Professor Dr. Neuhaus soll dann mit Ihnen in der Nacht vom 12. zum 13. Januar 1993 gesprochen haben. Zu diesem Gespräch haben wir folgende Fragen:

a) Hat Herr Professor Dr. Neuhaus Ihnen seine Überlegungen zu Operationschancen von Herrn Honecker mitgeteilt?

b) Hat Herr Professor Dr. Neuhaus Ihnen mitgeteilt, dass er mit Herrn Honecker am 12. Januar 1993 ein ärztliches Gespräch unter Bedingungen ärztlicher Verschwiegenheit geführt hat, und hat er Ihnen den Inhalt dieses Gespräches einschließlich möglicher Antworten von Herrn Honecker berichtet?

c) Hat er Sie gefragt, ob er in diesem besonderen Falle über den Inhalt dieses Gespräches den Strafverfolgungsbehörden oder dem Gericht Auskunft geben dürfe, oder ob er durch seine ärztliche Schweigepflicht daran gehindert sei?

d) Haben Sie ihm insoweit Rechtsrat erteilt, gegebenenfalls welchen Inhalts? (Herr Professor Dr. Neuhaus behauptet nämlich, von einem ›hochrangigen Juristen dieser Stadt‹ beraten worden zu sein und sich dann auf dessen Rat an Herrn Richter am Landgericht Abel von der 27. Strafkammer gewandt zu haben.)

e) Haben Sie von den ›Eröffnungen‹ des Herrn Professor Dr. Neuhaus Ihrerseits der Staatsanwaltschaft bei dem Kammergericht Mitteilung gemacht? Gegebenenfalls bitten wir um Mitteilung, wann mit welchem Mitarbeiter dieser Behörde gesprochen worden ist, insbesondere mit welchem Inhalt, und ob darüber schriftliche Unterlagen existieren. Die Staatsanwaltschaft beim Kammergericht soll am 13. Januar 1993 bei Herrn Chefarzt Dr. Rex angerufen haben, zu erkennen gegeben haben, dass sie von dem Inhalt und der Tatsache des Gespräches (Professor Neuhaus/Honecker) bereits Kenntnis hatte und Herrn Dr. Rex massiv dazu gedrängt haben, seinerseits Tatsache und Inhalt dieses Gepräches zu bestätigen.

Auf der Grundlage des Telefonats der Staatsanwaltschaft bei dem Kammergericht mit Chefarzt Dr. Rex, ferner auf der Grundlage eines Telefonats von Professor Neuhaus mit Herrn Richter am Landgericht Abel am 13. Januar 1993 hat die Staatsanwaltschaft am 13. Januar 1993 den Erlass neuer Haftbefehle gegen Herrn Honecker bei der 14. und 27. Strafkammer des Landgerichts beantragt.

Wir wären Ihnen dankbar, wenn Sie uns hinsichtlich dieser Fragen möglichst bald eine Antwort zukommen lassen würden.«

Die Affäre nahm nun ihren Lauf.

Frau Prof. Limbach bestätigte am 27. Januar 1993 den Anruf von Prof. Neuhaus und ihre Empfehlung an ihn, die Strafkammer über seine »Erkenntnisse« zu unterrichten sowie die Tatsache, dass sie ihrerseits den Leiter der Arbeitsgruppe Regierungskriminalität über das Gespräch informiert habe. Das reichte. Am nächsten Tag erstatteten wir gegen Herrn Prof. Neuhaus und Frau Prof. Limbach Strafanzeige »wegen des Verdachts der Verletzung von Privatgeheimnissen« bzw. wegen des Verdachts der Anstiftung hierzu. Am 10. Febuar 1993 teilte uns Herr Oberstaatsanwalt Thiele mit, er habe auf unsere Strafanzeige hin ein Ermittlungsverfahren »gegen Prof. Dr. Neuhaus u. a.« eingeleitet.

Die Ermittlungen gestalteten sich anscheinend schwierig. Zunächst erhielten wir von Oberstaatsanwalt Thiele am 6. Juli 1993 die Mitteilung, dass er das Ermittlungsverfahren gegen Frau Senatorin Limbach nach §170 Absatz 2 StPO eingestellt habe. Die Frau Senatorin habe nicht gewusst, dass Herr Prof. Neuhaus die Mitteilung nicht als Gutachter, sondern als Arzt gemacht hätte. Sie sei unter diesen Umständen zur Weitergabe der Information an die Staatsanwaltschaft befugt gewesen, eine Mitteilung an Pressevertreter sei »nicht konkret nachweisbar«. Das Ermittlungsverfahren gegen Prof. Neuhaus lief dagegen weiter.

Mit der Beschwerde gegen die Einstellung des Ermittlungsverfahrens, die von Rechtsanwalt Becker begründet wurde, legte dieser die »Merkwürdigkeiten und Ermittlungsmängel« des Ermittlungsverfahrens, das eher die Bezeichnung »devote Erkundigung« verdiene, im einzelnen dar. Die Beschwerdebegründung vom 23. August 1993 ist ein Zeitzeugnis, das bewahrt zu werden verdient, das hier jedoch nicht in seinem vollen, zehn Seiten füllenden Wortlaut wiedergegeben werden kann. Allein die Bezeichnung des Verfahrens auf der Akte »gegen 1) Prof. Dr. Peter Neuhaus, 2) Bedienstete der Justiz« spricht für eine sonst bei der Staatsanwaltschaft ungewöhnliche Diskretion und Delikatesse. Erst später wird in Klammern hinzugefügt »(Prof. Dr. Jutta Limbach)«.

So beeindruckend wie die Beschwerdebegründung für mich war, so wenig beeindruckte sie die Staatsanwaltschaft, was mich nun wiederum nicht mehr überraschte. Das war für mich nicht neu. Ich konstatierte als neue Erfahrung: Man kann sagen, was man will. Und als alte Erkenntnis: Was der Verteidiger gegen die Obrigkeit auch sagen mag – es hat keinen Erfolg.

Die Nachricht vom 19. November 1993 war preußisch knapp und gipfelte in dem Satz: »Das Verfahren war daher, soweit es Frau Senatorin Prof. Dr. Jutta Limbach betrifft, aus den fortbestehenden Gründen des Vorbescheides erneut einzustellen.«

Gegen Herrn Prof. Dr. Neuhaus wurde das Verfahren gemäß § 153a Abs. 1 StPO gegen Zahlung einer Geldbuße von 10 000 DM an gemeinnützige Organisationen eingestellt, wie uns Herr Oberstaatsanwalt Thiele am 25. April 1994 mitteilte. In seinem Schreiben hieß es: »Die Schuld des Täters ist als gering anzusehen. Durch die Erfüllung der Auflage wird das öffentliche Interesse an der Strafverfolgung beseitigt. Dies ergibt sich aus folgenden Gründen: Der Beschuldigte hat nicht aus Eigennutz gehandelt. Er glaubte sich verpflichtet, die Strafverfolgungsbehörden auf eine seiner Ansicht nach fehlerhafte Bewertung des Gesundheitszustandes Ihres Mandanten hinweisen zu müssen. Diese Bedenken haben sich zumindest hinsichtlich zeitlicher Prognosen im Nachhinein bestätigt.«

Man glaubt, die Gedanken des Herrn Oberstaatsanwalts mitlesen zu können.

Erich Honecker starb am 29. Mai 1994. Das Verfahren gegen Honecker u. a. endete mit dem Urteil des Bundesgerichtshofs gegen Keßler und andere am 6. Juli 1994.

Das Bundesverfassungsgericht entschied über die Beschwerden am 24. Oktober 1996. Der Europäische Gerichtshof wies die Beschwerden, wie gleichfalls noch berichtet werden wird, am 22. März 2001 ab. Die Medien urteilten schneller.

Winters schrieb in der *FAZ* vom 30. Mai 1994 »von mancher Wertschätzung, die Honecker auch im Westen und in der Dritten Welt erwarb«. Er ließ seine Leser aber nicht wissen, womit er sich diese Wertschätzung erworben hatte.

Am 31. Mai 1994 definierte er die »historische Schuld« Honeckers mit dem Hinweis, dass er die Verantwortung für die Mauer trug und »17 Millionen Deutsche zu Gefangenen« machte. Wie sich das mit der Wertschätzung des Westens und der Dritten Welt (was blieb sonst von der Welt?) vertrug, blieb ein Rätsel.

Der Hinweis im gleichen Artikel, dass sich »hohe MfS-Offiziere ihrer Pensionen« (damals 802 DM monatlich) *erfreuen*, zeugt auch nicht gerade von Tatsachenkenntnis.

Viele Gedanken verknüpfen sich bei mir mit diesem Verfahren. Es überfordert mich jedoch, sie alle darzulegen. Nur eins erlaube ich mir auszusprechen: Über Honecker und die DDR habe ich aus dem Prozess nichts erfahren, aber sehr viel über die Bundesrepublik, ihre Justiz und ihre Juristen. Insofern hat es sich für mich gelohnt, dabeigewesen zu sein.

Eine andere Frage ist: Was hätte das Verfahren für Honecker gebracht, wenn er *keine* und was, wenn er *andere* Verteidiger gehabt hätte? Haben wir den Gang des Verfahrens, was sein Ergebnis anbelangt, wesentlich beeinflusst oder hätte sich letztlich alles genauso abgespielt?

Ich habe den Verdacht, es wäre genauso gekommen, weil es nach der Sachlage nicht anders kommen konnte.

Auch Richter Bräutigam hätte Honecker nicht im Gerichtssaal sterben lassen. Auch die besten Verteidiger hätten ihn nicht früher aus dem Gefängnis geholt. Es war eben ein politischer Prozess, in dem nur der liebe Gott den vorherbestimmten Gang der Dinge ändern konnte.

Der weitere Verlauf des Verfahrens und das Verfahren gegen Krenz und andere haben es nachträglich bewiesen.

Auch im rechtsstaatlichen bundesdeutschen Strafverfahren sind im politischen Prozess Verteidiger für den Angeklagten zwar eine psychische Stütze, eine Annehmlichkeit, aber keine Rettung.

Für den Staat, für die Justiz dagegen sind sie als Ausweis der Rechtsstaatlichkeit unerlässlich.

Honecker war in Chile, aber seine Prozesse blieben in Deutschland und liefen über seinen Tod hinaus weiter. Die DDR-Vergangenheit wird juristisch nicht nur durch das Strafrecht bewältigt. Es begann mit dem Gesetz der Volkskammer vom 29. Juni 1990 »über den Nachweis der Rechtmäßigkeit des Erwerbs von Umstellungsguthaben«, dem sogenannten Umstellungsguthabengesetz, abgekürzt UGG.

Wie bei Axen und fast allen anderen Politbüromitgliedern beschlagnahmte der Sonderausschuss der Volkskammer nach diesem Gesetz auch das Konto von Erich Honecker. Er tat dies voller Eifer, aber mit wenig Geschick. So stellte er mir das an Erich Honecker gerichtete »Verlangen« (Terminus des Gesetzes), die Rechtmäßigkeit des Erwerbs seines Kontos nachzuweisen, mit einem Schreiben vom 6. Juli 1990 zu. Das Schreiben ging in meinem Büro am 9. Juli 1990 ein. Ich hatte aber in dieser Sache keine Vollmacht, konnte sie nicht haben, da weder Honecker noch ich von einem solchen Verfahren etwas geahnt hatten.

Ich sandte daher das Schreiben am 10. Juli 1990 an den Absender zurück. Darauf wurde mir mit Schreiben des Sonderausschusses vom 31. Juli 1990 das »Verlangen« mit der Bitte um Zustellung an Herrn Honecker erneut übersandt. Es ging am 2. August 1990 in meinem Büro ein. Der Bitte kam ich nach. Ich war damals kooperativer, als ich es nach den Lehrjahren in der BRD heute sein würde. Gleichzeitig schrieb ich dem Sonderausschuss am 6. August1990: »Nach dem Gesetz vom 29.6.90 ist gemäß § 3 Abs. 2 das Verlangen, die Rechtmäßigkeit des Erwerbs des Umstellungsguthabens (Gesamtguthaben) nachzuweisen, dem Kontoinhaber ›unverzüglich‹ zu übermitteln. Da das Verlangen am 6.7.90 gestellt worden ist und es bis zum heutigen Tage nicht dem Kontoinhaber übermittelt wurde, ist das Erfordernis der ›unverzüglichen‹ Mitteilung nicht erfüllt. Unverzüglich heißt im juristischen Sprachgebrauch ›ohne schuldhaftes Zögern‹. Von dieser Voraussetzung kann dann nicht gesprochen werden, wenn zwischen dem Verlangen und der Mitteilung ein Zeitraum von mehr als einem Monat liegt. Die Übermittlung des Verlangens mit einer falschen Anschrift an einen Nichtbevollmächtigten erfüllt die Voraussetzung der Mitteilung nach § 3 Abs. 2 des Gesetzes m. E. nicht.«

Dieser Formmangel und die Tatsache, dass sich auf dem beschlagnahmten Konto nur Beträge aus Gehalt und Rente befanden, beeindruckten den Sonderausschuss nicht. Er beschloss am 27. September 1990, »dass Herr Honecker durch Missbrauch seiner Funktionen, durch Inanspruchnahme von selbstbestätigten Privilegien und durch Handlungen, die einen gröblichen Verstoß gegen die guten Sitten darstellen, sich und anderen persönliche Vorteile zum Nachteil der Gesellschaft und zu Lasten des Staatshaushalts und anderer gesellschaftlicher Fonds verschafft hat. Dazu zählen folgende Fakten, die den Tatbestand des o. a. Gesetzes, § 5, Absatz 2, erfüllen:

– Verwendung volkswirtschaftlicher Fonds in Höhe von 44 Millionen M für den Neubau, die Rekonstruktion und Erweiterung mehrerer Jagdgebiete und Freizeitobjekte (Schorfheide, Nossentiner Heide, Dölln, Groß-Dölln), die ausschließlich durch Herrn Honecker, seine Familienangehörigen und durch einen engen Kreis von ehemaligen Mitgliedern des Politbüros der SED genutzt wurden. Allein an Energiekosten sind für dieses Objekt jährlich rund 800000 M an Energiekosten angefallen, die aus dem Staatshaushalt beglichen wurden.

– Zum Beispiel entstanden 1988 allein im von Herrn Honecker genutzten Objekt Nossentiner Heide Energiekosten in Höhe von 311 680 M.

– Aus sogenannten Schützenanteilen und dem Verkauf von Jagdtrophäen vom Objekt Nossentiner Heide hat Herr Honecker einen Betrag in Höhe von 12 144,89 M erhalten.

– Als Dotation aus der unrechtmäßigen und auf sein Betreiben initiierten Ehrenmitgliedschaft in der Bauakademie der DDR hat

Herr Honecker im Zeitraum von 1978 bis 1983 insgesamt 240 000 Mark erhalten.

– Aus Unterlagen geht hervor, dass Herr Honecker für sich und seine Familienangehörigen die Flugzeuge der Sonderflugstaffel für private Zwecke genutzt hat. Entscheidend ist der Zweck der Reisen, unabhängig davon, ob sie als Dienstreisen deklariert wurden.

– Für den maßgeblich von Herrn Honecker initiierten Häftlingsfreikauf wurden allein 1989 75 Millionen DM rechtswidrig erpresst. Die Verwendung ist durch den Ausschuss nicht nachvollziehbar und bedürfte gesonderter Untersuchungen.

– Herr Honecker ist maßgeblich dafür verantwortlich, dass für die Mitglieder und Kandidaten des Politbüros und weiterer Nomenklaturkader ein ganzes System ungerechtfertigter Privilegien zu Lasten des Volkes ausgebaut wurde, so z. B. für die Sonderversorgung im Wohnkomplex Wandlitz (jährlich ca. 5 Millionen DM) ausgegeben wurden.

– Herr Erich Honecker hat in den Jahren 1968 und 1989 zusammen für 226 048,43 M/DDR in Wandlitz Waren mit Scheck und Rechnung gekauft. Die Bareinkäufe sind noch nicht berücksichtigt. Dafür wurde ein Umtauschkurs von 1 DM = 1,75 M/DDR angewandt. Der vom Politbüro beschlossene und vom Ministerrat der DDR festgelegte Umtauschsatz betrug 1 : 4,4. Der tatsächliche Warenwert betrug daraufhin auf dieser Grundlage 568 284,67 M. Unter Beachtung einer üblichen Handelsspanne von 25 % betragen die Schulden an den Staatshaushalt 427 795,30 M/DDR oder 213 897,65 DM.

3. Entsprechend dieser Tatbestände werden die Unterlagen gemäß des o. a. Gesetzes, § 5, Abs. 4, der Strafverfolgungsbehörde übergeben, mit der ausdrücklichen und einstimmig beschlossenen Forderung des Sonderausschusses, das auf den gesperrten Sparkonten vorhandene Geldvermögen zugunsten des Staatshaushaltes einzuziehen. Hierbei handelt es sich um das Sparkonto 6652-48-10537 bei der Sparkasse 1 Alexanderplatz 2, Berlin, 1020, in Höhe von 234.873,07 M/DDR (Stand zum Zeitpunkt der Sperrung 30.6.90 = 117.936,53 DM).

4. Herr Erich Honecker wird durch den Ausschuss über die beschlossene Verfahrensweise und die Forderung des Ausschusses schriftlich informiert. Er wird davon unterrichtet, dass er das Recht hat, gegen die Entscheidung des Sonderausschusses gemäß o. a. Gesetzes, § 6, Abs. 1, innerhalb von 2 Wochen schriftlich Beschwerde einzulegen.

Der Beschluss wurde durch den Sonderausschuss einstimmig bestätigt. gez. Barthel, Vorsitzender des Ausschusses«

Formulierungen und Form dieses einstimmig gefassten und einstimmig bestätigten einstimmigen Beschlusses spiegeln Geist und Hektik jener Tage in der Volkskammer wider.

Am 15. Oktober 1990 erhob ich »namens und im Auftrag« von Herrn Honecker Klage mit dem Antrag, den Beschluss des Sonderausschusses aufzuheben.

Der Deutsche Bundestag – Verwaltung – Justitiariat – erwiderte mit Schriftsatz ohne Datum, der am 7. Januar 1991 im Verwaltungsgericht Berlin einging, die »Entscheidung (des Sonderausschusses) verletzt den Kläger nicht in seinen Rechten. […] Die Forderung des Sonderausschusses gegenüber der Strafverfolgungsbehörde, das auf den gesperrten Konten vorhandene Geldvermögen zugunsten des Staatshaushaltes einzuziehen, kann im Hinblick auf § 5 Abs. 4 des Gesetzes vom 29. 6. 90 lediglich als unverbindliche Empfehlung angesehen werden, die die Strafverfolgungsbehörde in keiner Weise bindet.«

Damit endete praktisch der Lauf des Prozesses.

Am 18. Oktober 1991 hatte ich – noch in Unkenntnis der Verfahrensdauer bei Verwaltungsgerichten – an das Gericht mahnend geschrieben, dass »für mich nicht erkennbar (ist), warum das Verfahren keinen Fortgang nimmt. Seit meinem Schriftsatz vom 21.1.1991, also seit nunmehr fast neun Monaten, fehlt es an jedem Anzeichen, dass Fortschritte in dem Verfahren erfolgen, wenn man davon absieht, dass das Verfahren zuständigkeitshalber von der 25. Kammer übernommen worden ist. Da auch dies bereits vor sechs Monaten erfolgte, bitte ich hiermit, dem Verfahren Fortgang zu geben.«

Prompt folgte seinerzeit die Belehrung durch das Gericht, »dass für Hauptsache-Entscheidungen mit einer ein- bis zweijährigen Verfahrensdauer regelmäßig zu rechnen ist. Ich bleibe um Beschleunigung der Sache bemüht. Möglicherweise wird die Kammer sogar vor Abschluss eines Strafverfahrens gegen den Kläger über das Umstellungsguthaben entscheiden.«

Auf telefonischen Anruf teilte mir der Vorsitzende der Kammer am 19. August 1992 mit, dass mit einer Verhandlung noch 1992 zu rechnen wäre. Am 21. Oktober 1992 schrieb ich an die Kammer: »Nachdem nunmehr seit der Klageerhebung mehr als zwei Jahre vergangen sind und nach den in der Presse bereits veröffentlichten Gutachten die zukünftige Lebensdauer unseres Mandanten auf 6 bis 18 Monate eingeschätzt worden ist, fragen wir an, ob mit dem Fortgang des Verfahrens noch vor seinem Tode zu rechnen ist.«

Nunmehr teilte das Verwaltungsgericht mit, es wolle die rechtskräftige Beendigung des Strafverfahrens abwarten.

Am 20. April 1995 erlaubte ich mir, an die Fortsetzung des Verfahrens zu erinnern. Daraufhin schrieb mir der Berichterstatter, er möchte »daran erinnern, dass zu vergleichbaren Rechtsfällen in absehbarer Zeit eine obergerichtliche Rechtsprechung vorliegen wird, so dass es aus der Sicht aller hiesigen Prozessbeteiligten ratsam erscheint, diese abzuwarten«.

Das war der Stand der Dinge anno 1998.

Das Oberverwaltungsgericht hatte zwar auf Klage von Hermann Axen zu dessen Gunsten entschieden und die Revision nicht zugelassen, doch dagegen hatte der Deutsche Bundestag, wie berichtet, erfolgreich Nichtzulassungsbeschwerde eingelegt. Das höchste Verwaltungsgericht stellte fest, was das Verwaltungsgericht Berlin und das Oberverwaltungsgericht (OVG) nicht gewusst und erkannt hatten: Eine Berufung gegen das Urteil des Verwaltungsgerichts war in diesen Sachen nicht zulässig. So blieb das Urteil, das vom OVG als rechtswidrig angesehen worden war, bestehen. Right or wrong, meine BRD. – Es blieb die Hoffnung auf Strasbourg.

Ich legte gegen die Einziehung der Konten von Hermann Axen und Erich Honecker Verfassungsbeschwerde ein.

Über sie entschied der Europäische Gerichtshof für Menschenrechte am 15. November 2001: Die Beschwerden der Erben von Hermann Axen und von Margot Honecker als Erbin von Erich Honecker waren unzulässig, lautete es.

Das reizte mich, einen Artikel zu schreiben. Er erschien unter der Überschrift »Gerechtigkeit in Strasbourg? Ein König und zwei Kommunisten vor dem höchsten Gericht« in der *jungen Welt* am 23. Januar 2002.

»Das höchste irdische Gericht für die 40 Staaten des Europarates ist der Europäische Gerichtshof für Menschenrechte (abgekürzt EGHMR) in Strasbourg. Vor ihm klagte der König von Griechenland, als er nicht mehr König war, samt seiner Familie, denn man hatte sie entschädigungslos enteignet. Die Enteignung betraf drei Domänen mit insgesamt rund 71 Millionen Quadratmeter samt Inventar. Die königliche Familie verlangte Rückgabe oder Entschädigung in Höhe von umgerechnet etwa 284 Millionen DM. Die Ländereien hätte er mit 24 Jahren geerbt, sagte der König. Eigentlich waren sie schon mehrfach enteignet, dann aber wieder zurückgegeben worden. Griechenland hat rund zehn Millionen Einwohner und umfasst etwa 132 000 Quadratkilometer.

Auch zwei Kommunisten klagten vor dem EGHMR, weil sie 1990 entschädigungslos enteignet worden waren, als sie nicht mehr Mitglieder des Politbüros der SED bzw. Staatsratsvorsitzender der DDR und Generalsekretär der SED waren. Ihnen wurden 246.143,32 Mark der DDR = 123.071,66 DM bzw. 234.873,07 Mark der DDR = 117.936,53 DM weggenommen. Die Bundesrepublik hat rund 79 Millionen Einwohner und umfasst etwa 356.000 Quadratkilometer.

Der König und die Kommunisten hatten vorher vor den Gerichten ihrer Länder geklagt. Beide mit wechselndem Erfolg in mehreren Instanzen, letztlich aber beide erfolglos.

Im Falle des Königs entschieden der Kassationshof und das Oberste Verwaltungsgericht ›einander widersprechend‹ *(siehe NJW 2002, S. 45 – F. W.)*. Letztlich erklärte der Verfassungsgerichtshof die Enteignung für rechtens.

Die Klage des Politbüromitglieds wurde vom Verwaltungsgericht Berlin abgewiesen. Das Urteil ist für Liebhaber politischer Polemik lesenswert. Die Berufung des Kommunisten an das Oberverwaltungsgericht Berlin hatte Erfolg. Das Urteil ist für Juristen lesenswert. Es erklärte die Entscheidung des Verwaltungsgerichts für ›rechtswidrig‹. Das vom Deutschen Bundestag daraufhin angerufene Bundesverwaltungsgericht entdeckte im Gegensatz zu beiden Vorinstanzen, dass in diesem Fall eine Berufung nicht zulässig wäre, d. h. das für rechtswidrig erklärte Urteil des Verwaltungsgerichts Berlin wurde rechtskräftig. Mit der Sache selbst setzte sich das höchste deutsche Verwaltungsgericht nicht auseinander, das war juristisch nicht notwendig. Eine Verfassungsbeschwerde war gleichfalls erfolglos. Dieses Urteil gegen das Politbüromitglied wurde anschließend Präjudiz für den Fall des Staatsratsvorsitzenden. Bei beiden Enteignungen blieb es damit.

Der König und die Erben der inzwischen verstorbenen Kommunisten (es war mittlerweile 1999 geworden) beschweren sich beim EGHMR. Die Beschwerdeführer wurden vom EGHMR als früherer König sowie Prinzessin Irene und Prinzessin Ekaterini angegeben. Ihre Beschwerde wurde als bedeutungsvoll angesehen und daher der Großen Kammer des EGHMR, bestehend aus siebzehn Richtern, vorgelegt. Diese gab im November des Jahres 2000 der königlichen Familie mit 15 : 2 Stimmen recht. Die Beschwerden der beiden Kommunisten behandelte, da nicht so bedeutungsvoll, nicht die Große Kammer, sondern die 3. Kammer des EGHMR, bestehend aus sieben Richtern. Die Namen der beiden Betroffenen, Axen und Honecker, erschienen im Urteil, ihre Exfunktionen nicht. Ihre Beschwerden wurden von der Kammer einstimmig für offensichtlich unbegründet erklärt.

Die Große Kammer verfolgte das Schicksal der einzelnen ehemals königlichen Ländereien, bis in das Jahr 1864 zurück. Die Ländereien waren je nach der politischen Situation dem jeweiligen König geschenkt oder ihm durch Enteignung entzogen worden.

Die letzte Enteignung wurde nach jahrelangem Hin und Her 1994 perfekt. Über sie hatte der Gerichtshof zu entscheiden. Er ging juristisch systematisch vor und befand Schritt für Schritt:

1. die Ländereien waren ehemals rechtmäßiges Eigentum der Beschwerdeführer, d. h. der königlichen Familie, auch soweit sie diese geschenkt erhalten hätte.

2. Die Enteignung war ein Eingriff in das Eigentumsrecht der Beschwerdeführer.

3. Dem Gesetz, das die Enteignung ausgesprochen hatte, könne ›seine Berechtigung […] dem öffentlichen Interesse zu dienen‹, nicht genommen werden. *(Siehe NJW 2002, S. 49 – F. W.)*

4. ›ist der Gerichtshof der Meinung, dass das Fehlen einer jeglichen Entschädigung für die Enteignung des Vermögens der Beschwerdeführer zu ihrem Nachteil den erforderlichen gerechten Ausgleich zwischen dem Schutz des Eigentums und den Erfordernissen des öffentlichen Interesses nicht herstellt. Deswegen ist Art. 1 Zusatzprotokoll zur EMRK (Europäische Menschenrechtskonvention) verletzt worden.‹

Fazit: Der König und seine Familie erhalten ihr Eigentum zurück oder werden entschädigt. Als Entschädigung hatten sie beantragt: ›165 562 391 740 GRD für ihr unbewegliches Vermögen, zusätzlich 3 416 330 Pfund Sterling für ihr persönliches bewegliches Vermögen (Möbel, Gemälde, Bücher usw.). Sie beantragen weiter 100 000 Pfund Sterling für Nichtvermögensschaden, allerdings mit der Maßgabe, dass dieser Betrag den Opfern des Erdbebens zugewendet werde, das Athen im September 1999 betroffen hat. Schließlich beantragen sie 644 502,42 Pfund Sterling für Kosten und Auslagen vor den staatlichen Gerichten und vor den Konventionsorganen bis zur mündlichen Verhandlung vor dem Gerichtshof.‹ *(siehe NJW 2002, S. 51 – F. W.)*

Alles zusammen macht das rund 284 Millionen DM.

Im Falle der Kommunisten verfuhr die dritte Kammer des Hohen Gerichtshofs, bestehend aus sieben Richtern, rationell. Sie fasste die Beschwerden der Erbinnen der beiden Kommunisten in einem Verfahren und in einem Urteil mit den beiden Aktenzeichen 53991/00 und 54999/00 zusammen.

Mit der Herkunft der Gelder auf den beiden Sparkonten befasste sich die Kammer in diesem Fall nicht. Von Schenkungen und Erbschaften war keine Rede. Im Übrigen war die juristische Methodik die gleiche. Die Schritte der Urteilsfindung waren hier: ›Die Beschlagnahme der Guthaben der Beschwerdeführer zog, das ist richtig, eine Enteignung nach sich […] Das Bundesverwaltungsgericht bestätigte die Zuständigkeit des Sonderausschusses auf diesem Gebiet.

Was den Zweck des Eingriffs anbelangt, hält der Gerichtshof in diesem Fall dafür, dass der Eingriff ein Ziel des Allgemeininteresses verfolgte […]

In Anbetracht aller dieser Elemente und besonders der außergewöhnlichen Umstände, die mit der deutschen Wiedervereinigung verbunden waren, geht der Gerichtshof davon aus, dass der verteidigende Staat nicht seinen Ermessensspielraum überschritten hat und dass er nicht verfehlt hat, im Hinblick auf die verfolgten legitimen Ziele ein gerechtes Gleichgewicht zwischen den Interessen der Beschwerdeführerinnen *(gemeint sind die Erbinnen von Hermann Axen und Erich Honecker – F. W.)* und dem Gemeinwohl der deutschen Gesellschaft herzustellen. Tatsächlich war die Kontrolle der Herkunft der Guthaben in Mark der DDR, die in DM umgetauscht werden sollten, der notwendige Ausgleich gegenüber der beträchtlichen Aufwertung, den der Umtausch der Guthaben in DM darstellte. Daraus ergibt sich, dass die Beschwerde im Sinne des Artikels 35 Abs. 3 der Konvention offensichtlich unbegründet ist.‹ Beim Vergleich der Begründung der Entscheidung des Falles der königlichen Familie aus Griechenland mit der der Kommunisten aus Deutschland ergibt sich durchaus eine Übereinstimmung bei der Feststellung, dass Enteignungen erfolgt sind.

Übereinstimmend wird weiter festgestellt, dass diese dem Allgemeininteresse dienten. Die Bedeutung der Enteignungen für die Interessen der Allgemeinheit der Staaten, denen sie zugute kommen sollten, erscheint allerdings bei einem Verhältnis von insgesamt rund 241 000 DM zu insgesamt 284 Millionen DM ungleich.

Stark abweichend sind allerdings die Erwägungen, die in beiden Urteilen im 4., dem letzten und entscheidenden Schritt ihrer

Schlussfolgerungen angestellt werden. Bei der königlichen Familie heißt es, ›dass das Fehlen einer jeglichen Entschädigung für die Enteignung des Vermögens der Beschwerdeführer zu ihrem Nachteil den erforderlichen gerechten Ausgleich zwischen dem Schutz des Eigentums und den Erfordernissen des öffentlichen Interesses nicht herstellt.‹

Ganz anders klingt es im Kommunistenurteil, wenn dort ausgeführt wird, ›daß der verteidigende Staat nicht seinen Ermessensspielraum überschritten hat und dass er nicht verfehlt hat, im Hinblick auf die verfolgten legitimen Ziele ein gerechtes Gleichgewicht zwischen den Interessen der Beschwerdeführerinnen *(gemeint sind die Erbinnen von Hermann Axen und Erich Honecker – F. W.)* und dem Gemeinwohl der deutschen Gesellschaft herzustellen.‹

Die 3. Kammer des EGHMR fügt allerdings zwei weitere Begründung hinzu. Die erste, vorangestellte lautet: ›In Anbetracht aller dieser Elemente und besonders der außergewöhnlichen Umstände, die mit der deutschen Wiedervereinigung verbunden waren, geht der Gerichtshof davon aus, dass der verteidigende Staat nicht seinen Ermessensspielraum überschritten hat.‹

Und die zweite, nachgestellte Begründung heißt: ›Tatsächlich war die Kontrolle der Herkunft der Guthaben in Mark der DDR, die in DM umgetauscht werden sollten, der notwendige Ausgleich gegenüber der beträchtlichen Aufwertung, den der Umtausch der Guthaben in DM darstellte.‹

Insgesamt ist die Begründung für die Zurückweisung der Beschwerde der Erbinnen der DDR-Funktionäre umfangreicher als die für Verpflichtung Griechenlands zur Wiedergutmachung des der ehemaligen königlichen Familie angetanenen Unrechts. Bei dieser reicht der Hinweis auf einen angeblich erforderlichen ›gerechten Ausgleich‹. Der ist im Falle der DDR-Erbinnen eben nicht erforderlich. Er wird ersetzt durch einen ›notwendigen Ausgleich‹ und dieser Ausgleich besteht auch nicht in dem Ersatz für weggenommenes Geld, sondern in der ›Kontrolle der Herkunft der Guthaben‹. Unversehens wird damit Enteignung durch Kontrolle gerechtfertigt.

Unterschiedlich ist auch die Bewertung der Urteile der deutschen und der griechischen Gerichte durch den EGHMR. Die deutschen Gerichte erhalten bessere Zensuren. So sagte die 3. Kammer: ›In diesem Fall stellte der Gerichtshof zunächst fest, dass das Verwaltungsgericht Berlin im Einzelnen die Argumente der Beschwerdeführer geprüft und gründlich die Natur der von den Herren

Honecker und Axen gerügten Tatsachen analysiert hat, ebenso die Herkunft der auf den Bankkonten verzeichneten Summen der Beschwerdeführerinnen als Erbinnen.‹

Dabei lässt das höchste Gericht die ihm bekannte Entscheidung des dem Verwaltungsgericht übergeordneten Oberverwaltungsgerichts Berlin außer Acht. Sie war in der Beschwerdeschrift so wiedergegeben worden: ›Es waren vier Gründe, die das Oberverwaltungsgericht zu dem Schluss kommen ließen, die Entscheidung des Sonderausschusses sei rechtswidrig:

Erstens: Der Sonderausschuss hätte überhaupt keine Entscheidung treffen dürfen, da der Verdacht einer Straftat bestand. Dies sagt klar § 5 Abs. 4 UGG.

Zweitens: Die Entscheidung des Sonderausschusses war rechtswidrig, weil sie die zwingende Fristvorschrift des § 5 Abs. 3 UGG verletzte.

Drittens: Das Verlangen hätte an Sonja Axen als Kontoinhaberin und nicht an Hermann Axen gerichtet werden müssen, wie es § 3 Abs. 2 UGG fordert.

Viertens: Die materiell-rechtlichen Voraussetzungen für die Einziehung lagen nach § 5 Abs. 2 UGG nicht vor, da das Gesamtguthaben oder Teile davon nicht rechtswidrig erlangt worden waren.

Mit diesem Urteil sagte das Oberverwaltungsgericht zugleich, dass es die Entscheidung des Verwaltungsgerichts Berlin ebenfalls für rechtswidrig hielt.‹ *(siehe Beschwerdeschrift an den EGHMR vom 14. Dezember 1999, S. 20 f. – F. W.)*

Das höchste Gericht hielt auch den mit der Beschwerde ihm mitgeteilten Umstand für nicht erwähnenswert, dass die Staatsanwaltschaft Berlin wegen eines Teils der gegen Herrn Axen erhobenen Vorwürfe bereits am 23. November 1990 eingestellt hatte, da sie diese Vorwürfe für unbegründet hielt. Wegen der weiteren Vorwürfe des Sonderausschusses erhob sie Anklage gegen Hermann Axen. Dazu wurde dem höchsten Gericht mit der Beschwerde mitgeteilt: ›Das Landgericht Berlin, bei dem die Anklage erhoben worden war, lehnte die Eröffnung des Hauptverfahrens gegen den Angeschuldigten ab. In der Begründung des Beschlusses vom 27. Juni 1991 hieß es u. a.: ›Einen Straftatbestand etwa des Wortlauts *Wer unter Ausnutzung seiner gesellschaftlich oder politisch herausragenden Position sich Vorteile in Geld oder geldwerter Art verschafft, wird bestraft* gab es weder in der ehemaligen DDR noch in der alten, auch nicht in der neuen Bundesrepublik Deutschland. Genau dies ist aber der Vorwurf, den die Staatsanwaltschaft bei dem Kammergericht dem Angeschuldigten – möglicherweise zu Recht – macht.‹ *(Beschwerde vom 14. Dezember 1999 S. 5 – F. W.)*

Im Gegensatz zu dieser lobenden Erwähnung ausgewählter Urteile deutscher Gerichte werden die Entscheidungen der griechischen Gerichte nicht bewertet. Insbesondere wird die Entscheidung des griechischen Verfassungsgerichtshofes nicht kommentiert. Es ist daher nicht zu erkennen, warum der EGHMR ihr nicht folgt. Das verwundert umso mehr, als das höchste Gericht in seinem Kommunistenurteil ausdrücklich an seine ständige Rechtsprechung anknüpft, ›dass er zur Kontrolle des nationalen Rechts nur eine begrenzte Zuständigkeit besitzt und dass es zuerst Sache der nationalen Autoritäten ist, ihre Gesetze auszulegen und anzuwenden‹.

Warum also war das bei der königlichen Familie anders als bei den Kommunisten?

Sehr verschieden sind auch die Rechtsgrundsätze, auf die sich das höchste Gericht in diesem und in jenem Fall beruft. Zu Gunsten der königlichen Familie wird z. B. fundamental festgestellt: ›Um zu entscheiden, ob die streitige Maßnahme dem Erfordernis eines gerechten Ausgleichs genügt und insbesondere den Beschwerdeführern keine unverhältnismäßige Last auferlegt, müssen die von der staatlichen Gesetzgebung vorgesehenen Modalitäten der Entschädigung berücksichtigt werden. In dieser Hinsicht hat der Gerichtshof bereits früher entschieden, dass die Enteignung eines Vermögensgegenstands ohne Zahlung einer auf angemessene Weise seinem Wert entsprechenden Entschädigung normalerweise ein unverhältnismäßiger Eingriff ist; eine Enteignung ohne jede Entschädigung kann nur in außergewöhnlichen Umständen als nach Art. 1 Zusatzprotokoll gerechtfertigt angesehen werden (s. EGMR 1994, Serie A, Bd. 301, S. 35 Nr. 71 – Heilige Klöster / Griechenland). *(Beschwerde vom 14. Dezember 1999 S. 49 – F. W.)*

Im Kommunistenfall wird nicht dargelegt, welche ›außergewöhnlichen Umstände‹ die entschädigungslose Enteignung rechtfertigen. Es sei denn, man wertet die deutsche Wiedervereinigung, auf die sich die 3. Kammer bezieht, höher als den Übergang Griechenlands von der Monarchie zur Republik. Das wird aber nicht gesagt und man darf daher auch denken, dass dies nicht so ist.

Ein außergewöhnlicher Umstand sollte es auch sein, dass Deutsche deutschen Antifaschisten, die unter Hitler nicht nur Hab und Gut, sondern auch ihre Freiheit verloren, die im Brandenburger Zuchthaus und im KZ Auschwitz saßen, das Geld wegnahmen, das sie durch jahrzehntelange Arbeit sowie aus Alters- und Entschädigungsrenten gespart hatten. Ein solcher außergewöhnlicher Umstand hätte für sich allein genommen diese Enteignung ausschließen müssen.

Schließlich, für die Kommunisten war das, was sie verloren, alles was sie besaßen. So war es bei der königlichen Familie nicht, sonst hätten sie die ihnen früher angebotene Entschädigung von 120 Millionen Griechische Drachmen nicht ausgeschlagen. Ein führender Politiker, der nach über 40-jähriger Tätigkeit in leitenden Ämtern nur ein Vermögen besitzt wie es die Kommunisten besaßen, sollte schon aus diesem Grund gegenüber jeglicher Enteignung tabu sein.

Im Gegenteil. Das höchste Gericht gestand den gekrönten Häuptern zu, was den Kommunisten unbewiesen zum Vorwurf gemacht worden war: ›Die in der Vergangenheit der königlichen Familie gewährten Privilegien oder die Steuerbefreiungen und die Aufhebung der gesamten Steuerschuld der früheren königlichen Familie sind für die Verhältnismäßigkeit nicht unmittelbar von Bedeutung, können aber möglicherweise bei der genauen Berechnung der von den Beschwerdeführern erhobenen Ansprüche auf gerechte Entschädigung nach Art. 41 EMRK berücksichtigt werden.‹ *(Beschwerde vom 14. Dezember 1999 S. 50 – F. W.)*

Fazit: Den Kommunisten und ihren Erbinnen bleibt nichts, d. h. sie werden in den Eigentums-Status zurückversetzt, den sie am 8. Mai 1945 hatten. Das Urteil erging einstimmig. Bedeutend war der Fall nicht.

Was bleibt, sind Fragen:

Wie werden die Grund- und Menschenrechte gewahrt?

Was hat man als König, was als Kommunist von der Justiz in Deutschland und Europa zu erhoffen?

Schreibt man noch Strasbourg oder wieder Straßburg?«

Der Fall Werner Großmann (1990-1996)

Am 13. September 1990 erhielt ich das Mandat von Markus Wolf, ihn – neben einem prominenten bundesdeutschen Anwalt – zu verteidigen. Zwölf Tage später suchte mich sein Nachfolger im Amt des Chefs der DDR-Auslandsaufklärung mit dem gleichen Anliegen auf. Ich sah diese Mandate zuerst als eine Vorsichtsmaßnahme. Meine ohnehin nicht blühende Fantasie sah die »rechtsstaatliche Aufarbeitung« der Vergangenheit ebenso wenig voraus, wie ich die Rezeption des Bundesrechts von einem Tag auf den anderen erwartet hatte. Die Erinnerung an blitzartige Erfolge war mir seit 1942 verlorengegangen. Mein Fehler.

Es dauerte nur acht Tage, und schon stellte sich die Situation anders dar. Die Ereignisse überstürzten sich, und in der Erinnerung kann wohl das eine durch das andere verdrängt worden sein oder sich mit anderem vermengt haben.

Am 2. Oktober war ich aus London mit dem Gefühl zurückgekehrt, dass das Verschwinden des »Unrechtsstaats« DDR nicht überall begrüßt worden war.

Am nächsten Tag fuhr ich als BRD-Bürger vormittags zur Festveranstaltung in die Philharmonie. In der ersten Reihe saßen neben von Weizsäcker und Kohl mein Mitstreiter aus dem Vorstand des Rechtsanwaltskollegiums, Lothar de Maizière, und die letzte Präsidentin der Volkskammer der DDR, Sabine Bergmann-Pohl, die mir elf Tage zuvor noch ein Pressemandat anvertraut hatte.

Ich hörte aufmerksam dem Bundespräsidenten zu. Er sagte: »Wenn es gelingen soll, das Gefälle bald zu überwinden, dann bedarf es dafür nicht nur der Hilfe, sondern vor allem auch der Achtung untereinander.« Er sprach auch von den Deutschen in der bisherigen DDR, die »endlich die gleichen Chancen bekommen, die es im Westen seit Jahrzehnten gibt.«

Ich sang seit 45 Jahren zum ersten Mal wieder das Deutschlandlied und erlebte, dass trotz aller Sicherungsvorkehrungen ein augenscheinlich nicht normaler Mann bis zum Rednerpult vordringen und eine Rede beginnen konnte, deren Sinn unverständlich war. Wieder ein erster, diesmal überraschender Eindruck: Auch in der BRD funktionierte nicht alles, manches funktionierte sogar in der DDR besser.

Im Laufe der Jahre gewann ich noch oft solche Eindrücke.

Zu Hause angekommen, erfuhr ich, Werner Großmann sei festgenommen worden. Das hatte also geklappt. Ob das Bundespräsident von Weizsäcker als »Achtung untereinander« verstanden hatte?

Am 4. Oktober war ich bei meinem Mandanten im Polizeipräsidium. Dort war es wie in der DDR: Ausweis zeigen, Passierschein bekommen, warten, bis man zum Zuständigen, der nun allerdings Beamter und nicht Behördenangestellter war, geleitet wurde. Auch Plakate gab es, die zwar nicht vorm Klassenfeind, aber doch vor dem bösen Bruder von nebenan warnten. Die Einheit war insoweit noch nicht angekommen.

Anders war natürlich, dass ich gleich mit meinem Mandanten sprechen durfte. Das aber entsprach meiner Vorstellung vom Rechtsstaat und überraschte mich also nicht. Anders war auch meine eigene Verfassung als Verteidiger. Ich war unsicher. Mit dieser Strafprozessordnung war ich nicht groß geworden, mit diesen Staatsanwälten hatte ich weder studiert noch zusammengearbeitet, sie waren mir unbekannt. Ich hatte keinen Draht zu ihnen.

Vor dem Gespräch mit Herrn Großmann bat mich Herr Bundesanwalt Schulz um eine Unterredung. Das kannte ich. Die Vernehmer vom MfS wollten manchmal auch, dass der Verteidiger mit ihnen sprach, *bevor* er seinen Mandanten aufsuchte. Herr Schulz hatte ein Anliegen. Ich sollte auf meinen Mandanten einwirken, dass er die ihm bekannten Quellen mitteilte. Ich erwiderte, dass ich sein Anliegen verstünde, dass ich aber, wenn ich mich in die Lage meines Mandanten versetzte, davon ausgehen würde, auch künftig ohne Ekel in den Spiegel schauen zu wollen und darum schwiege. Ich könnte ihm ein derartiges Anliegen allenfalls näher bringen, wenn die Quellen strafrechtlich nicht verfolgt werden würden.

Herr Schulz erklärte darauf, das sei nicht möglich, eine solche Zusage könne er nicht machen.

Sodann benutzte ich die Gelegenheit, um meinerseits rechtliche Bedenken gegen den Haftbefehl vorzutragen. Ich verwies auf die nicht existierende Fluchtgefahr und auf völkerrechtliche Gesichtspunkte.

Schulz unterrichtete mich daraufhin, dass zwar der Ermittlungsrichter den Erlass des Haftbefehls abgelehnt, doch der 3. Strafsenat des Bundesgerichtshofs diesen erlassen habe.

Danach sprach ich mit meinem Mandanten. Wir erörterten das von Staatsanwalt Schulz Mitgeteilte. Werner Großmann blieb dabei, er werde keine Quellen verraten.

Wir lasen dann gemeinsam den Haftbefehl vom 11. September 1990; die Juristen drüben hatten die deutsche Einheit bei allem Zeitdruck noch rechtzeitig vorbereitet. Dort hieß es: »Es besteht der Haftgrund der Fluchtgefahr nach § 112 Abs. 2 Nr. 2 StPO. Der Beschuldigte hat wegen seiner herausgehobenen Stellung in der Organisation und Durchführung der vom ehemaligen MfS gegen die Bundesrepublik Deutschland mit besonderer Intensität betriebenen geheimdienstlichen Agententätigkeit – jedenfalls nach der gegenwärtigen Gesetzeslage – mit einer erheblichen Freiheitsstrafe zu rechnen. Er ist zur Zeit wegen seines Wohnsitzes in der DDR für die Bundesbehörden nicht greifbar.

Es ist zu befürchten, dass er sich noch vor dem Beitritt der DDR zur Bundesrepublik am 3. Oktober 1990 ins Ausland absetzt, um die weitere strafgesetzliche Entwicklung (z. B. Erlass eines Amnestiegesetzes) und die strafprozessuale Handhabung in vergleichbaren Fällen abzuwarten.«

Weiter hieß es: »Erst nach Ergreifung des Beschuldigten stellt sich die Frage, ob der Fluchtgefahr durch Aussetzung des Haftbefehls nach Maßgabe des § 116 StPO ausreichend entgegengewirkt werden kann.«

Danach war ich der Auffassung, dass Werner Großmann Haftverschonung erhalten würde. Er selbst war weniger optimistisch. Er schilderte mir bei dieser Gelegenheit die Umstände seiner Verhaftung. Mit seiner Familie war er am 3. Oktober spazieren gegangen. Als er zurückkam, fand er seine Wohnung mit neuen Schlössern versehen vor.

Auf sein Klingeln öffneten ihm Beamte des BKA, die im Begriff waren, die Wohnung zu durchsuchen. Sie hatten geglaubt, er sei geflohen.

Werner Großmann sollte zur Verkündung des Haftbefehls nach Karlsruhe zum Bundesgerichtshof gebracht werden. Ich selbst konnte aus Berlin nicht weg und war ziemlich ratlos und deswegen dankbar, als mir Prof. Wolfgang Vogel, der aus dem Radio von der Inhaftierung erfahren hatte, telefonisch empfahl, Rechtsanwalt Dr. Gunter Widmaier mit der Vertretung des Mandanten zu beauftragen. Dies tat ich. Bis dahin kannte ich Widmaier nicht, hatte seinen Namen nie gehört. Jedenfalls war er es, der Großmann vor dem Ermittlungsrichter des Bundesgerichtshofs und in der ganzen Folgezeit vertrat und der am 4. Oktober auch die Haftverschonung für Generaloberst a. D. Werner Großmann erwirkte. Es war der Beginn einer mehrjährigen Zusammenarbeit, die besonders in den Anfangsjahren sehr angenehm und sehr kollegial war.

In den Gründen des Beschlusses, mit dem der Haftbefehl außer Vollzug gesetzt wurde, hieß es: »Er (Werner Großmann) hat glaubhaft dargetan, dass er sich dem Verfahren stellen wird. Dabei hat er besonders darauf hingewiesen, dass er sich als früherer Leiter der HV A auch in Verantwortung gegenüber seinen bisherigen Mitarbeitern sieht. Er will erreichen, dass der Öffentlichkeit bewusst wird, dass er bis zur Wiedervereinigung für seinen Staat eine legitime Tätigkeit ausgeübt hat. Von besonderer Bedeutung ist für ihn dabei, dass es sich um eine Tätigkeit gehandelt hat, der in allen Staaten durch Sicherheitsorgane nachgegangen wird.

Diese Haltung des Beschuldigten spricht dafür, dass er sich dem weiteren Verfahren mit allen seinen Schwierigkeiten stellen will. Es ist offenkundig, dass ihm bewusst ist, möglicherweise auch eine Freiheitsstrafe verbüßen zu müssen.

Aus seiner Sicht freilich besteht die Erwartung, dass mit der Wiedervereinigung auch die Probleme der aufgelösten Sicherheitsorgane der ehemaligen DDR, einschließlich der HV A, in einer für alle zufriedenstellenden Weise gelöst werden.«

Dieser Haftverschonungsbeschluss widerspiegelte nicht nur die Haltung Werner Großmanns und den Zeitgeist, sondern auch die Persönlichkeit des Ermittlungsrichters Klaus Detter.

Ich bin ihm später zweimal begegnet. Das hat mir geholfen, Vorurteile gegen Bayern und gegen Richter am Bundesgerichtshof abzubauen. An ihm war nichts von schwarzer Engstirnigkeit, wie man sie als Berliner mit Vorliebe in Bayern ansiedelt, und auch nichts von den politischen Scheuklappen, die ich bei Richtern des Bundesgerichtshofs vermutete.

Die folgenden Monate, ja Jahre, waren ausgefüllt mit dem Bemühen, das Problem der DDR-Spionage auf der Ebene der Politiker und Beamten zu klären. Die Bemühungen waren nicht einseitig. Klar war, dass sich die Spione der DDR, die wir Kundschafter nannten, nach bundesdeutschem Recht strafbar gemacht hatten, wie das umgekehrt nach DDR-Recht auf die Spione der BRD zutraf. Doch jetzt waren wir nicht nur ein Volk, sondern auch ein Staat.

Die Richter, die bisher vorwiegend in Düsseldorf und am Bundesgerichtshof die DDR-Spione bestraft hatten, empfanden diese staatsrechtliche Veränderung als strafrechtlich irrelevant. Eine Haltung, die für einen DDR-Juristen unverständlich war. Politik und Recht hingen nach DDR-marxistischer Auffassung eng zusammen. Jede Kurskorrektur der Politik wirkte sich auch auf den Kurs der Rechtspolitik aus. Das war jedem praktizierenden DDR-Juristen in Fleisch und Blut übergegangen. Das wurde auch nicht versteckt, sondern offen proklamiert. Das war nach dem 17. Juni 1953 so, nach dem Koreakrieg, nach der Kubakrise, nach Helsinki. Es war immer so. Jedes Plenum des ZK und erst recht jeder Parteitag hatte bis ins Scheidungsrecht hinein Auswirkungen auf die Rechtsprechung.

Ich musste erkennen: In der Bundesrepublik war das anders. Jedenfalls ließen die Richter und Staatsanwälte, die mit dem befasst waren, was damals »Regierungskriminalität« genannt wurde, nicht erkennen, dass sie die Einheit Deutschlands als einen Umstand von rechtlicher Bedeutung ansahen. Die Bundesrepublik war für sie anscheinend geblieben, was sie war, und für die neuen Bundesländer galten fortan die alten Maßstäbe der nunmehr alten Bundesländer.

Einen anderen Blickwinkel hatten einige Politiker sowie Beamte vom BND und vom Verfassungsschutz. Von den Politikern dachte eine kleine Zahl wohl nicht nur an die nächste, sondern auch schon an die übernächste Wahl. So trat Kanzleramtsminister Wolfgang Schäuble (CDU) für eine Amnestie ein. Dr. Peter Gauweiler (CSU), Jurist und Landtagsabgeordneter, erinnerte an antike Erfahrungen und schrieb in der *Welt am Sonntag* am 24. Januar 1993 über den Vater eines jungen römischen Feldherrn. Dieser hatte seinem Sohn geraten, gefangene Feinde mit Großmut zu behandeln. Der wähnte sich besonders klug und wählte einen Mittelweg: Er ließ jeden zehnten Gefangenen köpfen. Der weise Vater aber gab ihm Bescheid: »Nun haben wir sie weder als Freunde gewonnen noch hast du sie endgültig vernichtet; in wenigen Jahren werden sie wieder vor Roms Toren stehen.«

Die BRD-Geheimdienstler boten Straffreiheit für den Verrat der Quellen. Nur wenige ließen sich darauf ein. Darunter war auch ein Karl Großmann. Mit meinem Mandanten hatte er nur den Nachnamen gemein, was aber schlimm genug war: Werner Großmann wurde gelegentlich mit diesem Verräter verwechselt.

Die Methoden, mit denen versucht wurde, die Mitarbeiter der Hauptverwaltung Aufklärung des MfS zum Sprechen zu bringen, waren nicht neu und mir also bekannt. Einen anderen Mandanten wurde ein Grundstück und die Einstellung des gegen ihn laufenden Verfahrens angeboten, wenn er als Belastungszeuge aussage. Seine Frau wurde unter Druck gesetzt, indem man ihr ausmalte, wenn sich die Medien des spektakulären »Stasi«-Prozesses gegen ihren Mann annehmen würden. Sie drohte daraufhin ihrem Mann mit Selbstmord. Er ging dennoch nicht den Weg eines Karl Großmanns und schlägt sich mehr schlecht als recht mit seiner »Strafrente« durch. Es gab auch bei den »Tschekisten« sone und solche ...

Am 24. Oktober 1990 beantragte Widmaier in einem ausführlichen Schriftsatz die Aufhebung des Haftbefehls. In ihm waren alle wesentlichen Elemente enthalten, die die Auseinandersetzung unter den Juristen zu diesem Rechtsproblem des Beitritts der DDR bis zur Entscheidung des Bundesverfassungsgerichts im Mai 1995 prägten: Das Gleichheitsprinzip des Artikel 3 des Grundgesetzes ebenso wie das völkerrechtliche Bestrafungsverbot feindlicher Spione nach Artikel 31 der Haager Landkriegsordnung.

Ausgangspunkt für Widmaiers Überlegungen war die von den juristischen Praktikern sonst weitgehend vernachlässigte Tatsache der Vereinigung der beiden deutschen Staaten. Sie durfte nach seiner Ansicht nicht so behandelt werden, wie sie tatsächlich weitgehend behandelt wurde, nämlich wie die Angliederung eines vom Feind vorübergehend widerrechtlich besetzten Territoriums, auf dem es nur gilt, die rechtmäßige, seit eh und je bestehende Ordnung wiederherzustellen.

Widmaiers Antrag hatte keinen Erfolg.

Der Ermittlungsrichter hielt eine Vorlage beim Bundesverfassungsgericht nicht für erforderlich. Artikel 31 HLKO, wonach »ein vom Feind gefangengenommener Spion, der zu seinem Heer zurückgekehrt war, für die früher begangene Spionage nicht verantwortlich gemacht werden« dürfe, sei nicht anwendbar. »Es handelt sich dabei aber um eine Sonderregelung des Kriegsvölkerrechts, die nur für den Fall der Vornahme von Kriegshandlungen (vgl. Art. 29 HLKO) gilt.« (*NJW* 1991, S. 929)

Aber Richter Detter, der den Ablehnungsbeschluss am 30. Januar 1991 fasste, war anders als andere doch nicht unberührt vom Gang der Geschichte und wollte, dass das Recht ihm angepasst würde. Er befand, »dass der bisherige Rechtszustand kaum zu einem befriedigenden Interessenausgleich beitragen kann [...] Eine sachgerechte Lösung erscheint nur durch ein Straffreiheitsgesetz möglich.«

Dieser Hinweis versüßte nicht nur die Niederlage, sondern schien uns wegweisend zu sein. Dagegen konnte die Staatsanwaltschaft auch keine Beschwerde einlegen. So blieb die Tatsache stehen, dass ein Richter des Bundesgerichtshofs sich gegen die Bestrafung der Mitarbeiter der HVA, für eine Amnestie ausgesprochen hatte.

Ich könnte mir sogar vorstellen, dass Herr Detter vielleicht auch eine andere Entscheidung getroffen hätte, wenn der Senat, der über eine Beschwerde gegen seinen Beschluss zu entscheiden berufen war, anders zusammengesetzt gewesen wäre, wenn er ihm zugetraut hätte, die ideologische Barriere zu überwinden und der Größe der politischen Herausforderung juristisch gerecht zu werden. Das ist aber eine reine Vermutung. Tatsächlich hat Detter auf 19 Seiten begründet, dass Werner Großmann wie alle anderen DDR-Spione nach noch immer geltendem Recht zu bestrafen sei. Nur auf wenigen Zeilen der 20. Seite brachte er umschrieben die Gerechtigkeit unter. Doch diese wenigen Zeilen hatten es in sich. So ist das in der Justiz und besonders in der politischen Justiz. Man gibt der übergeordneten Instanz, was sie verlangt und dem Bürger, was dieser unter Weglassung des schmückenden Beiwerks lebensnotwendig braucht – wenn man als Richter mutig, klug und realistisch ist.

Wir erkannten es an, waren zufrieden und wollten Gott in Gestalt des 3. Senats des Bundesgerichtshofs nicht herausfordern. Wir legten gegen den Detter-Beschluss keine Beschwerde ein.

Im Februar 1991 machte uns Widmaier in einer Besprechung in meinem Büro mit seiner Sicht der Dinge bekannt. Die Bemühungen um eine Amnestie würden nach seiner Ansicht auch von Justizminister Klaus Kinkel und Generalbundesanwalt Alexander von Stahl unterstützt. Beide gingen davon aus, dass die Amnestie zur Offenlegung der noch verborgenen nachrichtendienstlichen Quellen in der BRD führe.

Werner Großmann wiederholte seinen Standpunkt: Eine Offenlegung der Quellen durch Mitarbeiter der HV A käme nur bei Zusicherung von Straffreiheit für die genannten Quellen und die Gewährleistung ihrer materiellen Existenz in Frage. Großmann und ich baten Widmaier, dies in geeigneter Form dem Generalbundesanwalt mitzuteilen.

Schließlich teilte uns Widmaier mit, dass Großmann mit einer Hauptverhandlung vor dem Oberlandesgericht Düsseldorf im Juni oder Juli rechnen müsse. In diesem Zusammenhang erörterten wir auch das Problem der Auswahl geeigneter Verteidiger. Für mich war interessant, dass Widmaier sich gegen Anwälte aussprach, die »zu weit links festgelegt« wären, es aber gut fand, wenn ich als Verteidiger aufträte, was ich ursprünglich im Hinblick auf die Entfernung von Berlin und meine anderen Verpflichtungen nicht vorhatte.

Abschließende Regelungen trafen wir nicht, es war ja noch Zeit, und zwar noch mehr, als wir ahnten.

Die nächsten Tage und Wochen verbrachten wir im Wechselbad der Amnestie-Diskussion. So meldete die Nachrichtenagentur *AFP* am 8. März 1991: »Der FDP-Rechtsexperte Burkhard Hirsch hat eine Amnestie für Stasi-Spione befürwortet. Die Leute, die nichts anderes getan hätten als für ›ihre‹ DDR zu spionieren, müssten amnestiert werden, forderte Hirsch am Freitag im *Saarländischen Rundfunk*. Dies sei vergleichbar mit Mitarbeitern des Bundesnachrichtendienstes (BND), die in die DDR gegangen seien.«

Am gleichen Tag meldete *ADN*: »Die angestrebte Amnestie für frühere DDR-Agenten soll nach Meinung des Chefs des Hamburger Landesamts für Verfassungsschutz, Christian Lochte, auch für den langjährigen Spionagechef Markus Wolf gelten.« Die Nachrichtenagentur meldete weiter: »Für den Fall, dass jetzt der zweite Köln/Bonner Amnestie-Anlauf wieder in der Legislative scheitert, hat Generalbundesanwalt Alexander von Stahl unlängst schon ein ›Pilotverfahren‹ gegen Großmann angekündigt.«

AP meldete um die gleiche Zeit: »Generalbundesanwalt Alexander v. Stahl hat die ablehnende Haltung der Politiker zu einem Straffreiheitsgesetz für DDR-Spione bedauert. In einem *AP*-Gespräch in Karlsruhe machte er deutlich, dass ein solches Gesetz nicht bedeute, dass die Betroffenen völlig unbehelligt blieben. So müsse auf jeden Fall das Delikt der Bestechlichkeit geahndet werden.«

Schließlich meldete *AP* am 19. März 1991: »Spione des ehemaligen DDR-Ministeriums für Staatssicherheit können nicht mehr auf Straffreiheit hoffen. Die Spitzen der Bonner Regierungskoalition aus Union und FDP entschieden am Dienstag, eine Amnestie für die Spione wäre ein politisch falsches Signal. Bei der Bevölkerung gäbe es für einen solchen Schritt keine Akzeptanz.« Es schien nun klar, dass Gerichtsverfahren gegen Werner Großmann und andere kämen.

Widmaier schrieb mir am 11. April: »In der Sache selbst sehe ich neue und erfolgversprechende rechtliche Argumentationsmöglichkeiten. Darauf sind wir auch angewiesen. Denn die Amnestie wird nach den jüngsten Ereignissen jedenfalls in absehbarer Zeit mit Sicherheit politisch nicht durchsetzbar sein. Ich sehe jetzt einen Weg, mit neuer Argumentation unmittelbar das Bundesverfassungsgericht anzurufen und die Vorschriften des Einigungsvertrages unter verfassungsrechtlichen Aspekten zu beanstanden, auf deren Grundlage überhaupt die Strafverfolgung erst möglich geworden ist (es geht hierbei vor allem um Art. 315 Abs. 4 EGStGB i. d. F. des Einigungsvertrages).«

Gleichzeitig bemühte sich Widmaier auf Wunsch Werner Großmanns um die Aufhebung oder wenigstens Einschränkung der Auflagen, die ihm im Zusammenhang mit der Aussetzung des Haftbefehls gemacht worden waren.

Seinem Antrag widersprach der neu zum Bundesanwalt beförderte Staatsanwalt Joachim Lampe. Inhaltlich brachte seine Stellungnahme keine sachbezogenen Argumente. Sie zeigte aber Lampe als Hardliner. Das bestätigte sich in den Prozessen der folgenden Jahre. Man behauptete, Lampe stamme aus der DDR und betrachte sich als Opfer, seine Amtshandlungen wären aus diesem Lebenslauf zu verstehen. Kein Einzelfall, wenn diese Behauptungen zutreffen. Wir stellten uns also auf das Gerichtsverfahren ein. Der Sachverhalt war klar und unbestritten. Werner Großmann war der Chef der Hauptabteilung Aufklärung des MfS der DDR und in dieser Eigenschaft auch Stellvertreter des Ministers gewesen. Die HV A galt als einer der erfolgreichsten Nachrichtendienste der Welt. Ihre Mitarbeiter hatten im Kalten Krieg eine herausgehobene Rolle gespielt. Daran war nichts zu deuten. Dies sollte auch nicht geschehen. Wir einigten uns: Großmann sollte schweigend den Prozess über sich ergehen lassen. Nur eine Erklärung wollte er abgeben.

Dies war ihr Wortlaut, der uns Ende April 1991 vorlag:

»Der Generalbundesanwalt klagt mich an, als Offizier, zuletzt als Generaloberst, in der Hauptverwaltung A (Aufklärung) des Ministeriums für Staatssicherheit gedient zu haben. Die Tatsache trifft zu, doch einen Vorwurf begründet die Tatsache nicht. Ich habe als Bürger der DDR ebenso gehandelt, wie Andropow es als Bürger der UdSSR tat, als er den gesamten KGB leitete, wie es Präsident Bush als Bürger der USA tat, als er dem CIA vorstand, oder wie es Minister Kinkel tat, als er noch den BND leitete. Ich sehe in solchen Taten weder etwas Ehrenrühriges noch etwas Strafbares. Wer meine Ehre angreift und mich kriminalisieren will, dem muss ich entgegenhalten, dass er mit ungleichem Maß misst.

Ich stelle fest, dass mir kein Delikt vorgeworfen wird, das in der DDR bzw. in der Zeit, in der ich meinen Dienst versah, mit Strafe bedroht war. Ich stelle weiter fest, dass mir keine Tat und kein Verhalten zur Last gelegt werden, die in den alten Bundesländern der Bundesrepublik Deutschland strafbar gewesen wären, wenn man von den politisch motivierten Delikten des Staatsschutzes absieht. Ich schlussfolgere deswegen, dass der gegen mich erhobene Vorwurf politisch und nicht rechtlich motiviert ist und nicht der Sicherung des Rechts und des Rechtsfriedens, sondern der Abrechnung mit dem politischen Gegner von gestern dienen soll.

Aus meiner Sicht verletzt das gegen mich angestrengte Strafverfahren nicht nur Grundprinzipien des demokratischen Rechtsstaates, es verletzt auch die geschriebenen und ungeschriebenen soldatischen Regeln für den Umgang mit dem besiegten Gegner. Indem es mich wegen des Gehorsams gegenüber dem Fahneneid und wegen der Erfüllung meiner Pflichten als Offizier zum Verbrecher stempelt, verletzt es meine Ehre als Offizier. Gleichzeitig setzt das Verfahren damit das Ansehen der anderen in Erfüllung ihrer Pflichten handelnden Offiziere, Soldaten und zivilen Mitarbeiter des Ministeriums für Staatssicherheit herab.

Das Strafverfahren findet vor dem Hintergrund einer Fülle sich zum Teil widersprechender Anschuldigungen statt, mit denen die ehemaligen Mitarbeiter des Ministeriums für Staatssicherheit unterschiedslos kollektiv zu Verbrechern gestempelt werden. Niemand nimmt zur Kenntnis, dass bisher noch kein einziger Mitarbeiter des Ministeriums für Staatssicherheit wegen eines Verbrechens rechtskräftig verurteilt worden ist.

Als letzter Leiter der Hauptverwaltung Aufklärung des Ministeriums für Staatssicherheit erkläre ich: Wir, die Angehörigen der Auslandsaufklärung, haben keine Verbrechen gegen die Menschenrechte begangen. Wir haben im Gegensatz zu anderen Geheimdiensten nicht auf den Sturz der Regierung oder die Destabilisierung eines anderen Staates hingewirkt. Wir sind nicht in bewaffnete Aktionen oder irgendwelche anderen aggressiven Handlungen gegenüber anderen Ländern verstrickt gewesen. Wir haben keine Gewaltverbrechen begangen und keine terroristischen Organisationen, weder die RAF noch eine andere Organisation, bei solchen Verbrechen unterstützt.

Unsere Aufgabe als Angehörige der Hauptverwaltung Aufklärung des Ministeriums für Staatssicherheit der DDR war der Schutz der DDR und des Friedens. Dazu haben wir mit nachrichtendienstlichen Mitteln Informationen beschafft, die dem Schutz unseres Staates und seiner Bevölkerung dienen sollten. Wir haben unsere Regierung z. B. darüber informiert, dass in den Wintex- und Simexmanövern bis einschließlich 1989 der atomare Erstschlag auf die DDR und andere Staaten des Warschauer Paktes Manövergrundlage war und geübt wurde.

Es gibt unter den dargestellten Umständen keine Rechtfertigung dafür, die Mitarbeiter des MfS kollektiv zu verurteilen, ihnen Arbeitsmöglichkeiten und Rentenansprüche zu nehmen und sie der allgemeinen Verachtung preiszugeben. Wenn die Aufarbeitung der Vergangenheit damit motiviert wird, dass die Aufarbeitung der nationalsozialistischen Vergangenheit in der Bundesrepublik Deutschland nicht mit der notwendigen Konsequenz erfolgt wäre, die notwendig gewesen wäre, so ist dies keine Rechtfertigung dafür, Tausenden von ehrlichen Mitarbeiten des MfS, an deren Händen kein Blut klebt, schlechter zu behandeln als SS-Leute noch heute behandelt werden. Hieß es früher ›Der Jude ist an allem schuld‹, so wird heute die Schuld für die Krise in den neuen Bundesländern bei der ›Stasi‹ gesehen. Dies ist ebenso wenig gerechtfertigt wie jenes.

Ich übernehme die volle Verantwortung für die Tätigkeit der Hauptverwaltung Aufklärung des Ministeriums für Staatssicherheit der DDR und aller ihrer Angehörigen. Ich gehe davon aus, dass wir bestrebt waren, unserem Volk zu dienen, dass die Geschichte ihr Urteil über die Politik der DDR gesprochen hat, dass unser Volk mit überwältigender Mehrheit den Untergang der DDR und die Vereinigung mit der Bundesrepublik Deutschland wollte und dass wir uns den Interessen der Bundesrepublik, die unser neues Vaterland ist, verpflichtet fühlen und Verfassung und Gesetze dieser Republik so achten, wie wir bisher die Verfassung und die Gesetze der DDR geachtet haben.

Mit Nachdruck weise ich alle Verdächtigungen, dass wir weitere geheimdienstliche Tätigkeiten ausüben oder Mitarbeiter in andere Geheimdienste überführen, zurück.

Allerdings verlangt es die Achtung vor mir selbst und meine fortbestehende Verantwortung, dass ich nicht zum Denunzianten werde. Deswegen habe ich jegliche Aussage zu Quellen verweigert und werde dies auch in Zukunft tun.

Wenn Sie mich verurteilen, so muss ich das als Schicksal des Besiegten hinnehmen. Die Meinungsfreiheit in der Bundesrepublik gestattet mir zu sagen, dass ich ein solches Urteil weder als gerecht noch politisch sinnvoll empfinde.«

Wir Anwälte haben diesen Text vom Gesichtspunkt der Verteidigung nicht beanstandet. Er wurde nie vorgetragen. Voller Hochachtung und Zustimmung gebe ich ihn hier wieder. Man kann als Rechtsanwalt nicht nur Menschen verteidigen, die man achtet und wertschätzt. Doch hin und wieder geschieht es doch. Mir begegnete das nach dem 3. Oktober 1990 häufiger als zuvor.

Wir warteten also auf den Prozess. Die Atmosphäre wurde bedrückender. Vor dem Bayerischen Obersten Landesgericht stand das Verfahren gegen den ehemaligen Abteilungsleiter in der HVA Schütt und andere Mitarbeiter der HVA unmittelbar bevor. Am 2. April hatte das Gericht gegen Schütt Haftbefehl erlassen und drei Tage später den Antrag auf Außervollzugsetzung des Haftbefehls abgelehnt. Das war schlimm, aber es kam noch ärger. Die Verteidigung Schütts legte gegen die genannten Beschlüsse Beschwerde ein, worauf der 3. Strafsenat des Bundesgerichtshofs zum Zuge kam. Jetzt wurde höchstrichterlich klargestellt: »Allgemeine Regeln des Völkerrechts im Sinne des Artikel 25 GG standen (und stehen) der Anwendung der Vorschriften des StGB auf das Verhalten des Angeklagten nicht entgegen. Dabei lässt der Senat offen, ob diese völkerrechtlichen Normen im Verhältnis zwischen der Bundesrepublik Deutschland und der DDR wegen der Besonderheit der Rechtsbeziehungen nur begrenzte Gültigkeit hatten oder ob sie, jedenfalls nach Abschluss des sogenannten Grundlagenvertrages, […] in dem hier wesentlichen Bereich uneingeschränkt wirksam waren.«

Was der Senat offenließ, war offenbar die Anerkennung der DDR als souveränes Völkerrechtssubjekt. Vielleicht hatte dieser Staat nie existiert. Im Übrigen schloß sich der 3. Senat ausdrücklich der Auffassung des Ermittlungsrichters im Verfahren gegen Großmann an. Er wurde nur etwas deutlicher. Zur Ungleichbehandlung der Angehörigen der Nachrichtendienste der DDR und der BRD sagte er: »Dieses Ergebnis ist eine Folge der rechtlichen Ausgestaltung der ›Wiedervereinigung Deutschlands‹ und bedeutet nur scheinbar eine Ungleichbehandlung.

Nur bei ausschließlich formaler Betrachtung lassen sich die Tätigkeiten der Nachrichtendienste der BRD und der früheren DDR einander gleichsetzen, nicht aber vom legitimen Standpunkt der ihrer Identität nach fortbestehenden Bundesrepublik.«

Ein klares Wort. Zum gleichen Ergebnis, wenn auch unter anderem Vorzeichen, wäre das Oberste Gericht der DDR auch gekommen, jedenfalls vor dem 18. Oktober 1989.

Die Vorzeichen standen also auf Sturm, als uns am 12. Juni die Verfahrensakten in der Strafsache gegen Werner Großmann überlassen wurden. Kleine Ereignisse am Rande zeugten davon, dass alle möglichen Kreise den Gang der Dinge auf ihre Weise begleiten wollten. So bekam Werner Großmann am 16. Mai 1991 von einem Versandhaus ein Schreiben, das mit den Worten begann:

»Ihre Waffenbestellung/Ihre Kundennummer: 583798

Sehr geehrter Kunde, für Ihre Waffen- bzw. Munitionsbestellung danken wir Ihnen. […]«

Großmann hatte natürlich keine Waffen bestellt. Man hatte unter seinem Namen mit gefälschter Unterschrift eine entsprechende Bestellung aufgegeben. Auch eine Nebenbeschäftigung für Strafverteidiger.

Am 10. Juli 1991 wurde uns die Anklage gegen Werner Großmann zugestellt. Sie trug das Datum 10. Juni 1991. Die Bundesanwaltschaft hatte die acht Monate, die seit dem Beitritt verstrichen waren, fleißig genutzt. Auf 195 Seiten und weiteren 65 Seiten Anmerkungen rechnete sie mit denen ab, die – so hieß es in der Anklage – »für den Geheimdienst einer fremden Macht gegen die Bundesrepublik Deutschland« tätig geworden waren.

Hier war nicht von »besonderen Beziehungen« die Rede, hier war die DDR schlicht eine »fremde Macht«. Bis 1989 war die DDR für die BRD offiziell nicht einmal Ausland.

Fünf Offiziere der »fremden Macht« – neben Großmann die Obersten a. D. Ralf-Peter Devaux, Bernd Fischer, Bernhard Schorn und der Oberstleutnant a. D. Siegfried Kern – sollten, nachdem die fremde zur eigenen Macht geworden war, auf die Anklagebank und von dort ins Gefängnis, das Werner Großmann bereits, wenn auch nur kurzzeitig, hatte kennenlernen müssen.

Entgegen den vorherigen Ankündigungen erhob der Generalbundesanwalt die Anklage nicht vor dem Oberlandesgericht Düsseldorf, sondern vor dem Kammergericht, also in Berlin. Das war nicht nur wegen der Ortsnähe für Großmann und mich günstig. Widmaier erfuhr im Gespräch mit dem Vorsitzenden vielmehr, dass sich der Senat intensiv mit den von der Verteidigung im Haftentlassungsantrag aufgeworfenen grundsätzlichen Fragen, also dem Problem des Gleichheitsgrundsatzes der Verfassung und der Haager Landkriegsordnung, befasse. Eine unerwartete Wende deutete sich an.

Die *FAZ* berichtete am 20. Juli unter der Überschrift »Pilotverfahren gegen Spione«: »Wie aus Berliner Justizkreisen zu erfahren ist, planen die Berliner Richter allerdings, zunächst das Bundesverfassungsgericht um eine Prüfung der verfassungsrechtlichen Zulässigkeit der Anklage zu ersuchen. Die Eröffnung des Hauptverfahrens könnte sich deshalb noch verzögern.« Und weiter hieß es: »Nach Angaben von Generalbundesanwalt von Stahl werden in diesem Jahr etwa 700 Verfahren gegen im Spionagedienst der früheren DDR eingesetzte Mitarbeiter des Ministeriums für Staatssicherheit eröffnet werden. Von Stahl sagte, es sei mit bis zu 5.000 solcher Verfahren zu rechnen, darunter 2.600 gegen Mitarbeiter der früheren ›Hauptverwaltung Aufklärung‹.«

Am 10. Juli 1991 beantragte Widmaier beim 1. Strafsenat des Kammergerichts, das Verfahren auszusetzen und die Entscheidung des Bundesverfassungsgerichts über die Verfassungsmäßigkeit der Vorschrift des Artikel 315 Abs. 4 EGStGB in ihrer Anwendbarkeit auf die Straftatbestände des Landesverrats und der Gefährdung der äußeren Sicherheit (§§ 93 bis 100a StGB) einzuholen. Widmaier ergänzte seine bisherige Argumentation durch neue Überlegungen.

Der Kern seiner Gedanken kam wohl in der folgenden Passage am prägnantesten zum Ausdruck: »Verurteilt heute ein deutsches Gericht einen Bürger der früheren DDR als damaligen Mitarbeiter der HV A des MfS wegen geheimdienstlicher Agententätigkeit oder wegen Landesverrats zum Nachteil der Bundesrepublik, so muss es sich – streng genommen – des Urteilseingangs ›Im Namen des Volkes‹ enthalten, oder es muss ihn reduzieren auf: ›Im Namen des Volkes der elf alten Bundesländer der Bundesrepublik Deutschland‹. Im Namen des Volkes der fünf neuen Bundesländer (nämlich des früheren Staatsvolkes der DDR) kann das Gericht, ohne mit dem Rückwirkungsverbot des Art. 103 Abs. 2 GG in unlösbaren Konflikt zu geraten, ein solches Urteil nicht sprechen. Nur nach der Strafrechtsordnung der damaligen Bundesrepublik war schon vor der Tatbegehung eine Strafbarkeit des betroffenen DDR-Bürgers begründet. In seinem Staat – der DDR – stand er nicht nur unter keiner Strafdrohung, sondern handelte pflichtgemäß und legal.«

Damit war das Kernproblem der ganzen strafrechtlichen »Vergangenheitsbewältigung« angesprochen.

Es sprachen viele Argumente gegen eine Verurteilung der Mitarbeiter der HV A, und wir suchten möglichst alle aufzuspüren. Dazu gehörte natürlich auch die Feststellung, was die Partner des Einigungsvertrages bei Vertragsabschluss gewollt hatten. Einige Akteure waren mir persönlich bekannt. Ich befragte sie über ihr Wissen. Es gab auch Gespräche mit mehreren beteiligten Zeitzeugen gleichzeitig. Die gewünschte Klarheit gewannen wir nicht. Im Strudel der Ereignisse verlor sich manche Spur, das Gedächtnis konnte die Antwort auf die Fragen, die wir stellten, vielfach nicht reproduzieren. Mancher hatte vielleicht auch eine gewisse Scheu, durch unangenehme Auskünfte unangenehm aufzufallen. Niemand hatte mit einer Strafverfolgung, wie sie jetzt praktiziert wurde, gerechnet, alle hatten darauf vertraut, dass nicht sein kann, was nicht sein darf. Notwendige Regelungen waren nicht getroffen worden, weil es damals politisch nicht opportun erschien, aber man war sich, so meinten jedenfalls die DDR-Verhandlungsführer, einig, das Problem nach dem Beitritt zur beiderseitigen Zufriedenheit zu regeln.

Natürlich beschäftigte sich auch die Rechtswissenschaft mit den Rechts- und insbesondere mit den Strafrechtsproblemen, die die Vereinigung der beiden deutschen Staaten hervorrief. Einige Wissenschaftler waren vor, nach oder mit uns zu gleichen bzw. ähnlichen Ergebnissen gekommen. Viele brachten zum Ausdruck, dass die Rechtslage ungerecht wäre. Sie teilten Detters Auffassung und erwarteten eine Amnestie. So forderten Simma und Volk 1991: »Amnestie für Spionage« (*NJW* 1991, 875). Samson meinte, die Einstellung der Verfahren gegen DDR-Agenten, die ihre Taten vom Boden der DDR aus begangen hatten, sei »unabdingbar«. Arndt kam zu dem Ergebnis, »dass eine Bestrafung am Rückwirkungsverbot scheitern müsse« (*NJW* 1991, 2466) und Lüderssen war der Auffassung, dass »nach Zusammenführung zweier Staaten, die sich zuvor mit Agenten durchdrungen haben, das Völkerrecht das letzte Wort hat, wohl mit dem Ergebnis sich wechselseitig ergänzender Aufhebung der Strafbarkeit, ohne dass es einer Amnestie bedarf. Freilich steht diese Lösung noch im weiten Felde.« (*StV* 1991, 482)

Im *Spiegel* 27/1991 schrieb Rudolf Augstein: »Besonders grotesk sind die Prozesse gegen frühere Ostspione. Es kann ja einer für die USA, für Japan, für Israel oder für sonst ein westliches Land spionieren, soviel er nur will, belangt wird er nicht […] Hier wie auch bei zukünftig noch ans Licht kommenden Spionagefällen sollte das in Frankreich nach Waterloo ausgegebene, wenn auch nicht durchgehaltene Motto gelten: Vernunft vor Recht.«

Mit Vernunft im Sinne von Augstein und mit Recht im Sinne von Lüderssen und anderen hatte jedoch die im Gange befindliche strafrechtliche Vergangenheitsbewältigung nichts im Sinn. Richtig an Detters Beschluss war neben allem anderen zweifellos: das Problem war ein politisches Problem. Es gehörte auf den Tisch der Politiker. Dahin wollte es Detter befördern. Die Politiker aber blieben, wie so oft in jener Zeit, untätig und überließen der Justiz ihre Arbeit. Justiz, die die Arbeit der Politik macht, ist politische Justiz. Wenige Richter (von Staatsanwälten ganz zu schweigen) haben das für kritikwürdig gehalten. Die Mehrzahl hat die Verfolgung des alten Feindes als die ihnen rechtmäßig zustehende Obliegenheit angesehen und diese freudig erfüllt. So schien es mir wenigstens in Berlin zu sein. Ausnahmen gab es auch hier, wie sich bald zeigen sollte. Andere, liberalere Regionen hatten kaum oder nie Gelegenheit, ihre Liberalität unter Beweis zu stellen. Das Kammergericht entschied sich schnell und entgegen seiner im Honecker-Prozess demonstrierten Linie. Es setzte das Verfahren durch Beschluss vom 22. Juli 1991 aus, also zwölf Tage nach jenem Datum, an dem die Anklage unterzeichnet worden war. Es folgte der Argumentation Widmaiers in der Haftbeschwerde. Die Anträge des Generalbundesanwalts, den Haftbefehl gegen Großmann wieder in Vollzug zu setzen, sowie gegen die Angeschuldigten Devaux und Schorn Haftbefehle zu erlassen, wies der 1. Senat des Kammergerichts zurück.

In der Begründung des Beschlusses wurde ausgeführt: »Nicht die Strafbarkeit der Taten, sondern die durch den Beitritt der DDR erst ermöglichte Strafverfolgung der Angeschuldigten [...] steht nach Auffassung des Senats nicht in Einklang mit Art. 3 Abs. 1 GG.« Weiter hieß es: »Entgegen der Auffassung des 3. Strafsenats des BGH in dem Beschluss vom 29. Mai 1991 [...] liegt aber auch keine bewusste Entscheidung des Gesetzgebers dahingehend vor, dass diese Personen zu verfolgen seien. Es ist vielmehr davon auszugehen, dass eine entsprechende vertragliche Regelung ausgeklammert worden ist. Das ergibt sich aus der politischen Situation, in der die Bundesrepublik Deutschland und die DDR den Einigungsvertrag ausgehandelt und ihn schließlich durch die gesetzgebenden Gremien verabschiedet haben.« Der Senat fuhr fort: »Ein entsprechender Regelungsbedarf ist aber vorhanden. Denn die zu beachtenden Umstände sind so bedeutsam, dass die Anwendung der formalen Rechtslage als mit dem in Art. 3 Abs. 1 GG zum Ausdruck kommenden Gerechtigkeitsgedanken unvereinbar ist.« Weiter fügte er hinzu: »Unter dem Gesichtspunkt des Vertrauensschutzes rückt der Fall in die Nähe einer unechten Rückwirkung.«

Das war eine beeindruckende Entscheidung. Sie rückte im Gegensatz zu der Rechtsprechung des Bundesgerichtshofs die Herstellung der politischen Einheit Deutschlands in den Mittelpunkt der Überlegungen. Sie blieb nicht an der Rechtslage haften, die sie als »formal« treffend charakterisierte. Es war ein bundesdeutscher Gerichtsbeschluss von gesamtnationalem Charakter. Eine Seltenheit. Seinen bundesdeutschen Blickwinkel verhehlte er dabei nicht. Die Sprachregelung, die für den deutschen Weststaat keine Abkürzung zuließ, für den Oststaat aber nur die Abkürzung benutzte, blieb – natürlich – beachtet. Interessant für den Betrachter aus der DDR auch die Art der Argumentation. Da standen die politischen Erwägungen und sogar politischen Feststellungen im Vordergrund und zwar unverhüllt. Die politische Situation, in der die Bundesrepublik Deutschland und die DDR den Einigungsvertrag ausgehandelt und verabschiedet hatten, war die Basis der Entscheidung. Eine gute Entscheidung in einem schlechten politischen Verfahren.

Nach dem Paukenschlag des Kammergerichts verfiel das Verfahren – zumindest dem Anschein nach – in ein prozessuales Koma. Nichts Nennenswertes tat sich. Die Rechtswissenschaft dagegen diskutierte. Es gab fast ebenso viele Meinungen wie Diskutanten. Die Erwägungen waren kompliziert. Sie bildeten in ihrer Mehrzahl einen Vorhang, hinter dem sich eine einzige politische Frage, eine Gretchenfrage allerdings, verbarg: Wie hält es die Bundesrepublik Deutschland mit der DDR? Wie sollte sie es nach der inneren Überzeugung der Autoren mit ihr halten?

Viele Marksteine waren bereits gesetzt, die das Feld absteckten. Die DDR war gesetzlich als »Unrechtsstaat« qualifiziert. Ihre Delegitimierung war von Justizminister Kinkel als Aufgabe der Justiz auf dem Deutschen Richtertag 1991 verkündet. Tägliche Enthüllungen in den Medien, von Säuglingsmord in Krankenhäusern, über Einweisungen politisch Unliebsamer in die Psychiatrie, Zwangsadoptionen, Mord und Folter zum Zwecke der Festigung der SED-Herrschaft, prägten das Bild nicht nur des Durchschnitts-Zeitungslesers, sondern auch des Juristen von der DDR. Hauptverwaltung Aufklärung, das hieß »Stasi«, und »Stasi« war so gut wie ein rechtskräftiges Urteil. Keine gute Perspektive für unser Anliegen. Doch wir hofften, harrten und vertrauten – allerdings nicht ohne Zweifel – auf den Rechtsstaat.

Das Hoffen und das Harren dauerte fast vier Jahre. Das wussten wir natürlich erst im Nachhinein. 1991, wenige Wochen nach dem Beschluss des Kammergerichts, war aus dem höchsten deutschen Gericht zu hören, man wolle die Sache *zügig* voranbringen »und nach Möglichkeit eine Entscheidung im Laufe dieses Jahres treffen«. So etwas hört man gern, und weil man es gern hört, glaubt man es. Wir waren zuversichtlich, sehr zuversichtlich und meinten, die rechtspolitische und die wissenschaftliche Diskussion bewegten sich eindeutig in unserer Richtung. Natürlich haben wir nicht nur »geharrt«. Der 2. Senat des Bundesverfassungsgerichts belehrte Werner Großmann mit Schreiben vom 17. September 1991 über seine Rechte: Er könne sich schriftlich äußern, müsse dies aber nicht tun, wenn er es täte, dann in 20 Exemplaren usw.

Natürlich wollte Großmann.

Wir baten zunächst einen Völkerrechtler aus der DDR um ein Gutachten. Mit Dr. Widmaier wurde Einigung darüber erzielt, dass wir einen gemeinsamen Schriftsatz für alle fünf Angeschuldigten des Kammergerichtsverfahrens einreichen würden, wenn uns diese Vollmacht erteilten. In dem Schriftsatz sollten der Verlauf der Verhandlungen zum Einigungsvertrag im Hinblick auf die Behandlung der Mitarbeiter der HV A unter Angabe von Zeugen dargestellt werden. In der Folgezeit versuchte ich, potentielle Zeugen zu ermitteln und zu befragen. Im Ergebnis konnte ich Widmaier mitteilen, »dass in den Gesprächen mit Dr. Werthebach *(Dr. Eckart Werthebach war Jurist und seit 1991 Präsident des Bundeamtes für Verfassungsschutz – F. W.)* immer davon ausgegangen wurde, dass die Angehörigen der HVA strafrechtlich nicht zur Verantwortung gezogen würden und nicht zur Verantwortung gezogen werden können«.

In dem von Rechtsanwalt Widmaier formulierten gemeinsamen Schriftsatz an das Bundesverfassungsgericht vom 17. Dezember 1991 hieß es dann: »Die Gespräche endeten hinsichtlich der Benennung der Quellen der HV A ergebnislos. Ungeachtet dessen bestand völlige Übereinstimmung darüber, dass die hauptamtlichen Mitarbeiter der HV A, die ihren Lebensbereich im Gebiet der DDR hatten, keiner Strafverfolgung ausgesetzt sein würden. Herr Dr. Werthebach betonte mehrmals: ›Das steht völlig außer Frage. Wir regen an, zu diesem Vortrag zeugenschaftliche Erklärungen des Herrn Peter Michael Diestel [...], des Herrn Klaus Eichler [...], des Herrrn Günter Eichhorn [...], des Herrn Werthebach, Bundesamt für Verfassungsschutz, einzuholen.‹«

Im Dezember 1991 äußerte sich der Generalbundesanwalt und im Januar 1992 die Thüringer Landesregierung sowie der Bundesminister der Justiz. Alle waren der Meinung: Strafe muss sein. Der Generalbundesanwalt führte aus: »Eine Gleichstellung der Spione der Bundesrepublik Deutschland und der DDR ist schon wegen der grundverschiedenen Tätigkeitsbilder der Hauptverwaltung Aufklärung (HV A) im MfS einerseits, des Bundesnachrichtendienstes andererseits nicht möglich. Die dem Vorlagebeschluss des Kammergerichts zugrundeliegende Auffassung, die HV A habe ähnlich wie der Bundesnachrichtendienst Auslandsspionage betrieben, ist nicht haltbar und widerspricht dem derzeitigen Erkenntnisstand. Danach war die HV A als selbständige Abteilung in das MfS eingebunden.«

Der Justizminister ließ ganz Ähnliches vortragen: »Entscheidendes Differenzierungskriterium ist die grundsätzlich verschiedene Zielrichtung: Während die Nachrichtendienste der Bundesrepublik, auch wenn sie operative Auslandsaufklärung betreiben, letztlich zu deren Schutz tätig wurden und werden, führte die gegen die Bundesrepublik Deutschland gerichtete Tätigkeit der Nachrichtendienste der DDR zur konkreten oder doch abstrakten Gefährdung der äußeren Sicherheit dieses Staates.«

Diese Argumentation erinnerte mich sehr an die Versuche in der DDR, den Bürgern zu erläutern, worin der Unterschied zwischen einem Gewehr der NVA und einem Gewehr der NATO bestünde.

Lediglich die Landesregierung Thüringen argumentierte bieder, es war strafbar und es bleibt strafbar und das Völkerrecht hat nichts dagegen.

Danach geschah mehr als ein Jahr nichts oder so gut wie nichts. Nur ein Briefwechsel zwischen Eppelmann und Frau Leutheusser-Schnarrenberger sorgte im September 1992 etwas für Aufmunterung. Ich bekam ihn offenbar von einem Betroffenen zur Kenntnis. Ganz frei von bösen Gedanken schrieb das Mitglied des Deutschen Bundestages, Eppelmann, am 8. September 1992: »Sehr geehrte Frau Ministerin, liebe Frau Leutheusser-Schnarrenberger, in der Anlage übersende ich die Kopie eines Schreibens von Herrn Dr. [...], zu deren Beantwortung ich leider erst jetzt komme. Ich bitte Sie, in Ihrem Hause prüfen zu lassen, unter welchen rechtlichen Gesichtspunkten eine Strafverfolgung stattfindet. In Absprache mit dem Bundesinnenminister Herrn Dr. Schäuble und mit dem Verteidigungsminister Herrn Dr. Stoltenberg ist seinerzeit die Militäraufklärung und das Informationszentrum der ehemaligen DDR, der Nationalen Volksarmee, aufgelöst worden. Die Akten sind auf meinen Befehl hin vernichtet worden, um einer strafrechtlichen Verfolgung der Mitarbeiter dieser Behörden entgegenzuwirken.

Es erschien uns seinerzeit absurd, dass diejenigen, die in der Militärabwehr und zum Schutz der Geheimnisse einer Armee arbeiteten, wie es in jeder Armee der Welt üblich ist, der Strafverfolgung einer ehemals als feindlich eingestuften Justiz überantwortet werden könnten. Dies erscheint mir auch im Nachhinein aus meiner heutigen Sicht durchaus noch ein richtiger Standpunkt zu sein. Ich meine, dass gerade die betroffene Gruppe, falls gegen sie wegen geheimdienstlicher Agententätigkeit ermittelt wird, nur unter rückwirkender Anwendung von bundesdeutschen Gesetzen strafrechtlich verfolgt werden kann. Dies widerspräche aber meiner Rechtsauffassung und, wie immer wieder betont wurde, wohl auch der der Bundesregierung. Über eine klärende Auskunft wäre ich Ihnen sehr dankbar.«

Die liebe Frau Leutheusser-Schnarrenberger antwortete darauf stilistisch flüssiger, aber weniger lieb und weniger liberal: »Sehr verehrter Herr Kollege Eppelmann, zu der in Ihrem Schreiben vom 8. September 1992 angesprochenen Frage der Strafverfolgung wegen Spionage möchte ich Folgendes mitteilen: Die hauptamtlichen und inoffiziellen Angehörigen sowohl des Ministeriums für Staatssicherheit als auch der Verwaltung Aufklärung des Verteidigungsministeriums der ehemaligen DDR, die Spionage gegen die Bundesrepublik Deutschland betrieben haben, sind nach den Vorschriften über Landesverrat und Gefährdung der äußeren Sicherheit (§§ 94 bis100a StGB) strafbar.

Der Anwendung der Landesverratsvorschriften stehen nach Auffassung des Bundesgerichtshofs und der überwiegenden Zahl der Oberlandesgerichte sowie des Generalbundesanwalts völkerrechtliche Bedenken nicht entgegen. Diese Auffassung teile ich. Sie wird auch in der von meinem Haus namens der Bundesregierung abgegebenen Stellungnahme gegenüber dem Bundesverfassungsgericht vertreten, das gegenwärtig die verfassungsrechtliche Zulässigkeit der Strafverfolgung auf eine Vorlage des Kammergerichts in Berlin hin überprüft. Die von Anfang an begründete Strafbarkeit ist durch den Beitritt der DDR zur Bundesrepublik Deutschland nicht entfallen. Auch ist dadurch kein Strafverfahrenshindernis begründet worden. Der Beitritt hat den Strafverfolgungsbehörden lediglich den Zugriff auf die Straftäter ermöglicht.

Da mit dem Zusammenwachsen der beiden deutschen Staaten die gegenseitige nachrichtendienstliche Aufklärung aufgehört hat, ist auch mit Rücksicht u. a. auf die von Ihnen angesprochene ambivalente Natur der Auslandsaufklärung in der letzten Legislaturperiode eine Amnestie erörtert worden. Von ihr ist dann abgesehen worden u. a. mit der Begründung, sie habe insbesondere in der Bevölkerung der neuen Bundesländer nicht die erforderliche Akzeptanz gefunden.« So erfuhr MdB/CDU Rainer Eppelmann, Verteidigungs- und Abrüstungsminister der DDR a. D., was im Bundestag geschehen war und was die Bevölkerung der neuen Bundesländer wollte bzw. nicht wollte.

In der Präambel zu dem angesprochenen Amnestie-Entwurf der Bundesregierung war unter der Überschrift »Zielsetzung« angegeben worden: »Mit dem Zusammenwachsen der beiden deutschen Staaten hat die gegenseitige nachrichtendienstliche Aufklärung aufgehört. Sie war stark geprägt von der Teilung Deutschlands und der Frontstellung der beiden deutschen Staaten. Für den Rechtsfrieden und damit für die Zukunft des geeinten Deutschlands erscheint es sinnvoll, unter den damit verbundenen Straftaten einen befriedenden Schlussstrich zu ziehen und mit Wirksamwerden des Beitritts in begrenzter Weise Straffreiheit zu gewähren.«

Unter der Überschrift »Lösung« wurde angegeben: »Einwohner der Deutschen Demokratischen Republik sollen grundsätzlich ohne Einschränkungen straffrei gestellt werden; für nicht entdeckte Einwohner der Bundesrepublik Deutschland soll es Straffreiheit bei Offenbarung ihrer Tat geben; in abgeschlossenen oder anhängigen Verfahren soll Straffreiheit nur bei niedrigerer, noch nicht vollständig verbüßter Strafe oder niedrigerer Straferwartung gewährt werden, nämlich bei Freiheitsstrafe bis zu drei Jahren.« (Bundestags-Drucksache 11/7871 vom 13. September 1990)

Das war klar und vernünftig. Das Gesetz sollte am 3. Oktober 1990 in Kraft treten. Einen Bericht in den Medien, der diesen Entwurf im wesentlichen Wortlaut wiedergab, hatte ich nicht zur Kenntnis bekommen. Ich gehe davon aus, dass es der ganzen Bevölkerung der neuen Bundesländer wie mir ging. Wie konnte man daher wissen, dass die Bevölkerung dieses Vorhaben nicht akzeptierte? Die Prognosen über den Verlauf des Verfahrens vor dem Bundesverfassungsgericht wechselten. Im November 1992 hieß es, das Bundesverfassungsgericht werde sich ab März 1993 mit unserem Fall befassen und wahrscheinlich vor der Sommerpause 1993 seine Entscheidung fällen. Inhaltlich hätten wir »gute Chancen«.

Als der Sommer des Jahres 1993 schließlich gekommen war, hieß es, der Herbst oder der Jahresanfang 1994 werde die Entscheidung bringen.

Im August 1993 kam ein Lichtblick aus anderer Richtung. Werthebach, so hieß es, habe eine politische Lösung in Aussicht gestellt. Im gleichen Monat setzte das Kammergericht ein anderes Strafverfahren wegen Landesverrats aus und legte es gleichfalls dem Bundesverfassungsgericht vor. Das stimmte uns auch optimistisch. Das Kammergericht hielt durch. Der Oktober 1993 entfachte weiteren Optimismus, Bundesanwalt Lampe kündigte gegenüber dem Angeklagten Devaux die Rücknahme seiner Anklage an, allerdings mit dem Zusatz, er wolle sie neu formulieren.

So jedenfalls verstand ihn Devaux.

Wenig später äußerte sich Lampe gegenüber Rechtsanwalt Dr. Widmaier, er wolle die Anklage bei dem Kammergericht in einigen Fällen zurücknehmen und nur noch gegen die höchsten Mitarbeiter des Ministeriums für Staatssicherheit, also besonders gegen Großmann und Wolf, vorgehen. Das stärkte unseren Optimismus weiter. Lampe zeigte Wirkung.

Das Jahr 1993 verging, das Frühjahr 1994 kam, die Entscheidung des höchsten deutschen Gerichts kam nicht. Dafür jedoch erreichte uns am 23. März 1994 die Mitteilung, dass das Bundesverfassungsgericht das Max-Planck-Institut für ausländisches öffentliches Recht und Völkerrecht um ein Gutachten gebeten habe.
Schließlich nahm der Generalbundesanwalt am 28. April 1994 die Anklage gegen Fischer und Kern zurück. Das alles bestärkte uns in unseren Hoffnungen.

Das Gutachten des Max-Planck-Instituts wurde am 1. Juli 1994 erstattet. Es vernichtete alle meine Hoffnungen. Auf Seite 67 stellte es in vier dürren Punkten als zusammenfassendes Ergebnis fest, dass es unsere völkerrechtliche Argumentation *nicht* teile. Ich war deprimiert und sah den Kammergerichtsprozess auf uns zukommen, von dem ich mich innerlich schon verabschiedet hatte. Sein negativer Ausgang schien mir unvermeidlich. Anders Widmaier. »Wir haben ja nicht nur völkerrechtliche, sondern in erster Linie verfassungsrechtliche Argumente, die sich auf die Wertvorstellungen des Grundgesetzes stützen.« Das wusste ich zwar auch, aber Verfassung ist ein weites Feld. Ich war mißtrauisch.

Die Zeit des letzten Gefechts war gekommen. Im Kammergerichtsverfahren hatte es der Generalbundesanwalt im Zusammenhang mit der Anklagerücknahme vom 28. Mai 1994 abgelehnt, den Haftbefehl gegen unseren Mandanten aufheben zu lassen. Nach dem völkerrechtlichen Gutachten legte er noch einmal nach und schrieb am 30. August 1994 an das Bundesministerium der Justiz: »Im Hinblick auf die seit der Vorlage des Kammergerichts verstrichene Zeit sowie in Anbetracht der in den vergangenen drei Jahren angefallenen Erkenntnisse über die Spionagetätigkeit der ehemaligen DDR und die daraus entwickelte Praxis der Staatsanwaltschaften und Gerichte gebe ich zu erwägen, das Bundesverfassungsgericht im Anschluss an die damalige Stellungnahme des Bundesministeriums der Justiz ergänzend über den aktuellen Stand der Strafverfolgung zu unterrichten.

Eine Beurteilung der verfassungsrechtlichen Frage allein auf der Grundlage des damaligen, noch dazu aus einem einzelnen Verfahren gewonnenen Erkenntnisstandes, könnte die Justiz unter Umständen dem Vorwurf unzureichender Unterrichtung aussetzen.

Zur Vorbereitung einer ergänzenden Stellungnahme lege ich nachfolgend einen Zwischenbericht über die strafrechtliche Aufarbeitung der aus der ehemaligen Deutschen Demokratischen Republik gegen die Bundesrepublik Deutschland betriebenen Spionage mit Anmerkungen nebst 18 Anlagen vor. gez. Nehm« Ein Schreiben voll rührender Fürsorge zur Abwehr ungerechtfertigter Verdächtigungen und zugleich voller Behördeneleganz. Ich musste es vollständig zitieren.

Der Zwischenbericht umfaßte ohne Anmerkungen siebzehn Seiten. Er sprach davon, dass »die Bundesanwaltschaft in über 5000 Ermittlungsverfahren Spionagefälle aus der ehemaligen DDR gegen die Bundesrepublik untersucht« habe. Sein eigentliches Ziel war, die Überzeugung zu vermitteln, »dass die Auslandsaufklärung der DDR vom typischen SED-Unrecht geprägt war und neben der Gefährdung der äußeren Sicherheit der Bundesrepublik Deutschland auch Individualrechtsgüter der Bürger in der DDR und in der Bundesrepublik in der für das totalitäre Stasi-Regime kennzeichnenden Weise verletzte. Es hat sich als unmöglich erwiesen, für die Trennung des ersten Bereichs der ›reinen‹ Auslandsaufklärung von der mit herausgehobenem SED/Stasi-Unwert verknüpften Spionage allgemeingültige Abgrenzungskriterien zu finden. Namentlich eine Differenzierung nach bestimmten nachrichtendienstlichen Organisationseinheiten, Tätergruppen, gesetzlichen Tatbeständen, Angriffszielen oder Handlungstatorten ist hierfür nicht geeignet.«

Unausgesprochen, aber nichtsdestoweniger deutlich war damit gesagt: weiter so wie bisher, alle bestrafen. Wenn man nicht unterscheiden kann, müssen alle unterschiedslos abgestraft werden. Diese innere Logik ist der Terminologie und Sprache des Zwischenberichts adäquat.

Auch Widmaier argumentierte noch einmal. Unter dem 18. November 1994 trug er sowohl für die von uns gemeinsam vertretenen nunmehr noch drei Angeschuldigten des Kammergerichtsverfahrens als auch für einen in anderer Sache verurteilten Altbundesbürger zusammenfassend ergänzende Argumente, »soweit das noch möglich ist«, vor. Dabei ging er auch auf den Zwischenbericht des Generalbundesanwalts ein und wies darauf hin, es sei nicht statthaft, »die sich allein auf den Bereich der Spionage beziehenden Straftatbestände der §§ 93 ff. StGB als Vehikel zur pauschalen Abgeltung strafrechtlich nicht fassbaren Unrechts einzusetzen«.

Es waren durchaus neue Gedanken in diesem Schriftsatz enthalten. Es überschreitet jedoch den Rahmen des von mir gesteckten Zielbereichs, sie weiter darzulegen.

Im Januar 1995 kam mir das Gerücht zu Ohren, dass die Entscheidung des Bundesverfassungsgerichts im Dezember 1994 gefallen wäre. Sie sei positiv und mit ihrer Verkündung wäre im Februar/März 1995 zu rechnen. Es dauerte dann aber doch noch bis zum 15. Mai 1995, bis die erwartete Entscheidung verkündet wurde.

Die tatsächlich positive oder überwiegend positive Entscheidung gab sich für unseren Mandanten auf den ersten Blick negativ. Sie stellte als erstes fest: »Die Vorlage des Kammergerichts ist insoweit unzulässig, als sie Artikel 315 Absatz 4 des Einführungsgesetzes zum Strafgesetzbuch zur verfassungsrechtlichen Prüfung vorlegt.«

Auch der zweite Satz klang nicht günstiger: »Eine allgemeine Regel des Völkerrechts, nach der die strafrechtliche Ahndung nachrichtendienstlicher Tätigkeiten ausgeschlossen ist, die im Auftrag und vom Territorium eines Staates begangen wurden, der danach dem ausgespähten Staat friedlich und einvernehmlich beigetreten ist, ist nicht Bestandteil des Bundesrechts.«

In den Gründen der Entscheidung aber steckte der positive, der überwiegend positive Kern. Er erschließt sich dem Leser, vor allem natürlich dem juristisch nicht vorgebildeten und nicht an dieser Spezialmaterie interessierten Leser, nur mühsam. Wie durch ein Minenfeld bewegt sich die Begründung vorsichtig dem angestrebten Ziel zu, bestrebt, Schaden für die Verfasser und andere schützenswerte Personen, Institutionen und Positionen zu vermeiden.

Erst erfährt man wiederum, dass natürlich die geheimdienstliche Agententätigkeit von Mitarbeitern der Geheimdienste der DDR auch dann strafbar gewesen sei, wenn sie vom Boden der DDR ausgegangen wäre. Die Freiheitsrechte des Artikel 2 des Grundgesetzes seien durch die §§ 94 und 99 StGB in verfassungsrechtlich zulässiger Weise eingeschränkt.

Auch der Gleichheitsgrundsatz des Grundgesetzes wäre durch die Weitergeltung der Straftatbestände nicht verletzt. Hier folgte das Gericht dem Tenor des Zwischenberichts des Generalbundesanwalts, wenn es argumentierte: »Der allgemeine Gleichheitsgrundsatz des Art. 3 Abs. 1 GG gestattet es dem Gesetzgeber, mehrere Personengruppen ungleich zu behandeln, wenn zwischen ihnen Unterschiede von solcher Art und solchem Gewicht bestehen, dass sie die Ungleichbehandlung rechtfertigen können [...] Solche Unterschiede bestehen zwischen Personen, die im Dienste der DDR Spionage gegen die Bundesrepublik betrieben haben, und solchen, die für einen Geheimdienst der Bundesrepublik die DDR ausgespäht haben. Sie ergeben sich aus der Eigenart der geregelten Materie als Staatsschutzrecht.«

Alles klar? Der Generalbundesanwalt hat recht. Insoweit. Es kommt noch tröstlicher für die Anhänger der Strafbarkeit. Ein Verstoß gegen das Völkerrecht bedeutet die strafrechtliche Verfolgung der DDR-Spione auch nicht. Das Gericht bezieht sich auf das Gutachten des Max-Planck-Instituts und legt dies auf nahezu fünf Seiten dar. Das überzeugt mehr, wenn es auch den naturgemäß voreingenommenen Verteidiger (und vielleicht auch manchen anderen) nicht befriedigt. Hört sich auf jeden Fall weniger nach den Fanfaren des Kalten Krieges an.

Auch das Argument des Rückwirkungsverbots nach Artikel 103 Abs. 2 Grundgesetz fällt durch. Die Argumentation ist hier formal und formal auch unanfechtbar, aber weil formal, eben auch nicht befriedigend. Sie umgeht mehr schlicht als elegant, was das Kammergericht mit den gegen die formale Argumentation gerichteten Worten ausgedrückt hatte: »Die zu beachtenden Umstände sind so bedeutsam, dass die Anwendung der formalen Rechtslage als mit dem in Art. 3 Abs. 1 GG zum Ausdruck kommenden Gerechtigkeitsgedanken unvereinbar ist.« Weiter fügte das Kammergericht hinzu: »Unter dem Gesichtspunkt des Vertrauensschutzes rückt der Fall in die Nähe einer unechten Rückwirkung.«

Dann aber kommt das Positive doch. Auf der 62. Seite der insgesamt 81 Seiten umfassenden Entscheidung taucht das Rechtsstaatsprinzip (Art. 20 Abs. 3, 28 Abs. 1 Satz 1 GG) auf. Darauf war, so erscheint es mir rückblickend, noch niemand gekommen. Der Verhältnismäßigkeitsgrundsatz ist der rettende Anker. Und hier heißt es, auch mich überzeugend: »Dieser Grundsatz wird aber in jedem Fall verletzt, wenn in der mit der Überwindung der deutschen Teilung entstandenen einzigartigen Situation der auf die Tatbestände der §§ 94, 99 StGB gegründete Strafanspruch gegenüber Bürgern der DDR durchgesetzt wird, die im Zeitpunkt des Wirksamwerdens der Einheit Deutschlands am 3. Oktober 1990 ihren Lebensmittelpunkt in der ehemaligen DDR hatten und allein vom Boden der DDR oder solcher Staaten aus gehandelt haben, in denen sie wegen dieser Taten sowohl vor Auslieferung als auch vor Bestrafung sicher waren. Für solche Personen besteht deshalb ein unmittelbar verfassungsrechtlich begründetes Verfolgungshindernis. Ein solches Hindernis ist unabhängig von der Möglichkeit einer Amnestierung durch Gesetz geltendes Recht; seine Prüfung und Anwendung wird nicht dadurch ausgeschlossen, dass ein in die gleiche Richtung weisendes Amnestievorhaben des Gesetzgebers nicht verwirklicht worden ist.«

Und später heißt es erläuternd: »Die Strafbarkeit der Spionage weist eine Eigentümlichkeit auf, die sie von anderen strafbaren

Delikten unterscheidet [...] Es ist das Besondere der Spionage, dass das Völkerrecht sie einerseits nicht verbietet, ihre Bestrafung durch den ausspionierten Staat aber andererseits selbst dann zulässt, wenn der Spion ausschließlich außerhalb dieses Staates gehandelt hat. Auch wird Spionage für eine Macht, die letztlich andere unterdrücken will, völkerrechtlich nicht anders bewertet als Spionage für eine Macht, deren Zwecke in der Wahrung freiheitlicher Rechtsstaatlichkeit zu sehen sind. [...]

Diese Eigentümlichkeit haftet auch der Spionage an, die von der ehemaligen DDR gegen die Bundesrepublik Deutschland und ihre Verbündeten betrieben wurde.

Auch dort war Spionage nur mit Strafe bedroht, wenn sie zum Nachteil des eigenen oder eines verbündeten Staates begangen wurde [...] Die Angehörigen der Geheimdienste der DDR hatten – wie die Geheimdienste aller Staaten der Welt – eine nach dem Recht ihres Staates erlaubte und von ihm sogar verlangte Tätigkeit ausgeübt [...] Der Senat verschließt sich dabei nicht der Tatsache, dass die Spionage der DDR – ähnlich der der anderen Ostblockstaaten – im besonderen Maße aggressiv betrieben wurde und auch auf die Destabilisierung der Ordnung der Bundesrepublik zielte. Daraus folgt indes in Bezug auf die hier allein zu beurteilenden Tatbestände der §§ 94, 99 StGB nicht ein Unterschied gegenüber sonst staatenüblicher geheimdienstlicher Tätigkeit. Andere aus Anlaß oder im Zusammenhang mit der Spionagetätigkeit verwirklichte Straftatbestände bleiben unberührt.«

Das war überwiegend positiv. Aber eben nur überwiegend.

Zwei Haken hatte die Entscheidung, die dem verfolgungsfreudigen Generalbundesanwalt und seinen vielleicht noch freudigeren Mannen Trost spenden konnten. Unverfolgt blieb nur derjenige, der nicht außerhalb des sicheren Territoriums arbeitete und derjenige, der nicht »eigenständige Straftatbestände« im Zusammenhang mit der geheimdienstlichen Tätigkeit verwirklichte.

Welcher Spion aber benutzt keine falschen Pässe, zahlt dem Informanten nicht wenigstens Spesen, die dann Bestechungsgelder sind?

Und vor allem: die westdeutschen Kundschafter des MfS blieben strafbar. Das Verständnis des Kammergerichts vom Gleichheitsgrundsatz der Verfassung hätte auch ihnen Straffreiheit gewährt. Das wäre ein Signal für einen echten Schlussstrich gewesen, das die Ungnade des östlichen Geburtsorts wenigstens teilweise gemildert und echten Frieden befördert hätte. Dieses Signal gab die

Entscheidung des Bundesverfassungsgerichts vom 15. Mai 1995 nicht. Sie war für mich eine erste Enttäuschung der Hoffnungen, die ich (wie viele andere auch) gerade an dieses Gericht geknüpft hatte. Aber es war nur die erste Enttäuschung.

Die Bundesanwaltschaft gab auch nach dem 15. Mai noch nicht auf. In einem Schriftsatz vom 20. Juni 1995 versuchte sie zu retten, was zu retten war. Großmann wäre im Juli 1977 mit einem Agenten in Stockholm zusammengekommen. Das begründe seine weitere Strafbarkeit und die Zuständigkeit des Kammergerichts. Auch für die Mitangeklagten trug sie Ähnliches vor. Sie war sich jedoch offenbar selbst ihrer Sache nicht mehr sicher. Mündlich unterbreitet Bundesanwalt Lampe Rechtsanwalt Dr. Widmaier den Vorschlag zu einem Deal: Das Verfahren gegen Großmann wird nach § 153 a StPO eingestellt, wenn Großmann eine »angemessene« Summe an eine humanitäre Einrichtung zahlt. Großmann lehnte ab.

Es war Lampes letzter Versuch. Am 25. Juli 1995 strich die Anklagebehörde endgültig die Segel. Der Generalbundesanwalt erklärte: »Die am 10. Juli 1991 erhobene Anklage gegen Werner Großmann und Ralf Devaux nehme ich zurück.«

Das Verfahren gegen den letzten Leiter der Hauptverwaltung Aufklärung des MfS war beendet. Es ging nur noch ums Geld.

Am 12. Oktober 1995 beschloss das Kammergericht: »Die notwendigen Auslagen der früheren Angeschuldigten [...] fallen der Staatskasse zur Last.«

Notwendige Auslagen sind die Kosten der Verteidigung, soweit sie »notwendig« sind. Für Großmann wurden sie durch den Rechtspfleger des Kammergerichts am 13. Juni 1996 (die Justiz ist überlastet) auf 1.929,70 DM festgesetzt. Pro Jahr etwa 400 DM. Die Gesamtkosten für den Staat – die finanziellen, die personellen und die ideellen – sind kaum zu überschätzen. Hätte die Politik am 3. Oktober 1990 gehandelt, hätte sie nicht nur dem Staatshaushalt Millionen erspart, nicht nur die effektivere Bekämpfung der realen Kriminalität ermöglicht – sie hätte auch das Zeichen zu einem Neubeginn in Deutschland gesetzt.

Richard von Weizsäcker hörte sich am 3. Oktober 1990 anders an, und er hatte es wohl auch anders gemeint.

Die Prozesse gegen Hans Modrow (1990-1997)

Dr. Hans Modrow hatte nach der Volkskammerwahl am 18. März 1990 seinen Amtssitz als Ministerpräsident noch nicht geräumt, als ich ihn am 3. April aufsuchte, um mit ihm und Generalstaatsanwalt Joseph die Probleme des beabsichtigten Umzugs der Eheleute Honecker aus dem Haus des Pfarrers Holmer in Lobetal in eine andere Unterkunft zu erörtern. Anlässlich dieses Gesprächs bat mich Hans Modrow, seine Interessen wegen Anschuldigungen wahrzunehmen, die gegen ihn in Dresden erhoben würden. Es handele sich dabei um seine Rolle bei den Ereignissen vom 4. bis 7. Oktober 1989 in Dresden, als eine Menschenmenge den Hauptbahnhof stürmen wollte, um zu den Zügen zu gelangen, die DDR-Bürger aus der bundesdeutschen Botschaft in Prag in die BRD brachten. Weiter handele es sich um den Vorwurf der Beteiligung an der Fälschung von Kommunalwahlergebnissen im Mai 1989. Rechtsanwalt Wolfgang Vogel habe ihm meinen Namen genannt.

Ich erklärte mich bereit, diese Aufgaben zu übernehmen, ohne eine klare Vorstellung zu haben, worum es geht. Ich hielt wohl auch die Person Hans Modrow für so integer und auch so populär, dass ich nicht an seine strafrechtliche Verfolgung glaubte. Meine Akte Modrow blieb zunächst auch leer. Erst vier Monate später erhielt Modrow mit Datum vom 23. August 1990 ein Schreiben des Staatsanwalts des Bezirks Dresden, in dem es hieß: »Wie Sie gewiss den Medien entnommen haben, wird unter Leitung des Staatsanwaltes des Bezirkes Dresden zum Verdacht von Fälschungen der Kommunalwahl 1989 im Bezirk Dresden ermittelt. In den uns vorliegenden Aussagen taucht wiederholt Ihr Name als damaliger 1. Sekretär der SED-Bezirksleitung Dresden auf. Um die damit verbundenen Fragen im Interesse einer vollständigen Klärung beantworten zu können, ist Ihre Befragung dazu nach § 95 StPO unabweisbar. Deshalb bitte ich Sie höflich, am 28. August 1990, 10.00 Uhr, in der Dienststelle des Generalstaatsanwaltes der DDR, in 1040 Berlin, Hermann-Matern-Straße 33-34, Zimmer 214, zu erscheinen. Die Befragung wird Herr Staatsanwalt Andreas Günthel vornehmen.«

§ 95 StPO/DDR trug die Überschrift »Prüfung von Anzeigen und Mitteilungen«, auf ihn stützte sich die Befragung.

Sie wurde nicht von Staatsanwalt Andreas Günthel, sondern von Dr. Pahn vorgenommen, der uns mitteilte, »vor allem« Ex-Bürgermeister Wolfgang Berghofer, aber auch Werner Moke, der Stadtparteichef von Dresden, hätten öfter »den Namen Hans Modrows genannt«. Die Befragung stelle nur eine »routinemäßige Klärung von Widersprüchen« dar.

Im Einzelnen habe ich an die Vernehmung keine Erinnerung mehr, ich glaube aber, dass ihr Verlauf auf mich einen günstigen Eindruck machte und mich in der Annahme bestärkte, es werde kein Strafverfahren wegen Wahlfälschung gegen meinen Mandanten geben. Auch meine Anrufe bei dem zuständigen Dezernenten bei der Bezirksstaatsanwaltschaft Dresden wiesen in die gleiche Richtung.

Ende September 1990 gab es erste Anzeichen dafür, dass die Atmosphäre unfreundlicher wurde. Der Übergang zum Rechtsstaat stand unmittelbar bevor.

Dr. Modrow erhielt unter dem Datum vom 20. September die »Bitte« des Bezirksstaatsanwalts, »sofern es sich irgendwie einrichten läßt«, am 24. September 1990 zur Befragung durch einen Kriminalrat in das Bezirkskriminalamt Dresden zu kommen. Es ließ sich nicht einrichten. Hans Modrow war wegen des Wahlkampfes nicht in Berlin und seine Ehefrau Annemarie, die den Brief am 22. September 1990 erhalten hatte, konnte den Staatsanwalt telefonisch nicht erreichen, so dass Modrow ohne Unterrichtung der Staatsanwaltschaft nicht zu der Befragung erschien.

Darauf kam die nächste Mitteilung am 10. Oktober über einen Termin am 23. Oktober. Dieser Termin war wiederum nicht günstig, da Hans Modrow nach einer Meniskusoperation bis 18. Oktober in stationärer Behandlung und anschließend noch vier Wochen krankgeschrieben war. Das veranlaßte den Staatsanwalt, »um nunmehr die Ermittlungen zum Verdacht der Wahlfälschung 1989 zu Ende bringen zu können«, einen neuen Termin auf den 27. November anzuberaumen.

Das klappte auch wieder nicht wegen des Wahlkampfes.

Nun reichte es Herrn Staatsanwalt Kiecke, stellvertretender Leiter der Staatsanwaltschaft beim Bezirksgericht Dresden. Er schrieb mir: »Gestatten Sie mir, mein Unverständnis dafür zum Ausdruck zu bringen, dass Ihr Mandant einerseits wegen seines Gesundheitszustandes verhindert ist (was verständlich ist), andererseits aber auch

wegen der Vorbereitung der Wahlen zum und der Arbeit im Bundestag der Ladung nicht Folge leisten kann.
Insoweit ist auch meine bislang bewiesene Geduld erschöpft. Ich habe deshalb, und darüber möchte ich Sie informieren, Herrn Dr. Modrow zum Dienstag, den 11. Dezember 1990, 9 Uhr ins hiesige Bezirkskriminalamt geladen.«

Wir fuhren gemeinsam nach Dresden. Dort stellte sich heraus, dass Hans Modrow als Beschuldigter vernommen werden sollte, worauf er die Aussage verweigerte. Ich stellte eine Aussage nach Akteneinsicht in Aussicht und erhielt darauf die Akten zur Mitnahme ausgehändigt. Neuer Termin für eine Vernehmung wurde mit Staatsanwalt Günthel für den 14. Januar 1991 vereinbart. Diese Vernehmung begann in einer Art, die in uns den Eindruck hervorrief, die Anklageerhebung wäre eine feststehende Sache, endete allerdings mit der Erklärung des vernehmenden Staatsanwalts, er erwäge die Einstellung des Ermittlungsverfahrens.

Wir glaubten an eine baldige Entscheidung der Staatsanwaltschaft. Sie hatte schließlich erklärt, sie wolle die Ermittlungen zu Ende bringen. Das war im Oktober des vergangenen Jahres. Als wir im Mai noch ohne Nachricht waren, telefonierte ich mit dem zuständigen Staatsanwalt. Dieser meinte, »es würde noch dauern«. Er deutete auch an, dass sein Vorgesetzter gegen eine Einstellung wäre, dass er ihn aber zu überzeugen hoffe. In dieser Situation beantragte ich am 10. Juni die Einstellung des Ermittlungsverfahrens nach § 170 Abs. 2 StPO, da kein Anlass zur Erhebung der öffentlichen Anklage bestünde. Ich wies auch darauf hin, dass die letzten Ermittlungen am 14. Januar 1991 stattgefunden hätten und dass Dr. Modrow ein dringendes Interesse daran habe, dass nunmehr das gegen ihn eingeleitete Ermittlungsverfahren eingestellt wird. Eingehend verwies ich auf das aus den Akten hervorgehende Ergebnis des Ermittlungsverfahrens, das eine Beteiligung an der Wahlfälschung ausschlösse.

Es geschah weiterhin nichts. Allerdings erhob die Staatsanwaltschaft Dresden am 13. Juni Anklage gegen Berghofer und Moke. Beide gehörten zum Sekretariat der SED-Bezirksleitung Dresden, Berghofer als Oberbürgermeister von Dresden und Moke als 1. Sekretär der Stadtleitung Dresden der SED. Wenn Modrow Wahlen gefälscht hatte, hätte er mit ihnen auf die Anklagebank gehört.

Doch das Ermittlungsverfahren gegen Modrow ruhte weiter. Es wurde jedoch immer deutlicher, dass die Dresdener Staatsanwälte auch gegen Modrow Anklage erheben wollten. Der Berghofer-

Prozess hatte begonnen. Aus Dresdener Justizkreisen erhielten wir die Information, Heitmann hätte erklärt, »damit schaffen wir den Modrow und alle weiteren Prozesse«. Heitmann, der damals noch wenig bekannt war (in dem Buch »Wer war wer in der DDR?« fand sich in der Ausgabe von 1994 sein Name nicht), wurde uns von derselben Quelle als ein Mann geschildert, der durch die juristische Diplom-Prüfung gefallen, in der Landeskirche der DDR als Verwalter der Friedhöfe zuständig gewesen wäre und 70 Prozent seiner Fraktion gegen sich hätte. Aber was nutzte uns das? Heitmann war Sachsens Justizminister, und zwar ein sehr engagierter bei der Verfolgung von DDR-Funktionsträgern.

Wir mussten den Tatsachen ins Auge sehen und uns auf Anklage und Hauptverhandlung vorbereiten.

Modrow war im Januar 1992 als Zeuge zum Berghofer-Prozess geladen worden und hatte die Auskunft verweigert. Langsam, langsam wurde es ernst. Ich hatte auch hier nicht die Absicht, Hans Modrow allein zu verteidigen. Ich war nie reiner Strafverteidiger und fühlte mich unter dem neuen alten Recht in einem Verfahren von dieser Bedeutung den Anforderungen an professionelle (so nannte man das jetzt, obgleich Rechtsanwälte wohl nie im Amateurstatus arbeiten) Strafverteidigung nicht gewachsen. Also empfahl ich einen Anwalt, den ich flüchtig kannte und dem ich mich selbst im Fall der Fälle anvertraut hätte: Heinrich Hannover aus Bremen. Hans Modrow selbst wollte zusätzlich Gregor Gysi um Mitverteidigung bitten. Während letzteres scheiterte, sagte Hannover sofort zu. Es war inzwischen März geworden.

Erst am 31. März 1992 erhob die Staatsanwaltschaft Dresden gegen Dr. Modrow sowie gegen zwei Mitglieder des Sekretariats der SED-Bezirksleitung und gegen den Vorsitzenden des Rates des Bezirks Dresden Anklage. Seitdem der Staatsanwalt erklärt hatte, er wolle die Ermittlungen zu Ende bringen und dass seine Geduld erschöpft sei, waren mehr als siebzehn Monate vergangen, ohne dass in dem Ermittlungsverfahren etwas geschehen war.

Es war offensichtlich: Die Staatsanwaltschaft hatte das Verfahren Berghofer als Pilot-Verfahren betrieben, sie wollte mit dem Modrow-Prozess kein Risiko eingehen. Sie hatte, wie uns aus den Vernehmungen Modrows bekannt geworden war, erkannt, dass erhebliche tatsächliche und rechtliche Hindernisse einer Verurteilung des ehemaligen Ministerpräsidenten der DDR, der den Weg zur Einheit freigemacht hatte, entgegenstanden. Doch ihr höchster Vorgesetzter war Justizminister Steffen Heitmann, der von Kohl designierte Anwärter für das Amt des Bundespräsidenten. Dagegen war in dem ganz und gar unpolitischen Prozess schwer anzukommen. (Heitmann, das nur am Rande, musste 2000 zurücktreten, nachdem ihm Eingriffe in die Justiz vorgeworfen wurden. Sein Nachfolger wurde Thomas de Maizière.)

Die 16-seitige Anklage, die wir am 27. April 1992 mitgeteilt erhielten, begann die Darstellung des Sachverhalts, den sie den Angeschuldigten zur Last legte, mit den Worten: »Der Angeschuldigte Dr. Modrow, Mitglied des Deutschen Bundestages, war 1989 1. Sekretär, der Angeschuldigte Stammnitz 2. Sekretär und der Angeschuldigte Neubert Sekretär der Bezirksleitung Dresden der SED.«

Dieser erste Satz des Sachverhalts offenbarte, was die Staatsanwaltschaft zutiefst bewegte: Damals SED-»Bezirksfürst«, heute Bundestagsmitglied. Das war unerhört. Bei Stammnitz und Neubert erwähnte die Anklage ihren aktuellen Status nicht. Es hätte auch keinen Sinn gemacht, hinter die Namen Stammnitz und Neubert »Rentner« zu setzen.

Die »Tat« Modrows bestand nach der Anklageschrift darin, dass er sich der Aufgabenstellung des ZK-Sekretärs Horst Dohlus, »die im Jahr 1984 erreichten Wahlergebnisse im Hinblick auf den bevorstehenden 40. Jahrestag der DDR wieder zu erreichen« anschloss und »sie sich zu eigen« machte.

So wenig schlüssig der Anklagevorwurf in tatsächlicher Hinsicht war, so wenig war er es rechtlich. Das Strafgesetzbuch der DDR, das Wahlfälschung unter Strafe stellte, war mit dem Beitritt außer Kraft gesetzt worden, und das Verbot der Wahlfälschung im bundesdeutschen Strafrecht betraf nur bundesdeutsche Wahlen. Für den Nichtjuristen mag Wahlfälschung gleich Wahlfälschung sein, aber im Rechtsstaat machte es schon einen Unterschied, ob ein deutsches Gericht Wahlfälschungen etwa in Frankreich oder in der BRD zu beurteilen hatte. Zu dem einen war es befugt und zu dem anderen nicht.

Das hatten führende Strafrechtler bereits in ihren Veröffentlichungen zum Ausdruck gebracht und das für so eindeutig gehalten, dass Professor Lüderssen im Jahr der Anklage schrieb: »Das ist meines Erachtens nach den Ausführungen Samsons so klar, dass weitere Auseinandersetzungen wohl kaum noch zu erwarten sind.«

Die Hauptverhandlung ließ auf sich warten. Am 7. Juli 1992 schrieb jedoch die Staatsanwaltschaft Dresden unter einem neuen Aktenzeichen an den »Abgeordneten des Deutschen Bundestages, Herrn Dr. Hans Modrow« im Bundeshaus in Bonn einen Brief, der

Bewegung in anderer Sache vermeldete. Er lautete: »Sehr geehrter Herr Dr. Modrow, am 2.6.1992 erstattete der Abgeordnete des Sächsischen Landtages, Herr Michael Arnold, schriftlich beim Generalstaatsanwalt des Freistaates Sachsen Anzeige gegen Sie wegen Verdachts des Meineides. Dem Vorwurf liegt Ihre Aussage vom 22.4.1992 vor dem Sonderausschuss zur Untersuchung von Amts- und Machtmißbrauch infolge der SED-Herrschaft beim Sächsischen Landtag in der Holländischen Straße in Dresden zugrunde, wobei der Frage nach dem Zeitpunkt der letzten Sitzung der Bezirkseinsatzleitung im Herbst 1989 eine zentrale Bedeutung zu kommt.

Ich erlaube mir, Ihnen mitzuteilen, dass die Staatsanwaltschaft Dresden beabsichtigt, gegen Sie ein Ermittlungsverfahren wegen Verdachts des Meineides (§ 154 I StGB) einzuleiten.«

Zum Vorwurf der Fälschung kam nun also noch der des Meineids. Die Medien hatten folglich genügend Stoff und der Abgeordnete Modrow genügend juristische und nervliche Probleme. Sonst passierte allerdings zunächst nichts, wenn auch der Vorsitzende Richter der Strafkammer, Halfa, im Wahlfälschungsverfahren telefonisch mitgeteilt hatte, dass die Hauptverhandlung »möglicherweise schon Mitte Oktober beginnen solle«. Daraus wurde jedoch nichts.

Die Revisionsverhandlung in Sachen Berghofer wurde vom Bundesgerichtshof erst für den 25. September 1992 angesetzt, das schriftliche Urteil würde folglich noch wesentlich später vorliegen, und darauf wollte man wohl warten. Hinzu kam, dass in Sachsen ab 1. Januar 1993 die Gerichtsverfassung der Bundesrepublik eingeführt werden sollte. In Vorbereitung darauf wurde die Zuständigkeit der bisherigen Senate und zukünftigen Kammern geändert. An die Stelle von Richter Halfa trat der Vorsitzende des Senats 3b des noch bestehenden Bezirksgerichts, Rainer Lips. Er äußerte sich gegenüber einem Mitverteidiger, dass die Hauptverhandlung nicht vor Januar 1993 stattfinden könne.

Die *Dresdener Morgenpost* hatte ihre Leser am 14. Dezember 1992 über die Ursache des späten Termins sachkundig so informiert: »Verantwortlich für die Trödelei ist einer der zwei Modrow-Verteidiger: Friedrich Wolff aus Berlin. Wolff hat zu erkennen gegeben, dass er nicht vor Ende März nach Dresden kommen könne, weil er mit der Verteidigung von Erich Honecker beschäftigt sei. Und das, obwohl Honecker insgesamt drei Anwälte beschäftigt.« Die Sympathie der Presse schlug mir also nicht gerade entgegen.

Der Anwalt wird häufig genauso behandelt wie sein Mandant. Die Tatsache, dass er aus Berlin stammte und Honecker verteidigte, charakterisierte mich zur Genüge. In Berlin hätte man sich die Herkunft als negatives Attribut verkniffen. In Dresden musste bei den Lesern – wenn nicht das eine, so doch das andere – die negative Persönlichkeit des Verteidigers hinreichend belegen.

Die Ladung zur Hauptverhandlung in Sachen Wahlfälschung ging schließlich am 11. März 1993 bei mir ein. Die Verhandlung sollte am 20. April beginnen und war bis zum 12. Mai geplant, vorsorglich wurde auf weitere Verhandlungstage bis zum 19. Mai hingewiesen. Am 31. März rief mich ein Beisitzer der Strafkammer an und fragte, ob wir besondere Sicherheitsvorkehrungen für die Hauptverhandlung wünschten. Ich war total verblüfft. So etwas war ich noch nie gefragt worden. Ich sah auch keinerlei Gefahren, die Modrow oder jemand anderem drohen könnten. Also erklärte ich, dass ich wunschlos glücklich wäre. Das Gericht sah das offenbar anders. Das ging mir erst später auf. Die Richter nahm wohl an, der »Bezirksfürst« von Dresden würde sich einer rachedurstigen Menge gegenübersehen. Ein Symptom unter vielen, dass Richter von »drüben« das Volk von »hüben« gründlich verkannten.

Die Wochen bis zum Beginn der Hauptverhandlung mussten intensiv genutzt werden. Die zu lösenden Probleme waren schwierig, die Zeit knapp und die Verhältnisse bewegend. Meine Frau hatte zwischenzeitlich ihre Arbeit verloren, sie war seit ihrer Approbation in einer Poliklinik als Ärztin tätig, und meldete sich auf dem Arbeitsamt. Das vermittelte sie auf einer ABM-Stelle als Sozialpädagogin – Berufsfreiheit in der Realität. Nachbarn kamen aus alter Gewohnheit (man half sich noch gegenseitig) mit ihren Rechtsproblemen zu mir. Das Prinzip Rückgabe vor Entschädigung, von der frei gewählten Volkskammer mit überwältigender Mehrheit beschlossen, hatte neue Probleme geschaffen. Eine Familie sollte ihre Wohnung räumen, eine andere ihren Garten usw. Die Ratsuchenden waren verängstigt, mich kostete das Zeit und Nerven.

Die juristischen Probleme eines politischen Prozesses treten hinter die politischen zurück. Das gilt gleichermaßen für Ankläger wie Verteidiger. Viele Partei- und Staatsfunktionäre aus dem Bezirk Dresden waren bereits wegen Wahlfälschung verurteilt worden. Konnte es sich Modrow erlauben, dass sein Verteidiger sagte, bis zum 2. Oktober 1990 war die Fälschung der Kommunalwahlen von 1989 strafbar, jetzt aber nicht mehr?

Die Genossen, die vor dem 3. Oktober verurteilt worden waren, hatten sozusagen Pech gehabt. Rechtlich ist das aber so. Darf der Kapitän in das Rettungsboot steigen und seine Matrosen untergehen lassen?

Andererseits kann man politisch kapitulieren und den »Hoffnungsträger«, den »deutschen Gorbatschow« mit dem Stempel »Wahlfälscher« kaputtmachen und aus dem Bundestagswahlkampf ausschalten lassen? Ist es nicht widersinnig, den angeblich gefährlichsten innenpolitischen Opponenten des Honeckerschen Politbüros mit dem Argument ausschalten zu lassen, er habe zugunsten dieses Politbüros zu Wahlfälschungen angestiftet?

Das politische Manöver, das mit diesem Prozess angestrebt wurde, war offenkundig. In fünfzehn Bezirken der DDR waren im Jahr 1989 Wahlfälschungen vorgekommen, doch nur ein 1. Sekretär einer Bezirksleitung, nämlich Modrow, wurde ausschließlich und demonstrativ wegen Wahlfälschung angeklagt. Bei einem der anderen Bezirkssekretäre war eine Beschuldigung wegen Wahlfälschung lediglich Beiwerk zum Vorwurf der Untreue bzw. des Vertrauensmissbrauchs gewesen und hatte keinerlei öffentliche Aufmerksamkeit gefunden. Der politische Zweck lag also auf der Hand. Aber was nutzte das? In den Medien wurde fast ausnahmslos der politische Charakter des Prozesses negiert, und was alle sagten konnte nicht falsch sein. Die Situation stellte sich mir als nahezu ausweglos dar. Das Netz war fein gesponnen. Die Diffamierung schien unabwendbar zu sein.

Die Verteidiger der Mitangeklagten waren mir sämtlich unbekannt. Ich schlug eine Aussprache vor, die unmittelbar vor Prozessbeginn im Büro eines der Dresdener Kollegen stattfand. Bis auf Kollegen Hannover, der durch andere Aufgaben verhindert war, nahmen alle Verteidiger an der Beratung teil. Wir fanden sehr schnell eine gemeinsame Linie, die wir gleich zu Beginn demonstrierten, indem zunächst Frau Rechtsanwältin Suzan Leski, danach ich und schließlich am 26. April Heinrich Hannover gemeinsame Anträge vortrugen, das Verfahren einzustellen bzw. auszusetzen und dem Bundesverfassungsgericht vorzulegen. Wir wollten gleich von Anfang an klarmachen, dass in diesem Prozess die Angeklagten aus politischen Gründen ohne rechtliche Grundlage zu Fälschern gestempelt werden sollten.

Das war im Hinblick auf die Medien notwendig. Politische Prozesse erfüllen oder verfehlen ihren Zweck entsprechend der Resonanz, die sie in den Medien finden. Wir mussten versuchen, mit unseren bescheidenen Mitteln dem mächtigen Chor, der laut »Kreuziget ihn« rief, etwas den Impetus zu nehmen.

Beispielhaft meldete die *FAZ* am Tag vor dem Beginn der Hauptverhandlung: »Wahlfälschung ist das geringste Delikt. – Gegen Modrow liegen mehrere Anzeigen des sächsischen Landtagsabgeordneten Arnold (Bündnis 90/Grüne) vor. Sie lauten auf Anstiftung zur Freiheitsberaubung und Körperverletzung sowie uneidliche und eidliche Falschaussage im Berghofer-Prozess und in einem Untersuchungsausschuss des Landtages, der die Planungen für Isolierungslager für Regimegegner in der DDR aufklären will.«

So stimmte also die seriöse Presse auf den Prozess ein.

Die Strafkammer wies unsere Anträge zurück. Sie tat es jedoch nicht schroff. Sie ließ eine Änderung ihres Rechtsstandpunktes im Ergebnis der Hauptverhandlung offen und erklärte zu den prozessualen Vorwürfen gegenüber der Anklage, dass diese zwar »etwas unübersichtlich und unstrukturiert« sein möge, aber den Anforderungen der Strafprozessordnung genüge. Am 21. April 1993 gab Hans Modrow seine Erklärung ab. In etwa einer Dreiviertelstunde führte er aus: »Die Anklage beginnt mit den Worten: ›Der Angeschuldigte Modrow, Mitglied des Deutschen Bundestages, war 1989 1. Sekretär [...] der Bezirksleitung Dresden der SED.‹

Das ist der Kern dieses Strafverfahrens: gestern 1. Sekretär einer Bezirksleitung der SED, heute Mitglied des Deutschen Bundestages. Darum geht es. Das ist für meine politischen Gegner rechts von der PDS unerträglich. Sie haben es mehr als einmal deutlich genug ausgesprochen. Und nun sollen Staatsanwalt und Gericht bewirken, was mit freien Wahlen nicht gelungen ist: Modrow muss raus aus dem Bundestag und die ganze PDS nach Möglichkeit mit. Das Ende der so begonnenen Anklage lässt an diesem Ziel keinen Zweifel, wenn es dort auch scheinbar moderat heißt: ›Ob den Angeschuldigten Dr. Modrow, Neubert, Stammnitz und Witteck darüber hinaus gemäß §§ 108c, 45 Abs. 2 und 5 StGB die Fähigkeit, Rechte aus Wahlen zu erlangen, abzuerkennen ist, muss der Hauptverhandlung vorbehalten bleiben.‹ – Die Paragraphen des Strafgesetzbuches und der Strafprozessordnung sollen nicht im Dienste des Rechts stehen, nicht Selbstzweck sein, sondern zu Mitteln der Politik werden. Auch Juristen werden so zu Politikern. [...]

Unser Prozess ist also ein politischer Prozess wie der Berghofer-Moke-Prozess und die anderen Prozesse zur Vergangenheitsbewältigung, die noch kommen sollen. Wer macht diese Politik, wer macht diese Prozesse? Die Frage mag unerlaubt naiv klingen, weil die Antwort für jeden Deutschen selbstverständlich ist und auf der Hand liegt. Die Politik wird in der ganzen Bundesrepublik natürlich von Bürgern der Alt-BRD gemacht, und Recht wird ebenso natürlich – jedenfalls, wenn es nicht um Bagatellen geht – von Westdeutschen gesprochen und gemacht.

Wir leben in den fünf neuen Bundesländern in einem Gebiet, in dem in freien Wahlen Parteien gewählt werden, die mit Ausnahme der PDS zahlenmäßig wie politisch von Politikern der alten Bundesländer dominiert werden. Die Bürger der neuen Bundesländer haben daher keine Chance, dass ihre spezifischen, den Interessen der Alt-Bundesbürger widersprechenden Interessen im Bundestag zur Geltung kommen. Deswegen gehen zwischen 30 und 40 % der neuen Bundesbürger nicht mehr zu den freien Wahlen, die sie seit 1946 entbehrt haben. Resignation ist das beherrschende Gefühl. ›Wir konnten früher nichts machen‹ hört man immer wieder, ›und können auch jetzt nichts tun, um unser Schicksal selbst zu gestalten. Wir sind unmündiger denn je.‹ […]

Was sich heute hier tut, ist für mich ein perfides, heuchlerisches Spiel. Die Justiz der Bundesrepublik Deutschland verfolgt im Nachhinein den Schutz der Kommunalwahlen im sozialistischen Arbeiter-und-Bauern-Staat. Sie jongliert dabei beeindruckend mit dem Recht der DDR einerseits und dem der Bundesrepublik andererseits, bis aus dem ›Nicht-mehr-strafbar‹ und dem ›Noch-nicht-strafbar‹ glücklich das gewünschte ›Schuldig‹ geworden ist. Sie wacht penibel darüber, dass nicht etwa ungeahndet bleibt, dass die Kandidaten statt mit 89 % mit gefälschten 99 % gewählt worden sind.« Modrow schloss mit den Worten: »Die Geschichte geht weiter. Die Taten und Unterlassungen von heute werden einmal ihrem Urteil unterliegen, und manches Urteil von heute wird revidiert werden. Wenn ich mich unter meinen Zeitgenossen in- und außerhalb der BRD umsehe, bin ich ganz zuversichtlich, was den Spruch anbelangt, der einst über mich gefällt wird.«

Stammnitz erklärte: »Ja, ich bekenne mich dazu, mit Überzeugung in der DDR politisch wirksam gewesen zu sein.«

Witteck führte aus: »Ich kann nicht umhin festzustellen, dass man so nur mit Besiegten umgeht. […] Wir erwarteten eine Veränderung in der zentralen Führung, die zur Ablösung der wirklich Verantwortlichen für die in der DDR entstandene Lage führen und in deren Ergebnis es gelingen sollte, über den Weg von Reformen eine unseren Idealen des demokratischen Sozialismus entsprechende Umgestaltung in der DDR zu erreichen. Gemeinsam mit anderen

Mitgliedern des Rates des Bezirks war ich bemüht, Hans Modrow in seinen Handlungen zu unterstützen.«

Die Erklärungen der Angeklagten belegten noch mehr als die Anträge der Verteidiger die Solidarität gegenüber der Anklage. Die Staatsanwaltschaft hielt es für erforderlich, »zur Äußerung des Angeklagten Dr. Modrow zur Sache« ihrerseits am 26. April1993 eine Erklärung abzugeben. In ihr hieß es: »Der Angeklagte hat dargetan, ihm werde im Hinblick auf seine gegenwärtige politische Stellung der Prozess gemacht, während dies den übrigen 1. Sekretären der Bezirksleitungen der SED erspart bleibe. Diese Erklärung ist unzutreffend. Der Angeklagte Dr. Modrow nimmt keineswegs eine Sonderstellung ein. Das gegen ihn anhängige Strafverfahren ist nur eines unter vielen. Der Angeklagte Dr. Modrow selbst ist nur einer unter vielen hochrangigen Partei-/Staatsfunktionären der ehemaligen DDR, die sich wegen des Vorwurfs der Wahlfälschung der Kommunalwahlen im Mai 1989 vor Gericht verantworten mussten oder deren Verfahren noch ausstehen.

So wurde bereits mit Anklageschrift vom 8. 5. 1990 durch die Staatsanwaltschaft Leipzig Anklage gegen den 1. Sekretär der Bezirksleitung Leipzig der SED Horst Schumann wegen Wahlfälschung erhoben (Az: 131-3/90). Die Hauptverhandlung konnte bislang lediglich wegen krankheitsbedingter Verhandlungsunfähigkeit nicht durchgeführt werden.«

Das war schwach, und das übergab die Staatsanwaltschaft Dresden auch noch der Presse. Also war nach Angaben der Staatsanwaltschaft noch einer von vierzehn anderen 1. Sekretären angeklagt worden und dieser auch noch während der Existenz der DDR. Kein weiterer 1. Sekretär wurde bis 1993 in der BRD wegen Wahlfälschung angeklagt – nur das Mitglied des Deutschen Bundestages Modrow. Später, 1997, wurden noch Egon Krenz und Günter Schabowski in Berlin angeklagt. Diese Verfahren wurden jedoch im Hinblick auf die Strafe, die sie wegen »Totschlags« erhalten hatten, eingestellt. Warum also wurde nur Modrow von BRD-Staatsanwälten angeklagt?

Nach dieser denkwürdigen Erklärung der Staatsanwaltschaft Dresden verlas Heinrich Hannover den letzten der gemeinsamen Einstellungsanträge. Er berief sich auf die Verletzung des Grundsatzes des fairen Verfahrens und wurde gleichfalls abgewiesen.

Die Beweisaufnahme begann. Die ersten Zeugen der Anklage wurden vernommen. Es gab nur Zeugen der Anklage, wir Verteidiger hatten keine Zeugen benannt. Wir hatten es nicht nötig.

Das Gericht verhandelte von morgens bis abends und in glühender Hitze. Es vernahm die fünfzig Zeugen der Anklage oder verlas ihre Aussagen. In dem mehr als fünf Wochen dauernden Verfahren wurde ein Ausschnitt der DDR-Realität wieder lebendig und kontrastierte mit dem neuen Alltag. Die Zeugen waren überwiegend Partei- und Staatsfunktionäre, vor allem ehemalige 1. Sekretäre von Kreisleitungen und Vorsitzende von Räten der Kreise. Sie berichteten von der schlechten Stimmung in der Bevölkerung, von den Ursachen dieser Lage und von dem, was sie getan hatten, um die Situation zu verbessern. Es waren, wie der Vorsitzende Richter später sagte, alles gestandene Frauen oder Männer. Jetzt waren sie Rentner, Arbeitslose oder Mini-Unternehmer.

Die Zeugin, die als erste vernommen wurde, war von der Sekretärin für Kultur in der Bezirksleitung und Doktor der Pädagogik zur Betreiberin eines Kosmetiksalons geworden. Fast alle Zeugen sprachen mit großer Hochachtung und Sympathie von Hans Modrow. Er hatte ein Leben geführt wie aus einem kommunistischen Tendenzroman. Er war bescheiden, lebte mit Frau und zwei Töchtern in einer Dresdener Plattenbauwohnung, beteiligte sich wie alle anderen Mieter des Hauses an der gemeinsamen Hausreinigung (Hauswarte gab es aus Arbeitskräftemangel längst nicht mehr), joggte durch Straßen oder Parks und arbeitete von früh bis spät. Er widersprach den Funktionären in Berlin, wann immer er es für notwendig hielt, und hatte zu allen, die ihm unterstellt waren, ein kameradschaftliches oder, wie es damals hieß, genossenschaftliches Verhältnis. Das haftete im Gedächtnis auch noch nach drei Jahren. Wenn wir an den Verhandlungstagen gemeinsam durch die Stadt gingen, grüßten viele der Dresdener freudig überrascht ihren ehemaligen »Bezirksfürsten«. Dagegen habe ich niemanden bemerkt, der bei seinem Anblick eine finstere Miene oder gar bösartige Äußerungen machte.

Hannover und ich waren mit dem Ergebnis der Beweisaufnahme zunehmend zufrieden. Der Konflikt zwischen dem Politbüro und Modrow, die Bemühungen Modrows um ein ehrliches Wahlergebnis, die Rolle Modrows in der Wende ließen es unverständlich erscheinen, warum man gerade ihm den strafrechtlichen Vorwurf der Wahlfälschung machte. Das war nicht nur unser Eindruck, sondern das spiegelte sich – wenngleich in unterschiedlicher Form – auch in den Medien wider. Nach dem dritten Tag der Beweisaufnahme schrieb ein Beobachter in einer sächsischen Zeitung: »Von Zeuge zu Zeuge nervöser wirkt die Staatsanwaltschaft.«

Im »*Spiegel*« schrieb Gisela Friedrichsen am 26. April: »Nichts, was eine Brücke baut, die das Nachdenken darüber erleichtern könnte, ob solche Prozesse wirklich sein müssen. Die Justiz hält der Lawine an Altlasten kaum noch stand. Generalpräventiv ist nichts zu bewirken. Der Einblick, den die bisherigen Verfahren in das verrottete System gaben, genügt.« Und sie endet mit den Worten: »Wenn Modrow vorträgt, dass er, wenn nicht demokratisch, dann wenigstens rechtsstaatlich ›aus dem Bundestag entfernt werden soll‹, dass dadurch schließlich auch das Ergebnis einer Wahl verändert werden würde, dass er dem Urteil der Geschichte zuversichtlich entgegensieht: Da kommt denn doch Zweifel auf, ob dieser Mann im Deutschen Bundestag wirklich am rechten, angeblich linken Platz ist.«

Friedrich Schorlemmer, der DDR-Bürgerrechtler, teilte sich am 26. April 1993 im Berliner *Tagesspiegel* ganz anders mit: »Dieser nachholende Prozess gegen Hans Modrow gehört für mich zu den beschämenden Ergebnissen des friedlichen Umbruchs und zu den schwer begreiflichen Erscheinungsformen des Rechtsstaates.«

Ende April 1993 war deutlich, dass Hans Modrow den Prozess politisch nicht zu fürchten brauchte.

Der weitere Gang der Beweisaufnahme vermochte das Bild nicht zugunsten der Staatsanwaltschaft zu verschieben. Eine Überraschung bildete das Gutachten des Sachverständigen Dr. Peter Joachim Lapp, Redakteur des *Deutschlandfunk*. Wir hatten in der gemeinsamen Beratung aller Verteidiger vor Prozessbeginn erörtert, ob wir ihn als befangen ablehnen sollten, weil wir uns von einem bestallten Redakteur des *Deutschlandfunks* nichts Gutes versprachen. Wir waren jedoch zu dem Ergebnis gekommen, zunächst sein Auftreten im Prozess abzuwarten. Das war eine glückliche Entscheidung. Lapp berichtete im Verlauf seiner Anhörung, dass er als Jugendlicher aus der BRD in die DDR gegangen war, dort in der FDJ gearbeitet hatte und wegen oppositioneller Tätigkeit zu viereinhalb Jahren Zuchthaus verurteilt worden war. Nachdem er vier Jahre gesessen hatte, sei er freigekauft worden. Mit der DDR hätte ihn seither eine »Hassliebe« verbunden.

Der Inhalt seines Gutachtens war objektiv und für uns günstig. Entscheidend entlastend war seine Feststellung, dass die Ursache für die Wahlfälschung nicht auf örtlicher Ebene zu suchen sei. Damit schied Modrow als Verursacher aus.

Zusammen mit den Aussagen der Zeugen wurde für alle, die an der Verhandlung teilnahmen, immer deutlicher: Die Staatsanwälte waren die einzigen, die an Modrows Schuld glaubten.

Am 18. Mai 1993 hielten die Staatsanwälte Meinerzhagen und Böhm ihren Schlussvortrag, den sie anschließend an die Beteiligten verteilten. Auf nicht weniger als 23 der insgesamt 99 Seiten trugen sie ihre Auffassung zu den gesellschaftlichen Verhältnissen in der »ehemaligen« DDR im allgemeinen und zu den speziellen Umständen der Kommunalwahlen 1989 im besonderen vor. Sie gipfelte in solchen Feststellungen über die DDR wie, sie sei »ein System, das seine Staatsangehörigen als Eigentum der Staatspartei betrachtete und sie einer Schollenbindung unterwarf, wie sie der Preußische Staat nur bis zu den Steinschen Reformen kannte«.

Das war die unpolitische, rein juristische Aufarbeitung der DDR-Geschichte durch bundesdeutsche Staatsanwälte. Allerdings traten sie keinen Beweis dafür an, dass die Generalsekretäre der SED oder die »Bezirksfürsten« Anspruch auf das früheren Feudalherren zustehende Recht der ersten Nacht erhoben hätten.

Unter der Überschrift »Rechtliche Bewertung« führten die Ankläger aus, Modrow habe am Nachmittag des 6. Mai 1989 in einer Beratung Berghofer bestimmt, »verfälschte Sonderwahllokal-Ergebnisse der Stadt Dresden zu melden und in die Schlussberechnung des Wahlergebnisses am 7. Mai einzustellen«, ferner habe er »die gesondert verfolgten Berghofer und Moke in der gleichen Beratung bewegt […], die Stadtbezirksbürgermeister bzw. die 1. Sekretäre der Stadtbezirksleitungen der SED zu veranlassen, verfälschte Sonderwahllokal-Ergebnisse zu melden und in die Schlussrechnung am 7. Mai einzustellen bzw. (Moke) die 1. Sekretäre der Stadtbezirke zu bewegen, die Stadtbezirksbürgermeister als jeweilige Vorsitzende der Stadtbezirkswahlkommissionen zur Meldung gefälschter Ergebnisse zu bewegen.

Diese Tat stellt sich rechtlich als Anstiftung zur Wahlfälschung (bezüglich Berghofer), tateinheitlich begangen mit einer Anstiftung zur Anstiftung zur Wahlfälschung in fünf Fällen (hinsichtlich der fünf Stadtbezirksbürgermeister), wobei die Anstiftungskette im Fall des gesondert verfolgten Berghofer über diesen unmittelbar zu den Stadtbezirksbürgermeistern lief, im Fall des gesondert verfolgten Moke über diesen und die 1. Sekretäre der Stadtbezirksleitungen zu den Stadtbezirksbürgermeistern.

Dem Angeklagten Modrow ist weiter anzulasten,

a) am 7. Mai den gesondert verfolgten Berghofer angestiftet zu haben, das Endergebnis der Kommunalwahlen für die Stadt Dresden mit dem endgültig vorgegebenen Wert von 98,1 % Wahlbeteiligung und 2,5 % Gegenstimmen abzurechnen, und

b) die gesondert verfolgten Berghofer und Moke am 7. Mai 1989 bewegt zu haben, die Stadtbezirksbürgermeister bzw. die 1. Sekretäre der Stadtbezirksleitungen zu bewegen, in der vorgegebenen Höhe verfälschte Endergebnisse der Wahlen festzustellen bzw. (Moke) die 1. Sekretäre der SED-Stadtbezirksleitungen zu veranlassen, die Stadtbezirksbürgermeister als Vorsitzende der Wahlkommissionen der Stadtbezirke zur Abrechnung in der vorgenannten Höhe verfälschter Wahlergebnisse zu bewegen und

c) in der Mittagssitzung des 7. Mai 1989 in der Bezirksleitung die Mitangeklagten Stammnitz und Neubert sowie die gesondert verfolgte Dr. Funk veranlasst zu haben, die 1. Sekretäre der Kreisleitung der SED in Pirna, Görlitz, Zittau und Meißen zu bewegen, die jeweiligen Vorsitzenden der Kreiswahlkommission zur Verfälschung des Wahlergebnisses zu bewegen.«

Diese Handlungen wertete die Anklage »als Anstiftung zur Wahlfälschung, als Anstiftung zur Anstiftung zur Wahlfälschung in fünf Fällen, als Anstiftung zur Anstiftung zur Wahlfälschung in vier Fällen.«

Auf viereinhalb Seiten legten die Staatsanwälte ihre Strafzumessungserwägungen hinsichtlich des Angeklagten Modrow dar. Nach einer halben Seite Ausführungen zu seinen Gunsten (»in das straffe Korsett der Parteidisziplin« eingebunden, den Weisungen »nicht von Beginn an mit ungeteilter Zustimmung beigetreten«, »nicht vorbestraft«) folgten vier Seiten, die mit dem Satz eingeleitet wurden: »Diese entlastenden Momente erfahren jedoch notwendigerweise durch die Stellung des Angeklagten eine Relativierung.«

Dort wurde man informiert: »Der 1. Sekretär der Bezirksleitung verkörperte kraft seiner Stellung im Organisationsaufbau eine Bündelung von Macht und Autorität, die mit dem Schlagwort vom ›Bezirksfürsten‹ zutreffend umschrieben wird.« Als Motiv stellten die Staatsanwälte fest: »Hier ging es um <u>nackten Machterhalt</u>. Der Angeklagte scheute nicht davor zurück, den Willen der Wähler für null und nichtig zu erachten, wenn dieser sich seinen politischen Zielen entgegenstellte. Sein Verhalten unterschied sich in nichts von der Arroganz der Macht, wie ihn die Parteizentrale in Berlin an den Tag legte. Konnte man das Wahlvolk nicht austauschen, so setzte man eben seinen Willen an die Stelle des Wählerwillens. Beides diente dem <u>unmittelbaren Machterhalt</u>.« (Unterstreichungen im Original)

Bei solchen und ähnlichen Stellen ging das Temperament mit meinem Kollegen Hannover durch. Er rief: »Das ist ja unerhört! Das ist ja unerträglich!«

Richter Rainer Lips machte eine Pause.

Die Staatsanwälte beantragten am Ende ihrer Ausführungen für Dr. Modrow eine Gesamtfreiheitsstrafe von einem Jahr und drei Monaten, eine Bewährungszeit von drei Jahren und als Bewährungsauflage die Geldzahlung an eine gemeinnützige Einrichtung in Höhe von 20 000 DM.

Am folgenden Verhandlungstag, dem 19. Mai 1993, einem Donnerstag, plädierte Rechtsanwalt Professor Queisser für den angeklagten ehemaligen Vorsitzenden des Rates des Bezirkes Dresden. Er ging von den politischen Zielen aus, die mit dem Verfahren verfolgt würden, sprach von einer »an den Haaren herbeigezogenen Beweisführung« und »gehässigen stereotypen Schlagworten« der Staatsanwälte, denen die »einheitliche Phalanx« der Rechtsanwälte gegenüberstünde. In seiner rechtlichen Argumentation wies er darauf hin, dass Witteck, wenn er vor 1990 in die BRD übergesiedelt wäre, bei gleichem Sachverhalt nicht verurteilt worden wäre, weil das Recht der Bundesrepublik das nicht zugelassen hätte und das Recht der DDR nicht hätte angewendet werden können.

Queisser beantragte nach den §§ 14, 25 StGB/DDR von Strafe abzusehen.

Wir hatten darum gebeten, erst am folgenden Verhandlungstag, am Montag, dem 24. Mai, zu plädieren. Wir wollten noch Zeit zur Vorbereitung haben und nicht vor ermüdeten Zuhörern sprechen. Wir glaubten auch, dass dieser Zeitpunkt für die Medien günstiger wäre. Man denkt an vieles in solchen Prozessen und übersieht trotzdem noch genug.

Wir hatten unsere Plädoyers schriftlich ausgearbeitet und waren auch vorbereitet, sie den Journalisten, wenn sie es wünschten, zu übergeben.

Hannover begann. Wir hatten uns vorher über diese Reihenfolge geeinigt und auch dabei keine Probleme gehabt. Er hatte im Schwerpunkt den politischen Part, die Grundfragen, die der Prozess aufwarf, ich den Rest.

Heinrich Hannover sprach über eine Stunde. Sein Plädoyer war geprägt von reichen Erfahrungen in großen politischen Prozessen. Er begann mit dem Satz des Pfarrers Friedrich Schorlemmer: »Dieser Prozess gegen Hans Modrow gehört für mich zu den beschämenden Ergebnissen des friedlichen Umbruchs und zu den schwer begreiflichen Erscheinungsformen des Rechtsstaates.«

Nach dem Hinweis, dass eine Heldentat Modrows zur falschen Zeit nur »Maulheldentum« gewesen wäre, ging er auf die Zielstellung des Modrow-Prozesses ein: »Es ist schwer vorstellbar, dass die Initiatoren dieser Anklage nicht gewusst haben, was sie taten, als sie ausgerechnet Hans Modrow anklagen ließen. Der von ihm personifizierte Sozialismus mit menschlichem Antlitz war für die herrschende Oligarchie des Westens gefährlicher, weil für die Menschen attraktiver als das brüchig gewordene Modell der alten Garde. Es musste doch etwas zu finden sein, mit dem man auch ihm am Zeuge flicken konnte. Und wer die mit Prozessbeginn zeitlich kombinierte Diffamierungskampagne in bestimmten Medien miterlebt hat, weiß, wessen Geschäft diese Hilfs-Sheriffs der Staatsanwaltschaft besorgen. Mit dem Prozess gegen Hans Modrow ist ein politischer Kampf eröffnet worden, der darauf zielt, die Erinnerung an eine politische Alternative aus den Köpfen der Menschen zu verdrängen, die ihnen traurige Erfahrungen mit den Segnungen des Kapitalismus erspart hätte.«

Hannover erinnerte an die politische Verfolgung von Kommunisten in der BRD bis 1968, »von der sich nachträglich selbst konservative Juristen wie Max Güde und Siegfried Buback schamvoll distanziert haben«. Die darauffolgende Periode der »politischen Vernunft« sei durch das, »was sich deutsche Politiker und Juristen nach der Wiedervereinigung geleistet haben und noch immer leisten, mit atemberaubender Schnelligkeit« aufgegeben worden. »Die politische Justiz hat die alte antikommunistische Rüstung wieder angelegt und kann nach Vereinnahmung der DDR nachholen, was selbst in Zeiten des Kalten Krieges nicht möglich war: die Abstrafung aller kommunistischen Funktionäre auf dem ehemaligen Hoheitsgebiet der DDR.«

Auch eine andere moralisch-politische Wirkung dieses Verfahrens beleuchtete Hannover, als er sagte: »Viele Menschen in diesem Land, die davon hören und lesen, dass hier die Wahlfälschung vom Mai 1989 an Hans Modrow und seinen Mitangeklagten abgestraft werden soll, denken an einen ganz anderen Wahlbetrug – Stichwort: ›Niemand wird es schlechter gehen‹ –, um den sich nie ein Staatsanwalt kümmern wird. Es sei denn nach der nächsten Wende.«

Zur »Tat« selbst sagte Hannover: »Es war aber bereits alles geschehen, was geschehen musste, um bei den Beteiligten den Entschluss zur Tat hervorzurufen, als die Berliner Zentrale die Orientierung ausgegeben hatte, die Wahlergebnisse von 1984 erneut zu erreichen. Was Hans Modrow noch tun konnte, war der Versuch, die Zurücknahme dieser Orientierung zu erreichen. Und das hat er versucht. Wenn dieser Versuch fehlgeschlagen ist, weil man sich in

Berlin nicht den Argumenten politischer Vernunft öffnete, dann musste Hans Modrow dies denen, die auf einen Erfolg seiner Intervention gehofft hatten, mitteilen. Mit welchen Worten es geschehen ist, wird sich letztlich nicht feststellen lassen, aber darauf kann es auch nicht ankommen. Niemand, der Hans Modrows Worte an diesem 7. Mai 1989 gehört hat, kann sie in Kenntnis der Vorgeschichte und in Kenntnis seiner Einstellung anders verstanden haben, als sie gemeint waren: nämlich als die Mitteilung, dass es ihm nicht gelungen sei, die Zentrale zur Zurücknahme der Orientierung zu bewegen. Das hat nichts mit Anstiftung zu tun.«

Auf die Ursachen und Motive eingehend, die die Beteiligten damals zur Wahlfälschung veranlasst hatten, sagte Heinrich Hannover: »Wir haben in diesem Saal – sowohl auf der Anklagebank wie am Zeugentisch – Menschen kennengelernt, die bereit waren und auch die Fähigkeit gehabt hätten, der sozialistischen Gesellschaftsordnung in der DDR das (wie Helmut Ridder es genannt hat) ›unanzweifelbar menschliche Antlitz‹ zu verschaffen, dass der großartigen, auf Befreiung und nicht Entmündigung der Menschen gerichteten Utopie entspricht. Einer wie der andere haben sie sich gegen die von der Zentrale vorgegebene Orientierung auf unrealistische Zahlen bei den Kommunalwahlen 1989 zunächst gewehrt, die Fälschung der Zahlen als gegenüber der Bevölkerung unvertretbar abgelehnt, und dann doch mitgemacht. Das ist ein Phänomen, das sich nur aus dem organisatorischen Grundprinzip einer Partei erklären lässt, die sich als revolutionärer Vortrupp der Arbeiterklasse verstand.«

Hannover fügte hinzu: »Immer wieder haben wir aus dem Mund gestandener Männer das Bekenntnis gehört, dass sie sich der Parteidisziplin unterworfen hätten.« Und er zitierte einen Zeugen mit den Worten: »Wenn die Parteidisziplin verletzt wird, [...] könnte das größeren Schaden für die Allgemeinheit anrichten als für die eigene Person.«

In seinem Plädoyer hob Hannover auch einen Umstand hervor, den die meisten Autoren zu diesem Thema übersehen: »Den Herren Staatsanwälten ging das Wort ›Gewaltherrschaft‹ leicht von den Lippen, aber sie scheinen nicht zu wissen, dass dieser Begriff am ehesten auf die Zwänge zutrifft, die innerhalb der Parteiapparate sozialistischer Staaten ausgeübt wurden. Es gehört für einen Sozialisten zu den traurigsten historischen Erfahrungen, dass sich schon bald nach der russischen Revolution von 1917 ein parteiinterner Unterdrückungsapparat entwickeln konnte, dem, ich weiß nicht wieviele, Tausende oder Millionen von oppositionellen Kommunisten zum Opfer gefallen sind.«

Und er fügte hinzu: »Für Juristen, die sich des politischen Charakters dieses Prozesses bewusst sind, muss ein ganz anderer geschichtlicher Zusammenhang im Vordergrund stehen, nämlich die Geschichte der innerparteilichen Opposition, die, wie kann es anders sein, bis zu dem Zeitpunkt, in dem sie stark genug werden würde, den Mächtigen in den Arm zu fallen und selbst die für Beschlussfassungen nötige Mehrheit zu bilden, Positionen innerhalb des Apparates einnehmen musste, die ihnen eines Tages realistische Handlungsmöglichkeiten bieten könnten.

Niemand würde auf den Gedanken kommen, die geschichtliche Bedeutung eines Gorbatschow an dem zu messen, was er unter den Zwängen des stalinistischen Regimes getan hat und tun musste, um es eines Tages überwinden zu können. Selbst Jelzin, der sich auf der Höhe seines Machtrausches recht hemdsärmelig gegenüber seinem ehemaligen Kampfgefährten verhalten hat, hat sich bisher nicht getraut, ihm den Prozess zu machen, obwohl es Andeutungen dieses Inhalts gegeben hat. Nein, die Justizabrechnung mit besiegten Sozialisten ist eine typisch deutsche Spezialität.«

Schließlich erwähnte Heinrich Hannover einen interessanten Umstand aus der Geschichte dieses Verfahrens, indem er eine Aussage des Staatsanwalts Günthel wiedergab, der bekundet hatte, durch Modrow wäre im Ermittlungsverfahren dargelegt worden, dass er die Mitarbeiter der Bezirksleitung nur in die Kreise geschickt habe, um auf Anfragen von oben sagen zu können, ich habe alles getan, und dazu erklärt hatte: »Das war nicht widerlegbar«.

»Nur«, sagte Hannover, »die danach naheliegende Frage, ob es richtig sei, dass die damals zuständigen Beamten der Staatsanwaltschaft das Verfahren einstellen wollten und es nur dank einer Weisung des Justizministers überhaupt zur Anklage gekommen ist, konnte der Zeuge nicht beantworten, weil ihm insoweit keine Aussagegenehmigung erteilt worden ist.«

Hannover schloss sein Plädoyer mit den Worten: »Unser Vertrauen in die politische Vernunft der für eine Amnestie zuständigen Politiker ist nicht groß. Wir hoffen deshalb, dass dieses Gericht die aufgezeigten Möglichkeiten sehen und nutzen wird, um schon auf der Basis des geltenden Rechts zu einem Freispruch zu gelangen, der für den inneren Frieden in diesem Land wichtig wäre.«

Heute, da ich Hannovers Plädoyer nach fast fünf Jahren wieder lese, finde ich es noch beachtlicher als im Mai 1993. Die Zusammenhänge, die es aufzeigte, sind aktueller denn je, weil einerseits die Verbohrtheit, mit der die Justiz alles verfolgt, was geeignet ist, die DDR zu delegitimieren, zunahm, andererseits aber auch die Ablehnung dieser Politik bei denjenigen wächst, die in der DDR gelebt haben.

Dies wurde später am Beispiel des Sachverständigen Dr. Lapp deutlich, wie noch zu zeigen sein wird.

Nachdem Hannover geendet hatte, war die Reihe an mir. Die Richter taten mir leid, denn ich wollte nun meinerseits 42 Seiten Text vortragen. Auch hatte ich im dritten Jahr des »einig Vaterland« noch keine rechte Vorstellung von der Leidensfähigkeit der Richter beim Anhören von Plädoyers, die in ihrer Länge die von DDR-Rechtsanwälten um ein Vielfaches übertrafen. Das war überhaupt eine neue Erfahrung für mich, in der BRD waren die Schriftsätze, die Reden und die Urteile der Juristen viel länger als während meiner Studienzeit und als in der DDR. Für mich war Kürze immer ein erstrebenswertes Qualitätsmerkmal. Erstmals von meinen Kollegen im Honecker-Prozess lernte ich, dass Kürze eine Form der Schwäche sei. Lang war angesagt, lang war bedeutend. Also lang war ich – allerdings mit schlechtem Gewissen.

Ich hielt es dennoch für notwendig, mich zu entschuldigen, dass wir praktisch zwei vollständige Plädoyers, wenn auch mit unterschiedlichen Schwerpunkten vortrugen. Ich sagte dazu: »Der Prozess war zwei-, teilweise sogar dreisprachig: DDR-deutsch, bundesdeutsch und SED-deutsch. Im Gegensatz zur Staatsanwaltschaft beherrscht keiner von uns zwei Rechtsanwälten alle drei Sprachen.«

Tatsächlich hatte es im Prozessverlauf immer wieder sprachliche bzw. terminologische Schwierigkeiten und Mißverständnisse gegeben. Das war ein Charakteristikum nicht nur dieses Prozesses. Was weiß schon ein bundesdeutscher Jurist von Begriffen wie »Orientierung« oder Abkürzungen wie BL, BEL und BGL?

Am Schluss meines Plädoyers fasste ich die Kerngedanken wie folgt zusammen: »Dr. Modrow ist im Sinne des geltenden Rechts nicht schuldig. Seiner Verurteilung stehen fünf Gründe entgegen, von denen jeder für sich allein genommen eine Bestrafung ausschließt. – Gegen eine Bestrafung spricht schließlich sechstens der gesunde Menschenverstand.«

Ich will auch diese Kurzfassung meiner Ausführungen hier nicht wiederholen. Sie sind – wie auch das Plädoyer von Rechtsanwalt Hannover – in der *Neuen Justiz* (1993, S. 493ff.), nachlesbar. Nur noch so viel: »Aus alledem folgt letztlich unser Antrag. Wir wissen wohl, welches Ansinnen wir damit an das Gericht stellen. Wir sind nicht von heute und gestern. Wir wissen um die Last der Meinung, die sich als öffentliche Meinung ausgibt und die vielleicht auch für diese gehalten wird. Es ist leicht damit zu argumentieren, da niemand das Volk befragt hat. Das ›gesunde Volksempfinden‹ spielt immer noch eine Rolle, und es ist immer das Empfinden der jeweiligen Machthaber. Wir loben auch hier Jakobs, der Lessing mit den Worten zitiert: ›Auf wen alle dreinschlagen, der hat vor mir Ruhe.‹ (Erst heute, bei der Vorbereitung der dritten Auflage, fällt mir auf, dass es nicht der bekannte Strafrechtsprofessor Jakobs war, der Lessing zitierte, sondern der bedeutende Staatsrechtler Isensee.)

Wir sind der Überzeugung, dass von Ihrer Entscheidung vielmehr abhängt als der Spruch über Schuld oder Unschuld der Angeklagten. Es geht um einen der ersten Schritte aus der gegenwärtigen deutschen Zwietracht. Es geht um eine Weichenstellung, um ein Signal. Geben Sie das Signal zur Versöhnung! Sprechen Sie Dr. Modrow und damit alle Angeklagten frei!«

Die anderen Verteidiger kamen mit eigenen Argumenten zu den selben Schlussfolgerungen und Anträgen. Die Staatsanwälte hielten es für erforderlich zu erwidern. Sie wendeten sich zunächst gegen unseren Vorwurf, »dass nun die Justiz der neuen Bundesrepublik über ehemalige Angehörige eines anderen politischen Systems richte«. Das Argument der Staatsanwälte lautet: »Die Justiz der neuen Bundesrepublik setzt nur fort, was von den Gerichten der DDR nach der Wende begonnen wurde. Dies zeigt eindrücklich das vorliegende Verfahren.«

Das tat es eben nicht. Modrow war nicht nach dem Beitritt angeklagt und vor Gericht gestellt worden. Und es ging überhaupt nicht um »die Justiz der neuen Bundesrepublik«, sondern darum, dass letztlich Staatsanwälte und Richter der alten Bundesrepublik über politische Sachverhalte der DDR entschieden. Das war der Punkt.

Weiter gingen die Staatsanwälte in ihrer Replik noch auf die Nichtanwendung der §§ 20 und 9 StGB/DDR ein, die wir gerügt hatten. Dazu sagten sie: »Es ist davon auszugehen, dass der Bundesgerichtshof im Verfahren gegen Berghofer und Moke diese Bestimmungen von Amts wegen geprüft hat, ihnen aber ebenso wie die Staatsanwaltschaft in ihren Schlussvorträgen keine Bedeutung beimaß.«

Schließlich rechtfertigte Staatsanwalt Meinerzhagen den Strafantrag: »Ich weise darauf hin, dass das Straferkenntnis aus dem

Verfahren gegen Berghofer und Moke – ein Jahr Freiheitsstrafe zur Bewährung – von der Staatsanwaltschaft zwar nicht als Vergleichsmaßstab zugrundegelegt werden konnte, da die dortigen Angeklagten geständig waren und zumindest dem Angeklagten Dr. Modrow mehr Einzelfälle zur Last liegen. Gleichwohl hat die Staatsanwaltschaft die dortige Straferkenntnis in ihrem Antrag nicht wesentlich überschritten.

Es bleibt darauf hinzuweisen, dass die vom Bezirksgericht Dresden im Prozess gegen Berghofer und Moke ausgesprochene Strafhöhe durch den Bundesgerichtshof inzidenter, d. h. von Amts wegen geprüft wurde und die ausgeworfenen Strafen vom Bundesgerichtshof als angemessen erachtet wurden.«

Kollege Rechtsanwalt Schidzick, der neben Professor Queisser Witteck verteidigte, und ich erwiderten kurz.

Es folgten die letzten Worte der Angeklagten. Hans Modrow brachte in seinen Ausführungen Gefühle und Gedanken zum Ausdruck, die ich nicht kürzen möchte: »Die Wochen dieses Prozesses waren für mich eine Zeit besonders intensiven Nachdenkens und Erinnerns. Schon die Begegnung mit Dresden berührt mich. Da sehe ich, wenn ich zum Gericht fahre, die Semperoper wieder. Das macht mich stolz, denn sie stünde nicht so da, wenn ich nicht der Bezirkschef von Dresden gewesen wäre. Ich sehe auch das Schloss, die Kunstakademie, den alten Landtag und andere Gebäude, mit deren Wiederaufbau bzw. Rekonstruktion wir uns schon beschäftigt haben, und es stimmt mich traurig, weil mir unübersehbar vor Augen geführt wird, was ich nicht vermocht habe. Ich bemerke auch die goldene Krone auf dem Regierungssitz, und da denke ich, ohne Gefühl der Schuld, ich hätte das Geld dafür jetzt nicht ausgegeben.

Erinnerungen werden wach an Opern-, Konzert- und Theaterabende. Sie klingen noch heute in besonderem Maße nach. Habe ich doch mit denen, die auf der Bühne wirkten, oft mitgefiebert, weil wir uns aus Streitgesprächen über Kunst und Kultur kannten und auch freundschaftlich verbunden waren.

Ich sehe aber auch die steinerne Figur mit dem Glück und Segen verheißenden Füllhorn auf dem Rathausturm und erlebe eine Stadt, in der sich soziale Ungleichheit in bedrückender Weise verbreitet wie kaum zuvor in ihrer Geschichte. Empört bin ich, wenn ich erlebe, dass Straßen und Plätze, die einst die Namen von Widerstandskämpfern gegen den Faschismus trugen, umbenannt worden sind und Königstreue wieder Einzug hält.

Im Gericht sehe ich meine Weggefährten von gestern wieder. Ich erfahre, was aus ihnen geworden ist. Viele sind seelisch gebrochen, sozial am Rande der Existenz, ohne Hoffnung auf einen Ausweg, verzweifelt. Manche zeigen auch in ihrer Not eine Größe, die ich bisher bei ihnen, auch wenn sie mir vertraut waren, nicht erkannt habe.

Da klingen mir auch noch jene Worte von der Machtbesessenheit im Ohr. Mein Verteidiger konnte sie nicht ertragen. Ich dachte dabei an die ›Zielvorgabe von oben‹, die dabei Pate gestanden haben mag, denn aus der Zeugenvernehmung war eine solche, meine menschliche Würde verletzende Feststellung nicht abzuleiten. Es könnte auch die Absicht damit verbunden gewesen sein, dem Mann der Kirche zu bedeuten, dass das Wort vom ›Hoffnungsträger der Kirche‹ – wie es hier fiel – nicht angebracht und dass es besser gewesen wäre, davon zu reden, dass nicht gleichberechtigter Dialog, sondern ein ›Sei untertan der Obrigkeit‹ damals in Dresden an der Tagesordnung gewesen sei.

Und dann werde ich immer wieder mit dem Thema der Kommunalwahlen von 1989 und mit meiner Rolle in ihnen konfrontiert. Was habe ich damals falsch gemacht, was mache ich heute falsch? Das sind die Fragen, die mich seit den Tagen und Wochen bewegen, in denen hier akribisch versucht wurde festzustellen, wer, wann, wie und warum vier, fünf, oder auch zehn oder zwölf Prozentpunkte zwischen mehr als 80 und und mehr als 90 Prozent Wahlbeteiligung und Zustimmung für die Kandidaten der Nationalen Front verfälscht hat. dass den Wahlen in der DDR noch einmal soviel Aufmerksamkeit von Vertretern eines Staates zuteil würde, in dem diese Wahlen nur als Scheinwahlen und als Farce gewertet wurden – wer hätte das jemals gedacht! Ich habe nicht verhindert, dass die Wahlfälschung begangen worden ist. Wenn das Schuld ist, dann ist das, aber auch nur das meine Schuld. Wenn der Staatsanwalt, der sich mit der Kriminalität der Regierung des untergegangenen Staates und nur mit der Kriminalität dieser Regierung beschäftigt, das nicht begreift, dann ist das seine Schuld. Ja, ich habe damals im Kampf um Prozentzahlen kein politisch oder gar rechtlich relevantes Problem gesehen. Mir ging es um etwas anderes, um etwas – wie ich damals und auch heute meine – Wichtigeres. Ich wollte nicht Unmögliches wagen und dafür das greifbar Mögliche aufs Spiel setzen. Natürlich wusste ich im Frühjahr 1989 noch nicht, dass ich Ende 1989 Ministerpräsident der DDR werden würde. Aber ich spürte, dass große Entscheidungen bevorstehen und dass die Stimme jedes 1. Sekretärs jeder Bezirksleitung der SED dabei zählen würde. Deswegen war es mein Bestreben, den richtigen Moment zu erfassen und zu nutzen, um den Bürgern der DDR wirkliche demokratische Rechte zurückbringen zu können. Hätte ich mich im Mai 1989 geopfert, hätte das niemandem genützt. Was dann mit und nach der Wende in der DDR geschehen wäre, vermag niemand zu sagen. Ich persönlich glaube nicht, dass es zum Guten der Bevölkerung der DDR und möglicherweise Europas gewesen wäre.

Wenn heute Schuld sein soll, dass man etwas nicht verhindert hat, was man ohnehin nicht hätte verhindern können, dann ist meine Schuld noch viel größer. Ich konnte nicht verhindern, dass die Züge mit den DDR-Bürgern aus der Prager BRD-Botschaft, die in die Bundesrepublik wollten, durch Dresden geleitet wurden. Ich konnte nicht verhindern, dass das Tausende von Menschen anlockte, die die Züge stürmen und ebenfalls in die BRD ausreisen wollten. Ich konnte nur verhindern, dass es dabei Tote gab. Nicht verhindern konnte ich, dass Menschen durch Polizei verletzt und eingesperrt wurden. Wie auch nicht durch mich zu verhindern war, dass Polizisten verletzt worden sind. Wenn es schon in Srebrenica, einem kleinen, früher unbekannten Ort, bei einer Evakuierung von Frauen und Kindern Tote gegeben hat, was meinen Sie, was sich in einer Großstadt wie Dresden mit dem Zustrom von Menschen aus dem ganzen Land zugetragen hätte.

Es bleibt bei dem Wort Bismarcks: Politik ist die Kunst des Möglichen. Oft hat man als Politiker nur zwischen zwei Übeln zu wählen, und man ist glücklich, wenn man bei der Entscheidung das kleinere Übel gewählt hat.

Meine Schuld ist es nicht, wenn es nach 1989 keine Amnestie gegeben hat. Das habe ich versucht und dazu bekenne ich mich auch. Im Grunde ging es damals darum, auch auf dem Wege einer Amnestie für jene, die Ergebnisse der Wahlen manipuliert hatten, Stabilität der Entwicklung der DDR zu gewährleisten und zu verhindern, dass der demokratische Umbruch des Herbstes '89 in einem Zusammenbruch jeglicher Demokratie endet. Es bedurfte allergrößter Anstrengungen, um ein Chaos zu vermeiden. dass diese Leistung meiner Regierung, damals gemeinsam vollbracht mit Rundem Tisch und Volkskammer, heute noch in großen Teilen der Bevölkerung, vor allem der ehemaligen DDR gewürdigt wird, zeigen viele der unzähligen Briefe der Sympathie und Solidarität, die ich direkt oder als Kopien von an dieses Gericht übermittelten

Schreiben in den vergangenen Wochen voller Dankbarkeit erhalten habe.

Noch heute wäre eine Amnestie eine Rechtswohltat für unser Volk. Das werden diejenigen kaum begreifen, die davon leben, dass es keine Amnestie gibt. Wem aber das Schicksal Deutschlands am Herzen liegt, wer dafür eintritt, dass wir ein Volk werden, der muss auch begreifen, dass man die Handlungen von gestern nicht mit den Maßstäben von heute messen kann. Wer das nicht begreift, sät die Saat der Zwietracht und letztlich der Gewalt, die morgen aufgehen kann. Wenn Schuld ist, dass man nicht verhindert hat, was besser zu verhindern gewesen wäre, dann ist es auch meine Schuld, dass ich nicht verhindert habe, dass unser Volk in freier Wahl am 18. März 1990 den Weg einschlug, der es in millionenfache Arbeitslosigkeit führte, der aus bestellten Feldern Ödland und aus vielfach zwar schlecht ausgestatteten, aber angestrengt arbeitenden Betrieben verlassene und zu Ruinen verkommende Immobilien machte. Ich habe auch das nicht verhindert, aber das habe ich wenigstens zu verhindern versucht.

Als Schuld rechnet man mir auch zu, dass ich mich nicht schamvoll von der Politik zurückzog und von der Idee verabschiedete, eine bessere Ordnung als die kapitalistische anzustreben. Hätte ich in diesem Sinne schamvoll gehandelt und meine ›Insiderkenntnisse‹ vermarktet, wäre ich klammheimlich abgetaucht, dann stünde ich wohl genauso wenig vor Gericht wie andere, die diesen Weg wählten. Möglicherweise wären dann auch Berghofer und Moke nicht angeklagt und verurteilt worden. So ist vielleicht auch ihre Verurteilung meine Schuld.

Natürlich hängt mir neben vielem auch die Wahlfälschung in Dresden als eine schwere Last an. Doch das ist nun einmal das Schicksal des Menschen in der Politik, dass er die Umstände, unter denen er handelt, als gegeben vorfindet. Ich habe die DDR und die Methoden, nach denen sie regiert wurde, nicht geschaffen. Ich habe die DDR bejaht als die historische Alternative zu Krieg und Faschismus. Das war das Ergebnis meiner Vergangenheitsbewältigung nach 1945. Ich wollte die DDR umgestalten, aber nicht beseitigen. Wer die politischen Verhältnisse verändern will, muss abwägen, ob zwischen dem, was er tut oder unterlässt, und dem, was er erreichen will und erreichen kann, eine vernünftige Relation besteht. Jedes Ding hat seinen Preis, nur der Preis darf nicht zu hoch sein.

Ich will mich nicht mit den Großen in der Politik vergleichen, aber sie haben doch schließlich Maßstäbe gesetzt, die auch für die

Kleinen nicht unbeachtlich sind. Als Bismarck die Emser Depesche fälschte, war die Lüge gleichsam die Geburtsstunde des zweiten deutschen Reiches.

Als Helmut Kohl die ›blühenden Landschaften‹ heraufbeschwor, war das die Beschleunigung des Einigungsprozesses. Ich habe nicht gelogen und nicht gefälscht. Ich bin auch nicht der deutsche Held gewesen, der sich geopfert hat, um das zu verhindern, was nicht zu verhindern war. Das hat im Ergebnis, wie in diesem Prozess mehrfach festgestellt worden ist, nur das Ende der SED und der DDR beschleunigt. Das aber wird wohl heute nicht als Schuld angesehen – morgen kann das schon anders sein. Die Nichtwähler und Neinsager, die im Mai 1989 um ihre Stimme betrogen wurden, sind im Herbst '89 reichlich entschädigt worden. Die aber, die gefälscht haben, mussten einen hohen Preis zahlen. Einen hohen Preis mussten auch alle diejenigen zahlen, die in der neuen Sprache als ›systemnah‹ bezeichnet werden. Diese Systemnähe verfolgt sie ohne Rücksicht darauf, ob sie strafrechtlich verurteilt worden sind oder nicht, bei der Suche nach Arbeit genauso wie bei der Berechnung der Höhe ihrer Rente. Niemand hat gezählt, wie viele das sind. Aber es sind auf jeden Fall viele Zehntausend. Zu ihnen gehören auch jene, die einst in der NVA und in anderen bewaffneten Kräften ihre militärische Pflicht erfüllten. Sie haben gemäß bundesdeutscher Entscheidung ‚in fremden Streitkräften' gedient und werden nun entsprechend behandelt. Ist mit all dem nicht der ›Gerechtigkeit‹ genüge getan?

Die Entscheidung, auf diese Weise die Vergangenheit zu bewältigen, ist eine politische Entscheidung. Sie wird dem Urteil der Geschichte und vielleicht auch einmal dem Urteil von Gerichten unterliegen. Schon heute werden diese Vorgänge nicht nur im Inland, sondern – wie ich aus Briefen weiß – auch im Ausland mit Kritik und Sorge verfolgt. Man befürchtet, dass dieses Deutschland mit seinen wirtschaftlichen, politischen und militärischen Potenzen seine menschenrechtsfeindliche Praxis der Verfolgung politischer Gegner und der Abrechnung mit ihnen den anderen Staaten im sich vereinigenden Europa überstülpt.

Heute, mehr als zwei Jahre nach dem Beitritt der DDR zur BRD, ist die Kluft zwischen den Deutschen Ost und den Deutschen West nicht geringer, sondern größer geworden. Das Urteil, das Sie verkünden werden, wird nicht ohne Einfluss auf den weiteren Gang der deutschen Zustände bleiben. Jeder muss sich heute entscheiden, ob er für die Fortsetzung der Abrechnung oder für Versöhnung ist. Ich habe am 1. Februar 1990 als erster deutscher Politiker aus der DDR den Wunsch nach einem einigen deutschen Vaterland geäußert und einen konkreten Stufenplan unterbreitet. Die staatliche Einigung ist zwar bald hergestellt worden, aber die wirkliche Einheit fehlt.

Heute gibt es in allen Parteien Menschen, die erkennen, dass Versöhnung nicht nur eine Frage der Religion, sondern auch der Nation ist, dass sie eine Forderung der politischen Vernunft darstellt. Aus dem Munde eines Angeklagten mag das nicht sehr überzeugend klingen. Ich bleibe aber auch als Angeklagter Politiker. Als Politiker nutze ich auch diesen politischen Prozess, um das zu sagen, was heute aus der Sicht eines Ostdeutschen am meisten Not tut. Meinen Mitbürgerinnen und Mitbürgern aus der DDR möchte ich sagen: Bewahren wir uns den aufrechten Gang, so schwer dies auch sein mag! Jenen aus der alten BRD sei gesagt: Macht uns nicht zu Menschen zweiter Klasse!«

Seit dem Antrag der Staatsanwaltschaft spekulierten wir über das Urteil des Gerichts. Illusionen, das Gericht könnte unserem Antrag folgen, hatte niemand von uns, d. h. kein Angeklagter und kein Verteidiger. Das Berghofer-Urteil würde für das Landgericht Dresden eine unübersteigbare Barriere sein.

Es ist traurig, aber auch bezeichnend, dass wir Anwälte so dachten. Da wir an unsere Rechtsauffassung glaubten, hätten wir auch überzeugt sein müssen, dass das Gericht, das wir für außerordentlich korrekt und kompetent hielten, die Angeklagten freispricht. Schließlich hatten auch maßgebliche Strafrechtswissenschaftler, die keinerlei Verdacht politischer oder sonstiger Sympathie für die Täter treffen konnte, mit Nachdruck erklärt, die Fälschung der Kommunalwahlergebnisse könne nicht mehr bestraft werden. Aber, was zählt in der Praxis die Meinung von Rechtswissenschaftlern und Verteidigern gegen ein BGH-Urteil? Und wie urteilt der Bundesgerichtshof?

Wir meinen, er urteilt politisch, er urteilt gegen die PDS und die SED, und wir setzten als selbstverständlich voraus, dass die Strafkammer des Landgerichts Dresden so denkt wie alle anderen Strafkammern auch denken und weiß, dass ein Freispruch keinen Bestand vor dem Bundesgerichtshof haben würde und dass die Berufsrichter darüber hinaus vielleicht auch noch an ihre Karriere denken würden. Also waren wir überzeugt: Freispruch ist ausgeschlossen. Unabhängigkeit hin, Unabhängigkeit her, im Kern würden sich die Richter wie DDR-Richter verhalten.

Andererseits glaubten wir nicht, dass das Gericht dem Antrag der Staatsanwaltschaft folgen würde. Hier lag der Unterschied zum

DDR-Gericht. Das hätte in einem vergleichbaren Fall antragsgemäß entschieden. Der inzwischen verstorbene Kollege Dr. Pein, der Vorsitzende des Kollegiums Erfurt, hatte dafür zum Vermerk in seinen Akten die Abkürzung »UnA« – Urteil nach Antrag – erfunden, die zum Begriff wurde. Unsere Mandanten waren skeptischer als wir, sie glaubten, dass Gericht würde dem Antrag folgen, und ich halte es nicht für ausgeschlossen, dass dieser oder jener auch eine Freiheitsstrafe für Modrow befürchtete. Ihr Bild der Justiz war noch zu sehr von der DDR-Justiz geprägt. Für sie war die Justiz Teil einer einheitlichen Staatsgewalt, die staatliches Wollen genauso exakt ausführte wie jeder andere Teil der Staatsgewalt.

Die Urteilsverkündung fand am 27. Mai 1993 statt. Der Saal war wieder voll besetzt mit Pressevertretern und Zuhörern, die fast ausschließlich ihre Sympathie mit den Angeklagten bekundeten. Zugegen waren aber auch der Generalstaatsanwalt, ein Oberstaatsanwalt und ein weiterer Staatsanwalt, die mit ihrer Anwesenheit kundtaten, welche Bedeutung sie dem Verfahren beimaßen. Es herrschte eine der Situation angemessene Spannung. Das Gericht erschien pünktlich und Richter Lips verkündete:

»Der Angklagte Dr. Hans Modrow ist einer Anstiftung zur Wahlfälschung in 3 tateinheitlichen Fällen schuldig. Im Übrigen wird er freigesprochen.

Der Angeklagte Günther Witteck ist einer Anstiftung zur Wahlfälschung in 3 tateinheitlichen Fällen in Tateinheit mit Wahlfälschung schuldig.

Der Angeklagte Lothar Stammnitz ist einer Anstiftung zur Wahlfälschung schuldig. Im Übrigen wird er freigesprochen.

Der Angeklagte Siegfried Neubert ist einer Anstiftung zur Wahlfälschung in 2 tateinheitlichen Fällen schuldig.

Sämtliche Angeklagten werden verwarnt. Die Verurteilung zu Geldstrafen bleibt vorbehalten, und zwar bei dem Angeklagten Dr. Modrow eine solche von 80 Tagessätzen zu je 300 DM, bei dem Angeklagten Witteck eine solche von 70 Tagessätzen zu je 70 DM, bei dem Angeklagten Stammnitz eine solche von 50 Tagessätzen zu je 30 DM und bei dem Angeklagten Neubert eine solche von 50 Tagessätzen zu je 70 DM.

Die Angeklagten haben die Kosten des Verfahrens zu tragen, die Angeklagten Dr. Modrow und Stammnitz jedoch nur, soweit sie verurteilt wurden; soweit bei ihnen Freispruch erfolgte, fallen die ausscheidbaren Verfahrenskosten und notwendigen Auslagen der Staatskasse zur Last.«

Das war eine Sensation, das war fast ein Freispruch. Die Mienen der Staatsanwälte versteinerten während der Verkündung des Urteils. Der mündlichen Begründung folgten sie mit solcher Unruhe, dass Richter Lips sie zur Ruhe ermahnte. Kaum war die Verkündung beendet, verließen sie hastig den Saal. Ich glaubte ihre Wut zu erkennen. Das hatte ich so noch nicht erlebt. Noch am selben Tag legten sie Revision ein.

Uns bestürmte die Presse. Natürlich war das Urteil aus unserer Sicht (und wie wir meinten, auch objektiv) zu loben. Natürlich wäre ein Freispruch an sich das rechtlich und politisch einzige, völlig unanfechtbare Ergebnis gewesen. Aber wir erlebten reale Justiz, und da war dieses Urteil das reale Nonplusultra. So oder so ähnlich beantworteten wir die Fragen der Journalisten. Wir antworten vielleicht nicht immer klug, denn wir waren zu überrascht, ja überwältigt. Das war ein echter Erfolg. Natürlich gebührte das größte Lob dem Vorsitzenden Richter. Er hatte das größte Verdienst, die größte Last und musste den schärfsten Tadel (von wem auch immer) erwarten. Weil er das wusste und dennoch so entschied, ist er für mich Vorbild eines Richters. Ich zögere, es niederzuschreiben, denn auch das wird ihm mehr schaden als nutzen – so ist das eben im real existierenden deutschen Rechtsstaat.

Hans Modrow musste entscheiden, ob auch er Revision gegen das Urteil einlegen wollte. Die Mitangeklagten waren mit dem Urteil zufrieden und wollten keine Revision. Für Hans Modrow war aber auch die Frage der Revision eine politische Frage. Bedeutete Nichteinlegung der Revision nicht ein Schuldanerkenntnis? Andererseits war die Akzeptierung des Urteils gegenüber anderen Verurteilten ein Zeichen der Bereitschaft, Verantwortung mit zu tragen und sie war auch ein Zeichen, die Dinge nicht auf die Spitze treiben, sondern auch die Hand zur Versöhnung ausstrecken zu wollen.

Gemeinsam entschieden wir: keine Revision. Das war vielleicht falsch. Am Ergebnis hätte sich aber wohl nichts ändern lassen.

Im Übrigen warteten wir weiter auf das, was im Meineidsverfahren geschehen würde, immerhin liefen die Ermittlungen dort nun auch schon zehn Monate.

Wer sollte Modrow in Karlsruhe vor dem Bundesgerichtshof in der Revisionsinstanz verteidigen? Natürlich hätten das Hannover und ich tun können, aber die Revisionen in Strafsachen sind eine Wissenschaft für sich. Für mich konnte ich sagen, dass ich diese Wissenschaft nicht beherrsche. Von Heinrich Hannover wusste ich, dass er zu den Spitzenverteidigern der Bundesrepublik gehört und folglich »revisionssicher« ist. Durch die Verteidigung von Werner Großmann hatte ich Kontakt zu Dr. Widmaier bekommen, dessen Praxis in Karlsruhe lag und der dort fast ausschließlich als Verteidiger in Revisionsverfahren vor dem Bundesgerichtshof tätig war. Also, dachte ich, wäre Hans Modrow am besten bei ihm aufgehoben. Das war sicher im Prinzip richtig, im konkreten Fall jedoch nicht. Das hätte ich wissen können und müssen. Im Fall Modrow ging es nicht um die Feinheiten der Jurisprudenz, sondern um die Grobheiten der Politik. Da half auch kein Widmaier. Und als Keil auf den groben Klotz hätte vielleicht sogar ich ausgereicht. Nachher ist man stets klüger. Modrow entschied sich auf meinen Rat für Widmaier.

Das schriftliche Urteil erhielten wir im September 1993. An solche Fristen musste ich mich auch erst gewöhnen. Es war 133 Seiten lang, broschürt und paßte in keinen Ordner. Die schriftliche Revisionsbegründung der Staatsanwaltschaft ging am 3. November bei mir ein, sie war 119 Seiten lang und nicht gebunden. Widmaier las beide und war optimistisch. Der Optimismus wurde jedoch bald von Zweifeln geschwächt, so dass seine Prognose sowohl ein gutes als auch ein schlechtes Ergebnis erwarten ließ, je nach dem, welche Argumente den Ausschlag gaben, die juristischen oder irgendwelche anderen.

Inzwischen erhob die Staatsanwaltschaft Dresden ihre zweite Anklage gegen Modrow am 10. März 1994. Sie war nach meiner Meinung genauso unbegründet wie die erste. Mit Schriftsatz vom 11. Mai beantragte ich, diese Anklage nicht zur Hauptverhandlung zuzulassen. Tatsächlich lehnte die Strafkammer des Landgerichts Dresden unter dem Vorsitzenden Richter Lips die Eröffnung des Hauptverfahrens ab. Darauf bildete ich mir etwas ein und genoss den Erfolg. Der Genuss währte nicht lange. Die Staatsanwaltschaft legte dagegen am 18. Oktober sofortige Beschwerde ein. So wartete Modrow jetzt auf zwei Entscheidungen, die des Bundesgerichtshofs und die des Oberlandesgerichts Dresden.

Die Entscheidung des Bundesgerichtshofs fiel genau ein Jahr, nachdem ich die Revisionsbegründung des Staatsanwaltschaft erhalten hatte – am 3. November 1994. Sie war 29 Seiten lang. Der Bundesgerichtshof befand Modrow der Anstiftung zur Wahlfälschung in vier tateinheitlich zusammentreffenden Fällen schuldig, hob das Urteil des Landgerichts Dresden »in allen Strafaussprüchen mit den zugehörigen Feststellungen« auf und verwies »die Sache zu neuer Verhandlung und Entscheidung, auch über die Kosten des

Rechtsmittels, an eine andere Strafkammer des Landgerichts« zurück.

Das BGH-Urteil hatte den Vorzug prägnanter Kürze. Von seinen knapp 29 Seiten waren vom Standpunkt der Verteidigung nur etwa sechs Seiten bedeutungsvoll. Da war zunächst die Aussage zur Strafbarkeit der Wahlfälschung, die ja auch von der Dresdener Strafkammer bejaht worden war. Hier brauchte ich nur einen Satz zu lesen: »Der Senat hat die Rechtsfragen zur fortdauernden Strafbarkeit der Fälschung sozialistischer Kommunalwahlen in der ehemaligen DDR bereits in BGHSt 39, 54 geklärt.«

Das war das vom Bundesverfassungsgericht bestätigte Berghofer-Urteil. Also im Grunde war die Schuld Modrows und seiner Mitangeklagten entschieden, *bevor* der Prozess begann. Es konnte nur um das Strafmaß gehen, und da hatte das rechtskräftige Berghofer-Urteil auch den Maßstab geliefert. Zum Strafausspruch äußerte sich der Senat eingehender. Das Landgericht hatte alles falsch gemacht. So hatte die Strafkammer, wie der Bundesgerichtshof zitierte, »in der tiefgreifenden epochalen Veränderung der Verhältnisse der ehemaligen DDR seit der Kommunalwahl 1989« einen besonderen Umstand gesehen, der zum Ausspruch einer Verwarnung mit Strafvorbehalt ermächtige.

Das sah der Bundesgerichtshof nicht so und erklärte: »Diese Wertung begegnet rechtlichen Bedenken. Die Strafkammer beachtet nicht, dass der Gesetzgeber der durch den Beitritt der DDR zur Bundesrepublik eingetretenen ›tiefgreifenden epochalen Veränderung der Verhältnisse‹ dadurch Rechnung getragen hat, dass nach dem Einigungsvertrag Verstöße gegen das Strafrecht der DDR nur dann weiter verfolgt werden dürfen, wenn und soweit sie zur Zeit der Aburteilung auch nach dem StGB der Bundesrepublik geschützte Rechtsgüter betreffen (vgl. BGHSt 39, 54, 68).«

Damit war der Senat wieder beim Berghofer-Urteil. Eigentlich hätten sich die Angeklagten unter Zugrundelegung dieser Betrachtungsweise ihre Verteidiger ganz sparen können. Unabhängig davon vermag ich der Logik des Bundesgerichtshofs nicht zu folgen. Wenn sich die tatsächlichen, hier also die politischen Verhältnisse so ändern, dass die Bedingungen, unter denen die Täter gehandelt haben, wegfallen, wenn also keine Straftaten dieser Art mehr begangen werden, dann muss sich das auf die Strafzumessung auswirken. Wenn es z. B. heute keine Betäubungsmittel mehr gäbe, dann kann ich einen Täter, der vor Jahr und Tag damit gehandelt hat, nicht so bestrafen, als sei die Gefahr noch akut.

In ähnlicher Weise verneinte der Bundesgerichtshof die Tatsache, dass die Wahlfälschung die Zusammensetzung der einzelnen Volksvertretungen nicht verändert habe, im Gegensatz zum Landgericht nicht als Strafmilderungsgrund. Das erscheint mir etwa so, als betrachte man die Tatsache des Diebstahls einer geringwertigen Sache nicht milder als den einer hochwertigen.

Sachfremd war für den Senat auch der Hinweis der Strafkammer, dass zugunsten der Angeklagten zu berücksichtigen wäre, dass sie »an derjenigen Stelle, an der die Bürger im Wahlsystem der DDR noch am ehesten, nämlich beim Auswahlverfahren vor der offiziellen Aufstellung der Kandidaten, auf die Entscheidung der Wähler keinen Einfluss nahmen.«

Ganz schlimm war für den Senat schließlich die Wertung der Motive der Angeklagten durch die Strafkammer. Diese hatte »›die zur Beteiligung an der Wahlfälschung führenden Motive‹ der Angeklagten ›auch aus heutiger Sicht nicht unehrenhaft‹ bezeichnet. Diese Beurteilung kann der Senat nicht nachvollziehen.« Die Senatsmitglieder hatten schließlich Modrow und seine Mitangeklagten auch nicht erlebt, und sie hatten auch mit keinem seiner ehemaligen Dresdener »Untertanen« gesprochen, wie sollten sie dann das Dresdener Urteil über eine Person der DDR-Geschichte von Karlsruhe aus »nachvollziehen« können? Schwierig – etwa genauso schwierig wie es umgekehrt der Fall wäre, wenn ein DDR-Richter die Motive eines BRD-Politikers beurteilen sollte. Dass das nicht angängig ist, leuchtet allerdings jedem ein.

Im gleichen traurigen Monat November begründete die Staatsanwaltschaft Dresden, gewiss gestärkt durch die BGH-Entscheidung, ihre sofortige Beschwerde gegen den die Eröffnung des Meineidverfahrens ablehnenden Beschluss des Landgerichts Dresden. Dagegen wandte ich mich mit Schriftsatz vom 7. Februar 1995. Danach herrschte wieder tiefste Ruhe in diesem Verfahren und wir konnten uns erneut dem Wahlfälschungsvorwurf zuwenden.

Hans Modrows pessimistische Erwartungen waren durch den Bundesgerichtshof bestätigt. Beide, Gericht und Angeklagter, hatten von dem jeweils anderen offenbar die gleiche schlechte Meinung. Die kommende Verhandlung und Entscheidung des Landgerichts Dresden waren vorprogrammiert. Die neu zuständige Strafkammer hatte so gut wie keinen Spielraum.

Modrow entschied, dass bei dieser Sachlage Wolff als Verteidiger genüge. Heinrich Hannover war auch jetzt verständnisvoll. Hans Modrow hatte ihn in einem persönlichen Schreiben überzeugt, dass die Beschränkung der Verteidigung keine Kritik an seiner Tätigkeit enthielt. Mir war diese Entwicklung gar nicht recht. Ich hätte viel lieber Hannover an meiner Seite gehabt. Andererseits musste ich Hans Modrow recht geben, sein Schicksal war praktisch entschieden. Es würde sich wiederholen, was sich in der Revisionsinstanz gezeigt hatte, die Politik würde das Urteil bestimmen. Hinzu kam, dass Modrow kein Krösus war. Wenn ihm auch die Solidarität vieler politischer Anhänger half, es blieb genug an Kosten für ihn übrig, und der nächste Prozess würde wieder Gelder verschlingen. Hans Modrow ist zwar sparsam, aber eigentlich nicht, um Prozesse zu finanzieren.

Ungeachtet der Überzeugung von der Erfolglosigkeit der Verteidigung bereiteten wir uns intensiv vor. Seit der ersten Hauptverhandlung in Dresden waren etwa anderthalb Jahre vergangen, eine Zeit voller Ereignisse, die den Prozessstoff in meinem ohnehin mangelhaften Gedächtnis verdrängt hatte. Die alten Akten mussten wieder hervorgeholt und unter Berücksichtigung der Beschränkung der Hauptverhandlung auf weniger Tatkomplexe (die Freisprüche des Landgerichts waren nicht angegriffen und daher rechtskräftig geworden) neu gesichtet und geordnet werden. In meinem Februar-Urlaub nutzte ich einen Teil der Zeit dafür, während mein Mandant zwischen seinen vielfältigen politischen Terminen eine neue Prozesserklärung vorbereitete.

Der neue Richter, Spiegelhalter, kam aus der gleichen Landschaft wie Rainer Lips, aus Baden-Württemberg. Dort sahen die Menschen, wie ich aus Büchern und aus Erfahrung zu wissen glaubte, traditionell politische Konflikte nicht so verbissen wie in Ostelbien. Von dieser Seite her waren also Sorgen unbegründet. Spiegelhalter wollte das Verfahren nicht auf die lange Bank schieben. Nach vielem Hin und Her mit den Prozessbeteiligten stand endlich der Hauptverhandlungstermin für Anfang April fest. Am 24. Mai 1995 fuhren wir aus unserem Urlaubsort ab, unterwegs machten sich erste Anzeichen einer Grippe bemerkbar, die dann, als ich den zweiten Tag arbeitete – es war der 28. März –, endgültig ausbrach und zudem eine chronische Nierenbeckenentzündung auslöste. An die Hauptverhandlung ab 4. April war daher nicht zu denken.

Spiegelhalter musste nolens volens den Termin aufheben. Die Staatsanwaltschaft dachte Übles von mir und beantragte, für Modrow und andere Angeklagte zusätzliche Pflichtverteidiger zu bestellen. Staatsanwalt Uebele begründete seinen Antrag: »Durch die Bestellung von Pflichtverteidigern wird gewährleistet, dass die

Hauptverhandlung auch im Falle einer etwaigen erneuten Erkrankung eines der Wahlverteidiger der Angeklagten durchgeführt werden kann.«

Meine Sozia, Frau Kossack, meldete sich daraufhin als zweite Wahlverteidigerin, und alles blieb wie gehabt.

Auch Spiegelhalter verhandelte straff von morgens bis abends. In Dresden praktizierte man das Strafverfahren insofern – aber nicht nur insofern – anders als in Berlin. Der erste Tag, der 2. August 1995, war ein sogenannter Hundstag. Die Temperaturen lagen schon seit Tagen bei 30° C. Wir waren morgens 5.30 Uhr von Berlin abgefahren, und ich saß abgeschlafft im Saal. Die Verhandlung wurde von den üblichen Formalitäten wie dem Verlesen der Urteile des Landgerichts und des Bundesgerichtshofs und natürlich von den Erklärungen der Angeklagten geprägt.

Modrow wies erneut und wohl schärfer als im Mai 1993 auf den politischen Charakter des Verfahrens hin. Seine Nerven lagen jetzt blanker als damals. Die Prozesse belasteten ihn. Er sagte:»Aus meiner Sicht wäre es notwendig, die strafrechtlich-politische Verfolgung endlich einzustellen, ebenso Schluss zu machen mit der Diskriminierung und Diskreditierung vieler Menschen im Osten, die einst ›unsere Brüder und Schwestern‹ geheißen wurden.« Und er schloss mit den Worten:»dass dieser Prozess hier heute stattfindet, lässt mich nur abschließend noch einmal feststellen: Rechtsfrieden, der auf Versöhnung aufbaut, soll sich nicht durchsetzen und entfalten können. Strafrechtlich-politische Verfolgung und Delegitimierung der DDR sollen auf der politischen Tagesordnung dieser Bundesrepublik bleiben.«

Am zweiten Verhandlungstag – die Hitze hielt an – wurden acht Zeugen und der Sachverständige Lapp vernommen. Die neuerliche Beweisaufnahme gab kein anderes Bild als die vor zwei Jahren. Durch entsprechende Fragen konnten wir die Zeugen veranlassen, sich zu Feststellungen des Bundesgerichtshofs zu äußern. So erklärte der ehemalige Superintendent von Dresden, Ziemer, dass Kontakte der Kirche zu Parteistellen in der DDR ungewöhnlich waren, aber zu Modrow bestanden sie. Ziemer sagte auch über das Verhältnis zu Modrow:»Wir konnten miteinander auskommen.«

Berghofer sagte sinngemäß: Modrow war kein Betonkopf, sondern wollte etwas ändern. Wir waren Männer Gorbatschows. Wenn wir ausgeschaltet worden wären, hätten wir keine Chance der politischen Einflussnahme mehr gehabt. Die Liaison Ziemer, Berghofer, Modrow hatte im Herbst 1989 Gewalt verhindert. Eigennützige

Motive waren bei keinem im Spiel. Modrow war ein bescheidener Mensch. Wir haben uns an Ergebnissen in der Arbeit erfreut. Eigennützige Motive sind für uns alle aus der Luft gegriffen.

Die Zeugin Dr. Fink äußerte: Wir waren uns im Kollektiv einig, den geringen Spielraum zu nutzen, um spätere Reformen mit zu beeinflussen. Deshalb haben wir alle Hans Modrow unterstützt.

Oehring sagte aus: So wichtig waren Wahlen nicht, um aufs Spiel zu setzen, was sich dann im Herbst 1989 bewährt hat. »Es ist das große Verdienst von Modrow und Berghofer, dass es so gut ausgegangen ist.«

Müller erklärte: »Ich habe Modrow kennen gelernt als bescheidenen Menschen, der für uns Vorbild war und dem es immer um die Sache ging. Wer uns Machtgelüste unterstellt, der kennt uns nicht.«

Es gab keinen Zeugen, der Hans Modrow oder andere Angeklagte belastete. Die Zeugen sagten überwiegend günstiger aus als in der ersten Hauptverhandlung. Sie hatten, so glaubte ich, weniger Angst und mehr Zorn.

Am Ende der Beweisaufnahme erstattete der Sachverständige Dr. Lapp sein Gutachten. Es war zugleich der Höhepunkt der Beweisaufnahme: »Nach allem, was wir in diesem Prozess erfahren haben, versuchte Modrow bis zum Wahlsonntag am 7. Mai 1989 die Verantwortlichen in Berlin davon zu überzeugen, reale oder wenigstens mehr an der Realität orientierte Ergebnisse für den Bezirk Dresden zu akzeptieren. Das wurde abgelehnt. Wer das ablehnte, ist nicht völlig klar geworden, Hans Modrow will niemand belasten […] Mit an Sicherheit grenzender Wahrscheinlichkeit waren das Egon Krenz oder/und Horst Dohlus (oder die Büroleiter dieser Herren).

Die ›Dresdener Linie‹ konnte sich jedoch nicht durchsetzen, Modrow und Genossen standen seit Frühjahr 89 sowieso schon unter Druck durch die ›Mittag-Kommission‹; die Dresdener durften sich keinerlei Blöße mehr geben.

Hans Modrow ging für einen Bezirkssekretär, der nicht im Politbüro, sondern nur im ZK verankert war, bis an die Grenze des Vertretbaren (in seiner innerparteilichen Opposition). Er konnte nur (weiter) mitmachen oder musste zurücktreten. Die ›Güterabwägung‹, wegen der von oben befohlenen Wahlfälschung zurückzutreten oder diese hinzunehmen und auf Bezirksebene umzusetzen, ist ihm vermutlich nicht leicht gefallen. Wenn er im Amt blieb, dann aus politisch und persönlich ehrenwerten

Motiven. Der Mann wollte sich aufsparen für die Zeiten nach Honecker, Mittag und Mielke.

Die im BGH-Urteil vom 3. November 1994 vorgenommene Kritik an der Einschätzung der Motive der Angeklagten durch die 3. Strafkammer des LG Dresden (Vorsitzender Richter 1993: Rainer Lips), die nunmehr auf angeblich ›eigensüchtige‹ Motive‹ bei Modrow und den anderen Angeklagten abhebt, ist kaum vertretbar, mir jedenfalls unverständlich.«

Der Sachverständige, der nicht von der Verteidigung benannt worden war, schloss mit den Worten: »Das Urteil wegen Wahlfälschung gegen Modrow & Genossen aus dem Jahre 1993 verhieß Rechtsfrieden, bewies Sensibilität im Umgang mit DDR und SED und ihren Vertretern, brachte Versöhnung statt rechthaberischer Aufrechnung. Wenn man jetzt Hans Modrow bestraft, härter bestraft, wird das jenen Kräften Auftrieb geben, denen die Einheit unseres Landes zuwider ist. Es wird Gräben aufreißen, die kaum zugeschüttet sind, es wird bestimmten Leuten in der PDS ins neue Feindbild passen. Und es wird auch Hans Modrow weiter verhärten, ihn in eine verquere Resignation treiben, ihn Positionen aufgeben lassen, die er bisher vertrat.

Vergessen wir eines nicht: Hans Modrow hat 1989/90 in kritischen Monaten den friedlichen Übergang der DDR zur Demokratie maßgeblich mitgetragen, in seine Regierungszeit fällt ein Wahlgesetz, das die freien Wahlen vom 18. März 1990 ermöglichte. Hat er damit nicht praktisch Wiedergutmachung betrieben? Wieviel wiegt vor dieser Leistung für unser Land eine Handlung, die von Honecker-Vertrauten erzwungen wurde, die wir heute, formaljuristisch sicherlich korrekt, Wahlfälschung nennen?«

Das schlug ein. Staatsanwalt Martin Uebele erklärte, der zweite Teil des Gutachtens sei kein Gutachten, sondern Urteilsschelte am Bundesgerichtshof und Lob des aufgehobenen Urteils des Landgerichts Dresden. Er wolle aber den an sich möglichen Antrag auf Ablehnung des Sachverständigen wegen Befangenheit nicht stellen.

So schloss der Verhandlungstag mit der Schelte des Sachverständigen, eines Opfers der DDR-Justiz und der DDR-Politik. Opfer verdienen eben nur dann Gehör, wenn sie sich so verhalten, wie man das von einem Opfer dieses Unrechtsstaates erwartet.

Staatsanwalt Uebele hielt seinen Schlussvortrag am 9. August. Er begann mit einer Kritik an der Erklärung Dr. Modrows und früheren Ausführungen seiner Verteidigung. Schon im ersten Satz betonte er den rechtsstaatlichen Charakter des Verfahrens. Er muss es wohl für erforderlich gehalten haben. Ausführlich wandte er sich gegen den Vorwurf der Siegerjustiz, »wobei insbesondere den Angeklagten dieses Verfahrens die Opferrolle zugewiesen worden ist«, um dann fortzufahren:

»Dieses Bild ist ebenso primitiv wie falsch. Wir stellen dem Vorwurf, hier ›Siegerjustiz‹ zu betreiben, unbestrittene und unbestreitbare Tatsachen entgegen:

– Es waren ausnahmslos Ostdeutsche, die aus berechtigtem Misstrauen die Kommunalwahlen im Jahre 1989 aufmerksam und organisiert beobachtet haben,

– vor allem: es waren ausschließlich die Bewohner der damaligen DDR, die durch die den Angeklagten vorgeworfenen Wahlfälschungen noch um die letzten verbliebenen Reste ihrer staatsbürgerlichen Rechte betrogen worden sind,

– es waren Ostdeutsche, die gleich nach dem 7. Mai 1989 aus hilfloser Empörung heraus zu Hunderten Strafanzeigen wegen des Verdachts der Wahlfälschung erstatteten, wobei wiederum die Ostdeutschen insoweit betrogen worden sind, als aufgrund einer unzweifelhaft rechtswidrigen Weisung des Generalstaatsanwalts der DDR diese angezeigten Straftaten nicht verfolgt wurden, obwohl doch, wie der Zeuge Ziemer so eindrucksvoll sagte, die Wahlfälschungen der Punkt waren, an dem das System der Lüge überführt werden konnte,

– es waren die Einwohner der damaligen DDR, die gleich nach der friedlichen Revolution, ab Januar 1990 daran gingen, die Wahlfälschungen als das zu brandmarken, was sie waren: eine große, DDR-weit angelegte Betrugsaktion zum Nachteil des gesamten Wahlvolkes.«

Von den 41 Seiten des gedruckt vertriebenen Plädoyers waren neun Seiten der Verteidigung gegen politische Vorwürfe wie »Siegerjustiz« gewidmet. So auch der Hinweis: »Es war der Generalstaatsanwalt der DDR persönlich, der den Angeklagten Dr. Modrow bereits am 8. Mai 1990 darüber in Kenntnis setzte, dass dieser durch die Vernehmungen des Zeugen Berghofer in den Verdacht geraten war, zur Wahlfälschung angestiftet zu haben.«

Staatsanwalt Martin Uebele beendete diesen Teil seiner Ausführungen mit Sätzen wie den folgenden: »Als Ergebnis all dessen kann also festgehalten werden, dass wir hier nur das fortführen, was noch zu Zeiten des Bestehens der DDR Ostdeutsche begonnen und in Hunderten von anderen Fällen zu einem Ende – nämlich einer Verurteilung wegen Wahlfälschung – gebracht haben. [...]

Um es deutlich zu sagen: die angebliche Siegerjustiz liegt hier einzig und allein darin, dass die Angeklagten als direkte Folge des Beitritts der DDR zur Bundesrepublik nach bundesdeutschem und nicht nach DDR-Strafrecht verurteilt werden können. Erst durch den Beitritt wurde überhaupt die Möglichkeit geschaffen, für Wahlfälschungen andere Sanktionen als eine zu vollstreckende Freiheitsstrafe zu verhängen.«

Im Anschluss an diesen politischen Teil seiner Ausführungen folgte ein vier Seiten langer Abschnitt zu den Schuldsprüchen, der der Erläuterung und rechtlichen Verteidigung des BGH-Urteils diente. Praktisch am bedeutungsvollsten waren die Darlegungen zu den Strafzumessungserwägungen. Sie nahmen mit 27 Seiten auch den größten Raum ein. Staatsanwalt Uebele stellte ihnen voran: »Der bis heute fortwirkende Unrechtsgehalt der Taten der vier Angeklagten und deren Strafwürdigkeit ergibt sich vielmehr daraus, dass diese den damaligen Wählern noch die letzten verbliebenen rudimentären Elemente freier parlamentarischer, demokratischer Wahlen genommen und damit das Ausmaß des ablehnenden Wählerverhaltens unterdrückt haben. [...]

Die Strafkammer ist also insoweit tatsächlich an die Erwägungen des BGH-Urteils gebunden, worauf im Einzelnen noch einzugehen sein wird.«

Hier war für Staatsanwalt Uebele Gelegenheit und Verpflichtung, noch einmal auf die Ausführungen des Sachverständigen Dr. Lapp vom letzten Tag der Beweisaufnahme einzugehen. Und er tat es mit Eifer: »Ohne jegliche Auswirkung auf die von der Kammer zu treffenden Entscheidungen müssen hingegen die Ausführungen des Sachverständigen Dr. Lapp bleiben, soweit sich diese auf die hier alleine von der Strafkammer zu treffende Rechtsfolgenentscheidung beziehen. Der Sachverständige Dr. Lapp hat hier seinen Gutachtensauftrag in krasser Weise missbraucht, um für die Angeklagten Stimmung zu machen. Herr Dr. Lapp ist zweifelsohne ein anerkannter Sachverständiger für Fragen der Wahlfälschung. Die Festsetzung angemessener Strafen ist jedoch ureigenste Aufgabe des Gerichts. Selbst wenn Herr Dr. Lapp hierzu Sachkunde besäße, hätte er hierzu kein Wort verlieren dürfen. Dies gleichwohl getan zu haben, war eine grobe Ungehörigkeit auch und vor allem dem Gericht gegenüber. Es wäre eine Aufgabe des Sachverständigen gewesen, hier etwas über Wahlfälschungen zu sagen. Dies hat er nicht getan. Stattdessen hat er, was ihm nicht zusteht, eine Verteidigungsrede für die Angeklagten gehalten, die mit seinem Gutachtensauftrag nicht das

Geringste zu tun hatte. Man stelle sich nur vor, der Sachverständige wäre – aus welchen Gründen auch immer – der Auffassung, dass die Angeklagten mit mehrjährigen Freiheitsstrafen zu belegen seien, und er hätte dies gegenüber dem Gericht geäußert! In jenem Fall stünde die Befangenheit eines Sachverständigen ebenso fest, wie das hier der Fall ist. Wir gehen allerdings davon aus, dass die Strafkammer dies genauso sieht und die diesbezüglichen Ausführungen des Sachverständigen als das behandelt, was sie sind: nämlich als eine in ungehöriger Weise unter Missbrauch der Sachverständigeneigenschaft geäußerte Privatmeinung.«

Wenige Worte benötigte Staatsanwalt Uebele anschließend für die Darlegung der Strafmilderungsgründe, die er den Angeklagten zubilligte. Mit knappen drei Seiten kam er aus, um auf die »harsche Kritik der sogenannten Mittag-Kommission«, auf die inzwischen verstrichene Zeit von sechs Jahren und die Tatsache hinzuweisen, dass keiner der Angeklagten vorbestraft sei. Dabei reichte der knappe Raum auch noch für Wertungen, die nahe legten, dass diese Strafmilderungsgründe, richtig betrachtet, keine solchen wären. Darauf folgte, logisch begründet, die Aufzählung potentieller Strafmilderungsgründe, die aber den Angeklagten, allen voran Hans Modrow, gerade nicht zuzusprechen wären. Das Hauptgewicht lag dabei auf der Wertung der Motive der Täter. Hier wurde der Staatsanwalt zum Verteidiger des Bundesgerichtshofs gegen die Angriffe der Verteidiger der Angeklagten. Das hörte sich so an: »Die Verteidigung hat vorgetragen, der Bundesgerichtshof wolle den Angeklagten unehrenhafte und eigensüchtige Motive unterstellen. Dies ist so nicht richtig.

Richtig ist vielmehr Folgendes:

Die 3. Strafkammer hat zugunsten der Angeklagten ausgeführt, dass deren Motive auch aus heutiger Sicht nicht unehrenhaft und nicht als eigensüchtig zu bezeichnen seien. Hierzu hat der Bundesgerichtshof zum einen ausgeführt, er könne die Beurteilung der Motive der Angeklagten als nicht unehrenhaft nicht nachvollziehen. Dies hat der Senat auch eingehend begründet. In der Tat ist nicht einzusehen, weswegen eine auch nach DDR-Recht strafbare und gegen die DDR-Verfassung verstoßende Wahlfälschung, auch unter den konkreten Umständen, wie sie den Angeklagten zur Last fällt, als auf nicht unehrenhaften Motiven beruhend bezeichnet werden soll. Der Bundesgerichtshof hat nur diese Wertung der Kammer als nicht nachvollziehbar bezeichnet und dies auch noch eingehend begründet. Es kann hier nicht der Umkehrschluss gezogen werden, dass der Bundesgerichtshof die Motive der Angeklagten als besonders unehrenhaft bezeichnet hat.

Auch hat der Senat den Angeklagten keineswegs uneingeschränkt eigensüchtige Motive unterstellt. Auch insoweit hat das Revisionsgericht lediglich die Wertung der Kammer aufgegriffen und ausgeführt, dass die Angeklagten teilweise auch aus eigensüchtigen Motiven gehandelt hätten. Unbeschadet der strafprozessualen Bindungswirkung dieser zur Aufhebung des landgerichtlichen Urteils führenden Erwägungen, ist auch die Staatsanwaltschaft der Auffassung, dass die Motive der Angeklagten kaum als eigennützig bezeichnet werden können. Insoweit ist zwar dem seinerzeit von der Strafkammer gesehenen Strafmilderungsgrund des völlig fehlenden Eigennutzes eine Absage erteilt; andererseits liegt hierin nach Auffassung der Staatsanwaltschaft aber auch kein Strafschärfungsgrund. Zwar wären die Angeklagten bei einer Weigerung, an den Wahlfälschungen teilzunehmen, sozial und beruflich sicherlich nicht ins Bodenlose gefallen; einen entsprechenden Abstieg hätten sie jedoch sicherlich zu gewärtigen gehabt. Einen solchen Abstieg vermeiden zu wollen, kann aber keinem Angeklagten zum Nachteil gereichen.«

Saubere, feinziselierte juristische Argumentation, bewunderungswürdiger Balanceakt: Verteidigung des radikalen Unwerturteils des Bundesgerichtshofs bei seiner gleichzeitigen Umdeutung in eine weder be- noch entlastende Bewertung der Motive. Und das alles ganz unpolitisch!

Ganz speziell zu Modrow fand Staatsanwalt Uebele zwei Strafmilderungsgründe mit eingebauter oder hinzugefügter Minderung der Milderung: »Diesem Angeklagten ist somit zugute zu halten, mehrere Versuche unternommen zu haben, die Wahlfälschungen zu verhindern, bevor er sich zur Tatbegehung entschloss.

Eine unwesentliche Minderung des vom Angeklagten Dr. Modrow verwirklichten Tatunrechts wird schließlich dadurch bewirkt, dass dieser bei der Tatbegehung wohl gehofft hat, später einmal an einer Reform der DDR und deren Staatspartei mitwirken zu können, wenn er sich zur Tatzeit in die Parteidisziplin einbinden lasse. Auch dies gilt es in gewisser Weise zu seinen Gunsten zu berücksichtigen. Die von der 3. Strafkammer im seinerzeitigen Verfahren zu Recht vorgenommene ›tatzeitnahe Betrachtungsweise‹ erfordert es aber, hier den Blick vor allem auf den Tatzeitpunkt, also den 7. Mai 1989 zu richten. Die späteren Geschehnisse der Wende waren damals weder für den Angeklagten Dr. Modrow noch für seine Mitangeklagten auch nur in groben Zügen vorherzusehen.

Allen Überlegungen, welche in der seinerzeitigen Handlungsweise ein notstandsähnliches Verhalten erblicken wollen, ist deswegen eine eindeutige Absage zu erteilen. Es war eben nicht so, dass der Angeklagte Dr. Modrow, als er im Mai zur Wahlfälschung anstiftete, bereits im Blick hatte, im November desselben Jahres am Übergang von der Diktatur zur Demokratie mitzuwirken. Auch diese Feststellung ist eine zwingende Folge der hier anzustellenden tatzeitnahen Betrachtungsweise.«

Vielleicht wäre es besser gewesen, Herr Staatsanwalt Uebele hätte Herrn Dr. Lapp zu dieser Problematik befragt, statt sich auf sein eigenes politisches Urteil über DDR-Verhältnisse zur Tatzeit zu verlassen. Gorbatschow jedenfalls spielte für seine Bewertung ebenso wenig eine Rolle wie die Tatsache, dass Modrow tatsächlich freie Wahlen initiiert hatte. Als »Nachtatverhalten« wäre das vielleicht eines Wortes wert gewesen.

Immerhin neun Seiten benötigte Staatsanwalt Uebele, um alle Strafschärfungsgründe aufzuzählen, die ihm für die Angeklagten allgemein und für Hans Modrow im besonderen eingefallen waren. Schon Gesagtes kam dabei erneut zur Geltung: »Alle Angeklagten haben durch ihre Mitwirkung an den Wahlmanipulationen in unterschiedlichem Ausmaß an der vollständigen Entwertung des den rund 1,3 Millionen Wahlbürgern des Bezirks Dresden verbliebenen kümmerlichen Rest des bedeutsamsten staatsbürgerlichen Rechts mitgewirkt. [...] Strafschärfend ist überdies bei allen Angeklagten zu berücksichtigen, dass diese durch ihr gemeinschaftliches, abgestimmtes Verhalten und die von ihnen vorgenommene umfassende Organisation der Wahlfälschungen im gesamten Bezirk Dresden, insbesondere durch die hierin liegende Minimierung des Entdeckungsrisikos in besonders grober und nachhaltiger Weise das von den Vorschriften über die Fälschung von Wahlen geschützte Rechtsgut verletzten. Die von den Angeklagten verwirklichten Tathandlungen gingen weit über das hinaus, was zur Erfüllung des Straftatbestands erforderlich war. [...]

Zum Nachteil aller Angeklagten muss es sich weiter auswirken, dass diese in unterschiedlicher Intensität dazu beigetragen haben, dass auch nicht tatbereite Dritte in Organisation und Durchführung der Tat verstrickt wurden, dass diese von ihnen teils mit erheblichem Nachdruck Angestifteten, in tiefgreifende Gewissenskonflikte gestürzt und quasi in die Strafbarkeit getrieben wurden. [...] Hinsichtlich der außertatbestandsmäßigen Folgen der Taten der Angeklagten ist zu deren Ungunsten insbesondere zu berücksichtigen, dass sie mit ihren Taten dazu beigetragen haben, dass die gegen die Überwachung des Wahlvorgangs durch die Bürgerbewegung gerichteten Unrechtsmaßnahmen des Ministeriums für Staatssicherheit völlig ungestört durch das den tatsächlichen Wählerwillen zum Ausdruck bringende Wahlergebnis durchgeführt werden konnten. [...]

Hinsichtlich des Angeklagten Dr. Modrow muss sich die von ihm zur Tatzeit eingenommene und – dies ist entscheidend – zur Tatbegehung bewusst ausgenutzte hervorgehobene Stellung im hierarchischen Aufbau der Parteiorganisation straferhöhend auswirken. [...] Es ist schließlich zu berücksichtigen, dass es vor allem die Angeklagten Dr. Modrow und Witteck waren, die im Bezirk Dresden die Wahlfälschungen initiierten und durchsetzten.«

Im Ergebnis seines Vortrags beantragte Staatsanwalt Uebele für Dr. Modrow eine Freiheitsstrafe von einem Jahr und zwei Monaten, die zur Bewährung auszusetzen wäre, wobei die Bewährungszeit auf drei Jahre festzusetzen sei. Ferner sollte Dr. Modrow als Bewährungsauflage die Zahlung einer Geldbuße von 5 000 DM erhalten. Das war immerhin eine geringere Strafe, als sie nach der ersten Beweisaufnahme beantragt worden war: ein Monat und 15 000 DM weniger – Modrow war eben nicht mehr Bundestagsabgeordneter.

Dieses Ergebnis hatte der Prozess gehabt.

Diesmal plädierte ich am selben Tag wie der Staatsanwalt. Auch ich hatte mein Plädoyer schriftlich ausgearbeitet. Nach einleitenden Bemerkungen über die Schwierigkeit der Aufgabe des Landgerichts, unter Berücksichtigung der Vorgaben des BGH »die Wahrheit festzustellen und die StPO nicht zu verletzen, dem Bundesgerichtshof zu geben, was des Bundesgerichtshofs ist und der Gerechtigkeit, was der Gerechtigkeit ist«, führte ich aus: »Mit geringer Hoffnung habe ich vor nunmehr 27 Monaten mein erstes Plädoyer in diesem Verfahren begonnen. Meine Skepsis erwies sich als unbegründet – wenigstens zunächst. Heute steht zwar von den ursprünglich 4 Tattagen (28.4., 2.5., 6.5. und 7.5.1989), die der Anklage zugrunde lagen, nur noch der 7.5. zur Verhandlung, aber dafür steht die Schuld des Ehrenvorsitzenden der PDS, Hans Modrow, juristisch unumstößlich fest.

Sie steht genauso unumstößlich fest wie die Schuld von Carl von Ossietzky. Auch hier hat unlängst der Bundesgerichtshof entschieden, auch hier war zufällig ein Linker der Schuldige. Doch der Fall Ossietzky bestätigt die Feststellung von Blasius: ›Erst die Geschichte ist die eigentliche Revisionsinstanz in politischen Strafsachen.‹ Die Geschichte aber wird Hans Modrow freisprechen, wie sie Carl von Ossietzky bereits freigesprochen hat und über seine Richter, die Richter von 1931 natürlich, den Stab brach. Ein Zeithistoriker hat bereits gesprochen, Herr Dr. Lapp.

Angesichts der eindeutigen prozessualen Situation könnte ich mir und Ihnen jedes Wort zur Schuldfrage ersparen. Ich tue es aber dennoch nicht. Ich habe nach 36 Jahren Anwaltstätigkeit in der DDR mit einer Reihe politischer Prozesse, die alle unpolitisch genannt wurden, spät, aber doch gelernt, es geht um das Recht, u. U. um das höhere Recht, das Naturrecht und nicht um Opportunität. Also wiederhole ich kurz aber hartnäckig schon 1993 Gesagtes: der Angeklagte ist unschuldig.«

Vor dem Ende meiner 17 Schreibmaschinenseiten langen Ausführungen zitiere ich Rolf Lamprecht aus seinem Artikel »Diskurs im Recht«: »Der Gedanke, wegen eines missliebigen Urteils sofort oder später von irgendeinem Machthaber zur Rechenschaft gezogen zu werden, gehört erkennbar zu den Urängsten der Richterschaft. Doch haben sie das Beratungsgeheimnis genutzt und unter diesem Schutzdach Mannesmut vor Königsthronen bewiesen?«

Und ich schloss: »In der Hoffnung auf den Sieg des Mannesmuts und in der Gewissheit der Stärke des Frauenmuts beantrage ich, von einer Bestrafung von Dr. Hans Modrow abzusehen.«

Im Anschluss an die Verteidigerplädoyers hielten die Angeklagten ihre Schlussworte. Der Vorsitzende Richter wollte noch am selben 9. August das Urteil verkünden.

Modrow fasste sich kurz. Er sagte: »Wer glaubt, dass die strafrechtlich-politische Verfolgung in der Bundesrepublik mich gleichgültig lässt, der irrt. Vielmehr setze ich alles daran, dass mit dieser Art Aufarbeitung der Geschichte endlich Schluss gemacht wird. Denn ich spüre, wie der Weg der Vernunft, Toleranz und Versöhnung, für den ich als Politiker ganz entschieden plädiere, verbaut und wie das Bild der Menschen von den Realitäten der Geschichte verzerrt werden soll. Wie sagte doch eine Zeugin: Ich finde es ganz furchtbar, wenn man heute von Leuten bewertet und verurteilt wird, die in diesem System nicht gelebt haben.«

Das Urteil war mit einer Freiheitsstrafe von neun Monaten, einer Bewährungszeit von zwei Jahren und einer Geldbuße von 5 000 DM für den Staatsanwalt akzeptabel, und Modrow akzeptierte es auch. Natürlich stellte sich ihm die Frage, ob er aus Prinzip den Rechtsweg ausschöpfen und u. U. bis nach Strasbourg gehen sollte.

Dafür sprach, er würde so demonstrieren, dass er sich unschuldig fühle und er würde das Augenmerk einer weiteren Öffentlichkeit auf Grundfragen der Auseinandersetzung mit der DDR in der BRD lenken. Andererseits würde das Thema »Wahlfälschung« den Medien lange Zeit den Vorwand liefern, ihn zu verunglimpfen, besonders wenn der Bundesgerichtshof seine Revision, wie zu erwarten war, verwerfen würde. Das entscheidende Argument für Hans Modrow war jedoch wohl, das ihm das alles sehr viel Zeit und Geld kosten würde.

Das Urteil vom 9. August 1995 wurde also rechtskräftig.

Blieb das Meineidverfahren. Das Oberlandesgericht Dresden hatte noch immer nicht über die sofortige Beschwerde der Staatsanwaltschaft vom Oktober/November 1994 entschieden. Gerüchte aus gewöhnlich gut informierten Dresdener Justizkreisen besagten, der Senat sei sich nicht einig. Am 25. April 1996 war dann die Einigung hergestellt, nachdem sich wohl die Besetzung des Senats geändert hatte. Die Anklage wurde zugelassen und die Sache an eine andere Strafkammer zur Entscheidung zurückverwiesen. Das hatten wir schon einmal. Wir wussten also, was uns bevorstehen sollte. Der Spielraum war allerdings etwas weiter.

Zuständiger Vorsitzender Richter war auch diesmal Spiegelhalter. Wir telefonierten am 23. Mai. Er wollte wieder zügig durch. Für den August hatte er die Hauptverhandlung vorgesehen, allerdings fügte er hinzu, dass er die Verhandlung auch nur noch im August durchführen könne, sonst würde es in diesem Jahr nichts mehr werden. Er kehre Ende August wieder nach Freiburg zurück. Schließlich fragte Spiegelhalter, ob wir Zeugen aus dem Untersuchungsausschuss benötigten, vor dem der Meineid geleistet worden sein sollte. Das bejahte ich nachdrücklich.

Danach wurde ich krank, auch das eine Wiederholung der Geschehnisse des ersten Prozesses. Diesmal war es härter und dauerte bis Oktober. Ich würde sagen: das Alter und die Zeitläufte verlangten ihren Tribut. Vier Monate interessierte mich der Prozess nicht.

Inzwischen meldete sich der neue Vorsitzende Richter der 4. Strafkammer, Herr Hans-Peter Kotyrba. Er kündigte im August an, dass er ab 18. November verhandeln wolle. Ich arbeitete noch nicht wieder, es war aber zu erwarten, dass ich die Verteidigung führen könnte. Wegen eines Auslandsaufenthalts von Hans Modrow wurde dann der Prozessbeginn auf den 29. November verschoben. Mir war es recht, jeder Tag war ein Tag mehr der Vorbereitung und der Kräftigung.

Die Anklage warf Modrow vor, am 22. April 1992 vor dem »Sonderausschuss des 1. Sächsischen Landtages zur Untersuchung von Amts- und Machtmissbrauch infolge der SED-Herrschaft« unter Eid eine falsche Aussage gemacht zu haben. Ziel der Untersuchungen des Sonderausschusses war die Feststellung, ob es Pläne für die Errichtung von Isolierungslagern für Oppositionelle in der DDR gegeben hätte. Die Nachforschungen in dieser Richtung verliefen am 22. April 1992 (und danach) ergebnislos.
Die *Sächsische Zeitung* leitete am 23. April unter der Überschrift »Ex-Bezirkssekretäre bestreiten Isolierungspläne für Opposition« ihren Bericht von der Ausschusssitzung mit dem Satz ein: »Ohne Beweise für auf dem Territorium der sächsischen DDR-Bezirke geplante Isolierungslager für Oppositionelle endete gestern die erste Zeugenvernehmung des Untersuchungsausschusses des sächsischen Landtages in Dresden.«
Die anderen großen sächsischen Zeitungen berichteten ähnlich. Im Rahmen der eingehenden Vernehmung Modrows zu diesem Thema hatte der Abgeordnete Klaus Dreikopf (SPD) die Frage gestellt, wann und wo die letzte Sitzung der Bezirkseinsatzleitung Dresden stattgefunden habe. Die Frage betraf also ein Detail, das in keinerlei Zusammenhang mit der Errichtung von Internierungslagern stand. Modrow hatte geantwortet, seiner Erinnerung nach »müsste das Anfang September gewesen sein«. Auf eine Ergänzungsfrage hatte Modrow noch hinzugefügt: »Ich habe in meiner Verantwortung hier in Dresden in der Phase der Oktobertage eine im engen Sinne Beratung der bezirklichen Einsatzleitung dann nicht mehr durchgeführt.« Diese Aussagen waren in dem Wortprotokoll festgehalten worden.
Die Anklage ging demgegenüber von der Behauptung aus: »Sitzungen der Bezirkseinsatzleitung zur Bewältigung der Krisensituation in den Oktober- und Novembertagen 1989 wurden jedenfalls am 4., 5., 6., 8., 10., 13., 17. und 25. Oktober 1989 sowie am 4. November 1989 durchgeführt.«
Die Differenzen beruhten auf dem, was Modrow mit den Worten »im engen Sinn« bereits umrissen hatte. Beratungen, an denen Mitglieder der Bezirkseinsatzleitung (BEL) teilnahmen, mussten nicht Beratungen der Bezirkseinsatzleitung sein. Es gab Vorschriften für Tagungen der BEL, was Tagungsort und Protokollführung, Teilnehmer und anderes anbelangte. An den Daten, die in der Anklageschrift benannt waren, gab es – mit Ausnahme des 4. November – kein Protokoll, waren die Teilnehmer zum Teil andere usw. Letz-

ten Endes war alles eine Frage der Definition des Begriffs »Sitzung (Beratung) der BEL«. Dieser Streit musste in der Beweisaufnahme geklärt werden.

Rechtlich gab es auch Probleme. Ich hatte in meinen Schriftsätzen dargelegt, der Sonderausschuss sei rechtlich nicht befugt gewesen, Zeugen zu vernehmen und habe unabhängig davon auch Regeln, die bei der Vernehmung von Zeugen zwingend einzuhalten sind, nicht beachtet. Die 3. Strafkammer des Landgerichts hatte sich meiner Auffassung im Ergebnis angeschlossen, das Dresdener Oberlandesgericht hatte sie unter dem Aspekt des »hinreichenden Tatverdachts« abgelehnt. Die 4. Strafkammer des Dresdener Landgerichts war jetzt berufen im Urteil zu entscheiden, was erwiesen und was Recht ist. Die Vorzeichen waren kaum weniger schlecht als nach dem Urteil des Bundesgerichtshofs, die übergeordnete Instanz hatte ihre Meinung unmissverständlich, wenn auch verhüllt, wie das Gesetz es befiehlt, dargetan.

Mit gemischten Gefühlen fuhr ich am 28. November 1996 im Zug nach Dresden. Ich wusste noch nicht, ob ich den Belastungen der Hauptverhandlung gewachsen sein würde. Deswegen war ich auch nicht erst am Verhandlungstag mit Modrow im Auto mitgefahren. Ich wusste auch nicht, ob es mir gelingen würde, aus den Mitgliedern des Untersuchungsausschusses herauszufragen, dass sie Modrow vorsätzlich in eine Falle, in die »Meineidfalle« gelockt hatten. Für mich persönlich sprach alles dafür, aber würde ich gut genug in Form sein? Und schließlich hatte ich auch keinen Mitstreiter.

Die Hauptverhandlung begann pünktlich am 29. November um 9 Uhr. Der Vorsitzende Richter Kotyrba war mir von einem vorbereitendem Gespräch am 6. November bekannt. Er hatte auf mich einen erfahrenen, offenen Eindruck gemacht und mir das Gefühl gegeben, er würde unvoreingenommen an den Fall herangehen. Allerdings schien es mir, dass er wohl einen Freispruch kaum oder gar nicht für möglich hielt. Vielleicht ein etwas widersprüchlicher Eindruck, aber so war es.

Der erste Tag verlief unsensationell und beanspruchte mich nicht. Die Anklage wurde vorgetragen, der bisherige Prozessverlauf dargestellt, Modrow schilderte seinen Lebenslauf: Vier Jahre Kriegsgefangenschaft, anschließend keine Rückkehr zu den Eltern in die Westzone, sondern Arbeit in der Ostzone. Dann folgten lange Verlesungen von Unterlagen des Sonderausschusses sowie anderer Materialien. Langweilig. – Der Vorsitzende kündigte die Vernehmung von 23 Zeugen an.

Der zweite Verhandlungstag am 2. Dezember begann mit der Vernehmung des Zeugen Arnold, der mir der wichtigste zu sein schien. Er hatte die Anzeige erstattet, er musste wissen, ob die belastenden Dokumente, in denen von BEL-Sitzungen im Oktober berichtet wurde, ihm bei der Vernehmung Modrows bereits bekannt waren, warum sie Modrow nicht vorgehalten wurden und warum Modrow nicht befragt wurde, was er unter BEL-Sitzungen »im engen Sinne« verstehe.

Arnold war im Sonderausschuss einer der Aktivsten. Er stützte sich dabei auf Material des sogenannten Forschungszentrums zu den Verbrechen des Stalinismus. Im 1993 erschienenen Satire-Buch Reinhold Anderts »Unsere Besten. Die VIPs der Wendezeit« war über ihn zu lesen: »Arnold, Michael. In der Broschüre des Sächsischen Landtages schaut einem unter diesem Namen auf Seite 20 ein Flaumbart-umrahmtes Gesicht mit einem dümmlichen Herz-Jesu-Blick entgegen. Das Foto soll täuschen. Der nebenstehende biografische Text hat eine wesentliche Lücke. Dort steht, dass A. in einer Lebensgemeinschaft lebt, 1964 in Meißen geboren wurde und sich nun Zahnarzt nennen darf. Sich von ihm aber einen Zahn ziehen zu lassen, erzählt man, davor sei gewarnt, denn A. kann ziemlich brutal werden. Das bewies er bei der Auflösung der Stasi im Bezirk Dresden, denn dabei war er einer der Eifrigsten, Hysterischsten und Kundigsten. So erwarb er sich einen bedeutenden Ruf bei seinen Mitkämpfern im ›Neuen Forum‹, die ihn zum Bezirks-, später zum Landessprecher machten. In dieser Funktion formulierte er die drei Hauptthemen des ›Neuen Forum‹: 1. Ministerium für Staatssicherheit, 2. Stasi und 3. Staatssicherheitsdienst. Das machte ihn für das später zu Wahlzwecken vereinigte ›Bündnis 90‹ politikfähig, er erhielt ein Mandat für den Sächsischen Landtag.

Wie viele Stasiauflöser von Forum und Bündnis war auch A. gewissermaßen Mitarbeiter des Ministeriums für Staatssicherheit. Mindestens drei Jahre lang hat er sich freiwillig der bewaffneten Kerntruppe dieses Ministeriums zur Verfügung gestellt, diente dem ›Schild und Schwert‹ der Partei im Wachregiment ›Felix Edmundowitsch Dzierzynski‹ in Berlin-Adlershof.«

Ich hatte gehört, dass Arnold nicht drei Jahre im Wachregiment gedient hatte, sondern aus disziplinarischen Gründen, man sprach von Kameradendiebstahl, entlassen worden wäre. Das anschließende Zahnmedizinstudium widersprach dem allerdings, was weitere Fragen hervorrief. Schließlich, so wurde gesagt, sei er beim Verteilen von illegalen Flugblättern gestellt, aber wegen eines Einspruchs der zuständigen Parteileitung nicht exmatrikuliert worden. Nach dieser – angeblichen – Vorgeschichte war sein gegenwärtiges Verhalten unverständlich.

Der Zeuge machte auf mich einen völlig anderen Eindruck, als ich ihn nach den genannten Informationen erwartet hatte. Er sprach ruhig, selbstsicher und wirkte überhaupt nicht unsympathisch. Das verstärkte meine ohnehin vorhandenen Hemmungen, ihn mit seiner angeblichen MfS-Vergangenheit zu konfrontieren. So brachte die Vernehmung Arnolds vom Standpunkt der Verteidigung keinerlei Pluspunkte und verschaffte mir das Gefühl, in einem entscheidenden Moment versagt zu haben.

Die anschließende Vernehmung des Zeugen Rudolph, der als Leiter des inzwischen offenbar aufgelösten »Forschungszentrums« Mitarbeiter von Arnold gewesen und nun arbeitslos war, brachte zwar auch nicht viel, ließ aber die Frage offen, wie es geschehen konnte, dass Rudolph sofort im Anschluss an die Vernehmung von Modrow gegenüber der Presse den Meineidvorwurf erhoben hatte, wenn er nicht bereits bei dieser Vernehmung im Besitz der fraglichen Dokumente gewesen war? Die Vernehmung nährte folglich den Verdacht, dass diese Dokumente auch Arnold und eventuell weitere Ausschussmitglieder besessen hatten. Dies vorausgesetzt war klar, dass man Modrow sehenden Auges ins offene Messer laufen ließ, indem man ihm diese Dokumente nicht vorhielt.

Im Übrigen machte Rudolph auf mich einen wesentlich ungünstigeren Eindruck als Arnold. Nach seiner Vernehmung blieb Rudolph im Zuhörerraum und hatte in den Pausen immer etwas mit dem Staatsanwalt zu bereden. Arnold war sofort gegangen. Er war übrigens inzwischen nicht mehr Abgeordneter, hatte sich aus der Politik zurückgezogen und praktizierte als Zahnarzt.

Die Zeugen bestanden aus zwei Personengruppen: eine Gruppe um die ehemalige Bezirkseinsatzleitung (BEL) und eine andere um den Sonderausschuss. Mein Bestreben war es von Anfang an, die Verteidigung auf Aussagen der Mitglieder und technischen Hilfsarbeiter des Sonderausschusses aufzubauen. Mein Mandant betrachtet das mit Skepsis. Das waren schließlich seine politischen Gegner. Andererseits würde den Aussagen seiner politischen Freunde von einst wenig Glauben geschenkt werden, und sie konnten den Inhalt von Dokumenten, wie Berichten an die übergeordneten Dienststellen, in denen von Sitzungen der BEL gesprochen wurde, nicht entkräften. Sie konnten nur erklären, auslegen. Das war aber letztlich Sache des Gerichts.

Im Fall Arnold hatte sich meine Hoffnung nicht erfüllt; Rudolphs Aussage hatte schon Zweifel geweckt. Zweifel konnten ausreichend sein. »Im Zweifel zugunsten des Angeklagten« war eine Regel, die Verteidiger schon in der DDR in ihrem Standardrepertoire hatten. Meist nützte sie wenig. Gerichte zweifeln eben im Zweifel nicht. Das war so geblieben. Dagegen ist der Verteidiger machtlos. Es ist gut für ihn, wenn er es einsieht. Das Mit-dem-Kopf-durch-die-Wand bekommt auch einem Anwalt nicht.

An den folgenden Tagen verstärkten sich die Zweifel an der Seriosität und Gesetzlichkeit der Zeugenvernehmung durch den Sonderausschuss. Man spürte es an der Atmosphäre im Gerichtssaal und am Presseecho. Ich hatte nun auch volles Vertrauen, dass ich die Verhandlung gesundheitlich durchstehe. Ein besonders wichtiger Zeuge war der Vorsitzende der CDU-Fraktion im Sächsischen Landtag, Dr. Fritz Hähle. Er hatte der Ladung des Gerichts zunächst wegen dienstlicher Belange nicht Folge geleistet, was ich als gutes Omen ansah. Schließlich erschien er. Die *Sächsische Zeitung* berichtete über seine Aussage am 10. Dezember unter der Überschrift: »Hähle räumt Fehler bei Modrow-Vernehmung ein«. Im Text hieß es dann: »Im Dresdener Meineid-Prozess gegen den PDS-Politiker Hans Modrow hat ein weiterer Zeuge Unzulänglichkeiten im Landtags-Sonderausschuss eingeräumt.«

Die Beweisaufnahme verlief also zufriedenstellend.

Am Nachmittag, nach der Vernehmung Fritz Hähles, plädierte der Leitende Oberstaatsanwalt Renz. Sein Plädoyer wurde diesmal nicht schriftlich verteilt. Ich kann es also leider nur nach meinen Notizen wiedergeben. Er begann mit dem bekannten Thema »Siegerjustiz«, betonte die Pflicht der Staatsanwaltschaft zur Objektivität und ihre Pflicht zur Verfolgung erheblicher Straftaten. Aus alledem leitete er offenbar später die Feststellung ab, dass die Staatsanwaltschaft auf die Anzeige von Arnold vom 2. Juni 1992 ermitteln und unter dem Zwang der Objektivität feststellen musste, Modrow hätte »eindeutig unzutreffende, unrichtige Antworten« vor dem Sonderausschuss gegeben. Eine »Meineidsfalle« wäre ihm nicht gestellt worden. Modrow sei so des Meineids schuldig. Mildernd sei zu berücksichtigen, dass die Tat vier Jahre und siebeneinhalb Monate zurückliege sowie, dass »nicht mit letzter Sicherheit auszuschließen wäre«, dass Modrow vor dem Sonderausschuss die Stellung eines Beteiligten im Sinne des § 57 StGB gehabt habe.

Am Schluss seiner Ausführungen beantragte der Leitende Oberstaatsanwalt eine Freiheitsstrafe von sechs Monaten, aus der mit der

Strafe aus dem Wahlfälscherprozess eine Gesamtstrafe von einem Jahr zu bilden sei. Die Vollstreckung solle zur Bewährung ausgesetzt werden.

Ich plädierte am folgenden 11. Dezember. Wie schon im vorangegangenen Modrow-Prozess hatte ich mein Plädoyer schriftlich auf meinem Notebook im Hotel ausgearbeitet. Es ging hektisch zu. Zu guter Letzt fand sich kein Drucker, der von meiner Diskette drucken konnte. Dem Hotel-Service gelang es aber, dieses Hindernis zu überwinden. In der Eile wurde jedoch nicht die letzte, sondern die vorletzte Fassung ausgedruckt, die noch mehr Fehler enthielt als die letzte. Um die Pannenserie zu komplettieren, gelangten die vervielfältigten Exemplare schon an die Journalisten, bevor ich das Plädoyer begonnen hatte. Mein »Pressereferent« hatte es gut gemeint, aber der Vorsitzende Richter bemerkte es und fand es nicht so gut. Ich musste ihm Recht geben, er ließ es mich aber nicht entgelten.

26 Seiten hatte ich diesmal zu bieten. Alles kann ich nicht zitieren, aber einiges mag zur Charakterisierung des Verfahrens und der Verteidigung wiederholt werden. Ich begann:

»Ein Verfahren von ›besonderer Bedeutung‹ hatte die Staatsanwaltschaft mit ihrer Anklage vor nunmehr zwei Jahren und fast neun Monaten am 10. März 1994 dem Landgericht Dresden angetragen. Wir haben nun endlich die Beweisaufnahme hinter uns und wissen, es ging nicht um Sein oder Nichtsein, sondern – bezogen auf die BEL – um getagt oder nicht getagt. Diese Frage war es, die uns alle während der siebentägigen Hauptverhandlung bewegt hat, zu der das Gericht akribisch 24 Zeugen vernahm und die uns vielleicht noch beim Bundesgerichtshof oder beim Bundesverfassungsgericht, also sehr, sehr lange weiter bewegen kann. Es ist doch ein gutes Zeichen, wenn ein Land und seine Justiz keine anderen Sorgen haben, die sie abhalten könnten, sich so intensiv mit Fragen zu beschäftigen, die diesen Bedeutungsgrad haben.

Es ging und geht also immer nur um die Frage, hat die BEL als BEL getagt oder nicht getagt. Ich wiederhole das, weil ich glaube, dass es schwer zu fassen ist. Es ging nicht darum, was die BEL getan oder nicht getan hat. Also auch nicht darum, welche Verbrechen des Stalinismus oder welcher Amts- und Machtmissbrauch auf dem Gebiet der DDR im Allgemeinen und durch Modrow im Besonderen begangen wurde. Es ging nicht einmal darum, ob die Personen, die Mitglieder der BEL waren, getagt hatten. Nein, das ausschließliche Interesse der Abgeordneten des Sonderausschusses des

Sächsischen Landtages, der Staatsanwaltschaft, des Gerichts und der Verteidigung galt vier Jahre und fast acht Monate lang der Frage: getagt oder nicht getagt als BEL.

Dies ist die Frage nach dem Sein oder Nichtsein der Verurteilung des angeklagten ehemaligen Ministerpräsidenten der DDR wegen Meineids.

Wohl dem Land, dessen Ministerpräsident keine größere Schuld auf sich geladen hat. Modrow ist kein Andreotti, kein Botha, kein Stoph, natürlich erst recht kein Späth, kein Barschel, kein Strauß, kein Nixon und wie die integren Persönlichkeiten der Politik sonst heißen mögen. [...]

Im konkreten Fall des Dr. Modrow hatte die Staatsanwaltschaft bei Erhebung der Anklage 1994 die ›besondere Bedeutung der Sache‹ erklärtermaßen nicht in der besonderen Bedeutung der Sache, sondern gemäß Seite 38 der Anklageschrift in der besonderen Bedeutung der Person gesehen. Sie begründete die ›besondere Bedeutung der Sache‹ mit den Worten: ›Der Angeschuldigte nimmt als ehemaliger Ministerpräsident der DDR und heutiger Bundestagsabgeordneter, der zugleich Ehrenvorsitzender der PDS ist, im öffentlichen Leben eine hervorgehobene Stellung ein.‹

Mir ist unklar, ob sie das heute anders sieht. Es hörte sich fast so an. Die besonders bedeutungsvolle Sache ist (oder war?), wie es scheint, nichtig, doch die Person, die ist gewichtig. Bei weniger gewichtigen Personen, die BEL-Sitzungen genauso definiert haben wie Dr. Modrow, hat die Staatsanwaltschaft, wie wir in der Beweisaufnahme beiläufig erfahren haben, erst gar nicht ermittelt, geschweige denn Anklage erhoben. Die Gleichheit vor dem Gesetz ist offenbar genauso auslegungsbedürftig wie die Frage, ob eine Beratung mit BEL-Mitgliedern eine BEL-Beratung war. Es bleibt die Anwaltserkenntnis, es ist nicht gut, wenn man im öffentlichen Leben eine ›hervorgehobene Stellung‹ mit dem falschen Parteibuch in der Tasche einnimmt.

Es fällt schwer, den Prozess unter diesen Umständen nicht ausschließlich als einen politischen Prozess zu definieren (wieder eine Definitionsfrage). Die Anzeige des Politikers Arnold gegen seinen politischen Gegner Modrow wegen einer Aussage vor einem politischen Gremium in einer politischen Angelegenheit führt zu einem Verfahren, das seine besondere Bedeutung aus der politischen Stellung des Angeklagten ableitet. Kein politisches Strafverfahren? Was dann? Ich habe schon früher die Ministerialräte Güther und Seiler aus Meckenheim/Rhld. mit den Worten zitiert: ›Die parlamentarische Praxis der letzten Jahre in Bund und Ländern zeigt, dass Untersuchungsausschüsse politische Kampfinstrumente sind. Skeptische Beobachter müssen hinzufügen, dass die Wahrheitssuche zu Lasten der politischen Wirkung Gefahr läuft, auf der Strecke zu bleiben.‹ Warum sollte das ausgerechnet bei Modrow anders sein. Da braucht man überhaupt nicht an ›Siegerjustiz‹ zu denken, geschweige denn von ihr zu sprechen.

Man kann das alles so sehen, man kann – wie ich – die Anklage als eine Zumutung, eine Zumutung gegenüber dem Steuerzahler und der Justiz empfinden, weil ein Gericht dieser Tage doch vielleicht Wichtigeres zu tun hat, es hilft jetzt nichts. Nachdem das Oberlandesgericht entschieden und die kostensparende Entscheidung der 3. Strafkammer des Landgerichts aufgehoben hat, muss man ins Detail, in das tatsächliche, das juristische und teilweise vielleicht ins philologische Detail. Schließlich hat auch der Bundesgerichtshof eine Grundsatzentscheidung über das Quaken der Frösche im Teich des Nachbarn veröffentlicht. Fügen wir also den verlorenen Stunden eine weitere hinzu. Aber denken wir daran, das Fröschequaken, das französische Landadlige inkommodierte, hat schon französische Bauern zur Revolution animiert, allerdings vor gut 200 Jahren.

Vor die Verurteilung eines Menschen durch ein Strafgericht hat das deutsche Recht viele Sicherheitsbarrieren gebaut. Lieber, sagt man in der Strafrechtstheorie, soll ein Schuldiger freigesprochen als ein Unschuldiger verurteilt werden. Wie gesagt, in der Theorie. – Im konkreten Falle stehen der Verurteilung des Angeklagten vier Hindernisse im Weg:
I. Die Verfassung der Bundesrepublik und des Landes Sachsen,
II. Die Strafprozessordnung,
III. Das Strafgesetzbuch und
IV. Die Tatsachen.

Der Herr Leitende Oberstaatsanwalt hat diese Hindernisse mit Stillschweigen übergangen. Ich habe meinen Standpunkt zu diesen Fragen schon früher, vor den Entscheidungen der 3. Strafkammer von 1994 und des Oberlandesgerichts von 1996 dargelegt. Ich bleibe – modifiziert – dabei und wiederhole mich.«

Ich muss, so schwer es mir fällt, die 16 Seiten zu den Rechtsfragen übergehen und will nur noch drei Passagen aus den acht Seiten zitieren, die ich den sogenannten Tatfragen widmete. Ich leitete diesen letzten Abschnitt mit den Worten ein: »Bleibt last not least die Frage: Hat Modrow vor dem Sonderausschuss gelogen? Ihre Beantwortung ist rechtlich m. E. irrelevant, da auch eine Lüge – wie dargelegt – nicht strafbar wäre. Doch erstens kann das Gericht anderer Meinung sein und zweitens gehört Modrow nicht zu den Politikern, deren Bedeutung durch Lügen eher größer als kleiner wird. Modrow ist die Ausnahme, die die Regel bestätigt, er ist Politiker und ein anständiger Mensch. Das wissen und fühlen sehr viele, aus der Sicht seiner politischen Gegner zu viele, und eben dieses Bild wollen sie zerstören. Darum die Anzeige, darum ein Prozess nach dem anderen für Dinge, die in vergleichbaren Fällen nicht zu einem Strafverfahren führten. Darum andererseits die Notwendigkeit, unabhängig von der strafrechtlichen Relevanz der Behauptung, dem Vorwurf der Lüge entgegenzutreten.«

So setzte ich mich dann Seite um Seite mit den Dokumenten und den Bekundungen der Zeugen auseinander. Der Oberstaatsanwalt hatte sich auf »eindeutige Dokumente« berufen, aus denen die Tatsache der Durchführung von acht BEL-Beratungen nach September 1989 hervorginge. Nur eines dieser Dokumente war ein Dokument der BEL. Im Übrigen handelte es sich um Unterlagen, meist Berichte aus den Dienststellen der Teilnehmer.

Insbesondere der durch Suizid aus dem Leben geschiedene Chef der Dresdener Bezirksverwaltung des MfS, Generalmajor Horst Böhm, hatte in Berichten an Mielke wiederholt von »BEL-Sitzungen« gesprochen. Für vier von den zehn der Anklage zugrunde liegenden angeblichen BEL-Sitzungen sollten sie Beweis erbringen. Dabei gab es aber auch Widersprüche zwischen den Berichten einerseits und dem »Lagefilm« andererseits, in dem auf die Minute alle Aktivitäten aufgeführt waren und in dem eine Beratung, die in einem Bericht erwähnt war, fehlte. Was war nun eine BEL-Sitzung? War es jede Beratung, an der einige Mitglieder der BEL teilnahmen und die sie selbst teilweise so bezeichnet hatten?

Dazu sagte ich: »Da ist nun wieder die Gretchenfrage dieses bemerkenswerten Prozesses. Wenn sich in jenen turbulenten Tagen die Vertreter der örtlichen Staatsmacht getroffen haben, waren das dann BEL-Sitzungen, weil ein Teil und vielleicht auch alle Mitglieder der BEL an ihnen teilnahmen? Ist es immer eine Kabinettssitzung, wenn Kohl oder Biedenkopf sich mit ihren Ministern treffen? Oder gibt es auch informelle Treffen oder formelle Staatsakte oder Beerdigungen, die dann eben keine Kabinettssitzungen sind? – Ich denke, die Frage stellen, heißt sie beantworten.«

Ein einziges Dokument – auch eine Fotokopie – stammte von der BEL selbst. Es war das Protokoll einer BEL-Sitzung vom 4. November 1989, ein Dokument also aus einer Zeit nach Honecker. Inhaltlich bedeutungslos, aber eben eine Sitzung nach September 1989 dokumentierend. Zu ihm sagte ich: »Die Frage ist jedoch auch hier, beweist das Papier das Stattfinden der Beratung? Niemand der sieben angeblichen Teilnehmer der Beratung erinnert sich an die Sitzung. Kann es nicht auch sein, dass das Papier zum Beleg der Pflichterfüllung verfasst wurde? Gibt es nicht auch in der Marktwirtschaft falsche Bilanzen, falsche Steuererklärungen, falsche Warenbegleitpapiere, von falschen Regierungserklärungen ganz zu schweigen? Wer würde z. B. das in einer Steuerklärung angegebene Einkommen als das wirkliche Einkommen ansehen? Das Protokoll begründet eine gewisse Wahrscheinlichkeit für eine BEL-Sitzung am 4. November 1989, jedoch keinen Beweis. Der Beweis ist jedoch erforderlich, wenn es gilt, das Prinzip ›Im Zweifel zugunsten des Angeklagten‹ auch in diesem Prozess zu verwirklichen.«

Ich endete schließlich: »Nach alledem kann am Ende dieses Definitionsprozesses, der durch eine politisch motivierte Anzeige eingeleitet, von einer insoweit unkritischen Staatsanwaltschaft mit Eifer verfolgt sowie von den Medien mit einstimmiger Vorverurteilung begleitet worden ist, nur der Freispruch des Angeklagten stehen, den ich hiermit beantrage.«

Hans Modrow hielt ein Schlusswort, in dem er seine ungebrochene Haltung zum Ausdruck brachte und zitierte dabei den *Focus* vom 25. November 1996, »der in seinem Beitrag zum Ausdruck brachte, worum es eigentlich geht. Er überschrieb seine Betrachtung mit ›PDS-Idol Modrow muss wegen Meineids wieder vor Gericht‹ und erklärte dann, ›in dem Berufungsverfahren beim Oberlandesgericht Dresden dürfte die Legende vom Reformer Modrow wohl endgültig zu Bruch gehen.‹«

Der Vorsitzende Richter Kotyrba hatte den Termin zur Verkündung des Urteils auf den 12. Dezember 1996 anberaumt. Es eilte, denn andere Termine drängten und die Weihnachtsferien standen für einige schon vor der Tür. Manche glaubten, ihm in den letzten Tagen, unter der Belastung des Prozesses, eine gewisse Nervosität anzumerken. Er verkündete: »Der Angeklagte Dr. Hans Modrow ist des fahrlässigen Falscheides schuldig.

Er wird daher – unter Einbeziehung der Freiheitsstrafe von neun Monaten aus dem Urteil des Landgerichts Dresden vom 9. August 1995 – 4 KLs 51 Js 4048/91 – zu der Gesamtfreiheitsstrafe von 10 Monaten verurteilt. Die Vollstreckung der Strafe wird zur Bewährung ausgesetzt.«

Das war zwar kein Freispruch, zeigte aber deutlich, was das Gericht von der »besonderen Bedeutung der Sache« hielt. Wer das aus dem Urteilstenor nicht bereits entnahm, der hörte es aus dem Mund des Vorsitzenden Richters im ersten Satz der mündlichen Urteilsbegründung: »Ein Berg kreißte und eine Maus ward geboren.« Und zu allem Überfluss betonte Kotyrba schließlich, dass das erkennende Gericht keine Verantwortung dafür trüge, dass der Prozess stattgefunden hätte. Damit war auch der zweite Anlauf der Dresdener Staatsanwaltschaft, den ehemaligen 1. Sekretär der Bezirksleitung Dresden der SED zum Verbrecher zu stempeln, praktisch gescheitert. Die Presse reagierte mit Kleingedrucktem.

Wieder standen wir vor dem Problem: Revision oder keine Revision. Wir entschieden, die Frage offen zu lassen.

Das schriftliche Urteil mit Gründen erhielt ich sehr spät. Es umfasste 137 Seiten, von denen jedoch 87 der Wiedergabe des Wahlfälscherurteils dienten. Es ging in seinen Tatsachenfeststellungen davon aus, dass Modrow vor dem Sonderausschuss die Unwahrheit gesagt hatte. Bei der Beweiswürdigung verließ sich das Gericht voll auf die Dokumente, die ihm die Überzeugung vermittelten, dass »damit die Einlassung des Angeklagten als widerlegt anzusehen« ist. Eine Auseinandersetzung mit den Verteidigungsargumenten hierzu gab es nicht. Zeugenaussagen, die den Dokumenten widersprachen, hielt das Gericht für abgesprochen und unglaubwürdig. Bei der rechtlichen Würdigung setzte sich die Kammer mit der Auffassung der Verteidigung knapp auseinander und folgte ihr nicht. Einen Meineid lehnte das Gericht aber ab: »Nach Überzeugung der Kammer ist dem Angeklagten jedoch entgegen der Anklage der Staatsanwaltschaft Dresden ein Meineid nicht mit der nötigen Sicherheit nachzuweisen. […] Demgegenüber steht für die Kammer jedoch sicher fest, dass der Angeklagte bei seiner Aussage bewusst fahrlässig handelte.«

Mich überzeugte das Urteil nicht, wenn ich auch akzeptierte, dass die Kammer das getan hatte, was sie für praktisch vertretbar, d. h. revisionssicher hielt.

Das Anschreiben, mit dem die Ausfertigung übermittelt wurde, datierte vom 24. Juni 1997, in unserer Kanzlei ging es am 1. Juli ein. Nach einem Vermerk war das am 16. Dezember 1996 verkündete Urteil am 3. Februar 1997 mit Gründen zur Geschäftsstelle gelangt.

Nach einer telefonischen Auskunft vom 26. Mai 1997 hatten an diesem Tag noch nicht alle Richter das Urteil unterschrieben.

Mir erschien es zweifelhaft, ob die Frist für die Übergabe der Entscheidungsgründe an die Geschäftsstelle gewahrt war. War das nicht der Fall, hätte eine Revision mit Sicherheit Erfolg haben müssen. Hans Modrow war jedoch auch diesmal des Prozessierens müde. Wir nahmen die Revision zurück, das Urteil wurde am 11. Juli 1997 rechtskräftig. Mich hätte es gereizt, den Instanzenweg bis zum Letzten zu gehen. Grundsätzlich sollte die Verantwortung in politischen Verfahren nicht den unteren Gerichten allein überlassen bleiben. Wer weiß, wie man später darüber denkt.

Im politischen Tagesgeschäft spielte jedoch auch der 2. Modrow-Prozess keine Rolle mehr. Die Zeit hat bewiesen, dass das politische Ziel dieser Prozesse nicht erreicht wurde und dass sie für die sächsische und die deutsche Justiz kein Ruhmesblatt waren.

Vier von 14 000 oder Rechtsbeugungsverfahren am langsam laufenden Band (1991-1998)

Die Verfolgung der »Regierungskriminalität« begann 1989 in der DDR mit Vorwürfen, die die Medien als »Amtsmissbrauch« bezeichneten. Sie waren nach DDR-Recht als Vertrauensmissbrauch (§ 165 StGB/DDR) und gegebenenfalls auch als Untreue mit Strafe bedroht. Ermittlungsverfahren waren damals eingeleitet, zum Teil Anklagen erhoben und einige wenige Urteile ergangen. Betroffen von solchen Ermittlungsverfahren waren unter anderem Honecker, Stoph, Mielke, Tisch, Axen. Die Ergebnisse entsprachen nicht den Vorstellungen vom Luxusleben der Partei- und Staatsführung der DDR. Nach dem Beitritt zur BRD verloren diese Verfahren jegliche Bedeutung. Die Vorstellungen vom Luxusleben von Politikern waren nach oben korrigiert worden. Die »Amtsmissbrauchsverfahren« wurden mit wenigen Ausnahmen aus unterschiedlichen Gründen sang- und klanglos eingestellt.

Mit dem Beitritt begannen Verfahren wegen Spionage. 6 000 Ermittlungsverfahren wurden eingeleitet. Markus Wolf wurde in erster Instanz verurteilt, aber das Bundesverfassungsgericht entschied 1995, DDR-Bürger, die nur vom Boden der DDR aus Spionage betrieben haben, können aus dem Gesichtspunkt des Vertrauensschutzes nicht verurteilt werden. Damit war dieses Feld der Regierungskriminalität gleichfalls bedeutungslos geworden.

Neben den »Mauerschützen«-Prozessen blieben schließlich nur die Verfahren wegen Rechtsbeugung als nennenswerter Komplex der »Regierungskriminalität«. Etwa ab 1992 liefen sie langsam an. Der bis dahin in der Rechtspraxis trotz NS-Unrecht und mehrerer historischer »Wenden« nahezu unangewendete Tatbestand wurde in Berlin, der »Hauptstadt der Regierungskriminalität«, zu einer Alltagserscheinung auf den Terminzetteln der Strafkammern des Landgerichts. Das Delikt war auch leicht verfolgbar. Die »Täter« hatten ihre Taten in Gestalt von Anklagen, Urteilen und Beschlüssen dokumentiert und beim Beitritt gut geordnet ihren Anklägern und Richtern überlassen. Ein seltenes Täterverhalten. Als ein Indiz für mangelndes Schuldbewusstsein, mangelnden Vorsatz wurde das jedoch nicht gewertet. Strafmildernd fiel es auch nicht ins Gewicht.

Praktisch war jeder, der in der DDR Jura studiert hatte, potentieller Täter. Glück hatten diejenigen, die von der Berufslenkung zu Justitiaren, Notaren oder Rechtsanwälten gekürt wurden. Sie blieben sauber. Bei dem Rest kam es darauf an: Zivilrichter (einschließlich Familienrichter), die ihr ganzes Berufsleben lang keine Strafakte anfassen, keinen Haftbefehl erlassen mussten, hatten gleichfalls Glück. Doch das waren nur wenige. Der Rest konnte auf die Nachricht warten, dass gegen ihn ein Ermittlungsverfahren lief. Es gab »Täter«, die Hunderte derartige Nachrichten bekamen. Zu bestimmten Zeiten, in denen die Zentrale Ermittlungsstelle für Regierungs- und Vereinigungskriminalität (ZERV) und die Staatsanwaltschaft II beim Landgericht Berlin zum Zwecke der Unterbrechung der bereits zweimal verlängerten Verjährungsfrist vom rechtsstaatlichen Strafverfolgungseifer besonders ergriffen wurden und extrem hart arbeiteten, verging kaum ein Tag, ohne dass die Haupttäter nicht wenigstens eine entsprechende Botschaft in ihren Briefkästen fanden.

Zynismus breitete sich allseits aus. Rechtsanwälte, Polizisten und selbst Staatsanwälte und Richter sprachen von Arbeitsbeschaffungsmaßnahmen für Juristen. Auch unsere Sozietät erhielt Arbeit. Was dem einen sin Uhl, ist ...

Trotzdem sägte ich an dem Ast, auf dem wir saßen. Erfolglos. Die Justizmaschine lief und läuft und läuft und verspricht, es noch Jahre weiter so zu tun. Fiat iustitia, pereat mundus oder summa ius, summa iniuria – oder auch Rechtsbeugung? Für mich war die Antwort klar, aber Reden ist Silber und Schweigen ist Gold.

Vom vielen Schweigen bekam ich Magengeschwüre und Angina pectoris.

Fall Nr. 1

1991 bat ein Arbeitsrichter Rechtsanwältin Kossack, ihn zu verteidigen. Wir kannten ihn alle. Er war Oberrichter im Senat für Arbeitsrechtssachen des Stadtgerichts Berlin gewesen und hatte den Ruf, besonders pingelig und gründlich zu sein. Die Verhandlungen bei ihm dauerten aus diesem Grund besonders lange und waren bei allen Rechtsanwälten deswegen unbeliebt. Hinzu kam: Wir hatten wenig Aufträge auf diesem Gebiet, die Streitwerte waren extrem niedrig, wir interessierten uns (mit einer Ausnahme) nicht für Arbeitsrecht und hatten folglich davon (mit der genannten Ausnahme) keine Ahnung. Im Übrigen gab es in der DDR generell wenig Arbeitsrechtsverfahren, da praktisch niemand entlassen werden konnte und jeder, der arbeiten wollte, tatsächlich auch Arbeit bekam.

Besagter Oberrichter hatte also die Mitteilung erhalten, dass gegen ihn ein Ermittlungsverfahren laufe. Vorgeworfen wurde ihm, er habe die Kündigung eines leitenden Angestellten des FDGB für wirksam erklärt, der sich geweigert hatte, an Übungen der Kampfgruppe teilzunehmen. Die Gewerkschaft hatte das als unvereinbar mit einer leitenden Tätigkeit in ihrer Organisation angesehen, ihm eine andere Stelle angeboten und, als er diese abgelehnt hatte, seine Kündigung ausgesprochen. Die Abweisung seiner Klage betrachtete die Staatsanwaltschaft II beim Landgericht Berlin als Rechtsbeugung und erhob Anklage beim Landgericht Berlin.

Der Vorsitzende der zuständigen Strafkammer galt unter Kennern der Berliner Justizszene als ein Mensch, der noch weniger Sympathien für die DDR hatte als der Durchschnitt der Westberliner Richter. Unser Mandant war krank und musste ins Krankenhaus. Er wollte erst den Prozess hinter sich bringen und sich danach den Ärzten anvertrauen, vor denen ihm auch nicht wohl war. Frau Rechtsanwältin Kossack riet ihm, die Reihenfolge zu wechseln. Inzwischen würde ein neuer Richter kommen, da der bisherige aus Altersgründen ausscheiden würde. Der rechtsbeugende Oberrichter befolgte, entgegen seiner Neigung, in diesem Fall ausnahmsweise ihren Rat.

Doch der Vorsitzende Richter am Landgericht war hartnäckig (wir wussten schon warum), und der Mandant wurde früher entlassen als angenommen. Er brannte im Übrigen im Vollbewusstsein seiner Unschuld auch darauf, sich dem Gericht zu stellen nach dem unausgesprochenen Motto: »Denen werd ich es zeigen!«

Die Verhandlung im Sommer 1992 verlief anders, als von uns Anwälten erwartet. Auf der Anklagebank saß neben unserem Mandaten noch eine junge Richterin, deren erster Fall ihr zu dieser Anklage verholfen hatte. Sie wurde von zwei renommierten Westberliner Kollegen verteidigt. Anklagevertreterin war eine Staatsanwältin, die keineswegs *sine ira et studio* war und sich kaum bremsen konnte, was dem konservativen Vorsitzenden gar nicht gefiel. Unser Mandant ließ sich auch nur bedingt bremsen, was aber wider Erwarten auf die Richter keinen schlechten Eindruck zu machen schien. Am 17. August 1992 sprach die Strafkammer die beiden Angeklagten frei. Das war gerecht, das hatten wir nicht erwartet. Immer wieder stelle ich fest, wie schädlich Voreingenommenheit ist.

Die Staatsanwaltschaft wollte es wissen. Es war ein »Pilotverfahren«. Sie hatte noch einen Sack voll ähnlicher DDR-Arbeitsgerichtsurteile zur Grundlage von Ermittlungsverfahren gemacht, und es konnte nicht wahr sein, dass diese Arbeit keine Früchte tragen sollte. Wenn in der Bundesrepublik Arbeitnehmer aus sogenannten Tendenzbetrieben entlassen werden, weil sie der Tendenz ihres Betriebes nicht entsprechen (sich z. B. als Angestellte einer katholischen Einrichtung scheiden lassen), dann ist das natürlich rechtsstaatlich, wenn es aber in der DDR geschehen war, dann war es dort Rechtsbeugung und musste aufgearbeitet werden. In der DDR hätte man solchen Staatsanwälten einen klaren Klassenstandpunkt bescheinigt. – Die Staatsanwaltschaft legte also Revision ein.

Wir schrieben das Jahr 1993 und hatten folglich das Jahr 3 nach dem Beitritt gerade erst beendet, als am 30. November die Revisionsverhandlung stattfand. Meine Sozia war der Meinung, ich solle mich statt ihrer beim Senat des Bundesgerichtshofs blamieren. Da ich bei meinem Alter und meinem Ruf nichts mehr zu verlieren hatte, ging ich darauf ein. Das Gericht verhandelte relativ lange, führte mit uns, dem Mitverteidiger und mir, ein Rechtsgespräch und ließ uns nicht spüren, was es vielleicht (oder vielleicht auch nicht) Übles von uns dachte. Wieder zeigte es sich, dass vorgefasste Meinungen nicht immer richtig sind.

Nachdem wir unsere Ausführungen gemacht hatten – ich war nicht so gut, wie ich es mir gewünscht hätte – wurde mein Mandant gefragt, ob er noch etwas sagen wolle. Ich flüsterte: »Nein!«. Er jedoch hob an und hörte nicht so schnell wieder auf. Doch auch bei dem Senat war der persönliche Eindruck, den er dadurch machte, gut. Hätte er sich bremsen lassen, hätte er einen Pluspunkt weniger gehabt.

Der Senat wies mit Urteil vom 13. Dezember 1993 die Revision der Staatsanwaltschaft zurück. Wir glaubten, die Vernunft und das Recht habe gesiegt und das »Pilotverfahren« würde uns in eine rechtsbeugungsfreie Zukunft geleiten. – Dachten wir wirklich.

Sicher, der Bundesgerichtshof hatte sehr kühn und frei die rechtliche Grundlage für die Strafbarkeit ehemaliger DDR-Richter und

-Staatsanwälte begründet. Er hatte formuliert: »Aus dem Sinn und Zweck der Übergangsregelung des Art. 315 Abs. 1 EGStGB in Verbindung mit § 2 StBG ergibt sich, dass § 336 StGB auf Alttaten in der DDR anwendbar ist.«

Von dem alten, schönen und angeblich ehernen Grundsatz: nulla poena sine lex scripta – keine Strafe ohne geschriebenes Gesetz – war nichts übriggeblieben. Alles Auslegungssache. Aber, der Senat hatte vielversprechende Bremsen in sein Urteil eingebaut, dachten wir. Er hatte erkannt: »In der DDR gab es keine Gewaltenteilung. Zu den Aufgaben der Rechtspflege gehörte nach Art. 90 der DDR-Verfassung die ›Entwicklung der Deutschen Demokratischen Republik und ihrer Staats- und Gesellschaftsordnung‹.«

Diese Erkenntnis allein hätte mehr oder weniger allen Rechtsbeugungsverfahren die Grundlage entziehen können oder müssen. Und der Senat hatte auch ausdrücklich erklärt, »dass es um die Beurteilung von Handlungen geht, die in einem anderen Rechtssystem vorgenommen worden sind. Die besonderen Züge dieses Rechtssystems sind bei der Prüfung der Frage, ob die Handlung gesetzwidrig i. S. des § 244 StGB-DDR gewesen ist bzw. i. S. des § 336 StGB das Recht gebeugt hat, zu beachten.« Derartige hoffnung- und vertrauenerweckende Passagen gab es noch mehrere in dem Urteil. Später jedoch hat der Bundesgerichtshof seine Auslegung selbst wieder strenger aus- und abgelegt. Er musste es anscheinend tun, das Rechtssystem der Bundesrepublik verlangte es wohl.

Rolf Lamprecht kommentierte 1994 die Rechtsprechung des BGH zur Rechtsbeugung durch DDR- und NS-Richter mit den Worten: »Die braunen Richter waren, auch wenn sie Abscheuliches begangen hatten, vom eigenen Stamm: gleiche Dogmatik, gleiche Ausbildung, gleiche Qualifikation. Die roten Juristen dagegen kommen aus einer fremden Zucht. Beißhemmungen hat man in der Regel nur bei den schwarzen Schafen der eigenen Familie, nicht bei den Schmuddelkindern der anderen.« (*Zeitschrift für Rechtspolitik*, 1994, 181, 184)

So scheint es mir auch.

Es dauerte lange, bis der Bundesgerichtshof den unteren Gerichten immer vollständigere Maßstäbe zur Hand gab, wie sie DDR-Richter und -Staatsanwälte zu be- und verurteilen hätten. Die Entscheidungen des Bundesgerichtshofs ließen sich aber weiterhin auslegen. Die Staatsanwaltschaft II beim Landgericht testete alle Möglichkeiten, um dem Gesetz – wie sie es verstand – genüge zu tun und so viele DDR-Juristen wie möglich anzuklagen.

Fall Nr. 2

Im Juli 1993 kam der 74-jährige Herr P. zu mir und legte mir je eine Vorladung der Staatsanwaltschaft beim Kammergericht, Arbeitsgruppe Regierungskriminalität, und der Staatsanwaltschaft Leipzig zu Vernehmungen vor. In Berlin wurde in einem Verfahren gegen Dr. Rothschild und andere gegen P. ermittelt.

Rothschild gehörte zu den ersten Richtern, die an das Oberste Gericht berufen worden waren. Er trat nach meinem Eindruck nicht hervor und war am 13. November 1963 verstorben. Im Nachruf der *Neuen Justiz* hieß es seinerzeit, dass er als Sohn eines Fabrikanten in Teplitz-Schönau 1895 geboren wurde, in Prag Jura studierte, das Studium mit der Promotion zum Doktor der Rechte abgeschlossen und dann als Rechtsanwalt in Teplitz und Liberec gearbeitet hatte. 1930 war er Mitglied der Kommunistischen Partei der Tschechoslowakei geworden. Weiter hieß es in dem Nachruf: »Nach dem faschistischen Einmarsch in Prag lebte Hans Rothschild eine Zeitlang illegal, bis es ihm mit Hilfe der Partei gelang, über Polen nach England zu fliehen. Hier war er als Fabrikarbeiter tätig und wirkte aktiv in der Emigrationspartei der KPTsch.

Mit der Zerschlagung des Faschismus war für Hans Rothschild auch die bittere Zeit der Emigration vorüber. Als Antifaschist stellte er sich sofort seiner Partei zur Verfügung. Er wurde zunächst zum Ersten Staatsanwalt beim Generalstaatsanwalt des Landes Sachsen berufen. Danach wurde er Vorsitzender eines Strafsenats beim Oberlandesgericht Dresden.

Nach der Errichtung des Obersten Gerichts der Deutschen Demokratischen Republik wurde Hans Rothschild durch die Volkskammer zum Richter dieses Gerichts gewählt. In einer ganzen Reihe von Strafprozessen, die wegen ihrer politischen Bedeutung vor dem 1. Strafsenat des Obersten Gerichts unter breiter Anteilnahme des In- und Auslands verhandelt worden sind, wirkte er mit.«

Das Ermittlungsverfahren, das 29 Jahre nach seinem Tod gegen ihn eingeleitet worden war, sprach nicht für die Ermittler. Das Verfahren, das gegen meinen Mandanten P. unter dem gleichen Aktenzeichen lief, wurde am 28. Juli 1993 nach § 170 Abs. 2 StPO eingestellt. Ob das Verfahren gegen den toten Rothschild gleichzeitig eingestellt wurde, habe ich ebenso wenig wie die möglichen Gründe der Einstellung erfahren.

Mich beschäftigte in erster Linie das Leipziger Verfahren. In der Vorladung der Staatsanwaltschaft Leipzig hieß es: »Die Staatsan-

waltschaft Leipzig führt im Zusammenhang mit den sogenannten Waldheim-Verfahren ein umfangreiches Ermittlungsverfahren. Nach den bisherigen Feststellungen waren Sie von Mai/Juni 1950 dort als Richter sowie 1952 bei einigen nachgeschobenen Verfahren als Staatsanwalt tätig.
Ihnen wird zur Last gelegt, dass Sie in ca. 130 Verfahren sich der gemeinschaftlichen Freiheitsberaubung und Rechtsbeugung schuldig gemacht haben, indem sie unter bewusstem Verstoß gegen die damals geltenden Gesetze rechtswidrige Urteile gefällt und die Verurteilten rechtswidrig in Haft gelassen haben.«
Herr P. befand sich in einem außerordentlich schlechten Gesundheitszustand. Ein Attest bestätigte ihm »atypische Angina pectoris bei chron. ischämischer Herzkrankheit, chron. Herzinsuffiziens Nyha II – III, Diabetes mellitus Typ IIa, Z.n. subtotaler Strumektomie«. Weiter hieß es in dem Attest: »Z. Zt. muss der Gesundheitszustand des Patienten als außerordentlich labil bezeichnet werden. Bei geringer Belastung besteht Atemnot und Schmerzen im Brustbereich. Sowohl physische als auch psychische Belastungen verschlechtern den Gesundheitszustand erheblich. Das bedeutet, dass bei Erregung Atemnot und akute Herzbeschwerden auftreten können. In diesem Zustand besteht Lebensgefahr.«
Mit diesem Attest beantragte ich bei der Staatsanwaltschaft Leipzig die Einstellung des Verfahrens. In meinem Antrag führte ich aus: »Das Ermittlungsverfahren belastet den Beschuldigten bereits erheblich. Schon die notwendige Verbindung zum Verteidiger führt zu physischen und psychischen Belastungen. Herr P. schläft vor solchen Besuchen nicht und befindet sich erkennbar in einem schlechten Gesundheitszustand. Der notwendige Fußweg von öffentlichen Verkehrsmitteln zum Büro des Verteidigers kann von ihm nur mit wiederholten Unterbrechungen zum Zwecke der Beseitigung von Atemnot zurückgelegt werden. Unter den genannten Umständen ist es unvorstellbar, dass der Beschuldigte einem Strafverfahren gewachsen ist.«
Der zuständige Staatsanwalt lehnte die Einstellung des Verfahrens ab. Er erklärte: »Aus dem vorgelegten handschriftlichen Attest des behandelnden Hausarztes vom 17.7.1993 kann ich nicht entnehmen, Ihr Mandant sei den Belastungen einer Hauptverhandlung schlechthin nicht gewachsen«, der Beschuldigte habe als Zeuge in einer Hauptverhandlung »keinesfalls den Eindruck hinterlassen, er könne aufgrund schlechter gesundheitlicher Verfassung der Vernehmung nicht folgen«.

Am 8. September 1993 erhob Staatsanwalt Jagenlauf Anklage gegen den ehemaligen DDR-Volksrichter. Folgender Sachverhalt wurde meinem Mandanten zur Last gelegt:»Der Angeschuldigte war in der Zeit von Mai bis Juni 1950 als beisitzender Richter in der 12. Strafkammer des Landgerichts Chemnitz in Waldheim tätig. Aufgrund eines jeweils neuen Willensentschlusses verurteilte er in 25 Fällen im bewussten und gewollten Zusammenwirken jeweils mit dem Vorsitzenden Richter, dabei in 23 Fällen (Ziffer 1-23) zusammen mit dem gesondert verfolgten vorsitzenden Richter W. sowie in zwei Fällen (Ziffer 24, 25) zusammen mit dem gesondert verfolgten vorsitzenden Richter U., und jeweils drei Schöffen 25 inhaftierte Angeklagte wegen ›Verbrechen‹ nach dem Gesetz Nr. 10 des Alliierten Kontrollrates vom 12.10.1945 bzw. der Direktive Nr. 38 des Alliierten Kontrollrates vom 12.10.1946 zu mehrjährigen Freiheitsstrafen, die anschließend teilweise vollstreckt wurden.

Dem Angeschuldigten war dabei als Richter bewusst, dass die in großer Eile betriebenen Gerichtsverfahren gegen elementarste rechtsstaatliche Grundsätze verstießen, weil
– nach Vorschriften verurteilt wurde, die zur Tatzeit nicht galten und erst danach in Kraft traten *(gemeint waren das Kontrollratsgesetz Nr. 10 und die Direktive Nr. 38 des Alliierten Kontrollrats – F. W.)*,
– ein Merkmal der angewendeten Vorschriften nach Tatbestandsmerkmalen und Strafandrohungen nicht hinreichend konkret bestimmt waren,
– die Verfahren weder den Grundsatz des gesetzlichen Richters noch die richterliche Unabhängigkeit anerkannten
– und ferner die Öffentlichkeit nicht hergestellt war.«

Mit einem fachärztlichen Gutachten beantragte ich am 8. November 1993 nunmehr beim Landgericht Leipzig die Einstellung des Verfahrens wegen Verhandlungsunfähigkeit, die nach Einholung eines Sachverständigengutachtens der Charité durch Beschluss vom 18. Januar 1994 erfolgte. So hatte ich nicht die Möglichkeit, auch diesen Prozess zu verlieren. Denn Freispruch hätte ich sicher beantragt, und mein Mandant wäre ebenso wie die anderen Angeklagten dieses Verfahrens und von zwei weiteren Waldheim-Prozessen verurteilt worden. Das Ergebnis dieser Aufarbeitung war: Die Nazis waren rehabilitiert, die Antifaschisten waren verurteilt. Alles ganz rechtsstaatlich und demokratisch. Antifaschismus war nicht mehr »verordnet« wie in der DDR.

Gereizt hätte es mich, gegen den Strom zu schwimmen. Gern hätte ich vorgebracht, wie Franzosen, Italiener, Holländer, Norweger und andere mit ihren Faschisten nach 1945 umgegangen sind. In keinem dieser Rechtsstaaten war es deswegen zu Prozessen ähnlicher Art gekommen. Gern hätte ich mich auf Gilles Perrault berufen, der in einem Geleitwort zu einem Buch, das den ersten Waldheim-Prozess gegen den DDR-Volksrichter Otto Jürgens behandelt, schrieb: »Wir wissen aus harter Erfahrung, dass der Hitlerfaschismus das absolut Böse ist. Wenn das sogenannte neue Deutschland diejenigen verleugnet, die ihn bekämpft haben, wie sollte man sich nicht mit Beklemmung der Frage nach der wahren Natur dieses Deutschlands stellen?«

Fall Nr. 3

Am 10. Februar 1994 kam ein ehemaliger Generalstaatsanwalt der DDR zu mir und bat mich, ihn zu verteidigen. Gegen ihn werde wegen Rechtsbeugung ermittelt. Die Ermittlungen ergaben folgenden Sachverhalt:

In einer Bezirksstadt der DDR war am 10. Dezember 1982 ein Direktor eines volkseigenen Betriebes wegen verbrecherischer Untreue und verbrecherischen Diebstahls zum Nachteil von Volkseigentum zu einer Freiheitsstrafe von drei Jahren und zwei Monaten und zum Schadensersatz in Höhe von 85 509,69 Mark verurteilt worden. Eine gegen das Urteil eingelegte Berufung war am 13. Januar 1983 vom Bezirksgericht als offensichtlich unbegründet verworfen worden. Das Oberste Gericht hatte am 19. Mai 1983 das Urteil des Bezirksgerichts kassiert, den Verurteilten teilweise freigesprochen und die Strafe auf zwei Jahre und zehn Monate sowie den Schadensersatz auf 73 964,19 Mark herabgesetzt.

Nach Verbüßung von 18 Monaten wurde der Verurteilte am 8. Dezember 1983 entlassen. Er versuchte auf verschiedenen Wegen, seine Rehabilitierung zu erreichen. Schließlich wandte er sich 1984 an Margot Honecker. Ein persönlicher Mitarbeiter der Ministerin hörte ihn an, und so gelangte der Fall an Erich Honecker, der wiederum den Generalstaatsanwalt, meinen Mandanten, mit der Überprüfung beauftragte. Im Ergebnis der Überprüfung hieß es: »Die Verurteilung von Günter G. ist in allen wesentlichen strafrechtlichen Vorwürfen nicht zu begründen. Es gibt zwar rechtlich und moralisch nicht gerechtfertigte Entscheidungen des Genossen G., jedoch war es falsch, sie strafrechtlich zu verfolgen.

Das betrifft:
– die eigenmächtigen Gehaltserhöhungen in 29 Fällen, um Gehalts- und Leistungsdifferenzen auszugleichen. Das Gehalt wurde auch später weitergezahlt (32 703,75 M);
– die Umbuchung von 15 000 M aus dem Leistungsfonds in den K- und S-Fonds, um an jeden Werktätigen des Betriebes 70 M Urlaubsgeld zu zahlen;
– den Kauf von Kaffeegedecken aus dem Leistungsfonds als Präsente für die Belegschaft anlässlich des zehnjährigen Bestehens des VEB (6 791,50 M) und
– das Verschenken von Kerzenständern aus einer Versuchsproduktion, die sich als nicht absetzbar erwies, überwiegend an Belegschaftsangehörige – z. B. Frauentag und persönliche Jubiläen (4 181,44 M). […]
Daher sind folgende Maßnahmen zu veranlassen:
Der bisher gezahlte Schadenersatz ist zurückzuerstatten;
Günter G. erhält für unschuldig erlittene Untersuchungs- und Strafhaft in vollem Umfang Entschädigung.

Da die verbleibenden geringfügigen Handlungen vorrangig die materielle Verantwortlichkeit begründet hätten, wäre ein Ausschluss aus unserer Partei nicht zwangsläufig, was insbesondere durch die Verdienste des Genossen G. in seiner Parteiarbeit und als Betriebsleiter noch bestärkt wird.

Die prinzipielle Auswertung des Verfahrens in den Justizorganen ist zu gewährleisten.

Es wäre rechtlich möglich, die Kassation des Verfahrens durchzuführen. Da die Tilgung aus dem Strafregister am 17. Dezember 1984 erfolgte, ein Kassationsverfahren nochmals über die verbleibenden, geringfügigen Handlungen entscheiden müsste, alle anderen Folgen aber auf dem vorgeschlagenen Wege beseitigt werden, halten wir ein zusätzliches Verfahren für nicht angebracht.«

Dieses Schreiben des Generalstaatsanwalts führte am 15. März 1985 zu einer Vorlage des zuständigen Eingabenbearbeiters im ZK an Erich Honecker, in dem sich dieser den Vorschlägen des Generalstaatsanwalts anschloss und sie nur noch durch den Vorschlag einer Auswertung im Apparat der zuständigen Bezirksleitung der SED ergänzte. Dem stimmte Erich Honecker am 12. März 1985 zu. Und also geschah es.

Mir war unerfindlich, wo in diesem neun Jahre zurückliegenden Sachverhalt die Rechtsbeugung oder ein anderes Vergehen meines Mandanten zu sehen sein könnte?

Am 30. März 1994 suchte ich den zuständigen Staatsanwalt Herrn von Hugo auf. Danach war ich klüger und fertigte folgenden Vermerk: Der Staatsanwalt »teilte mir mit, dass ursprünglich der Verdacht einer persönlichen Bereicherung bestanden hätte. Dieser Verdacht hätte sich jedoch nicht bewahrheitet. Nunmehr würde davon ausgegangen, dass der Mandant eine Anstiftung zum Amtsmissbrauch begangen habe. Auf meine entsprechende Frage erklärte mir Herr von Hugo, dass Herr W. Herrn Honecker durch sein Schreiben zum Amtsmissbrauch angestiftet habe. Herr Honecker hätte sich das Amt eines Richters angemaßt.

Auf meine Bemerkung, dass dies Herr Honecker doch hätte machen können, erklärte er, dann hätte er eine Begnadigung aussprechen müssen. Ihm sei bewusst gewesen, dass er das gekonnt hätte. Insofern habe er sich bewusst darüber hinweggesetzt. Herr von Hugo gab zu, dass es sich bei allem um einen Formfehler gehandelt hätte. Der Grad des kriminellen Unrechts sei nicht erheblich und er erwäge deswegen eine Einstellung des Verfahrens nach § 153 a.«

Das Gespräch mit dem Herrn Staatsanwalt hat mich nachhaltig beeindruckt. Schon die Tatsache, dass er zu dem Verdacht kommen konnte, der Generalstaatsanwalt der DDR würde eines persönlichen Vorteils wegen einen Verurteilten rehabilitieren, war für mich unvorstellbar. Ich kannte den »Täter« und ich kannte die DDR, und ich wusste, nie wäre ein Staatsanwalt oder ein Verteidiger aus der DDR auf einen solchen Gedanken gekommen. Das lag außerhalb unserer Erfahrungswelt. – Und dann: Honecker anstiften und ausgerechnet zum Machtmissbrauch, auf diese Idee wäre auch keiner von uns verfallen, da musste schon ein Jurist aus der alten Bundesrepublik kommen und uns das beibringen. Jetzt ist es aber fast so weit, dass auch ich alles für möglich halte. Man ist schließlich lernfähig.

Die juristische Konstruktion gefiel mir nicht. Also riet ich meinem Mandanten ab, der Einstellung des Verfahrens zuzustimmen. Vorsichtig abgeraten, denn: warum sollte das Gericht nicht genauso denken wie der Staatsanwalt? Beide kamen, um mit Lamprecht zu sprechen, »aus dem selben Stall«.

Mein Mandant war noch vorsichtiger als ich und zahlte die Geldbuße. Was hätte ihm ein Freispruch, der mit einem Gerichtsverfahren verbunden gewesen wäre, genutzt? Sollte alle Welt erfahren, wo der ehemalige Generalstaatsanwalt des Unrechtsstaates jetzt arbeitet? Also zahlte er 4000 DM für das Schweigen der Presse und den Erhalt seines (mäßigen) Broterwerbs. Marktwirtschaft verlangt

eben marktwirtschaftliches Denken – beim Streben nach Gerechtigkeit wie beim Dulden von Unrecht.
Nur der Staat und sein Anwalt haben das nicht nötig. Das »Iudex non calculat«, der Richter rechnet nicht, gilt auch für den Staatsanwalt und die Kosten eines solchen Verfahrens.

Fall Nr. 4

Etwa zur gleichen Zeit beschäftigte Herrn Staatsanwalt von Hugo und mich ein ähnlicher Fall, der wieder weiter in die aufzuarbeitende Vergangenheit der DDR zurückreichte. Ende Juli 1994 suchte mich ein ehemaliges Mitglied des Berliner Rechtsanwaltskollegiums auf. Ich freute mich, ihn nach langer Zeit wiederzusehen. Er kam jedoch nicht des Wiedersehens wegen. Etwa zwei Wochen zuvor hatte er eine Ladung zur Vernehmung bei der Staatsanwaltschaft beim Kammergericht, Abteilung Regierungskriminalität, erhalten. »Sehr geehrter Herr! Gegen Sie ist eine Beschuldigung erhoben worden: Rechtsbeugung zugunsten des wegen Tierquälerei verurteilten Franz Ramm aus Mühlhausen im Jahre 1954.«

Mein Mandant war inzwischen 74 Jahre alt. Er war längst vor dem Ende der DDR und des Rechtsanwaltskollegiums Rentner geworden. Das Leben hatte ihm arg mitgespielt, und er wollte seine Ruhe haben. Im Zweiten Weltkrieg hatte er als Panzergrenadier ein Bein verloren, nach dem Krieg wollte er alles tun, um den Frieden zu erhalten. Er war in eine Blockpartei eingetreten und hatte dies offenbar im Auftrag der SED getan. Die näheren Umstände sind mir nicht bekannt, die Tatsachen als solche deuten aber daraufhin, da er aus einer Familie stammte, deren Mitglieder schon vor 1933 einer Arbeiterpartei angehört hatten. Vater und auch die Mutter hatten der SPD/USPD, die Brüder der KPD angehört. Ein Bruder war 1944 hingerichtet worden. Mein Mandant war 1946 auf einem Richterlehrgang in neun Monaten zum Volksrichter qualifiziert worden und hatte schließlich nach zwei weiteren Lehrgängen die Funktion eines Oberrichters beim 2. Strafsenat des Obersten Gerichts ausgeübt. Dort hatte er 1954 in der Strafsache gegen Ramm den damaligen Angeklagten freigesprochen, was ihm nach 40 Jahren zum Verhängnis werden sollte.

Ich kannte meinen Mandanten seit der zweiten Hälfte der 50er Jahre. Er hatte das Oberste Gericht auf eigenen Wunsch verlassen und war Rechtsanwalt geworden. Die Arbeit am Obersten Gericht hatte ihm nicht gefallen. Er war eigenwillig, gewissenhaft und grundanständig. Wenn er eine Aufgabe übernahm, erfüllte er sie zuverlässig.

Im Kollegium hatte er eine gewisse Berühmtheit durch einen Fall zu Beginn seiner Anwaltstätigkeit erlangt. Er hatte vor einem 1. Strafsenat des Stadtgerichts als Pflichtverteidiger einen Mann verteidigt, der beschuldigt wurde, irgendein politisches Delikt begangen zu haben. Vorsitzender war ebenfalls ein Volksrichter, der wegen seinem urberliner Dialekt und seiner Derbheit berühmt war. Oberrichter Fritz Siede war jahrelang Gesprächsthema in der Ostberliner Justiz. Er kannte das Milieu der Berliner Kneipen mit ihren Besuchern von innen und machte daraus keinen Hehl. Wenn er einem Angeklagten aus seiner so gewonnenen Lebenserfahrung Vorhaltungen machte, pflegte er diese mit Worten wie »Da staunste Piepel, wa!« abzuschließen.

Wir wussten, Siede war rauh, aber nicht ohne Herz und Rückgrat. Der rauhe Ton musste kein gleichartiges Urteil nach sich ziehen. Siede wich auch vom Antrag des Staatsanwalts gelegentlich ab.

Das alles wusste unser neugebackener Kollege, der aus der insofern gepflegteren Sphäre des Obersten Gerichts kam, nicht. Er legte sich mit Siede an. Er meldete sich zu Wort, aber Siede erteilte es ihm nicht. Kurzer Wortwechsel, und mein Kollege packte seine Akten und verließ den Gerichtssaal.

Am nächsten Tag erschien ein relativ großer Artikel über diesen Vorfall im *Neuen Deutschland*. Unvergessener Titel: »Ein Mandant blieb allein«.

Mein Kollege war, seit wir uns nicht mehr gesehen hatten, sehr gealtert. Er hatte im persönlichen Leben oft und schwer gelitten, sein Beinstumpf bereitete ihm immer wieder Schmerzen und ein Familiendrama traf ihn hart. Und nun das. Er sah sich offenbar schon im Gefängnis und war mit den Nerven am Ende. – Ich sah den Fall humorvoller. Man hat gut Lachen, wenn man nicht selbst betroffen ist.

Bei der Akteneinsicht stellte ich fest, dass der Staatsanwalt Literaturstudien über politische Justiz betrieben und dabei offenbar den Artikel von Falco Werkenthin in der *Kritischen Justiz*, Heft 4/1992, gelesen hatte, der den poetischen Titel »Die ›Ballade‹ vom ermordeten Hund« trug. Dieser wiederum beruhte auf Otto Kirchheimer, der den Fall unter dem gleichen Titel in seinem Buch »Politica« vorher geschildert hatte. In der Verfügung, mit der ein Staatsanwalt den Vorgang 6 AR 26/93 angelegt hatte, hieß es: »Der Begünstigte, ein Mann namens Fritz R. – der weitere Nachname ist unbekannt –, war 1954 SED-Mitglied und Betriebsschutzleiter eines VEB in Mühlhausen. Er erblickte einen streunenden Hund und schlug mit einer Latte auf ihn ein, bis dieser sich nicht mehr regte. Am nächsten Tag stellte er fest, dass der Hund noch lebte. Er warf ihn in den Ofen einer Verbrennungsanlage. Andere Mitarbeiter zogen ihn wieder heraus und der Hund verstarb. Er wurde vom Kreisgericht Mühlhausen wegen Tierquälerei und Sachbeschädigung zu einer Freiheitsstrafe von einem Jahr verurteilt. Das Bezirksgericht wandelte aufgrund der auf das Strafmaß beschränkten Berufung das Urteil in eine Geldstrafe um.

Das OG der DDR kassierte das Urteil – offensichtlich auf Anweisung der Parteispitze nach Tätigwerden einer Untersuchungsbrigade des Politbüros, da der erste Kassationsantrag abgelehnt worden war – und rügte die unteren Instanzen, die politische Bedeutung des Falles nicht erkannt zu haben.

Ulbricht hat über den Fall auf dem IV. Parteitag der SED berichtet.«

Die Staatsanwälte durchforsteten die Geschichte – eine charakteristische Ermittlungsarbeit in Sachen Regierungskriminalität. Am 12. Mai 1993 schaltete der zuständige Dezernent die »Stiftung Archiv der Parteien und Massenorganisationen der DDR im Bundesarchiv« ein. Die Stiftung enthielt das von der PDS gestiftete Archiv der SED. Von dort wurde am 1. Mai 1993 von einer Mitarbeiterin geantwortet: »Trotz eines hohen Rechercheaufwandes habe ich nur wenige einschlägige Akten mit direktem Bezug auf den ›Fall Mühlhausen‹ ermitteln können (IV 2/5/4, NL 182/1096, IV 1/IV).«

Der Staatsanwalt erfuhr nun auch den Nachnamen von Franz (nicht Fritz) R. und erhielt vom Einwohnermeldeamt die Auskunft, dass der möglicherweise rechtswidrig vom Obersten Gericht Freigesprochene bereits am 16. August 1975 verstorben war.

Am 13. Juli 1994, also nach mehr als einem Jahr intensiver Ermittlungsarbeit, konnte der zuständige Staatsanwalt verfügen: »Das bisherige Verfahren 28 AR 59/93 als neue JS-Sache in Abt. 28 gegen Irene Rechner und M. S. wegen Rechtsbeugung zugunsten des verstorbenen Franz Ramm über Chef gem. § 145 GVG, über Herrn LOStA Schaefgen über Herrn OStA Debes neu eintragen.«

Am 10. August 1994 war ich bei dem zuständigen Staatsanwalt Herrn v. Hugo. Man müsste, sagte ich mir, die Lebensläufe der Staatsanwälte so kennen wie die der Beschuldigten. Die Unterredung verlief angenehm. Ich berichtete meinem Mandanten: »Da ich dich telefonisch nicht erreicht habe, möchte ich dir auf diesem Wege über das Ergebnis meines Besuchs bei Herrn Staatsanwalt von Hugo am 10. August 1994 berichten. Herr von Hugo hatte mich telefonisch um diese Rücksprache gebeten. In der sehr kurzen Aussprache erklärte mir Herr von Hugo, dass es dir natürlich freistünde, sich nicht zu äußern, aber er wolle seinen Standpunkt einmal darlegen, schon damit deutlich würde, was du nicht zu befürchten hättest. Das Urteil des Obersten Gerichts böte aus sich heraus nicht einmal den Anfangsverdacht für eine Rechtsbeugung. Es gebe aber Anhaltspunkte dafür, dass es durch die Einflussnahme Dritter zustande gekommen wäre. In dieser Beziehung würde er auf eine Äußerung von dir, und zwar möglichst nicht nur schriftlich, sondern in Form einer Vernehmung durch ihn, Wert legen.«

Ich teilte nach Rücksprache mit meinem Mandanten mit, dass er sich »auch weiterhin nicht zu den gegen ihn erhobenen Beschuldigungen äußern wird« und beantragte die Einstellung des Ermittlungsverfahrens nach § 170 Abs. 2 StPO. Diese wurde mir mit Schreiben vom 7. September 1994 mitgeteilt.

Mein Mandant hatte Tränen in den Augen, als er sich bei mir bedankte.

Verfahren gegen Mitglieder des Nationalen Verteidigungsrates und des Politbüros der SED
(1993-2004)

Das Verfahren gegen Alfred Neumann (1993-1999)

Es war am 13. Dezember 1993, als mich das ehemalige Mitglied des Politbüros und des Nationalen Verteidigungsrates Alfred Neumann mit seiner Verteidigung beauftragte. Der Politiker war mir damals nicht näher bekannt. Aufgefallen war er mir lediglich, weil er, wenn er bei Demonstrationen auf der Tribüne stand, alle anderen um Haupteslänge überragte. Das Gericht hatte ihm bereits als Pflichtverteidiger Rechtsanwalt Michael Nitzschke aus Westberlin beigeordnet, und ich beantragte, als zweiter Pflichtverteidiger bestellt zu werden. Das Gericht entsprach meinem Antrag.

Neumann war aus mir nicht ersichtlichen Gründen als Mitglied des Nationalen Verteidigungsrates und nicht als Mitglied des Politbüros zusammen mit Alois Pisnik am 1. September 1993 angeklagt worden. Die Anklage glich der gegen Erich Honecker wie ein Ei dem anderen. Die Schwierigkeit der Anklage kann also kein Grund für ihre späte Erhebung gewesen sein. Der Zeitpunkt der Anklage war vielleicht zurückgestellt, bis die Staatsanwaltschaft sicher sein konnte, dass Heinz Keßler und andere verurteilt werden würden, wie es tatsächlich fünfzehn Tage später geschah. Eine andere Möglichkeit war, dass der Staatsanwaltschaft das Personal mangelte. Sei es wie es wolle, es war so.

Das Verfahren gegen Alfred Neumann beschäftigte mich etwa sechs Jahre, die Staatsanwaltschaft sieben Jahre. Während die Mühlen der Justiz gegen »Keßler u. a.« wie gegen »Krenz u. a.« unentwegt mahlten, ereignete sich im Verfahren gegen meinen neuen Mandanten vorerst so gut wie nichts. Zuständig war nach der Anklageerhebung die Schwurgerichtskammer, erst unter dem Vorsitzenden Richter Dr. Dietrich, später unter Luther. Beide waren jedoch mit Haftsachen überlastet, wie sie sagten. So vergingen Jahre. Allerdings holte die Kammer 1994 ein psychiatrisches Gutachten ein, das sie 1997 wegen des Zeitablaufs aktualisieren ließ. Beide Gutachten attestierten dem Angeklagten Verhandlungsfähigkeit. Danach erging am 15. November 1994 der Eröffnungsbeschluss. Das war für fast drei Jahre alles. Ich dachte mir später, Luther mochte sich an dem politischen Strafverfahren nicht die Finger schmutzig machen. Vielleicht irrte ich mich, aber der Eindruck blieb in der folgenden Zeit bei mir bestehen.

In jener Zeit des Verfahrensstillstands war ich jedoch nicht ohne Beschäftigung. »Ali«, wie Alfred Neumann allgemein in der SED genannt worden war, suchte mich in der Regel wöchentlich einmal auf, um mit mir den Prozess vorzubereiten. Er blieb anfangs häufig länger als eine Stunde, später nur genau eine Stunde, das war wohl die Zeit, die er gesundheitlich ohne Unterbrechung für ein Gespräch aufwenden konnte. Ich sprach gern mit ihm, er imponierte mir.

Für eine Prozessvorbereitung brachten unsere Unterhaltungen allerdings kaum etwas. Das Verhältnis zwischen Anwalt und Mandant war jedoch in politischen Prozessen ein besonderes. Mehr als sonst war hier der Verteidiger nicht nur rational arbeitender Rechtsanwalt, er war (im Rahmen des Gesetzes) ein Kampfgefährte mit allen sich daraus ergebenden Konsequenzen. Neben dem üblichen Ziel des Anwalts, Strafe zu vermeiden oder wenigstens zu mildern, stand hier die Aufgabe, das politische Profil des Mandanten zu wahren.

Wir sprachen darum nicht nur über den bevorstehenden Prozess, sondern fast ebenso häufig und lange auch über Politik und Neumanns Lebenslauf.

Alfred Neumann war 1909 in Berlin-Kreuzberg geboren. Sein Vater war Arbeiter, Tischlergeselle und linker Sozialdemokrat, seine Mutter war Falzerin in einer Buchbinderei. Die ganze Familie wohnte in einer Einzimmerwohnung. Ali wurde auch Tischler, war aber lange Zeit arbeitslos und arbeitete ehrenamtlich im Arbeitersportklub »Fichte«. Nach 1933 wurde er zusammen mit anderen Fichte-Sportlern Mitglied in einem bürgerlichen Sportverein. Wegen seiner sportlichen Leistungen kam er in die deutsche Olympia-Kernmannschaft. Besonders beeindruckte mich, dass er bei einem Sportfest bei der Siegerehrung in der ersten Reihe stand und dort als Einziger nicht die Hand zum »Deutschen Gruß« erhob.

Anschließend musste er flüchten, um nicht verprügelt zu werden. 1934 emigrierte Neumann über Dänemark in die Sowjetunion, wo er als Sportlehrer arbeitete und durch sportliche Erfolge unter anderem Namen bekannt wurde. 1937 sollte er nach Deutschland zurückgeschickt werden, konnte es aber erreichen, dass er zu den Interbrigaden nach Spanien kam. Er wurde verwundet, kam anschließend wieder an die Front, bis er im Februar 1939 über die Grenze nach Frankreich ging. Die Franzosen lieferten ihn 1941 nach Deutschland aus, wo er 1942 wegen Hochverrats zu acht Jahren Zuchthaus verurteilt wurde. Aus der Haft im Zuchthaus Brandenburg kam er im Februar 1945 in eine Strafkompanie und lief bei erster Gelegenheit zur Roten Armee über. Danach war er bis 1947 in Kriegsgefangenschaft.

Er hatte also ein beeindruckendes Leben hinter sich und war sich dessen bewusst.

Während ich alles versuchte, um »Ali« vor dem Prozess zu bewahren, wollte Neumann den Prozess – er wollte es »denen« geben. Ich versuchte, ihn umzustimmen, aber das gelang mir erst, als er selbst fühlte, dass er gesundheitlich der Hauptverhandlung nicht mehr gewachsen sein würde.

In meinem Tagebuch habe ich immer wieder Bruchstücke aus unseren Gesprächen festgehalten. Es fing 1995 an.

»Donnerstag, 12.1., übliche Büroarbeit. Anderthalb Stunden Gespräch mit Ali Neumann. Die Zeitungen sind jetzt voll mit Nachrichten über die Anklage gegen sieben Politbüromitglieder. Interessiert Ali natürlich auch. Er glaubt nicht, dass sie dem Prozess politisch gewachsen sind. Das glaubt er nur von sich.«

Für so abwegig, wie das hier klingen mag, hielt ich sein Urteil nicht. Ich war in dieser Beziehung auch skeptisch. Mich irritierte bereits die Tatsache, dass sich alle Angeklagten nur von Westanwälten verteidigen ließen. Sicher, diese hatten die größeren Kenntnisse des bundesdeutschen Rechts, waren auch mit der Mentalität der Richter vertrauter, aber der Honecker-Prozess hatte mir bestätigt: ein Ostverteidiger hatte auch seine Aufgabe, jedenfalls wenn der Angeklagte einen politischen Prozess führen wollte.

1996 notierte ich: »Gestern, Donnerstag (25.4.) kam unangemeldet Ali Neumann. Seine Interviews mit Siegfried Prokop sollen als Buch erscheinen. Ich soll das verhindern«.

Neumann hatte mit Siegfried Prokop Gespräche über seine politischen Ansichten und Erfahrungen geführt. Der Historiker hatte sie auf Tonband aufgezeichnet. Es war dasselbe wie bei den Unterhaltungen Honeckers mit Andert und Herzberg. Die alten, isolierten Politiker suchten vertraute Gesprächspartner, und diese suchten Stoff für Publikationen. Das war für Beschuldigte, die keine Aussagen machen wollten, ungünstig. Ich konnte übrigens nicht verhindern, dass Prokops Buch unter dem Titel »Poltergeist im Politbüro« bei einem kleinen ostdeutschen Verlag erschien, den es schon bald nicht mehr gab. Auf einen Prozess hatte es mein Mandant nicht ankommen lassen wollen. Er scheute das finanzielle Risiko. Meine Mandanten hatten eben kein Konto in Liechtenstein. Am Ende des Jahres 1996 gab es eine gewisse Bewegung. Das Gericht ordnete am 5. Dezember 1996 eine Nachuntersuchung des Angeklagten auf seine Verhandlungsfähigkeit an. Dies war schon am 2. Juni 1994 angeordnet worden und die Kammer wollte nunmehr Auskunft darüber, ob das damalige Gutachten »durch Zeitablauf ergänzungsbedürftig geworden« sei. Dieses Gutachten wurde am 17. Juni 1997 erstattet.

Es kam zu dem Ergebnis, »dass die altersbedingten Einschränkungen in der Leistungsfähigkeit in diskretem Maße –sicherlich auch im Zusammenhang mit den körperlichen Altersbeschwerden – zugenommen haben«. Daraus folgerte der Gutachter: »Aufgrund des klinischen Eindrucks ist davon auszugehen, dass dem Probanden zweimal eine wöchentliche Verhandlungszeit von eineinhalb Stunden zuzumuten sind.«

Darauf beschränkte das Landgericht am 15. September die Hauptverhandlung auf vier Fälle und trennte die weiteren angeklagten 26 Fälle »zu gesonderter Entscheidung ab«.

Unsere Gespräche gingen 1997 weiter.

»Mittwoch (1.10.) war wieder Ali Neumann bei mir. Ich habe, nachdem er mir eine Stunde einen Vortrag gehalten, dann aber gesagt hatte, eigentlich wolle er etwas von mir hören, ihm erklärt, er rede an der Sache vorbei und laufe Gefahr, sich lächerlich zu machen. Er müsse akzeptieren, dass die Grenzsicherung sich nach innen richtete und die Bürger am Abhauen hindern sollte.

Er hört sich das an und bedenkt das auch. Er möchte den Prozess und sagt, dass das Verfahren ihm hilft, nicht geistig zu veröden. Es ist eine Aufgabe für ihn, mit der er sich beschäftigt.«

Am 11. September kündigte das Gericht an, »dass die Hauptverhandlung im November 1998 beginnen muss«. Es wurde folglich ernst. Die Formulierung, die Hauptverhandlung müsse beginnen, gab allerdings erneut zu Vermutungen über die Haltung des Gerichts Anlass.

Ich stellte darauf den Antrag, »den Angeklagten durch einen Internisten (Kardiologen) auf seine Verhandlungsfähigkeit begutachten zu lassen«. Dabei bezog ich mich auf die Aussage des Psychiaters, dass die Herz-Kreislaufstörungen sich verschlechtert haben und Wasserstau in beiden Beinen und eine perniziöse Anämie aufgetreten sei, die bereits zu Sehstörungen geführt hätte.

Die Kammer beauftragte daraufhin einen Kardiologen mit der Erstattung eines entsprechenden Gutachtens. Dieser erklärte am 15. Dezember 1998: »Herr Neumann ist durch Herzrhythmusstörungen und Herzschwäche, verbunden mit Wasseransammlungen in den Beinen, sowie degenerative Knochen- und Gelenkserkrankung deutlich beeinträchtigt. Seine Herzerkrankung ist medikamentös und durch einen Herzschrittmacher behandelt. Herr Neumann kann daher nicht einer ganztägigen Verhandlung, wohl aber anderthalb Stunden pro Tag dreimal in der Woche dem Verfahren folgen. Während dieser Zeit wird er in der Lage sein, die Bedeutung der Vorbringungen und den Gang der Verhandlung zu erkennen und nahtlos zu verfolgen, so dass er in der Lage ist, seinen Standpunkt sachgerecht zu vertreten und sich ggf. auch gegen Vorwürfe und Anschuldigungen zu verteidigen.«

Das befriedigte mich nicht.

Unter Bezugnahme auf eine Entscheidung des BGH schrieb ich dem Gericht, »Die Tatsache, dass der Angeklagte 89 Jahre alt ist, dass ihm mehrfacher Todschlag vorgeworfen wird und er die Sach- und Rechtslage völlig anders beurteilt als dies in der Anklageschrift und in dem Eröffnungsbeschluss geschieht, lässt eine Hauptverhandlung erwarten, die mit erheblichen Spannungen zwischen allen Beteiligten verbunden sein wird. Derartige Spannungen müssen fast zwangsläufig zu erheblichen Erregungszuständen (nicht nur bei dem Angeklagten) führen. Wie sich derartige Erregungszustände auf die Gesundheit eines 89-Jährigen mit den in dem Gutachten festgestellten Diagnosen, insbesondere Herzrhythmustörung (absolute Arrhythmie) und Herzleistungsstörung auswirken, wäre die eigentliche von dem Gutachter zu beantwortende Frage gewesen.«

Das Gericht bat daraufhin den Gutachter um eine neue Einschätzung auch darüber, »ob durch die Einwirkungen und Belastungen einer ggf. längerfristigen Hauptverhandlung für Herrn Neumann lebensbedrohende oder gesundheitsgefährdende Krisen hervorgerufen werde können oder gar zu erwarten sind, die eine sofortige ärztliche Intervention erforderlich machten«. Der Gutachter antwortete darauf – wie mir schien, etwas unwillig. »Es ist bekannt, dass Herzrhythmusstörungen im Zustand seelischer und körperlicher Belastung zur besonderen Gefahr werden können. Das Risiko ist allerdings nicht so groß, dass daraus eine Verhandlungsunfähigkeit abgeleitet werden muss.«

Ich nahm dazu am 5. März 1999 Stellung und erklärte, der Sachverständige »verkennt die rechtlichen Kriterien der Verhandlungsunfähigkeit. Dies ist dem Sachverständigen nicht vorzuwerfen, doch kann seiner Schlussfolgerung, die er als Mediziner für ein juristisches Problem trifft, nicht gefolgt werden. Ich beantrage aus den vorgenannten Gründen, das Verfahren gegen den Angeklagten einzustellen«.

Mit Beschluss vom 7. Mai 1999 stellte die Schwurgerichtskammer das Verfahren schließlich ein.

Die Staatsanwaltschaft legte kein Rechtsmittel ein.

»Ali« Neumann war jetzt auch einverstanden, dass der Prozess so endete. Als er mich besuchte, konnte ich unter dem 16. Juni notieren: »Er erklärte, er sei sehr zufrieden, wir hätten das bestmögliche Ergebnis erreicht.«

Alfred Neumann starb am 8. Januar 2001. Er war für mich das, was ich unter einem aufrechten Kommunisten verstehe.

In einem Kondolenzbrief an seinen Sohn schrieb ich:

»Sehr geehrter Herr Neumann, mit tiefer Trauer habe ich durch Ihren Anruf vom Tod Ihres Vaters erfahren. Ich glaube nicht, dass ich einen mutigeren und aufrichtigeren Mandanten gehabt habe als ihn. Seine Haltung hat mir immer großen Respekt eingeflößt, und die vielen Gespräche, die wir hatten und die weit über den Rahmen des für seine Verteidigung Notwendigen hinausgingen, werden mir immer in Erinnerung bleiben. Die Tatsache, dass er im Gedächtnis vieler als das Vorbild eines Arbeiterfunktionärs fortleben wird, mag Ihnen ein Trost sein.«

Das Verfahren gegen Siegfried Lorenz u. a. (1996-2004)

Am 28. Mai 1996 erhielt ich das Mandat von Siegfried Lorenz. Er war 1. Sekretär der Bezirksleitung Karl-Marx-Stadt, das jetzt wieder Chemnitz hieß, sowie Mitglied des Politbüros. Am 29. Februar hatte er die Anklage erhalten, die ihn zusammen mit den anderen Mitgliedern des Politbüros – Prof. Herbert Häber, Werner Eberlein und Dr. Hans-Joachim Böhme – des Totschlags durch Unterlassen in drei Fällen beschuldigte.

Schon seit Januar hatten wir wegen der gegen ihn erhobenen Beschuldigungen miteinander in Verbindung gestanden. Ich hatte mir aber von ihm zunächst keine Vollmacht geben lassen, weil ich glaubte, es würde *nicht* zu einem Prozess gegen weitere führende DDR-Politiker kommen. Es ist mir heute nicht mehr klar, warum ich das annehmen konnte. Die innenpolitische Situation in Deutschland ließ das nicht erwarten. In meinem Tagebuch notierte ich z. B. am 12. Januar: »Die Medien berichten sämtlich über ungünstigere Wachstumsprognosen für 1996 als bisher gedacht. Arbeitslosigkeit wächst weiter. Es werden Zahlen bis zu 6 Millionen (einschließlich verdeckter Arbeitslosigkeit) genannt. Dennoch wird immer noch schöngefärbt.«

Heute kann ich mir meinen damaligen Optimismus nur mit meinem noch wenig erschütterten Glauben an den »Rechtsstaat« erklären.

Über die Anklage musste vor derselben Schwurgerichtskammer unter Vorsitz von Hans-Christian Luther verhandelt werden, bei der auch das Verfahren gegen Neumann anhängig war. Wie im Verfahren gegen Alfred Neumann ereignete sich auch im sogenannten Zweiten Politbüroprozess zunächst nichts. Ich war froh darüber, denn mein Leben verlief in dieser Zeit ziemlich turbulent. Der Prozess gegen Hans Modrow wegen angeblichen Meineids stand bevor, im Juni erlitt ich einen Herzinfarkt, ich wurde im August operiert und erhielt zwei Bypässe. Im Oktober nahm ich wieder meine Arbeit auf, und im November verteidigte ich Hans Modrow vor dem Landgericht Dresden.

Meine Frau hatte Sorgen um den Erhalt ihres Arbeitsplatzes. Erst nach einer Festanstellung im Oktober wurde sie von dieser Sorge befreit. Danach gab es für sie eine übermäßige berufliche Belastung, zu der die Tatsache trat, dass sie allein die Last des Haushalts zu tragen hatte. Es reichte.

Bewegung im Lorenz-Verfahren zeigte sich am 12. März 1997. An diesem Tag erließ das Kammergericht einen Haftbefehl gegen meinen Mandanten. Richter Luther hatte den Erlass zweimal abgelehnt, und auch das Kammergericht war ursprünglich gleicher Auffassung gewesen, schließlich war Lorenz in den vergangenen fünf Jahren nach dem Beginn des Ermittlungsverfahrens gegen ihn nicht geflohen. Gründe für einen Haftbefehl – Verdunklungs- und Fluchtgefahr – lagen folglich nicht vor.

Das Kammergericht sah das jetzt plötzlich anders als Luther. Inzwischen waren Keßler und die anderen Mitglieder des Nationalen

Verteidigungsrates in allen Instanzen verurteilt worden. Die Justiz hatte also ihr letztes Wort zu den schwierigen Rechtsfragen gesprochen, die die Verfolgung der Angeklagten aufgeworfen hatte. Richter Luther hatte allerdings in die zweite Ablehnung des Haftbefehls den hintergründigen Satz einfließen lassen:»Dass inzwischen das Bundesverfassungsgericht – in anderer Sache – entschieden und damit eine – u. U. auch für das hiesige Verfahren – bedeutsame Klärung umstrittener, verfassungsrechtlich relevanter Fragen herbeigeführt hat, entbindet die Strafgerichte nicht von der umfassenden strafrechtlichen Prüfung im Einzelfall.«
Das konnte eine von der bisherigen Rechtsprechung abweichende Entscheidung bedeuten.

Der Haftbefehl des Kammergerichts war zugleich gegen die Auflagen, Personalausweis und Reisepass abzugeben, sich einmal wöchentlich bei der zuständigen Polizeidienststelle zu melden und den Wohnsitz nur mit Zustimmung des Gerichts zu wechseln, ausgesetzt worden. Nach seinem Erhalt rief ich Richter Luther an und fragte, wann mit einem Termin der Hauptverhandlung zu rechnen wäre. Den Inhalt des Gesprächs teilte ich meinem Mandaten schriftlich mit:»Er erklärte mir sofort, er habe keine ›Luft‹ dafür.« Ich fügte hinzu:»Insgesamt bestärkte mich das Telefonat in meiner Auffassung, dass der Vorsitzende nicht nur keine ›Luft‹, sondern auch keine Lust hat, diese Sache zu verhandeln.«

Tatsächlich trat danach wieder die alte Ruhe in dem Verfahren ein, die erst ein Jahr später durch den Erlass des Eröffnungsbeschlusses am 9. April 1998 unterbrochen wurde. Die Eröffnung des Verfahrens gegen Werner Eberlein wurde abgelehnt, da dieser auf Dauer verhandlungsunfähig war.

Trotz der angenehmen Zurückhaltung des Vorsitzenden Richters war klar, irgendwann musste es zur Hauptverhandlung und zu einem Urteil kommen, das nach Lage der Dinge nur eine Verurteilung sein konnte.

Zur Vorbereitung auf das Gerichtsverfahren trafen Frau Kossack und ich uns in unserem Büro im August 1997 mit den Mitangeklagten Werner Eberlein sowie Dr. Hans-Joachim Böhme und seinem Verteidiger Rechtsanwalt Arndt. Weiter hatten wir Egon Krenz und seinen Anwalt Unger eingeladen, um von ihren Prozesserfahrungen zu profitieren.

In einer Aktennotiz über diese Zusammenkunft heißt es:»In dieser Besprechung gingen alle Beteiligten von der Auffassung aus, dass nach den Urteilen des BGH und Bundesverfassungsgerichts in

Sachen Keßler und Streletz an einer rechtskräftigen Verurteilung von Egon Krenz, aber auch an einer Verurteilung der Angeklagten im 2. Politbüroprozess, keinerlei Zweifel bestehen kann. Die einzige Möglichkeit, diese Rechtsprechung noch zu ändern, besteht in der Anrufung des EGMR(Europäischer Gerichtshof für Menschenrechte). Die Teilnehmer gingen davon aus, dass Streletz und Keßler den EGMR bereits mit entsprechenden Beschwerden angerufen haben. Absolute Klarheit gab es jedoch nicht. Es wurde weiter davon ausgegangen, dass die Beschwerden von den jeweiligen Strafverteidigern, aber nicht von Experten auf dem Gebiet des internationalen Rechts, insbesondere des Menschenrechts, eingelegt worden sind.«

In Übereinstimmung mit den Mitangeklagten und ihren Verteidigern begab ich mich danach auf die Suche nach Geldgebern für die sicher nicht niedrigen Honorare dieser Anwälte. Die Verurteilten konnten dieses Geld nicht aufbringen. Als Geldgeber kamen nur Organisationen in Frage, die sich die Aufgabe gestellt hatten, Verfolgte der politischen Justiz zu unterstützen. So setzte ich mich 1997 mit der Gesellschaft für Bürgerrecht und Menschenwürde (GBM) in Verbindung. Diese sagte mir zusammen mit der Gesellschaft zur rechtlichen und humanitären Unterstützung (GRH) Hilfe unter der Bedingung zu, dass die entsprechenden Schritte der Angeklagten im 2. Politbüroprozess mit denen der Verurteilten in dem Verfahren gegen Krenz u. a. koordiniert würden. Das entsprach ganz meinen Intentionen.

So kam es schließlich im November 1997 zu einem ersten Gespräch mit Fritz Streletz, in dem er mir mitteilte, dass er selbst Beschwerde in Strasbourg eingelegt habe.

Ansonsten geschah auch nach Erlass des Haftbefehls in dem Prozess nichts, wenn man davon absieht, dass Frau Kossack und ich im Februar 1999 auf unseren Antrag als Pflichtverteidiger bestellt und die Auflagen des Haftbefehls im August 1999 aufgehoben wurden. Die Zeit nutzte ich für die Prozessvorbereitung, soweit ich nicht durch andere Aufgaben abgehalten wurde. Derartige Aufgaben gab es privat und beruflich mehr als genug. So konnten meine Frau und ich 1997 mit dem Geld, das wir von unseren wohlhabenden Eltern geerbt hatten, unser ehemaliges Datschengrundstück kaufen und darauf ein Jahr später ein Einfamilienhaus bauen lassen, in das wir schließlich 1998 einzogen. Das alles kostete Zeit und Nerven.

Beruflich musste ich nach dem Herzinfarkt kürzer treten. Dabei verlangten die verschiedenartigsten Probleme ihre Beachtung und Lösung. So wurde unsere Sozietät in unregelmäßigen Abständen von existentiellen Sorgen bedrängt. Am 14. Mai trug ich ins Tagebuch ein: »Habe mich mit der wirtschaftlichen Lage der Sozietät beschäftigt. X. war in Panik, weil kein Geld eingeht.« Und am 2. Juli 1997: »Im Büro ist es beängstigend ruhig, liegt wohl an der Urlaubszeit.«

In den Mandaten, die ich zu bearbeiten hatte, ging es auf unterschiedlichen Rechtsgebieten um die juristische Auseinandersetzung mit der DDR. Der Fall Axen war immer noch nicht abgeschlossen, erregte weiter Aufsehen und verlangte anwaltlichen Einsatz.

1998 erhielt ich auch das erste Mandat zu einer Menschenrechtsbeschwerde auf arbeitsrechtlichem Gebiet, der dann weitere wegen der Benachteiligung ehemaliger DDR-Bürger in ihren Rentenansprüchen folgten. Schließlich wurde ich immer wieder aufgefordert, zu den Fragen der rechtlichen »Aufarbeitung« der DDR-Vergangenheit öffentlich Stellung zu nehmen, so z. B. auf einer Tagung der *European Criminal Bar Association* am 29. April 2000 in Berlin.

Wenn mein Mandant und ich auch davon überzeugt waren, dass es keinerlei Chance auf einen Freispruch in einem Prozess geben würde, bereiteten wir uns doch gründlich auf ihn vor. Seltsam, von den DDR-Verteidigern sagte man, sie hätten nur eine Feigenblattfunktion gehabt, ein BRD-Verteidiger hatte jedoch in einem politischen Verfahren wie diesem ebenfalls keine Aussicht auf Erfolg.

Der Verteidiger von Egon Krenz hatte das in seinem Plädoyer vor dem Landgericht bereits am 4. August 1997 gesagt: »Von Anfang an war allen Prozessbeteiligten bewusst, dass Sie diese Angeklagten verurteilen würden, weil Sie sie verurteilen müssen. Eine Wahlfreiheit haben Sie, das Gericht, nie gehabt. Mit der Verurteilung des ersten Grenzsoldaten hat sich die bundesdeutsche Justiz selbst gebunden. Die nachfolgenden Verurteilungen der Kommandeure und Generäle, der Mitglieder des Nationalen Verteidigungsrates (NVR) und jetzt des Politbüros waren und sind eine zwangsläufige unvermeidbare Folge. Sie konnten keineswegs, und darin folgt ihnen der Angeklagte Krenz, die Kleinen hängen und die Großen laufen lassen.«

Theoretisch musste das Gericht allerdings nicht verurteilen. Die Richter waren unabhängig, aber praktisch wussten sie, dass ihr Urteil dann keinen Bestand haben würde und sie wussten auch, dass das ihrer Karriere nicht förderlich wäre. Der bekannte Gerichtskorrespondent Rolf Lamprecht hat das in seinem 1995 erschienenen Buch »Vom Mythos der Unabhängigkeit«, den ehemaligen Präsidenten des BGH, Pfeiffer, zietierend, so ausgedrückt: »Wirklich unabhängig sind vielleicht nur der Amtsrichter, der alle Karrierevorstellungen aufgegeben hat und die Präsidenten des Bundesverfassungsgerichts und der obersten Gerichtshöfe.« Hier wäre aus meiner Sicht nur zu ergänzen, dass die Letzteren von den politischen Parteien so ausgewählt sind, dass sie aus eigener Überzeugung so entscheiden, wie das ihre Wähler von ihnen erwarten.

Mit Siegfried Lorenz sprach ich nicht nur über den bevorstehenden Prozess. Wir diskutierten auch aktuelle politische Probleme und schließlich nutzte ich auch die Gelegenheit zu erfahren, wie es damals im Politbüro zugegangen ist. Was ich hörte, deprimierte mich. Im Tagebuch trug ich damals ein: »Ich ärgere mich über die Unfähigkeit des PB. [...] Sie haben wie ein Stammtisch diskutiert, unverbindlich, ohne dass es Konsequenzen hatte. Dabei haben sie noch die brennenden Fragen ausgelassen, um nicht mit Erich in Konflikt zu geraten. Wie der 17. 10. gezeigt hat, hätten sie ihre Meinung äußern können. Sie wagten es nicht, obgleich nichts zu wagen war. Sie hatten auch keine Konzeption, keiner.«

Am 8. November 1999 hörte ich mittags im Rundfunk, dass der BGH das Krenz-Urteil bestätigt, d. h. die Revisionen zurückgewiesen hat. Das hatte ich erwartet. Ich musste mich schnell informieren, denn ich war zusammen mit Generalstaatsanwalt Schaefgen aus diesem Anlass zu einer Sondersendung des Rundfunks Berlin-Brandenburg, damals noch *ORB*, eingeladen.

Im Tagebuch vermerkte ich: » Nachmittags 16.45 holte mich der Fahrer von *ORB* ab. Wir waren schon eine Stunde später in Babelsberg, und es war bis zur Sendung 19.45 also noch viel Zeit. Habe mit ihm in der Teestube gesessen. Er studiert in Brandenburg Betriebswirtschaftslehre und ist zuversichtlich, eine Arbeitsstelle zu bekommen, wenn er fertig ist. Später wurde ich abgeholt und saß dann mit Schaefgen vor der Sendung noch zusammen. Wir sprachen wenig miteinander, wahrten aber in jeder Beziehung die Form. Er sagte mir, der Lorenz-Prozess würde nun bald stattfinden. In der Sendung selbst wurde er erwartungsgemäß bevorzugt, ich tat jedoch das Mögliche.

Nach der Sendung gab es noch eine erregte Diskussion, an der außer der Moderatorin (von der Ossietzky-Schule in Pankow) auch zwei vom *ORB* teilnahmen. Alle waren gegen mich. Nur nach dem

Abschminken verabschiedete mich eine Maskenbildnerin betont freundlich und wünschte mir alles Gute.«

Ja, so war das damals. Man vergisst das, wenn man es nicht aufschreibt.

Was bedeutete das Krenz-Urteil des BGH für den Prozessbeginn in Sachen Lorenz? Ich rief am 9. November bei Richter Luther an, um das zu erkunden. Er war sehr freundlich und sagte, die Hauptverhandlung würde nach Ostern beginnen. Man habe ihm vorgeworfen, er wolle das BGH-Urteil gegen Krenz abwarten, aber das wäre nicht der Fall gewesen. Ich kündigte an, dass Frau Kossack und ich ihn einmal zur Vorbesprechung aufsuchen wollten und wir voraussichtlich für einen kurzen Prozess wären.

Die strafrechtliche »Aufarbeitung« der DDR-Vergangenheit war um diese Zeit im Wesentlichen beendet. Im Januar Heft des Jahres 2000 erschien in der *Neuen Justiz* ein Artikel von Christoph Schaefgen, inzwischen Generalstaatsanwalt a. D.,»Zehn Jahre Aufarbeitung des Staatsunrechts in der DDR«. Es sollte sich später herausstellen, dass dies neben einer 1999 erschienenen Publikation der Universitätsprofessoren Klaus Marxen und Gerhard Werle »Die strafrechtliche Aufarbeitung von DDR-Unrecht. Eine Bilanz« die einzige offiziöse Auskunft über das Ergebnis der Verfolgung von mehr als 100 000 ehemaligen DDR-Bürgern bleiben würde.

Die Medien verschwiegen dieses Ergebnis unisono.

Wie anders und lauter klang es doch neun Jahre zuvor. Der seinerzeitige Justizminister Kinkel hatte in einem Referat auf einer Veranstaltung, die Erstes Forum des Bundesministers der Justiz genannt wurde (ein zweites Forum gab es übrigens interessanterweise nicht), am 9. Juli 1991 in Bonn verkündet:»Der Versuch aber, staatliches Unrecht mit den Mitteln des Rechts zu bewältigen, ist nahezu singulär. Die Nürnberger Prozesse, die Verfolgung des Massakers in My Lai, und die NS-Prozesse gehören hierher. Mit diesen Prozessen sind wir noch nicht zu Ende, das Verfahren gegen Herrn Schwammberger in Stuttgart hat gerade erst begonnen, und schon müssen wir 45 Jahre später bereits SED-Unrecht aufarbeiten. Auschwitz und Bautzen.«

Dieser Bundesjustizminister hat wirklich und ernsthaft Auschwitz und Bautzen gleichgesetzt. Niemand aus der Regierung hat ihn korrigiert, er selbst hat sich nicht entschuldigt. Es blieb so stehen, wie es 1991 gesagt wurde. In Auschwitz, wissen wir, wurden mindestens 1,1 Millionen Menschen ermordet, davon etwa eine Million Juden, wie Raul Hilberg in seiner 1990 in Frankfurt am Main veröffentlichten Dokumentation »Die Vernichtung der europäischen Juden« schrieb. Diese industriemäßige Vernichtung von Menschenleben verglich ein deutscher Justizminister mit Bautzen! Niemand wurde dort ermordet. Das Ergebnis der juristischen Vergangenheitsbewältigung hat es bewiesen.

Die von Schaefgen und den beiden Professoren der Humboldt-Universität gezogene Bilanz der »Aufarbeitung des Staatsunrechts in der DDR« blieb der Öffentlichkeit verborgen, und die Justiz hielt sich ihre Binde vor die Augen. Das war die Situation, als der Prozessbeginn näher rückte. Am 8. Juli 1998 hatten Lorenz und ich noch erörtert, ob es eine Amnestie gäbe. Im Tagebuch hieß es damals: »Wir diskutierten, wie die juristische Vergangenheitsbewältigung weitergeht. Ich denke, wenn die Regierenden vernünftig sind, machen sie aus Anlass des 10. Jahrestages des Beitritts eine Amnestie – ich glaube aber nicht, dass sie vernünftig sind.

Auch von Strasbourg erwarte ich keine positive Entscheidung, halte sie aber nicht für ausgeschlossen. Strasbourg hat mit größerer Wahrscheinlichkeit eine indirekte Wirkung der Mäßigung auf die deutschen Antikommunisten.«

Jetzt, nach der Jahrtausendwende, kommt der Gedanke an eine Amnestie gar nicht mehr auf.

Am 4. April 2000 erhielten wir die Ladung zur Hauptverhandlung. Seit November 1999 waren wir auf einen Verhandlungsbeginn im Frühjahr 2000 durch das Telefongespräch mit dem Vorsitzenden Richter vorbereitet. Zur Vorbereitung auf die Gerichtsverhandlung gehörte der Versuch, Übereinstimmung mit den Mitangeklagten und ihren Verteidigern zu erreichen. Da das Verfahren gegen Werner Eberlein aus Gesundheitsgründen eingestellt worden war, brauchten wir nur mit Dr. Böhme und Prof. Häber sowie deren Anwälten in Kontakt zu treten.

Mit Dr. Böhme und seinen Verteidigern, den Rechtsanwälten Arndt und Röver, war dies schon im August 1997 geschehen. Lorenz und Böhme verstanden sich gut.

Anders war es mit Prof. Herbert Häber. Unsere Mandanten hatten zwar auch mit ihm Kontakt, doch deutete sich an, dass er seine Verteidigung anders gestalten wollte. Frau Kossack schrieb am 8. Dezember an seinen Verteidiger, Rechtsanwalt Herrmann, dass wir gern »in Vorbereitung der nun wohl beginnenden Hauptverhandlung« mit ihm einige Fragen erörtern würden.

Rechtsanwalt Herrmann teilte daraufhin von seinem Mandanten mit: »Er hat ausdrücklich erklärt, dass er keine gemeinsame Ver-

teidigung wünscht, so dass hier eine sogenannte ›Sockelverteidigung‹ nicht stattfinden wird.«
Damit war klar, Herbert Häber ging mit anderen Vorstellungen in die Verhandlung als wir.

Die Hauptverhandlung begann am 9. Mai 2000.

Suzanne Kossack und ich hatten uns davor schnell darauf geeinigt, dass sie die Probleme des Sachverhalts erörtern solle, während ich die Rechtsfragen zu behandeln hätte. Dementsprechend bereitete ich einen Antrag auf Einstellung, hilfsweise Aussetzung des Verfahrens bis zur Entscheidung über die Menschenrechtsbeschwerden von Streletz, Keßler, Krenz und einem ungenannten Grenzsoldaten vor.

Meinen neunzehnseitigen Antrag verlas ich am ersten Tag. Ich brachte fünf Gründe vor, die die Durchführung des Verfahrens ausschlössen. Nämlich 1. das Prozesshindernis der Immunität, 2. das Gebot der Gewährleistung eines unparteiischen Gerichts i. S. des Art. 6 Abs. 1 der Europäischen Menschenrechtskonvention, 3. das Gebot der Durchführung der Verhandlung »innerhalb einer angemessenen Frist« nach Art. 6 Abs. 1 EMRK, 4. die Verletzung des Rechts auf ein faires Verfahren gemäß Art. 6 Abs. 1 EMRK und schließlich 5. wegen Verstosses gegen die Unschuldsvermutung nach Art. 6 Abs. 2 EMRK.

Zur Rüge der Verletzung des Gebots eines unparteiischen Gerichts hatte ich vorgetragen:»Natürlich wollen wir nicht behaupten, dass die erkennenden Richter persönlich gegen unseren Mandanten voreingenommen sind. Das Problem liegt auf einer anderen Ebene. Das Problem heißt: West entscheidet über Ost oder, anders ausgedrückt, die BRD über die vergangene DDR.

Zwei unterschiedliche Faktoren, die auf der Hand liegen, sind dabei zu bedenken:

1. Die unterschiedlichen Positionen, die damals, also zwischen 1986 und 1989, die Bundesrepublik mit ihren Organen einerseits und die DDR mit ihren Organen andererseits zu den für dieses Verfahren relevanten Ereignissen bezogen haben und

2. die Unterschiede, die heute zwischen Ost- und Westdeutschen bestehen.

Zum ersten Gesichtspunkt: Der Richter der Bundesrepublik war früher und ist natürlich heute noch auf die freiheitlich demokratische Grundordnung vereidigt. Was das zur Zeit der DDR bedeutete, kann man heute nur noch ermessen, wenn man in Geschichtsbücher sieht. Peter Bender beschreibt 1995 in der Reihe ›Deutsche

Geschichte der neuesten Zeit‹ (›Die neue Ostpolitik und ihre Folgen‹) die Haltung der Westdeutschen gegenüber dem Osten und seiner Ideologie so: ›Kommunisten waren nicht Menschen mit anderer politischer Auffassung, sondern Kranke oder Kriminelle, entweder nicht normal oder nicht moralisch, in jedem Falle aber gefährlich.‹ Und er fügt hinzu: ›Für den Osten galten auch die üblichen Begriffe der Politik nur bedingt. Er war nicht der Gegner, sondern Feind, sogar Todfeind.‹«

Ich argumentierte ausführlich weiter und trug auch vor: »Der Richter, der seit Jahrzehnten gewohnt und durch höchstrichterliche Rechtsprechung gehalten ist, in der DDR den Feind der Bundesrepublik zu sehen, kann für ein ehemaliges Mitglied des Politbüros der SED kein unparteiischer Richter sein, wie es Art. 6 EMRK verlangt. Ein fairer Prozess ist unter diesen Umständen [...] unmöglich.«

So sehe ich das heute auch noch.

Das Gericht lehnte die Anträge am 16. Mai ab. Die im Protokoll enthaltene handschriftliche Begründung der Entscheidung umfasst sieben Seiten. Sie überzeugte mich nicht. Ohne auf die wechselseitigen Argumente im Einzelnen eingehen zu können, sollen doch zwei erwähnt werden, da sie von grundsätzlicher Bedeutung sind.

So hielt die Kammer meinen Einwand, die Angeklagten genössen völkerrechtliche Immunität, da ein Staat nicht über einen anderen Staat zu Gericht sitzen dürfe, für unzutreffend. Ich hatte ihn mit einem Zitat aus einem der angesehensten Lehrbücher des Völkerrechts belegt. Die Kammer ließ jedoch das Völkerrecht völlig unberücksichtigt. Sie meinte, die Angeklagten hätten die Möglichkeit zu einer anderen Entscheidung gehabt. Das hatte mit ihrer Immunität nichts zu tun. Auch der Hinweis der Kammer, die DDR habe »im Einigungsvertrag nicht unterbunden, dass Verfahren wie das vorliegende möglich wurden«, beseitigte nicht das Verfahrenshindernis der Immunität. Im Gegenteil, gerade weil die DDR-Amtsträger immun waren, mussten die DDR-Vertreter im Einigungsvertrag nicht ihre Straffreiheit berücksichtigen lassen.

Am 16. Mai, dem zweiten Tag der Hauptverhandlung, verlasen die Angeklagten ihre vorbereiteten persönlichen Erklärungen. Entsprechend der Reihenfolge in der Anklage begann Prof. Herbert Häber. Er sagte: »Die Anklage gegen mich hat mich gezwungen, über mein Tun und Lassen in den 70er und 80er Jahren noch einmal gründlich nachzudenken. Auch über die eigene Verantwortung. Dabei musste ich nach der langen Zeit Zeugen befragen sowie Unterlagen zu Rate ziehen, insbesondere aus dem Bundesarchiv sowie aus den Archiven der Gauck-Behörde. Das war für mich umso wichtiger, als bei meinem Hinauswurf aus dem SED-Politbüro im Herbst 1985 der von mir versiegelte Panzerschrank in meiner Abwesenheit ausgeräumt wurde. Wie ich erfuhr, sind dabei Akten vernichtet worden.

Unauffindbar bleiben noch immer die Unterlagen aus der Zeit meines Zwangsaufenthaltes in der Psychiatrischen Klinik in Bernburg/Saale vom Frühjahr 1986. Akten über meine erzwungene Ruhigstellung im DDR-Regierungskrankenhaus im Herbst 1985 sollen sich, wie mir mitgeteilt wurde, noch im Besitz von Einrichtungen der USA befinden. Von dort ließ man mich aber schon wissen: Wäre ich im Herbst 1985 noch zwei Wochen der dort an mir praktizierten Ruhigstellungs-Therapie ausgesetzt gewesen, hätte ich nicht überlebt.

Meine Erinnerungen und meine prinzipielle Haltung führen mich zu der Feststellung: Ich kann in diesem Verfahren nur mich verteidigen, nicht das Politbüro der SED. Das ist kein Affront gegen die hier mit mir sitzenden anderen Angeklagten. Mit ihnen bin ich keine Minute gemeinsam in diesem Gremium gewesen: Sie können nicht wissen, was ich tat und unterließ, und ich weiß es nicht von ihnen.«

Auf Herbert Häber folgte die persönliche Erklärung von Siegfried Lorenz.

Ich gebe sie in vollem Wortlaut als ein Dokument wieder, das zeigt, wie ein typisches Politbüromitglied nach dem Anschluss der DDR an die BRD über seine Verantwortung dachte, was es für einen Charakter hatte und wie seine soziale Entwicklung verlaufen war.

»Seitdem ich die Anklageschrift der Staatsanwaltschaft II bei dem Landgericht Berlin vom 29. Februar 1996 erhalten habe, sind inzwischen über vier Jahre vergangen.

In dieser Zeit sprachen die Gerichte in gleicher Sache höchstrichterliche Urteile über hoheitliches Handeln von Politikern und Militärs der DDR, also von Angehörigen eines anderen Staates. Die Urteile aus all den bisherigen Prozessen haben gezeigt, die Gerichte, d. h. das Landgericht Berlin, der Bundesgerichtshof und das Bundesverfassungsgericht halten uns für schuldig.

Nur die Entscheidung über die Menschenrechtsbeschwerde beim Europäischen Gerichtshofes steht noch aus. Vom Europäischen Gerichtshof erwarte ich im Hinblick auf das von den deutschen Gerichten verletzte Rückwirkungsverbot ein anderes Urteil. Es wird dem Europäischen Gerichtshof auffallen, dass in der Geschichte der deutschen Rechtsprechung deutsche Richter ein wechselndes Verhältnis zum Rückwirkungsverbot zeigten. Marinus van der Lubbe wurde zum Tode verurteilt, nachdem diese Strafe per Gesetz rückwirkend vom 30. Januar 1933 eingeführt worden war. 1950 erklärte Deutschland im Hinblick auf die möglicherweise zu verurteilenden Nazi- und Kriegsverbrecher seinen Vorbehalt gegen Artikel 7 Abs. 2 der europäischen Menschenrechtskonvention. In den Prozessen gegen DDR-Amtsträger wurde das Rückwirkungsverbot entgegen Artikel 103 Abs. 2 GG wieder aufgehoben. Bekanntlich hat diese Praxis Widerspruch bei nicht wenigen Rechtswissenschaftlern, praktizierenden Juristen, Journalisten und Vertretern des Auslands gefunden. Die Bindung der deutschen Gerichte an die höchstrichterliche Rechtsprechung lässt mich annehmen, dass die Richtung und das Ergebnis auch meines Prozesses demzufolge vorgezeichnet sind.

Wie schon viele meiner sogenannten Mittäter habe auch ich kein Interesse, das Verfahren, das dem bekannten Ende vorausgeht, auszudehnen. Von diesem Umstand wird meine Verteidigung bestimmt sein. Ich werde also keine Befangenheitsanträge stellen und keine Besetzungsrügen erheben. Es ist mir klar, dass, gleich welchen Namen der Richter trägt, er ein Richter sein wird, der seinen Eid auf die Bundesrepublik Deutschland geleistet hat und dass ich vor Ihnen stehe als Angehöriger eines Staates, den die Bundesrepublik Deutschland als Feind betrachtete, wie umgekehrt dieser der Bundesrepublik konfrontativ gegenüberstand. Sie werden über Handlungen von Politikern eines Staates urteilen, in dem sie nie gelebt haben und deren Rechtsordnung für sie schwer zugänglich blieb. Ich befürchte, dass nach der Anklageschrift die Zerrbilder über die DDR, die der Kalte Krieg geprägt hat, auch in diesem Gerichtssaal Spuren hinterlassen werden. Wer immer hier auch über mich bzw. über uns urteilen wird, er wird kein Freund der DDR und auch nicht neutral sein. Bedenkenswert erscheint mir allerdings schon, wenn bei diesen Prozessen die DDR die Angeklagten und die alte Bundesrepublik die Ankläger und Richter stellt.

Die 1.245 Seiten umfassende Anklageschrift, die im Übrigen der gegen Egon Krenz und andere Mitglieder des Politbüros größtenteils aufs Wort gleicht, ist wohl nicht als Schlusspunkt des Kalten Krieges zu betrachten. Eher gewinne ich den Eindruck, dass sie der Vollstreckung des politischen Willens nach Delegitimierung der

DDR entspricht; dass sie die beabsichtigte juristische Abrechnung mit dem politischen System der DDR und ihrer politischen Führung vollzog.

Es war daher nicht verwunderlich, dass die Anklage es für notwendig hielt, auf 95 Seiten in einem ersten Teil zum geschichtlichen Hintergrund, zum Grenzregime und der Ausreisepraxis der DDR im allgemeinen Stellung zu nehmen; in einem zweiten Teil das Grenzregime vor dem Hintergrund von Partei und Staat in der DDR auf weiteren 20 Seiten beleuchtet; in einem dritten Teil auf etwa 300 Seiten, die an der Grenzsicherung mitwirkenden Organe und Gremien im einzelnen untersucht und schließlich auf 680 Seiten Beschlüsse und Entscheidungen zur Errichtung, zum Ausbau und zur Aufrechterhaltung des Grenzregimes sowie damit im Zusammenhang stehende Entscheidungen im einzelnen ab dem Jahre 1952 willkürlich interpretiert. Wenn dabei in einem fort kein Zweifel darüber gelassen wurde, wo die Anklagebehörde steht, wenn sie von den führenden Funktionären der SED als von ›Machthabern‹ spricht (S. 74, 78), wenn sie die Tagungen der Volkskammer als ›Farce‹ (S. 110) beschreibt oder vom ›Diktat der SED‹ spricht (S. 112), wenn sie die staatlichen Stellen als ›Befehlsempfänger des Politbüros‹ (S. 114) qualifiziert oder meint, das Parteistatut enthalte ›leere Versprechungen, die in der Praxis nie eingelöst wurden‹ (S. 124) und wenn sie Kampfbegriffe wie ›Stalinisierung der SED‹ (S. 125) verwendet, so liefert das möglicherweise unfreiwillig den Beweis für etwas, das uns seit langem bekannt ist, den Beweis dafür, dass wir uns in einem politischen Prozess befinden. Es genügt die politische Stellung in der DDR, meine Mitgliedschaft im Politbüro des ZK der SED, um anzuklagen.

Wie man es auch immer nennt. Es bleibt mein Eindruck, dass ein Staat über einen anderen richtet, dass Gesetze und Rechtsauffassung des einen Staates Anwendung finden, die des anderen dagegen dem Bannstrahl anheim fallen oder ins Gegenteil verkehrt werden. Von der Verpflichtung des Einigungsvertrages jedenfalls, die Gesetze der DDR anzuwenden, ist nichts zu spüren.

Doch die Politik, die hier letztlich be- und verurteilt wird, die auch die von mir vertretene war, fand nicht im luftleeren Raum statt; sie vollzog sich immer unter konkreten historischen Umständen und Bedingungen, im Miteinander und Gegeneinander der Interessen von Menschen, Staaten und politischen Bewegungen.

Es ist wahr: Ich gehörte zu den führenden Leuten in der DDR. Ich arbeitete seit 1976 als 1. Sekretär einer Bezirksleitung und im

Herbst 1989 kurzzeitig als Sekretär des Zentralkomitees der Sozialistischen Einheitspartei Deutschlands. Seit 1963 war ich Abgeordneter im obersten staatlichen Machtorgan der DDR, der Volkskammer. Und schließlich gehörte ich von 1986 bis 1989 dem Politbüro des ZK der SED als Mitglied an. Ich habe also zweifelsfrei eine hohe politische Verantwortung in der DDR getragen, zu der ich mich ohne Wenn und Aber bekenne und für die ich einstehe. Mir ist dabei bewußt, dass heutzutage die Tätigkeit des Politbüros und die politischen Entscheidungen der Führung der SED dem Feuer der Verurteilung unterliegen und die Deutsche Demokratische Republik auf dem Prüfstand der Geschichte steht. Wenn ich mich hier dazu äußere, so geschieht das nicht in der Annahme, Strafprozesse könnten die wechselvollen weltgeschichtlichen Vorgänge erhellen und auf den berühmten Punkt bringen. Dennoch möchte ich zu den erhobenen Vorwürfen meine Meinung sagen.

Herr Vorsitzender, meine Damen und Herren!

Ich betrachte es als eine große Tragik, dass sich die Beziehungen zwischen den beiden deutschen Staaten im Spannungsfeld des Kalten Krieges bewegten und schmerzliche Wunden auf beiden Seiten schlugen. Es ist wahr, dass es an der Grenze zwischen beiden Staaten im Laufe der Jahre zu gefährlichen Zwischenfällen kam, dass dabei zumeist junge Menschen – fluchtwillige Grenzverletzer wie Grenzsoldaten – getötet oder schwer geschädigt wurden. Jedes dieser tragischen Ereignisse war eines zuviel und hat uns erschüttert; es hat nicht zuletzt dem Ansehen der DDR, dem Staat, dem ich mich verbunden fühlte, geschadet.

Es ist kein Lippenbekenntnis, wenn ich darüber mein tiefes Bedauern zum Ausdruck bringe. Keiner von uns wollte Tote – weder an der Grenze noch anderswo. Den Verlust von Menschenleben kann nichts wieder gut machen. Ich kann deshalb den Schmerz und das Leid der Angehörigen und Freunde dieser Opfer vollauf verstehen und mir ist auch bewusst, dass Worte das nicht zu lindern vermögen. All denen, die in Ost wie in West hohe politische Ämter bekleideten und den Kategorien des Kalten Krieges verhaftet waren, ist damit eine schwere moralische Last auferlegt. Auch wenn Geschichte nicht wiederholbar ist, werden wir uns immer wieder zu fragen haben, ob das unvermeidlich war, ob politische Entscheidungen in beiden Lagern der Entwicklung in der Nachkriegszeit eine andere, bessere Richtung hätten geben können. Doch ist weder die Antwort hier im Gerichtssaal zu finden noch kann man Geschichte rückgängig machen.

Die Staatsanwaltschaft wirft uns ›Totschlag durch Unterlassen‹ vor.
›Als Mitglieder des in Berlin tagenden Politbüros des Zentralkomitees (ZK) der SED‹ – so heißt es in der Anklageschrift –, waren die Angeschuldigten [...] entscheidend an der weiteren Aufrechterhaltung der Grenzsperranlagen zum Westteil Berlins beteiligt, die ab August 19961 errichtet, nachfolgend ausgebaut und ständig aufrechterhalten worden waren. Hierbei nahmen sie die Tötung Fluchtwilliger durch Schusswaffengebrauch der Grenzposten zumindest billigend in Kauf. (Seite 6)
Auf Grund der Zugehörigkeit zu dem ›höchsten Partei- und letztlich staatsleitenden Organ Politbüro bestand für die Beschuldigten die Rechtspflicht und die tatsächliche, jedoch nicht wahrgenommene Möglichkeit, auf eine Humanisierung des Grenzregimes hinzuwirken, um damit die Tötung von Flüchtenden zu verhindern.‹ (S. 11)

Herr Vorsitzender, meine Damen und Herren!

Wenn man das Regime an der Staatsgrenze der DDR an den Pranger stellt, kann nicht außer acht bleiben, dass Entstehung und Ausgestaltung der Grenze zwischen der DDR und der BRD maßgeblich von dem historisch entstandenen Macht- und Bedingungsgefüge in Europa im Ergebnis des von Hitlerdeutschland entfesselten Zweiten Weltkrieges und des nach 1945 beginnenden Kalten Krieges geprägt waren.

Die Zeitabfolge des Ausbaus dieser Grenze ist nicht zu trennen von der Vertiefung der Spaltung Deutschlands und den gefährlichen Schnittpunkten des Kalten Krieges sowie von der gnadenlosen Verbissenheit, mit der dieser von beiden Seiten geführt wurde.

Die Beschlüsse der Teilnehmerstaaten des Warschauer Vertrages vom 5. August 1961 zur Sicherung der Staatsgrenze der DDR zu Westberlin waren zweifelsfrei ein schwerwiegender Schritt. Ich war an den damaligen Entscheidungen nicht beteiligt. Doch ich habe diese Beschlüsse so verstanden und vertreten, dass damit existenzieller Schaden von diesen Ländern abgewendet wird und die Nachkriegsordnung nicht durch einen kriegerischen Konflikt aus den Fugen gerät.

Ich lebte und arbeitete zu dieser Zeit in Berlin und kannte hautnah die Folgen der bis dahin offenen Grenze. Ich konnte mir ein Bild von den enormen Schäden für die DDR und ihre Bürger machen. Der Westen baute Westberlin als ›Brückenkopf‹ und, wie es hieß, ›Pfahl im Fleisch der DDR‹ aus und nutzte vor allem seine überlegene Wirtschaftskraft als Schaufenster zum Osten, zugleich aber auch für einen erbarmungslosen Wirtschafts- und Finanzkrieg gegen ihn. Die kleinere DDR, die obendrein durch den Aderlass der Reparationen und Demontagen im Ergebnis des Zweiten Weltkrieges belastet war, stellte in dieser Auseinandersetzung den eindeutig schwächeren Partner. Massenweise verließen Bürger der DDR ihr Land, unzufrieden mit ihrer materiellen Lebenssituation und den Verheißungen des Westens folgend. Spekulationen mit der unterschiedlichen Währung höhlten das Wirtschaftsgefüge der DDR zusätzlich aus. Die DDR drohte auszubluten und ihre Existenz war in höchstem Maße gefährdet. Es kann auch nicht aus der Welt geschaffen werden, dass die BRD – und das ist hinreichend verbrieft – den anderen deutschen Staat, die DDR nicht anerkennen wollte und alles tat, um ihn wieder verschwinden zu lassen.

So schwerwiegend und bitter die Maßnahmen des 13. August 1961 waren und wie scheinbar einhellig sie heute verurteilt werden, aus meiner damaligen politischen Sicht verhüteten sie Schlimmeres. Bei der bestehenden Konstellation lag die Gefahr eines kriegerischen Konflikts, die Eskalation des kalten zum heißen Krieg buchstäblich in der angeheizten Atmosphäre und hätte unsägliche Opfer gefordert.

Dass diese Spannungssituation in Deutschland die Frage Krieg oder Frieden in Europa tangierte und die Sicherheitsinteressen der Alliierten berührte, wird kaum noch infrage gestellt. Denn nach Zurückweisung der Note der UdSSR zur deutschen Wiedervereinigung durch die Bundesregierung, angesichts der Remilitarisierung der BRD und ihres NATO-Beitritts hatte die Sowjetarmee ihre Verteidigungslinie auf die Elbe/Werra-Linie verlagert. An der Staatsgrenze zwischen der DDR und BRD, die von höchsten Gerichten der Bundesrepublik ebenso wie von der Staatsanwaltschaft fälschlicherweise und verharmlosend als ›innerdeutsche‹ bezeichnet wird, standen sich die beiden Militärblöcke und ihre hochgerüsteten Armeen direkt gegenüber.

Die seinerzeitige Entscheidung des Warschauer Paktes, die von allen beteiligten Staaten getragen und bis 1989 aufrecht erhalten wurde, übersteigt also weit den Horizont deutsch-deutscher Beziehungen, obwohl in erster Linie Deutsche aus Ost und West schmerzlich davon betroffen waren. Es wird jetzt für diese Situation und die tragischen Folgen einseitig die DDR verantwortlich gemacht und wissentlich ausgeklammert, dass gerade auf deutschem Boden der Kalte Krieg mit aller Schärfe ausgetragen wurde.

Herr Vorsitzender, meine Damen und Herren! Nach den historischen Erfahrungen waren Grenzkonflikte nicht selten Anlass und Auslöser von Kriegen. Dass gerade die UdSSR der Sicherung der Grenzen ihres Machtbereiches höchste Priorität beimaß, war mir nach dem Trauma des Überfalls im Zweiten Weltkrieg und den erlittenen Zerstörungen und zahllosen Opfern vollauf verständlich.

Ich bin wie viele andere auch stets davon ausgegangen, dass das Infragestellen von Grenzen, jede Provokation, jeder Grenzzwischenfall, jeder Grenzkonflikt an der Staatsgrenze der DDR zur BRD zu unübersehbaren Folgen führen konnte. Die Gewährleistung von Ruhe, Ordnung und Sicherheit an dieser Grenze – das war als Politiker der DDR meine feste Überzeugung – dienten dem Frieden in Europa. Nichts anderes ist mir aus dem Munde führender Politiker des Westens bekannt!

Es ist nicht zu bestreiten, dass respektierte und gesicherte Grenzen eine entscheidende Bedingung für fortschreitende Entspannung in Europa geworden sind. Offenbar entsprach das damals politischen Intuitionen auf beiden Seiten.

Mit dem weltweit bekannten Regime an ihrer Staatsgrenze wurde die DDR Mitglied der UNO und unterhielt zu mehr als 130 Staaten diplomatische Beziehungen. Die Helsinki-Konferenz fand einen erfolgreichen, vielversprechenden Abschluss. Die BRD schloss in voller Kenntnis der Bedingungen an der Staatsgrenze der DDR den Grundlagenvertrag mit der DDR vom 21. Dezember 1972 ab. Trotz aller Bemühungen erreichten diese Beziehungen leider niemals eine vollständige Normalität. Dennoch galt für die führenden Repräsentanten der DDR und der BRD, für die - wie es im Grundlagenvertrag hieß – ›Hohen Vertragschließenden Seiten‹ die Unverletzlichkeit der Staatsgrenzen und die uneingeschränkte Achtung der territorialen Integrität seinerzeit ›als grundlegende Bedingung für die Erhaltung des Friedens‹. *(Kohl und Honecker 1985 in Moskau – F. W.)*

Die Aufrechterhaltung der gesetzlich geregelten Ordnung an der Staatsgrenze der DDR widersprach diesem Vertrag nicht, sie war völkerrechtlich vereinbar und berücksichtigte die damalige Interessenlage der DDR und ihrer verbündeten Staaten.

Die außerordentlich eingeschränkte Freizügigkeit der DDR-Bürger ist wahrlich kein Ruhmesblatt der DDR. Und es ist sehr zu bedauern, dass beide deutsche Staaten und die beiden Militärblöcke keine Möglichkeit fanden, die Grenze für die Menschen durchlässiger zu machen, ohne insbesondere der DDR dabei Schaden zuzufügen. Dieses Defizit für Bürger der DDR lastet schwer, es untergrub erheblich das Vertrauen der Menschen zu ihrem Staat.

Dennoch kam es den befugten internationalen Gremien der Staatengemeinschaft nicht in den Sinn, die DDR wegen ihres Grenzregimes und ihrer Reiseregelungen der Verletzung der Menschenrechte abzuqualifizieren oder als Unrechtsstaat zu brandmarken. Soweit mir bekannt, sind das Grenzregime der DDR und die Tatsache, dass es sich an der Staatsgrenze um militärisches Sperrgebiet handelte, weder bei den zahlreichen Begegnungen der Repräsentanten der DDR und der BRD noch beim Staatsbesuch Honeckers in der BRD 1987 infrage gestellt worden.

Die einleuchtenden und zutreffenden Gründe dafür nannte einer der wohl kompetentesten Kenner und Sachwalter westlicher Interessen bei den Verhandlungen mit der UdSSR und der DDR, Egon Bahr, in seiner Aussage vor der 27. Großen Strafkammer des Landgerichts Berlin. Egon Bahr sprach von einer schizophren anmutenden Lage: ›Auf dem Feld der Propaganda wurden Proteste formuliert, die berechtigte Empörung ausgedrückt, *Die Mauer muß weg!* verlangt. Auf dem Felde der politischen Wirklichkeit spielte das keine Rolle. Die Beseitigung der Mauer ist niemals Gegenstand eines westlichen Vorschlags oder Thema von Verhandlungen geworden.‹ Und weiter: ›Alle westlichen Hauptstädte gingen vom Status quo aus, der grundsätzlichen sowjetischen Entscheidung, wie Kennedy formuliert hatte, die nur durch Krieg verändert werden könnte, und keine Seite wollte ihn, und die östlichen Hauptstädte hatten natürlich keine Interesse, das Thema auf den Tisch zu bringen.‹

Dies begründend sagte Bahr an anderer Stelle: ›Es handelte sich um die Grenze zwei gegeneinander aufmarschierten Bündnissen, besonders gefährlich, weil sie durch ein Volk ging und deshalb von den Führungsmächten besonders gesichert und kontrolliert wurde.‹ Und weiter: ›Gleich war die Absicht auf beiden Seiten, den Kalten Krieg nicht zu einem heißen werden zu lassen.‹

Nunmehr, nach dem Beitritt der DDR zur BRD, ist die Sicht für die Politik und Justiz eine andere. Offenbar gilt jetzt der Auftrag des damaligen Justizministers, Kinkel, den er auf dem 15. Deutschen Richtertag am 23. September 1991 formulierte: ›Sie, meine Damen und Herren, haben als Richter und Staatsanwälte bei dem, was noch auf uns zukommt, eine ganz besondere Aufgabe. […] Es muß gelingen, das SED-System zu delegitimieren. […]

Herr Vorsitzender, meine Damen und Herren! Die Staatsanwaltschaft geht davon aus, dass das Politbüro ›jederzeit in der Lage‹ war, ›Änderungen des Grenzregimes zu beschließen und durchzusetzen‹. (S. 7) Wer – wie die Staatsanwaltschaft – von dieser Vorstellung ausgeht, der irrt. Wie schon an anderer Stelle ausgeführt, gehörte das gesetzlich geregelte Grenzregime der DDR zum internationalen Bedingungsgefüge. Es überstieg die Möglichkeiten und Kompetenzen des Politbüros erheblich, diesen Status, zu dem das Grenzregime an der Staatsgrenze der DDR und anderen Ostblockstaaten gehörte, ohne weiteres aus den Angeln zu heben und etwa im Sinne von heutigen Sichten der Staatsanwaltschaft zu verändern. Damit wird völlig das Kräftespiel der beiden Militärblöcke, in das beide deutsche Staaten eingebunden waren, ignoriert. Offensichtlich nimmt die Staatsanwaltschaft die tatsächlichen Entscheidungsstrukturen und die Rolle der jeweiligen Führungsmacht im Rahmen des Warschauer Paktes wie der NATO nicht zur Kenntnis.

Das Grenzregime der Staaten des Warschauer Paktes, also auch das der DDR, konnte ohne Billigung des Oberkommandos des Warschauer Vertrages nicht verändert werden. Nach ihren Bündnisverpflichtungen hatte die DDR allein weder das Recht noch war sie bis 1989 faktisch dazu in der Lage. Das haben mittlerweile der langjährige Botschafter der UdSSR in der DDR, Pjotr Abrassimow und höchste Militärs der UdSSR und des Warschauer Paktes, also Persönlichkeiten, die bestens Bescheid wissen, gegenüber dem Landgericht Berlin dokumentiert.

Es ›darf nicht außer acht (ge)lassen werden‹ – so Abrassimow –, ›daß sich unsere Truppen entsprechend den Beschlüssen des Kommandos des Warschauer Vertrages in der ersten Staffel an der Grenze der DDR zur BRD befanden. Auf dem Gebiet der DDR befanden sich unsere Nuklearwaffen, sowie andere moderne Waffengattungen, die zudem noch in unmittelbarer Grenznähe positioniert waren [...] Eine einseitige Entscheidung der DDR Führung war ausgeschlossen, denn diese hätte eine Bedrohung des Warschauer Vertrages dargestellt.‹ *(Abrassimow in seiner schriftlichen Erklärung am 17. Oktober 1995 – F. W.)*

In dem gemeinsamen Schreiben des langjährigen Oberkommandierenden der Vereinten Streitkräfte der Mitgliederstaaten des Warschauer Vertrages, Marschall der Sowjetunion Kulikow, sowie des Stabschefs der Vereinten Streitkräfte, General Gribkow, wird angeführt, dass ›die Staatsgrenze der DDR zur BRD von den Teilnehmerstaaten des Warschauer Paktes und insbesondere von der Führung der Sowjetunion, als Grenze zwischen zwei einander gegenüberstehenden Militärblöcken angesehen‹ wurden. Und weiter: ›Alle wichtigen Beschlüsse im Zusammenhang mit den Verteidigungsproblemen der DDR, einschließlich der Grenzbedingungen, wurden unter Berücksichtigung der Interessen der Teilnehmerstaaten des Warschauer Paktes gefaßt.‹ Sie kommen in ihren Schreiben vom 1. Juni 1996 an das Landgericht zu dem Schluss: ›Unter Berücksichtigung dieser Faktoren war die politische und militärische Führung der DDR nicht frei in ihren Entscheidungen. Daher konnten die Führung der DDR nicht nach eigenem Ermessen etwas an der Grenze der DDR zur BRD und West-Berlin unternehme.‹ Und weiter: ›Einseitige Entscheidungen der Führung der DDR zu diesen Fragen waren ausgeschlossen, denn sie hätten eine Bedrohung der Interessen des Warschauer Paktes sein können.‹

Es wäre zu wünschen, dass das Gericht diese authentischen Aussagen zur Kenntnis nimmt und in seine Bewertungen einbezieht.

Herr Vorsitzender, meine Damen und Herren!

In der Anklageschrift ist mehrfach (z. B. S. 22) von ›Grundentscheidungen‹ die Rede, die wir uns zu eigen gemacht hätten. Für mich als Bürger der DDR ging eine solche Grundentscheidung aus der Verfassung der DDR hervor. Es entsprach dem Verfassungsauftrag, wonach die Staatsorgane ›die territoriale Integrität der Deutschen Demokratischen Republik und die Unverletzlichkeit ihrer Staatsgrenzen zu gewährleisten‹ haben.

Die Gesetze dazu erließ in Übereinstimmung mit den internationalen Verpflichtungen der DDR die Volkskammer, das höchste Machtorgan der DDR. Kein anderes politisches, staatliches oder gesellschaftliches Gremium in der DDR hatte Gesetzeskraft. Daran ändert der Umstand nichts, dass die Gesetzinitiativen auch von Parteien und gesellschaftlichen Organisationen, zumeist von der SED als der führenden politischen Kraft in der DDR ausgingen und zuvor in ihren Gremien erörtert wurden.

Als Abgeordneter der Volkskammer und als ihr langjähriger Vorsitzender des Jugendausschusses, habe ich an zahlreichen Gesetzgebungsverfahren teilgenommen und weiß um manchen streitbaren konstruktiven Dialog, bis Gesetze letztlich im Parlament entschieden wurden. Dazu bedurfte es keiner ›Befehle‹ des Politbüros. Nach meinen Erinnerungen trifft das ebenfalls für das ›Gesetz über die Staatsgrenze der DDR‹ (Grenzgesetz) vom 25. März 1982 mit seinen Bestimmungen über den Schusswaffengebrauch zu. Über einen längeren Zeitraum ist das Gesetzgebungsverfahren vollzogen und nach dem Völkerrecht mit geltenden Bestimmungen anderer Staaten, darunter der BRD, verglichen und in Übereinstimmung gebracht worden. Ich habe diesem Gesetz aus freien Willen zugestimmt. Ich gehörte zu diesem Zeitpunkt nicht dem Politbüro an und hatte keinerlei Weisung, den Gesetzentwurf anzunehmen oder abzulehnen. Ich nehme an, allen anderen Abgeordneten der Volkskammer – darunter die der SED, CDU, LDPD, NDPD und der DBD – die für die Annahme stimmten, ging es ebenso.

Die Bürger der DDR – selbstverständlich auch die NVA, die Grenztruppen der DDR, alle staatlichen Organe und die führenden Politiker der DDR – waren ohne Abstriche daran gebunden. Sie waren verpflichtet, wie in jedem anderen Staat üblich, die geltende Rechtsordnung zu wahren, die Gesetze zu achten und sie einzuhalten. Ich erkläre ausdrücklich, die Verfassung der DDR und die Gesetze, denen ich als Bürger der DDR verpflichtet war, zu keiner Zeit verletzt oder durch Entscheidungen überlagert zu haben. Dieses Verhalten von Bürgern der DDR wird nunmehr mit der Anklage der Staatsanwaltschaft und inzwischen auch mit Entscheidungen des Bundesverfassungsgerichts rückwirkend für strafbar erklärt.

Herr Vorsitzender, meine Damen und Herren!

Man kann darüber urteilen wie man will, die SED galt in der DDR nach ihrem Selbstverständnis wie nach der DDR-Verfassung als führende politische Kraft. Ihre dominierende Einflussnahme auf die Gestaltung des gesamten gesellschaftlichen Lebens in der DDR ist unstrittig. Die gesellschaftliche Ordnung unterschied sich in dieser Hinsicht nicht wesentlich von der in der UdSSR und anderen osteuropäischen Ländern. Sie ist nur zu verstehen, wenn man die Rolle und den prägenden Einfluss der Siegermacht UdSSR berücksichtigt.

Die historischen Lehren berücksichtigend war dieses System in der DDR nach den schrecklichen Erfahrungen von Faschismus und Krieg entstanden und von Anfang an dem Antifaschismus verpflichtet. Dieses System bestand auf deutschem Boden über 40 Jahre, und die DDR als völkerrechtlich anerkannter Staat hat maßgeblichen Anteil daran, dass in Europa die längste Friedensperiode Bestand hatte. Die Menschen in ihm haben dieses Land, das sie als Alternative zum Kapitalismus verstanden, unter großen Mühen und voller Entbehrungen tatkräftig mit gestaltet und dabei keineswegs nur negative Spuren hinterlassen. Es verzerrt ganz einfach das Leben in der DDR, wenn man heute die Menschen dort nur als ›in Opposition‹ befindliche oder als nur ›Fluchtwillige‹ darzustellen versucht. Das gesellschaftliche System in der DDR war keineswegs frei von Irrtümern und Widersprüchen, von Fehlentwicklungen und von schwerwiegenden Defiziten. Es erlebte in seiner Geschichte Höhen und Tiefen. Es kann auch heutzutage nicht außer acht bleiben, dass es von seinen politischen und staatlichen Gegnern erbittert bekämpft wurde.

In diesem gesellschaftlichen System habe ich, wie schon ausgeführt, eine hohe politische Verantwortung getragen, die ich nicht beabsichtige, im Nachhinein zu verniedlichen. Das Politbüro war das politische Führungszentrum in der DDR, vom Zentralkomitee der SED gewählt und ihm rechenschaftspflichtig. Es vereinte die entscheidenden führenden Leute der Partei, des Staates und von gesellschaftlichen Organisationen. Die Zuständigkeit und Aufgabenverteilung für die Mitglieder und Kandidaten des Politbüros, also auch die meinige, waren in einem Beschluss des ZK genau festgelegt und damit abgegrenzt. Lediglich der Generalsekretär besaß eine herausragende, übergreifende Kompetenz. In seiner Person konzentrierten sich zugleich die Ämter als Vorsitzender des Staatsrates und Vorsitzender des Nationalen Verteidigungsrates. Er war damit der höchste und einflussreichste Repräsentant der DDR.

Dem Politbüro gehörte ich vom November 1985 als Kandidat und ab Mai 1986 als Mitglied an. Nach der Aufgabenverteilung trug ich die Verantwortung als 1. Sekretär der Bezirksleitung der SED Karl Marx Stadt, einem DDR Bezirk, der nicht nur der bevölkerungsreichste war, sondern auch zu den stärksten Wirtschaftszentren der DDR gehörte. In der Zeit vom 8. November 1989 bis zum Rücktritt des Politbüros am 3. Dezember 1989 war ich als Sekretär des ZK für Organisationsfragen zuständig.

An den Sitzungen des Politbüros, die wöchentlich in Berlin stattfanden, habe ich vom 27. November 1985 bis 3. Dezember 1989 mit wenigen Ausnahmen teilgenommen und bin für alle im entsprechenden Zeitraum vom Politbüro gefassten Beschlüsse mitverantwortlich.

Das Politbüro beschäftigte sich mit einer Vielzahl von Themen der Innen- und Außenpolitik, vorwiegend jedoch – und das unnötigerweise bis ins Detail – mit wirtschaftspolitischen Entscheidungen. Das geschah auf der Grundlage von umfangreichen Berichten und Vorlagen. Sie wurden zumeist von Regierungsmitgliedern eingebracht und von zuständigen sachkundigen Fachleuten ausgearbeitet. Abteilungen des ZK nahmen dazu schriftlich Stellung und unterbreiteten Beschlussvorschläge. Größere Meinungsverschiedenheiten zu den Sachverhalten wurden von den Einreichern von Vorlagen im Vorfeld ausgeräumt und mögliche Alternativentscheidungen nicht vorgelegt. Das Politbüro behandelte die Vorlagen in aller Kürze und fasste erforderliche Beschlüsse einstimmig. Sofern unterschiedliche Auffassungen geäußert wurden, galt der abschließende Standpunkt des Generalsekretärs. Außerdem erhielten die Mitglieder und Kandidaten des Politbüros eine Fülle von Informationen, die jeweils der Generalsekretär veranlasste. Einige davon nahm das Politbüro ausdrücklich zustimmend zur Kenntnis; die meisten, im Umlauf gegebenen, wurden nicht erörtert und die Kenntnisnahme blieb jedem selbst überlassen.

Ich räume ein, dass in diesem Gremium der politische Gestaltungswille zunehmend fehlte, schwierige und unangenehme Probleme mehr und mehr verdrängt wurden und die Realitäten aus dem Blickfeld gerieten. Ich sehe das sehr kritisch und selbstkritisch. Erst mit den Ereignissen im Herbst 1989 und mit der Wahl von Egon Krenz zum Generalsekretär begann eine Veränderung.

Das Regime an der Staatsgrenze der DDR war mir bekannt. Ich wusste, dass es sich um militärisches Sperrgebiet handelt und auf der Grundlage des Grenzgesetzes Vorschriften über den Gebrauch von Schusswaffen bestanden. Ich besaß Kenntnis, wenn auch nicht über alle Fälle und in allen Einzelheiten, dass es bei Zwischenfällen an der Staatsgrenze, bei Fluchtversuchen wie bei Angriffen gegen Grenzsoldaten bedauerlicherweise Tote gab.

Ich hatte eine Vorstellung vom komplizierten und verantwortungsvollen Dienst der Angehörigen der Grenztruppen der DDR und wusste, was von deren besonnenem Handeln an dieser sensiblen Grenze zwischen zwei hochgerüsteten und feindlich gegenüberstehenden Militärbündnissen alles abhing. Nach meinen Kenntnissen handelten die Nationale Volksarmee und die Grenztruppen der DDR im Verbund des Warschauer Vertrages in Übereinstimmung mit der Gesetzeslage der DDR und den auf dieser Grundlage erlassenen und ihr entsprechenden Vorschriften der Nationalen Volksarmee.

In der Zeit meiner Mitgliedschaft sind vom Politbüro keine das Grenzregime betreffende Beschlüsse gefasst oder Fragen in diesem Zusammenhang erörtert worden. Erst mit der Wahl von Egon Krenz zum Generalsekretär wurden Entwürfe eines neuen Reisegesetzes beraten und zur öffentlichen Diskussion gestellt sowie Entscheidungen im Zusammenhang mit der Öffnung der Grenze getroffen, die bemerkenswerterweise in der Anklage keine Rolle spielen. Hinsichtlich der, wie es in der Anklageschrift heißt, ›konkreten Entscheidungen des Politbüros […], die sich die Angeklagten zu eigen gemacht haben oder an denen sie beteiligt waren‹, bestreite ich entschieden, dass sie je einen Auftrag oder die Aufforderung enthielten, Menschen vorsätzlich zu töten!

Ich lege Wert auf die Feststellung, dass ich als Politiker in der DDR keine Entscheidung, weder allein noch im Kollektiv, getroffen habe, die das Völkerrecht missachtete, die Verfassung der DDR außer Kraft setzte oder Gesetze der DDR verletzte; geschweige denn Befehle gab, Aufträge erteilte oder zu irgendeinem Zeitpunkt billigend in Kauf nahm, dass Menschen getötet werden.

Es ist allerdings schon verwunderlich, wie Staatsanwaltschaft und Gerichte mit der Tatsache umgehen, dass in der spannungsgeladenen Zeit im Herbst 1989 und bei der Öffnung der Grenze unter den bekannten Turbulenzen kein einziger Schuß fiel. In ihren Bewertungen und Urteilen scheint sie das nicht zu beeindrucken. Es interessiert sie wenig, dass unter der Verantwortung von Egon Krenz Politiker und Militärs handelten, die ohne Wenn und Aber für politische Lösungen, für einen Weg aus der Krise der DDR ohne Gewalt eingetreten sind.

Herr Vorsitzender, meine Damen und Herren!

Zu meiner Person möchte ich noch Folgendes anfügen: Drei der 1 245 Seiten der Anklageschrift sind meinem Lebenslauf gewidmet. Die Staatsanwaltschaft gibt meine Lebensdaten korrekt wieder. So kann jeder erfahren, dass ich aus den einfachen Verhältnissen einer Arbeiterfamilie entstamme, Sohn eines Färbers und einer Weißnäherin bin. Meinen Eltern und Großeltern verdanke ich bei allen Entbehrungen eine Erziehung zur Aufrichtigkeit, gegenseitiger Achtung, Bescheidenheit und Hilfsbereitschaft. Ihre in der Familientradition wurzelnde sozialdemokratische Überzeugung führte bei ihnen zu einer antifaschistischen Grundhaltung, die allerdings nicht vermochte, dass ich mich den Einflüssen der Nazis entziehen konnte.

Den Zweiten Weltkrieg und seine verheerenden Folgen erlebte ich als Schüler einer Volksschule. 1945 stand ich als heranwachsender Jugendlicher, wie andere meiner Generation auch, vor den vom deutschen Faschismus verursachten materiellen und geistigen Trümmern. Die große Erleichterung über das Ende des Krieges, der auch in meiner Familie Wunden riss, sind mir ebenso in Erinnerung wie der Kampf ums tägliche Brot, um das nackte Überleben. Zugleich herrschte in unserer Gedankenwelt Ausweglosigkeit und Zukunftsangst. Eine tiefe Erschütterung über die Opfer des verbrecherischen Krieges und die Schuld der Deutschen hatte mich erfasst.

Es waren damals zunächst nur wenige selbstlose Menschen, in meiner unmittelbaren Lebenswelt vor allem Sozialdemokraten und Kommunisten, die mich und andere meines Alters durch ihre feste Überzeugung und antifaschistische Gesinnung, ihren Willen und ihr Handeln für einen Neubeginn, für ein Leben, das anders werden muß, beeindruckten und beeinflussten. Nie wieder Krieg, nie wieder Faschismus - das war meine und meiner Freunde gewonnene Einsicht. In dieser Zeit begann meine politische Laufbahn innerhalb der antifaschistisch demokratischen Jugendausschüsse, die sich in den Reihen der Freien Deutschen Jugend und in der Sozialistischen Einheitspartei Deutschlands fortsetzte. Mein Weg zu höherer Bildung an der Universität führte über die Arbeiter- und Bauernfakultät. Danach übte ich in der Jugendorganisation, der Freien Deutschen Jugend, und später in der Sozialistischen Einheitspartei Deutschlands verschiedene Funktionen aus, darunter die des Leiters der jugendpolitischen Abteilung des ZK und zuletzt mehrere Jahre die eines 1. Sekretärs der Bezirksleitung Karl Marx Stadt. In Berlin wurde ich als Stadtverordneter und wiederholt in die Volkskammer der DDR gewählt.

Meine Biografie ist mit dem Leben in der Deutschen Demokratischen Republik und ihrer Entwicklung untrennbar verbunden. Aus den historischen Lehren, den eigenen Erfahrungen und gewachsenen Überzeugungen heraus, stellte für mich die antifaschistische demokratische Ordnung und schließlich das sozialistische Gesellschaftssystem eine historische Alternative zu Krieg, Faschismus und Kapitalismus dar. Aus ehrlicher politischer Überzeugung und nicht aus den von der Staatsanwaltschaft unterstellten Gründen, habe ich mich für diesen Staat und seine Bürger, für eine gedeihliche Entwicklung der DDR, für friedliche Beziehungen zu anderen Völkern eingesetzt und Verantwortung getragen. Mir war klar, so wie die DDR war, durfte sie nicht bleiben, aber abschaffen wollte ich sie nicht. Der Begriff ›staatsnah‹, heutzutage zum Zwecke von Diskriminierung gebraucht, trifft demnach in vollem Umfang auf mich zu.

Die bittere Realität für mich und andere Gleichgesinnte ist nunmehr, dass der historische Versuch, nach der faschistischen Herrschaft und dem verheerenden Zweiten Weltkrieg eine andere, bessere, menschenwürdige Gesellschaftsordnung im Osten zu schaffen, gescheitert ist. Die DDR ist untergegangen. Wenn von Schuld gegenüber den Bürgern der DDR die Rede ist, so muss ich sie als verantwortlicher Politiker der DDR hier suchen und dafür einstehen.

Die Frage nach allen historischen Umständen des Untergangs der DDR, nach politischer Schuld und Verantwortung, nach den Ursachen grober Fehlentwicklungen kann nach meinem Ermessen jedoch nicht im Gerichtssaal beantwortet und geklärt werden. Die wechselvolle Geschichte dieses Jahrhunderts bedarf einer allseitigen Beurteilung. Wenn historische Abläufe einfach aus den Zusammenhängen gelöst werden, wenn Grundfragen der Nachkriegsentwicklung lediglich einer einseitigen Betrachtung unterliegen und wenn der beiderseitig geführte Kalte Krieg, eingeschlossen das spannungsgeladene Verhältnis zwischen den beiden deutschen Staaten, verharmlost werden, dann wird Geschichte für bestimmte Zwecke instrumentalisiert. Nach meiner Überzeugung wird so notwendiger Auseinandersetzung mit der Vergangenheit schwerlich gedient und der Zugang zur Wahrheit eher verschlossen.

Halten Sie mich mit dieser Ansicht nicht für ›unbelehrbar‹. Der Untergang der DDR, die Suche nach den Ursachen dafür und die geschichtlichen Lehren daraus werden mich bis an mein Lebensende beschäftigen. Und ich weiß, dass darin auch schmerzvolle Seiten einbezogen sind. Man muss jedoch weder unbelehrbar noch nostalgisch sein, wenn man historische Abläufe anders erlebte und heute differenzierter sieht als der herrschende Zeitgeist es bestimmen will.

Seit dem 3. Oktober 1990 bin ich nunmehr Angehöriger eines anderen Staates, Bürger der Bundesrepublik Deutschland. Ich verhehle nicht, dass mir eine gesellschaftliche Ordnung voller sozialer Gegensätze, eine Gesellschaft, in der das Geld die zwischenmenschlichen Beziehungen regiert, in der Reiche immer reicher und Arme immer ärmer werden, ein Staat, der sich wieder an Angriffskriegen beteiligt, fremd ist und ich dem kritisch gegenüberstehe. Auch sind die politisch motivierte Strafverfolgung, die gegen mich erhobene Anklage, die Länge des Verfahrens und die gesamte Begleitung dieses Vorgangs in den Medien, nicht spurlos an mir und meiner Familie vorübergegangen. Dennoch bestand zu keiner Zeit die von der Staatsanwaltschaft und dem Kammergericht angenommene ›Fluchtgefahr‹. Ich hatte nie die Absicht Deutschland zu verlassen, meiner Verantwortung etwa davonzulaufen. Sie können vollkommen sicher sein, dass ich das; auch angesichts drohender

Verurteilung künftig nicht zu tun beabsichtige. Hier bin ich aufgewachsen. Hier ist meine Biografie verwurzelt. Hier leben meine Familie, meine Frau, mit der ich seit 1951 glücklich verheiratet bin. Hier leben meine 87-jährige Mutter, meine Kinder und ihre Familien, meine Enkel und inzwischen meine Urenkelin, meine Geschwister. Hier habe ich viele Freunde. Aus diesem Land gehe ich nicht weg, hier bleibe ich. Meine Hoffnung auf eine friedvolle, menschenwürdige und gerechte Welt gebe ich nicht auf! Ich will dafür weiter das mir mögliche tun.

Hohes Gericht, Herr Vorsitzender! Die Politik hat diesen Prozess beschert. Sie haben, der Anklageschrift der Staatsanwaltschaft II folgend, befunden, das Hauptverfahren zu eröffnen und Ihr Urteil zu sprechen.

Ich werde mich aus den eingangs genannten Gründen in diesem Prozess nicht weiter äußern und keine Fragen beantworten.«

Ich war vom Vortrag meines Mandanten beeindruckt. Auch das, was Böhme vortrug, war beeindruckend. Im Tagebuch vermerkte ich: »Die Zuhörer klatschten bei beiden – nicht bei Häber. Der Staatsanwalt forderte den Vorsitzenden auf, das zu verbieten, dieser meinte aber, das Publikum habe allein aufgehört.«

Die folgende Beweisaufnahme war nicht erhebend. Ich notierte: »Meine schöne und zeitaufwendige Vorbereitung brachte keinen adäquaten Nutzen. Uschner *(Manfred Uschner, 2007 verstorben, langjähriger persönlicher Miarbeiter Axens und von Honecker 1989 aus dem ZK-Apparat entfernt – F. W.)* war in seiner Geschwätzigkeit und seiner übertriebenen Darstellung angeblicher Verfolgungen, die er und Häber erlitten hätten, so peinlich, dass ich ihm keine meiner vorbereiteten Fragen gestellt habe.«

Einer der seltenen Phasen der Verhandlung, die etwas wie Spannung erzeugten, fand bei mir diesen Niederschlag: »Dienstag (23. 5.) wieder im SL-Prozess *(Siegfried-Lorenz-Prozess – F. W.)*. Der Vorsitzende Richter Luther ist Klasse. Den Antrag der Staatsanwaltschaft, durch den Häber auch wegen einer Handlung und nicht nur wegen Unterlassung bestraft werden könne, wies er zurück. Auf Antrag RA Hermann, dem wir uns anschlossen, hob er die Haftbefehle gegen alle Angeklagten auf. Auf eine Frage von mir wurde festgestellt, dass in der PB-Sitzung vom 25.11.1986 17 TOP *(Tagesordnungspunkt – F. W.)* in einer Stunde und fünf Minuten behandelt worden waren, also pro TOP 3,3 Minuten. Häber sagte auf meine Frage, er habe nur die Vorlagen gelesen, die ihn betrafen. Der Vorsitzende meinte, das wäre sicher so gewesen wie im Bundestag.«

Im Laufe der Verhandlung deuteten sich Meinungsverschiedenheiten zwischen mir und meiner Mitverteidigerin an. So notierte ich: »Heute (13.6.) war ich wieder im Büro und habe […] eine Stunde mit Siegfried Lorenz über einen beabsichtigten Beweisantrag von SK *(Suzanne Kossack – F. W.)* geredet, von dem wir beide nicht viel halten, dem wir aber auch nicht energisch widersprechen wollen, nach dem Motto, lass dem Kind doch die Bulette.«

Die Verhandlung ging zu Ende.»Dienstag (27.6.) wieder HV SL *(Hauptverhandlung Siegfried Lorenz – F. W.)*. Der Vorsitzende lehnte zunächst alle Beweisanträge ab. Anschließend plädierte OstA *(Oberstaatsanwalt – F. W.)* Jahntz. Im Ganzen ziemlich zurückhaltend, leise, langweilig. Einige Anwesende schliefen. Er verstieg sich jedoch zu der Behauptung, die DDR-Grenzer hätten standrechtliche Todesurteile ausgesprochen und vollstreckt. Für Häber beantragte er 2 Jahre mit Bewährung und für Lorenz und Böhme je 2 Jahre und 9 Monate (gleichfalls mit Bewährung). Keine Überraschung.«

Dann hatten die Verteidiger das Wort.

Im Tagebuch heißt es: »Mittwoch (5.7.) […] 7.30 ab nach Moabit. Suzi *(Suzanne Kossack – F. W.)* plädierte vor mir, ca. 25 Minuten. Sie hat gut vorgetragen. Ihr Schwerpunkt war, dass die Kausalkette bereits gesetzt war, bevor SL ins PB kam. Er hätte nichts mehr ändern können. Ich habe dann, wie Suzi sagte, eine gute Stunde meinen Text vorgetragen. Jahntz erwiderte auf uns. Zu mir sagte er, in der DDR hätte ich mich nicht getraut, einen Begriff wie ›Endlösung‹ so zu verwenden. Außerdem entschuldigte er sich dafür, dass er die Sache mit der ›standrechtlichen Erschießung‹ nicht als Ausspruch eines DDR-Grenzers zitiert hätte.«

Am 7. Juli 2000, nach nur zehn Verhandlungstagen, verkündete der Vorsitzende Richter das Urteil: »Die Angeklagten werden auf Kosten der Landeskasse Berlin, die auch ihre notwendigen Auslagen zu tragen hat, freigesprochen. Sie sind für die freiheitsbeschränkenden Maßnahmen zu entschädigen.«

Die juristische Begründung war konzentriert in den folgenden Sätzen enthalten: »Die rechtliche Würdigung ergibt, dass gegen keinen der Angeklagten ein Strafanspruch nach dem Strafrecht der DDR besteht.

Eine Strafbarkeit der Angeklagten nach dem Strafrecht der DDR ist nicht gegeben, weil durch die Untätigkeit der Angeklagten kein für den Erfolgseintritt kausales Unterlassen vorliegt. Demzufolge ist ein Strafanspruch der DDR, der auf die Bundesrepublik Deutschland übergangen sein könnte (Art. 315 Abs. 1 Satz 1 EGStGB i. d. F. des Einigungsvertrages vom 31.8.1990) zu verneinen, da nach dem zur Zeit der Tat geltenden Recht der DDR weder eine Freiheitsstrafe noch eine Verurteilung auf Bewährung noch eine Geldstrafe verwirkt gewesen wäre.

Keine Vorschrift des StGB/DDR belegt das Verhalten der Angeklagten mit Strafe, insbesondere liegt eine strafrechtliche Verantwortung wegen gemeinschaftlicher Beihilfe zum Mord gemäß §§ 112 Abs. 1, 22 Abs. 2 Nr. StGB/DDR (1968) durch Unterlassen nicht vor.«

Das hatte ich nicht erwartet, das hatte wohl kaum jemand erwartet. Sicher war aufgefallen, dass Luther gegenüber der Anklage Vorbehalte hatte, aber dass er einen Freispruch wagen würde, glaubte wohl niemand. Die Medien reagierten entsprechend. Die *junge Welt* titelte auf der ersten Seite: »Paukenschlag im Berliner Landgericht«. Aus der mündlichen Urteilsbegründung zitierte die Zeitung, dass Richter Luther auf die höhere Instanz verwiesen und gesagt hätte: »Hier muss der schlaue Bundesgerichtshof Farbe bekennen.«

Die *Süddeutsche Zeitung* hob in ihrem Titel hervor: »Erstmals Freisprüche«. Auch sie informierte über die Äußerung Luthers von dem »sehr viel schlaueren Bundesgerichtshof«. Die *FAZ* machte ihre Ausgabe vom 8. Juli ebenfalls mit der Nachricht vom Freispruch auf. Im Untertitel hieß es bei ihr: »Gericht: Urteil kann falsch sein«.

Es war klar, dass Staatsanwaltschaft und Nebenklägerin Revision einlegen würden. Das entscheidende Wort würde der BGH sprechen. Unser Mandant und wir wussten, was das bedeutete. Die Freude über den Freispruch war daher gedämpft.

Tatsächlich hatte Oberstaatsanwalt Jahntz noch am Tage der Urteilsverkündung das Rechtsmittel eingelegt. Ihm war die Verurteilung der Angeklagten allem Anschein nach Herzenssache. Die Begründung der Revision reichte Oberstaatsanwalt Jahntz drei Monate später, am 15. Oktober 2000, ein. Sie umfasste 288 Seiten und füllte bei mir prall einen ganzen Hefter. Das meiste davon waren allerdings Kopien von Anklageschrift, Eröffnungsbeschluss, Urteil des Landgerichts und Verfügungen des Vorsitzenden Richters.

Uns war die Revisionsbegründung am 15. November zugegangen. Die Daten scheinen mir wichtig für einen Vergleich mit dem Ablauf eines Strafverfahrens in der DDR. Dort musste das Rechtsmittel Berufung innerhalb von einer Woche beim Gericht erster Instanz sein, die Begründung sollte spätestens eine Woche später folgen (§ 288 StGB/DDR). Die Zeitabläufe sind auch interessant für die Beantwortung der Frage, ob eine solcher Prozess den Anforderungen entspricht, die Artikel 6 der Menschenrechtskonvention stellt. Dort wird als ein Menschenrecht statuiert, dass ein Verfahren in angemessener Frist durchgeführt wird. Das ist zwar ein dehnbarer Begriff, aber meiner Meinung nach sind Zeiträume von fünf Jahren zwischen Beginn der Ermittlungen und Anklage und weiteren mehr als neun Jahren von der Anklage bis zur Hauptverhandlung erster Instanz nicht angemessene Fristen im Sinne der Konvention. Dasselbe gilt auch für den weiteren Verlauf des Verfahrens.

Wir erwiderten auf die Revisionsbegründung mit Schriftsatz vom 4. Januar 2001. Da uns aus der Revision nur die materiellrechtlichen Gründe wichtig erschienen, war es meine Aufgabe, den Schriftsatz aufzusetzen. In ihm nahm ich vor allem zu der Frage Stellung, ob das Verhalten von Siegfried Lorenz ursächlich für Todesfälle an der Grenze gewesen sei, d. h. ob er in der Lage gewesen wäre, das Grenzregime zu ändern. Dazu führte ich aus:

»Jede andere Person im Politbüro wäre dazu ebenso wenig in der Lage gewesen wie der Angeklagte. Die politischen Verhältnisse waren nicht so, dass irgendein Mitglied des Politbüros oder auch das ganze Politbüro gemeinsam in der Lage gewesen wäre, das Grenzregime zu ›humanisieren‹«, was immer auch darunter verstanden werden soll. Dies dürfte zum politischen Allgemeinwissen gehören. Reagan hatte in seiner bekannten Rede 1989 nicht gerufen: Herr Honecker, machen Sie das Tor auf, sondern hatte sich an Gorbatschow gewandt.

Der Angeklagte besaß aber wohl unstreitig weniger Einfluss als Honecker. Was dieser nach Meinung Reagans nicht konnte, sollte jeder weniger politisch informierte, wie z. B. die Staatsanwaltschaft, von ihm erst recht nicht erwarten. Es war ihm also nicht persönlich, sondern objektiv unmöglich, das Grenzregime in irgendeiner Weise zu ändern.

Wenn es im Urteil heißt, ›Es sind durchaus – völlig unabhängig von dem pflichtwidrig unterlassenen Tun der Angeklagten – Geschehensabläufe denkbar, dass der tödliche Schusswaffengebrauch gleichwohl nicht verhindert worden wäre‹, so ist das keine Spekulation, sondern eine Erkenntnis, der ein viel höherer Anspruch auf Realitätssinn zukommt als der Unterstellung, das Politbüro hätte nach eigenem Ermessen das Grenzregime im Sinne der Anklage verändern können. Der geschichtliche Verlauf von Bestrebungen einzelner Warschauer Vertragsstaaten, eine von der UdSSR nicht gebilligte politische Linie einzuschlagen, zeigt das.

Was in Ungarn 1956 und in der CSSR 1968 geschehen ist und was 1981 in Polen nur durch die Verhängung des Kriegszustandes nach den Solidarnosc-Aktionen verhindert wurde, beweist, was real möglich war und was nicht. Zwischen dem Verhalten des Angeklagten und den eingetretenen Folgen bestand daher nach DDR-Recht kein Kausalzusammenhang.

[…] Der Freispruch des Angeklagten wäre unter strikter Anwendung des DDR- wie des einschlägigen internationalen Rechts, insbesondere der Berücksichtigung der Europäischen Menschenrechtskonvention auch zwingend aus mehreren anderen Gründen erforderlich. Wir haben diese Gründe in unserem Einstellungsantrag vom 9. Mai 2000, den ihm beigegebenen Zitaten und in unseren Plädoyers vor der Großen Strafkammer dargelegt. Wir haben unseren Standpunkt nicht aufgegeben und beziehen uns zur Vermeidung von Wiederholungen in vollem Umfang auf diese früheren Ausführungen. Wir beantragen daher, die Revisionen der Staatsanwaltschaft und der Nebenklägerin zurückzuweisen.«

Sechs Monate darauf meldete sich der Generalbundesanwalt und erklärte mit Schriftsatz vom 19. Juli 2001, der uns am 27. Februar 2002 erreichte, dass er »die Revisionen der Staatsanwaltschaft mit ihrer Begründung vertreten« werde. Im weiteren setzte sich der Verfasser des Schriftsatzes, Bundesanwalt Dr. Schmidt, nunmehr mit dem Recht der DDR auseinander. Auf diesen Vortrag erwiderte ich am 15. Mai 2002 in einem siebenseitigen Schriftsatz:

»Der Generalstaatsanwalt geht mit dem Landgericht davon aus, dass für den Angeklagten eine Rechtspflicht bestanden hätte, Tötungen an der Grenze abzuwenden. Wie zuvor das Landgericht lässt auch der Generalstaatsanwalt den Umstand außer Acht, dass der Angeklagte nicht nur die Pflicht hatte, Gefahren von Leib und Leben der Bürger der DDR abzuwenden, sondern dass er auch wie jeder Bürger der DDR die Pflicht hatte, das ›sozialistische Vaterland und seine Errungenschaften‹ zu schützen (Art. 23 Abs. 1 Verf. der DDR).

Der Angeklagte befand sich damit in einem Widerstreit der Pflichten im Sinne des § 20 Abs. 1 StGB/DDR. Diese Auffassung der Verteidigung hat bisher weder im Urteil des Landgerichts noch in den Ausführungen der Staatsanwaltschaft Erwähnung gefunden. Das ist umso bedauerlicher, als hierin von der Verteidigung eines der Schlüsselprobleme des Falles gesehen wird.

Die Position des Angeklagten im Politbüro der SED war eine politische Position und seine Pflichten waren politische Pflichten. Die Abwägung zwischen den Interessen einzelner Bürger und den Gesamtinteressen eines Staates ist häufig Inhalt politischer Entscheidungen. Ein Blick auf das internationale politische Geschehen berechtigt nicht zu der Annahme, dass der Anspruch eines Bürgers auf Schutz seines Lebens und seiner Gesundheit generell Vorrang vor den Interessen des Staates hat. Nach wie vor erwarten die Staaten vielmehr von ihren Bürgern, dass sie, wenn es sein muss, ihr Leben für ihren Staat einsetzen und gehorsam gegenüber seinen Gesetzen sind. Der Einsatz von Soldaten mit Gefahr für deren Leib und Leben ist sowohl vom Deutschen Bundestag wie auch von anderen demokratischen Staaten beschlossen worden. Nie wurden Politiker für sich daraus ergebende Todesfälle verantwortlich gemacht.

Diesen Überlegungen kann auch nicht mit dem Hinweis des Landgerichts begegnet werden: ›Im Hinblick auf die zahlreichen Tötungshandlungen zum Nachteil fluchtwilliger DDR-Bürger und die dadurch betroffenen Rechtsgüter auf Leben und körperliche Unversehrtheit konnte von den Angeklagten erwartet werden, dass sie ihrer Verantwortungsübernahme kraft Mitgliedschaft im Politbüro gerecht wurden und aktiv für eine solche Humanisierung eintraten.‹ (UA S. 31)

Mit dieser Ausführung macht das Landgericht einem Politiker eines anderen Staates, der zur BRD im Verhältnis der Gegnerschaft im Kalten Krieg stand, ein nicht näher bezeichnetes Verhalten zur Pflicht. Das erscheint völkerrechtlich unzulässig. Kein Staat kann einem anderen Staat dessen Politik vorschreiben. Noch weniger können die Politiker eines fremden Staates strafrechtlich für politische Entscheidungen, die sie im Rahmen ihrer Kompetenzen getroffen haben, verantwortlich gemacht werden.

[…] Zusammenfassend darf festgestellt werden, dass das Landgericht mit seinem Urteil zu einer Entscheidung gelangt ist, die nicht nur im Ergebnis rechtlich befriedigt, sondern die auch von der Öffentlichkeit akzeptiert worden ist. Nachdem seit dem Fall der Mauer fast dreizehn Jahre vergangen sind und das Verfahren gegen den Angeklagten ca. neun Jahre betrieben wird, dürfte seine Beendigung nicht nur am besten dem Art. 6 EMRK, sondern auch dem Bedürfnis entsprechen, der von Beginn an umstrittenen strafrechtlichen Vergangenheitsbewältigung ein Ende zu setzen.«

Der BGH setzte den Termin für die Hauptverhandlung über die Revisionen der Staatsanwaltschaft und der Nebenklägerin auf den 25. Juni 2002 an. Am 3. Juni erhielt ich jedoch die Mitteilung, dass der Senat des BGH wegen Erkrankung des Berichterstatters nicht in der Lage sei, diesen Termin durchzuführen und dass wegen der Urlaubszeit auch die »Anberaumung eines zeitnahen Termins nicht möglich« wäre. Gleichzeitig wurde ein neuer Termin auf den 6. November 2003 festgesetzt.

Ich hatte mir zur Hauptverhandlung vor dem BGH ein längeres Plädoyer schriftlich ausgearbeitet. Es war schließlich erst mein zweiter Auftritt vor diesem höchsten Strafgericht. Ich kam jedoch nicht dazu, meinen Text vorzutragen. Zu Beginn der Verhandlung wurden wir Verteidiger nachdrücklich darauf hingewiesen, dass unsere Revisionserwiderungen dem Senat bekannt wären und wir Wiederholungen vermeiden möchten. Unbedeutend erschien wohl dem Gericht, dass die Öffentlichkeit nicht über diese Kenntnisse verfügte. Ich mag nicht vor tauben Ohren reden und beschränkte mich daher in meinem freien Vortrag auf das, was mir als Wesentlichstes einfiel. Die Gesichter der Richter bestätigten mir dabei, dass ich auf verlorenem Posten stand.

Wie erwartet, entschied der Senat unter der Vorsitzenden Richterin Harms: »Auf die Revisionen der Staatsanwaltschaft und der Nebenklägerin wird das Urteil des Landgerichts Berlin vom 7. Juli 2000 mit den Feststellungen aufgehoben. Die Sache wird zu neuer Verhandlung und Entscheidung, auch über die Kosten der Rechtsmittel, an eine andere Strafkammer des Landgerichts zurückverwiesen.«

Die Urteilsgründe setzten sich, soweit sie Siegfried Lorenz und Hans-Joachim Böhme betrafen, auf 22 Seiten mit Rechtsfragen auseinander. Die Argumente der Verteidiger wurden nicht erwähnt. Aus den Urteilsgründen war nicht zu entnehmen, dass die Angeklagten Verteidiger hatten. In der DDR hatten wir anfangs dasselbe Problem. Nachdem sich die Rechtsanwälte jahrelang dagegen gewehrt hatten, wurde es beseitigt, wenn es auch Ausnahmen weiterhin gegeben haben mag.

Die Wiedergabe des vollständigen Textes des Urteils muss aus Platzgründen und auch deswegen unterbleiben, weil der Senat sich einer Sprache befleißigt, die selbst in der juristischen Literatur ungewöhnlich volksfremd ist.

Meine unmaßgebliche Meinung über die BGH-Entscheidung brachte ich in meinem Plädoyer in der erneuten Verhandlung vor dem Landgericht Berlin zum Ausdruck, die ein Jahr und sieben Monate nach dem Urteil des BGH vom 23. Juli bis 6. August 2004 stattfand. Vorher gab es Unklarheiten über unsere Plädoyers zwischen mir und meiner Mitverteidigerin Suzanne Kossack. So notierte ich am 23. Juli in meinem Tagebuch: »Suzanne sagte mir, sie weiß nicht, ob sie plädieren wird. Als Vierte hätte sie nichts mehr zu sagen. Dann sagte sie, sie würde vielleicht kurz sagen, dass sie sich unserer Auffassung anschließt und dann die Entscheidung in das Ermessen des Gerichts stellen. Ich war verblüfft, habe allerdings nichts gesagt. Kann mir ihr Verhalten nicht erklären.«

Sie konnte sich auch in den nächsten Tagen nicht entscheiden, wie sie sich bezüglich ihres Schlussvortrages verhalten solle. Bis kurz vor unseren Plädoyers blieb dies offen. So hielt ich am 2. August fest: »Suzi rief an, nachdem ich sie auf Rat von Iris heute (zuvor) angerufen (hatte). Sie wusste immer noch nicht, was sie macht. Sie will nicht plädieren und vor allem keinen Antrag stellen. Sie ist offenbar durch die Vorbesprechung mit Gericht und Staatsanwaltschaft beeinflusst. Nach einigem Hin und Her will sie morgen zum Termin kommen und auch bis zum Ende bleiben, was sie ursprünglich nicht wollte.«

In meinem Plädoyer trug ich am nächsten Tag vor: »Wie meine Kollegen glaube auch ich zu wissen, wie Sie entscheiden werden. Ich weiß also auch, dass die Chancen der Verteidigung gegen Null tendieren. Wie meine Kollegen hat auch mich das BGH-Urteil nicht überzeugt. Ich halte es für falsch, für falsch nach DDR-Recht und für falsch nach BRD-Recht. Was immer die Verteidiger bisher gesagt haben, es ist nicht auf offene Ohren gestoßen. Liest man das BGH-Urteil, muss man glauben, die Angeklagten hätten keine Verteidiger gehabt. Ihre Argumente kommen nicht vor. Nach alledem kann ich mich kurz fassen. Ich kann mich auch kurz fassen, weil es zur Begründung eines Freispruchs nicht so vieler Worte bedarf, wie zur Begründung der Verurteilung. Man sieht es an der zehnjährigen Verfahrensdauer und an den divergierenden Urteilen und Argumenten.

Zunächst muss die Verteidigung nur wiederholen, was die bekanntesten deutschen Rechtswissenschaftler in anerkennenswerter Unabhängigkeit vom Zeitgeist schon früher ausgeführt haben: Eine Verurteilung scheitert rechtlich neben vielem anderen
– am Rückwirkungsverbot des § 2 StGB, des Art. 103 Abs. 2 GG und des Art. 7 EMRK und
– sie scheitert am völkerrechtlichen Grundsatz der Staatenimmunität.

Die Gerichte – vom LG bis zum EGHMR – haben die Argumente der Rechtswissenschaftler und der höchsten, allerdings pensionierten, deutschen Richter nicht beeindruckt. Der BGH hat sich mit ihnen nicht mehr auseinander gesetzt. Sie sind juristisch verbraucht, weil auch der EGHMR sie nicht akzeptierte. Nur wenige Autoren habe ich gefunden, die noch nach seiner Entscheidung ihre abweichende Auffassung öffentlich weiter vertreten haben.

So sagte Roellecke: ›Tatsächlich waren und sind die europäischen Richter in genau dem gleichen Sinne befangen oder nicht befangen wie die Richter des BGH oder des BVerfG. Sie vertreten das westliche, rechtsstaatlich-demokratische politische System, das sich gegen das realsozialistische durchgesetzt hat.‹ *(NJW 2001, 3025 – F. W.)* Und er schließt seinen Artikel mit dem lateinischen Zitat: ›Auctoritas, non veritas facit legem.‹ Das Zitat bleibt vornehm oder vorsichtig unübersetzt. Deutsch klingt es hart: Macht, nicht Wahrheit schafft das Gesetz. Das BGH-Urteil lässt alles dies unbeachtet und konzentriert sich lediglich auf die erstmalig von ihm zu entscheidende Problematik des Unterlassens einer Änderung des Grenzregimes. Es imponiert zunächst durch die wissenschaftliche Form seiner Argumentation. Lehrbuchmäßig werden alle Voraussetzungen der Strafbarkeit des Unterlassens im konkreten Fall geprüft. Lateinische Begriffe wie der omnimodo facturus (ein auf jeden Fall zur Tat Entschlossener) unterstreichen diesen Eindruck. Wenn das Urteil mich dennoch nicht überzeugt, so liegt das nicht nur daran, dass die Argumente der Verteidigung nicht erwähnt und folglich nicht widerlegt worden sind, sondern an folgenden Tatsachen:

1. Der BGH hebt schulmäßig hervor, das Unterlassen muss pflichtwidrig sein. Er prüft, als sei dies ganz selbstverständlich, wie sich die Politiker der DDR im Kalten Krieg gegen die BRD zu verhalten gehabt hätten. Er stellt dabei, wie bereits das Landgericht, eine Verletzung der Pflichten aus Art. 1 und Art. 30 der Verfassung der DDR sowie aus Art.6 und 12 IPBPR und mit der Allgemeinen Erklärung der Menschenrechte von 1948 fest, wonach der Schutz des Lebens und der Unversehrtheit der Gesundheit in der DDR garantiert gewesen seien. Dazu ist zu bemerken, dass nach allgemeiner Auffassung aus den letzten beiden Dokumenten keine individuellen Rechtspflichten abgeleitet werden können. Was die Pflichten aus der DDR-Verfassung anbelangt, so waren diese zweifellos gegeben, nur besagten sie nicht, dass man sich ohne Gefahr für Leib und Leben seiner Verhaftung entziehen konnte. Dies ist auch in der BRD nicht möglich, wie genügend Beispiele, etwa die Erschießung eines vermutlichen Schmugglers an der holländischen Grenze, zeigen.

Wesentlich ist vor allem, dass für DDR-Bürger noch andere, bedeutendere Pflichten aus der Verfassung galten. So Art. 7 der

Verf./DDR mit den Geboten des Schutzes des Staatsgebietes, der sozialistischen Ordnung und des sozialistischen Staates und Art. 23 Abs. 1 mit der Forderung des Schutzes des sozialistischen Vaterlandes. Diese Pflichten galten auch und besonders für die Mitglieder des PB. Die Anklage unterstreicht die Bedeutung dieser Pflichten, indem sie davon ausgeht, dass die Fluchtbewegung die Existenz der DDR bedrohte. Es war also Pflicht jedes Bürgers und vor allem des PB, sie zu unterbinden. Jeder Staat in vergleichbarer Situation hätte vergleichbar gehandelt und hätte vergleichbar handeln dürfen. Bei einer Pflichtenkollision, wie sie hier vorliegt, geht auf der ganzen Welt das Staatsinteresse vor. Anderenfalls könnten keine Kriege geführt werden und könnte die BRD keine Soldaten nach Afghanistan schicken. – Alles das hatten wir schon vor dem BGH-Urteil vorgetragen. Es blieb unbeachtet. Pflichten zum Schutz der DDR wurden vom BGH nicht anerkannt.

Pflichten zum Schutz des Lebens von DDR-Bürgern hatte auch die Regierung der BRD. Ihr wäre eine Humanisierung des Grenzregimes leicht möglich gewesen, wenn die Staatsbürgerschaft der DDR anerkannt und eingereiste DDR-Bürger nicht materiell unterstützt und aufgenommen, sondern zurückgeschickt worden wären, wie es mit Bürgern anderer Staaten heute mehr denn je geschieht. Dieses Unterlassen war ebenfalls ursächlich für die Toten an der Grenze. Dies trage ich nicht zum ersten Mal vor, einen Widerhall fand auch das nicht.

2. Der BGH führt weiter aus: ›Unter dem Gesichtspunkt einer Handlungspflicht bleibt es ohne Bedeutung, dass es ungewiss ist, ob die Angeklagten durch die ihnen gebotenen Aktivitäten jeweils das Leben der Opfer tatsächlich gerettet hätten. Nur die sichere Erfolglosigkeit eines Rettungsbemühens lässt die Handlungspflicht entfallen.‹ (UA S. 20). Die Erfolglosigkeit war sicher. Woher weiß der BGH, dass der Ausgang einer Intervention ungewiss war? Gilt hier nicht die Regel: Im Zweifel zu Gunsten des Angeklagten? Wer glaubt, dass ein einzelnes PB-Mitglied mit einer solchen Intervention im PB hätte Erfolg haben können, kennt das PB nicht. In Geschichtsbüchern wird es anders gesehen, als der BGH es sieht, so z. B. nachzulesen bei Staritz ›Geschichte der DDR‹. Für jeden, der die Lage in der DDR kannte, ist die Erfolglosigkeit des von Herrn Lorenz jetzt erwarteten Bemühens so sicher wie das Amen in der Kirche und so sicher müsste auch der Freispruch sein.

3. Voraussetzung einer Bestrafung wegen Unterlassung ist ferner die Feststellung des Kausalzusammenhangs, also die Feststellung,

dass bei pflichtgemäßem Handeln an der Grenze niemand getötet worden wäre. Der BGH sagt dazu: ›Zur Erreichung des Ziels einer solchen Humanisierung des Grenzregimes der DDR wäre nicht etwa die Öffnung der Grenzen zum westlichen Teil Deutschlands oder der Abbau der mechanischen Sperrwerke an dieser Grenze erforderlich gewesen.‹ (UA S. 14) Das ist neu. Die Anklage erhob auf S. 5 noch den Vorwurf: ›Entscheidend an der Aufrechterhaltung der Grenzsperranlagen zum Westteil Berlins beteiligt‹ gewesen zu sein.

Der BGH fährt dann fort: ›Vielmehr hat die Praxis der DDR bei besonderen Anlässen wie Staatsbesuchen und Parteitagen, als Erschießungen an der Grenze – scil. *(scilicet = nämlich – F. W.)* Nachrichten hiervon – vermieden werden sollten, gezeigt, dass etwa eine Postenverdichtung an der Grenze es ermöglichte, Flüchtlinge handgreiflich zu stellen, statt sie aus größerer Entfernung zu erschießen.‹ (UA S. 14)

Diese Aussage ist logisch nicht begründet. Es gibt keinen Erfahrungssatz, der besagt, dass, was gelegentlich möglich ist, immer möglich ist. Die Staatsgrenze der DDR zur BRD erstreckte sich über 1 600 km, ihre ständige Absperrung durch eine enge Postenkette an jedem Tag und rund um die Uhr war unmöglich. Die anderweitige Behauptung des BGH ist nicht bewiesen und war überhaupt nicht Gegenstand der Hauptverhandlung. Das Urteil beruht also in diesem Punkt auf einer unbewiesenen Tatsache. Das rechtfertigt für sich allein genommen ebenfalls einen Freispruch.

4. In längeren Ausführungen erörtert der BGH die Strafbarkeit der Angeklagten nach DDR-Recht. Er führt aus: ›Es ist nämlich in der Rechtsprechung des Obersten Gerichts der DDR anerkannt, dass mehrere sich parallel verhaltende Täter regelmäßig für den eingetretenen Erfolg nebeneinander strafrechtlich verantwortlich sind.‹ (UA S. 15). Er fügt hinzu: ›Dies gilt zunächst für den Fall mehrerer parallel aber unabhängig von einander aktiv vorgehender Täter [...] und für die Fälle, in denen ein Täter aktiv handelt und daneben ein Handlungspflichtiger untätig bleibt. [...] (UA S. 15). Das ist also deutlich erkennbar nicht unser Fall. Der BGH führt weiter aus: ›Insbesondere hat das Oberste Gericht der DDR in zahlreichen Entscheidungen ausgesprochen, dass die strafrechtliche Haftung eines Unterlassungstäters nicht etwa dadurch ausgeschlossen ist, dass andere in gleicher Weise Handlungspflichtige ebenfalls untätig geblieben sind.‹ (UA S. 15). Das ist ebenso deutlich erkennbar gleichfalls nicht unser Fall. In allen vom Obersten Gericht entschiedenen Fäl-

len konnte jeder Unterlassungspflichtige allein für sich handeln. Alle diese Täter waren sämtlich nicht Mitglieder eines Kollektivorgans, das nur gemeinschaftlich handeln konnte, wie das PB. Alle diese Zitate besagen daher nichts über die Strafbarkeit nach DDR-Recht.

Die hier vorliegende besondere rechtliche Problematik wird vom BGH nur nach BRD-Recht untersucht. Auf S. 22f. des Urteils, also innerhalb des Abschnitts, der das Bundesrecht behandelt, wird erstmalig konkret die Rechtsfrage angesprochen, die zum Freispruch der Angeklagten im Urteil vom 7. Juli 2000 führte. Dort wird erstmalig von einer ›Kollegialentscheidung‹ gesprochen (UA S. 23).

Den Fall einer pflichtwidrig unterlassenen Kollegialentscheidung gab es in der Rechtsprechung der DDR nicht. Keine einzige der Entscheidungen des Obersten Gerichts der DDR, die vom BGH zitiert werden, betrifft einen solchen Fall. Auch in der BRD gab es einen solchen Fall bis 1990 nicht. Erst damals wich der BGH von dem bis dahin geltenden Rechtssatz ab: Der Unterlassende muss die Möglichkeit zur Verhinderung des Erfolges haben. Dieser Satz sollte nunmehr bei Kollegialentscheidungen für ein einzelnes Mitglied nicht gelten. Auf dieses Urteil bezieht sich der BGH auf S. 23 seiner Urteilsgründe, indem er auf seine Entscheidung im 37. Band, S. 131f. verweist. Diese Entscheidung aus dem Jahr 1990 behandelte das Verhalten des Vorstandes einer GmbH, der den Rückruf eines gesundheitsgefährlichen Ledersprays unterlassen hatte. Hierfür wurde jedes Vorstandsmitglied verantwortlich gemacht. Ausführlich wird vom BGH die rechtswissenschaftliche Literatur referiert, die diese Entscheidung auslöste. Alle Veröffentlichungen stammen aus der Zeit von 1991 bis 2001, sie liegen also sämtlich Jahre nach dem Tatzeitraum dieses Verfahrens. Das Urteil wurde von der Literatur überdies nicht widerspruchslos aufgenommen. Die Verurteilung eines Menschen, der nichts getan hat, der aber am Geschehensablauf auch nichts hätte ändern können, bestraft nur dessen Gesinnung. Das wurde – wie überhaupt alle subjektiven Theorien – in der DDR abgelehnt. Schließlich ist die Annahme, nach DDR-Recht hätten sich PB-Mitglieder strafbar gemacht, die zum Schutz der DDR handelten, schlicht irreal.

Aus alledem folgt:
1. Das Urteil beruht auf unbewiesenen, z. T. der Wahrscheinlichkeit widersprechenden Tatsachenfeststellungen.
2. Das Urteil entspricht nicht dem DDR-Recht. Der BGH hat im Jahr 2002 entschieden, wie das Oberste Gericht seiner Meinung nach einen solchen Fall zur Zeit seiner Existenz entschieden hätte.

Er hat dabei fundamentale Bestimmungen des DDR-Rechts wie die Art 1 und 2 des StGB der DDR und die Art. 7 und 23 der Verfassung der DDR missachtet. Der BGH hat mit anderen Worten 12 Jahre nach dem Untergang der DDR neues DDR-Recht geschaffen und danach die Besiegten im Kalten Krieg verurteilt. Diesem Urteil müssen Sie als unabhängige Richter nicht folgen.
Ich beantrage, Herrn Siegfried Lorenz freizusprechen.«
Alle Verteidiger plädierten gut, auch Suzanne Kossack. Sie unterließ es allerdings, einen Antrag zu stellen. Der Vorsitzende fragte daher, als sie geendet hatte, welchen Antrag sie stelle. Erst danach beantragte sie auch Freispruch. Meinem Tagebuch vertraute ich anschließend an: »Auf mein Plädoyer erwiderte OStA Jahntz, der meine Ausführungen als »finsterste sozialistische Steinzeit« bezeichnete, die eigentlich eine Bewährungsverurteilung ausschlössen, die er aber dennoch beantragte. Da sich wegen Plöger alles sehr lange hinzog, war ich erst gegen 16 Uhr zu Hause. Ich war und bin froh, dass das vorbei ist. Es war mein letztes Plädoyer in einer Strafsache.«
Es kam dann, wie es kommen musste.
Das Landgericht Berlin verurteilte die Angeklagten Böhme und Lorenz am 6. August 2004. Es erkannte: »Die Angeklagten werden wegen Beihilfe zum dreifachen Mord zur Bewährung verurteilt. Die Bewährungszeit beträgt jeweils ein Jahr. Für den Fall, dass die Angeklagten ihrer Pflicht zur Bewährung nicht nachkommen, wird ihnen jeweils eine Freiheitsstrafe von 1 (einem) Jahr und 3 (drei)Monaten angedroht. Die Angeklagten haben die auf sie entfallenden Kosten des Revisionsverfahrens und die notwendigen Auslagen der Nebenklägerin zu tragen.«
Oberstaatsanwalt Jahntz hatte diesmal auch nur eine Verurteilung zur Bewährung, allerdings mit einer Bewährungszeit von zwei Jahren und einer angedrohten Freiheitsstrafe von 18 Monaten beantragt. Auch er folgte der Empfehlung des BGH. Vor vier Jahren hatte er noch eine Freiheitsstrafe von zwei Jahren und neun Monaten verlangt, also ohne Bewährung. Vom Beginn der Ermittlungen bis zu dieser rechtskräftigen Entscheidung waren rund zwölf Jahre vergangen. Eine »angemessene Frist« im Sinne der Menschenrechtskonvention?
Die Angeklagten waren in ihren letzten Worten bei ihrer bisherigen Haltung geblieben. Siegfried Lorenz hatte vorgetragen: »Ich verhehle nicht, dass ich die Strafverfolgung gegen Bürger der DDR und mich selbst als politisch motiviert und diskriminierend empfinde. Die damit beabsichtigte Kriminalisierung meiner politischen

Tätigkeit in der DDR, den gegen mich konstruierten ungeheuren Vorwurf des Totschlags weise ich zurück. [...] Wie Ihr Urteil auch ausfallen mag, es wird wohl kaum die Vielschichtigkeit der historischen Bedingungen der damaligen Zeit und die geltende Gesetzeslage der DDR in vollem Umfang berücksichtigen können; möglicherweise das auch nicht wollen. [...]

Es ist schon aufschlussreich, wie einseitig auch Staatsanwaltschaft und Gerichte politische Vorgänge in der DDR wahrnehmen und letztlich mit der Tatsache umgehen, dass in der spannungsgeladenen Zeit im Herbst 1989 und bei der Öffnung der Grenze unter den bekannten Turbulenzen kein einzigen Schuss fiel. Ich weiß, dass sich Politiker aus dem Politbüro und der Regierung, hohe Militärs der DDR und Angehörige der Sicherheitskräfte ohne wenn und aber für politische Lösungen, für einen Weg aus der Krise der DDR ohne Gewalt einsetzten. Ihre humanistische Gesinnung kann man den damals verantwortungsbewusst Handelnden nicht absprechen.

Mit den Fragen, inwieweit ich in meinem politischen Leben etwas unterlassen habe oder ob andere politische Entscheidungen bei der bestehenden weltpolitischen Konstellation, der gesamten Entwicklung, auch der in der DDR, eine andere, bessere Richtung hätten geben können, werde ich mich sicherlich mein Leben lang beschäftigen und auseinandersetzen. Eine authentische Antwort ist jedoch nicht im Gerichtssaal zu finden.

Schon längst wäre es höchste Zeit, mit der politisch motivierten Strafverfolgung von Bürgern der DDR, die nach den Gesetzen ihes Landes handelten, Schluss zu machen.«

Nach der Urteilsverkündung notierte ich: »Freitag (6.8.) Urteilsverkündung Siegfried Lorenz um 10.30. Großes Presseaufgebot. Richter Groß verlas die mündliche Urteilsbegründung mit heftigen Angriffen gegen mich. Meine Ausführungen zur Anerkennung der DDR-Staatsbürgerschaft als Mittel zur Vermeidung der Todesfälle an der Grenze bezeichnete er als unsäglich, auch die letzten Worte der Angeklagten kritisierte er.

Mit diesen waren wir noch in einer Kneipe, danach fuhr ich ins Büro, gab die Akten ab und aß mit den anwesenden Kolleginnen Mittag. Gegen 15 Uhr war ich zu Hause und müde. Jochum (freier Journalist) rief mich an und sagte, er veröffentliche einen Artikel in der *Märkischen Allgemeinen,* die *junge Welt* habe einen entsprechenden Artikel nicht angenommen. Danach rief mich Brigitte Hering (Journalistin der *jungen Welt*) an und fragte, ob ich einen 10 000 Zeichen-Artikel für die *jW* zur Bilanz der jvb *(juristische Vergangenheitsbewältigung – F. W.)* schreiben wolle, was ich zusagte.«

Manche sagen, ein mildes Urteil. Sie setzen auch hinzu, was wohl die DDR mit Kohl und anderen Repräsentanten der BRD gemacht hätte, wenn sie Sieger geworden wäre. Ich weiß es nicht. Ich meine, dass das kein Maßstab sein kann. Unabhängig davon gibt jedoch der Urteilsspruch nicht die ganze Strafe wieder, die das Gericht dem Verurteilten aufbürdete. Hinzu kommen die nicht bezifferten Kosten des Verfahrens sowie die Auslagen, die zu erstatten sind. Dazu gehören die Gerichts- und Anwaltskosten, sowie die Gebühren der Zeugen und Sachverständigen, sowie deren Auslagen wie Fahrt- und Übernachtungskosten. Das summiert sich.

Siegfried Lorenz hatte den Betrag von 12 216,65 Euro zu erstatten und das bei einer Strafrente. Nur zum Vergleich: Das DDR-Recht kannte im Strafverfahren keine Gerichtskosten und die Auslagen, darunter die Gebühren für Pflichtverteidiger, wurden dem Verurteilten auch nicht in Rechnung gestellt. Wer die Strafe verbüßt hatte, war nicht mit Schulden belastet, sondern hatte, im Falle einer Freiheitsstrafe, noch erspartes Arbeitsentgelt. Der Vergleich zwischen dem DDR- und dem BRD-Recht fällt nicht immer zu ungunsten des ersteren aus.

Das Verfahren gegen Fritz Streletz u. a.
vor dem Europäischen Gerichtshof (2000-2001)

Nur wenige Wochen nach den sensationellen Freisprüchen im Zweiten Politbüroprozess, am 1. August 2000, beauftragte mich Fritz Streletz, ehemaliger Chef des Hauptstabes der Nationalen Volksarmee der Deutschen Demokratischen Republik, ihn in Straßburg zu vertreten. Ich übernahm das Mandat gern, da ich nun in der wirklich letzten Instanz für das eintreten konnte, was ich für gerecht hielt und zugleich auch für meinen Mandanten Siegfried Lorenz plädieren konnte, dessen Schicksal letztlich auch von Strasbourg abhing.

Wegen dieses Umstandes hatte ich mich schließlich schon seit 1997 mit der Vertretung der Beschwerdeführer vor dem Europäischen Gerichtshof befasst. Ich hatte das Geld für das Honorar von Experten aufgetrieben und mit den Rechtsanwälten Mildebrath und Unger, den Verteidigern von Keßler und Krenz versucht, einen geeigneten Anwalt zu finden, der bereit wäre, die Beschwerden vor dem Europäischen Gerichtshof für Menschenrechte (EGMR) zu vertreten. Nach mehreren erfolglosen Bemühungen fand Rechtsanwalt Unger im Mai 1998 endlich den englischen Solicitor und späteren Barrister Piers Gardner. Die Zusammenarbeit mit ihm war in den ersten Monaten etwas nervenaufreibend. Wir erhielten von ihm keine Nachweise für eine effektive Tätigkeit, so dass wir deutschen Anwälte unter uns schon erörterten, ob wir das Mandat kündigen. Dabei war schon viel Geld an ihn überwiesen worden. Erst ab Februar 1999 sahen wir Zeugnisse seiner Tätigkeit und waren beruhigt. In der Folgezeit waren wir mit unserer Wahl sehr zufrieden.

Strasbourg war meine letzte Hoffnung. Mehr als eine Hoffnung war es jedoch nicht. Immer wieder dachte ich wie alle anderen, die mit der Vergangenheitsbewältigung als Verteidiger oder Angeklagte konfrontiert waren, darüber nach, wie würde es mit der Strafverfolgung weitergehen, was würde Straßburg sagen. Ich war skeptisch. Meine Skepsis beruhte nicht auf Zweifeln an der rechtlichen Begründetheit der Menschenrechtsbeschwerde, sondern ausschließlich auf dem vermuteten politischen Einfluss, dem der Gerichtshof unterliegen würde. Andererseits zeigten Verlautbarungen in den Medien, dass unsere Hoffnungen nicht völlig unbegründet waren.

So schrieb der ehemalige Präsident des Bundesverwaltungsgerichts Professor Horst Sendler: »Wenn man Presseberichten glauben schenken kann (*Focus* vom 18. 11. 1996), dann scheint sogar Jochen Frowein *(Direktor des Max-Planck-Instituts für ausländisches öffentliches Recht und Völkerrecht– F. W.)* – gewiss nicht die schlechteste Adresse in diesem Bereich – den Gang nach Straßburg nicht für aussichtslos zu halten.«

Auch die *Berliner Zeitung* hatte in ihrer Vorschau auf den Strasbourger Prozess am 4./5. März 2000 berichtet: »Es gibt Zweifel, ob das Berliner Urteil gegen den früheren Staatschef Krenz wegen Totschlags vor dem Europäischen Gerichtshof in Straßburg Bestand haben wird.« Die *Süddeutsche Zeitung* schrieb noch am Tage der Verhandlung, am 8. November 2000: »Der Ex-DDR-Staatschef hat mit seiner Klage vor dem Menschenrechtstribunal gute Chancen«. Und weiter: »Die deutsche Justiz blickt daher gebannt bis bang nach Straßburg, wo nun mündlich verhandelt wird.«

Als Fritz Streletz am 1. August 2000 zu mir kam, lag ein Strafverfahren von etwa acht Jahren hinter ihm. Das Landgericht Berlin und der BGH hatten ihn wegen Totschlags zu einer Freiheitsstrafe von fünf Jahren und sechs Monaten verurteilt. Das Bundesverfassungsgericht hatte auch bereits verkündet, dass dieses Urteil nicht gegen das Grundgesetz verstoße. Der Generaloberst a. D. hatte darauf selbst 1996 Beschwerde beim Europäischen Gerichtshof für Menschenrechte eingelegt. Die Bundesregierung hatte am 30. Mai 2000 in einem 25-seitigen Schriftsatz zu der Beschwerde Stellung genommen. Sie vertrat die Auffassung: »Die hier zu beurteilenden Tötungshandlungen waren sowohl nach dem Recht der Bundesrepublik Deutschland als auch nach dem Recht der Deutschen Demokratischen Republik strafbar (§ 212 StGB bzw. § 112 StGB-DDR).« Immerhin musste sie einräumen: »Probleme ergeben sich erst bei der Prüfung der Rechtfertigung der Tötungshandlungen.«

Diese »Probleme« versuchte der Vertreter der BRD durch Hinweis auf die »ständige Rechtsprechung des Bundesgerichtshofs« auszuräumen. Diese wollte sie mit dem Hinweis unangreifbar machen: »Nach der Rechtsprechung des Gerichtshofs (also des EGMR) ist es nicht seine Aufgabe, an die Stelle der innerstaatlichen Gerichte zu treten.« Diese Gerichte hatten in Gestalt des BGH unter Berufung auf die von Professor Radbruch 1946 mit Blick auf die Verfolgung von Naziverbrechen aufgestellte Theorie den Rechtssatz verkündet: »Ein zur Tatzeit angenommener Rechtfertigungsgrund kann nur dann wegen Verstoßes gegen höherrangiges Recht unbeachtet bleiben, wenn in ihm ein offensichtlich grober Verstoß gegen Grundgedanken der Gerechtigkeit und Menschlichkeit zum Ausdruck kommt.«

Das war also der Verfahrensstand, als ich am 1. August von Fritz Streletz bevollmächtigt wurde, ihn in Strasbourg zu vertreten. Durch ein Schreiben von Rechtsanwalt Piers Gardner vom 3. August, das bei mir am 7. August einging, erfuhr ich, dass der Termin vor der Großen Strafkammer für den 8. November 2000 in Aussicht genommen wäre. Das hielten wir alle, d. h. Anwälte und Mandanten, für einen Erfolg. Verhandlungen vor der Großen Kammer waren außergewöhnlich. Normal war, dass Kammern in der Besetzung mit drei Richtern statt der 17 Richter in der Großen Kammer die Entscheidungen trafen. Eile tat jetzt Not. Die Frist für die Erwiderung auf den Schriftsatz der BRD war ursprünglich auf den 5. August, später jedoch auf den 15. September 2000 festgesetzt worden. Am 20. September konnte ich die endgültige Fassung meines Erwiderungsschriftsatzes absenden. Auf den 28 Seiten führte ich aus: »Die Konvention und der Gerichtshof würden entwertet, wenn die garantierten Rechte der Bürger der Vertragsstaaten durch nicht vom EGMR überprüfbare Auslegungen von Gesetzen de facto beseitigt werden könnten. Wenn im Falle des Beschwerdeführers durch den BGH und ihm folgend das BVerfG das sozialistische Recht ›gegen ein aus rechtsstaatlicher Sicht bestimmtes Grenzgesetz ausgetauscht wurde‹, (Dannecker, Jura 1994, 585, 592), so muss das durch den Gerichtshof überprüfbar sein. [...]

Die Konstruktion des BGH (und letztlich des BVerfG) vereinigt in sich zwei einander widersprechende Grundüberlegungen: Erstens, das Rückwirkungsverbot ist nicht verletzt, weil die Rechtfertigungsgründe des DDR-Rechts ›ungeeignet‹ und deshalb die Taten zur Tatzeit und am Tatort strafbar waren. Zweitens: das Rückwirkungsverbot gilt für die Taten der Angeklagten nicht. [...]

Die Grenze zwischen der DDR und der BRD, zwischen Warschauer Pakt und NATO wird vom BVerfG hier wie stets zuvor als ›innerdeutsche‹ Grenze bezeichnet. Andererseits sagt das BVerfG mit Recht: ›Die DDR war im Sinne des Völkerrechts – unabhängig von ihrer völkerrechtlichen Anerkennung durch die Bundesrepublik Deutschland (vgl. dazu BVerfGE 36,1 <22>) – ein Staat und als solcher Völkerrechtssubjekt‹ (UA S. 44). Die Grenze zwischen der DDR und der BRD war folglich eine Staatsgrenze.

Das verharmlosende Attribut ›innerdeutsch‹ wird dieser Tatsache erkennbar nicht gerecht. Es war und ist eine patriotisch motivierte juristische Fiktion. Da es das Rechtssubjekt Deutschland nicht gab, gab es realiter auch keine innerdeutsche Grenze. Selbst derjenige, der diese Fiktion bejaht, kann dennoch nicht die Augen davor verschließen, dass die ›innerdeutsche Grenze‹ zugleich Staatengrenze und zudem Grenze zwischen zwei feindlichen Paktsystemen war. Gerade das machte schließlich die Tragik der deutschen Teilung aus. Die Grenzüberschreitung kann folglich auch nicht durch den Terminus ›innerdeutsch‹ in ihrer Bedeutung für den zu entscheidenden Sachverhalt verkleinert werden.

Die Bezeichnung der Grenze als ›innerdeutsch‹ steht auch im Widerspruch zur Behandlung und Kennzeichnung der Soldaten und Offiziere der NVA der DDR. Sie werden nicht als deutsch, sondern als fremd angesehen und ihre Titel werden nicht anerkannt (siehe das Rubrum der Gerichtsurteile). Dadurch unterscheidet sich ihre Behandlung und Kennzeichnung auch von derjenigen der Offiziere der deutschen Reichswehr und der faschistischen Wehrmacht, die ihre alten Dienstgrade weiterführen können. Der unterschiedlichen Kennzeichnung entspricht auch die unterschiedliche Höhe der Renten und Pensionen der ehemaligen Angehörigen dieser ›innerdeutschen‹ Streitkräfte. [...] Der BGH reagierte in seinem Urteil vom 20. März 1995 (BGHSt 41,

101) auf die heftige und umfangreiche Kritik, die an seinem Urteil in dieser Sache wie an Urteilen in vergleichbaren anderen Sachen geübt worden war, indem er feststellte, dass sie ›zu kritischen Äußerungen im Schrifttum geführt‹ hätten (a. a. O., S. 106). Er zitierte dort 17 Autoren und verwies auf weitere Kritiker, die schon in dem Urteil vom (BGHSt 39, 168, 181) zitiert worden waren. Zahl und Gewicht der Autoren verdeutlichen die Fragwürdigkeit der Argumentation von BGH und BVerfG, die jedoch in der Folge in den grundsätzlichen Punkten nicht aufgegeben wurde. Mit ausländischer Rechtsprechung und Literatur setzte sich weder der BGH noch das BVerfG auseinander.«

Als Ergebnis stellte ich in meinem Schriftsatz fest:

»Die Urteile des LG, des BGH und des BVerfG gegen den Beschwerdeführer verletzen Art. 7 Abs. 1 der Konvention. Sie stehen im Widerspruch zur Auffassung der Mehrheit der deutschen Rechtswissenschaftler, die sich zu den Rechtsfragen geäußert haben, die den Urteilen zugrunde liegen.

Die Urteile verletzen auch Art. 6 Abs. 1 und 2 i. V. mit Art. 14 der Konvention, indem sie den Beschwerdeführer aus den von Bundesjustizminister Kinkel genannten politischen Gründen diskriminieren und nicht auf einem fairen Verfahren beruhen. Da das der Beschwerdeführer allerdings aus mangelnder Kenntnis der Konvention nicht gerügt hat, ist hier nicht näher darauf eingegangen worden. Die Tatsache der Diskriminierung, die unübersehbar zu sein scheint, soll dennoch nicht völlig unerwähnt bleiben. Gleiches gilt für die Tatsache, dass er kein faires Verfahren hatte. Die Verurteilung eines Offiziers eines ›fremden‹ Heeres durch die Richter eines einst feindlichen Staates spricht in dieser Beziehung für sich.

Ich beantrage, festzustellen, dass die Bundesrepublik Deutschland Artikel 7 Abs. 1 der Konvention verletzt hat; die Bundesrepublik Deutschland zu verpflichten, den Beschwerdeführer angemessen zu entschädigen.«

Am 7. November war es soweit. Morgens gegen 7 Uhr fuhren wir los. Vom Berliner Ostbahnhof ging es dann mit dem Zug nach Strasbourg. Im Speisewagen saß am Nebentisch Oberstaatsanwalt Jahntz, den ich begrüßte. Die Form wurde beiderseits immer gewahrt. Nach der Ankunft im Hotel fuhren wir noch zum EGMR, um das Manuskript meines Plädoyers abzugeben, damit es die Dolmetscher bekommen. Vom Gerichtshof war unsere Redezeit beschränkt worden, so dass mir nur zehn Minuten zur Verfügung standen.

Am folgenden Mittwoch trafen sich alle Beteiligten im Hotel. Auch Krenz, Streletz und Keßler waren gekommen. Mit Taxen fuhren wir zum EGMR, wo eine Meute von Journalisten sich auf Krenz stürzten. Für uns interessierte sich niemand. Krenz hatte mir gesagt, dass die Pressekonferenz, die Michael Brie von der Rosa-Luxemburg-Stiftung im Grand Hotel organisieren wollte, nicht stattfindet. Auch MdB/PDS Gehrcke hatte sein Erscheinen abgesagt. Also null PDS.

Von einer Mitarbeiterin des Gerichtshofs wurden wir in einen Raum geführt, der uns während der Verhandlung allein zur Verfügung stand. Gegenüber versammelten sich, nur durch Glaswände getrennte die drei Vertreter der BRD Stoltenberg, Stör und Professor Tomuschat. Wir wurden dann alle ins Zimmer des Präsidenten geführt, wo eine Vorbesprechung stattfand. Präsident Wildhaber, ein Schweizer, war sachlich und bestimmt, wies noch einmal auf das Zeitlimit und die Möglichkeit einer gütlichen Einigung hin. Auf einen Einwurf, der wohl von Unger erfolgte, was geschehe, wenn die Zeit uns nicht reicht, erwiderte Wildhaber knapp, sie würde reichen. Anschließend nahmen wir im Saal nach der schriftlich mitgeteilten Sitzordnung Platz. Die drei BRD Vertreter in z. T. sehr ungeeigneten Straßenanzügen, wir in dunklem Anzug mit Robe und Gardner mit Perücke. Stoltenberg redete lang, schnell und wenig inhaltsreich. Tomuschat war in jeder Hinsicht besser, aber nicht überragend.

Nach 15-minütiger Pause kam ich dran. Ich hatte geglaubt ich würde zehn, maximal zwölf Minuten brauchen, brauchte aber fünfzehn. Ich versuchte, es den Dolmetschern leicht zu machen und sprach langsam mit Pausen. Ich sagte mit geringfügigen Abänderungen, die sich aus der Situation ergeben hatten, Folgendes: »Die Regierung hat sich zum Recht der DDR geäußert. Sie hat festgestellt, was davon gegolten hätte und was nicht. Dazu fehlt ihr, bei allem Respekt, die Kompetenz. Wir verhandeln über das Recht eines Staates, der nicht Partei und nicht vertreten ist. Das ist eine der Besonderheiten dieses Falles. Wenn also die Regierung sagt, die Tat sei zur Tatzeit und am Tatort in der DDR strafbar gewesen, so ist das so, als würde sie einen Kriminalfall in der Schweiz oder in Österreich beurteilen. Daran ändert auch der Einigungsvertrag nichts. Er vermittelte keine Rechtskenntnisse. Kompetenz und Sachkunde sind sogar geringer als in dem erdachten Fall. Denn während in diesen Staaten das gesellschaftliche System gleich oder ähnlich ist, war es in der DDR und der BRD extrem unterschiedlich. Beide Staaten beruhen auf konträren Ideologien. Man könnte sagen, sie und ihr Recht waren so grundverschieden wie ein islamischer Staat mit seinem Recht und ein christlicher. Es mag schwer sein, diese offenkundige Tatsache anzuerkennen, denn die Bürger beider Staaten sind Deutsche. Doch das besagt nicht alles, wie Irland, Taiwan und Korea zeigen. Die beiden deutschen Staaten entwickelten extrem unterschiedliche politische, ökonomische, soziale und rechtliche Strukturen. Jeder Staat hielt seine Ideologie für die einzig richtige und fühlte sich durch die andere bedroht. Die Regierung hat Paragrafen des Rechts der DDR zitiert, doch ihren Inhalt, ihren Geist hat sie verkannt. Das DDR-Recht verwandelte sich in den Köpfen der Juristen aus den alten Bundesländern in BRD-Recht. Das ist kein Vorwurf, das ist natürlich. Die Angeklagten selbst hatten nichts anderes erwartet und deshalb bis zur Entscheidung des Bundesverfassungsgerichts nur Anwälte aus den alten Bundesländern mit ihrer Verteidigung beauftragt.

Im Gegensatz zur Regierung sage ich als Anwalt mit 37 Jahren Erfahrung im DDR-Recht: Es ist nicht nach dem Recht der DDR, das zur Tatzeit am Tatort galt, geurteilt worden. Die Taten waren zur Tatzeit am Tatort nicht strafbar.

Art. 7 Abs. 1 der Konvention wurde verletzt. Ich sage das in Übereinstimmung mit der Mehrzahl der Juristen, die sich in Deutschland zu dieser Thematik geäußert haben. Ich kann dafür über 50 Autoren aus Westdeutschland zitieren, sämtlich keine Freunde der DDR und ihres Grenzregimes, sämtlich Juristen, die von dieser Meinungsäußerung alles andere als einen Vorteil zu erwarten haben. Nur eben Juristen, die das Recht lieben und verteidigen, darunter viele, die als Koryphäen ihres Fachs gelten.

Der tiefe Widerspruch zwischen der Meinung der freien Wissenschaft und dem Urteil der unabhängigen Justiz ist eine weitere Besonderheit dieses Falles.

Die These des Bundesverfassungsgerichts, dass die Flüchtlinge aus der DDR ›nichts weiter wollten, als unbewaffnet und ohne Gefährdung allgemein anerkannter Rechtsgüter die innerdeutsche Grenze zu überschreiten‹, offenbart anschaulich den gravierenden Unterschied zwischen DDR- und BRD-Recht. Von dieser westdeutschen Position aus war es unmöglich, das DDR-Grenzrecht seiner Bestimmung gemäß anzuwenden. Der Begriff der ›innerdeutschen Grenze‹ beruhte auf der Fiktion, dass Deutschland als Ganzes nach dem Zweiten Weltkrieg weiter bestand. In der DDR dagegen herrschte die Auffassung, dass das Deutsche Reich durch debellatio untergegangen sei. Die Konsequenz war, die BRD sah sich als Rechtsnachfolgerin des Deutschen Reichs, der BGH als Rechtsnachfolger des Reichsgerichts. Die Richter beider Staaten verstanden sich und ihr Recht gegenseitig nicht. Sie bildeten und bilden insoweit keine Ausnahme von den anderen Ost- und Westdeutschen. Ost- und Westdeutsche entwickelten im Laufe der Jahrzehnte der staatlichen Teilung eine unterschiedliche Mentalität. Auf fast allen Gebieten des menschlichen Lebens zeigen sie unterschiedliche Verhaltensweisen. Das beginnt bei den Wahlen und setzt sich fort in anderen Einstellungen zu Familie, Sexualität, in anderen Ausdrucks- und Verhaltensweisen des alltäglichen Lebens usw. *(vgl. Helmut Schmidt in seinem Interview in der* Welt am Sonntag *vom 29. August 1999:»Ich finde, Entschuldigung, die westdeutsche Überheblichkeit zum Kotzen. Und ich finde auch die kollektive Abqualifizierung aller Kommunisten zum Kotzen.« – F. W.)*

Es gibt deshalb fast keine Statistik, die nicht für Ost- und Westdeutsche getrennt geführt wird.

Der Beitritt der BRD zur NATO und der DDR zum Warschauer Vertrag verschärfte den Gegensatz zwischen beiden deutschen Staaten. Jeder Flüchtling aus der DDR schwächte deren militärische, wirtschaftliche und politische Kraft und stärkte die BRD. Diese förderte die Fluchtbewegung, unterstützte sie materiell und erließ z. B. am 24.7.1965 das ›Gesetz über Hilfsmaßnahmen für Deutsche aus der sowjetischen Besatzungszone Deutschlands und dem sowjetisch besetzten Sektor von Berlin‹. Der Name des Gesetzes sagt alles. Die BRD nutzte die Fluchtbewegung für ihre politischen Zwecke. So mussten die Flüchtlinge sogenannte Notaufnahmelager durchlaufen, in denen sie von Nachrichtendiensten ausgeforscht wurden. Die Zahl der Flüchtlinge galt als Beweis der Überlegenheit der BRD über die DDR, als eine ›Abstimmung mit den Füßen‹. Die Masse der Flüchtlinge drohte zum Kollaps der DDR zu führen. Das weiß jeder. Auch die Justiz der Bundesrepublik weiß das. In der Anklage zum Zweiten Politbüro-Prozess heißt es z. B.: ›Die Eindämmung der Abwanderungsbewegungen war für die DDR und deren Machthaber von existenzieller Bedeutung.‹ *(25 Js 4/94, Anklage v. 29.02.1996, S. 1211)* Und das Bundessozialgericht stellte im Verfahren gegen ein anderes Mitglied des Politbüros, wegen des Entzugs seiner Rente als Verfolgter des Nationalsozialismus fest: ›Das Grenzregime war eine Existenznotwendigkeit für die SED-Herrschaft.‹ *(BSG Urteil vom 30. 1. 1997, 4 RA 99/95, UA S. 25)* Die These des BVerfG, dass die Flüchtlinge »nichts weiter wollten, als unbewaffnet und ohne Gefährdung allgemein anerkannter Rechtsgüter die innerdeutsche Grenze zu überschreiten, trägt diesen offenkundigen Tatsachen keine Rechnung. Sie negiert die legitimen Interessen der DDR und ihres Gesetzgebers. Die DDR kämpfte an der Grenze zur BRD um ihre Existenz. Die staatliche Existenz ist ein ›allgemein anerkanntes Rechtsgut‹. Die DDR war an der Grenze auch für die Sicherheit ihrer Bündnispartner verantwortlich. Sie nahm also das Recht jedes Staates auf Selbstverteidigung und ihre Bündnispflichten wahr. Hätte sie das nicht getan, wären die Folgen unabsehbar gewesen. Der Zusammenbruch der DDR hätte das weltpolitische Gleichgewicht erschüttert. Dies ist bei der Prüfung der Verhältnismäßigkeit der Anwendung der Schusswaffe bei Fluchtversuchen zu berücksichtigen.

Die sogenannte ›innerdeutsche Grenze‹ war keine harmlose Markierung zwischen Deutschen hüben und drüben. Sie war in doppelter Hinsicht die Grenze zwischen zwei feindlichen Lagern. Sie war einerseits die Grenze zwischen NATO und Warschauer Vertrag und andererseits die Grenze zwischen dem kommunistischen und dem antikommunistischen Deutschland. Beide bekämpften sich seit den wilhelminischen Zeiten erbitterter als anderswo.

Berühmte Deutsche mussten deshalb bereits vor 150 Jahren nach England, Frankreich und in die USA emigrieren.

Erhalten bzw. verstärkt wird dieser Antagonismus durch die anhaltend unterschiedlichen Lebensbedingungen. Die Arbeitslosigkeit in den neuen Bundesländer ist z. B. doppelt so hoch wie in den alten. Führungskräfte stammen vorwiegend aus Westdeutschland, Recht wird praktisch nur von Westdeutschen gesprochen – speziell in Fällen wie dem vorliegenden. Die Abwanderung hält an. Bundeskanzler Schröder nannte es kürzlich eine politische Hauptaufgabe, sie zu vermindern. Viele befürchten, die innere Spaltung des deutschen Volkes nimmt nicht ab, sondern vertieft sich. *(Sendler, Wann kommt die Wiedervereinigung? NJ 2000, 506ff. m. w. N.)*

Das alles sind Faktoren, die es nahezu ausschließen, dass Richter aus den alten Bundesländern die Strafgesetze der DDR unter Beachtung der realen Bedingungen zur Tatzeit in Übereinstimmung mit Geist und Buchstaben des DDR-Rechts beurteilen. Mein Mandant hat getan, was seine Aufgabe als Chef des Hauptstabes der Nationalen Volksarmee der DDR war. Er hat Entscheidungen von höchster politischer und militärischer Bedeutung umgesetzt. Er hielt diese Entscheidungen seiner Vorgesetzten für richtig. Seine Richter aus dem NATO-Land BRD halten sie für falsch. Niemand kann jedoch beantworten, was gewesen wäre, wenn er getan hätte, was heute von ihm verlangt wird. Dies wäre jedoch eine Voraussetzung für seine gerechte Beurteilung. Hätte er das Grenzregime eigenmächtig verändert, hätte es, wie die Ereignisse in Ungarn und der CSSR zeigen, vielleicht mehr Tote, vielleicht einen Dritten Weltkrieg gegeben. Diese Verantwortung konnte und wollte er als Offizier nicht übernehmen. Seine Verurteilung widerspricht Menschen- und Völkerrecht.«

Nach mir sprachen Mildebrath, Unger, Lammer und als letzter Gardner. Alle waren gut und hatten spezielle Argumente, so dass es praktisch keine Wiederholungen gab. Gardner sprach Englisch und ich verstand ihn nur zum Teil. Er wendete sich hauptsächlich der Strafbarkeit nach internationalem Recht zu. Nach erneuter kurzer Pause erwiderte Tomuschat und bezog sich u. a. auf meine Äußerung, dass die Abwanderung eine Existenzfrage für die DDR gewesen sei, Staatsraison könne jedoch nicht vor Menschenrecht gehen. Für uns erwiderte Gardner recht lang, aber überzeugend. Die Sitzung endete zwei Minuten später als vorgesehen. Anschließend fuhren wir mit den Eheleuten Unger, sowie mit Mildebrath und Gardner zum Mittagessen. Wir waren alle guten Mutes und überzeugt, unsere Sache besser gemacht zu haben als die BRD-Vertreter. Ich ließ die Kopien meines Plädoyers mit der Aktentasche im Lokal liegen, merkte das erst am nächsten Tag und bekam sie dann wieder. Mildebrath und Lammer fuhren anschließend ab, Unger und wir blieben und gingen auf seine Anregung gemeinsam zum Abendessen. Er meinte, mein Plädoyer sei das beste gewesen, was meine Frau nicht fand. Sie meinte, wir seien alle gut gewesen. Besonders beeindruckt war sie von Gardner, den sie zwar nicht verstanden, der sie aber durch sein sichtbares Engagement beeindruckt hatte. Frau Unger waren bei meinem Plädoyer die Tränen gekommen, was sie sowohl mir wie Iris erklärte. Sie war eben einmal eine DDR-Bürgerin.

Im Tagebuch vermerkte ich: »Donnerstag (9.11.) las ich beim Frühstück die *DNA* (Dernières Nouvelles d'Alsace), die einen Prozessbericht brachte, der mich neben Tomuschat zitierte. Später kaufte ich die *L'Humanité*, die nur eine Nachricht brachte sowie *Le Monde* und den *Figaro*, die nichts hatten. Ich dachte, es ist offenbar Linie, die Sache klein zu halten. Das hatte ich eigentlich auch erwartet, nur die große Zahl von Journalisten widersprach dem scheinbar. Man hatte sich wohl gesagt: bereit sein ist alles. Wir blieben noch zwei Tage in Strasbourg und sahen uns die Stadt an.«

Der Europäische Gerichtshof für Menschenrechte entschied am 5. März 2001und erklärte, dass es keine Verletzung des Artikels 7 § 1 (Rückwirkungsverbot) und keine Diskriminierung unter Verletzung des Artikels 14 in Verbindung mit Artikel 7 der Konvention gegeben habe. Von den 17 Richtern, die diese Entscheidung getroffen hatten, stammten sechs aus NATO-Staaten, einer aus einem ehemaligen Staat des Warschauer Paktes, jetzt NATO-Anwärter, fünf aus neutralen und vier aus neuen, ehemals zu den sozialistischen Staaten gehörenden Ländern, die jetzt gleichfalls NATO-Bewerber sind. Die Bundesrepublik war durch Professor Georg Ress in diesem Richterkollegium vertreten. Keiner von ihnen hatte eine abweichende Meinung.

Die Entscheidung gegen Streletz, Keßler und Krenz umfasste 44 engzeilige Seiten, von denen 21 den Sachverhalt einschließlich der Darstellung des bisherigen Verfahrens gewidmet waren und 19 Seiten Rechtsfragen betrafen, einschließlich der Darstellung der Rechtsauffassungen der Erschienenen, d. h. der deutschen Regierung und der Vertreter der Beschwerdeführer. Alles ziemlich umständlich und kompliziert. Anders als in Deutschland üblich, werden vom Gerichtshof die einzelnen Abschnitte fortlaufend nummeriert. Aus diesen umfangreichen Darlegungen können hier nur einzelne charakteristische Passagen zitiert werden. So erklärte der Gerichtshof unter Ziffer 49: »Während es Pflicht des Gerichts ist, gemäß Artikel 19 der Konvention, die Einhaltung der Verpflichtungen zu sichern, ist es nicht seine Aufgabe, sich mit tatsächlichen oder rechtlichen Irrtümern zu beschäftigen, die einem nationalen Gericht angeblich unterlaufen sind, es sei denn, sie hätten die von der Konvention geschützten Rechte und Freiheiten verletzt.« Und der EGMR fügte hinzu: »Überdies obliegt es in erster Linie den nationalen Behörden, besonders den Gerichten, das nationale Recht auszulegen und anzuwenden.«

Dann aber tat der Gerichtshof das Gegenteil und legte das DDR-Recht aus: »61. Diese Bestimmungen *(gemeint sind das Grenzgesetz und die Schusswaffengebrauchsbestimmung der DDR – F. W.)*, die damit ausdrücklich das Prinzip der Verhältnismäßigkeit und das Gebot, menschliches Leben zu bewahren, beinhalteten, sind zudem im Lichte der Bestimmungen zu lesen, die in der DDR-Verf. selbst enthalten waren. Art 89 Abs. 2 DDR-Verfassung legte fest: ›Rechtsvorschriften dürfen der Verfassung nicht widersprechen.‹

Art. 19 Abs. 2 bestimmte: ›Achtung und Schutz der Würde und

Freiheit der Persönlichkeit sind Gebot für alle staatlichen Organe und gesellschaftlichen Kräfte und jeden einzelnen Bürger.‹ Schließlich legten Art. 30 Abs. 1 u. 2 fest: ›Die Persönlichkeit und Freiheit jedes Bürgers der Deutschen Demokratischen Republik sind unantastbar‹ und ›Die Rechte solcher Bürger dürfen nur insoweit eingeschränkt werden, als dies gesetzlich zulässig und unumgänglich ist.‹

62. Darüber hinaus bestimmte das erste Kapitel des Besonderen Teils des StGB/DDR: ›Die unnachsichtige Bestrafung von Verbrechen gegen [...] den Frieden, die Menschlichkeit und Menschenrechte [...] ist eine unabdingbare Voraussetzung für eine stabile Friedensordnung in der Welt, für die Wiederherstellung des Glaubens an grundlegende Menschenrechte und an Würde und Wert der menschlichen Person und für die Wahrung der Rechte jedes Einzelnen.

63. Im vorliegenden Fall haben die bundesdeutschen Gerichte die Beschwerdeführer wegen ihrer Verantwortlichkeit für den Tod von mehreren Personen verurteilt, die versucht hatten, die Grenze zwischen den zwei deutschen Staaten – oftmals mit sehr einfacher Ausrüstung wie Leitern – zu überqueren. Sie waren überwiegend sehr jung (der jüngste war 18 und vier der anderen waren lediglich 20), unbewaffnet und stellten keine Gefahr für irgendjemanden dar. Ihr einziges Ziel war es, die DDR zu verlassen, da es zu dieser Zeit für normale Bürger – abgesehen von Rentnern und einigen privilegierten Personen – nahezu unmöglich war, die DDR legal zu verlassen. Ihr Versuch, die Grenze zu überqueren, kann daher – obwohl vom DDR-Recht verboten – nicht als Verbrechen eingestuft werden, da keiner der Fälle in die Kategorie des Verbrechens fiel, wie sie in § 213 Abs. 3 StGB/DDR definiert wurden.

64. Im Lichte der o. g., in der Verfassung und anderen Rechtsbestimmungen der DDR enthaltenen Grundsätze sieht der Gerichtshof daher die Verurteilung der Beschwerdeführer durch bundesdeutsche Gerichte, die die o. g. Normen ausgelegt und auf die jeweiligen Fälle angewandt haben, als auf den ersten Blick weder willkürlich noch gegen Art.7 Abs. 1 der Konvention verstoßend an.«

Indem der Gerichtshof unter Ziffer 61 erklärte, dass das Prinzip der »Verhältnismäßigkeit« Bestandteil des Polizei- bzw. des Grenzgesetzes und darüber hinaus der DDR-Verfassung gewesen sei, setzt er sich in Widerspruch zum Bundesverfassungsgericht, das in seiner Entscheidung vom 21. September 2000 das Gegenteil hinsichtlich der »Verhältnismäßigkeitsgrundsätze« festgestellt hatte: »Diese galten in der DDR nicht.« *(1 BvR 661/96, NJ 2001 S. 28, 30)* Diese

585

Auffassung des Bundesverfassungsgerichts entspricht voll der wahren Rechtslage in der DDR. Der Terminus »Verhältnismäßigkeit« kommt weder im Kommentar zum DDR-Strafgesetzbuch noch sonst in der Rechtsliteratur der DDR vor. Er ist in das deutsche Recht erst im Wege der Auslegung des Grundgesetzes eingeführt worden *(vgl. Jarass/Pieroth, Grundgesetz für die Bundesrepublik Deutschland, 1989, Art. 20 Rn. 56)* und kann schon deswegen keinen Geltungsanspruch für das DDR-Recht erheben.

Nachdem der Strasbourger Gerichtshof sich auf diese Weise selbst der Auslegung des DDR-Rechts angenommen hat und damit von seiner bereits eingangs zitierten Auffassung abgerückt ist: »Überdies obliegt es in erster Linie den nationalen Behörden, besonders den Gerichten, das nationale Recht auszulegen und anzuwenden«, wandte er sich der unterschiedlichen Auslegung dieses Rechts durch die bundesdeutsche Gerichte zu.

Mit einem Unterton der Überlegenheit erklärt er: »65. Anerkanntermaßen wählten die deutschen Gerichte verschiedene Ansätze der Auslegung der Rechtfertigungsgründe, auf die sich die Beschwerdeführer beriefen, besonders des § 27 Abs. 2 des DDR Grenzgesetzes. Das Berliner Landgericht war der Auffassung, dass diese Rechtfertigungsgründe nicht geltend gemacht werden könnten, weil sie offensichtlich und unerträglich ›gegen elementare Gebote der Gerechtigkeit und gegen völkerrechtlich geschützte Menschenrechte verstoßen.‹ Der Bundesgerichtshof kam zu dem Ergebnis, dass selbst zur Tatzeit eine korrekte Auslegung des § 27 (2) des Grenzgesetzes gezeigt hätte, dass solche Rechtfertigungsgründe wegen der Schranken, die im Gesetz selbst festgelegt sind und im Lichte der DDR-Verfassung und ihrer Verpflichtung nach internationalem Recht nicht in Anspruch genommen werden konnten. Schließlich war das BVerfG der Auffassung: ›In dieser ganz besonderen Situation untersagt das Gebot materieller Gerechtigkeit, das auch die Achtung der völkerrechtlich anerkannten Menschenrechte aufnimmt, die Anwendung eines solchen Rechtfertigungsgrundes. Der strikte Schutz von Vertrauen durch Art. 103 Abs. 2 GG *(das Rückwirkungsverbot – F. W.)* muss dann zurücktreten. Anderenfalls würde die Strafrechtspflege der Bundesrepublik zu ihren rechtsstaatlichen Prämissen in Widerspruch geraten.‹« *(Übersetzung von mir, da in der* Neuen Justiz *dieser Absatz nicht wiedergegeben wurde – F. W.)*

Wenige Absätze später kommentierte der Gerichtshof die voneinander abweichenden deutschen Begründungen für die Übertretung des Rückwirkungsverbots des Art. 103 Abs. 2 des Grundgesetzes und des Art. 7 der Menschenrechtskonvention im Gegensatz zu seiner Darlegung unter Ziffer 65 so: »66. Da die Auslegung und Anwendung staatlichen Rechts jedoch in erster Linie in die Beurteilungskompetenz nationaler Gerichte fällt, ist es nicht Aufgabe des Gerichtshofs, sich zu den verschiedenen Argumentationsmustern, die die rechtliche Komplexität des Falles widerspiegeln, zu äußern. Es ist für den Gerichtshof ausreichend, festzustellen, dass das von den bundesdeutschen Gerichten erzielte Ergebnis mit der Konvention, speziell mit Artikel 7 Abs. 1, vereinbar war.«

Der Gerichtshof appelliert schließlich an alle ehemals sozialistischen Länder, es den deutschen Gerichten gleich zu tun. Das erfolgt ohne jede juristische Notwendigkeit, ja ohne juristische Berechtigung:

»80. In diesem Zusammenhang weist der Gerichtshof darauf hin, dass das Problem, das die Bundesrepublik nach der Wiedervereinigung zu bewältigen hatte – nämlich die Frage des Umgangs mit Personen, die unter einem früheren Regime Straftaten begangen hatten – sich auch für eine Reihe von anderen Staaten gestellt hat, die einen Tansitionsprozess zu einem demokratischen Staat durchlaufen haben.

81. Der Gerichtshof ist der Auffassung, dass es für einen Rechtsstaat legitim ist, gegen Personen, die unter einem früheren Regime Straftaten begangen haben, Strafverfahren durchzuführen. Genauso können die Gerichte eines solchen Staates, die an die Stelle der früheren getreten sind, nicht dafür kritisiert werden, dass sie die zur Tatzeit geltenden Rechtsnormen im Lichte der Grundsätze eines Rechtsstaats anwenden und auslegen.«

Strasbourg gab damit das Signal zur Verfolgung von Kommunisten nicht nur in Deutschland, sondern überall, wo sie einst herrschten. Straßburg bekannte Farbe, und ich hatte die letzte Illusion verloren. – Eins ist allerdings noch anzumerken, die Bezeichnung »innerdeutsche Grenze« übernahm der Gerichtshof nicht. Das war ihm wohl doch zuviel des Guten.

Die Medien begrüßten fast einheitlich die Strasbourger Entscheidung. Aus der Reihe tanzten nur linke Blätter mit kleinen Auflagen. Die *FAZ* hob in ihrem Beitrag vom 23. März 2001 hervor, dass die Entscheidung einstimmig erging. »Ein deutliches Ergebnis, wenn man bedenkt, dass in dem Gericht auch sechs osteuropäische Richter sitzen, die im Umgang mit der Hinterlassenschaft von Unrechtsregimen nicht unbedingt der deutschen Auffassung sein müssen, die der Gerichtshof im Ergebnis gebilligt hat.« In der Tat bemerkenswert. Und weiter hob die *FAZ* zutreffend hervor: »Mit dem Urteil gibt der Gerichtshof ein Signal in mehrere Richtungen: Die Funktionäre eines Staates, der durch seine Praxis eigene Gesetze aushöhlt, können sich nicht auf das Rückwirkungsverbot berufen. Es ist für den Rechtsstaat legitim, diejenigen strafrechtlich zu verfolgen, die sich unter einem früheren Regime schuldig gemacht haben.«

Anders ausgedrückt: Bei der Verfolgung von Kommunisten darf es keine Hindernisse geben, da zählt auch das rechtsstaatliche Rückwirkungsverbot nicht mehr. Wahrlich ein Signal an alle ehemals sozialistischen Länder, die die Kommunisten nicht nach deutschem Vorbild verfolgten.

Völlig überrascht war ich von einem Interview des *Tagespiegels* mit Rechtsanwalt Unger am 26. März 2001, in dem der Verteidiger von Egon Krenz erklärte: »Ich halte das Straßburger Urteil nicht für ein politisches Urteil.«

Drei Tage vorher hatte Krenz selbst dem *ND* gegenüber erklärt: »Die politischen Argumente der Bundesrepublik haben mehr Gewicht gehabt als das uralte Rückwirkungsverbot.«

Was hatte bei Rechtsanwalt Unger diesen Meinungswandel bewirkt? In seinem Plädoyer vor dem Landgericht Berlin hatte er noch eindrucksvoll und unter Berufung auf die Autorität Kirchheimers begründet, warum es sich um einen politischen Prozess handelte. Jetzt meinte er: »Ich habe früher von einer politischen Justiz gesprochen, weil sich nur westdeutsche Richter mit Egon Krenz beschäftigt haben.«

So war es aber nicht. Richtig hatte Unger damals gesagt: »In seinem großen Buch ›Politische Justiz‹ definiert Otto Kirchheimer den politischen Prozess so: ›Im klassischen politischen Prozess brandmarkt das herrschende Regime das politische Verhalten seiner Widersacher als kriminell, um sie auf diese Weise von der politischen Bühne zu entfernen.‹«

Und weiter verwies Unger damals auf den seinerzeitigen Justizminister Kinkel, »der den Auftrag der Justiz mit den Worten ausdrückte: ›Es muss gelingen, das SED-System zu delegitimieren.‹«

Welch ein Widerspruch nach einem Zeitablauf von weniger als vier Jahren! Warum? Ich wusste und weiß keine Antwort, nur Vermutungen drängen sich auf.

Auch die Vorsitzende Richterin am BGH, Monika Harms, äußerte sich am 23. März in der *Leipziger Volkszeitung*. Als sie die Nachricht von dem Strasbourger Urteil erfuhr, habe sie ausgerufen: »Das ist ja toll, eine gute Nachricht.«

Neunzehn Monate später bestätigte sie das Urteil gegen Siegfried Lorenz und Dr. Hans-Joachim Böhme. Danach wurde Harms Generalbundesanwältin und verfolgte weiter Linke – allerdings übereifrig. Was mich anbetrifft, so schrieb ich damals für die Zeitschrift *Icarus* einen Artikel unter der Überschrift: »Die Lehre von Strasbourg oder verlorene Illusionen«.

»Strasbourg hat gesprochen und ganz Deutschland jubelt. Es jubelt pluralistisch monolithisch, von links nach rechts, von *taz* bis *FAZ*, allerdings noch ohne PDS und – soweit vorhanden – ohne Kommunisten. Alles ist sonnenklar, Zweifel kann es nicht geben und gibt es nicht. Vor dem Urteil waren manche skeptisch, z. B. *Der Spiegel* und die *Berliner Zeitung* und auch der *Focus*, der von dem Papst des deutschen Völkerrechts gehört hatte, ein einfacher Grenzer hätte in Strasbourg Chancen. Alle diese Bedenken haben die Strasbourger Richter weggewischt. 17:0 und 14:3. Was die Mehrzahl der bundesdeutschen Juraprofessoren nicht wussten und Ossi-Juristen erst recht nicht wussten, das erkannten sie, ohne dass der Hauch eines Zweifels sie anfocht: das Schießen auf Personen, die an der Grenze in einen eingezäunten Bereich trotz Verbotsschildern eingedrungen waren und trotz Warnruf, trotz Warnschuss nicht stehen blieben, war schon in der DDR strafbar. Von Verstoß gegen das Menschenrecht des Rückwirkungsverbots kann folglich keine Rede sein. So einfach ist das, man muss nur darauf kommen. Das war noch nicht einmal den Richtern des BGH und des BVerfG eingefallen.« Die juristische »Bewältigung der DDR-Vergangenheit« war beendet, die politische wurde weiter betrieben – Tendenz zunehmend. Einer der bekanntesten deutschen Strafrechtler hatte 1992 gesagt: »Wenn in einer Gesellschaft eine Wendung zum Totalitarismus völlig indiskutabel ist, reicht als Reaktion auf totalitaristische Bestrebungen ein verständnisloses Kopfschütteln.« *(Günther Jakobs, Zur Leistungsfähigkeit des Strafrechts nach einem politischen Umbruch, in: Vergangenheitsbewältigung durch Recht, Berlin 1992, S. 39)* Unter einer »Wendung zum Totalitarismus« hatte Jakobs eine »Wendung« zum Sozialismus verstanden, die scheint von denen, welchen ein »Kopfschütteln« nicht reicht, nicht als »völlig indiskutabel« angesehen zu werden. Deswegen werden Schüler in Bussen zu Vorzugspreisen in die Gedenkstätte Hohenschönhausen gefahren, deswegen appelliert der Bundespräsident, nicht in DDR-Nostalgie zu verfallen, deswegen dieser Chor der DDR-Vergangenheitsbewältiger, deswegen auch keine amtliche Bilanz der strafrechtlichen Vergangenheitsbewältigung.

Nachbemerkungen

Nachwort 1998

Nach 45 Jahren anwaltlicher Tätigkeit in politischen Prozessen, was ist das Fazit? Welche Einsichten haben sie gebracht? Was brachte, was bringt politische Justiz für die Bürger, für die Staaten? Generell glaube ich, frei nach Clausewitz sagen zu können, politische Justiz ist Fortsetzung der Politik mit justizförmigen Mitteln. Ob sie gute oder schlechte Noten verdient, hängt nicht in erster Linie von der Qualität der Arbeit der Richter, Staatsanwälte und Rechtsanwälte, sondern von dem Wert oder Unwert der Politik ab. Mit Recht sagt Prof. Dirk Blasius daher, die Geschichte sei die eigentliche Revisionsinstanz in politischen Strafsachen. Die Geschichte folgt aber nicht Gesetzen, sondern Recht und Gesetz sind ein Ergebnis der Geschichte. Das mag man als Jurist bedauern, leugnen kann man es nicht, jedenfalls nicht mit Aussicht auf bleibenden Erfolg.

Politische Justiz ist daher nicht zu jeder Zeit und an jedem Ort gleich schlecht oder gar gleich gut. Die Nürnberger Prozesse können nicht verglichen und erst recht nicht gleichgesetzt werden mit anderen politischen Prozessen, etwa den Prozessen vor dem Volksgerichtshof des Dritten Reichs, dem KPD-Verbotsprozess vor dem Bundesverfassungsgericht, den Prozessen gegen Harich und Janka vor dem Obersten Gericht der DDR, den Prozessen gegen die Bahro- und Waldheim-Richter, dem Prozess gegen Dobbertin vor dem Staatssicherheitsgerichtshof und anderen französischen Gerichten usw.

Der DDR hat ihre politische Justiz im Endergebnis nichts genutzt. Die Bestrafung der Nazi- und Kriegsverbrecher so wenig, wie die Bestrafung ihrer oppositionellen Kommunisten oder der Republikflüchtigen oder der Bürgerrechtler. Ihre Politik und ihre Justiz teilte insoweit das Schicksal der politischen Prozesse unter Bismarcks Sozialistengesetz. Politische Justiz bleibt offenbar dort erfolglos, wo die Politik erfolglos bleibt. Auch Hitlers Blutrichter und Südafrikas Apartheid-Juristen konnten mit ihren unmenschlichen Urteilen den Gang der Geschichte nicht aufhalten. Die BRD dagegen hatte mit der Strafverfolgung der Kommunisten durch Ermittlungsverfahren gegen ca. 125 000 Personen (so A. v. Brünneck und D. Posser) von 1951 bis 1968 politisch nachhaltigen Erfolg. Was die heute als »juristische Vergangenheitsbewältigung« bezeichnete politische Justiz unserer Tage anbelangt, die bisher zu ca. 75 000 Ermittlungsverfahren geführt hat, so hat die »Revisionsinstanz« Geschichte ihr Urteil noch nicht gefällt. Schlechte Politik bedingte nach meiner Meinung auch hier schlechte politische Justiz. An Mahnern hat es nicht gefehlt, doch es waren Rufer in der Wüste. Von den Stimmen aus der PDS will ich nicht reden, sie zählen in diesem Land und in dieser Zeit ohnehin nicht. Aber von den Warnungen des Rechtsaußen Gauweiler, der die Erfahrungen der Antike bemühte, der Amnestie-Initiative Schäubles bis hin zu den Appellen der Mittelstürmer Augstein und Schorlemmer und den Erklärungen einer Vielzahl, wenn nicht sogar Mehrzahl deutscher Rechtswissenschaftler hätte wohl Kenntnis genommen werden sollen. Demgegenüber sagt man, die Opfer verlangen Gerechtigkeit. Strafe für die Täter sei ein Teil der Wiedergutmachung. Woanders sah und sieht man das allerdings bekanntlich anders. Doch das zählt nicht als Argument, obgleich Mandelas Zurückhaltung durchaus den Beifall der Gerechten findet. Man mag darüber streiten, ob wir oder der Rest der Welt Recht haben, nur, dass »die« Opfer – also alle Opfer – nach Strafe rufen, ist erweislich unwahr. Einige sind nicht alle.

Rudolf Bahro, der 1977 im Zusammenhang mit der Veröffentlichung seines Buches »Die Alternative« zu einer Freiheitsstrafe von acht Jahren verurteilt worden war, schrieb im Ermittlungsverfahren gegen seine damaligen Richter und Staatsanwälte an den bundesdeutschen Staatsanwalt: »Sehr geehrter Herr von Hugo, hiermit widerrufe ich vor allem die Befreiung meines damaligen Anwaltes Gregor Gysi von seiner meinen Fall betreffenden Schweigepflicht.

Ich war damals, als ich mich von Ihnen vernehmen ließ, überhaupt zu großzügig mit mir, zu ungenau mit dem Zweck des Ganzen. Sie wissen, ich habe Vorbehalte gegen die westdeutsche Justiz, wenn sie rückwirkend vormals innere Angelegenheiten der DDR behandelt. Vor allem aber habe ich mir nicht klar gemacht, dass es natürlich einfach darum geht, Dr. H. und Dr. G. etc. vor Gericht zu bringen, und überhaupt nicht darum, aufzuklären, wie die Funktionsweise der DDR-Justiz mit der immer ungesicherten Existenz dieses Staates zusammenhing, die jedoch notwendige Folge des Hitlerkrieges war. Ich hatte nie die Absicht, daran mitzuwirken, dass die Verfolgung umgedreht wird. Insofern ziehe ich

mit diesem Widerruf der Aussagegenehmigung für Gysi die Notbremse. [...]
Mir ist erst jüngst ganz aufgegangen, dass mir der Verzicht aufs Verfolgenwollen gar nicht als Großzügigkeit ansteht, sondern als Anerkenntnis der Tatsache, dass wir – alle wesentlichen Beteiligten im Saal und außerhalb – bei dem damaligen Gerichtstermin sozusagen ›Jakobiner unter sich‹ gewesen sind. Die anderen hatten die andere Hälfte meines Spiels zu bestreiten, nachdem ich sie zu einer Reaktion gezwungen hatte. Dem Wesen nach bin ich der Vorbereitung von Konterrevolution beschuldigt worden, und auch im Nachhinein musste das damals so gesehen werden, zumal sich Gorbatschows Reformen, in deren Richtung meine ›Alternative‹ vorab lag, dann als perspektivlos erwiesen haben, was den Zweck der Staatserhaltung betrifft. Jedenfalls habe ich diesen Männern nicht als Belastungszeuge gegenüber zu treten.«

Wolfgang Harich, der 1957 vom Obersten Gericht der DDR zu zehn Jahren Zuchthaus verurteilt worden war und davon mehr als acht Jahre verbüßt hatte, wurde Vorsitzender der Alternativen Enquete-Kommission, weil er mit der offiziellen Vergangenheitsbewältigung nicht einverstanden war, und bezeichnete sich selbst noch 1993 als Kommunist *(siehe:* »*Keine Schwierigkeiten mit der Wahrheit*«*, Berlin 1993, S. 243).*

Von den von mir verteidigten politisch Verurteilten, deren Fälle ich hier geschildert habe, bekundeten Herbert Crüger, Walter Janka und Heinz Brandt, dass sie gegen diese politische Strafverfolgung waren. Ich weiß auch aus mehreren Strafverfahren, dass als Zeugen gehörte, nicht in die Zeitgeschichte eingegangene Geschädigte (z. B. angeschossene Flüchtlinge) ausdrücklich erklärten, sie hätten an der Bestrafung der jeweiligen Angeklagten kein Interesse. Natürlich ist mir bekannt, dass Erich Loest (siebeneinhalb Jahre Zuchthaus), Karl Wilhelm Fricke (vier Jahre Zuchthaus), Vera Lengsfeld und Bärbel Bohley (ca. je einen Monat U-Haft) entschieden die juristische Aufarbeitung und Bestrafung verlangen.

Opfer und Opfer scheinen überdies nicht immer gleich geachtet zu werden. Gegen die Verurteilung der sogenannten Waldheim-Richter wurde keineswegs die Rücksichtnahme auf die Opfer der Nazis als Argument ins Feld geführt. Jedenfalls nicht in Deutschland. Noch einmal: Aus Frankreich hörte man es anders. Gilles Perrault, laut *Berliner Zeitung* »einer der bekanntesten Essayisten und Schriftsteller Frankreichs«, schließt sein Vorwort zu dem Buch »Hitlers zweimal getötete Opfer. Westdeutsche Endlösung des

Antifaschismus auf dem Gebiet der DDR« (Freiburg 1994, S. XV) mit den Sätzen: »Wir wissen aus harter Erfahrung, dass der Hitlerfaschismus das absolut Böse ist. Wenn das sogenannte neue Deutschland diejenigen verleugnet, die ihn bekämpft haben, wie sollte man sich nicht mit Beklemmung die Frage nach der wahren Natur dieses Deutschlands stellen.«
Die unterschiedliche Auffassung der Opfer dürfte ihrer unterschiedlichen politischen Überzeugung zuzuschreiben sein. Einen moralisch beachtlichen Imperativ kann man folglich weder aus der Auffassung der einen noch der der anderen Gruppe ableiten. Man muss schon politisch entscheiden, was politisch, justizpolitisch, zu tun ist. Leider wird über die politischen Argumente nicht gesprochen – die Insider werden sie kennen.

So lange es Politik gibt, wird es politische Justiz geben, und so lange werden ihre Angeklagten und deren Verteidiger Grund haben, zu räsonieren über verlorene Prozesse.

Nachwort 2008

Zehn Jahre nach dem Abschluss des ersten Manuskripts der Verlorenen Prozesse ist die strafrechtliche Abrechnung der BRD mit der DDR Geschichte abgeschlossen. Mehr als das, sie ist vergessen. Was sie gebracht hat, wird verschwiegen. Niemand fragt auch nur danach. Die Medien schweigen geschlossen, als wären sie zentral gesteuert. Nur manche Publikationen der Linken machen eine Ausnahme. Doch sie können vernachlässigt werden. Die Masse kennt sie nicht.

Allein wer die *Neue Justiz* gelesen hat (am 1. Januar 2006 hatte sie 1.350 Abonnenten) oder das Buch der Professoren Marxen und Werle »Die strafrechtliche Aufarbeitung von DDR-Unrecht. Eine Bilanz«, weiß: Aus den 75 000 Ermittlungsverfahren, von denen ich 1998 ausging, wurden laut Schaefgen – dem Mann, der die meisten von ihnen als Generalstaatsanwalt zu verantworten hatte – über 100 000. Sie hatten zu 1 212 Anklagen und diese zu etwa 300 Verurteilungen geführt (*Neue Justiz* 2000 S. 1ff.). Marxen und Gerhard Werle von der Berliner Humboldt-Universität zählten 289 Verurteilungen.

Zwischen 1951 und 1968 wurden 125 000 Kommunisten beschuldigt und 6 000 bis 7 000 verurteilt *(vgl. Alexander v. Brünneck, »Politische Justiz gegen Kommunisten in der Bundesrepublik Deutsch-*

land 1949-1968«, Frankfurt am Main, 1978, S. 278). Damals hieß es im *Spiegel*: »Zwanzigmal verdächtigen sie Unschuldige, ehe sie einen Kommunisten fangen, der dann auch verurteilt wird.« *(1966, Heft 38, S. 55)*
Heute hat es auch dem *Spiegel* die Worte verschlagen.

Selbst im Zusammenhang mit der RAF wurden in der BRD 1 431 Personen verurteilt – mehr als annähernd fünfmal so viel wie in zehn Jahren DDR-Verfolgung.

Die 300 Verurteilten DDR-Amtsträger waren juristisch und politisch ein Misserfolg, den man nicht zugeben will. Schaefgen hat dieses negative Resultat seiner Bemühungen – sei es aus Ehrlichkeit, sei es aus politischer Naivität – zugegeben, als er bekannte, das Ergebnis der strafrechtlichen Vergangenheitsbewältigung sei »hinter den Erwartungen zurückgeblieben«.

Diese »Erwartungen« werden deutlich, wenn man jetzt wieder liest, was Klaus Kinkel, Bundesminister der Justiz 1991, erklärte. Ich wiederhole deshalb das Zitat: »Der Versuch aber, staatliches Unrecht mit den Mitteln des Rechts zu bewältigen, ist nahezu singulär. Die Nürnberger Prozesse, die Verfolgung des Massakers in My Lai, und die NS-Prozesse gehören hierher. Mit diesen Prozessen sind wir noch nicht zu Ende, das Verfahren gegen Herrn Schwammberger in Stuttgart hat gerade erst begonnen, und schon müssen wir 45 Jahre später bereits SED-Unrecht aufarbeiten. Auschwitz und Bautzen. Nicht nur der Rechtsstaat, unsere ganze Gesellschaft muss sich der Bewältigung des DDR-Unrechts stellen.«

So sprach er, als er auf dem »Ersten Forum des Bundesministers der Justiz: 40 Jahre SED-Unrecht – eine Herausforderung für den Rechtsstaat« den Startschuss für die Delegitimierung des SED-Systems gab. Damals baute Kinkel noch auf die deutsche Justiz, von der er in seiner Begrüßungsansprache des Bundesministers der Justiz vor dem Deutschen Richtertag am 23. September 1991 in Köln forderte: »Es muss gelingen das SED-System zu delegitimieren, das bis zum bitteren Ende seine Rechtfertigung aus antifaschistischer Gesinnung, angeblich höheren Werten und behaupteter absoluter Humanität hergeleitet hat, während es unter dem Deckmantel des Marxismus-Leninismus einen Staat aufbaute, der in weiten Bereichen genauso unmenschlich und schrecklich war wie das faschistische Deutschland, das man bekämpfte und – zu Recht – nie mehr wieder erstehen lassen wollte.«

Mit der Verfolgung der Kommunisten in der alten Bundesrepublik hatte man die Kommunisten dort politisch bedeutungslos werden lassen. Kommunisten gab es nur noch jenseits der Mauer. Mit dem Fall der Mauer änderte sich das, es gab wieder Kommunisten (zumindet solche, die dafür ausgegeben wurden), selbst in den Parlamenten. Ein unerwünschtes Ergebnis des Anschlusses. Das gilt es erneut auszuradieren. Seit der Jahrtausendwende muss die Bundesrepublik bei diesem ihrem Bestreben nunmehr ohne die deutsche Justiz auskommen.

Die Abrechnung mit der DDR geht dennoch weiter. An die Stelle rechtskräftiger Urteile sind einhellige unbewiesene Behauptungen der Medien getreten. Sie haben erreicht, was die Justiz nicht erreichte. Die Stasi-Untaten sind eine »historische Wahrheit«, sind ein politisches Dogma. Damit wird zugleich die DDR als »Unrechtsstaat« verdammt und mit ihr auch noch der Sozialismus. Wehe dem, der das Dogma leugnet. Er wird aus der Gemeinschaft der Demokraten exkommuniziert, mit Acht und Bann belegt. Da hört die Meinungsfreiheit auf. Von der Justiz ist nicht mehr die Rede. Die Medien finden immer neue Gegenstände für neue Behauptungen. Da gibt es Ausstellungen, Gedenkstätten, neue IM. Was die Justiz nicht konnte, z. B. die »Stasi-Folter« beweisen, sollen Zeitzeugen und eilig gebaute Gefängniszellen belegen. Der Bürger ist beeindruckt, niemand fragt, was mit den Folterern geworden ist, wie sie heißen, welche Strafe sie erhalten haben. Wer das tun sollte, dem wird gesagt, er verhöhne die Opfer. Da alle großen Medien Gleiches berichten, wird die Behauptung zum Dogma.

Mit den Mitteln, die die Demokratie bietet, wollte ich Klarheit über Art und Umfang des DDR-Unrechts gewinnen. Ich hatte deswegen am 28. Juni 2006 eine Petition »zur Feststellung der Wahrheit über Umfang und Inhalt des DDR-Unrechts« an den zuständigen Bundestagsausschuss gerichtet. In der Antwort vom 18. Dezember 2007 hieß es: »Der Petitionsausschuss weist zunächst darauf hin, dass eine Rechtsgrundlage und damit eine Rechtspflicht für eine ›amtliche Bekanntmachung‹ der Ergebnisse der strafrechtlichen Aufarbeitung des staatlichen begangenen Unrechts in der ehemaligen DDR nicht gegeben ist.«

Das Verschweigen ist also ganz rechtsstaatlich.

Wie nun aber die einstige Forderung »Unsere ganze Gesellschaft muss sich der Bewältigung des DDR-Unrechts stellen« erfüllt werden soll, wenn die Gesellschaft nichts Genaues weiß, bleibt unklar.

Die Frage, was aus der ungeheuerlichen Gleichstellung von Auschwitz und Bautzen geworden ist, bleibt unbeantwortet. Ohne Rechtspflicht beantwortet der Ausschuss zwar nicht die mit der Petition aufgeworfene Frage, macht aber doch einige Mitteilungen zur Sache. Zunächst die grundsätzliche: »Sofern die mit der Petition erfolgte Feststellung mit dem Ziel erfolgen soll, nicht bewiesene Behauptungen über Folter, Zwangsadoption und Zwangseinweisungen in psychiatrische Astalten zu entkräften, hält der Ausschuss diese Zielsetzung insbesondere im Hinblick auf die Opfer des SED-Unrechts für untragbar. Es ist eine historische Tatsache, dass in der DDR zumindest in Einzelfällen Regimegegner zwangspsychiatrisiert, ihre Kinder gegen den Willen der Eltern adoptiert und Gefangene mißhandelt worden sind.«

Es ist also untragbar, »nicht bewiesene Behauptungen über Folter, Zwangsadoption und Zwangseinweisungen in psychiatrische Astalten zu entkräften«. Schöner Satz. Unbewiesene Behauptungen braucht man nicht entkräften, da sie kraftlos sind. Und dann wird schlicht behauptet, es sei »eine historische Tatsache«, »dass in der DDR zumindest in Einzelfällen Regimegegner zwangspsychiatrisiert, ihre Kinder gegen den Willen der Eltern adoptiert und Gefangene misshandelt worden sind«. Eine unbewiesene Behauptung wird parlamentarisch zur »historischen Tatsache« erklärt.

Alsdann werden Beweise für die eben noch selbst als »nicht bewiesen« erklärten Behauptungen angeführt. So sagt der Bundestagsausschuss im Jahre 2008: »Akten, die bis Ende Mai 1991 vom Bezirksstadtrat für Jugend und Familie in Berlin-Mitte aufgefunden wurden, lieferten das entscheidende Beweismaterial für Fälle der Zwangsadoption. Daraufhin wurde die ›Clearing-Stelle‹ zur Aufklärung dieser Fälle eingerichtet. Insgesamt konnten bereits sieben Fälle der Kindesentziehung wegen Republikflucht nachgewiesen werden.«

Keine Aktenzeichen, keine Namen, nichts, gar nichts Nachprüfbares. Vor siebzehn Jahren »bereits« sieben anonyme Fälle ermittelt in einem Berliner Stadtbezirk, die dann als historische Tatsache für die ganze DDR gelten.

Der Bundestagsausschuss nennt Paragrafen des DDR-Familiengesetzbuchs (FGB), die angeblich eine Strafverfolgung bei »Zwangsadoptionen« ausgeschlossen hätten. Tatsächlich hieß es in § 70 Absatz 2 FGB: »Der Antrag *(auf Adoption – F. W.)* kann auch ohne Einwilligung eines Elternteils gestellt werden, wenn [...] sein Aufenthalt nicht ermittelt werden kann.«

Das könnte die sieben Fälle decken, von denen der Ausschuss spricht. Die Eltern, die als Regimegegner bezeichnet werden, haben die DDR verlassen, das Kind in der DDR zurückgelassen und ihren derzeitigen Aufenthalt nicht bekannt gegeben. Ist die Adoption des Kindes in einem solchen Fall strafwürdig? Sollen solche verlassenen Kinder ohne Eltern aufwachsen? Und überhaupt: Warum kann nicht offiziell gesagt werden, es gab in der DDR in vierzig Jahren sieben Fälle von »Zwangsadoptionen«?

Warum behauptet der Ausschuss, dass die »Zwangsadoptionen« durch Gesetze der DDR »legitimiert« worden wären?

Wenn die gesetzlichen Voraussetzungen für eine Adoption ohne Einwilligung eines Elternteils nicht vorlagen, hätten die Verantwortlichen nach § 144 StGB-DDR bestraft werden können. Das und vielleicht noch mehr hätten die zuständigen Staatsanwälte und Richter, die, wie meine Erfahrungen zeigen, sehr findig bei der Auslegung des DDR-Rechts waren, als Gründe für eine Verurteilung herausgefunden. Doch wo nichts war, konnte man nicht anklagen und nicht verurteilen. Behaupten allerdings kann man weiterhin.

Auch zu psychiatrischen Zwangseinweisungen stellt der Ausschuss etwas fest, nämlich »dass auch auf diesem Gebiet Forschungsarbeiten zu dem Ergebnis kamen, dass Psychiatriemissbrauch in der ehemaligen DDR in unterschiedlicher Ausprägung, unter anderem zur Disziplinierung unbequemer Menschen durch politische Machthaber, tatsächlich stattgefunden hat.« Die Autoren dieser »Forschungsarbeiten« und die Namen der so »Disziplinierten« verrät der Ausschuss nicht. Der mündige Bürger soll glauben, was hier so transparent dargelegt wird.

Bleibt der Vorwurf der Folter. Hier beruft sich der Ausschuss nicht auf Anklagen oder gar Urteile. Nein, der Ausschuss verweist »zunächst auf die Einschätzung des Historikers und Experten für die Geschichte der Folter, Robert Zagolla, der Folterhandlungen in der ehemaligen DDR bis 1956 anhand der einschlägigen Literatur eindeutig nachgewiesen hat.«

Folterbeweis aus der »einschlägigen Literatur«!

Wenn das kein »eindeutiger Nachweis« ist.

Auch hier müsste eine seriöse Bilanz der strafrechtlichen Aufarbeitung der DDR-Geschichte bekennen: Es gab kein gerichtliches Verfahren gegen DDR-Folterer und erst Recht kein Urteil. In der Literatur gibt es eine Stimme, die sagt, Folter habe es in der DDR nur bis 1956 gegeben. Das liest sich ganz anders, wahrer. Im Sinne der *political correctness* wäre auch ein Vergleich mit anderen Staaten angebracht, z. B. mit der Türkei und dem Rechtsstaat USA. Was ist mit Water Boarding und mit Guantanamo? Wer ist nun der Unrechtsstaat?

Der Petitionsausschuss erklärt zusammenfassend: »Die mit der Petition geäußerten Bedenken gegenüber den dargestellten historischen Fakten auf Grund der verhältnismäßig niedrigen Anzahl der Anklageerhebungen und Verurteilungen wegen Straftaten in diesem Bereich vermag der Petitionsausschuss nicht zu teilen. Die Gründe für die geringe Strafverfolgungsquote sind vielfältig und unbedingt im historischen Zusammenhang zu betrachten.«

Immerhin gibt der Ausschuss zu, die Anzahl der Anklageerhebungen und Verurteilungen »in diesem Bereich« war »verhältnismäßig niedrig«.

Die »vielfältigen Gründe« dafür und der »historische Zusammenhang« werden nicht benannt. Kann man sich einen »historischen Zusammenhang« denken, der Strafverfolgung ausschließt. Es bleibt folglich bei der »historischen Tatsache« dass ein Bundestagsausschuss für bewiesen hält und verkündet, was nicht bewiesen ist. Das Strafgesetzbuch droht einem Bürger in einem solchen Fall nach § 186 eine Strafe von bis zu fünf Jahren an. Und in § 188 heißt es: »Wird gegen eine im politischen Leben des Volkes stehende Person öffentlich in einer Versammlung oder durch Verbreiten von Schriften (§ 11 Abs.3) eine üble Nachrede (§ 186) aus Beweggründen begangen, die mit der Stellung des Beleidigten im öffentlichen Leben zusammenhängen, und ist die Tat geeignet, sein öffentliches Wirken erheblich zu erschweren, so ist die Strafe Freiheitsstrafe von drei Monaten bis zu fünf Jahren.«

Eine Verleumdung (§ 187) wird unter den gleichen Voraussetzungen mit Freiheitsstrafe von sechs Monaten bis zu fünf Jahren bestraft. Wie gesagt, das gilt nur unter Bürgern.

Also kann die DDR in Fernsehfilmen, Ausstellungen und in schulischen Unterrichtsmaterialien weiter mit unbewiesenen Behauptungen verleumdet werden. Also wird den ehemaligen Mitarbeitern des Ministeriums für Staatssicherheit weiter praktisch das passive Wahlrecht entzogen, werden ihre Renten gekürzt und die Betroffenen der allgemeinen Verachtung preisgegeben. Die Medien treten an die Stelle des mittelalterlichen Prangers.

Nach dem Ende der Strafverfolgung ist für diejenigen, die nach den Ursachen des Scheiterns der DDR fragen, noch eine ganz andere Betrachtung angebracht. Wie haben sich die ehemaligen SED-Mitglieder in der Zeit ihrer Verfolgung verhalten? Was wurde aus dem »Kampfbund der Gleichgesinnten«? Wir wissen, von 2,3 Millionen SED-Mitglieder sind weniger als 100 000 in Parteien geblieben, die sich sozialistisch oder marxistisch oder kommunistisch nennen. Die politische Überzeugung der übrigen scheint nicht sehr fest gewesen zu sein. Beweise für Standhaftigkeit, wie es sie todesmutig nach 1933 gegeben hat, mussten nicht geliefert werden und wurden nicht geliefert. Viele Mitglieder in der PDS und später in der Partei *Die Linke* waren stolz darauf, in der BRD, also im Kapitalismus, angekommen zu sein. Sie schwörten dem Marxismus ab und sehen die DDR jetzt gleichfalls als Unrechtsstaat.

Interessant vor allem, wie sich die Spitzenfunktionäre verhielten und verhalten. Von den zuletzt 29 Mitgliedern des Politbüros haben drei ihren einstigen Idealen abgeschworen. Ganz deutlich hat das Schabowski gemacht. Kleiber sagte als Angeklagter in seinem Schlusswort: »Ich habe das Verfahren als sachlich und fair empfunden und danke dem Gericht, dass es in achtungsvoller Weise mit mir umgegangen ist.« Das empfinde ich auch nicht als angemessene Haltung eines führenden Sozialisten in einem antisozialistischen politischen Prozess, der das Ziel hat, die DDR zu delegitimieren. Mittag bilanziert in seinem Buch: »Ich möchte weder alten Träumen nachhängen, noch neue Illusionen wecken.«

Für ihn war also der Sozialismus Traum oder Illusion.

Fünfzehn Politbüromitglieder sind nach meiner Wahrnehmung von der politischen Bildfläche sang- und klanglos verschwunden.

Elf waren standhaft.

Wenn so Führung und Mitgliedschaft einer Partei aussehen, die eine furchtbare Niederlage erlitten hat, dann kann hierin wohl eine der Ursachen der Niederlage gesehen werden. Noch deutlicher wird das Bild, wenn wir bedenken, was aus der KPdSU geworden ist. Stramme Marxisten von gestern bekreuzigen sich heute und erweisen einem toten Zaren, der 1909 friedlich demonstrierende Bauern erschießen ließ, die letzte Ehre. Wen wundert da noch der Zusammenbruch?

Schließlich ist mir in den Jahren nach 1998 deutlich geworden, was ich vorher nicht sah. Die Bundesrepublik kann essentielle Probleme nicht lösen. Unsere Gesellschaft leidet unter Krisen auf fast allen lebenswichtigen Gebieten. Diese Krisen bestanden z. T. schon in der Weimarer Republik. Dazu gehören die Krise des Gesundheitswesens (»Weil du arm bist, musst du früher sterben.«), der Staatsfinanzen, der Arbeitslosigkeit, der Kriminalität, des Rentenwesens und der Justiz. So ist es nicht nur in Deutschland.

Hobsbawm schrieb 1997 in seinem Buch »Das Zeitalter der Extreme«: »Die Probleme, die die Kapitalismuskritik vor dem Krieg beherrscht hatten und die das Goldene Zeitalter für die Dauer einer

Generation nahezu eliminieren sollte – Armut, Massenarbeitslosigkeit, Verelendung, Instabilität […] – waren nach 1973 alle wieder aufgetaucht […] Die Arbeitslosigkeit stieg in Westeuropa von den durchschnittlich 1,5 % der 60er Jahre auf 4,2 Prozent in den 70er Jahren […] Und in den späten 80er Jahren, am Höhepunkt des Booms, lag sie in der Europäischen Gemeinschaft bei durchschnittlich 9,2 Prozent, 1993 bei 11 Prozent.« Umfragen sagen, viele Menschen halten den Sozialismus für eine gute Sache, die nur schlecht gemacht wurde. Die *FAZ* stellt am 2. Januar 2008 die Systemfrage, allerdings ohne sie zu beantworten.

In der ganzen Welt sind seit dem Zusammenbruch des europäischen Sozialismus neue unerwartete Tendenzen sichtbar geworden. Die USA werden mit dem Irak und Afghanistan nicht fertig. Das wirtschaftliche Wachstum Chinas macht die kommunistisch geführte Volksrepublik zu einem der größten Exporteure der Welt, Russland ist zu neuer Stärke erwachsen. Eine Ernährungskrise verursacht Hungersnöte in der Dritten Welt. Die USA erleben eine Rezession. Die europäischen Staaten folgen den USA auf dem Weg in die weltweite Wirtschaftskrise. In Lateinamerika spricht man vom Sozialismus des 21. Jahrhunderts. Selbst für bürgerliche Medien ist die »Krise des Kapitalismus« ein immer wieder behandeltes Thema.

Das »Gespenst« steht wieder vor der Tür.

Personenregister

Abel, Michael 419f., 416
Abel, Rudolf 205
Abrassimow, Pjotr 349, 552
Adamo (Mandant) 89ff.
Adenauer, Konrad 84
Albrecht, Heinz 328, 345
Almeyda, Clodomiro 323
Althaus, Peter 271, 278f.
Alwyn, Patricio 326f., 334f.
Aly, Götz 388
Andert, Reinhold 305f., 532
Andreotti, Giulio 508
Andropow, Juri 439
Anton (Sachverständiger) 22, 24, 64
Arndt, Claus 445
Arndt (Rechtsanwalt) 541
Arnold, Michael 463, 466, 504ff., 508
Augstein, Rudolf 56, 307, 310, 343, 445, 591
Axen, Hermann 6, 216f., 227, 230, 256ff., 261f., 294, 360, 419, 423, 425ff., 514, 538
Axen, Sonja 259, 428

Bahr, Egon 261, 551
Bahro, Rudolf 238, 323, 590f.
Barschel, Uwe 508
Barth, Heinz 176, 178, 191f., 195f.
Barthel, Lothar 422
Baum, Bruno 18, 290f., 359
Bayerlein (Vorstand IG Metall) 102
Bebel, August 371
Becker, Nicolas 300, 306f., 316, 321, 324, 327, 345, 347f., 352, 354, 364, 369, 391, 393f., 396f., 400f., 405, 410f., 417
Bell, Rudi 143f.
Benjamin, Hilde 11, 63ff., 84, 166, 122, 151, 250
Berger, Götz 17, 19
Berghofer, Wolfgang 459ff., 463, 466, 471f., 478f., 482, 484, 488, 491f., 494
Bergmann-Pohl, Sabine 431
Biedenkopf, Kurt 510

Bismarck, Otto von 482
Bittner, Irmgard 305, 367, 398
Blasius, Dirk 7, 499, 590
Bock (Staatsanwalt) 160
Bohley, Bärbel 384, 592
Böhm (Staatsanwalt) 471
Böhm, Horst 510
Böhme, Erich 364
Böhme, Hans-Joachim 534, 541, 560, 566, 572, 589
Boß, Hans 399, 410ff..
Botha, Pieter Willem 508
Brandt, Heinz 5, 94-104, 153, 230, 238, 592
Brandt, Willy 273
Braun, Klaus-Peter 6, 197, 199ff.
Bräutigam, Hansgeorg 339f., 345, 349f., 359, 361, 363ff., 369, 386, 389, 392f., 395f., 397f., 419
Brecht, Bertolt 188
Bredel, Willi 63
Bredin (Rechtsanwalt) 170
Brie, Michael 579
Brinkmann, Peter 324
Brüner, Franz-Hermann 405
Brünneck, Alexander von 591, 593
Brunner, Ernst 12, 15
Buback, Siegfried 474
Buchholz, Erich 148, 188
Bush, George 381, 439

Ceausescu, Nicolae 264
Chruschtschow, Nikita 41, 237, 295, 368
Cifuentes, Roberto 325
Clausnitzer, Leopold 117
Collins (brit. Domherr) 100
Conrad (Arzt) 288
Crüger, Herbert 5, 78ff., 103, 230, 238, 592

Danckert, Peter 267
Dannecker, Gerhard 577
Dannegger, Mathilde 78, 81
Daschitschew, Wjatscheslaw 315
Debes, Klaus-Heinrich 527
Deckwerth, Sabine 386

Deriabin, J. S. 318, 320
Detter, Klaus 434, 436f., 445
Devaux, Ralf-Peter 443, 446, 451, 457
Dieckmann, Christoph 307f.
Diestel, Peter Michael 292, 448
Dietrich (Richter) 530
Dische, Irene 410f.
Dobbertin, Rolf 6, 170ff., 202, 590
Dohlus, Horst 462
Dombek, Bernhard 245
Dreikopf, Klaus 502
Dunajew, A. F. 321
Dzierzynski, Felix 504

Eberlein, Werner 534, 536, 541
Ebert, Friedrich jr. 51f.
Eckert, Hans-Joachim 8, 115
Eichhorn, Günter 448
Eichler, Klaus 448
Ekaterini, griech. Prinzessin 424
Engert, Jürgen 337
Eppelmann, Rainer 283f., 449f.
Erdmann, Barbara 8
Eschen, Klaus 323

Fechner, Max 11, 17f., 263
Fedorow, N. W. 321f.
Fernau (Staatsanwalt) 23
Feske, Klaus 391, 404, 409
Feustel, Paul 149, 151f., 168
Fickenscher, Wilhelm 95ff.
Fink (Zeugin) 492
Fischer, Bernd 443, 452
Fodorová, Sarah 290f.
Frank, Hans 186
Franzki, Harald 241f.
Freisler, Roland 65
Fricke, Karl Wilhelm 101, 227, 229, 249ff., 592
Friedrichsen, Gisela 386f., 394, 470
Fromm, Erich 98ff.
Frowein, Jochen 575
Funk (Zeugin) 472
Furian, Hans-Otto 280

Gardner, Piers 575f., 579, 583
Gauck, Joachim 342, 368, 544

Gauweiler, Peter 435, 591
Gee, Ethel 206
Gee, Houghton 206
Gehlen, Reinhard 5, 26ff.
Gehrcke, Wolfgang 579
Geiger, Hansjörg 368
Genrich, Walter 143f., 150
Genscher, Hans-Dietrich 313
Gentz, Ingeburg 53ff., 62, 115
Gerats, Josef 42
Geulen, Reiner 396f.
Gifford, Lord 211
Globke, Hans 5, 84, 87, 89
Goebbels, Joseph 386
Gorbatschow, Michail 207, 311ff., 315, 318ff., 322, 364, 385f., 465, 476, 498, 563
Götting, Gerald 294, 349
Gottschling, Wolfgang 16ff.
Graubner, Gerd 179
Gribkow, Anatoli 552
Groß, Thomas 573
Groß (Arzt) 397
Gross (Nebenkläger) 398, 405, 413
Großmann, Werner 6, 315, 324, 360, 431ff., 437ff., 442f., 446f., 451, 457, 487
Großmann (Oberstaatsanwalt) 326, 403
Großmann, Karl 435
Grotewohl, Otto 43
Grünwald, Gerald 300
Güde, Max 474
Guenther, Johannes v. 62
Guillaume, Günter 7, 153ff.
Guillaume, Christel 154f.
Gülzow (Mitangeklagter) 79, 82, 283
Günthel, Andreas 458ff., 476
Güther, Ulrich 508
Gysi, Gregor 207, 224, 228f., 239, 262, 315, 349, 461, 591f.
Gysi, Klaus 62

Haase, Werner 115
Haase, Willy 27f.
Hackethal, Julius 391
Häber, Herbert 534, 541ff., 560f.

Hähle, Fritz 506
Halfa (Richter) 463
Hannover, Heinrich 461, 465, 468f., 472ff., 486, 489f.
Harich, Wolfgang 53ff., 63ff., 79, 235, 237f., 590, 592
Harms, Monika 566, 588f.
Häusler, Gerhard 123, 149, 152, 315
Haut, Hans Georg 230, 238
Heckelmann, Dieter 404, 415
Heinemann, Gustav 94. 98, 104, 153, 203
Heinze, Hilde 11
Heitmann, Steffen 461f.
Helm, Erwin 21ff., 67, 121
Helm, Rolf 122
Hénard, Jacqueline 386f.
Herdegen, Hansjörg 154
Hering, Brigitte 573
Herrmann, Joachim 274
Hermann (Rechtsanwalt) 541
Hertwig, Manfred 53, 55f., 65, 235ff.
Herzberg, Wolfgang 305f., 532
Heusinger, Hans-Joachim 226f.
Heydrich, Reinhard 149
Heym, Stefan 64, 351
Hirsch, Martin 342f.
Hirsch, Burkhard 438
Hitler, Adolf 65, 146, 157, 168, 176, 185, 187, 260, 318, 373, 377f., 429, 522
Höhne, Roland 197ff.
Holger, James 324ff., 330ff.
Holmer, Uwe 276ff., 458
Honecker, Erich 6f., 15, 60, 137, 157, 216, 230, 238f., 262-295, 298ff., 303-312, 314-353, 355-370, 376f., 386-398, 400-411, 413-416, 418-423, 425ff., 446, 458, 463f., 477, 493, 511, 514, 522ff., 529, 531, 550, 560, 563
Honecker, Margot 282, 289, 305, 309f., 315f., 318, 321f., 324, 326, 328, 332f., 336f., 347, 351, 355, 423, 522
Honecker, Sonja 305
Hugo, von (Staatsanwalt) 524ff., 591

Hugot, Heinz 150f.
Hütter, Ernst 34ff., 41ff.
Irene, griech. Prinzessin 424
Isensee, Josef 478
Isola, Horst 209

Jagenlauf (Staatsanwalt) 521
Jahnke (Staatsanwalt) 57, 62
Jahntz, Bernhard 393, 561f., 572, 578
Jakobs, Günther 330, 478, 589
Jakubik, Paul 115
Janka, Lotte 71
Janka, Walter 5, 7, 53ff., 64, 66, 68ff., 78f., 176, 230-236, 239, 270, 590, 592
Jaruzelski, Wojciech 380
Jelzin, Boris 315, 318, 320, 322, 328, 335, 346, 476
Jochum, Dietmar 573
Johnson, Lyndon B. 381
Joseph, Hans-Jürgen 271, 287, 458
Jürgens, Otto 522
Just, Helmut 54f., 57, 63f., 66f., 69f.

Kahn, Otto 193
Kaiser, Monika 290
Kamenew, L. B. 263
Kaul, Friedrich Karl 54, 78f., 100, 105, 161, 265
Kautz, Elfriede 105
Kennedy, John F. 381, 551
Kennedy-Bannier, Catarina 387
Kern, Siegfried 443
Keßler, Heinz 328, 343, 389, 394, 418, 529, 535, 537, 542, 574, 579, 584
Kiecke (Staatsanwalt) 459
Kinkel, Klaus 315, 348, 372f., 437, 439, 447, 540, 551, 578, 588, 594
Kirchheimer, Otto 526, 588
Kirstaedter (Chefarzt) 352, 355f., 361, 390
Klar (Zugführer) 193
Kleiber, Günter 262, 599
Klemperer, Victor 168, 187
Kofler (Stadtrat) 11

603

Kohl, Helmut 307, 312, 315, 319f., 328, 334f., 348, 373, 431, 461, 483, 510, 550, 574
Kohlus (Schöffe) 396, 398
Kohn, Karl 120f.
Kolokolov, B. L. 321
Korbe, Heinz 94, 96
Kossack, Suzanne 339, 345, 481, 515f., 536f., 540ff., 561, 566, 572
Kosyrew, Andrej 323
Kotyrba, Hans-Peter 501, 503, 511f.
Krenz, Egon 228, 262, 266ff., 349, 419, 468, 492, 529, 536ff., 542, 545, 556f., 574f., 579, 584, 588
Kroger, Helen 206
Kroger, Peter 206
Krolikowski, Werner 262, 294
Krüger, Fritz 19
Kulikow, V. G. 552
Kutlu, Haydar 209, 212, 294

Lachaud (Rechtsanwalt) 174
Lamberz, Werner 349
Lammer, Dirk 583
Lampe, Joachim 439, 451, 457
Lamprecht, Rolf 500, 518, 524, 539
Lapp, Peter Joachim 439, 451, 457
Larivière, Daniel Soulez 132
Lekschas, John 69, 281
Lengsfeld, Vera 592
Lenin, W. I. 147f., 214
Leski, Suzan 465
Leuschner, Bruno 43
Leutheusser-Schnarrenberger, Sabine 193, 449
Lewis (Rechtsanwalt) 202ff.
Liebknecht, Karl 219, 371
Limbach, Jutta 222, 328, 333f., 343, 404, 407f., 414ff..
Lindner (Bürovorsteher) 103
Lips, Rainer 463, 473, 485ff., 490, 493
Lochte, Christian 438
Loest, Erich 592
Loewe, Lothar 274
Lonsdale, Gordon Arnold 206f.
Löwenstein, Enno von 376

Löwenthal, Heinrich 70f.
Lorenz, Siegfried 6, 8, 534f., 539ff., 544, 560f., 563, 566, 569, 572ff., 589
Lubbe, Marinus v. d. 545
Lüderssen, Klaus 445, 462
Lukács, Georg 58, 63
Lummer, Heinrich 344
Luther, Hans 530
Luxemburg, Rosa 10, 45, 210, 228, 579

Maaz, Hans-Joachim 414
Maizière, Clemens de 115, 117
Maizière, Lothar de 235, 239f., 242, 277, 431, 462
Maleuda, Günther 281
Mann, Erika 62
Mann, Katia 62
Mann, Thomas 62
Marquardt, Fritz 72, 74, 76, 224
Marx, Karl 147f., 371
Marxen, Klaus 540, 593
Mauz, Gerhard 300
Meinerzhagen (Staatsanwalt) 471, 478
Melsheimer, Ernst 27, 64f., 70
Merkel, Robert 343
Merker, Paul 56, 263
Mielke, Erich 262, 274, 294, 310, 328, 338, 345, 359, 366f., 493, 510, 514
Mildebrath, Hans-Peter 394, 400, 574, 583
Mittag, Johanna 153
Mittag, Günter 262, 274, 492f., 496, 599
Mitterand, Francois 133, 277
Modrow, Hans 6, 235, 283, 325, 349, 353, 360, 368, 458-479, 485ff., 489-513, 535
Möller, Friedrich 115
Moke, Werner 459f., 466, 471f., 478f., 482
Molodij, Konon Trifimowitsch 206
Müller I (Zeuge) 40
Müller II (Zeuge) 492
Müller-Hegemann, Dietfried 112f.
Münchhausen, Marie-Louise 115

Näcke, Christian 280
Naumann, Konrad 349
Nehm, Kay 453
Neubert (Mitangeklagter) 462, 466, 472, 485
Neuhaus, Peter 400f., 404, 408, 414-418
Neumann, Alfred 6, 8, 529-535
Neumann, Hilde 10f., 19
Neumann, Dieter 408
Niemöller, Martin 185f.
Nitzschke, Michael 529
Nixon, Richard M. 381, 508
Noack, Joachim 256, 269f., 276, 287, 350
Nordmann, Joe 10, 131f., 170f., 177
Noriega, Morena 330, 381
Nottbeck, Arvid von 107

Oberländer, Theodor 5, 7, 84, 86ff., 89
Oehring (Zeuge) 492
Oesterreich, Wolf 28, 31
Ossietzky, Carl von 228, 499f., 539

Pahn (Staatsanwalt) 459
Paland, Herbert 167ff.
Palandt, Otto 246, 415
Pée, Klaus 258
Pein, Gerhard 55, 485
Perrault, Gilles 132, 532, 592
Peschel-Gutzeit, Lore Maria 193
Philipp, E. 254
Pieck, Wilhelm 122, 188, 360
Pisnik, Alois 529
Platz, Werner 350ff., 355f., 365, 367, 390, 393, 411
Pleitgen, Fritz 337
Plöger, Ekkehard 364, 367, 391ff., 395, 397f., 400, 406, 409ff., 572
Pokatzky, Klaus 234
Posser, Diether 94ff., 98ff., 105f., 153, 203, 368, 591
Pötschke, Horst-Dieter 154
Pötzl, Norbert 348
Prantl, Heribert 322, 343
Pritt, D. N. 10

Prokop, Otto 112
Prokop, Siegfried 531
Przybylski, Peter 193, 272f., 290

Queisser, Werner 473, 479

Rabe (Rechtsanwalt) 13
Radam (Gerichtsmediziner) 200
Radbruch, Gustav 145, 358, 576
Raddatz, Karl 97
Ramm, Franz 525, 527
Ranke, Hans 19
Rautenberg, Erardo 195
Reagan, Ronald 330, 381, 563
Rechner, Irene 527
Rehm (Rechtsanwalt) 57
Reinwarth, Hans 70, 251f.
Reis (Nebenkläger) 392, 398, 405
Rennert, Walter 28ff.
Renz (Oberstaatsanwalt) 506
Ress, Georg 584
Reuter, Lothar 272
Rex (Chefarzt) 344, 346f., 351f., 355, 392, 399f., 402, 415f.
Ridder, Helmut 475
Riege, Gerhard 324
Rinck, Gerhard 84ff.
Rinke (Mandant) 89f., 92f.
Roehl, Ulrich 209
Roellecke, Gerd 568
Röver (Rechtsanwalt) 541
Roosevelt, Franklin Delano 188
Rosenfeld, Kurt 10, 228
Rothschild, Hans 519
Rovan, Joseph 342
Rudolph (Zeuge) 505
Russell, Bertrand 100
Rüthers, Bernd 244

Saar (Mitangeklagter) 79f., 82
Samson, Erich 330, 445
Sargin, Nihat 209, 212, 216
Sauer (Bürovorsteher) 13
Schabowski, Günter 349, 468, 599
Schaeffers, Willi 572ff.
Schaefgen, Christoph 276, 295, 369, 527, 539ff., 593f.

Schalck-Golodkowski, Alexander 262, 264, 267, 349
Schäuble, Wolfgang 435, 449
Scherzer, Landolf 230
Schily, Otto 276, 300
Schindowski, Carlota 55, 67, 69, 176
Schmidt, Helmut 581
Schmidt, Wilhelm 564
Schmidt-Eenboom, Erich 174
Schneider, Volkmar 344ff., 350ff., 355f., 390, 404, 415
Schnur, Wolfgang 239
Scholz, Paul 43
Scholz, Rupert 274ff.
Schorlemmer, Friedrich 470, 473, 591
Schorn, Bernhard 443, 446
Schroeder, Friedrich-Christian 363
Schröter, Gertrud 105
Schulz (Bürovorsteher) 34
Schulz, Andreas 392
Schulz (Bundesanwalt) 432f.
Schütt, Harry 442
Schwammberger, Josef 540, 594
Schwarzmann (Richterin) 249ff., 253f.
Schwerhoff, Hubert 143, 146f., 149f., 152
Sendler, Horst 575, 582
Seghers, Anna 63
Seidel, Theodor 293ff.
Seiler, Rudolf 508
Siede Fritz 526
Simma, Bruno 445
Sinowjew, G. J. 263
Slánsky, Rudolf 12, 17, 263
Sorgenicht, Klaus 227
Späth, Lothar 508
Spiegelhalter (Richter) 490f., 501
Stadler (Regimentskommandeur) 193
Stahl, Alexander von 368, 437f., 443
Stalin, Josef 10, 20, 214, 236, 378
Stammnitz, Lothar 462, 466f., 472, 485
Starkulla, Dieter 160, 165
Stegmann, Maximilian 128
Steinberger, Bernhard 53, 55f., 65, 67, 235, 237
Sterzl, Stefan 157ff., 167

Stiller, Werner 170
Stör (Strasbourg) 579
Stolpe, Manfred 277, 353
Stoltenberg, Gerhard 449
Stoltenberg (Strasbourg) 579
Stoph, Willi 262, 294, 328, 345, 364, 367, 508, 514
Strauß, Franz Josef 102, 294, 380, 508
Streit, Josef 42
Streletz, Fritz 6, 8, 328, 345f., 390, 537, 542, 574f., 576, 579, 584
Strodt, Bernhard 12f., 45, 50f., 115, 118

Taenzer (Gutachter) 344, 350f., 355f., 389f., 392
Teuber, Martin 111
Theodorakis, Mikis 211
Thiele (Oberstaatsanwalt) 417f.
Tisch, Harry 253, 262, 294, 329, 514
Tomuschat, Christian 579
Treffkorn, Mathias 245f.
Truckenbrodt (Rechtsanwalt) 87

Uebele, Martin 490, 493-499
Ulbricht, Walter 83, 100, 136, 140, 236, 368, 527
Ullmann, Wolfgang 368
Unger, Robert 536, 574f., 579, 583, 588
Uschner, Manfred 560

Venedey, Walter 251
Voelkner, Benno 131
Voelkner, Hans 130ff., 149
Voelkner, Käthe 131
Vogel, Wolfgang 5, 87, 105, 118, 127, 132, 141f., 160-166, 175, 205, 207, 210, 225, 239, 262f., 267, 269, 272, 275ff., 281, 283, 286ff., 292, 305, 307, 323, 433, 458

Wagner, Ingmar 347
Wand, Rudi 32f.
Wassermann, Rudolf 415
Weigel, Helene 63
Weiglein, Karl 23
Weinhold, Werner 198, 201

Weitzberg, Uwe 274, 276
Weizsäcker, Richard von 187, 307, 431f., 457
Wendland, Günter 262, 267
Werkenthin, Falco 526
Werle, Gerhard 540, 593
Werthebach, Eckart 448, 451
Wesel, Uwe 364, 392ff.
Widmaier, Gunter 315, 433, 436ff., 443f., 447f., 451ff., 457, 487
Wildhaber, Luzius 579
Willard, Marcel 10
Winkler, Heinz 43
Winters, Peter Jochen 293, 413
Witteck (Mitangeklagter) 466f., 473, 479, 485, 499
Wohlgetan (Oberrichter) 81
Wolf, Anneliese 54
Wolf, Markus 353, 360, 431, 438, 451, 514
Wolf, Richard 54, 57, 60f., 65, 67, 69f., 231f.
Wollert, Dagmar 274
Wünsche, Kurt 226
Wyschinski, Andrej 39, 65

Zagolla, Robert 597
Ziegler, Walter 63, 70
Ziegler, Karl 274
Ziegler, Wolfgang 300, 306f., 316f., 327, 346f., 327, 346f., 352, 354, 365, 369, 388, 391, 393
Ziemer, Christof 491, 494
Zinner, Hedda 5, 105ff.
Zöger, Heinz 57, 66f., 69f., 231
Zschierdrich (Arzt) 254f.

**Die juristische Aufarbeitung der DDR – eine
Bilanz dieses besonders aufregenden
Kapitels der problematischen deutschen
Rechtsgeschichte**

Der bekannte Strafverteidiger Friedrich Wolff beschäftigt sich in seiner Untersuchung mit diesen Fragen: War die DDR nun ein Unrechtsstaat? War sie die zweite deutsche Diktatur? Sprachen die Richter, wenn sie die ehemaligen DDR-Bürger verurteilten, im Namen des Volkes? Sind wir ein Volk, sind wir das Volk, in dessen Namen Recht gesprochen wird? War es Recht, das Wessis über den Streit von Ossis mit Wessis, über Renten, Arbeitsverhältnisse, Immobilien und über das Volkseigentum sprachen? Sind wir also ein Volk?

192 S., brosch., 12,90 Euro, ISBN 978-3-360-01062-9
www.edition-ost.de

edition ost